福建企业年鉴 2016

FUJIAN ENTERPRISE YEARBOOK

国家统计局福建调查总队
福建省环境保护厅
福建省国家税务局
福建省企业信息中心
福建省经济和信息化委员会
中国人民银行福州中心支行
福建省地方税务局
编

中国统计出版社
China Statistics Press

图书在版编目（CIP）数据

福建企业年鉴. 2016 / 国家统计局福建调查总队等编.-- 北京 : 中国统计出版社，2016.10
ISBN 978-7-5037-8012-7

Ⅰ. ①福… Ⅱ. ①国… Ⅲ. ①企业经济－福建－2016－年鉴 Ⅳ. ①F279.275.7-54

中国版本图书馆 CIP 数据核字（2016）第 237133 号

福建企业年鉴-2016

作　　者/ 国家统计局福建调查总队 等
责任编辑/ 佘竞雄
责任校对/ 张　琛
封面设计/ 陈连钦
出版发行/ 中国统计出版社
地　　址/ 北京市丰台区西三环南路甲 6 号 邮政编码/100073
电　　话/ 邮购（010）63376909　书店（010）68783171
网　　址/ http://www.zgtjcbs.com
印　　刷/ 福州报业鸿升印刷有限责任公司
经　　销/ 新华书店
开　　本/ 890mm×1240mm　1/16
字　　数/ 1569 千字
印　　张/ 28.125
版　　别/ 2016 年 10 月第 1 版
版　　次/ 2016 年 10 月第 2 次印刷
定　　价/ 380.00 元

如有印装差错，由本社发行部调换。

《福建企业年鉴—2016》
顾问及专家组成员名单

顾　　　问：郭恒明　陈　宁　吕进中
陈　艳　杨　隽

专家组成员：（以姓氏笔划为序）
王江明　王桂秀　王银细　李　彬
李　富　张　皓　陈　扬　陈　亮
陈宝泉　林水明　赵　清　钟智华
顾志珊　徐建华　唐梅光　黄幼林
黄家述　康　君　谢金狮　潘诗耀

编辑说明

一、《福建企业年鉴—2016》是一本以图文表并茂方式宣传福建省企业发展成就、多角度展示各类典型企业及优秀企业家风采、详实介绍与企业运行密切相关的政策法规的大型资料性年刊。对于社会各界全面了解福建省企业发展进程和现状，研究探索福建省企业发展环境、企业科学发展战略将发挥应有的作用；对于福建企业了解宏观经济发展态势、研究市场动向，制订可持续发展战略，亦将有所裨益。

二、《福建企业年鉴—2016》的主要内容包括闽企总览、行业概况、区域概况、民营企业、专题研究、企业风采、附录等7篇章。

三、《福建企业年鉴—2016》引用的统计数字，均按国家统一规定，做到全面、准确、统一、可比。年鉴表中的符号使用说明："空格"表示数据不足本指标最小单位数、数据不详或无该项指标数据；"#"表示其中的主要项。

四、本书仅供查询参考。书中的一些论述仅代表本编辑部观点，统计数据由有关部门提供，少量数据系推算数。数据及相关资料若有其他用途请读者向相关单位查证，以相关单位提供的数据和资料为准，否则责任由读者自负。书中单位宣传资料均由认刊单位提供，若有不实之处，责任由认刊单位负责。

五、本书由国家统计局福建调查总队、省经信委、省环保厅、人行福州中心支行、省国税局、省地税局、省企业信息中心牵头，有关政府部门、福建省中小企业信息协会等社会机构及企事业单位参与联合编辑。

六、本书编辑过程中，得到省直有关部门、省统计系统、企事业单位、有关机构及有关著作者的大力支持与帮助，参与编撰、审定的同志付出了辛勤劳动，在此一并致以诚挚的感谢。本文有关篇章在编撰过程中，参考、引用了一些专著及资料，受联系渠道的制约，我们无法与这些著作者一一取得联系，请有关作者看到本书后与我们联系，我们将赠送本书作为稿酬，并再次表示谢意。

七、《年鉴》编辑范围广、工作量大、时间短，编辑工作疏漏和错误在所难免，敬请广大读者批评指正。

目　录

一、闽企总览

二、行业概况

三、区域概况

四、民营企业

五、专题研究

六、企业风采

七、附　录

1

闽企总览

2015年福建省企业发展概述

一、国民经济稳定增长

初步核算，2015年全省实现地区生产总值25979.82亿元，按可比价格计算，比上年增长9.0%，增幅比全国平均水平高2.1个百分点，比上年回落0.9个百分点，增速居全国第6位，东部地区第2位。其中，第一产业增加值2117.65亿元，增长3.9%；第二产业增加值13218.67亿元，增长8.7%；第三产业增加值10643.50亿元，增长10.3%。三次产业保持协调推进的势头。

二、工业生产稳中趋缓

2015年，全省规模以上工业实现增加值10621.33亿元，比上年增长8.7%，增幅比上年回落3.2个百分点，高出全国平均水平2.6个百分点。从所有制结构看，股份制工业完成增加值6307.33亿元，增长11.2%，占规模以上工业增加值的比重为59.4%，对规模以上工业增加值增长的贡献率为80.3%，增速、比重和贡献率均居各经济类型之首。外商及港澳台商投资企业、集体企业和股份合作企业实现增加值分别为3862.74亿元、47.57亿元、20.13亿元，分别增长4.6%、8.4%和6.9%。国有企业实现增加值195.86亿元，下降0.9%。从产业结构看，高技术行业稳步增长，贡献提升，战略性新兴产业占比提高。高技术行业实现增加值1005.02亿元，增长12.5%，增幅高出规模以上工业3.8个百分点；占规模以上工业增加值的比重为9.5%，提高0.4个百分点；对规模以上工业增加值增长的贡献率为12.9%。战略性新兴产业实现增加值1913.62亿元，增长9.6%，增幅比规模以上工业高0.9个百分点；占规模以上工业增加值的比重为18.0%，提高1.0个百分点。从经济类型看，民营工业实现增加值6881.48亿元，增长9.5%，增幅比规模以上工业平均水平高0.8个百分点；占规模以上工业增加值的比重为64.8%，提高0.7个百分点；对规模以上工业增加值增长的贡献率为78.9%，提高19.9个百分点。从企业规模看，产值亿元以上企业为7628家，增加587家，占规模以上工业企业的45.5%；亿元以上企业累计实现增加值9410.52亿元，增长12.3%，占规模以上工业增加值的比重为88.6%，对规模以上工业增加值增长的贡献率达120.3%。

三、第三产业占比提高

2015年，全省第三产业实现增加值10643.50亿元，比上年增长10.3%，增幅比上年提高2.0个百分点；对经济增长的贡献率为42.4%，提高10.9个百分点；拉动经济增长3.8个百分点，提高0.7个点，成为支撑经济增长的重要力量。其中，金融业实现增加值1656.43亿元，增长14.3%，增幅提高1.0个百分点；占第三产业增加值比重由上年的15.2%提高至15.6%。

四、固定资产投资增幅回落

2015年，全省全社会固定资产投资21628.31亿元，比上年增长17.2%，增幅比上年回落1.6个百分点。其中，第一产业完成投资515.09亿元，增长34.6%，增幅回落23.0个百分点；第二产业完成投资7506.63亿元，增长16.1%，增幅提高2.7个百分点；第三产业完成投资13279.19亿元，增长17.6%，增幅回落3.8个百分点。三次产业投资结构由上年的2.1∶35.7∶62.2调整为2.4∶

35.2∶62.4。

工业投资结构调整效果显现。一是高技术产业投资大幅增长。2015年，全省高技术产业投资555.25亿元，比上年增长43.2%，增幅比上年提高34.7个百分点。二是高耗能行业投资占比下降。2015年，全省高耗能行业投资1897.42亿元，增长8.1%，占工业投资的比重为26.0%，下降2.0个百分点。

五、外贸出口保持逆势增长

2015年，全省外贸进出口、出口、进口规模在全国位次保持不变。其中，进出口降幅为3.5%，比全国平均水平低3.5个百分点；进口降幅11.0%，比全国平均水平低2.2个百分点；出口方面则是在全国下降1.8%的大背景下，逆势增长0.6%。从贸易方式看，一般贸易出口额5128.67亿元，增长3.0%，增幅高出出口总额2.3个百分点；占出口总额比重达73.1%，提高1.6个百分点，超过加工贸易50.5个百分点。从出口国别看，对美国和“一带一路”沿线国家出口表现抢眼，其中对美国出口1379.89亿元，增长12.6%，拉动全省出口增长2.2个百分点；对32个海上丝绸之路国家出口1832.60亿元，增长4.9%；对47个陆上丝绸之路经济带国家出口1001.70亿元，增长1.6%。

注：本文数据均为快报数。

1-1 福建省各类企业经济活动总量所占比重

（2013-2015 年）

项　目	2013	2014	2015
一、增加值（亿元）	**21868.49**	**24055.76**	**25979.82**
第一产业	**1874.23**	**2014.80**	**2118.10**
第二产业	**11329.60**	**12515.36**	**13064.82**
第三产业	**8664.66**	**9525.60**	**10796.90**
#交通运输、仓储和邮政业	1176.19	1320.35	1547.30
批发和零售业	1789.88	1961.18	2046.29
金融业	1264.72	1449.82	1681.33
房地产业	1095.08	1090.22	1077.88
二、增加值构成（%）	**100.0**	**100.0**	**100.0**
第一产业	**8.6**	**8.4**	**8.1**
第二产业	**51.8**	**52.0**	**50.3**
第三产业	**39.6**	**39.6**	**41.6**
#交通运输、仓储和邮政业	5.4	5.5	6.0
批发和零售业	8.2	8.2	7.9
金融保险业	5.8	6.0	6.5
房地产业	5.0	4.5	4.1

1-2　福建省各类企业单位数

（2013-2015 年）　　单位：个

项　目	2013	2014	2015
一、规模以上工业	**16115**	**16744**	**17240**
按轻重工业分			
轻工业	9011	9367	9703
重工业	7104	7377	7537
按注册类型分			
内资企业	11851	12650	13286
港澳台商投资企业	2712	2604	2566
外商投资企业	1552	1490	1388
按经济类型分			
国有	175	174	169
集体	231	179	163
其他经济	15709	16391	16908
外商及港澳台商投资	4264	4094	3954
按规模分			
大型	443	446	451
中型	2998	2929	2909
小型	12184	12681	13105
微型	490	688	775
二、建筑业	**3233**	**3734**	**4011**
按经济类型分			
国有经济	68	75	78
集体经济	50	46	43
外商经济	6	5	4
港澳台经济	29	26	26
其他	3080	3582	3860

1-2 续表 1　　（2013-2015 年）　　单位：个

项　目	2013	2014	2015
按资质等级分			
#总承包	1670	2033	2311
一级	178	199	226
二级	537	568	595
三级	955	1266	1490
专业承包	1071	1189	1180
一级	140	147	154
二级	412	508	503
三级及不分等级	519	534	523
按行业分			
房屋建筑业	1361	1603	1767
土木工程建筑业	617	752	877
建筑安装业	380	401	394
建筑装饰和其他建筑业	875	978	973
三、限额以上批发和零售贸易、餐饮业			
（一）批发业	**4387**	**5137**	**5707**
按注册类型分			
内资企业	4266	4995	5541
国有企业	97	85	88
集体企业	33	40	36
股份合作企业	4	3	2
联营企业			1
有限责任公司	1571	1882	2096
股份有限公司	62	62	70
私营企业	2486	2915	3241

1-2 续表 2　　（2013-2015 年）　　单位：个

项　目	2013	2014	2015
其他企业	13	8	7
港澳台商投资企业	77	85	107
外商投资企业	44	57	59
按行业分			
农、林、牧产品批发	100	159	197
食品、饮料及烟草制品批发	462	559	630
纺织、服装及家庭用品批发	1136	1291	1496
文化、体育用品及器材批发	106	137	170
医药及医疗器材批发	135	164	185
矿产品、建材及化工产品批发	1746	2037	2179
机械设备、五金产品及电子产品批发	509	602	666
贸易经纪与代理	45	45	40
其他批发业	148	143	144
（二）零售业	**3383**	**4138**	**4847**
按注册类型分			
内资企业	3280	4026	4715
国有企业	39	36	28
集体企业	69	74	73
股份合作企业	3	2	1
联营企业	4	2	2
有限责任公司	1217	1563	1905
股份有限公司	69	64	70
私营企业	1834	2252	2603
其他企业	45	33	33
港澳台商投资企业	38	51	72
外商投资企业	65	61	60
按行业分			

1-2 续表 3　　（2013-2015 年）　　单位：个

项　目	2013	2014	2015
综合零售	448	491	524
食品、饮料及烟草制品专门零售	537	713	890
纺织、服装及日用品专门零售	262	366	422
文化、体育用品及器材专门零售	123	191	243
医药及医疗器材专门零售	122	136	158
汽车、摩托车、燃料及零配件专门零售	1072	1203	1249
家用电器及电子产品专门零售	436	482	529
五金、家具及室内装饰材料专门零售	240	354	410
货摊、无店铺及其他零售业	143	202	422
（三）餐饮业	**797**	**864**	**921**
按注册类型分			
内资企业	736	810	867
#国有企业	11	6	5
集体企业	4	5	4
有限责任公司	167	230	257
股份有限公司	5	4	4
私营企业	504	535	569
其他企业	44	30	27
港澳台商投资企业	39	34	34
外商投资企业	22	20	20
按行业分			
正餐服务业	745	799	852
快餐服务业	28	36	38
饮料及冷饮服务业	10	12	11
其他餐饮服务业	14	17	20

1-3 福建省规模以上工业分行业企业数

（2013-2015 年）　　单位：个

行　业	2013	2014	2015
总　计	**16115**	**16744**	**17240**
煤炭开采和洗选业	159	150	132
黑色金属矿采选业	81	81	79
有色金属矿采选业	69	61	51
非金属矿采选业	160	161	158
农副食品加工业	962	1032	1121
食品制造业	525	542	582
酒、饮料和精制茶制造业	511	563	602
烟草制品业	6	6	6
纺织业	879	907	904
纺织服装、服饰业	1211	1198	1221
皮革、毛皮、羽毛及其制品和制鞋业	1288	1314	1282
木材加工和木、竹、藤、棕、草制品业	719	716	752
家具制造业	292	320	328
造纸和纸制品业	444	433	440
印刷和记录媒介复制业	212	220	228
文教、工美、体育和娱乐用品制造业	870	980	1042
石油加工、炼焦和核燃料加工业	27	29	29
化学原料和化学制品制造业	678	709	737
医药制造业	118	125	134
化学纤维制造业	92	100	101
橡胶和塑料制品业	695	706	733
非金属矿物制品业	1700	1775	1827
黑色金属冶炼和压延加工业	340	322	317
有色金属冶炼和压延加工业	150	152	148
金属制品业	512	556	590
通用设备制造业	523	551	593
专用设备制造业	448	481	505
汽车制造业	358	378	381
铁路、船舶、航空航天和其他运输设备制造业	180	182	187
电气机械和器材制造业	740	765	765
计算机、通信和其他电子设备制造业	474	509	519
仪器仪表制造业	134	138	143
其他制造业	184	180	178
废弃资源综合利用业	45	49	56
金属制品、机械和设备修理业	23	22	23
电力、热力生产和供应业	249	262	266
燃气生产和供应业	18	24	29
水的生产和供应业	39	45	51

1-4　福建省各类企业业务总量

（2013-2015 年）　　单位：亿元

项　目	2013	2014	2015
一、规模以上工业总产值	**33853.36**	**38405.32**	**41251.49**
按轻重工业分			
轻工业	16078.66	18219.22	20274.38
重工业	17774.70	20186.10	20977.11
按登记注册分			
内资企业	20021.17	23605.99	26610.80
港澳台商投资企业	7537.92	8319.01	8850.19
外商投资企业	6294.27	6480.32	5790.50
按经济类型分			
国有	1665.92	1745.80	1642.61
集体	233.43	200.14	212.26
股份制	7133.40	9267.22	11071.02
联营	39.71	50.19	59.52
私营	10798.87	12312.94	13548.06
外商及港澳台商投资	13832.19	14799.33	14640.69
其他	149.85	29.70	77.33
按规模分			
大型	10543.12	11171.71	12359.13
中型	10680.74	12656.73	12510.19
小型	12410.23	14094.65	15734.83
微型	219.28	482.23	647.34
二、建筑业总产值	**5812.37**	**7056.89**	**8003.09**
按经济类型分			
国有经济	397.91	415.15	461.08
集体经济	100.02	102.31	103.72
外商经济	4.19	2.51	2.29
港澳台经济	63.09	76.36	89.81
其他	5247.17	6460.56	7346.19

1-4 续表 1　　(2013-2015 年)　　单位：亿元

项　目	2013	2014	2015
按资质等级分			
#总承包	4959.43	6110.62	6981.72
一级及以上	3012.50	3709.39	4236.04
二级	1288.10	1479.51	1545.36
三级	658.83	921.72	1200.32
专业承包	502.32	578.60	624.09
一级	244.82	266.86	297.62
二级	129.59	156.63	161.17
三级及不分等级	127.91	155.11	165.30
按行业分			
房屋建筑业	4091.53	4915.61	5594.69
土木工程建筑业	1078.79	1392.37	1613.83
建筑安装业	203.22	240.23	244.43
建筑装饰和其他建筑业	438.84	508.68	550.14
三、限额以上批发和零售贸易、餐饮业			
(一) 批发和零售贸易业销售总额	**16029.30**	**18709.01**	**20516.43**
按注册类型分			
内资企业	14258.93	16904.52	18754.88
国有企业	916.34	874.79	921.67
集体企业	69.61	82.06	61.54
股份合作企业	8.86	6.86	4.49
联营企业	3.72	0.26	3.13
有限责任公司	6644.97	7771.67	8665.93
股份有限公司	2001.01	2253.18	2448.92
私营企业	4569.23	5883.44	6616.48
其他企业	45.19	32.26	32.72
港澳台商投资企业	469.98	528.92	727.96

1-4 续表 2　　（2013-2015 年）　　单位：亿元

项　目	2013	2014	2015
外商投资企业	1300.39	1275.57	1033.59
按行业分			
批发业			
农、林、牧产品批发	114.87	151.83	176.42
食品、饮料及烟草制品批发	1626.10	1919.28	2284.01
纺织、服装及家庭用品批发	2129.49	2446.35	2726.96
文化、体育用品及器材批发	132.45	182.80	362.82
医药及医疗器材批发	273.54	355.39	394.26
矿产品、建材及化工产品批发	6881.31	8016.52	8520.28
机械设备、五金产品及电子产品批发	735.94	816.92	887.58
贸易经纪与代理	150.82	159.50	134.36
其他批发业	585.60	712.73	800.86
零售业			
综合零售	577.77	606.23	620.10
食品、饮料及烟草制品专门零售	193.12	260.84	322.17
纺织、服装及日用品专门零售	124.95	216.02	295.56
文化、体育用品及器材专门零售	121.97	149.45	178.76
医药及医疗器材专门零售	120.40	133.01	163.43
汽车、摩托车、燃料及零配件专门零售	1798.15	1979.28	1907.24
家用电器及电子产品专门零售	245.91	266.24	272.30
五金、家具及室内装饰材料专门零售	131.89	182.01	229.55
货摊、无店铺及其他零售业	85.02	154.61	239.77
（二）餐饮业营业收入	**158.90**	**146.16**	**152.65**
正餐服务业	113.91	101.65	104.35
快餐服务业	41.02	38.90	40.41
饮料及冷饮服务业	1.11	1.18	1.57
其他餐饮服务业	2.86	4.43	6.32

1-5 福建省规模以上工业分行业工业总产值

（2013-2015 年）

单位：亿元

行 业	2013	2014	2015
总 计	**33853.36**	**38405.32**	**41251.49**
煤炭开采和洗选业	118.11	120.92	118.55
黑色金属矿采选业	127.65	142.62	155.93
有色金属矿采选业	86.13	72.28	62.47
非金属矿采选业	184.37	213.89	224.99
农副食品加工业	2138.76	2433.34	2729.95
食品制造业	949.01	1115.40	1294.49
酒、饮料和精制茶制造业	706.64	779.69	866.08
烟草制品业	242.52	266.46	260.05
纺织业	1840.98	2148.33	2375.78
纺织服装、服饰业	1549.13	1708.66	1835.45
皮革、毛皮、羽毛及其制品和制鞋业	2672.59	2975.53	3226.07
木材加工和木、竹、藤、棕、草制品业	720.90	823.58	955.14
家具制造业	335.41	370.53	420.85
造纸和纸制品业	849.25	912.43	981.76
印刷和记录媒介复制业	217.13	256.80	287.18
文教、工美、体育和娱乐用品制造业	1101.92	1291.09	1468.78
石油加工、炼焦和核燃料加工业	655.08	1093.09	1055.15
化学原料和化学制品制造业	1321.25	1746.68	1580.03
医药制造业	227.34	250.83	291.57
化学纤维制造业	732.20	897.24	1020.96
橡胶和塑料制品业	1349.28	1468.17	1567.81
非金属矿物制品业	2304.89	2616.71	2906.87
黑色金属冶炼和压延加工业	1745.70	1905.68	1631.04
有色金属冶炼和压延加工业	955.76	1261.62	1510.49
金属制品业	762.32	883.62	1078.57
通用设备制造业	845.47	958.41	1014.07
专用设备制造业	629.80	701.54	809.10
汽车制造业	941.11	972.67	1106.21
铁路、船舶、航空航天和其他运输设备制造业	344.97	401.22	415.76
电气机械和器材制造业	1557.47	1667.33	1763.10
计算机、通信和其他电子设备制造业	2998.53	3123.90	3335.79
仪器仪表制造业	155.45	173.65	196.72
其他制造业	226.36	248.39	279.48
废弃资源综合利用业	51.43	65.98	74.16
金属制品、机械和设备修理业	112.52	118.69	146.90
电力、热力生产和供应业	1867.12	1931.41	1920.93
燃气生产和供应业	192.04	243.96	238.63
水的生产和供应业	36.76	42.98	44.63

1-6　福建省各类企业从业人员

（2013-2015 年）　　　　单位：万人

项　目	2013	2014	2015
一、规模以上工业	**423.90**	**419.17**	**415.06**
按轻重工业分			
轻工业	265.69	264.01	261.84
重工业	158.21	155.16	153.22
按规模分			
大型	114.23	110.99	111.29
中型	163.52	158.21	154.23
小型	144.33	147.22	148.46
微型	1.81	2.75	1.08
二、建筑业	**300.60**	**321.76**	**339.06**
按经济类型分			
国有经济	10.97	14.48	12.48
集体经济	5.70	5.89	6.02
外商经济	0.08	0.09	0.07
港澳台经济	0.67	0.66	1.56
其他经济	283.18	300.64	318.93
按资质等级分			
#总承包	206.78	230.03	239.71
一级及以上	113.13	130.77	137.43
二级	59.19	60.73	57.50
三级	34.46	38.53	44.78
专业承包	19.90	20.74	18.57
一级	8.05	8.18	6.84
二级	6.00	6.35	6.02
三级及不分等级	5.85	6.21	5.71
按行业分			
房屋建筑业	197.08	210.75	219.63
土木工程建筑业	41.17	44.55	47.92
建筑安装业	8.35	9.47	9.27
建筑装饰和其他建筑业	54.00	56.99	62.24

注：工业从业人员为从业人员年平均人数；建筑业从业人员为年末从业人员数。

1-7 福建省规模以上工业分行业从业人员

（2013-2015 年）　　单位：万人

行　业	2013	2014	2015
总　计	**423.90**	**419.17**	**415.06**
煤炭开采和洗选业	4.54	4.14	3.71
黑色金属矿采选业	1.11	1.03	0.93
有色金属矿采选业	0.93	0.78	0.41
非金属矿采选业	2.33	2.19	2.20
农副食品加工业	19.51	20.07	20.97
食品制造业	13.88	14.14	14.86
酒、饮料和精制茶制造业	10.45	10.69	11.24
烟草制品业	0.48	0.51	0.51
纺织业	22.33	22.42	21.79
纺织服装、服饰业	39.30	37.48	36.38
皮革、毛皮、羽毛及其制品和制鞋业	66.05	64.08	60.89
木材加工和木、竹、藤、棕、草制品业	9.71	9.34	9.61
家具制造业	6.19	6.37	6.30
造纸和纸制品业	9.90	9.03	8.73
印刷和记录媒介复制业	3.54	3.61	3.53
文教、工美、体育和娱乐用品制造业	21.01	21.43	21.69
石油加工、炼焦和核燃料加工业	0.76	0.92	0.92
化学原料和化学制品制造业	9.43	9.63	9.91
医药制造业	3.01	3.09	3.22
化学纤维制造业	3.53	3.92	3.85
橡胶和塑料制品业	17.26	17.44	16.52
非金属矿物制品业	33.42	33.08	33.17
黑色金属冶炼和压延加工业	9.91	9.31	8.03
有色金属冶炼和压延加工业	4.85	4.89	5.00
金属制品业	8.99	9.25	10.59
通用设备制造业	11.55	11.35	11.19
专用设备制造业	7.97	7.82	7.93
汽车制造业	10.48	10.21	10.17
铁路、船舶、航空航天和其他运输设备制造业	4.34	4.19	4.16
电气机械和器材制造业	19.52	19.52	20.43
计算机、通信和其他电子设备制造业	29.08	28.28	27.36
仪器仪表制造业	3.61	3.62	3.53
其他制造业	5.71	5.75	5.74
废弃资源综合利用业	0.40	0.33	0.37
金属制品、机械和设备修理业	0.85	0.80	0.83
电力、热力生产和供应业	6.61	6.96	6.79
燃气生产和供应业	0.43	0.51	0.52
水的生产和供应业	0.94	0.99	1.08

注：从业人员为从业人员年平均人数。

1-8 福建省内资企业工商登记注册情况

（2015年） 单位：个

项 目	年末企业单位合计	#企业法人	年末注册资本（金）（万元）	本年开业数	本年注销数
总 计	**61333**	**27938**	**122589040.64**	**3883**	**1886**
农、林、牧、渔业	**1827**	**1365**	**1149606.30**	**93**	**81**
农业	568	475	307499.16	60	16
林业	526	474	426991.34	21	8
畜牧业	78	68	34586.87	1	1
渔业	163	157	323344.80	4	4
农、林、牧、渔服务业	492	191	57184.13	7	52
采矿业	**365**	**296**	**404388.04**	**12**	**7**
煤炭开采和洗选业	88	71	117081.55	5	1
黑色金属矿采选业	46	31	117314.28		
有色金属矿采选业	43	39	72544.15	1	
非金属矿采选业	163	140	65157.54	1	5
开采辅助活动	5	4	26350.00	2	
其他采矿业	20	11	5940.52	3	1
制造业	**5034**	**4471**	**15650280.21**	**142**	**119**
农副食品加工业	307	246	218334.66	7	2
食品制造业	192	157	269533.45	10	3
酒、饮料和精制茶制造业	134	126	137271.09		4
烟草制品业	11	10	1139633.43		
纺织业	153	143	260349.93	2	1
纺织服装、服饰业	248	213	264081.20	10	6
皮革、毛皮、羽毛及其制品和制鞋业	188	176	141500.64	5	3
木材加工和木、竹、藤、棕、草制品业	269	249	171734.46	3	4
家具制造业	100	92	72207.98	6	5
造纸和纸制品业	197	182	368751.13	3	2

1-8续表1 （2015年） 单位：个

项 目	年末企业单位合计	#企业法人	年末注册资本（金）（万元）	本年开业数	本年注销数
印刷和记录媒介复制业	287	262	120021.80	4	10
文教、工美、体育和娱乐用品制造业	175	165	443616.63	2	3
石油加工、炼焦和核燃料加工业	16	16	2356022.75	1	
化学原料和化学制品制造业	211	189	1138662.19	3	2
医药制造业	50	47	118760.19	1	
化学纤维制造业	6	6	30925.69		
橡胶和塑料制品业	231	217	146073.43	4	8
非金属矿物制品业	606	540	1006510.64	18	19
黑色金属冶炼和压延加工业	59	57	839655.53		1
有色金属冶炼和压延加工业	42	40	502855.95	3	
金属制品业	243	207	472930.74	6	6
通用设备制造业	261	236	435357.15	2	5
专用设备制造业	206	181	265823.77	11	6
汽车制造业	88	77	465803.69	5	1
铁路、船舶、航空航天和其他运输设备制造业	82	74	218908.49	3	5
电气机械和器材制造业	206	191	730369.20	7	8
计算机、通信和其他电子设备制造业	132	123	2914155.15	6	4
仪器仪表制造业	58	54	63422.30	5	2
其他制造业	170	141	286638.95	12	3
废弃资源综合利用业	87	41	20357.27	2	4
金属制品、机械和设备修理业	19	13	30010.73	1	2
电力、热力、燃气及水的生产和供应业	**2121**	**1584**	**9062532.02**	**87**	**32**
电力、热力生产和供应业	1468	1107	7475560.57	39	26
燃气生产和供应业	188	45	209486.66	29	1
水的生产和供应业	465	432	1377484.79	19	5
建筑业	**3606**	**1387**	**10798689.85**	**262**	**136**
房屋建筑业	1316	434	2330599.01	72	56
土木工程建筑业	819	402	6954792.07	72	27

1-8续表2 （2015年） 单位：个

项　目	年末企业单位合　计	#企业法人	年末注册资本（金）（万元）	本　年开业数	本　年注销数
建筑安装业	225	98	256313.01	7	6
建筑装饰和其他建筑业	1246	453	1256985.76	111	47
批发和零售业	**20025**	**6695**	**9970890.36**	**1089**	**776**
批发业	9766	5174	8938011.42	473	273
零售业	10259	1521	1032878.94	616	503
交通运输、仓储和邮政业	**3556**	**1271**	**6891164.10**	**206**	**72**
铁路运输业	86	21	1098388.86	1	3
道路运输业	1052	611	2398659.73	46	22
水上运输业	234	166	1058383.34	15	4
航空运输业	72	23	1052442.22	2	10
管道运输业	2	1	3000.00		
装卸搬运和运输代理业	544	247	757694.82	36	25
仓储业	277	189	284670.13	12	3
邮政业	1289	13	237925.00	94	5
住宿和餐饮业	**942**	**540**	**622057.09**	**53**	**46**
住宿业	602	396	572652.71	12	22
餐饮业	340	144	49404.38	41	24
信息传输、软件和信息技术服务业	**1824**	**434**	**1754705.91**	**160**	**148**
电信、广播电视和卫星传输服务	1177	44	767213.91	8	118
互联网和相关服务	100	48	200857.50	23	2
软件和信息技术服务业	547	342	786634.50	129	28
金融业	**8478**	**343**	**7708792.86**	**344**	**20**
货币金融服务	5542	157	4390689.50	216	6
资本市场服务	410	36	1222828.00	43	3
保险业	2229	5	11400.00	51	8
其他金融业	297	145	2083875.36	34	3
房地产业	**2465**	**2053**	**15413237.48**	**145**	**57**
房地产业	2465	2053	15413237.48	145	57

1-8续表3　　（2015年）　　单位：个

项　目	年末企业单位合计	#企业法人	年末注册资本（金）（万元）	本年开业数	本年注销数
租赁和商务服务业	**6329**	**4367**	**35413003.15**	**874**	**216**
租赁业	290	223	206626.69	40	10
商务服务业	6039	4144	35206376.46	834	206
科学研究和技术服务业	**1966**	**1227**	**2957671.82**	**229**	**83**
研究和试验发展	363	290	833636.69	83	7
专业技术服务业	1239	656	1618927.64	74	62
科技推广和应用服务业	364	281	505107.49	72	14
水利、环境和公共设施管理业	**606**	**513**	**2101341.59**	**46**	**20**
水利管理业	139	108	674493.09	17	6
生态保护和环境治理业	114	97	159514.33	11	3
公共设施管理业	353	308	1267334.17	18	11
居民服务、修理和其他服务业	**1488**	**808**	**1421882.31**	**48**	**57**
居民服务业	776	443	1252698.73	17	28
机动车、电子产品和日用产品修理业	295	156	33310.50	18	8
其他服务业	417	209	135873.08	13	21
教育	**79**	**63**	**32077.80**	**8**	**4**
教育	79	63	32077.80	8	4
卫生、社会工作	**60**	**46**	**111180.26**	**13**	**1**
卫生	38	25	105328.16	12	1
社会工作	22	21	5852.10	1	
文化、体育和娱乐业	**523**	**449**	**667691.41**	**72**	**9**
新闻和出版业	56	50	248401.21	1	
广播、电视、电影和影视录音制作业	165	140	75321.76	19	2
文化艺术业	158	149	225811.00	32	5
体育	51	44	68260.61	9	1
娱乐业	93	66	49896.83	11	1
其他	**39**	**26**	**457848.08**		**2**

1-9 福建省内资企业工商登记注册变化情况

（2014-2015 年） 单位：个

项　目	2014		2015		2015 年比上年增长（%）
	绝对数	比重（%）	绝对数	比重（%）	
年末企业数	59559	100.0	61333	100.0	3.0
#企业法人	26619	100.0	27938	100.0	5.0
年末注册资金（亿元）	10253.39	100.0	12258.90	100.0	19.6
本年开业数	666	100.0	3883	100.0	483.0
本年注销数	368	100.0	1886	100.0	412.5
一、国有企业					
年末企业数	9072	15.2	8905	14.5	-1.8
#企业法人	4492	16.9	4421	15.8	-1.6
年末注册资金（亿元）	427.49	4.2	438.02	3.6	2.5
本年开业数	24	3.6	171	4.4	612.5
本年注销数	71	19.3	347	18.4	388.7
二、集体企业					
年末企业数	14835	24.9	14699	24.0	-0.9
#企业法人	7281	27.4	7208	25.8	-1.0
年末注册资金（亿元）	99.91	1.0	99.15	0.8	-0.8
本年开业数	81	12.2	323	8.3	298.8
本年注销数	62	16.8	423	22.4	582.3
三、公司					
年末企业数	33367	56.0	35480	57.8	6.3
#企业法人	13853	52.0	15363	55.0	10.9
年末注册资金（亿元）	9588.55	93.5	11578.07	94.4	20.7
本年开业数	554	83.1	3371	86.8	508.5
本年注销数	233	63.3	1096	58.1	370.4
四、其他企业					
年末企业数	2285	3.9	2249	3.7	-1.6
#企业法人	993	3.7	946	3.4	-4.7
年末注册资金（亿元）	137.44	1.3	143.66	1.2	4.5
本年开业数	7	1.1	18	0.5	157.1
本年注销数	2	0.6	20	1.1	900.0

1-10 福建省私营企业工商登记注册情况

（2015 年）

项 目	年末企业数（个）	投资者人数（人）	雇工人数（人）	注册资本（出资金额）（万元）
总 计	**645875**	**1237630**	**4449091**	**379844690.63**
农、林、牧、渔业	23786	47340	166647	10315930.97
采矿业	1574	3842	15843	1002488.64
制造业	114175	220536	1314800	64161688.36
电力、热力、燃气及水的生产和供应业	5077	19917	35735	6968980.68
建筑业	36059	63730	272769	30628388.65
批发和零售业	244288	430770	1351434	86362132.76
交通运输、仓储和邮政业	16088	29158	100705	7367499.36
住宿和餐饮业	9230	14528	74135	2058229.63
信息传输、软件和信息技术服务业	28145	56021	149037	11161338.60
金融业	3411	10494	18411	9704538.77
房地产业	13328	27332	90802	21107991.68
租赁和商务服务业	88148	193335	476848	100594528.36
科学研究和技术服务业	32011	66609	192289	19791966.76
水利、环境和公共设施管理业	2338	4908	16487	1879713.98
居民服务、修理和其他服务业	16574	27957	94962	2875846.05
教育	970	2172	6054	159375.46
卫生和社会工作	1058	1505	9599	393004.46
文化、体育和娱乐业	9589	17431	62362	3306422.46
其他	26	45	172	4625.00

1-11 福建省个体户工商登记注册情况

（2015 年）

项　目	年末户数（户）	从业人员（人）	资金数额（万元）
总　计	1615599	3447498	12984695.11
农、林、牧、渔业	35589	123996	1834750.29
采矿业	983	4074	34344.66
制造业	104311	400076	1211014.71
电力、热力、燃气及水的生产和供应业	919	2702	43997.87
建筑业	1890	5973	27182.99
批发和零售业	1105040	2002373	7425523.55
交通运输、仓储和邮政业	13874	30194	95850.77
住宿和餐饮业	165363	446218	1173072.10
信息传输、软件和信息技术服务业	6043	10687	22540.45
金融业	22	55	231.50
房地产业	4366	11864	21182.00
租赁和商务服务业	21113	45833	208265.88
科学研究和技术服务业	4247	9968	22147.11
水利、环境和公共设施管理业	164	496	2999.25
居民服务、修理和其他服务业	137782	315267	718583.87
教育	347	1096	2631.10
卫生和社会工作	2191	5639	18902.74
文化、体育和娱乐业	11350	30980	121464.77
其他	5	7	9.50

1-12 福建省外资企业工商登记注册情况

（2015 年）

项　目	年末企业数（个）	投资总额（万美元）	注册资本（认缴出资金额）（万美元）
总　计	**25895**	**19671281.38**	**11090110.45**
农、林、牧、渔业	695	402367.04	238271.44
采矿业	35	48768.46	22899.77
制造业	11854	11277703.48	5907219.49
电力、热力、燃气及水的生产和供应业	196	751809.73	244888.34
建筑业	235	203600.33	103440.80
批发和零售业	5721	1197492.23	861339.38
交通运输、仓储和邮政业	618	758249.52	374778.83
住宿和餐饮业	1146	258432.93	149615.13
信息传输、软件和信息技术服务	958	426673.59	221455.93
金融业	337	242005.60	352692.12
房地产业	1105	2063173.79	1204344.91
租赁和商务服务业	1780	1042149.76	806389.92
科学研究和技术服务业	681	366764.54	214465.37
水利、环境和公共设施管理业	82	143794.94	72330.36
居民服务、修理和其他服务业	230	152373.62	64785.18
教育	12	960.97	616.94
卫生和社会工作	11	30486.27	11526.75
文化、体育和娱乐业	196	295305.58	231930.45
其他	3	9169.00	7119.34

2

行业概况

2-1 工业

2-1-1 采矿业

2015年，福建省规模以上采矿业实现工业总产值561.94亿元，实现工业增加值203.74亿元，实现出口交货值5.52亿元，主营业务收入达546.64亿元，实现利润总额25.16亿元。从销售情况看，2015年福建省采矿业仍以省内市场销售为主，省内市场销售比重达81.9%；其次是省外市场，销售比重为17.4%，比上年略有下降；境外市场销售比重仍然较小，仅为0.7%。分大类行业看，煤炭开采和洗选业、黑色金属矿采选业、有色金属矿采选业、非金属矿采选业均以省内市场销售为主；在4个行业中，仅非金属矿采选业有销往境外市场，但比重较低，仅为1.6%。2014-2015年福建省规模以上采矿业主要经济指标见下表。

从全国看，2015年全国煤炭市场供大于求的问题突出，库存居高不下、价格大幅下滑，行业效益持续下降，企业亏损面不断扩大，形势严峻。全年全国规模以上煤炭企业原煤产量36.85亿吨，比上年减少1.34亿吨，下降3.5%。

随着煤炭产能过剩的逐步加剧，煤炭铁路运输形势也发生了逆转，据煤炭工业协会统计，2015年全国铁路发运煤20.00亿吨，比上年减少2.90亿吨，下降12.6%；截至2015年末，全社会存煤已持续48个月超过3亿吨，煤炭企业存煤1.01亿吨，比年初增加1443.00万吨，增长16.7%；全年全国进口煤炭2.04亿吨，比上年下降29.9%；出口533.00万吨，下降7.1%；净进口1.99亿吨，减少8700.00万吨，下降30.4%。

2015年，煤炭产业景气指数较上一年跌1.1个点，景气值为93.9，基本上沿着原有的斜率继续下行；预警指数55.6，在横盘6个季度后再下一个台阶，表明煤炭产业运行的风险系数进一步扩大；与此同时，煤炭产业从业人员也连续两年出现负增长，截至2015年末，煤炭产业从业人数降至465万人，较上年末减少36万人，降幅为7.0%。

“十二五”期间，面对错综复杂的国内外宏观经济形势，煤炭行业认真贯彻落实党中央、国务院促进煤炭工业发展的一系列决策部署，深化煤炭市场化改革，加快产业结构调整和转型发展，有力支撑了国民经济持续快速发展。一是煤炭供应能力增强、产业结构不断优化。截至2015年末，全国煤矿数量1.08万处，其中年产120万吨以上的大型煤矿1050处，比2010年增加400处，产量比重由58.0%提高到68.0%；年产30万吨以下的小型煤矿7000多处，比2010年减少了4000多处，产量比重由21.6%下降到10.0%左右。二是煤炭市场化改革取得重大进展。2013年，国家取消重点电煤合同，煤炭供需企业自主订货、协商定价，实现电煤价格并轨，煤电价格联动机制逐步完善，市场配置资源的决定性作用显著增强。三是行业自主创新能力显著增强。全行业共建成国家重点实验室18个，国家工程实验室7个，国家工程研究中心8个，国家工程技术研究中心4个，国家工程技术研究院1个，国家能源研发中心5个，国家能源重点实验室6个，国家级企业技术中心27个，全行业共培育成立了1个国家级、2个行业级和14个省级协同创新中心。

（摘编：朱翔）

福建省规模以上采矿业主要经济指标

（2014-2015 年） 单位：亿元

指标	2014	2015	指标	2014	2015
工业总产值	549.71	561.94	流动资产年末数	118.21	107.49
工业增加值	234.25	203.74	利润总额	33.68	25.16
主营业务收入	540.54	546.64	利税总额	71.32	55.22
资产总额	339.83	332.89	本年应交增值税	28.36	20.10
固定资产净值年末数	125.39	34.06			

2-1-2 食品加工及食品制造业

2015 年，福建省规模以上农副食品加工业实现工业增加值 535.41 亿元，主营业务收入 2651.50 亿元；食品制造业实现工业增加值 334.85 亿元，主营业务收入 1250.96 亿元。截至 2015 年末，全省规模以上农副食品加工业和食品制造业资产总额分别为 1360.03 亿元和 674.66 亿元。2014-2015 年福建省规模以上农副食品加工业及食品制造业主要经济指标见下表。

2015 年，福建省农副食品加工业销售收入中销往省内市场的比重最大，为 53.1%，销往省外和境外市场的比重分别为 27.2%和 19.7%。食品制造业销往省外市场的比重最大，为 54.1%，销往省内和境外市场的比重分别为 33.0%和 12.9%。从工业生产者出厂价格情况看，2015 年福建省农副食品加工产品工业生产者出厂价格比上年下降 0.4%，食品制造工业生产者出厂价格上涨 0.2%。

从全国看，2015 年全国规模以上农副食品加工业实现增加值比上年增长 5.5%，增幅比规模以上工业平均水平低 0.6 个百分点；实现主营业务收入 65125.60 亿元，增长 3.5%；实现利润总额 3233.80 亿元，增长 6.4%。食品制造业增加值比上年增长 7.5%，增幅比规模以上工业平均水平高 1.4 个百分点；实现主营业务收入 21700.30 亿元，增长 6.3%；实现利润总额 1832.20 亿元，增长 9.1%。

水产品加工业

水产品加工业在福建省农副食品加工业中占有较大比重，且以外销为主。2015 年，福建省水产品加工业实现销售收入 999.61 亿元，销往省内、省外和境外三大市场的比重分别为 30.5%、28.4% 和 41.1%。其中，福建省水产品加工业销往境外市场销售收入占全行业销售收入的比重比上年下降 2.6 个百分点。

受全球经济复苏缓慢、水产品消费萎缩等因素影响，2015 年全国水产品进出口贸易额同比均下降。据海关统计，2015 年全国水产品进出口总量 814.15 万吨，进出口总额 293.14 亿美元，分别比上年下降 3.6%和 5.1%。其中，出口量 406.03 万吨，出口额 203.33 亿美元，分别下降 2.5%和 6.3%。

分贸易方式观察，受生产成本尤其是劳动力成本不断增加、国际水产品原料价格波动、汇率变化以及外需疲软等因素影响，加工贸易竞争优势下降。自 2008 年起全国加工贸易结束连续多年快速增长的走势，占水产品出口总额的比重持续下降。2015 年，全国水产品加工贸易出口量额双降，出口量 112.34 万吨，出口额 52.28 亿美元，分别比上年下降 5.4%和 4.2%，占水产品出口额的比重连续 3 年维持在 24%-25%之间，比 2007 年下降约 16 个百分点。

分产品品种观察，部分品种出现结构性过剩。2015 年，头足类、贝类、蟹类出口量额均略有增长，鳗鱼出口量增额减，对虾、罗非鱼、大黄鱼、淡水小龙虾出口量额双降。罗非鱼产能过剩的情况较为突出，产品价格低，养殖、出口各环节利润不断被挤压，产业持续发展面临较大压力；对虾苗种质量参差不齐，养殖病害尚未得到有效控制，加之极端天气增多，养殖风险持续加大，加工货源不稳定，直接影响了出口的可持续性。淡水小龙虾国内消费持续升温，价格居高不下，加工出口企业利润低，生产积极性普遍不高。

分主要出口市场观察，主要水产品出口目的地的发达经济体市场消费萎缩，需求下降，订单减少，价格低迷。2015 年，全国对日、美、欧、韩、香港等传统市场出口量额均出现负增长。但出口东盟市场保持稳定增长，6 月份之前，全国对东盟出口增长强劲，6 月份之后增幅出现回落，但仍保持了稳定增长，目前东盟已赶超欧盟和韩国，成为全国第三大出口市场。

分主要出口省份观察，福建、山东、广东、辽宁、浙江、河北、海南、广西等沿海省份仍是全国水产品主要出口省份，出口额之和占全国水产品出口总额的 93.7%。其中，福建省借助地域优势，在保持台湾市场优势基础上大力拓展东盟市场，自 2013 年以来连续 3 年位居全国出口首位，且所占份额逐年提高。2015 年，在全国出口形势普遍较差的情况下，福建出口额依然实现了稳中略增；山东、辽宁作为加工出口大省，随着劳动力成本的增加，加工贸易竞争优势逐年下降，2015 年两省水产品出口均出现较大幅度下滑；受鳗鱼、罗非鱼价格下跌影响，广东出口量增额减；而以罗非鱼出口为主的海南、广西也均出现了量额双降的情况；浙江省主要出口品种海水鱼和对虾出口明显下滑，全省出口量额双降；河北省大力发展沿海优势产业带，积极打造加工出口贸易平台，出口实现平稳增长，超过海南、广西成为第六大出口省份。

糖果、巧克力及蜜饯制造业

2015 年，福建省糖果、巧克力及蜜饯制造业销往省内、省外、境外三大市场的比重分别为 25.7%、62.6%和 11.7%。其中，省外市场仍然是主要市场，销售比重逾六成，但比重比上年下降 4.2 个百分点。

2015 年，福建省糖果出口保持增长，出口市场覆盖美国、菲律宾、马来西亚、加纳、印度尼西亚、尼日利亚、缅甸、英国、新加坡、加拿大等近 70 个国家和地区，国外知名客商的采购量明显增长。据福建检验检疫局统计，2015 年全局共检验检疫出口糖果 3188 批、3.31 万吨，分别比上年增长 15.0%和 8.8%。分地区观察，泉州糖果出口值已占福建省九成以上，占全国四分之一以上，为全国主要出口糖果基地，产品主要销往东盟、欧美、中东、非洲、南美洲等 70 多个国家和地区。分糖果出口企业观察，出口企业普遍建立了与国际接轨的 HACCP 控制体系，产品出口抽检合格率为 100%，未被国外通报不合格。同时，企业紧贴国际市场需求，研发出多品种中高端工艺糖及爽口片，得到客户认可，其中工艺糖是普通糖果价格的 2 倍-3 倍，爽口片是普通糖果价格的 50 倍，有效提高了出口糖果附加值。

罐头食品制造业

2015年，福建省罐头食品制造业销往省内、省外、境外三大市场的销售收入占行业全部销售收入的比重分别为 33.9%、37.5%和 28.6%，主要品种有蘑菇罐头、水煮笋罐头、水产罐头等。福建是全国罐头生产大省，2015年全省规模以上企业生产罐头 284.06 万吨。

漳州是福建重要的罐头生产和出口基地，罐头出口量约占全国出口量的20%。据漳州检验检疫局统计，2015 年 1-11 月，该局累计检验放行出口水产罐头产品 2042 批、金额 1.02 亿美元，同比分别增长 25.7%和 39.7%，在全球经济低迷的情况下保持快速增长趋势。斯里兰卡、马来西亚、加纳和智利等 4 国分别居漳州水产罐头出口市场前四位。其中，对斯里兰卡出口 2438.74 万美元，增长 5.4 倍。漳州出口的水产罐头以海捕鱼类罐头为主，主要有茄汁鱼罐头、鲭鱼罐头、沙丁鱼罐头、金枪鱼罐头和鲍鱼罐头等。

（摘编：林晓霞）

福建省规模以上农副食品加工业主要经济指标

（2014-2015 年）

单位：亿元

指标	2014	2015	指标	2014	2015
工业总产值	2433.34	2729.95	流动资产年末数	857.62	875.05
工业增加值	528.31	535.41	利润总额	129.89	142.03
主营业务收入	2356.45	2651.50	利税总额	224.75	224.34
资产总额	1291.36	1360.03	本年应交增值税	87.40	74.87
固定资产净值年末数	262.42	111.59			

福建省规模以上食品制造业主要经济指标

（2014-2015 年）

单位：亿元

指标	2014	2015	指标	2014	2015
工业总产值	1115.40	1294.49	流动资产年末数	314.25	352.85
工业增加值	316.20	334.85	利润总额	84.33	99.23
主营业务收入	1076.53	1250.96	利税总额	121.56	143.37
资产总额	605.92	674.66	本年应交增值税	32.02	38.91
固定资产净值年末数	132.79	70.74			

2-1-3 酒、饮料和精制茶制造业

2015年，福建省规模以上酒、饮料和精制茶制造业完成工业总产值866.08亿元，工业增加值283.87亿元，实现出口交货值17.12亿元，主营业务收入894.65亿元，利润总额81.81亿元。截至2015年末，福建省规模以上酒、饮料和精制茶制造业资产总额达516.29亿元。从销售区域看，2015年全省酒、饮料和精制茶制造业销售收入中销往省内市场的比重最高，为56.5%；其次是省外市场，为41.4%。2014-2015年福建省规模以上酒、饮料和精制茶制造业主要经济指标见下表。

从全国看，2015年全国规模以上酒、饮料和精制茶制造业工业实现主营业务收入17292.50亿元，比上年增长6.4%；实现利润总额1741.40亿元，由上年下降3.1%转为增长7.5%。

饮料制造业

2015年，福建省规模以上企业软饮料产量达518.66万吨。从销售区域看，2015年福建省饮料制造业销售收入中，销往省内、省外和境外三大市场销售比重分别为65.5%、32.7%和1.8%。与上年相比，省外市场和境外市场销售比重分别下降4.7个百分点和2.9个百分点。福建省饮料制造业主要产品有果汁和蔬菜汁饮料、茶饮料、凉茶、速溶茶粉等。

2015年，全国软饮料产量达17661.1万吨，比上年增长6.2%。从消费量看，2015年全国饮料业零售额继续保持较快增长，全年饮料类零售额达1961亿元，增长15.3%。

精制茶加工业

2015年，福建省精制茶加工业销售收入中，销往省内、省外和境外三大市场销售比重分别为47.4%、50.0%和2.6%。与上年相比，省外市场和境外市场销售比重分别下降1.8个百分点和2.6个百分点。

从全国看，据农业部统计，2015年全国18个产茶省茶园面积4316万亩，比上年增加175万亩，增长4.2%，增幅比上年回落1.0个百分点。采摘面积3387万亩，增加228万亩，略低于上年增加数。湖北、贵州、陕西、四川4个省茶园面积各增加20万亩以上。同时，茶叶产量增加明显。2015年，全国干毛茶产量227.8万吨，比上年增加18.6万吨，增长8.9%。其中，名优茶99.3万吨，增加9.1万吨，增长10.1%；大宗茶128.5万吨，增加9.5万吨，增长8.0%。六大茶类全面增产，其中白茶增产50%以上，红茶、黑茶和黄茶各增产10%以上。贵州增产4万吨，福建、四川、云南各增产2万吨以上。

在全国农产品出口总额下降的背景下，茶叶出口实现增长，出口额再创历史新高。据海关统计，2015年全国茶叶出口量32.5万吨，比上年增长7.8%；出口额88亿元人民币（约13.8亿美元），增长8.6%。茶叶出口增长的主要原因：一是2015年8月以来人民币快速贬值，提高了茶叶出口价格竞争力，促进了茶叶出口；二是摩洛哥、乌兹别克斯坦、美国等主要销售市场刚需有所增加，强力拉升了茶叶出口总量；三是在国际茶叶质量标准越趋严格的形势倒逼下，中国茶企进一步强化质量管理，茶叶品质不断提升，国外客商信心增加，增加了出口额；四是随着“一带一路”、自贸区等国家经贸合作战略的不断推进，对这些区域的茶叶出口取得突破。2015年，全国茶叶对“一带一路”沿线国家出口8.2万吨，增长15.2%；对东盟地区出口1.3万吨，增长41.4%；对中东欧16国出口4364吨，增长44.9%；对拉美地区出口1472吨，增长31.5%。

（摘编：林晓霞）

福建省规模以上酒、饮料和精制茶制造业主要经济指标

（2014-2015 年）　　　　单位：亿元

指标	2014	2015	指标	2014	2015
工业总产值	779.69	866.08	流动资产年末数	247.54	260.65
工业增加值	273.58	283.87	利润总额	72.07	81.81
主营业务收入	813.71	894.65	利税总额	114.95	123.79
资产总额	470.87	516.29	本年应交增值税	29.65	29.39
固定资产净值年末数	146.02	86.02			

2-1-4 纺织及纺织服装、服饰业

纺织行业是福建传统支柱产业。2015 年，福建省规模以上纺织业完成工业总产值 2375.78 亿元，工业增加值为 513.76 亿元，实现主营业务收入 2266.72 亿元，利税总额达 162.04 亿元，利润总额达 118.06 亿元；规模以上纺织服装、服饰业完成工业总产值 1835.45 亿元，工业增加值为 505.72 亿元，实现主营业务收入 1761.66 亿元，利税总额达 190.63 亿元，利润总额达 133.46 亿元。2014-2015 年福建省规模以上纺织业和纺织服装、服饰业主要经济指标见下表。

2015 年，福建省纺织业销往省内、省外和境外市场的比重分别为 43.1%、49.8%和 7.1%，纺织服装、服饰业销往省内、省外和境外市场的比重分别为 33.2%、37.5%和 29.3%。从工业生产者出厂价格情况看，2015 年福建省纺织品工业生产者出厂价格比上年下降 2.4%，纺织服装、服饰业工业生产者出厂价格上涨 0.1%。

在严峻的外贸形势下，福建省纺织品出口保持增长。据海关统计，2015 年全省累计出口纺织品 1419.5 亿元，比上年增长 1.0%。其中，出口纺织纱线、织物及制品 402.1 亿元，增长 12.2%；出口服装及衣着附件 1017.4 亿元，下降 2.8%。

分出口市场观察，2015 年全省纺织品对欧盟出口 269.8 亿元，比上年下降 19.0%；对东盟出口 256.7 亿元、对美国出口 145.4 亿元、对阿联酋出口 121.8 亿元，分别增长 11.9%、13.1%、33.4%，上述合计占同期福建省纺织品出口总额的 55.9%。

分出口企业类型观察，民营企业仍是福建省纺织品出口的主力军。2015 年，全省累计出口纺织品 1089.1 亿元，比上年增长 4.6%，占同期全省纺织品出口总额的 76.7%；外商投资企业出口 231.9 亿元，下降 11.4%，占 16.3%；国有企业出口 98.5 亿元，下降 3.1%，占 7.0%。

从全国看，2015 年全国规模以上纺织业工业增加值比上年增长 7.0%，比规模以上工业平均水平高 0.9 个百分点；实现主营业务收入 40173.30 亿

元，增长 5.4%；实现利润总额 2167.50 亿元，增长 5.1%。全年规模以上纺织服装、服饰业工业增加值比上年增长 6.3%，增幅回落 0.7 个百分点；实现主营业务收入 70713 亿元，增长 5.0%；实现利润总额 3860 亿元，增长 5.4%。2015 年，全国纺织行业 500 万元以上项目固定资产投资完成额 11913 亿元，增长 15.0%。

2015 年，全国纺织品服装累计贸易额 3095.1 亿美元，比上年下降 4.8%。其中，出口 2839 亿美元，下降 4.9%；进口 256.1 亿美元，下降 3.5%。分出口贸易方式观察，2015 年全国主要贸易方式出口额下降，一般贸易下降 3.6%、加工贸易下降 15.1%、边境小额贸易下降 20.0%。分出口企业类型观察，民营企业出口额达 1889.8 亿美元，占全国出口额的三分之二，国有企业和三资企业出口所占比重分别下降至 11.5%和 21.7%。其中，三资企业出口额下降幅度最大，降幅近 10%，国有企业下降 7.7%，民营企业仅下降 2.9%。分出口市场观察，一是对欧盟出口下降。2015 年，欧盟经济仍未企稳、盟内各国发展不平衡，以及受政治因素等影响，全国对欧盟出口再次遭遇下跌，全年出口额为 531.3 亿美元，比上年下降 9.4%。其中，对盟内 28 个国家大多出口下降，排名前十位的国家中仅对英国保持 7.8%的较快增长。二是对美国市场保持增长。2015 年，美国成为我国唯一保持出口增长的传统大型市场。全年对美国出口 477.4 亿美元，出口额再创新高，比上年增长 6.7%，对整体出口形成正向拉动。三是对东盟出口下降。全国对东盟出口连续 5 年增长的势头在 2015 年终结，全年对东盟出口 358.2 亿美元，下降 0.8%，其中服装出口下降是拖累东盟出口下降的主要原因。

分产品观察，2015 年占我国纺织品服装出口额 61%的服装出口量比上年下降 6.4%，其中价格相对低的针织服装出口量下降成为服装出口量下降的主因，出口量下降 11.4%，梭织服装仍保持 2.6%的增长。纺织品出口下降 2.4%，其中仅面料保持 0.7%的小幅增长，纱线和制成品分别下降 8.8%和 4.2%。制成品中，家用纺织品下降 9.8%。大类商品出口平均单价全部下跌：针织、梭织服装下跌 0.5%，纱线下跌 9.2%，面料下跌 2%。

尽管 2015 年我国整个纺织服装行业的出口形势并未转好，但也呈现以下亮点：

一是外贸发展模式发生转变。作为进出口业务的创新模式，“一达通”等外贸综合服务平台在 2015 年得以蓬勃发展，全年出口额排名前 20 位的企业中，此类企业（包括商贸公司）占比将近一半，比上年增加了一倍。

二是在严峻的外贸形势面前，大型、超大型企业表现出更强的抗压能力。全国 9 万多家出口企业中，出口额在 5000 万美元以上的大型、超大型企业不足 1%，却占据了 30%的出口份额，且整体出口下降 3.9%，降幅小于平均值。

三是对新兴市场和部分“一带一路”国家出口呈现较好势头。2015 年，全国对这些地区出口仍保持增长。其中，对中东出口增长 4.6%，对非洲增长 5.2%，仅对拉丁美洲出口下降 4.0%。对“一带一路”沿线中的 28 个国家出口实现增长，其中对 16 个国家出口增幅达 10%以上，这些国家仍具有较大市场潜力。

（摘编：林晓霞）

福建省规模以上纺织业主要经济指标

（2014-2015 年）

单位：亿元

指标	2014	2015	指标	2014	2015
工业总产值	2148.33	2375.78	流动资产年末数	729.95	785.64
工业增加值	496.05	513.76	利润总额	113.96	118.06
主营业务收入	2060.45	2266.72	利税总额	158.32	162.04
资产总额	1360.64	1464.33	本年应交增值税	37.37	35.89
固定资产净值年末数	420.56	274.88			

福建省规模以上纺织服装、服饰业主要经济指标

（2014-2015 年）

单位：亿元

指标	2014	2015	指标	2014	2015
工业总产值	1708.66	1835.45	流动资产年末数	738.40	700.66
工业增加值	515.98	505.72	利润总额	134.96	133.46
主营业务收入	1653.99	1761.66	利税总额	191.99	190.63
资产总额	1099.95	1104.42	本年应交增值税	47.69	47.63
固定资产净值年末数	205.51	151.07			

2-1-5 皮革、毛皮、羽毛及其制品和制鞋业

2015 年，福建省规模以上皮革、毛皮、羽毛及其制品和制鞋业完成工业总产值 3226.07 亿元，完成工业增加值 939.91 亿元，实现主营业务收入 3123.47 亿元，利润总额达 224.33 亿元，实现利税总额 330.12 亿元。全年全省皮革、毛皮、羽毛及其制品和制鞋业销往省内、省外和境外市场的销售收入占全部销售收入的比重分别为 35.7%、37.3% 和 27.0%。全省鞋类出口额为 119.51 亿美元，比上年下降 2.6%。2014-2015 年福建省规模以上皮革、毛皮、羽毛及其制品和制鞋业主要经济指标见下表。

分主要生产企业观察，2015 年安踏体育用品有限公司实现营业收入超过 100 亿元，比上年增长 24.7%，成为第一个过百亿的本土体育用品公司。截至 2015 年末，公司已在美国、日本、韩国设立了多个研发设计机构，2015 年研发费用占销售成本的 5.2%，较上一年度提高 0.9 个百分点，为行业第一。近年来，公司坚持单聚焦、多品牌的策略应对竞争，目前拥有安踏、安踏儿童、FILA、FILAKIDS 及 NBA 等品牌，截至 2015 年末，安踏店、安踏儿童体育用品系列店、FILA 专卖店数量分别为 7031 家、1458 家及 591 家；此外，FILA 还开设了约 50 家 FILAKIDS 专卖店。未来安踏品牌继续定位大众，计划继续通过收购，实现四五个品牌矩阵，而收购的原则是“切入细分市场”，实现对不同细分人群的覆盖。2015 年，361 度集团营业收入比上年增长 14.1%，净利润增长 30.2%。作为 2016 年里约奥运会官方赞助商，公司快速拓展海外，尤其是巴西市场的发展机会。海外产品定位高端、突出功能性（Sensation 跑鞋获得美国《跑者世界》评为“推荐产品”），2015 年圣诞节始，公司在国内开设 4 家店铺销售海外产品。国内市场方面，2015 年公司推出行业内首创的智能鞋履“百度 361° 童鞋”；2016 年公司还与乐视体育合作推出智能跑鞋产品。2015 年，福建鸿星尔克体育用品有限公司通过布局细分市场，以“微创新”核心理念对产品进行创新和延伸，由“专业运动”向“生活运动”转型。继推出“你好，阳光!”品牌新主张之后，2015 新款微跑鞋对经典阿甘鞋头、三明治网布面料、运动高耐磨 MD 材料鞋底、3M 反光银材料以及专属织唛设计等处的升级改良，将微跑鞋打造成为一款让消费者在生活和运动中都爱穿的舒适跑鞋。除了品牌和产品方面的创新外，为了更好传达出生活运动的理念，鸿星尔克在国内主流媒体投放广告、发力新媒体社交营销，同时发挥京东、天猫等线上电商渠道和线下店面的联动效应。

从全国看，2015 年我国皮革、毛皮、羽毛及其制品和制鞋业销售收入、利润和进口保持平稳增长，但增幅继续回落；全年规模以上皮革、毛皮、羽毛及其制品和制鞋业销售收入 1.4 万亿元，比上年增长 6.1%，增幅比上年回落 3.0 个百分点；利润总额 887.30 亿元，增长 5.4%，增幅回落 3.1 个百分点。

2015 年，我国皮革、毛皮、羽毛及其制品制鞋业销售低迷，线上线下量增额降，呈低价模式。全国重点大型零售企业全年鞋类销量 1.1 亿双，比上年增长 1.3%；零售额 450 亿元，下降 5.0%。全国 15 家电商网站的鞋销售量为 5.5 亿双，增长 7.3%；销售额 693 亿元，下降 3.2%；包销量 1.3 亿只，增长 0.9%；销售额 149.4 亿元，下降 19.1%。主要产品产量中，轻革和皮鞋保持增长，皮革服装和毛皮服装下降。2015 年，受汽车和皮面家具增长的拉动，全国规模以上轻革产量 6 亿平方米，比上年增长 2.2%，增幅提高 1.6 个百分点。而下游的制品行业增速则有不同程度的回落，皮鞋产量增幅回落 1.9 个百分点，皮革服装产量增幅回落 23.4

个百分点，毛皮服装产量增幅回落 91.5 个百分点。

2015 年，我国皮革、毛皮、羽毛及其制品和制鞋业出口一路走低，进入下半年后愈发明显。全年出口额为 861.3 亿美元，比上年下降 3.1%，出现了自 2010 年来首次下降。其中，出口额占比 59.4% 的制鞋业，出口额下降 5.1%。分区域观察，广东、浙江、福建、江苏和山东是行业出口前五大省份，其出口额占行业出口总额的 80%，2015 年这 5 个省份出口增幅由上年的增长 4.9%转为下降 0.8%。分出口市场观察，皮革、毛皮、羽毛及其制品和制鞋业出口前五大市场分别是美国、欧盟、东盟、日本、香港，2015 年对其出口额合计占行业全部出口额的 64.3%。其中，对美国、东盟出口分别比上年增长 5.6%和 8.7%，拉动作用明显；对欧盟、日本、香港出口则全面下降，降幅分别为 4.1%、6.3% 和 9.7%。从对金砖四国出口情况看，2015 年我国皮革、毛皮、羽毛及其制品和制鞋业仅对印度出口增长了 11.5%，对俄罗斯、南非、巴西等市场均有不同程度的下降，分别下降 33.2%、5.2%、16.1%。

2015 年，我国皮革、毛皮、羽毛及其制品和制鞋业进口额为 95.7 亿美元，比上年增长 2.1%，增幅比上年回落 8.6 个百分点。受需求下降的影响，进口额占行业进口总额 46%的半成品革和成品革，增幅分别从上年的增长 15.7%和 3.9%转为下降 5.4%和 9.6%。

2015 年，我国皮革、毛皮、羽毛及其制品和制鞋业企业间的分化明显，一些设计能力弱、市场控制力差、管理不规范、创新不足的企业勉强度日，朝不保夕；而一些注重管理、渠道、技术、产品创新的企业，仍保持了较快的增长势头。既有奥康、康奈、巨一、金猴等传统品牌实现不同程度的增长，也有洛弛等后起之秀在户外浪潮、互联网+的风口中实现销售收入 33%的超高速增长。

（摘编：张琛）

福建省规模以上皮革、毛皮、羽毛及其制品和制鞋业主要经济指标

（2014-2015 年）

单位：亿元

指标	2014	2015	指标	2014	2015
工业总产值	2975.53	3226.07	流动资产年末数	1091.24	1070.50
工业增加值	919.80	939.91	利润总额	226.15	224.33
主营业务收入	2884.05	3123.47	利税总额	328.85	330.12
资产总额	1615.60	1602.35	本年应交增值税	82.64	84.68
固定资产净值年末数	295.09	209.09			

2-1-6 木材加工和木、竹、藤、棕、草制品业

截至 2015 年末，福建省共有规模以上木材加工和木、竹、藤、棕、草制品业企业 752 家，占全省规模以上工业的 4.4%；全年完成工业总产值 955.14 亿元，出口交货值达 67.14 亿元，实现主营业务收入 924.23 亿元，利润总额达 46.45 亿元。全年全省木材加工和木、竹、藤、棕、草制品业销售收入销往省内、省外及境外三大市场的比重分别为 48.3%、42.4%和 9.3%。与上年相比，省外市场和境外市场销售比重分别降低了 1.9 个百分点和 3.4 个百分点，省内市场比重上升了 5.3 个百分点。2014-2015 年福建省规模以上木材加工和木、竹、藤、棕、草制品业主要经济指标见下表。

2015 年，福建省木材生产（商品原木）完成 480.99 万立方米，比上年减少 75.74 万立方米，降幅达 18.7%。人造板产量增长较快，完成 1583.67 万立方米，增长 12.4%，增幅提高 7.2 个百分点，占全国总产量的 6.3%。林产品出口继续保持较好的势头。全省林业工业主要产品完成出口交货值 301.02 亿元（占全省 6983 亿元的 4.3%），增长 11.8%，增幅提高 2.1 个百分点，增幅比全省高 11.6 个百分点。

2015 年，全省林业企业新增上市企业 4 家（福建龙泰竹业股份有限公司、福建芝星炭业股份有限公司、厦门市江平生物基质技术股份有限公司、郑源国际控股有限公司）、中国驰名商标 5 个（“郑源及图”“元力及图”“栖息园及图”“开心一百及图”与“和其昌及图”）、福建省名牌产品 92 个。12 家企业获评国家级林业龙头企业，154 家企业被评为省林业产业化重点龙头企业，25 家企业申报中国驰名商标和福建省著名商标。“互联网+”等新业态的成为林业产业发展新动力。2015 年，为林业产业提供综合服务的省级林产品电商综合平台——“闽山碧”正式上线，清流“春舞枝”、邵武“味家”竹制品、“鑫森”炭业等电商销售已超过传统渠道销售量。南平朝日网络的“闽北竹商网”和三明林业局的“林品汇”等一些电商公共服务平台也有一定规模，企业营销体系逐步向“平台化、社会化、移动化、电商化、国际化”五化发展。

从全国看，2015 年全国规模以上木材加工和木、竹、藤、棕、草制品业工业增加值比上年增长 6.3%，比规模以上工业平均水平高 0.2 个百分点；实现主营业务收入 14079.30 亿元，增长 6.4%；利润总额达 861.20 亿元，增长 3.4%。截至 2015 年末，全国规模以上木材加工和木、竹、藤、棕、草制品业资产总额为 6427.00 亿元，比上年末增长 9.3%。

2015 年，木材加工和木、竹、藤、棕、草制品业国际市场竞争激烈，传统出口国家需求量减少，全年全国胶合板和实木复合地板的出口量共完成 1076.68 万立方米，比上年减少 244.88 万立方米，下降 18.5%。其中，山东完成 504.65 万立方米，下降 9.2%；江苏完成 319.78 万立方米，下降 2.3%；广西完成 60.98 万立方米，下降 0.4%；广东完成 55.48 万立方米，下降 16.6%；浙江完成 38.83 万立方米，下降 5.1%；上海完成 8.50 万立方米，下降 33.9%。中纤板和强化木地板出口完成 325.71 万立方米，减少 39.60 万立方米，下降 10.8%。刨花板出口量完成 24.69 万立方米，下降 32.0%。

（摘编：张琛）

福建省规模以上木材加工和木、竹、藤、棕、草制品业主要经济指标

（2014-2015 年）

单位：亿元

指标	2014	2015	指标	2014	2015
工业总产值	823.58	955.14	流动资产年末数	175.89	196.71
工业增加值	235.54	249.13	利润总额	43.12	46.45
主营业务收入	802.77	924.23	利税总额	67.34	70.65
资产总额	311.96	357.30	本年应交增值税	19.07	18.58
固定资产净值年末数	83.97	53.95			

2-1-7 家具制造业

2015 年，福建省规模以上家具制造业实现工业总产值 420.85 亿元，工业增加值 114.33 亿元，主营业务收入 409.28 亿元，利润总额达 24.53 亿元，利税总额达 38.09 亿元。全年全省家具制造业销售收入销往省内、省外及境外三大市场的比重分别为 36.5%、30.3%、33.2%。与上年相比，省内比重提高了 10.8 个百分点，省外、境外市场的比重分别下降了 9.9 个百分点和 0.9 个百分点。2014-2015 年福建省规模以上家具制造业主要经济指标见下表。

据海关统计，2015 年福建省家具及其零件出口额为 34.80 亿美元，比上年下降 1.5%。

从全国看，截至 2015 年末，我国家具行业规模以上企业有 5290 家；全年累计主营业务收入 7872.50 亿元，比上年增长 9.3%；实现利润总额 500.86 亿元，增长 14.0%；产量 76961.32 万件，增长 0.4%；固定资产投资额为 2881.83 亿元，增长 17.7%。

据海关统计，2015 年 1-11 月，我国家具出口额在轻工主要商品出口额中占 9.0%，继续保持第 4 位；家具出口额增幅为 2.2%，比同期的轻工主要出口商品平均水平高 5.3 个百分点。

家具行业 9 类商品中，2015 年 1-11 月坐具及其零件、木家具、金属家具、其他材料制家具及家具零 4 类商品的出口额合计约占家具行业的 96.1%；与上年同期相比，上述 4 类商品中，其他材料制家具及家具零件与木家具的占比分别提高了 0.3 个百分点和 0.4 个百分点，坐具及其零件和金属家具的占比分别下降了 0.8 个百分点和 0.3 个百分点。牙科、理发椅及其零件出口额实现了 48.7%的高速增长；塑料家具的增幅居第 2 位，达 14.6%；弹簧床垫、其他材料制家具及家具零件、医用家具、木家具 4 类商品的增幅为个位数增长；坐具及其零件，竹、藤、柳条及类似材料制家具 2 类商品实现微增，仅有金属家具仍为下降。

（摘编：张琛）

福建省规模以上家具制造业主要经济指标

（2014-2015 年）　　单位：亿元

指标	2014	2015	指标	2014	2015
工业总产值	370.53	420.85	流动资产年末数	149.14	148.15
工业增加值	109.21	114.33	利润总额	24.10	24.53
主营业务收入	363.53	409.28	利税总额	36.54	38.09
资产总额	234.94	232.79	本年应交增值税	10.01	10.86
固定资产净值年末数	43.44	26.04			

2-1-8　造纸和纸制品业

截至 2015 年末，福建省共有规模以上造纸和纸制品业企业 440 个，占全省规模以上工业的 2.6%；全年完成工业总产值 981.76 亿元，出口交货值为 39.20 亿元，主营业务收入为 881.21 亿元，利润总额达 70.20 亿元。全年全省造纸和纸制品业销往省内、省外和境外市场的比重分别为 65.0%、30.2%、4.8%。与上年相比，省内销售比重提高 9.2 个百分点，省外市场和境外市场比重分别提高 6.6 个百分点和 2.6 个百分点。2014-2015 年福建省规模以上造纸和纸制品业主要经济指标见下表。

福建省造纸行业产业布局相对集中，以产值计算，泉州市产值占福建省造纸行业总产值的 40%以上；以产量计算，漳州市第一，其产量占福建省造纸行业总产量的 40%以上。

2015 年，福建省造纸行业总体低迷，大型优势造纸企业运行情况相对较好。如福建恒安集团有限公司、福建联盛纸业有限公司、玖龙纸业（泉州）有限公司、福建优兰发集团实业有限公司等企业。福建联盛纸业有限公司纸和纸板产量为 239 万吨，比上年增长 25.8%。但从全省情况看，全年机制纸及纸板的产量虽然还保持在全国前 6 位，但产量增速仅为 2.2%，比上年回落 3.7 个百分点。新闻纸产量 6.28 万吨，下降 47.6%，主要原因是由于南纸股份有限公司 5、6 月份因改制停产两月，约减产新闻纸 1.60 万吨。纸袋纸产量 17.23 万吨、增长 20.9%。包装纸及纸板（除纸袋纸外的）产量约 521.00 万吨，增长 7.4%。该纸种两级分化愈加明显，大型强势企业如福建联盛纸业有限公司和玖龙（泉州）纸业有限公司凭借其规模、技术、管理和成本等方面的优势而占据了市场竞争势头，全年产销运行良好，开机率在 95%左右；而其他中型纸企受成本、资金及环保等因素的制约，生产经营活动面临的困难较多，开机率多在 60%-70%，还有部分企业开机率在 50%以下，全年处于停产状态的企业也有若干家。卫生用纸原纸产量29.87万吨、下降10.9%。目前该纸种全国市场呈供大于求，竞争激烈，近两年福建省已有两家新建投产的大中型纸企2015年处于全停产状态，另两家在建的大型纸企也已暂停，正积极寻找兼并重组的出路。特种纸及纸板产量约42.0万吨、增长12.0%。其他文化用纸（除新闻纸外的）产量约34.0万吨、下降16.1%。

从全国看，截至2015年末，我国规模以上造纸生产企业2791家；资产总计9940亿元，比上年增长5.9%。全年实现主营业务收入8003亿元，比上年增长2.3%；利税总额611亿元，增长2.9%；利润总额373亿元，增长2.9%；出口交货值559.8亿元，下降6.7%。

分地区观察，2015年我国东部地区11个省（区、市）纸及纸板产量占全国纸及纸板产量比重为75.0%，与上年持平；中部地区8个省（区）纸及纸板产量占全国纸及纸板产量比重为16.3%，提高0.5个百分点；西部地区12个省（区、市）纸及纸板产量占全国纸及纸板产量比重为8.7%，下降0.5个百分点。其中，广东、山东、浙江、江苏、福建、河南、湖南、河北、重庆、安徽、天津、湖北、广西、四川、江西和海南16个省（区、市）纸及纸板产量超过100万吨，产量合计10226万吨，占全国纸及纸板总产量的95.5%。

（摘编：张琛）

福建省规模以上造纸和纸制品业主要经济指标

（2014-2015年）

单位：亿元

指标	2014	2015	指标	2014	2015
工业总产值	912.43	981.76	流动资产年末数	454.90	388.64
工业增加值	225.46	219.51	利润总额	64.80	70.20
主营业务收入	841.20	881.21	利税总额	97.85	101.41
资产总额	775.55	733.70	本年应交增值税	29.13	26.74
固定资产净值年末数	215.87	146.10			

2-1-9 印刷和记录媒介复制业

2015年，福建省规模以上印刷和记录媒介复制业完成工业总产值287.18亿元，工业增加值71.75亿元，实现主营业务收入271.74亿元，利润总额16.92亿元。从销售区域看，2015年福建省印刷和记录媒介复制业销售收入中销往省内市场比重最高，为66.2%；其次是省外市场，为25.5%。分行业看，印刷、装订及印刷相关服务均以省内市场销售为主，省内市场销售比重分别为66.3%、92.0%；记录媒介复制主要销往省外市场，省外市场销售比重为60.0%。2014-2015年福建省规模以上印刷和记录媒介复制业主要经济指标见下表。

“十二五”期间，福建省印刷业认真贯彻落实省委省政府关于促进印刷业发展的一系列决策部署，加快产业结构调整和转型发展。各设区市充分利用城市重新规划之机，规划、建设印刷工业园区，通过印刷工业园区建设，利用企业之间的优势互补、资源共享，化解风险、降低成本，实现个体与群体的高速发展，做大做强一批重点骨干企业，抓好、抓精一批重大项目和拳头产品，实现产品档次、技术含量、创新能力的升级，提高产品配套能力，推动福建印刷企业整体素质的提升。

2016年6月，福建省人民政府办公厅印发了《福建省“十三五”文化改革发展专项规划》，对“十三五”期间印刷业转型升级项目作出了要求：一是引导传统印刷企业数字化改造工程。引导重点印刷企业，着重对传统印刷流程和工艺进行数字化、网络化、智能化改造升级。鼓励印刷企业设备更新、技术革新和产品创新，积极发展绿色印刷、数字印刷、智能印刷、创意印刷、定制印刷等新业态。二是建立健全海峡印刷创意中心。整合海峡出版发行集团印刷资源，建设集创意设计、新材料研发、绿色印刷、数字印务等于一体的印务基地。

2015年，全国规模以上印刷和记录媒介复制业实现工业增加值比上年增长6.7%；实现主营业务收入7191.70亿元，增长7.0%；实现利润总额553.90亿元，增长5.0%。截至2015年末，全国规模以上印刷和记录媒介复制业资产总额达5380.40亿元，比上年末增长7.2%。

（摘编：朱翔）

福建省规模以上印刷和记录媒介复制业主要经济指标

（2014-2015年）

单位：亿元

指标	2014	2015	指标	2014	2015
工业总产值	256.80	287.18	流动资产年末数	93.91	85.91
工业增加值	72.46	71.75	利润总额	17.67	16.92
主营业务收入	252.33	271.74	利税总额	27.06	26.45
资产总额	169.85	173.50	本年应交增值税	7.72	7.65
固定资产净值年末数	41.70	35.35			

2-1-10 文教、工美、体育和娱乐用品制造业

2015年，福建省规模以上文教、工美、体育和娱乐用品制造业完成工业总产值1468.78亿元，完成工业增加值398.58亿元，实现出口交货值438.27亿元，实现主营业务收入1422.52亿元，利润总额达97.22亿元。2014-2015年福建省规模以上文教、工美、体育和娱乐用品制造业主要经济指标见下表。

体育用品制造业

2015年，福建省规模以上体育用品制造业销售收入为142.80亿元。在全省体育用品制造业销售收入中，销往省内、省外、境外三大市场销售比重分别为18.9%、24.6%和56.5%，其中省内、省外市场销售比重分别比上年提高2.1个百分点和1.9个百分点。

据厦门同安检验检疫局统计，2015年厦门出口健身器材约9.4亿美元，比上年增长5.3%，约占福建省本行业的九成。厦门于2015年1月建成全国首个国家级出口健身器材质量安全示范区，已然形成健身器材产业聚集区，成为地方经济发展的重要产业。截至2015年末，厦门健身器材企业已超过90家，直接从业人数达1万余人。其中，出口企业60家，产值超过亿元的企业10家，上市公司1家，高新技术企业5家，“中国出口质量安全示范企业”4家。

从全国看，据中国体育用品业联合会统计，2015年体育用品业增加值达2800.00亿元，比上年增长15.8%，连续两年保持两位数增长趋势，占GDP比重为0.4%。全年体育用品行业进出口总额为190.04亿美元，下降5.4%，实现贸易顺差170.97亿美元，下降4.3%。整体上看我国体育用品行业增长态势明显，发展环境整体利好，但国民经济下行压力较大，需高度关注潜在风险。

玩具制造业

2015年，福建省规模以上玩具制造业完成工业总产值82.43亿元，出口交货值达38.24亿元，实现主营业务收入76.02亿元，实现利润总额3.79亿元。全省玩具制造业销往省内、省外、境外三大市场销售比重分别为16.2%、25.4%和58.4%，其中省内市场和省外市场销售比重分别比上年提高5.1个百分点和1.7个百分点。

从全国看，据海关统计，2015年全国玩具行业完成出口额比上年增长10.0%，国际市场得到进一步巩固。分地区观察，全国玩具出口比重主要集中在美国、英国、菲律宾、香港、新加坡、日本、德国、韩国、荷兰、阿拉伯联合酋长国等国家和地区。美国依然是我国玩具出口的第一市场，2015年全国玩具对美国出口55.59亿美元，增长7.8%；受卢布贬值等因素的影响，俄罗斯联邦2015年不再跻身我国出口前十国家。分出口增速观察，2015年我国玩具行业对阿联酋出口增长68.5%，是我国玩具对外出口国家中增速最快的；其次是韩国，全年对韩国出口增长46.4%；第三是菲律宾，增长42.2%。分贸易方式观察，一般贸易出口额占全部玩具出口额的50.5%，增长10.5%；进料加工贸易完成出口额占全部玩具出口额28.9%，增长4.3%。分省份观察，在总量上，我国玩具行业出口的前十个省（市、区）是广东、浙江、江苏、上海、山东、福建、江西、安徽、河北、湖北。2015年，广东出口额占全国玩具出口总额的67.2%，浙江占13.3%，江苏占8.1%。在增速上，湖北省累计出口额增速最高，增长22.0%；其次是浙江省，增长17.4%；紧随其后的是河北省和广东省，分别增长14.0%和11.8%。福建、江西和江苏三省则出现不同程度下降，分别下降8.0%、6.1%和4.8%。

2015年，全国玩具行业完成进口额比上年增长37.9%，增速提高了26.6个百分点。其中，8月份完成进口额最多，达5546.40万美元，增长61.9%。2015年，我国玩具进口额前十个省（市、区）是上海、广东、北京、浙江、福建、江苏、山东、天津、辽宁、河北。上海、广东是我国玩具进口的最主要地区，累计进口额占53.6%。其中，广东完成累计进口额占36.8%。

工艺美术品制造业

2015年，福建省规模以上工艺美术品制造业完成工业总产值1166.24亿元，出口交货值达308.00亿元，实现主营业务收入1143.05亿元，实现利润总额81.67亿元。全省工艺美术品制造业省内、省外、境外三大市场的销售比重分别为33.3%、37.8%和28.9%，其中省内市场和省外市场销售比重分别比上年提高7.7个百分点和2.5个百分点。

从全国看，据中国轻工业联合会统计，2015年我国工艺美术品出口额达421.10亿美元，比上年下降41.1%。其中，雕塑工艺品出口额6.57亿美元，下降13.7%；珠宝玉石制品及半成品出口额10.25亿美元，增长9.8%；首饰及仿首饰出口额212.89亿美元，下降58.2%；抽纱刺绣工艺品出口额18.52亿美元，下降9.4%；地毯、挂毯类工艺品出口额26.61亿美元，下降1.0%；金属工艺品出口额15.83亿美元，下降8.0%；天然植物纤维编织工艺品出口额10.52亿美元，增长2.4%；花画工艺品出口额33.76亿美元，增长11.5%；发制品出口额36.77亿美元，下降0.9%；其他工艺品出口额40.93亿美元，增长5.2%。

（摘编：朱翔）

福建省规模以上文教、工美、体育和娱乐用品制造业主要经济指标

（2014-2015年）

单位：亿元

指标	2014	2015	指标	2014	2015
工业总产值	1291.09	1468.78	流动资产年末数	378.54	400.25
工业增加值	378.86	398.58	利润总额	86.95	97.22
主营业务收入	1258.29	1422.52	利税总额	123.41	137.55
资产总额	607.56	659.15	本年应交增值税	28.90	31.88
固定资产净值年末数	129.42	80.10			

2-1-11 化学原料和化学制品制造业

2015年，福建省规模以上化学原料和化学制品制造业完成工业总产值1580.03亿元，完成工业增加值287.52亿元，实现出口交货值达97.04亿元，实现主营业务收入1521.20亿元，实现利润总额38.97亿元。从销售区域看，全省化学原料和化学制品制造业以省内市场和省外市场销售为主，省内市场和省外市场销售比重均超过40%，分别为49.1%、44.9%，境外市场销售比重仅为6.0%。与上年相比，省内市场销售比重下降0.2个百分点，省外市场销售比重提高2.0个百分点，境外市场销售比重下降1.8个百分点。2014-2015年福建省规模以上化学原料和化学制品制造业主要经济指标见下表。

分主要产品观察，福建省规模以上化学原料和化学制品制造业产量比上年增长的产品有：氢氧化钠（产量187.50万吨，增长27.7%）、碳酸钠（产量0.97万吨，增长9.0%）；涂料（产量74.64万吨，增长7.5%）；农用氮、磷、钾化学肥料（产量52.06万吨，增长6.9%）。

从全国看，2015年全国规模以上化学原料和化学制品制造业产销均保持增长，但增幅回落，盈利水平有所提高。全年规模以上化学原料和化学制品制造业工业增加值比上年增长9.5%，增幅比上年回落0.8个百分点，比规模以上工业平均水平高3.4个百分点，在全国41个大类行业中处于上游水平，居行业第7位；实现主营业务收入83900.60亿元，增长2.3%，增幅回落6.2个百分点，比规模以上工业平均水平高1.5个百分点，居行业第28位；实现利润总额4558.60亿元，增长7.7%，增幅提高6.0个百分点，比规模以上工业平均水平高10.0个百分点，居行业第12位。分主要产品产量观察，除氢氧化钠（烧碱）产量比上年下降1.4%，其他产品产量均比上年增长。

（摘编：朱翔）

福建省规模以上化学原料和化学制品制造业主要经济指标

（2014-2015年）

单位：亿元

指标	2014	2015	指标	2014	2015
工业总产值	1746.68	1580.03	流动资产年末数	651.01	583.88
工业增加值	312.20	287.52	利润总额	49.65	38.97
主营业务收入	1665.32	1521.20	利税总额	116.53	79.42
资产总额	1476.32	1472.93	本年应交增值税	60.31	33.68
固定资产净值年末数	527.97	169.71			

2-1-12　医药制造业

2015年，福建省规模以上医药制造业完成工业总产值291.57亿元，出口交货值达19.21亿元，实现主营业务收入263.23亿元，实现利润总额34.27亿元。从销售区域看，2015年福建省医药制造业仍以省外市场销售为主，省外市场销售比重达65.7%，比上年提高6.4个百分点；其次是省内市场，比重为26.9%，下降5.3个百分点；境外市场销售比重较低，仅为7.4%，比上年略有下降。分行业观察，化学药品原料药制造业、化学药品制剂制造业、中成药生产业、兽用药品制造业、生物药品制造业均以省外市场销售为主，中药饮片加工以省内市场和省外市场销售为主，卫生材料及医药用品制造以省外市场和境外市场销售为主。2014-2015年福建省规模以上医药制造业主要经济指标见下表。

据福建省商务厅统计，2015年福建省药品流通市场规模稳步提高，市场需求活跃。全年药品流通直报企业销售总额332.17亿元，其中药品批发322.05亿元，占全省销售总额的97.0%；药品零售10.12亿元，占全省销售总额的3.3%（零售连锁企业销售总额6.02亿元，占零售总额的59.5%）。

“十三五”期间，福建省医药产业主要发展四个方面：一是大力开发细胞治疗产品、核酸药物及基因治疗药物，重点支持一类生物技术药物的研发和产业化；建设国内领先的基因工程蛋白质药物、体外诊断试剂研发和生产基地，以及重组戊型肝炎疫苗生产基地。二是支持心脑血管、抗肿瘤、抗乙肝病毒、抗艾滋病等仿制药的临床试验及产业化；支持新型抗癌光敏剂、强效免疫抑制剂等一批创新化学药物研制；加快抗乙肝核苷酸药、红景天苷、卢替帕芬等新药研发。三是支持中药及天然药物提取、分离、纯化、合成技术研发及其产业化；加快中药的剂型改造和二次创新，优先发展用于治疗肿瘤、免疫功能性疾病、病毒性疾病和老年性疾病的中成药。四是重点发展快速、自动化的临床检验分析仪器设备、监护仪器设备，用于诊断的医学影像器械，家用医疗保健仪器，物理治疗及康复设备，微型化、智能化的新型医疗设备，骨科材料、各种导管等新型植入材料或介入材料。

从全国看，2015年我国医药外贸呈现新常态。一是研发创新成企业发展动力。医药制造业增速下降，产品出口格局变化不大，研发创新成为企业前进的动力。二是环保成本推动原料药出口价格企稳回升。2015年，我国环保成本压力加大，人力成本不减，导致原料药企业经营成本持续上涨。大宗原料药等低附加值产品原本的利润空间有限，成本上涨带动出口价格提升。三是制造业现转移趋势，加工贸易出口明显下降。据海关统计，2015年我国加工贸易出口额97.89亿美元，比上年增长1.7%，而三年前，我国加工贸易增速为现在的2.5倍。四是大宗出口品种洗牌加快，出口向规模企业集中。大宗出口产品逐渐向规模企业集中，形成少数企业瓜分市场的局面。维生素C、B1等产品，主要生产企业基本固定在三四家之内。五是国有企业出口下滑，民营份额继续扩大。2015年，国有企业出口额占比由2011年的16.8%下降至11.7%，民营企业医药出口额占比由2011年的44.8%提高至51.8%。“十二五”期间，民营企业出口份额提高约7个百分点，引领行业发展。六是国产医疗设备、药品进口替代率继续提高，进口增速逐步放缓。2015年，我国医药产品进口比上年增长7.0%，其中制剂产品进口增长3.1%，医院诊断治疗设备增长9.8%，增幅较前两年均有较大幅度的回落。

（摘编：林舒）

福建省规模以上医药制造业主要经济指标

（2014-2015 年）　　单位：亿元

指标	2014	2015	指标	2014	2015
工业总产值	250.83	291.57	流动资产年末数	143.33	163.35
工业增加值	92.29	100.63	利润总额	26.85	34.27
主营业务收入	226.84	263.23	利税总额	37.73	46.19
资产总额	260.31	285.54	本年应交增值税	9.26	10.13
固定资产净值年末数	52.97	48.04			

2-1-13　橡胶和塑料制品业

截至 2015 年末，福建省共有规模以上橡胶和塑料制品业企业 733 个；全年完成工业总产值 1567.81 亿元，出口交货值达 185.18 亿元，实现主营业务收入 1514.58 亿元，实现利润总额 103.45 亿元。2015 年全省橡胶和塑料制品业销售收入中，销往省外市场的比重最高，为 58.8%，省内市场和境外市场销售比重分别为 29.4%和 11.8%。分行业观察，橡胶制品业和塑料制品业主要销往省外市场，销售比重均达 50%以上，分别为 63.3%、58.0%。2014-2015 年福建省规模以上橡胶和塑料制品业主要经济指标见下表。

据海关统计，2015 年福建省出口塑料制品 57.87 万吨，比上年下降 2.4%，出口额 23.89 亿美元，下降 1.2%；出口新的充气橡胶轮胎 17.15 万吨，下降 9.6%，出口额 5.07 亿美元，下降 18.3%。

分项目观察，漳州正新橡胶轮胎二期是 2015 年福建省重点项目。二期项目计划建设 28 个单体车间。截至 2016 年初，二期项目已建成第一批 12 个车间，并进行试生产；动力车间、工业水池及硫化车间进入设备安装阶段；第二批 11 个生产车间已完成约 70%的工程量。

分企业观察，福建佳通轮胎有限公司以生产和销售子午线轮胎为主，2015 年轮胎产量为 1532.28 万条，比上年下降 15.1%；轮胎销售量为 1547.62 万条，下降 13.2%。

从全国看，2015 年全国规模以上橡胶和塑料制品工业增加值比上年增长 7.9%，比规模以上工业平均水平高 1.8 个百分点；完成主营业务收入 30866.60 亿元，增长 4.1%；实现利润总额 1883.50 亿元，增长 4.6%。

分行业观察，根据中国橡胶工业协会轮胎分会的统计数据，2015 年重点会员企业单位的轮胎销售收入和轮胎产量总体均呈现不同程度的下降。工业产值、销售收入、出口交货值降幅均达 12%，利润总额下降达 17%，轮胎等主要橡胶制品的产量出现负增长。其中，40家重点轮胎企业利润大幅下降达30%。

2015年，轮胎行业的贸易摩擦形势依旧严峻。一方面，随着欧盟《标签法》的陆续实施，轮胎出口的技术要求不断升级。另一方面，贸易保护主义加剧。如2015年美国工人联合会（USW，United Steelworkers union）代表美国乘用车及轻型卡车轮胎产品产业向美国商务部和美国国际贸易委员会（ITC，International Trade Commission）提出“双反”（反倾销及反补贴）申请。6月12日，美国商务部发布了对华乘用车及轻卡车轮胎反倾销及反补贴终裁结果，认定中国输美轮胎存在倾销及补贴行为。7月14日，美国ITC投票平局裁决中国轮胎对美造成实质性损害，美国商务部正式发布了对华乘用及轻卡轮胎反倾销及反补贴税令。

除美国外，包括俄罗斯、印度等多国亦与中国轮胎行业有类似摩擦。中国轮胎出口面临世界范围内的重重壁垒，产业压力明显。

尽管形势艰巨，但行业调整结构、改变同质化、淘汰低端落后、绿色发展、由大向强发展的理念和路径凸显，2015年全行业销售收入突破万亿元，达到10176亿元。

2014-2015年是中国轮胎行业“走出去”战略标志性年份。除中国化工集团收购世界第五大轮胎企业“倍耐力”外，更值得瞩目的是中国轮胎行业在东南亚地区的版图拓展。如赛轮（越南）有限公司、玲珑公司泰国工厂、中策橡胶（泰国）有限公司先后投产；森麒麟轮胎有限公司泰国工厂2015年内启用；山东民营企业——奥戈瑞集团在印度尼西亚合资投建工厂等。

（摘编：林舒）

福建省规模以上橡胶和塑料制品业主要经济指标

（2014-2015年）　　单位：亿元

指标	2014	2015	指标	2014	2015
工业总产值	1468.17	1567.81	流动资产年末数	528.29	495.91
工业增加值	404.19	372.87	利润总额	111.81	103.45
主营业务收入	1434.72	1514.58	利税总额	159.67	148.63
资产总额	955.05	926.91	本年应交增值税	40.29	37.94
固定资产净值年末数	271.95	154.82			

2-1-14 非金属矿物制品业

截至 2015 年末，福建省共有规模以上非金属矿物制品业企业 1827 个；全年完成工业总产值 2906.87 亿元，出口交货值达 279.98 亿元，实现主营业务收入 2851.72 亿元，实现利润总额 201.56 亿元。2015 年全省非金属矿物制品业销售收入中，销往省内市场的比重为 51.9%，销往省外市场的比重为 37.9%，销往境外市场的比重为 10.2%。分行业观察，水泥、石灰和石膏的制造业，石膏、水泥制品及类似制品制造业，玻璃制造业，玻璃制品制造业，玻璃纤维和玻璃纤维增强塑料制品制造业主要销往省内市场；砖瓦、石材等建筑材料制造业，石墨及其他非金属矿物制品制造业主要销往省外市场；耐火材料制品制造业销往省内与省外市场的比重相当，分别为 48.7%和 43.0%。2014-2015 年福建省规模以上非金属矿物制品业主要经济指标见下表。

从全国看，据工信部统计数据显示，2015 年全国产能严重过剩的水泥、平板玻璃产量分别为 23.50 亿吨、7.40 亿重量箱，分别比上年下降 4.9%、8.6%，水泥产量是 25 年来的首次负增长。低耗能低排放的加工产品产量保持增长，如商品混凝土 16.4 亿立方米，增长 2.1%；钢化玻璃 4.6 亿平方米，增长 7.5%。

2015 年，全国建材产品出口 383 亿美元，比上年增长 6.1%，虽然增速为 2008 年国际金融危机以来最低，但从出口产品价格看，建材出口竞争力增强，全年全国建筑卫生陶瓷出口额达 138 亿美元，增长 15.8%。

水泥制造业

截至 2015 年末，福建省共有规模以上水泥、石灰和石膏制造业企业 95 个，全年完成工业总产值 318.46 亿元，产销率为 98.9%，实现主营业务收入 308.54 亿元；石膏、水泥制品及类似制品制造业企业 294 个，全年完成工业总产值 462.81 亿元，产销率为 99.1%，实现主营业务收入 459.61 亿元。

分企业观察，2015 年福建水泥股份有限公司生产熟料 505.40 万吨，生产水泥 661.77 万吨，分别比上年下降 19.4%和 13.1%，销售商品（水泥、熟料）670.80 万吨，下降 14.3%。

从全国看，据中国水泥协会统计，2015 年全国新增投产水泥熟料生产线共有 31 条，合计年度新增熟料产能 4712 万吨，比上年减少 2319 万吨，降幅达 32%。我国新增熟料产能已连续三年呈递减走势。

截至 2015 年末，全国新型干法水泥生产线累计 1764 条（去除部分 2015 年已拆除生产线），设计熟料产能达 18.1 亿吨，实际年熟料产能达到 20 亿吨。累计产能比上年增长 2%。

砖瓦、石材等建筑材料制造业

截至 2015 年末，福建省共有规模以上砖瓦、石材等建筑材料制造业企业 1096 个；全年完成工业总产值 1510.56 亿元，产销率为 98.0%，完成出口交货值 124.59 亿元，主营业务收入达 1478.82 亿元，实现利润总额 122.31 亿元。

从全国看，2015 年我国规模以上砖瓦企业虽然地区间发展不平衡，主要产品产量、经济效益指标和投资完成额有升有降，但总体仍然保持了比较平稳的运行态势，装备技术水平在不断提升，产品结构也在逐渐优化。据中国建筑材料联合会公布数据显示，2015 年全国规模以上砖瓦企业共完成砖 5413.89 亿块标砖，比上年增长 6.2%；瓦的产量有所回落，规模以上企业全年完成 128.55 亿片，减少 8.8%。

陶瓷制品制造业

截至 2015 年末，福建省拥有规模以上陶瓷制品制造业企业 166 个；全年从业人员平均人数为 8.51 万人，完成工业总产值 299.47 亿元，产销率为 98.2%，出口交货值 112.81 亿元，实现主营业务收入 288.21 亿元，实现利润总额 18.25 亿元。2015 年福建省陶瓷制品制造业主要销往省外和境外市场，销售比重分别为 41.8%和 39.7%，销往省内市场的比重为 18.5%。

从全国看，2015 年全国陶瓷行业累计完成利润总额前三位的地区依次是江西、广东、山东。其中，江西稳居首位，完成利润总额比上年增长 3.2%，占全国陶瓷行业利润总额的 27.3%；广东增长 9.3%，占 15.0%；山东下降 1.8%，占 14.0%。从增速看，湖南、福建、广西增速在 10%以上，领先于其他陶瓷主要产区，其中福建占比由上年第 7 位升至第 6 位；而山东、上海、江苏、湖北则出现 1.8%、11.5%、11.6%、12.8%的负增长。

据海关统计，2015 年美国继续保持我国陶瓷出口最大贸易国地位。全年我国陶瓷累计出口美国比上年增长 49.2%，占我国陶瓷出口总额的 21.1%，出口占比比上年提高了 2.5 个百分点。从出口增速看，2015 年我国陶瓷出口主要贸易国中，仅阿拉伯联合酋长国下降，其他均上涨。对越南出口增速居首，增长 4 倍以上，出口占比由上年的 10 位之外跃升至第 4 位；对沙特阿拉伯、英国、美国、新加坡、荷兰出口增速高于平均增速，达 30%以上，其中英国出口占比由上年第 7 位升至第 3 位。

在当前严峻的国际经济形势下，陶瓷行业的反倾销措施层出不穷，国外的技术性贸易措施日益严格，对我国陶瓷产品出口造成严重影响。自 2001 年印度首先对我国瓷砖进行反倾销立案调查以来，国内陶瓷行业先后遭遇了印度、菲律宾、韩国、巴基斯坦、泰国、秘鲁、阿根廷、巴西、哥伦比亚、墨西哥等国家和欧盟的反倾销调查。2015 年 5 月 8 日，墨西哥对原产自中国的墙砖和地砖发起反倾销调查；7 月 14 日，突尼斯对进口瓷砖进行保障措施立案调查；10 月 13 日，印度对中国瓷砖发起反倾销调查；2016 年 2 月 19 日，巴基斯坦对原产于中国的墙砖和地砖进行反倾销立案调查。

陶瓷行业技术性贸易措施方面也日趋严格。各国纷纷通过制定更为严格的标准来强化技术性贸易措施。如较为常见的陶瓷铅镉含量标准，美国要求为 2%，欧盟针对食品接触类陶瓷制品中铅和镉溶出量的标准大幅提高了铅和镉的溶出限量要求，将空心器皿的铅溶出限量由 4mgL 调整为 0.01mgL，而我国国家标准中小空心器皿的铅溶出限量为 0.5mgL。一些国家检验和检疫程序不断改变，如美国一改过去先提货后查检疫证书的惯例，要求先验货后提货，延长了交货时间，增加了陶瓷出口企业的经济负担。同时，主要西方发达国家对陶瓷产品的材料、重量、尺寸等都有特别规定，欧盟地区对于陶瓷标签有实施 CE 标准的要求。

玻璃制造业

截至 2015 年末，福建省共有规模以上玻璃制造业企业 30 个;全年完成工业总产值 101.40 亿元，出口交货值达 25.45 亿元，实现主营业务收入 110.28 亿元；玻璃制品制造业企业 54 个，全年完成工业总产值 90.34 亿元，出口交货值达 9.91 亿元，实现主营业务收入 91.26 亿元。

从全国看，据中国轻工业信息中心公布的数据显示，2015 年受国际经济形势影响，全国玻璃行业进出口均有所下降，进口额 4.88 亿美元，比上年下降 1.5%；出口额 69.18 亿美元，下降 2.0%。

（摘编：林舒）

福建省规模以上非金属矿物制品业主要经济指标

（2014-2015 年）　　单位：亿元

指标	2014	2015	指标	2014	2015
工业总产值	2616.71	2906.87	流动资产年末数	898.23	1082.06
工业增加值	762.40	759.85	利润总额	212.23	201.56
主营业务收入	2576.86	2851.72	利税总额	311.20	301.52
资产总额	1817.65	2101.29	本年应交增值税	78.78	77.82
固定资产净值年末数	532.04	315.62			

2-1-15　冶金行业

冶金行业包括黑色金属矿采选业、有色金属矿采选业、黑色金属冶炼和压延加工业、有色金属冶炼和压延加工业 4 个行业。2015 年，福建省冶金行业实现产品销售收入 3199.88 亿元，比上年下降 2.9%。其中，销往省内市场比重为 54.9%，比上年降低 1.8 个百分点；销往省外市场比重为 42.1%，提高 2.6 个百分点；销往境外市场比重为 3.0%，降低 0.8 个百分点。分行业观察，黑色金属冶炼和压延加工业产品销售收入为 1612.75 亿元，以省内市场销售为主，省内市场销售比重达 62.3%；有色金属冶炼和压延加工业产品销售收入为 1377.20 亿元，以省外市场销售为主，省外市场销售比重达 52.6%；黑色金属矿采选业、有色金属矿采选业产品销售收入分别为 149.44 亿元、60.49 亿元，均以省内市场销售为主，省内市场销售比重分别为 86.6%、66.8%。

截至 2015 年末，福建省规模以上冶金行业共有企业 595 个，资产总额达 2382.71 亿元。全年完成工业总产值 3359.93 亿元，完成工业增加值 603.70 亿元，实现主营业务收入 3130.63 亿元，实现利润总额 62.92 亿元。2014-2015 年福建省规模以上冶金行业主要经济指标见下表。

从全国看，2015 年全国规模以上冶金行业实现主营业务收入 129227.50 亿元。其中，黑色金属矿采选业、有色金属矿采选业、黑色金属冶炼和压延加工业分别实现主营业务收入 7368.60 亿元、6086.10 亿元、64605.70 亿元，分别比上年下降 20.7%、2.5%和 13.0%，分别比全国平均水平低 21.5 个百分点、3.3 个百分点和 13.8 个百分点；有色金属冶炼和压延加工业实现主营业务收入 51167.10 亿元，增长 0.7%，比全国平均水平低 0.1 个百分点。黑色金属冶炼和压延加工业、有色金属冶炼和压延加工业增加值增速分别为 5.4%和 11.3%，其中黑色金属冶炼和压延加工业比全国平均水平低 0.7 个百分点，有色金属冶炼和压延加工业比全国平均水平高 5.2 个百分点。

分行业观察，2015 年全国黑色金属冶炼和压延加工业生产经营呈现五大特点。一是产量、消费量双下降。全年全国粗钢产量 8.04 亿吨，比上年下降 2.3%，近 30 年来首次出现下降。国内粗钢表观消费 7 亿吨，下降 5.4%，连续两年出现下降，降幅扩大 1.4 个百分点。二是钢材价格持续下跌。我国钢材价格已连续 4 年下降，2015 年跌幅加大。钢材综合价格指数由年初的 81.91 点下跌到 56.37 点，下降 25.54 个点。三是经济效益大幅下降。2015 年，我国钢铁行业出现全行业亏损，重点统计钢铁企业实现销售收入 28890 亿元，下降 19.1%；实现利税-13 亿元、利润-645 亿元，由盈转亏。亏损面 50.5%，提高 33.7 个百分点。四是钢材出口继续增长。2015 年，我国出口钢材 11240 万吨，增长 19.9%。五是固定资产投资持续下降。2015 年，我国钢铁行业固定资产投资 5623 亿元，下降 12.8%。其中，黑色金属冶炼及压延业投资额 4257 亿元，下降 11.0%；黑色金属矿采选业投资额 1366 亿元，下降 17.8%。

有色金属冶炼和压延加工业生产经营呈现六大特点。一是产量持续增长，增幅略有回落。2015 年，规模以上有色金属工业增加值比上年增长 10.0%，增幅回落 1.4 个百分点。十种有色金属产量为 5155.8 万吨，增长 6.8%，增幅比上年收窄 0.6 个百分点。六种精矿金属含量 906.6 万吨，下降 10.5%。铜材产量（铜、铝材产量均未扣除企业间的重复统计数，下同）为 1913.7 万吨，增长 7.1%；铝材产量为 5236.4 万吨，增长 9.0%。二是企业资产规模扩大。截至 2015 年末，我国规模以上有色金属工业企业资产总额达 39127.3 亿元，比上年末增长 4.3%；负债总额 24845.4 亿元，增长 4.6%；资产负债率为 63.5%，比上年提高了 0.2 个百分点。三是固定资产投资下降。2015 年，我国有色金属项目（不包括独立黄金企业）完成固定资产投资额 6718.8 亿元，下降 2.8%。其中，有色金属冶炼和压延加工业完成固定资产投资 3732.9 亿元，下降 2.0%，所占比重达 55.6%。四是出口额大幅下降。2015 年，全国有色金属（含黄金首饰及零件）出口额为 446.1 亿美元，下降 42.2%。五是价格大幅下降。2015 年，国内外市场有色金属价格大幅度下跌，尤其是四季度出现断崖式下跌，一度跌到金融危机以来的最低点。国内市场降幅低于国际市场降幅，国内市场铜、铝、铅、锌价格的降幅分别比国际市场低 2.7 个百分点、0.9 个百分点、9.5 个百分点和 6.2 个百分点。六是主营业务收入同比基本持平，实现利润大幅下降。2015 年，全国 8640 家规模以上有色金属工业企业（不包括独立黄金企业）实现主营业务收入 52473.1 亿元，增长 0.1%，增幅比上年回落了 8.9 个百分点；实现利税总额 2732.4 亿元，下降 9.5%；实现利润总额 1509.7 亿元，下降 13.2%，降幅扩大 12.9 个百分点。

（摘编：秦茹）

福建省规模以上冶金行业主要经济指标

（2014-2015 年）　　单位：亿元

指标	2014	2015	指标	2014	2015
工业总产值	3382.20	3359.93	流动资产年末数	1032.49	1028.71
工业增加值	690.14	603.70	利润总额	113.18	62.92
主营业务收入	3235.37	3130.63	利税总额	232.96	144.91
资产总额	2311.38	2382.71	本年应交增值税	105.21	67.93
固定资产净值年末数	726.66	333.80			

2-1-16 通用设备制造业

截至2015年末，福建省共有规模以上通用设备制造业企业593个，资产总额达745.50亿元；全年从业人员平均人数达11.19万人，完成工业总产值1014.07亿元，完成工业增加值257.36亿元，出口交货值达147.84亿元，实现主营业务收入985.56亿元，实现利润总额71.84亿元，工业生产者出厂价格指数为99.6，比上年下降0.2个百分点。2015年全省通用设备制造业销售收入中，销往省外市场的比重最高，为47.6%；其次是省内市场，为37.0%；境外市场所占比重最小，为15.4%。分行业观察，锅炉及原动设备制造业、金属加工机械制造业、通用零部件制造业、其他通用设备制造业主要销往省内市场，省内市场销售比重分别为49.2%、55.5%、67.5%、52.3%；物料搬运设备制造，泵、阀门、压缩机及类似机械制造业，轴承、齿轮和传动部件制造业，烘炉、风机、衡器、包装等设备制造等主要销往省外市场，省外市场销售比重分别为48.9%、67.3%、46.3%、57.2%。2014-2015年福建省规模以上通用设备制造业主要经济指标见下表。

分主要企业观察，作为福建省较大的卫浴生产企业之一，厦门建霖工业有限公司（以下简称“建霖工业”）不断地推进“机器换工”，在建霖工业的生产车间里，一部分工艺已经由机械手臂所替代，流水线生产也改由小型工作站执行。“互联网+”下，建霖工业提出了“建霖2025”行动计划。该计划包括：与德国西门子公司合作，引进工业4.0概念打造绿色、数字化、智能化工厂；设立创客园区，包括设计中心、电商中心和品牌营运中心，吸引台湾地区、日本、德国以及本土的设计人才入驻，为辖区内中小企业提供服务平台；引进美的、海尔等战略客户，从外销转向部分内销；积极参与电商业务，搭建众筹平台，实现产品的个性化精准定位。2015年，西门子为建霖工业打造的未来工厂方案已经完成设计，预计2019年将在厦门机电工业集中区投用，届时建霖工业的智能健康家居产品将实现生产全自动化，预计总产值100亿元。

从全国看，2015年全国规模以上通用设备制造业工业增加值比上年增长2.9%，比规模以上工业平均水平低3.2个百分点；实现主营业务收入47051.00亿元，增长0.5%；完成利润总额3042.80亿元，下降0.6%。截至2015年末，全国规模以上通用设备制造业工业资产总额达41206.10亿元，比上年末增长5.8%。

（摘编：官丽曼）

福建省规模以上通用设备制造业主要经济指标

（2014-2015年）

单位：亿元

指标	2014	2015	指标	2014	2015
工业总产值	958.41	1014.07	流动资产年末数	450.31	458.98
工业增加值	265.68	257.36	利润总额	75.00	71.84
主营业务收入	925.06	985.56	利税总额	102.72	102.25
资产总额	716.74	745.50	本年应交增值税	22.50	24.45
固定资产净值年末数	158.57	120.03			

2-1-17 专用设备制造业

截至 2015 年末，福建省规模以上专用设备制造业资产总额达 690.14 亿元；全年实现主营业务收入 768.57 亿元，实现利润总额 43.23 亿元。工业生产者出厂价格指数为 99.3，比上年下降 0.3 个点。2015 年全省专用设备制造业销售收入中，省外市场销售比重为 55.5%，省内市场销售比重为 37.5%，境外市场销售比重为 7.0%。其中，省内市场和境外市场销售比重分别下降 3.6 个百分点和 3.4 个百分点，省外市场销售比重提高 7.0 个百分点。2014-2015 年福建省规模以上专用设备制造业主要经济指标见下表。

分主要企业观察，2015 年厦门厦工机械股份有限公司工程机械产品产量为 6037 台，比上年下降 53.9%；销量为 8050 台，下降 33.0%。2015 年，该公司研发工程机械智能电传控制系统核心技术实现突破，开发出我国第一代智能化工程机械装备，同时公司持续开展装载机、挖掘机等主要产品系列的升级换代，稳步提高产品节能、减排、降噪等多方面性能；全年共新增授权专利 32 项，现有授权专利 241 项、软件著作权 3 项，按计划完成国家科技支撑计划项目 1 项；完成企业标准制定 9 项，参与国家标准制定 2 项、行业标准制定 2 项。

从全国看，2015 年全国规模以上专用设备制造业工业增加值比上年增长 3.4%，比规模以上工业平均水平低 2.7 个百分点；实现主营业务收入 35599.80 亿元，增长 2.9%；实现利润总额 2096.90 亿元，下降 3.4%。截至 2015 年末，全国规模以上专用设备制造业资产总额达 34346.00 亿元，比上年末增长 5.1%。

（摘编：朱翔）

福建省规模以上专用设备制造业主要经济指标

（2014-2015 年）

单位：亿元

指标	2014	2015	指标	2014	2015
工业总产值	701.54	809.10	流动资产年末数	447.48	466.28
工业增加值	170.36	172.81	利润总额	53.32	43.23
主营业务收入	676.65	768.57	利税总额	77.30	67.14
资产总额	655.29	690.14	本年应交增值税	19.59	18.62
固定资产净值年末数	109.06	94.67			

2-1-18 汽车制造业

截至 2015 年末，福建省规模以上汽车制造业资产总额达 809.13 亿元；全年实现主营业务收入 1053.07 亿元，实现利润总额 73.55 亿元。2015 年福建省汽车制造业销售收入中，销往省外市场的比重最高，为 58.5%，下降 1.4 个百分点；其次是省内市场，为 28.8%。分行业观察，改装汽车制造业、电车制造业、汽车零部件及配件制造业主要销往省外市场，省外市场销售比重均在 50%以上；低速载货汽车制造业和汽车车身、挂车制造业主要销往省内市场，省内市场销售比重均在 60%以上。2014-2015 年福建省规模以上汽车制造业主要经济指标见下表。

2015 年是“十二五”规划收官之年，面对复杂错综的国际环境和艰巨繁重的国内改革发展稳定任务，我国汽车行业贯彻落实中央决策部署，把握发展大势，坚持稳中求进工作总基调，主动适应经济发展新常态，扎实做好各项工作，总体实现了良好发展，行业整体运行平稳。据中国汽车工业协会统计，2015 年全国汽车产销量超过 2450 万辆，创全球历史新高，连续七年蝉联全球第一。2015 年全国汽车行业主要有以下四大亮点：一是汽车产销总体平稳增长。2015 年，我国汽车产销分别完成 2450.33 万辆和 2459.76 万辆，创历史新高，分别比上年增长 3.3%和 4.7%，产销增速分别比上年回落 4.0 个百分点和 2.2 个百分点。月度产销呈现“中间低两头高”特征，前八个月累计增速逐月下滑，从 9 月开始回升。二是乘用车首次超过 2000 万辆。乘用车是我国汽车产品的主体，2015 年，乘用车已达到汽车总量的 86.0%。全年乘用车产销分别完成 2107.94 万辆和 2114.63 万辆，分别增长 5.8%和 7.3%，增速分别比全国汽车行业平均水平高 2.5 个百分点和 2.6 个百分点。三是中国品牌乘用车市场份额提高。2015 年，我国品牌乘用车共销售 873.76 万辆，增长 15.3%；占乘用车销售总量的 41.3%，提高 2.9 个百分点。其中，轿车销售 243.03 万辆，下降 12.5%，占轿车销售总量的 20.7%，下降 1.7 个百分点；SUV 销售 334.30 万辆，增长 82.8%，占 SUV 销售总量的 53.7%，提高 8.9 个百分点；MPV 销售 186.58 万辆，增长 13.6%，占 MPV 销售总量的 88.6%，提高 2.7 个百分点。四是新能源汽车高速增长。2015 年，我国新能源汽车生产 34.05 万辆，销售 33.11 万辆，分别增长 3.3 倍和 3.4 倍。其中，纯电动汽车产销分别完成 25.46 万辆和 24.75 万辆，分别增长 4.2 倍和 4.5 倍；插电式混合动力汽车产销分别完成 8.58 万辆和 8.36 万辆，分别增长 1.9 倍和 1.8 倍。

（摘编：朱翔）

福建省规模以上汽车制造业主要经济指标

（2014-2015 年）

单位：亿元

指标	2014	2015	指标	2014	2015
工业总产值	972.67	1106.21	流动资产年末数	440.89	517.28
工业增加值	234.90	250.81	利润总额	54.59	73.55
主营业务收入	934.50	1053.07	利税总额	96.84	118.34
资产总额	698.54	809.13	本年应交增值税	31.88	34.08
固定资产净值年末数	160.68	131.49			

2-1-19 铁路、船舶、航空航天和其他运输设备制造业

2015年，福建省规模以上铁路、船舶、航空航天和其他运输设备制造业完成工业总产值 415.76 亿元，出口交货值达 114.12 亿元，实现利润总额 19.46 亿元。工业生产者出厂价格指数为 101.0，比上年下降 0.6 个点。2015 年福建省铁路、船舶、航空航天和其他运输设备制造业销售收入中，销往省内、省外、境外三大市场的比重分别为 43.2%、29.0%和 27.8%。分行业观察，城市轨道交通设备制造业，船舶及相关装置制造业，航空、航天器及设备制造业主要销往省内市场，省内市场销售比重均在 50%以上；铁路运输设备制造业、摩托车制造业主要销往省外市场，省外市场销售比重在 60%以上。2014-2015 年福建省规模以上铁路、船舶、航空航天和其他运输设备制造业主要经济指标见下表。

船舶制造业是福建省铁路、船舶、航空航天和其他运输设备制造业中的主要行业。据福建船舶工业协会统计，2015 年全省规模以上修造船企业实现产品销售收入 198.00 亿元，比上年下降 2.0%；实现利润总额 7.90 亿元，下降 29.0%。规模以上造船工业企业的造船完工 555 艘/516815 载重吨，分别下降 50.0%和 43.0%；新承接订单 616 艘/102 万载重吨，合同金额 146.00 亿元；手持订单 457 艘/190 万载重吨，合同金额 363.70 亿元。分主要企业观察，在造船方面，福建省船舶工业集团有限公司仍然是主力军，完成工业总产值约 89 亿元。在修船方面，福建华东船厂有限公司承修外轮在内的共计 240 艘，修船工业产值 3.50 亿元，成为全省船舶修理行业的领军企业。在游艇方面，厦门、宁德、漳州、福州等地游艇制造企业积极引进、消化、吸收先进的设计理念，创新技术，改进工艺，形成具有自身特色的游艇品牌。厦门瀚盛游艇有限公司经过多年游艇市场的打拼，已成为国内较大的帆船制造商之一，2015 年出口游艇产值超过 1.3 亿元。在船舶配套业方面，福建船舶配套企业向多元化、多样性、个性化、跨界性的经营模式迈进。福建盛荣船舶设备制造有限公司致力于产品研发与技术创新，在福建乃至东南沿海船舶配套业赢得良好声誉，2015 年下半年承接了 30 多艘新船设备配套订单。

从全国看，2015 年面对低迷的市场环境，我国骨干船舶企业加大自主研发力度，产品创新成效明显。三大主流船型全面升级换代，17.2 万立方米薄膜型液化天然气（LNG）船、8.3 万立方米超大型全冷式液化石油气船（VLGC）、18000 标准箱集装箱船、8500 车位汽车滚装船、4.5 万吨集滚船、3.7 万吨沥青船、北极深水半潜式钻井平台、圆筒型海上生活平台、R550 型自升式钻井平台等高端产品交付使用。2 万箱级集装箱船、新一代 40 万吨超大型矿砂船（VLOC）、超大型原油船（VLCC）、7800 车位汽车滚装船等新船型获得批量订单。2015 年，全国造船完工量 4184 万载重吨，比上年增长 7.1%；承接新船订单量 3126 万载重吨，下降 47.9%。截至 2015 年末，全国手持船舶订单量 1.23 亿载重吨，下降 12.3%。据海关统计，2015 年我国出口船舶分别占全国造船完工量、新接订单量、手持订单量的 88.6%、88.6%、95.7%。

2015 年，全国规模以上铁路、船舶、航空航天和其他运输设备制造业工业增加值比上年增长 6.8%，比规模以上工业平均水平高 0.7 个百分点；实现主营业务收入 16280.50 亿元，增长 5.3%；实现利润总额 1000.00 亿元，增长 6.1%。截至 2015 年末，全国规模以上铁路、船舶、航空航天和其他运输设备制造业资产总额达 16321.40 亿元，比上年末增长 8.4%。

（摘编：朱翔）

福建省规模以上铁路、船舶、航空航天和其他运输设备制造业主要经济指标

（2014-2015 年）

单位：亿元

指标	2014	2015	指标	2014	2015
工业总产值	401.22	415.76	流动资产年末数	205.18	249.26
工业增加值	112.62	94.35	利润总额	18.80	19.46
主营业务收入	371.54	397.91	利税总额	30.88	29.70
资产总额	297.81	364.88	本年应交增值税	10.03	7.89
固定资产净值年末数	59.81	29.16			

2-1-20 电气机械和器材制造业

2015 年，福建省规模以上电气机械和器材制造业完成工业总产值 1763.10 亿元，实现主营业务收入 1671.63 亿元，实现利润总额 150.43 亿元。2015 年福建省电气机械和器材制造业以省外市场销售为主，省外市场销售比重为 44.6%，比上年下降 0.8 个百分点。分行业观察，家用电力器具制造业、照明器具制造业仍以境外市场销售为主，境外市场销售比重均在 40%以上；电线、电缆、光缆及电工器材制造业，输配电及控制设备制造业以省内市场销售为主，销售比重均在 50%以上；电池制造业、非电力家用器具制造业以省外市场销售为主，省外市场销售比重均在 70%以上；电机制造业以省外和境外市场销售为主，销售比重均在 40%以上。2014-2015 年福建省规模以上电气机械和器材制造业主要经济指标见下表。

电机电器产业作为闽东的传统主导经济产业，分布主要以福安市为重点，逐步向霞浦、福鼎、周宁、寿宁等周边县市辐射发展，向宁德市区等交通便捷的区域延伸扩张发展，同时也带动铸造、漆包线、模具、空压机、按摩器等上下游电机电器产品配套工业的发展，为宁德市经济、社会发展做出重大贡献。

分产品技术观察，闽东电机电器产业大多数企业上世纪 90 年代已初步完成了资本的原始积累，从家庭小作坊式走向现代化规模生产，建立了现代企业制度，与国内多所科研院校的技术合作关系日益密切，有 20 多家企业设立了产品研发中心，200 多家企业通过 IS09000 质量体系认证，26 家企业的商标或产品荣获“福建省著名商标”或“福建省名牌产品”称号，泰格、安波、亚南三大商标荣获“中国驰名商标”称号。发电机类型从中小型发电机拓展到数码发电机、高效电动机等高技术产品；化油器类型从摩托车化油器发展到通用机化油器、舷外机化油器；电子保健器材从机械式单一功能产品发展到多功能、智能化等多系列产品。

分产品种类观察，闽东电机电器产业拥有电动

机、发电机、水泵、汽油柴油动力机组、电热电器、电子医疗保健器械、家用电器等门类两百多个系列1000多个品种。全市800多家电机电器企业中，电机、水泵整机企业占200家左右，电子医疗保健器械企业140家，配件及贸易企业460家。产品结构中电动机约占21%、发电机约占40%、水泵约占12%、化油器及配件约占14%、电热电器、电子医疗保健器械、家用电器等约占13%。

“十二五”期间，福建省政府高度重视闽东电机电器产业发展，相继出台扶持政策。2012年5月，福建省政府出台了《关于加快推进闽东电机电器千亿产业集群发展措施的通知》（闽政文[2012]182号）。这是在全球经济不景气的大环境下，特地为该产业持续发展出台的政策，从规划编制、土地配套、财税扶持、技术改造等9个方面提出了具体扶持措施，为闽东电机的逆势发展增添了动力，从而确保闽东电机产业持续发展。

近年来，福建省在提升电机电器产业科研和技术水平方面做足了功课，也搭建了许多平台。众多出口电机企业与北京高校及科研机构签订了合作协议，国家质检总局支持福安建成电机国家重点实验室。福安市被授予“中国中小电机之都”“全国中小电机出口基地”称号之后，更加促进了对电机产业整体实力和外向辐射度的提高。2015年6月13日，第六届海峡两岸电博会中科院（宁德）电机电器领域成果推介对接会召开，在全省征集105项技术需求，吸引300多家企业参加。福建省亚南电机有限公司当场与专家签订成果转让协议，还有24家企业也与专家达成意向。

从全国看，2015年全国规模以上电气机械和器材制造业工业增加值比上年增长7.3%，比规模以上工业平均水平高1.2个百分点；实现主营业务收入69475.00亿元，增长4.8%；实现利润总额4389.00亿元，增长12.1%。截至2015年末，全国规模以上电气机械和器材制造业资产总额达56981.70亿元，比上年末增长9.7%。

（摘编：朱翔）

福建省规模以上电气机械和器材制造业主要经济指标

（2014-2015年）

单位：亿元

指标	2014	2015	指标	2014	2015
工业总产值	1667.33	1763.10	流动资产年末数	809.30	899.05
工业增加值	468.59	477.85	利润总额	127.94	150.43
主营业务收入	1578.29	1671.63	利税总额	180.64	202.52
资产总额	1219.06	1370.31	本年应交增值税	42.83	43.29
固定资产净值年末数	201.54	127.61			

2-1-21 计算机、通信和其他电子设备制造业

电子信息产业作为福建的三大支柱产业之一，是推动福建省经济增长和结构转型的重要基础产业。

2015 年，全省规模以上计算机、通信和其他电子设备制造业完成工业总产值 3335.79 亿元，实现主营业务收入 3102.85 亿元，实现利润总额 106.66 亿元，利税总额达 146.95 亿元。2015 年福建省计算机、通信和其他电子设备制造业销售收入中，销往境外市场的比重最高，为 56.9%，下降 5.3 个百分点；其次是省外市场，为 29.9%，提高 7.1 个百分点。分行业观察，视听设备制造业、电子器件制造业仍以境外市场销售为主，境外市场销售比重均在 60%以上；雷达及配套设备制造业、电子元件制造业、其他电子设备制造业以省外市场销售为主，省外市场销售比重均在 50%以上。2014-2015 年福建省规模以上计算机、通信和其他电子设备制造业主要经济指标见下表。

2016 年 7 月 12 日，中国电子信息行业联合会发布 2016 年（第三十届）中国电子信息百强企业名单。根据企业规模、效益、研发创新及社会责任等指标综合评价，福建省 4 家企业入榜，分别为：福建省电子信息（集团）有限责任公司（第 39 位）、福州福大自动化科技有限公司（第 76 位）、万利达集团有限公司（第 78 位）、厦门宏发电声股份有限公司（第 98 位）。

2015 年，我国电子信息产业深入贯彻落实党中央、国务院的决策部署，加快推进结构调整，产业整体保持了平稳增长。

截至 2015 年末，全国规模以上电子信息制造企业 1.99 万家。全年完成增加值比上年增长 10.5%，比规模以上工业平均水平高 4.4 个百分点，在全国 41 个工业行业中增速居第 5 位。实现主营业务收入 11.1 万亿元，增长 7.6%，比规模以上工业平均水平高 6.8 个百分点；占规模以上工业主营业务收入的比重达 10.1%，提高 0.7 个百分点。实现利润总额 5602.00 亿元，增长 7.2%，比规模以上工业平均水平高 9.5 个百分点；占规模以上工业利润总额的比重的 8.8%，提高 1.0 个百分点。销售利润率为 5.0%，比规模以上工业平均水平低 0.8 个百分点；每百元主营业务收入中成本为 87.8 元，减少 0.6 元；产成品存货周转天数为 14.8 天，比规模以上工业平均水平高 0.6 天。分区域观察，中、西部地区分别实现销售产值 14963.00 亿元和 10584.00 亿元，分别增长 18.1%和 11.5%，增速分别比全国平均水平高 9.4 个百分点和 2.8 个百分点；中西部地区销售产值在全国销售产值的比重达到 22.6%，提高 1.5 个百分点。东部地区完成销售产值 86587.00 亿元，增长 8.7%，比全国平均水平低 1.5 个百分点；东北地区完成销售产值 1160.00 亿元，下降 13.0%，比全国平均水平低 21.7 个百分点。

2015 年，我国规模以上电子信息制造业 500 万元以上项目完成固定资产投资额 13775.3 亿元，比上年增长 14.2%，增幅比上年提高 2.8 个百分点，高出规模以上工业投资增速 6.5 个百分点。其中，电子计算机行业完成投资 1121.5 亿元，增长 30.6%，成为全行业投资增速最快的领域；电子元件、电子信息机电和专用设备行业分别完成投资 2878.3 亿元、2316.3 亿元和 1750.8 亿元，分别增长 17.9%、19.6%和 13.9%，通信设备、家用视听设备、电子器件行业增速均低于 10%。

2015 年，全国共生产手机和彩色电视机 18.1 亿部和 1.4 亿台，分别比上年增长 7.8%和 2.5%，其中智能手机 13.99 亿台、智能电视和 8383.50 万台，占比分别达到 77.2%和 57.9%；微型计算机 3.1 亿台，下降 10.4%；集成电路 1087.2 亿块，

增长 7.1%。

国内市场方面，2015 年我国规模以上电子信息制造业实现销售产值 113294.60 亿元，其中内销产值 61695.00 亿元，比上年增长 17.3%，高于出口交货值 17.4 个百分点；内销产值占销售产值比重超过一半，提高 4.6 个百分点。分行业观察，电子测量仪器和电子信息机电行业的内销产值占比分别为 83.3%和 80.3%，电子专用设备、广播电视设备和电子元件行业的内销产值占比分别为 74.6%、65.1%和 65.0%，家用视听设备、通信设备、电子器件和电子计算机行业的内销产值占比分别为 55.5%、52.6%、42.6%和 28.1%。分企业类型观察，内资企业的内销产值占比达 81.5%，中小型企业内销产值占比 76.9%，对国内市场的依赖度较高；外商投资企业和大型企业内销比例均不同程度提高。

进出口方面，2015 年我国电子信息产品进出口总额达 13088.00 亿美元，比上年下降 1.1%。其中，出口 7811.00 亿美元，下降 1.1%，占全国外贸出口比重为 34.3%；进口 5277.00 亿美元，下降 1.2%，占全国外贸进口比重为 31.4%。贸易顺差 2534.00 亿美元，与上年基本持平，占全国外贸顺差的 42.7%。分贸易方式观察，一般贸易出口额 1988.00 亿美元，增长 11.5%，增速比全省平均水平高 12.6 个百分点，比重提高 2.9 个百分点。分企业类型观察，内资企业出口 2419.00 亿美元，增长 13.2%，其中民营企业增长较快，增长 16.8%，国有和集体企业保持 3.0%和 7.9%的增长。分出口市场观察，新兴市场中的新加坡、印度、泰国的出口增速达到 10.3%、19.2%和 20.8%；分区域观察，部分中、西部省市出口增长较快，贵州、青海、广西、甘肃、内蒙古出口增速达到 435.9%、70.9%、37.9%、32.3%、30.5%。

（摘编：朱翔）

福建省规模以上计算机、通信和其他电子设备制造业主要经济指标

（2014-2015 年） 单位：亿元

指标	2014	2015	指标	2014	2015
工业总产值	3123.90	3335.79	流动资产年末数	1260.23	1346.72
工业增加值	689.21	731.29	利润总额	140.92	106.66
主营业务收入	2969.70	3102.85	利税总额	180.07	146.95
资产总额	1861.15	2050.22	本年应交增值税	32.25	32.21
固定资产净值年末数	370.47	306.81			

2-1-22 仪器仪表制造业

2015年，福建省规模以上仪器仪表制造业完成工业总产值196.72亿元，实现主营业务收入190.26亿元，利税总额达11.21亿元，实现利润总额5.76亿元。2015年福建省仪器仪表制造业销售收入中，销往境外市场的比重最高，为46.9%，比上年下降6.8个百分点；其次是省外市场，为34.1%。分行业观察，通用仪器仪表制造业、专用仪器仪表制造业、其他仪器仪表制造业主要销往省外市场，钟表与计时仪器制造业、光学仪器及眼镜制造业主要销往境外市场。2014-2015年福建省规模以上仪器仪表制造业主要经济指标见下表。

分主要企业观察，福建上润精密仪器有限公司于2015年成功研发出了高端变送器和管阀件，解决了老式产品在腐蚀、高温高压情况下易泄漏、工作寿命短等问题，且产品安全性及整体技术水平均达到国际一流水平，价格仅是国外同类产品的70%。截至2015年末，该管阀件产品营业额已超过500万元，神华（福建雁石）发电股份有限公司、西气东输工程、南疆利民管道工程等国内重大项目均已开始采用该产品。

2015年，全国规模以上仪器仪表制造业工业增加值比上年增长5.4%，比规模以上工业平均水平低0.7个百分点；实现主营业务收入8703.30亿元，增长5.8%；实现利润总额783.30亿元，增长6.1%。截至2015年末，全国规模以上仪器仪表制造业资产总额达7793.60亿元，比上年末增长12.1%。

据海关统计，2015年我国仪器仪表行业进出口总额676.00亿美元。其中，进口414.00亿美元，出口262.00亿美元，逆差152.00亿美元，创六年来新低。国内市场需求疲软，本国企业水平提升，导致进口大幅减少。2015年，仪器仪表进口延续了2014年的下行走势，除3月略有反弹外，其他月份均为负增长。1-12月，161类产品中有57.1%的产品进口与上年相比有所下降。进口产品中，分散型工业过程控制设备降幅较大，为31.5%；压力/差压变送器、电子万能试验机一位数负增长；气体或烟雾分析仪下降13.6%；气相色谱仪基本与上年持平，进口额2.7亿美元；此外，试验台、物镜、质谱联用仪、液相色谱仪两位数增长，分别为：13.1%、24.8%、33.1%、16.1%。

（摘编：朱翔）

福建省规模以上仪器仪表制造业主要经济指标

（2014-2015年）　　单位：亿元

指标	2014	2015	指标	2014	2015
工业总产值	173.65	196.72	流动资产年末数	77.52	74.82
工业增加值	50.63	55.76	利润总额	10.13	5.76
主营业务收入	168.39	190.26	利税总额	14.73	11.21
资产总额	119.02	117.31	本年应交增值税	3.89	4.42
固定资产净值年末数	27.00	19.01			

2-2 建筑业

2015年，福建省建筑业完成增加值2268.86亿元，比上年增长10.1%。全省具有资质等级的总承包和专业承包建筑业企业完成建筑业总产值7605.81亿元，增长13.7%；实现利润总额248.59亿元，增长6.3%；税金总额260.27亿元，增长15.9%。2012-2015年福建省建筑业企业主要经济指标见下表。

为进一步扩大建筑服务领域对台湾地区的开放，提高建筑工程管理水平，根据《中国（福建）自由贸易试验区总体方案》，福建省住建厅印发实施《平潭综合实验区内台商独资或控股开发建设项目管理办法（试行）》（以下简称"《办法》"）。《办法》规定，一是工程发包可选择大陆或台湾符合规定的设计、施工、监理、造价的企业，鼓励实行工程总承包模式，鼓励选择设计、监理（即监造）一体化的台湾地区设计单位，鼓励选择台湾建筑业企业承担设计、施工任务。二是采用台湾地区技术规范和工程质量标准进行设计的建设项目，应采用台湾地区项目管理模式，工程图纸审查、内业资料格式、工程档案应符合台湾地区相关规定和技术标准。采用大陆地区技术规范和工程质量标准进行设计的，应采用大陆地区管理模式，工程图纸审查、工程管理和质量安全管理按大陆地区现行有关规定实施。三是工程项目开工前，发包方应当到当地监管部门办理工程质量安全监督手续和申领施工许可证，核发施工许可证后方可施工。平潭综合实验区监管部门负责制定建设项目工程的竣工验收、竣工验收备案、工程归档等相关规定，强化竣工验收管理。工程的质量保修由发包方与承包方通过合同约定，质量保修期不应低于大陆现行规定。截至2015年9月，一共有28家台湾企业在平潭片区完成备案，其中营造厂6家，工程技术顾问公司2家，建筑师事务所20家；执业人员备案119人，其中建筑师20人，技师99人。荣工工程股份有限公司在平潭承揽中福海峡建材城和福建中荣混凝土预拌站项目施工；中兴工程顾问股份有限公司参与编制平潭综合实验区总体规划、独立承接城中村改造整治规划、城关老街保护整治规划等项目。

从全国看，2015年全国具有资质等级的总承包和专业承包建筑业企业完成建筑业企业完成建筑业总产值18.08万亿元，比上年增长2.3%；完成竣工产值11.01万亿元，增长9.3%；房屋施工面积达到124.26亿平方米，下降0.6%；房屋竣工面积达到42.08亿平方米，下降0.6%；签订合同额33.80万亿元，增长4.5%；实现利润总额6508.00亿元，增长1.6%。截至2015年末，全国有施工活动的建筑业企业80911个，比上年末减少0.3%；从业人数5003.40万人，增长10.3%；按建筑业总产值计算的劳动生产率为32.37万元/人，比上年增长1.9%。

注：本文数据均为快报数。

（摘编：朱翔）

福建省建筑业企业主要经济指标

（2012-2015 年）

项　目	2012	2013	2014	2015
一、企业单位数（个）	**2959**	**3233**	**3734**	**4011**
二、总产值（亿元）	**4713.38**	**5812.37**	**7056.89**	**8003.09**
增加值	1627.40	2044.89	2331.32	2597.04
竣工产值	2597.08	3343.32	3813.81	4730.97
三、房屋施工面积（万平方米）	**41821.78**	**48254.03**	**57385.67**	**59277.33**
#本年新开工	16476.39	19483.34	20244.86	19474.59
四、房屋竣工面积（万平方米）	**12343.77**	**13860.99**	**15392.71**	**16631.27**
#住宅	7407.13	9301.91	9814.99	10715.31
五、年末从业人员（万人）	**249.64**	**300.60**	**321.76**	**339.06**
六、全员劳动生产率（元/人）				
按总产值计算	182738	183213	204770	218782
按增加值计算	63094	64457	67648	70996
七、工资总额（亿元）	**1282.62**	**1624.25**	**1809.63**	**2027.20**
八、财务指标（亿元）				
资本金合计	769.54	941.60	1145.32	1296.99
流动资产年末数	2029.75	2547.03	3054.96	3404.72
固定资产原值	434.08	489.69	553.14	596.79
固定资产净值	334.92	381.68	401.49	519.89
企业总收入	4392.40	5396.68	6409.51	7122.82
工程结算收入	4373.98	5374.51	6391.91	7102.54
工程结算成本	3912.71	4791.78	5675.54	6344.86
利润总额	152.82	187.17	235.38	264.56
工程结算利润	302.06	385.79	479.91	495.18
利税总额	319.26	392.07	480.77	539.79

2-3 服务业

2-3-1 批发和零售业

“十二五”期间，福建省社会消费品零售总额各年增幅分别为18.2%、15.6%、14.0%、12.9%和12.4%，呈现逐年回落态势。2015年，福建省消费品市场呈现稳中有升的增长态势，社会消费品零售总额突破10000亿元大关。全年全省实现社会消费品零售总额10505.93亿元，比上年增长12.4%，增幅比上年回落0.5个百分点，扣除价格因素，实际增长12.5%，增幅提高0.8个百分点。2015年福建社会消费品零售额增幅比全国平均水平高1.7个百分点，低于重庆（增长12.5%），与河南并列居各省（区、市）第2位。分季度观察，一季度增长12.1%，二季度增长12.2%，三季度增长12.4%，四季度增长12.8%。

分经营地观察，全年全省城镇市场消费品零售额9448.57亿元，比上年增长12.2%，增幅比上年回落0.7个百分点；乡村市场消费品零售额1057.36亿元，增长14.1%，增幅提高0.6个百分点，乡村市场增速比城镇市场高1.9个百分点。

分设区市观察，地区差距进一步扩大。总量方面，福州、厦门、泉州三大中心城市仍占据绝对优势，三市共实现零售总额7116.75亿元，占全省社会消费品零售总额的比重为67.7%，比上年提高0.4个百分点。增幅方面，2015年全省各设区市零售额增幅居全省前3位的为龙岩、福州和泉州，分别比上年增长14.2%、14.0%和12.3%，增幅最高与增幅最低的差距为5.3个百分点，扩大0.7个百分点。

从全国看，全年社会消费品零售总额达300931亿元，比上年增长10.7%，扣除价格因素，实际增长10.6%。按经营地统计，城镇消费品零售额258999亿元，增长10.5%；乡村消费品零售额41932亿元，增长11.8%。

分消费类型观察，商品零售额268621亿元，比上年增长10.6%；餐饮收入额32310亿元，增长11.7%。

在限额以上企业商品零售额中，通讯器材类零售额比上年增长29.3%，建筑及装潢材料类增长18.7%，家具类增长16.1%，文化办公用品类增长15.2%，粮油、食品、饮料、烟酒类增长14.6%，中西药品类增长14.2%，日用品类增长12.3%，家用电器和音像器材类增长11.4%，服装、鞋帽、针纺织品类增长9.8%，化妆品类增长8.8%，金银珠宝类增长7.3%，石油及制品类下降6.6%，汽车类增长5.3%。

2015年，全国网上零售额为38773亿元，比上年增长33.3%，其中实物网上商品零售额32424亿元，增长31.6%。在网上商品零售额中，吃类商品增长40.8%，穿类商品增长21.4%，用类商品增长36%。

注：本文数据均为快报数。

（摘编：林舒）

2-3-2 铁路、道路、水上、航空运输业

“十二五”期间，福建省全面贯彻落实党中央、国务院的各项战略部署，积极推进综合交通基础设施建设，着力提升运输服务水平，累计完成投资突破 5700 亿元，顺利实现“市市通快铁、县县通高速、镇镇通干线、村村通客车”目标，“两纵三横”综合交通运输大通道基本形成。

一、“十二五”期间，福建交通运输跨越发展新成就

（一）公路网络更加健全

“十二五”期间，福建省累计完成公路建设投资 3490 亿元，公路总里程达 10.46 万公里，其中二级及以上公路里程超过 1.5 万公里。高速公路通车里程达 5000 公里，新增 2600 公里，形成“三纵六横”骨架网。建成普通干线公路 3800 公里，普通国省道二级及以上公路比例达 65%。建设改造农村公路 1.3 万公里，全省 100%建制村实现通硬化公路。农村公路生命防护工程 3.3 万公里，改造危桥 1816 座。全面推行公路管理养护标准化，经登记的农村公路全面列养。

（二）铁路网络主骨架形成

“十二五”期间，福建省累计完成铁路建设投资 1150 亿元，铁路运营里程近 3300 公里，其中快速铁路近 1570 公里。合福高铁、厦深、向莆、龙厦、赣龙新双线建成通车，开工建设南（平）三（明）龙（岩）、福州至平潭、衢州至宁德 3 条快速铁路，在建里程 528 公里，基本形成“两纵五横”主骨架。疏港铁路支线建成 2 条、在建 3 条，海铁联运格局初步形成。

（三）港口发展更加集约

“十二五”期间，福建省累计完成港口建设投资513亿元，新增沿海港口生产性泊位78个，其中万吨级以上40个，新增港口通过能力1.2亿吨。核心港区投资约占总量70%，港口通过能力、万吨级以上深水泊位占全省比例均超过三分之二，规模化、集约化水平显著提升。东南国际航运中心建设成效初显，集装箱吞吐量排名全球第17位，厦门港加快建设东南沿海邮轮始发港。闽江航运开发有序推进，水口水电站坝下水位治理与通航改善工程开工建设。

（四）机场建设加快推进

“十二五”期间，福建省累计完成机场建设投资 100 亿元，全省民航旅客吞吐量近 3800 万人次，其中闽台空中直航客运量突破 100 万人次。全面完成厦门高崎、福州长乐、泉州晋江、武夷山既有机场扩能目标，建成三明沙县机场，启动福州长乐机场二轮扩能，完成厦门新机场和武夷山机场迁建选址。进一步发展壮大厦门航空公司，新组建福州航空公司，航班航线不断增加，福厦两机场境内外航线总计达 290 条，共新增航线超 100 条。

（五）城市（际）轨道交通建设启动

“十二五”期间，福建省累计完成城市（际）轨道建设投资 250 亿元，福州和厦门城市轨道一期规划项目全面启动，福州市轨道交通二期建设规划获批，城市轨道交通在建里程突破 100 公里。全省城际轨道交通线网规划和近期建设规划获批。

（六）运输服务更为惠民

“十二五”期间，福建省运输站场和公共运输配套设施累计完成投资突破160亿元，建成或在建部级试点综合客货运枢纽21个，实现百人以上岛屿有陆岛交通码头。公交优先战略进一步落实，新增或更新公交车约1.1万辆，新增或优化公交线路1000条，超过1400辆县域公交车延伸至农村。省级交通物流公共信息交易平台初步建成，全省交通信息化系统实现业务全覆盖。

（七）行业治理更为高效

“十二五”期间，福建省全面开展了交通运输绿色品牌建设、节能减排工作、生态修复和污染防治工程，行业标准化管理水平全国领先。建立了与公安部门联动协作五大工作机制，建立健全警地应急救援合作机制和应对恶劣天气联动机制，安全应急保障能力明显提升。

二、2015年福建省交通运输服务

（一）公路

2015 年，全省营业性客运车辆完成公路客运量 4.04 亿人、旅客周转量 267.29 亿人公里，分别比上年下降 7.2%、10.1%，平均运距 66.17 公里。全省营业性货运车辆完成货运量 7.98 亿吨、货物周转量 1020.25 亿吨公里，分别增长 6.9%和 11.4%，平均运距 127.85 公里。

（二）水路

2015 年，全省完成水路客运量 1995.86 万人、旅客周转量 2.84 亿人公里，分别比上年增长 11.2%、-1.0%，平均运距 14.25 公里。全年全省完成水路货运量 2.84 亿吨、货物周转量 4298.52 亿吨公里，分别增长 12.8%和 17.8%，平均运距 1512.54 公里。

在全省水路货运中，内河运输完成货运量 3110.92 万吨、货物周转量 14.61 亿吨公里；沿海运输完成货运量 2.29 亿吨、货物周转量 3477.48 亿吨公里；远洋运输完成货运量 2445.62 万吨、货物周转量 806.43 亿吨公里。

（三）港口

2015 年，全省港口完成货物吞吐量 5.07 亿吨，比上年增长 2.2%。其中，沿海港口完成 5.03 亿吨，增长 2.3%；内河港口完成 369.73 万吨，下降 1.3%。

2015 年，全省港口完成旅客吞吐量 1301.11 万人，比上年增长 1.9%。其中，沿海港口完成 1012.21 万人，内河港口完成 288.90 万人，分别增长 3.3%和-2.9%。

2015 年，全省港口完成外贸货物吞吐量 2.02 亿吨，比上年下降 3.9%。其中，沿海港口完成 2.02 亿吨。完成集装箱吞吐量 1363.69 万标准箱，比上年增长 7.3%。其中，沿海港口完成 1363.69 万标准箱。完成液体散货吞吐量 4917.94 万吨，增长 6.9%；干散货吞吐量 2.43 亿吨，增长 1.4%；件杂货吞吐量 3318.85 万吨，下降 19.9%；集装箱吞吐量（按重量计算）1.78 亿吨，增长 7.6%；滚装汽车吞吐量(按重量计算)377.56 万吨，增长 6.6%。液体散货、干散货、件杂货、集装箱和滚装汽车在港口货物吞吐量中所占比重分别为 9.7%、47.9%、6.6%、35.1%和 0.7%。

（四）民航

2015 年，全省民航完成旅客运输量 2385.01 万人次、旅客周转量 339.74 亿人公里，分别比上年增长 16.6%和 21.5%。完成货邮运输量 22.09 万吨、货物周转量 3.48 亿吨公里，分别增长 5.3%和 10.0%。

2015 年，全省 5 个民航运输机场完成旅客吞吐量 3694.47 万人次，比上年增长 9.2%。其中，福州机场 1088.73 万人次，增长 16.4%；厦门机场 2181.42 万人次，增长 4.6%。完成货邮吞吐量 47.15 万吨，比上年增长 0.1%。其中，福州机场 11.65 万吨，下降 4.0%；厦门机场 31.06 万吨，增长 1.4%。

三、闽台海上交流日益密切

2015 年，福建建成连江黄岐对台客运码头等对台客运基础设施，新增福州黄岐至马祖北竿客运航线，至 2015 年末“小三通”客运航线达到 4 条。“台车入闽”取得重大突破，两岸车辆互通通道已开始形成。全年完成客运量 194.16 万人，货物吞吐量 2375.28 万吨，集装箱吞吐量 70.42 万标准箱，分别比上年增长 13.2%、-0.1% 和-14.3%。

四、安全生产形势持续稳定

2015年，全省交通运输系统安全生产形势持续稳定，各项安全生产指标均控制在福建省政府下达的年度考核指标之内。道路运输发生行车事故 108 起，死亡 135 人、受伤 73 人，事故起数、死亡人数和受伤人数分别比上年下降 34.6%、46.0%、40.2%；其中，客运车辆发生较大事故1起，死亡4人，事故起数占省政府年度考核指标的14.3%。内河水上交通未发生事故，无人员死亡。公路水路交通运输建设领域全年未发生生产安全事故，无人员死亡；较 2014 年事故起数下降 1 起，死亡人数下降1人。综治内保全年未发生刑事案件、危害国家安全和社会政治稳定的案（事）件、职工违法犯罪、不稳定事端和突发事件。

五、科技与人才队伍建设不断完善

截至 2015 年末，全省交通运输行业共有省级重点实验室1个，省级与行业相关的工程技术（研究）中心 1 个。当年新签科技项目 26 项，其中新材料、新技术、新工艺、新产品研究项目约占62%，省级投入研发资金 872万元。当年共有5项科技成果获得福建省科学技术奖，其中二等奖1项，三等奖4项。全年共有254人获得高级及以上专业技术职务任职资格，其中享受教授、研究员待遇高级工程师10人。

2016 年 6 月，福建省运输管理局发布了 2015 年度福建省道路运输及运输辅助企业排行榜。在福建道路客运企业排行榜中，福建龙洲运输股份有限公司客运量、车辆数、资产总额均排名第1位。在福建道路货运企业排行榜中，福州金诚货运有限公司居货运量排行榜第1位，盛丰物流集团有限公司居货运周转量排行榜第1位，厦门龙鑫翔物流有限公司居资产总额排行榜第1位。2015年福建省道路运输企业排名前十位企业情况见表 2-3-2-1 至 2-3-2-6。

（摘编：林舒）

表 2-3-2-1 福建省道路客运企业客运量前十名排行榜

（2015 年）

排名	企业名称	排名	企业名称
1	福建龙洲运输股份有限公司	6	福建闽通长运股份有限公司
2	福建省汽车运输有限公司	7	福建莆田汽车运输股份有限公司
3	宁德市汽车运输有限公司	8	连江县宏顺运输有限公司
4	福建漳州市长运集团有限公司	9	莆田市兴安运输联运有限公司
5	福建武夷交通运输股份有限公司	10	厦门特运集团有限公司

表 2-3-2-2 福建省道路客运企业车辆数前十名排行榜

（2015 年）

排名	企业名称	排名	企业名称
1	福建龙洲运输股份有限公司	6	福建漳州市长运集团有限公司
2	宁德市汽车运输有限公司	7	福建莆田汽车运输股份有限公司
3	福建省汽车运输有限公司	8	连江县宏顺运输有限公司
4	福建武夷交通运输股份有限公司	9	厦门特运集团有限公司
5	福建闽通长运股份有限公司	10	福建省福鼎市汽车运输有限公司

表 2-3-2-3 福建省道路客运企业资产总额前十名排行榜

（2015 年）

排名	企业名称	排名	企业名称
1	福建龙洲运输股份有限公司	6	福建武夷交通运输股份有限公司
2	厦门特运集团有限公司	7	福建省汽车运输有限公司
3	福建漳州市长运集团有限公司	8	福建莆田汽车运输股份有限公司
4	宁德市汽车运输有限公司	9	福建省晋江市汽车运输有限公司
5	福建闽通长运股份有限公司	10	莆田中旅交通运输有限公司

表 2-3-2-4　福建省道路货运企业货运量前十名排行榜

（2015 年）

排名	企业名称	排名	企业名称
1	福州金诚货运有限公司	6	永定县顺利联合运输有限公司
2	龙岩市曹溪联合运输有限公司	7	福州海川物流有限公司
3	龙岩畅丰运输有限公司	8	盛丰物流集团有限公司
4	福建宏途渣土运输有限公司	9	福建兄弟物流有限公司
5	泉州市英豪物流有限责任公司	10	盛辉物流集团有限公司

表 2-3-2-5　福建省道路货运企业货物周转量前十名排行榜

（2015 年）

排名	企业名称	排名	企业名称
1	盛丰物流集团有限公司	6	永定县顺利联合运输有限公司
2	盛辉物流集团有限公司	7	福清宏鑫储运有限公司
3	泉州市英豪物流有限责任公司	8	福建兄弟物流有限公司
4	龙岩市曹溪联合运输有限公司	9	宁德市汽车运输有限公司宁德货运分公司
5	龙岩畅丰运输有限公司	10	龙岩市永诚物流有限公司

表 2-3-2-6　福建省道路货运企业资产总额前十名排行榜

（2015 年）

排名	企业名称	排名	企业名称
1	厦门龙鑫翔物流有限公司	6	林德气体（厦门）有限公司
2	盛辉物流集团有限公司	7	龙岩市西陂联合运输有限公司
3	盛丰物流集团有限公司	8	厦门港务运输有限公司
4	福建华威现代物流有限公司	9	福建省海峡科化股份有限公司
5	泉州晋江陆地港港务有限公司	10	福建省实华石油运输有限公司

2-3-3 邮政业

2015年，在宏观经济下行压力加大的复杂形势下，福建省邮政行业贯彻落实国家邮政局工作部署，坚持稳中求进工作总基调，加快推动行业转型升级，着力促成福建省人民政府出台《关于支持快递业加快发展的七条措施》，各项工作均取得积极进展。全年全省邮政行业业务总量突破200亿元，达217.23亿元，比上年增长33.5%；业务收入（不包括邮政储蓄银行直接营业收入）完成140.85亿元，增长17.2%。其中，快递业务收入突破100亿元。

分业务类型观察，2015年全省函件业务完成12923.02万件，比上年下降28.3%；包裹业务完成107.03万件，下降30.6%；订销报纸业务完成71401.88万份，下降2.4%；订销杂志业务完成3400.05万份，下降9.4%；汇兑业务完成250.40万笔，下降45.6%。

近年来，快递业务发展迅速。2015年，全省快递服务企业业务量完成8.88亿件，比上年增长35.7%，占全国快递业务量的比重为4.3%；快递业务收入完成100.85亿元，增长24.4%，占全国快递业务收入的比重为3.6%。快递业务收入在行业中占比继续提升，2015年快递业务收入占行业总收入的比重为71.6%，提高4.2个百分点。

同城快递业务持续增长。全年全省同城快递业务量完成12278.10万件，比上年增长29.4%；实现业务收入9.01亿元，增长24.9%。

异地快递业务快速增长。全年全省异地快递业务量完成74478.73万件，比上年增长36.4%；实现业务收入67.83亿元，增长23.0%。

国际及港澳台快递业务稳定增长。全年全省国际及港澳台快递业务量完成2029.37万件，比上年增长52.9%；实现业务收入14.89亿元，增长13.4%。

民营快递业务持续扩大。2015年，全省民营快递业务量占全省的比重为85.7%，业务收入占全省的比重为73.7%，分别比上年提高2.7个百分点和4.9个百分点；国有企业快递市场占有率继续下滑，业务量占全省的比重为14.0%，业务收入占全省的比重为18.7%，分别下降了2.7个百分点和3.7个百分点；外资企业市场占有率相对稳定，业务量占全省的比重为0.4%，与上年同期相同；业务收入占全省的比重为7.7%，下降1.2个百分点。

从全国看，据国家邮政局统计，2015年全国邮政行业业务总量完成5078.7亿元，比上年增长37.4%；业务收入（不包括邮政储蓄银行直接营业收入）完成4039.3亿元，增长26.1%。

分业务类型观察，全年全国邮政传统业务持续下滑。全年函件业务量完成45.8亿件，下降18.3%；包裹业务量完成4243.4万件，下降29.6%；订销报纸业务完成188亿份，下降1.7%；订销杂志业务完成10亿份，下降7.1%；汇兑业务完成8241.7万笔，下降34.2%。

近年来，我国快递业发展迅速。2015年，全国快递业务量完成206.7亿件，比上年增长48.0%；业务收入完成2769.6亿元，增长35.4%，快递业务收入占行业总收入的比重为68.6%，比上年提高4.7个百分点。

同城快递业务增速最快，异地快递业务仍占主导地位。全年全国同城快递业务量完成54.0亿件，比上年增长52.3%；实现业务收入400.8亿元，增长50.7%。异地快递业务量完成148.4亿件，增长47.1%；实现业务收入1512.9亿元，增长33.8%。国际及港澳台快递业务量完成4.3亿件，增长30.3%；实现业务收入369.6亿元，增长17.0%。

民营快递企业持续快速发展，市场占主导优势。全年全国国有快递企业业务量完成20.4亿件，实现业务收入303.3亿元；民营快递企业业务量完成184.8亿件，实现业务收入2246亿元；外资快递企业业务量完成1.5亿件，实现业务收入220.3亿元。国有、民营、外资快递企业业务量市场份额分别为9.9%、89.4%和0.7%，业务收入市场份额分别为11.0%、81.1%和7.9%。

分省市观察，快递业务量排名前五位的省市在全国占比基本相当，但比上年略有下降。快递业务量排名前五位的省市依次是：广东、浙江、江苏、上海和北京，其快递业务量合计占全部快递业务量的比重达69%。快递业务收入排名前五位的省市依次是：广东、上海、浙江、江苏和北京，其快递业务收入合计占全部快递业务收入的比重达到69.6%。

分城市观察，快递业务量排名前十五位的城市依次是：广州、上海、北京、深圳、杭州、金华（义乌）、东莞、苏州、南京、成都、武汉、温州、泉州、宁波和台州，其快递业务量合计占全部快递业务量的比重达61.1%。快递业务收入排名前十五位的城市依次是：上海、深圳、广州、北京、杭州、苏州、东莞、金华（义乌）、南京、成都、天津、武汉、宁波、郑州、温州，其快递业务收入合计占全部快递业务收入的比重达63.4%。

截至2015年末，全国邮政行业拥有各类营业网点18.9万处，其中设在农村的6.3万处；快递服务营业网点18.3万处，其中自有快递营业网点9.8万处，合作快递营业网点8.5万处；邮政信筒信箱13万个，比上年末减少1.3万个；邮政报刊亭总数2.6万处，减少1847处。

注：以上数据均来自2015年全国及福建省邮政业统计公报。

（摘编：林舒）

福建省邮政业业务基本情况

（2011-2015年）

项　目	2011	2012	2013	2014	2015
函件（亿件）	2.45	2.46	2.15	1.80	1.29
邮政业务总量（亿元）	59.31	78.69	114.10	162.67	217.23
快递业务量（万件）	15765.00	22594.00	44536.00	65417.31	88786.20
集邮业务（万枚）	3378.00	5267.00	5606.00	5423.00	5314.95

2-3-4 住宿和餐饮业

2015年，福建省住宿和餐饮业完成固定资产投资263.39亿元，比上年增长16.3%；外商直接投资合同项目27个，实际利用金额1080万美元。

住宿方面，2015年福建省住宿设施接待能力加速提档升级，新增星级饭店12家，其中五星级2家、四星级8家。截至2015年末，全省共有星级饭店396家，其中五星级51家、四星级153家。2015年，非星级饭店发展迅速并已成为游客接待的主力军，星级饭店接待情况则是平稳中有亮点。全年全省住宿设施累计接待国内游客11088.24万人次，比上年增长11.8%，其中非星级饭店累计接待9845.95万人次，增长12.5%，占住宿设施接待总人数的88.8%，比重提高0.6个百分点；星级饭店累计接待1242.29万人次，增长6.5%。星级饭店客房出租率59.1%，非星级饭店床位出租率55.6%。全省接待的国内过夜游客人均过夜天数1.95天，其中星级饭店接待游客人均过夜天数1.43天，比非星级饭店接待情况高0.11天。

餐饮方面，据福建省餐饮烹饪行业协会统计，2015年全省餐饮收入1109.47亿元，比上年增长10.0%，增幅比上年提高1.7个百分点，餐饮收入是继2014年收入1039.66亿元后，再次超过千亿元大关，居全国第7位。

从全国看，住宿方面，据2015年度全国星级饭店统计公报数据显示，截至2015年末，国家旅游饭店管理系统中有12776家星级饭店，其中11970家经营情况数据通过省级旅游主管部门审核，完成率为93.7%。在11970家星级饭店中，除暂停营业的1014家饭店外，有10956家完成了2015年度经营数据的填报。其中，一星级92家、二星级2373家、三星级5286家、四星级2398家、五星级807家。

餐饮方面，2015年中国餐饮业经过行业洗牌和探索调整后，餐饮市场在回归本质和理性消费的正轨上不断前行，发展渐趋回暖，具体呈现以下特点：一是政策频出创造良好环境。在餐饮市场陷入困境时期，政府部门不断发出政策组合拳，调整产业结构，优化发展环境，降低银行卡刷卡手续费、营改增、两证合一等利好政策频出，支持鼓励发展大众化餐饮，促进餐饮业可持续健康发展。此外，大众创业万众创新、一带一路、京津冀、长三角、东三省、川渝滇桂（西南）等国家发展战略部署逐步深入落实，对区域间经济、文化等各方面都产生了重要作用和深远影响。二是区域市场回暖状况不一。受经济形势和政策影响，各地餐饮市场也都遭到不同程度的冲击，云南、新疆、浙江、重庆等多地政府都出台促进餐饮业发展的扶持政策。据中国烹饪协会公布的《2015年中国餐饮市场分析报告》显示，餐饮市场发展渐趋回暖，2015年全国实现餐饮收入达32310亿元，比上年增长11.7%，餐饮业正式进入3万亿元新阶段。全年全国餐饮收入占到社会消费品零售总额的10.7%，比重继续回升，且餐饮收入增速于5年后再次恢复至高于社会消费品零售总额增幅（10.7%）的水平。

（摘编：林舒）

2-3-5 电信业

据福建省通信管理局统计（快报）显示，2015年福建省基础电信企业完成电信业务总量848.7亿元，居全国第9位，比上年增长22.1%；完成电信业务收入达428亿元，居全国第10位，增长1.4%，其中非话业务收入305.5亿元，居全国第9位，占全部收入比重的71.4%，居全国第8位。全省电信业务成本为251.5亿元，增长10.1%；上缴税费总额36.2亿元，减少1.8%。全省移动电话基站数达17万个，增长19.0%；增值电信企业达729家，业务收入达140亿元，增长13.0%；接入网站数量达24.8万个，居全国第6位。

截至2015年末，全省电话用户总数达5129万户，全年减少82万户，其中固定电话用户889万户，减少45万户；移动电话用户4240万户，减少37万户。在移动电话用户中，4G用户达1401万户，新增1083万户。全省互联网用户达3964万户，新增105万户，其中固定宽带用户达916万户，新增17万户；移动互联网用户达3048万户，新增88万户。全省电话用户普及率达134.7%，全年下降2.2个百分点，其中固定电话用户普及率达23.3%，下降1.2个百分点；移动电话用户普及率达111.4%，下降1.0个百分点。全省互联网用户普及率达104.1%，上升2.7个百分点。

从全国看，据工信部初步核算，2015年全国电信业务收入完成11251.4亿元，按可比口径测算比上年增长0.8%，回落2.8个百分点；电信业务总量完成23141.7亿元，增长27.5%，提高12.0个百分点。全年全国移动通信业务实现收入8307.6亿元，按可比口径测算与上年持平；移动通信业务收入占电信业务收入的比重达74.5%，下降0.7个百分点。其中，话音业务收入在移动通信业务收入占比达38.0%，下降12.7个百分点。全年固定通信业务实现收入2943.8亿元，按可比口径测算增长3.2%。其中，固定话音业务收入在固定通信业务收入占比达到13.9%，下降2.1个百分点。全年固定数据及互联网业务收入完成1528.6亿元，按可比口径测算增长2.7%，下降2.8个百分点。移动数据及互联网业务收入完成3101.9亿元，按可比口径测算增长30.9%，下降10.9个百分点；移动数据及互联网业务收入在电信业务收入中占比达27.6%，提高4.1个百分点。

（摘编：林舒）

福建省电信业业务基本情况

（2011-2015年）

项　目	2011	2012	2013	2014	2015
电信业务总量（亿元）	454.19	516.21	553.44	694.82	848.66
本地电话用户（万户）	1015.00	1017.00	984.00	933.32	888.54
移动电话用户（万户）	3553.00	4049.00	4303.00	4276.73	4240.16
互联网用户（万户）	2872.00	3461.00	3590.00	3859.04	3963.83

2-3-6 软件和信息技术服务业

2015 年，福建省信息消费规模达 3500 亿元，比上年增长 18.0%；福州、厦门入选全国信息消费示范城市；"运吧物流 020 信息交易与服务平台（福州）"等 5 个项目入选国家信息消费创新应用示范项目；建立信息消费自主创新重点项目超过 200 项，总投资近 100 亿元，其中超过 40 项产品或服务在细分领域居全国乃至全球领先水平。2015 年 9 月，工信部公布的 2015 年（第十四届）中国软件业务收入前百家企业业务收入达 5311.33 亿元，其中华为技术有限公司以软件业务年收入 1481.71 亿元，连续 14 年蝉联软件百家企业之首，海尔集团公司、中兴通讯股份有限公司分别列第 2 名和第 3 名。福建省共有 3 家企业入选，分别是福州福大自动化科技有限公司（第 18 位）、福建星网锐捷通讯股份有限公司（第 50 位）、福建新大陆科技集团有限公司（第 52 位）。

从全国看，经工信部初步核算，截至 2015 年末全国软件和信息技术服务业企业 4.09 万家，全年完成销售收入 4.30 万亿元，比上年增长 16.6%。其中，信息技术服务实现收入 22123 亿元，增长 18.4%，增速提高 1.7 个百分点。分细项观察，运营相关服务（包括在线软件运营服务、平台运营服务、基础设施运营服务等在内的信息技术服务）收入增长 18.3%；电子商务平台技术服务（包括在线交易平台服务、在线交易支撑服务在内的信息技术支持服务）收入增长 25.1%；集成电路设计实现收入 1449 亿元，增长 13.3%；其他信息技术服务（包括信息技术咨询设计服务、系统集成、运维服务、数据服务等）收入增长 17.8%。

2015 年，我国软件和信息服务业在各方政策的利好条件下快速发展。5 月，国务院公布"中国制造 2025"战略，要求以工业软件、移动互联网、物联网、大数据和云计算等新一代信息技术与工业深度融合，将传统的"中国制造"提升为"中国智造"。6 月，国务院常务会议通过《"互联网+"行动指导意见》，明确了未来十年互联网与软件研发领域的深度融合，产生了汇聚众智的软件研发新模式；通过互联网众包服务平台，实现软件合同签发、软件需求分析、框架设计、代码开发、测试验收、销售服务等多个环节，其典型应用如中软国际的"解放号"软件众包服务平台已经投入商用。7 月，全国人大通过的新《国家安全法》特别强调了安全软件是信息安全的保证和基础，为加快国产自主软件创造了发展良机。

2015 年，我国新一代北斗导航卫星，全部使用国产微处理器芯片（CPU）。国产新天河和新曙光超级计算机均采用国产飞腾高性能微处理芯片，未来我国超级计算机从硬件到软件都将在整机、应用、CPU 三线并发实现国产化。智能手机芯片国产化步伐也加快、华为海思 8 核智能手机芯片麒麟 920、联芯科技 3G、4G 终端芯片横空出世。中星微数字多媒体芯片也已量产，打入国际市场。

2015 年 5 月 27 日至 29 日，由工业和信息化部主办的 2015 第十九届中国国际软件博览会紧扣"软件定义世界 两化深度融合"主题，更加突出成果展示和政策宣贯，更加突出软件在促进两化深度融合和支撑服务"互联网+""中国制造 2025""一带一路"等国家重大战略方面取得的效果。展览占地 3 万多平方米，共设 7 个展馆，参展商来自 33 个省、自治区、直辖市、中国软件名城及创建城市，香港特别行政区和韩国也组团参展。

（摘编：林舒）

2-3-7 金融业

2-3-7-1 2015年福建省经济金融运行分析报告

一、宏观经济环境分析

2015年，世界经济总体仍较为疲弱。主要经济体经济走势与货币政策进一步分化，美国经济温和复苏，欧元区回归复苏轨道、日本经济波动较大。发达经济体尤其欧元区仍面临较大通缩压力。美联储9年多来首次加息，欧元区、日本、英国继续保持宽松货币政策。多数新兴经济体增长呈现不同程度放缓，通胀形势与货币政策有较大差异。

（一）发达经济体经济总体偏好

美国经济温和复苏。消费市场温和增长，零售和食品服务销售总体保持较好水平，通胀压力仍处于低位，劳动力市场接近理想状态，失业率为2008年国际金融危机以来的最好水平。欧元区经济回归复苏轨道。受欧央行进一步推出负利率等宽松货币政策以及欧元贬值、油价走低等因素的提振，欧元区经济呈温和复苏态势，消费支出稳步增长。物价涨幅在零附近徘徊，劳动力市场持续改善，但失业率仍处于10%以上的高位。日本经济波动较大，存在通胀下行压力。家庭实际收入及支出减少，物价已连续31个月保持正增长，但四季度涨幅明显低于上年同期水平，失业率处于较低水平。主要发达经济体货币政策差异较大，美联储正式启动加息。欧央行多措并举，加大货币宽松力度，实施负利率政策并将资产购买计划延长至2017年3月。日本央行也继续扩大资产购买计划。

新兴经济体增长多有放缓，物价形势差异较大。受自身经济结构性问题、外部流动性环境发生周期性逆转、全球经济再平衡和地缘政治博弈等因素冲击，新兴市场经济体整体增长动能有所减弱，俄罗斯、巴西经济大幅萎缩。主要新兴经济体通胀形势和货币政策出现分化。俄罗斯、印度下调基准利率，巴西上调基准利率。

美元指数走势较为强劲。2015年末，美元指数比上年末上涨9.3%。主要货币短期利率走势出现分化。欧元、日元利率下降，美元、英镑利率上升。2015年末，3个月期欧元LIBOR、日元LIBOR比上年末分别下降18.7个基点和2.9个基点，3个月期美元LIBOR、英镑LIBOR分别上涨35.7个基点和2.6个基点。受国际市场需求持续疲弱、美元走强等因素影响，原油、金属等大宗商品价格大幅下挫。2015年末，NYMEX（纽约商业交易所）原油价格、IPE（伦敦国际石油交易所）布伦特原油价格分别大幅下降31.0%、34.7%；LME（伦敦金属交易所）铜、LME铝分别大幅下降25.4%、19.3%。部分农产品价格也明显下跌。2015年末，CBOT（芝加哥期货交易所）大豆、CBOT玉米、CBOT小麦期货价格分别下降15.5%、9.9%和20.3%。

（二）中国经济运行在合理区间

经济结构进一步优化，转型升级进一步加快，新兴动力进一步积聚，人民生活进一步改善。经济保持总体平稳，呈现稳中有进、稳中向好的发展态势。2015年，国内生产总值67.67万亿元，比上年增长6.9%，增幅比上年回落0.4个百分点。固定资产投资增速回落较多。全年全国固定资产投资增长10.0%，回落5.7个百分点。市场销售较快增长。全年全国社会消费品零售总额增长10.7%，回落1.3个百分点。进出口双双下降。全年，进出口总额下降7.0%，而2014年增长2.3%。其中，出口下降1.8%，2014年增长4.9%；进口下降13.2%，降幅扩大12.6个百分点。进出口相抵，实现顺差36865亿元，扩大13376亿元。消费价格小幅上涨，工业生产者价格持续下降。全年居民消费价格上涨1.4%。分类别看，食品价格上涨2.3%，衣着上涨2.7%，医疗保健和个人用品上涨2.0%，三者是推高物价的主要因素；工业生产者出厂价格下降5.2%，工业生产者购进价格下降6.1%，降幅均比上年显著扩大。资产价格方面，多数城市住房价格下跌。2015年12月，在70个大中城市中，价格下降的城市有49个，上涨的城市有21个。股票指数波动明显。年末，上证综指和深证成指分别收于3539.2点和12664.9点，分别比上年末上涨9.4%和15.0%。

2015年，面对结构调整过程中出现的经济下行压力，中国人民银行按照党中央、国务院统一部署，继续实施稳健的货币政策，加强预调微调，进一步增强调控的针对性和有效性。货币信贷平稳增长。年末，广义货币（M_2）余额139.23万亿元，比上年末增长13.3%，增速比上年末加快1.1个百分点；狭义货币（M_1）余额增长15.2%，增速加快12.0个百分点；流通中货币（M_0）余额增长4.9%，增速加快2.0个百分点。全年社会融资规模增量为15.41万亿元，比上年少4675亿元，其中对实体经济发放的人民币贷款增加11.27万亿元，多增1.52万亿元。

二、福建经济比较分析

2015年，受国内外市场需求不足等影响，福建经济增长有所放缓，但主要指标仍优于同期全国平均水平。从季度看，年内经济先抑后扬态势较为明显，反映出全省"稳增长"政策措施取得成效。

（一）经济增速先抑后扬，工业生产缓中趋稳

2015年，经济增长虽有所回落，但年内呈现先抑后扬态势。全省地区生产总值增速在一季度见底后逐渐回升，初步统计，全年GDP达2.60万亿元，增长达9%。

第一产业增速逐季回升，现代农业保持平稳发展。2015年，福建第一产业增加值增长3.7%，比上年出现减缓并再度转为低于全国水平，但分季度看，增速逐渐回升。设施农业面积累计达178万亩，其中千亩以上规模的设施农业基地105个，428家省级重点龙头企业销售收入总额增长1.3%。

第二产业增长缓中有进，主导产业和新兴产业发展较快。2015年，福建第二产业增加值增长8.7%，增速比上年明显回落，高于全国平均水平的幅差也继续收窄。规模以上工业增速虽继续高于沿海发达省市，但领先幅度也明显收窄。全年规模以上工业完成增加值增长8.7%，比上年回落3.2个百分点。从三大主导产业看，全年增加值增长10.1%，略高于全省规模以上工业平均增速。其中，电子信息增长10.8%，增势较好，液晶显示、锂电子电池等生产增长较快；机械装备增长9.0%，较上年有所加快，其中符合智能制造、数控一代、机器换工、环境保护等国家产业导向的装备企业增长形势较好；受部分大企业停产影响，石油化工增速减缓14.9个百分点。

第三产业增速加快，金融、非营利性等行业的贡献率较高。2015年，福建第三产业增加值在金融业和非营利性服务业较快增长的带动下增长10.3%，增速比上年加快且高于全国平均水平，但第三产业占GDP的比重仍大幅低于全国平均水平。分行业看，交通运输、仓储和邮政业增加值增速回落幅度较大，批发零售业、住宿和餐饮业增加值增速也有所回落；金融业增加值增长14.3%，增速加快1.0个百分点；在房屋销售回暖的带动下，房地产业增加值降幅收窄。此外，非营利性服务业增速大幅提升，全年非营利性服务业增加值增长15.0%，加快9.5个百分点。

（二）内部需求较为疲软，外贸形势依然严峻

2015年，三大需求中投资增速缓中趋稳，房地产开发投资6年来首次下降。制造业和基础设施投资增长加快；消费需求较为稳定，网络消费继续快

速增长；出口增速放缓，外贸形势依然严峻。

投资增速缓中趋稳。房地产开发投资持续下滑。2015 年，福建省固定资产投资（不含农户）比上年增长 17.4%，虽然延续上年的回落态势，但回落幅度收窄，领先全国平均水平的幅差也由上年的 3.3 个百分点扩大为 7.4 个百分点。其中，全省房地产开发投资下降 2.1%，比上年大幅回落 25.4 个百分点，而且下半年后增速开始低于全国。房地产投资增长明显放缓，与省内尤其三四线城市房地产市场高库存密切相关。制造业和基础设施投资增长加快，部分抵消了房地产对全社会固定资产投资的消极影响，全年基础设施投资增长 29.2%，加快 6.7 个百分点；制造业投资增长 19.5%，加快 9.6 个百分点。

消费增长较为平稳，网络消费持续高速增长。2015 年，全省社会消费品零售总额增长 12.4%，增速虽较上年有所回落，但高于全国平均水平的幅度由上年的 0.9 个百分点提升至 1.7 个百分点。全年消费增速回落主要受汽车、石油及制品类等大宗消费品增长放缓的影响，但健康、养老、信息类消费成为新增长因素。网络消费持续高速增长。2015 年，全省限额以上批发零售企业通过互联网实现的商品零售额增长 67.5%，比限额以上零售额增幅高 52.6 个百分点。

出口保持增长，但增速逐季减缓。2015 年，全省出口增长 0.7%，较上半年回落 5.0 个百分点，但比全国平均水平高 2.5 个百分点。在对美国、东盟出口保持增长的同时，融入“一带一路”战略对出口的拉动效应逐渐显现。机电产品出口小幅增长 0.5%，传统产品出口增速与上年持平。

（三）消费价格小幅上涨，工业生产者价格持续下行

2015 年，全省 CPI 上涨 1.7%，比上年回落 0.3 个百分点，略高于全国平均水平。其中，城市和农村均上涨 1.7%。消费品价格上涨 1.1%，服务项目价格上涨 3.2%。从结构上看，食品类、医疗保健和个人用品类、居住类和衣着类价格是拉动全省 CPI 上涨的主要因素。

工业生产者价格降幅扩大，农资价格小幅上涨。2015 年，全省工业生产者出厂价格下降 3.0%，工业生产者购进价格下降 3.9%，降幅均比上年扩大。分月看，下半年以来工业生产者出厂价格和工业生产者购进价格降幅均较平稳。

房地产市场持续回暖，部分中心城市房价由降转升。二季度以来，房地产市场销售逐步回暖，中心城市房价降幅逐步收窄。厦门、福州由降转升。12 月，福州、厦门新建住宅销售价格同比分别上涨 1.8%和 6.4%，泉州房价下降 2.4%。降幅也呈收窄态势。

（四）财政收入增速减缓，企业效益保持增长

2015 年，全省地方公共财政收入比上年增长 7.7%，比上年回落 3.8 个百分点，增速处于近年来的低位。地方级税收收入增长 2.4%，回落 7.5 个百分点。国内增值税、营业税和企业所得税均为个位数增长。经济下行压力较大、房地产税收下滑等是致使地方公共财政收入增速放缓的主因。公共财政支出持续高位增长，2015 年增长 20.8%，加快 13.2 个百分点，比地方财政收入增速高 13.1 个百分点。其中，民生支出增长 25.0%，教育、社会保障与就业、医疗卫生、城乡社区事务、农林水事务等方面支出增长也较快。

工业企业效益保持增长。2015 年 1-11 月，规模以上工业企业利润同比增长 8.4%，回落 2.1 个百分点，但比全国平均水平高 10.3 个百分点。与沿海发达省市相比，福建工业利润增速仅次于江苏，但产销率水平居于末位，企业亏损额增速最高。

城乡居民收入继续增长，但增速减缓。2015 年，全省城镇居民人均可支配收入增长 8.3%，扣除价格因素实际增长 6.5%，比上年回落 0.3 个百分点；农民人均可支配收入增长 9.0%，扣除价格因素实际增长 7.2%，回落 1.6 个百分点。

三、福建金融比较分析

2015 年，福建省金融运行总体平稳，社会融资规模明显超过上年，但存、贷款均比上年少增。贷款行业投向分化明显，基础设施等贷款增加较多。但生产流通领域贷款增量大幅萎缩，大、中、小微企业贷款增量均低于上年。贷款利率在人民银行多次降息的引导下持续回落。银行业资金运用充分，存贷比保持高位。不良贷款继续呈现“双升”。金融市场多数产品成交大幅增长。直接融资增长明显，保险市场平稳发展，人民币跨境结算业务快速增长。

（一）各项存款增量略有缩减，年末增速仍处近些年低位

截至 2015 年末，全省本外币存款余额 36845.5 亿元，比上年末增长 10.7%，增速较 2014 年末和 2015 年 6 月末均有不同程度回升。全年新增存款 3650.0 亿元，比上年少增 47.0 亿元。存款增量分季度看，一、二季度增加明显，三、四季度增量较低。存款增速放缓除受互联网金融、理财产品等影响外，还与整体经济下行压力加大有关。

从存款来源结构看，住户、企业存款均明显多增，财政性存款大幅多减。2015 年，全省住户存款增加 1296.5 亿元，比上年多增 435.6 亿元，这与 6 月后国内 A 股大幅下跌、理财产品风险增大、民间投资收益下降等有较大关系。企业存款增加 1797.4 亿元，比上年多增 1096.2 亿元。一方面，企业通过发债获取的资金暂时沉淀在银行而推高企业存款。2015 年，全省企业发债大幅增长，通过境内债券市场融资比上年翻了一番。另一方面，银行加大揽储力度，通过协定存款、结构性存款、大额存单等收益率较高的品种吸引了一批企业资金。财政存款则由上年的大幅增加转为净减少，财政收入增长减缓、财政支出增速明显加快，财政收支平衡压力加大是财政存款由增转降的主要原因。

从期限结构看，企业活期存款占比大幅提高，住户活期存款明显多增。2015 年，全省企业活期存款占住户和企业存款增量的比重为 31.1%，比上年大幅提高 18.9 个百分点；住户活期存款多增 606.2 亿元，增量占比提升 15.6 个百分点；企业定期存款增量占比下降至 27.0%，住户定期存款占比大幅降至 18.2%。

（二）银行贷款增速回落，投向结构变化较大

2015 年，福建省金融机构积极贯彻稳健的货币政策，多渠道筹措资金支持福建实体经济发展。全年金融机构本外币贷款增加 3638.2 亿元，比上年少增 148.8 亿元。各季度贷款增量基本保持均衡分布态势。分币种看，人民币贷款增加 3710.27 亿元，保持比上年多增的态势；外币贷款则出现明显的减少态势，主要与美元表现强势，企业的外币贷款需求萎缩有较大关系。

公司类贷款占比大幅萎缩，个人住房贷款多增。2015 年，全省公司类贷款增加 1325.0 亿元，占金融机构各项贷款增加额的 36.4%，比上年少增 711.4 亿元；住户贷款增势良好，主要是个人住房贷款增加 1042.5 亿元，增量较上年有较明显放大，反映出年内金融机构加大对个人购房信贷需求的支持力度，促进房地产市场销售的回暖。

从对公贷款投向看，基础设施贷款增加较多，生产流通领域贷款少增明显。2015 年，全省基础设施贷款增加 627.5 亿元，占公司类贷款增量的 47.4%，占比比上年提高 16.5 个百分点，房地产业贷款增量占比也由上年的 20.1%上升至 21.4%，制造业贷款和批发零售业贷款则分别少增 409.0 亿元和多减 226.2 亿元。在经济增速放缓情况下，银行机构的信贷投放较多地向具有抵押资产的领域或行业倾斜。

大中小企业贷款均少增，小微企业尤为明显。2015 年末，全省小微企业贷款（含个人经营性贷款，

下同）余额比上年末增长 7.4%，明显低于全省各项贷款平均增速。全省大型企业、中型企业、小微企业贷款增量占全部企业贷款的比重分别为 38.6%、35.6%、25.8%，各规模企业贷款增量与上年相比均出现萎缩。

新增贷款近七成为中长期贷款，短贷明显萎缩，票据融资大幅扩张。2015 年，全省中长期贷款增加 2543.0 亿元，其中中长期单位固定资产贷款增加 858.5 亿元，主要与福建积极融入自由贸易试验区建设和“一带一路”发展战略，加大基础设施建设有较大关系；短期贷款增加 176.7 亿元，增量比上年大幅萎缩，主要是单位短期经营贷款明显少增。票据融资规模比上年扩张逾 3.6 倍，全年增加 549.5 亿元。在当前不良贷款形势严峻、有效信贷需求不足的环境下，部分银行大幅增加低风险的票据融资配置。

（三）贷款利率逐月下行，货币市场价格明显走低

2015 年，在人民银行多次降息、降准政策的作用下，在福建省市场利率定价自律机制的引导下，全省人民币贷款加权平均利率逐月下降。12 月降至 5.8121%。从各期限档次看，四季度各期限利率水平较前期回落明显，其中 1-3 年期贷款利率水平下降幅度最大。从占比看，全年执行下浮、基准和上浮利率贷款占比分别比上年上升 3.8 个百分点、上升 0.1 个百分点和下降 3.9 个百分点。总体上看，全年福建实体经济的贷款利率有所降低，融资贵问题有所缓解。直贴加权平均利率下降 1.9 个百分点，转贴现加权平均利率下降 1.2 个百分点，票据市场价格逐渐下行。

（四）银行业资金运用充分，不良贷款继续呈现“双升”

2015 年末，福建省银行业金融机构本外币余额存贷比为 91.4%，高于全国平均水平 20.3 个百分点。按五级分类，年末福建省银行业金融机构不良贷款余额和不良贷款率分别比年初增加 287.6 亿元和提高 0.7 个百分点。全年福建省银行业金融机构利润下降 26.8%。

（五）金融市场平稳运行，多数产品成交大幅增长

银行间市场交易总量增长明显。2015 年，全省同业拆借、债券回购、现券交易三项成交总额比上年增长 69.9%。银行间拆借市场比上年少拆出资金，银行间债券市场比上年多融入资金。企业发债融资再创新高。初步统计，全年福建企业在国内发行债券融资 2017.12 亿元，比上年增长 1.0 倍。票据融资总量创下历史新高，年末福建省票据融资总量（含承兑、贴现和转贴现）4730.06 亿元。

人民币跨境结算业务实现快速增长，企业参与面不断扩大。2015 年，全省银行业机构共办理跨境人民币结算业务 6260.76 亿元，比上年增长 75.5%。其中，经常项下人民币结算业务量增长 34.5%，资本项下人民币结算业务量增长 139.0%。截至 2015 年末，全省参与跨境人民币结算业务的企业较年初增加 3263 家，开办跨境人民币结算业务的银行分支机构较年初增加 156 家。

福建企业股票融资增多。2015 年，福建企业通过发行股票募集资金 439 亿元，比上年多 160.1 亿元。保险市场保持较快增长。全年福建保险业实现保费收入 777.6 亿元，比上年增长 13.4%；各项赔付与给付累计支出 245.1 亿元，增长达 14.0%。

四、经济金融热点关注

相关机构研究认为，2016 年全球经济增速将略高于 2015 年，但增长前景仍受较多因素困扰。中国经济继续在新常态下运行，改革持续深化，经济结构将进一步得到优化。在“一带一路”国家战略、自由贸易试验区等重大发展机遇的拉动下，下阶段福建经济仍有望保持较快增势，但经济下行压力仍然较大、借贷资源配置结构性失衡加剧、金融风险防控面临较大压力等热点情况和问题值得关注。

（一）关注福建省经济下行压力问题

与近些年全国经济增长逐渐放缓的走势基本一致，福建经济增速也呈现持续回落。当前经济下行与上轮经济周期下行（即2008年一季度至2009年一季度）存在着明显差异：

一是当前周期下行时间跨度长。已运行5年多时间，但经济好转的迹象尚不稳固，而上轮周期下行在四万亿等刺激政策的作用下仅历时5个季度。

二是当前周期下行速率较缓慢，经济增速每年平均放缓1.2个百分点左右，而上轮周期每季平均放缓约1.3个百分点。

三是较之上轮周期经济下行主要受国际金融危机爆发影响，当前周期下行的成因更为复杂：从国外看，全球经济低迷带来外部需求减弱。2015年世界GDP增速为3.1%，连续第4年低于近35年来的平均增速（3.5%），更低于2004-2007年年均增速（5.4%）。从国内看，我国经济在新常态下面临深刻转型，以往的投资驱动模式难以为继。劳动力供给开始短缺，资本形成总额对全国GDP增长的拉动边际效应下降，全国企业部门杠杆率高企，环境承载能力已达到或接近上限。福建经济发展面临的劳动力、投资、环境等生产要素约束与全国大体相似。从省内看，十多年来拉动福建经济高速增长的两大引擎——工业和房地产业目前均遇到较大困难。一方面，全省工业增长面临较大的转型压力。尽管近20多年来，福建工业快速发展，但由于底子薄、基础差、发展制造业部门结构不尽合理等，福建工业质量提升未能跟上速度高增长的步伐。从产品看，福建不少工业产品处在价值链的低端，产品附加值较低。从工业增加值率看，2014年福建为25.1%，远低于发达国家35%-40%的水平，反映出福建工业中间消耗比重高、加工深度和技术含量低的突出问题。另一方面，近年来随着市场供需的变化，全省尤其三四线城市的房地产市场出现明显的疲软态势。从目前三四线城市人口逐渐流失看，这些地方房地产市场堪忧。与2008年末相比，2014年末全省常住人口数增长4.6%，但多数三四线城市的人口不升反降。全省9个设区市中，有4个设区市常住人口出现负增长。57个县及县级市中，有40个出现人口负增长，其中周宁县等14个县降幅超过10%。此外，福建服务业发展仍然滞后。20多年来福建第三产业增长滞后于经济总量扩张步伐，在GDP中的比重徘徊不前。2015年，全省第三产业增加值占GDP比重为41.0%，仅高出1990年2.6个百分点。

（二）信贷资源配置结构性失衡加剧

受不良贷款加速暴露、部分企业尤其小微企业贷款风险增大等影响，2015年福建信贷资源配置结构性不均衡加剧。其主要体现在：一是贷款期限结构的配置不均衡。全年中长期贷款增量占全部贷款的比重为69.9%，明显高出全国平均水平；短期贷款增量占全部贷款的比重，明显低于全国平均水平。贷款中长期化有利于支持固定资产投资，满足项目建设资金需要，但同时也会弱化银行资产流动性，制约了对未来项目融资和其他领域发展的支持。二是贷款在大中小企业的配置不均衡。银行对小微企业贷款的支持弱化，不利于缓解小微企业融资难、融资贵问题。三是贷款在不同行业的配置不均衡。全年制造业和批发零售业贷款增量占公司类贷款比重比2014年分别回落18.7个百分点和13.9个百分点，而基础设施和房地产业贷款增量占比提升。四是贷款在不同地域的配置不均衡。贷款继续向福州和厦门等发达地区集中，全年福州和厦门贷款增量占全省的比重比2014年提高6.8个百分点；而年末省内23个扶贫开发工作重点县贷款余额增速仅为8.1%，低于全省各项贷款增速4.0个百分点。

（三）金融风险防控面临较大压力

一是不良贷款形势较为严峻。如果考虑银行通过批发转让、现金清收、核销等方式处置不良贷款的因素，全年福建实际不良贷款新增额远超“账面数据”。综合各方面的情况看，2016 年福建省不良贷款上升压力仍然较大。首先，逾期贷款、关注类贷款等不良贷款先行指标仍在增长，贷款整体质量向下迁徙的态势尚未出现反转迹象。其次，目前省内企业整体经营仍较困难，企业还贷能力不容乐观。最后，银行消化存量不良贷款的能力，也将受到自身利润下滑、上级行指标有限等因素制约。二是银行流动性管理难度加大。一方面，理财业务、互联网金融等金融创新明显分流传统存款资源，存款稳定性下降；另一方面，中长期贷款不断增加，金融机构资产负债期限错配现象较为突出，流动性管理压力不断上升。三是利率市场化冲击商业银行传统经营模式。随着存贷款利率管制的进一步放开，银行净息差有所收窄，以存贷利差为主要盈利来源的传统经营模式将难以为继。四是交叉性金融风险仍然存在。在前期股市赚钱效应的带动下，对接股市的金融产品和业务创新较为活跃，场外配资、伞形信托等高杠杆业务快速发展，这些业务创新往往涉及银行、证券、基金、信托、保险等多个行业和市场。在市场降杠杆的过程中，这极易诱发风险的跨市场传染。五是社会信用环境出现一些新情况。其一，部分借款企业以经济下行、资金困难为由，不主动归还银行到期本金和利息。其二，部分企业通过股权变更、股权转让、婚姻变化、秘密转移资产等方式实施逃废债。其三，个别债务人恶意挪用应急转贷基金，不予归还。其四，部分担保企业避代偿责任。

（执笔：杨长岩 李春玉 宋科进 余静 银小柯 杨艳）

2-3-7-2 福建省金融机构存款余额

（2015年）

项目	本外币余额（亿元）	人民币余额（亿元）	外币余额（亿美元）
各项存款	**36845.47**	**35576.06**	**195.49**
境内存款	**36223.04**	**35079.58**	**176.09**
住户存款	14132.76	13931.21	31.04
非金融企业存款	12907.06	11981.79	142.49
广义政府存款	6714.57	6712.96	0.25
非银行业金融机构存款	2468.65	2453.62	2.31
境外存款	**622.44**	**496.49**	**19.40**

2-3-7-3 福建省金融机构贷款余额

（2015年）

项目	本外币余额（亿元）	人民币余额（亿元）	外币余额（亿美元）
各项贷款	**33694.42**	**32132.96**	**240.46**
境内贷款	**33006.56**	**32009.35**	**153.57**
住户贷款	12736.17	12733.75	0.37
短期贷款	4162.77	4160.47	0.35
中长期贷款	8573.40	8573.28	0.02
非金融企业及机关团体贷款	20259.01	19264.22	153.20
短期贷款	8698.23	8049.17	99.95
中长期贷款	10299.92	9957.54	52.72
票据融资	1127.48	1127.47	
融资租赁	11.55	11.55	
各项垫款	121.84	118.48	0.52
非银行业金融机构贷款	11.38	11.38	
境外贷款	**687.86**	**123.61**	**86.89**

2-3-7-4 福建省金融机构现金投放回笼情况

（2004-2015 年） 单位：亿元

年份	投放（+）回笼（-）	年份	投放（+）回笼（-）
2004	34.05	2010	80.44
2005	63.17	2011	45.73
2006	81.56	2012	-1.80
2007	64.27	2013	43.30
2008	10.60	2014	-26.84
2009	7.01	2015	-10.71

2-3-7-5 福建省金融机构存、贷款余额占全国比重

（2004-2015 年） 单位：%

年份	存款比重	贷款比重	年份	存款比重	贷款比重
2004	2.55	2.52	2010	2.56	3.13
2005	2.55	2.62	2011	2.61	3.26
2006	2.66	2.85	2012	2.66	3.33
2007	2.59	3.07	2013	2.70	3.39
2008	2.54	3.08	2014	2.71	3.46
2009	2.47	3.03	2015	2.64	3.39

2-3-7-6 福建省各金融机构人民币存款余额

（2011-2015 年） 单位：亿元

名称	2011	2012	2013	2014	2015
中国人民银行	652.00	615.62	777.85	1014.60	799.12
中国工商银行	2490.38	2790.76	2979.84	3067.15	3293.03
中国农业银行	2762.26	3047.63	3334.24	3397.70	3643.96
中国银行	1732.70	1987.26	2231.42	2278.65	2491.89
中国建设银行	3542.11	3979.04	4423.73	4514.01	4902.92
国家开发银行	161.65	219.47	148.06	251.71	562.91
中国进出口银行	0.18	1.87	5.10	11.11	12.81
中国农业发展银行	46.96	83.45	79.23	97.97	199.35
交通银行	530.76	600.56	711.10	702.71	706.90
中信银行	620.60	657.74	820.14	825.19	878.31
中国光大银行	325.47	402.54	476.37	530.81	687.71
华夏银行	129.80	161.12	196.10	198.59	193.36
广发银行			10.85	52.01	106.96
平安银行		267.11	373.48	418.23	399.36
招商银行	556.91	647.91	728.70	874.79	1135.05
上海浦东发展银行	230.97	281.88	334.24	399.31	432.24
兴业银行	2044.11	2430.25	2692.50	3036.18	3793.87
中国民生银行	483.75	679.81	859.02	938.97	1671.42
恒丰银行	81.06	66.69	128.40	162.03	244.71
城市商业银行	1279.52	1208.44	1732.40	2019.13	2990.96
农村合作机构	2144.74	2603.71	3207.22	3745.97	4463.21
村镇银行	11.20	18.71	50.65	99.99	143.47
中国邮政储蓄银行	957.58	1131.95	1248.29	1354.89	1441.53
中资财务公司	39.49	77.38	128.10	144.70	140.89
渤海银行					35.78

注：以上金融机构不含外资银行；2012 年平安银行与深圳发展银行合并为平安银行，2012 年之前的数据并入城市商业银行；农村合作机构包括农村商业银行、农村信用社、农村合作银行。

2-3-7-7 福建省各金融机构人民币贷款余额

（2011-2015 年）　　单位：亿元

名称	2011	2012	2013	2014	2015
中国工商银行	2712.57	3014.08	3325.60	3612.35	3838.34
中国农业银行	2328.48	2597.83	2915.02	3288.61	3637.31
中国银行	1522.43	1754.57	2019.26	2159.23	2375.51
中国建设银行	2802.07	3118.52	3529.81	4310.49	4663.10
国家开发银行	1309.36	1561.89	1830.88	2126.84	2488.29
中国进出口银行	177.62	264.16	334.15	428.13	525.35
中国农业发展银行	373.70	430.21	482.23	551.04	701.11
交通银行	391.18	445.27	497.48	571.64	699.55
中信银行	506.91	569.94	676.63	729.28	732.17
中国光大银行	368.23	417.95	468.54	510.36	569.05
华夏银行	111.78	137.26	167.26	203.29	233.13
广发银行			9.52	63.18	98.19
平安银行		251.56	280.11	324.42	342.46
招商银行	485.05	585.97	673.57	792.25	1009.75
上海浦东发展银行	165.63	247.08	308.33	361.51	402.44
兴业银行	1765.08	2261.36	2662.95	3058.85	3418.03
中国民生银行	461.27	533.12	598.65	669.37	812.92
恒丰银行	41.45	33.18	68.72	78.02	97.71
城市商业银行	726.26	617.27	893.33	1110.52	1459.23
农村合作机构	1410.48	1696.63	2054.01	2465.68	2807.81
村镇银行	15.59	25.89	45.48	91.73	120.22
信托投资公司	4.75	5.49	3.15	2.20	1.51
中国邮政储蓄银行	189.55	303.18	426.75	627.55	841.49
中资财务公司	26.42	54.99	65.84	108.13	117.23
渤海银行					26.17

注：以上金融机构不含外资银行；2012 年平安银行与深圳发展银行合并为平安银行，2012 年之前的数据并入城市商业银行；农村合作机构包括农村商业银行、农村信用社、农村合作银行。

2-3-7-8 福建省银行业发展综述

“十二五”期间，福建银行业总体实现平稳健康发展：业务规模明显壮大，组织体系更加健全，体制机制改革持续深化，服务实体经济质效不断提升，银行业监管能力进一步增强，为“十三五”福建银行业发展奠定了基础。

一、银行业规模实力明显壮大

截至 2015 年末，福建银行业总资产 79991.45 亿元，比 2010 年末增长 179.7%；全国排名从第 10 位升至第 7 位。各项存款余额 34122.32 亿元，比 2010 年末增长 86.3%；各项贷款余额 33664.41 万亿元，比 2010 年末增长 111.9%。在银行业快速发展的基础上，2015 年福建省金融业增加值占 GDP 比重达 6%，成为福建省支柱产业之一。

二、银行业组织体系不断健全

“十二五”期间，全省新引进 11 家境内外银行业金融机构在闽设立分行，新组建 3 家非银行金融机构，实现台资银行、消费金融公司“零的突破”。村镇银行组建步伐加快，数量从 4 家增加至 49 家，规划覆盖全省约 90%的县域。银行业服务网络向下延伸，全省 23 个金融网点空白乡镇实现机构全覆盖、行政村实现基础性金融服务全覆盖；探索设立社区支行近 300 家，社区金融服务更加便利。

三、银行业改革持续深化

“十二五”期间，福建省银行业地方中小法人机构改革稳步推进，15 家农村信用社改制组建为农村商业银行，城市商业银行公司治理建设得到加强。业务治理体系改革持续深化，同业、理财等业务管理体系进一步理顺。行业治理体系更加健全，强化了专业委员会和县级银行业协会建设。

四、银行业服务质效有效提升

“十二五”期间，福建省银行业积极融入福建经济社会发展大局，有效统筹重点领域和薄弱环节金融服务，为福建省重点项目建设多渠道提供融资 4000 亿元以上。积极发展普惠金融，“十二五”期间全省小微企业、涉农贷款余额均增长 1 倍以上，“无还本续贷”“助保贷”“四权”抵押贷款等创新取得成效。银行业消费者权益保护组织架构初步搭建、工作全面推进。

五、银行业监管能力不断增强

“十二五”期间，福建省银行业监管架构和流程调整完善。进一步加强监管法治建设，集成现场检查资源，提高非现场监管分析预警能力，推进市场准入简政放权，监管效能不断提升。监管协调联动机制更加健全，构建了政司银企联动的信用风险防控机制，建立了福建金融监管联席会议制度，理顺了处置非法集资工作机制，强化了信用风险、影子银行风险、流动性风险、案件风险、社会金融风险等风险的防控与处置。

2-3-7-8-1　福建省部分银行发展概况

中国人民银行福州中心支行

2015年，中国人民银行福州中心支行传导和落实稳健的货币政策，加强全省地方法人金融机构信贷调控，合意新增贷款额度的使用率连续5年保持在99%左右，全年地方法人金融机构新增人民币贷款872.44亿元，比上年多增71.53亿元，年末贷款余额增速比全省平均水平高出8.5个百分点。通过存款准备金4次普降和5次定向降准，直接释放金融机构可贷资金达820亿元。在经济下行、通过核销等已处置不良贷款470亿元的情况下，全年本外币贷款余额仍增加3278亿元，多增90亿元。制定出台《关于金融支持福建省进一步加快经济社会发展的指导意见》，提出拓展多元化融资、创新融资模式、倾斜金融资源配置、统筹安排金融资源、推动两岸金融合作、深化金融业务创新等七方面工作意见。强化对重点领域的信贷政策窗口指导，提升信贷政策实施效果。深化发展区域金融市场，企业银行间市场发债总额近翻番，债券品种创新取得新突破。配合推进地方政府债券发行工作，促进化解地方政府债务风险问题。推动中国（福建）自由贸易试验区（下简称福建自贸试验区）金融改革创新，服务21世纪海上丝绸之路核心区建设。深化重点区域性金融改革，加强闽台金融交流合作。

一、服务实体经济

联合福建省发展和改革委员会召开健康与养老服务业、海洋产业、新型城镇化、工业项目4场重大项目融资对接会，全年银行业金融机构共对180个省级重点项目累计发放贷款890.39亿元，年末省级在建重点项目贷款余额1517.72亿元。牵头联合福建银监局、福建证监局和福建保监局举办第十三届中国•海峡项目成果交易会金融服务馆，组织26家参展机构与675家企业进行金融业务洽谈，并为1600余人次提供金融信息咨询。会同制定《关于金融支持福建省产业转型升级的实施意见》，加快推出“银租通”、合同能源未来收益权质押贷款等一批服务转型升级的新产品、新业态。代人民银行总行草拟推进养老金融创新发展指导意见，兴业银行的“安愉人生”养老金融综合服务方案领先全国。创新绿色金融产品，联合省环保厅印发《福建省排污权抵押贷款管理办法（试行）》，排污权抵押贷款在泉州石狮市和宁德古田县率先落地，年末余额220万元。制定出台《关于做好福建省涉农货币信贷管理与服务的指导意见》，通过涉农信贷政策导向效果评估、支农再贷款、县域法人金融机构新增存款用于当地发放贷款考核等激励约束机制，推动金融机构持续加大涉农信贷投放，年末涉农贷款余额比上年增长11.6%，新增涉农贷款中直接“三农”贷款占比60.8%，提高10.6个百分点；推动“两权”抵押贷款创新，农村承包土地的经营权、农民住房财产权抵押贷款试点分别扩大至9个和18个县（市、区），年末农村土地承包经营权抵押贷款余额1.31亿元，增长113.3%，全年累放额0.22亿元；年末农民住房财产权抵押贷款余额14.09亿元，增长21.4%，全年累放额2.48亿元；深化林权抵押贷款创新，推出银行贷款期限与林业生产周期相匹配的林权按揭贷款品种，全年累放最长期限达15年的林权按揭贷款89笔，年末林权抵押贷款余额66.34亿元，比上年末增长5.8%，规模居全国第3位；推进新型农业经营主体“无贷户”转“有贷户”，年末新型农业经营主体贷款余额321.47亿元，增长6.8%，其中对家庭农场、农民专业合作社、农业专业大户等贷款余额71.86亿元，增长

81.5%。联合福建省金融办、福建保监局等部门制定出台《福建省小微企业贷款保证保险试点方案》，推动“信用+信贷+保险”三位一体的小额贷款保证保险融资业务试点落地；联合下发《关于进一步加强企业金融服务八条措施的通知》，引导金融机构合理设定贷款审批权限，合理认定信贷管理责任，增强银行对小微企业贷款投放信心；同时继续引导金融机构建立中小企业金融服务专营机构，推广各种无还本续贷模式，年末小微企业贷款（含个人经营性贷款）余额比上年增长 6.4%。落实人民银行总行对金融精准扶贫等民生金融服务的最新政策要求，与省扶贫办、财政厅等部门联动，将贫困户建档立卡与农村信用体系建设相结合，建立扶贫小额贷款担保基金，扶贫小额担保贷款试点覆盖全省23个扶贫开发重点县，发挥政府促就业小额担保基金、助学贷款风险补偿金等机制功能，引导金融机构增加对贫困户的扶贫贴息贷款、扶贫小额贷款、再就业小额担保贷款；推进国家开发银行福建省分行以省城乡综合开发投资有限公司为平台，扩大棚户区改造贷款投放，探索政府购买服务协议下保障性安居工程市场化融资模式，多渠道增加保障房建设投入，全年新增保障性安居工程贷款 185 亿元，是上年同期的 1.6 倍；依托市场自律机制落实差别化住房信贷政策，对各设区市二套房贷最低首付比例实行“因地施策、分类指导”，全省执行二套房贷款政策的购房贷款首付比明显下降，个人住房贷款加权平均利率比上年下降 1.3 个百分点，年末个人住房贷款余额比上年末增长 20.6%，多增 120.96 亿元。推动省政府出台《关于进一步扩大直接融资规模的若干意见》，全年企业通过发行股票和债券融资 2456 亿元，其中在银行间市场发债融资 1450 亿元，比上年增加 716 亿元，永续中期票据首次落地福建；地方法人银行发行二级资本债券 42.20 亿元，发行“消费信贷资产支持证券”6.03 亿元；完善地方政府性债务管理配套金融服务，共发行福建（不含厦门）地方政府债券 1259.00 亿元。

会同其他金融监管部门，推进《中国（福建）自由贸易试验区总体方案》（以下简称“《总体方案》”）中金融领域开放创新政策，推动福建自贸试验区金融领域重点试验项目实施，参与了《总体方案》形成的 57 项金融方面的试验任务，其中牵头28 项重点试验任务，至年末“鼓励在对台小额贸易市场设立外币兑换机构”等 9 项任务已实施，“支持台湾地区的银行向自贸试验区内企业或项目发放跨境人民币贷款”等 5 项任务部分可实施，“简化行政审批”“资本金意愿结汇”“外债比例自律管理”等被列为标志性创新举措。促成人民银行总行发布《关于金融支持中国（福建）自由贸易试验区建设的指导意见》，从扩大人民币跨境使用、深化外汇管理改革、拓展金融服务、深化两岸金融合作、完善金融监管等方面，提出金融支持福建自贸试验区建设的 30 条政策措施。

支持构建 21 世纪海上丝绸之路核心区，推动银行业为福建与“一带一路”沿线国家和地区的贸易合作和投资项目提供融资支持，年末银行业机构支持“一带一路”项目 1749 个，较年初新增 446 个，表内外投融资余额 2097.55 亿元，较年初新增 610.78 亿元。推动设立“中银—泉州丝路基金”等产业政策导向基金，搭建境外投资服务平台。支持中国—东盟海产品交易所开展跨境人民币结算业务，印发实施《中国—东盟海产品跨境交易人民币结算管理规定（试行）》以及《中国—东盟海产品交易所现货海产品跨境交易人民币结算服务方案》；推动福建与沿线国家和地区的投资贸易人民币结算发展，有效降低企业汇兑成本和汇率风险。发挥出口信用保险的政策性金融功能，全年累计为福建与“一带一路”沿线国家和地区的产业、贸易、投资合作提供风险保障（含短期出口险、海外投资险、1 年以上中长期险）22.1 亿美元，全年福建对沿线国家和地区出口比上年增长 5%，对外投资增长 2.7 倍。

维护金融稳定。重点做好大型问题企业、地方融资平台、企业债务链等 9 个项目的定点监测和风险排查工作，全年省内人民银行系统累计报告涉险企业 64 家，涉及信贷风险金额 82.95 亿元。及时向上级行、政府相关部门、金融监管部门等预警金融风险 7 次，涉及信贷资金 44.30 亿元。开展银行业机构稳健性现场评估，累计发现银行业负债业务经营过程中的七大类 44 项问题。牵头有关部门修订《福建省金融突发事件应急预案》，并促成省政府办公厅以正式行文印发，完善金融突发事件应急处置机制。完成辖区 33 家银行业金融机构综合评价工作，对中国邮政储蓄银行福建省分行开展综合执法检查。落实重大事项“零报告”机制，全年收到银行业金融机构重大事项报告 103 次。全面启动《存款保险条例》的组织实施，依法规范办好辖区 112 家地方法人银行业机构的投保手续。不断扩大金融生态县创建试点面，年末共有 32 个县（市）开展了试点工作，漳州市成为继龙岩市之后全省第 2 个实现金融生态县创建工作辖内“全覆盖”的地区。

二、金融服务与管理

完成标准化存贷款综合抽样统计试点，在全国率先开展地方社会融资规模存量数据的编制工作，探索标准化数据展现工具及数据运用方式，全年金融统计数据报送零差错；主动开展全省特色产业监测、财务数据分析、信贷风险测度等专项调查，借助微信平台创新开展储户问卷调查。完成二代支付系统推广工作，实现以法人为单位“一点清算”；成功开展全国首例带真实业务的账户管理系统灾备系统切换演练，支付清算系统可用率达 100%；在全国率先建成上线人民币单位银行结算账户互联网年检平台，以“在线申报、在线审核”取代传统的“纸质申报、柜面审核”，实现银行账户年检全流程电子化处理；商业汇票电子化率达 37.5%，比上年末提高 20.0 个百分点；年末全省共设立银行卡助农取款服务点 23363 个，业务金额比上年增长 191.3%；金融 IC 卡推广应用工作取得新成效，全年新增 IC 卡占比高达 95.5%，比上年提高 13.0 个百分点。自主开发福建省银行卡收单特约商户管理系统，提升支付服务市场非现场监管手段；开展整治银行卡网上非法买卖专项行动取得积极成果，共破获案件 11 起，缴获银行卡 1219 张。维护和运行金融信用信息基础数据库，年末收录全省各类企业 41.6 万户，比上年增长 36.6%，涉及人民币贷款余额增长 8.5%；收录全省自然人 2463.31 万人，增长 2.4%，涉及人民币贷款余额增长 17.4%。企业系统和个人系统日均查询量分别增长 59.1%和 32.5%。应收账款融资服务平台已注册用户 1235 家（不含厦门），年末全省（不含厦门）成交融资笔数 1244 笔，平台融资达 592 亿元。推动社会信用体系建设取得重大进展，《福建省社会信用体系建设规划（2015-2020 年）》正式颁布，《福建省公共信用信息管理暂行办法》开始施行。小微企业和农村信用体系建设有序推进，年末累计建立小微企业信用档案 10.73 万户，其中 2.39 万户企业获得银行融资，分别比上年末增长 0.6%和 5.8%；建立农户信用档案 533.46 万户，占全省农户总数的 78.3%，全省对已建档的 218.08 万户农户累计发放贷款 4717.31 亿元，分别增长 4.1%、3.6%和 17.6%。创新非现场监管方式，试点金融机构征信相关业务综合风险评估。稳步发展征信和评级市场，年末全省在央行备案企业征信机构 2 家，全年共完成信贷市场信用评级企业 1212 家。配合推进法人和其他组织“一照一码”登记制度率先在福建自贸试验区试点实施并向全省推广。继续推进国库信息化建设，组织省内海关、银行上线财关库银横向联网系统，完善省级财政支出无纸化系统；开发国库内部检查系统和财政专户填报系统，被人民银行总行在全国推广应用。完善银行业金融机构国库业务联席会议制度，加强国库集中收付代理银行资格认定工作。试点依托“银行卡助农取款服务点”，创新实现国债销售下乡。试点建立人民币流通“网格化”管理机制，稳妥做好 2015 版第五套人民币 100 元纸币发行工作。年末共确定、公示小面额现金主办银行 143 家、主办网点 765 个，小面额现金供应实现主办网点在全省各乡镇全覆盖，年末开辟小面额人民币兑换“绿色通道”的金融机构营业网点同比增加 312 个。推进硬币供应自助服务机具布点，年末投入使用的硬币自助兑换机比上年末增加 40 台；扩大 ATM 终端多券别人民币取款便民服务试点，年末银行业机构共改造安装 10 元券 ATM 机 72 台，50 元券 ATM 机 286 台，分别增长 71.4%和 34.8 倍。加强商业银行全额清分管理，基本实现了商业银行对外付出现金全额清分工作目标。加强对台反假人民币工作，推动建立两岸货币鉴伪技术交流、两岸假币警情共享和联合打击工作机制。推进“打击利用离岸公司和地下钱庄转移赃款专项行动”取得积极成效，共收集专项行动相关重点线索 89 条，调查立项 18 起，报案 68 起，立案 20 起，破案 6 起，涉案金额人民币达 321 亿元；推动利用地下钱庄“洗钱罪”案件立案 2 起，破案 1 起。在全国首创建立涉税领域反洗钱协作机制，与福建省国家税务局、地方税务局签订三方《涉税领域反洗钱合作备忘录》，协助调查涉税金额高达 3.5 亿元的“双督办（国家税务总局和公安部督办）”重大骗取出口退税案件。率先在全国开展支付机构检查创新，自主开发“支付机构反洗钱现场检查软件”，被人民银行总行确定为全国性支付机构反洗钱现场检查工具。制定《福建省金融机构洗钱风险评估指引》等两个评估指引，部署全省人民银行系统共对 106 家义务主体开展监管评估，累计发现风险点 1551 个。全面推进反洗钱 “法人监管”改革，实现全省 47 家村镇银行按法人机构编码独立报送数据。全年共收集处理重点可疑交易线索 318 条，上报反洗钱中心研判线索 18 条，报案 117 条，其中地下钱庄类报案数增长 850%，涉毒、涉恐、涉贪、涉税等各类重点关注类型的线索报案数增长 120%；反洗钱调查立项 76 起，累计开展调查 551 次，协助破案 21 起，调查立项数、调查次数、破案数分别增长 100.0%、88.1%、10.5%；以“洗钱罪”定性立案 8 起，起诉 4 起，判决 3 起，立案数、判决数分别增长 33.3%、200.0%。在全国人民银行系统率先开展金融基础教育系列试点，组织开展消费者金融素养调查；12363 咨询投诉热线高效稳定运行，金融消费权益保护信息管理系统全面上线，全年共受理 591 件投诉，办结投诉 574 件，已办结的投诉群众满意率达 95%。

三、推动金融改革

落实利率市场化改革各项措施，全省地方法人金融机构合格审慎评估参评机构 67 家，市场自律机制复核通过 57 家，居全国第 2 位；推动制定《福建省市场利率定价自律机制工作指引》，加强对地方法人金融机构合理定价窗口指导，年末省内各期限存款挂牌平均利率与各项人民币贷款加权平均利率，较 2014 年 11 月第 1 次降息前分别下降约 103 个基点与约 176 个基点，推动社会融资成本有效下降。加快推进同业存单发行，全年省内地方法人金融机构累计发行同业存单 922.50 亿元，年末余额 529.90 亿元；个人大额存单发行实现零突破，全年省内地方法人金融机构累计发行大额存单 9.93 亿元。年末余额 8.74 亿元。完成 2014 年县域法人机构将新增存款用于当地的考核工作，全省 20 家县域法人银行业机构全部达标，执行优惠存款准备金率；持续跟踪评估农业银行“三农金融事业部”改革落实情况，全省农业银行 19 家“三农金融事业部”经考核达标，执行优惠存款准备金率。深化泉州金融服务实体经济改革，在全国率先建成中小微企业信用信息交换共享平台，推动建立“5000户重点小微企业融资项目库”，嫁接政府增信和担保资源，年末已推荐入库重点小微企业2472户，其中1030户首次与银行建立信贷关系；创新小微企业还款和授信担保方式，在全国率先推出“无间贷”和“互助基金担保融资”金融产品，“中小微企业金融综合服务”“供应链合作化解银行信贷风险”“民间融资阳光化”等多项服务模式在全国处于领先地位。推进三明市沙县农村金融改革，实现农户信用建档、评级全覆盖，实现“小额便民支付点”建制村全覆盖，69个建制村组建村级融资担保基金，通过“信评+基金+信贷+保险”模式，为农户贷款提供增信服务。

四、深化闽台金融合作

闽台银行业机构合作取得重大突破，已有合作金库银行福州分行、彰化银行福州分行、第一商业银行厦门分行、华南商业银行福州分行开业运营，福建台资银行数量跃居大陆各省（市）第4位；台湾银行、“中国信托银行”已获中国银监会批准，分别在福州、厦门筹建分行；富邦财险（台资）在厦门、平潭自贸片区设立分支机构，国泰产险（台资）获准筹建平潭自贸片区中心支公司。两岸货币业务合作不断深化，年末共有9家银行业机构及其外币代兑机构、8家个人本外币特许兑换机构办理新台币兑换业务，全年兑入新台币金额比上年增长126.6%，兑出增长65.3%；推动实现两岸人民币现钞调运业务，年末厦门口岸累计执行跨海峡人民币现钞调运157批次；全年闽台跨境人民币结算金额比上年增长57.9%，台湾地区已稳居福建第二大境外人民币结算地；中国建设银行、中国农业银行、平安银行等3家银行的总行在厦门设立“对台人民币清算中心”，推动24家台湾地区的银行机构在厦门开立44个人民币代理清算账户，累计清算金额逾500亿元。启动厦门、泉州对台跨境人民币双向贷款业务试点，年末两地企业与台湾地区银行贷款合同的备案金额分别为1.84亿元、2.97亿元，实际提款总额3.13亿元；浦发银行福州分行联合彰化银行福州分行，在福建自贸试验区平潭片区办理了首笔闽台合作银团贷款。在福建自贸试验区平潭片区率先开展台资企业征信查询试点，两岸征信信息的互通共享取得突破。中国建设银行在福州设立国内首家总行级“海峡两岸跨境金融中心”，为福建自贸试验区的对台金融结算提供专业服务。

2015年，福州中心支行获人民银行总行授予的“2012-2014年度文明单位”称号，成为全国人民银行系统唯一获此殊荣的省会中心支行。

（执笔：王勉）

国家开发银行福建省分行

2015年，国家开发银行福建省分行全力支持福建经济社会发展。全年实现融资总量 1158 亿元，其中贷款发放 631 亿元。年末信贷资产总额 3192 亿元，其中表内贷款余额2237亿元。

一、支持重点领域和薄弱环节取得新成效

积极争取总行规模资源向福建倾斜，全年总行下达人民币贷款新增规模276亿元，比上年增加25亿元，居开发银行系统内东部分行第3位。加大信贷投放力度，全年发放贷款 631 亿元，增加 97 亿元，增长 18.2%，创历年新高。其中，发放高速公路贷款135亿元、铁路贷款50亿元、电力贷款19亿元。扎实推进棚户区改造业务，评审承诺棚改贷款 181亿元，发放155亿元；以“三统一”模式新增省级平台棚改项目授信 151 亿元；龙岩莲庄项目成为全国首个实现发放的政府购买棚改服务项目，被国家住建部树为典型。积极支持社会民生事业，发放水利贷款15亿元、中小企业贷款8亿元、抗灾救灾应急贷款 5 亿元、现代农业贷款 4 亿元；提高生源地助学贷款业务覆盖面，与全省12个县建立助学贷款合作机制，全年发放助学贷款2170万元。

二、服务国家战略呈现新亮点

与连城县签订扶贫合作协议，与诏安县共同成立开发经济合作办公室；选派 36 名金融服务联络员到全省23个扶贫开发重点县和建档立卡贫困村，宣传国家扶贫方针政策，协助当地做好扶贫开发规划，帮助解决实际困难和问题。全年累计向福建省41个原中央苏区县和23个扶贫开发重点县发放贷款161亿元。

三、项目开发评审实现新突破

与福州、宁德市政府签署合作备忘录，对接上百个重大项目，融资需求超 2500 亿元；与福建省高速公路公司签订合作金额为900亿元的“十三五”合作协议。加大项目开发储备，新增入库项目 513个、金额人民币1986亿元、外汇项目71亿美元。评审承诺 201 个项目，折合人民币 1747 亿元。以政府购买服务模式承诺 71 个项目 122 亿元；分行首个 PPP 项目海峡文化艺术中心实现评审承诺。

四、国际合作业务开启新篇章

主动融入“一带一路”建设，发挥海外工作组的作用，助力福建省企业“走出去”。与联合国海陆丝绸之路城市联盟工商理事会签署合作备忘录，推动发起海陆丝绸之路城市基础设施建设基金。全年实现外汇项目评审承诺 53 亿美元，发放外汇贷款16亿美元，年末分行外汇贷款余额29亿美元，全省（不含厦门）同业占比26.5%，排名第一。

五、综合金融服务跃上新台阶

全年发行债券 22 只 168 亿元，比上年增长67.5%；申购定向置换债券 69 亿元，全省占比30.5%，在定向债主承销商中排名第一。推动福能租赁在新三板挂牌及再融资、晋江棚改夹层投资 5 亿元资金到位。拓展表外业务，实现银团工作量87亿元；完成理财业务量超100亿元；开办募集资金托管，托管规模达136亿元。

六、维护金融生态展现新担当

认真贯彻福建省委、省政府关于有效防范和化解金融风险的要求，全面加强风险管控，着力促进金融业与经济的良性互动，营造和维护良好的金融生态，提高金融服务实体经济的效率。持续保持对小贷公司、国际合作等领域项目的高频度风险排查，加强风险预研预判，严防项目转劣。加大不良资产化解和处置力度，“一户一策”化解 8 个不良贷款项目3.17亿元，全额回收10个重点风险防范项目贷款 7.44 亿元，年末再次实现不良贷款余额为零。

（执笔：林小雪）

中国建设银行股份有限公司福建省分行

2015年，中国建设银行股份有限公司福建省分行扎实落实建设银行总行与福建省政府新签署的金融合作备忘录，贴近地区经济特色、百姓金融需求，支持福建科学发展跨越发展。截至2015年末，该行一般性存款日均余额3649.1亿元，新增260.9亿元；各项贷款余额3668.5亿元，当年新增231.2亿元；各项存款、贷款继续领跑当地银行同业。

截至2015年末，该行“十二五”期间各项贷款规模翻番，增幅高出全国建设银行平均水平14.0个百分点，累计为福建省基础设施建设、现代产业发展、小微企业、城镇化建设等提供信贷资金6944亿元；通过非信贷方式满足客户资金需求964亿元；通过造价咨询业务为项目节约投资32亿元；主要业务指标在全国建设银行系统保持前列。

一、多渠道筹融资

充分发挥建设银行集团的整体优势，积极争取总行向福建区域倾斜信贷资源，还从省内省外、境内境外大力筹措资金，积极服务新福建建设。2015年，共承销全省五分之一的地方政府债，共计254.7亿元；总规模1000亿元的建设银行“21世纪海上丝绸之路产业基金”已获批达215亿元；充分利用自贸区政策为22家企业搭建跨境本外币双向资金池，获批流入额度111.0亿元；通过出口应收账款风险参与、融资性保函等联动产品，为企业办理各类跨境贸易融资产品超过260.0亿元，开出融资性保函8.4亿美元。

二、支持重点区域、重点项目

突出“大福州”“大泉州”重点区域发展，紧跟福建自贸试验区、福州新区、平潭综合实验区、泉州金改区等建设步伐，最大限度地满足重点区域客户（项目）的金融需求；升格成立自贸区福州片区和平潭片区分行，加大重点区域资源倾斜。同时，通过建立专家团队，前移评估审批工作等，为重点项目和优势产业提供专属服务，当年介入省重点项目115个，授信金额837.41亿元，授信比年初新增201.47亿元，贷款比年初新增62.08亿元。大力服务城镇化建设，累计审批通过城镇化建设贷款项目19个，贷款余额56.87亿元；储备城镇化建设贷款项目24个，涉及金额达110亿元。充分发挥传统业务的特色优势，为重点项目提供造价咨询服务，连续3年保持省内同业第一的业绩。

三、服务产业转型

全年搭建各类平台31个，大力支持小微企业。在全国建设银行系统内首家与省级税务机关签订“银税互动—税易贷”业务合作协议。在当地四大国有银行中唯一获得人民银行小微企业信贷政策导向效果评估“优秀”的单位，还获得福建省财政厅“助保贷”项目绩效评估第1名。借助建设银行电商平台支持闽货“走天下”，平台入驻闽企超过1.6万家，在线交易超过170亿元。以“中国建设银行海峡两岸跨境金融中心”落户福州为契机，大力推进综合金融服务，支持外贸企业及闽台合作。全年实现资本金意愿结汇、跨境人民币借款等多种业务突破，跨境人民币结算量比上年增长82.6%，总量突破千亿大关，达1094.9亿元。

四、服务民生改善

截至2015年末，个人贷款余额1538.5亿元，当年新增154.9亿元，均居同业第一。大力支持住房特别是普通住宅和保障性住房建设，房地产开发贷款余额224.8亿元，其中普通住宅项目和保障性住房项目开发贷款占98.3%。大力支持百姓改善住房，提升生活品质，当年新增个人住房贷款181.4亿元，余额达1480.6亿元，稳居同业第一。积极支持“大众创业、万众创新”，发放助业贷11.1亿元。大力支持教育、卫生、环保、文化等民生领域，促进“教育慧民、医疗健民、社保安民、环保益民、文化悦民”；开办汽车分期、装修分期、账单分期、现金分期等多种信用卡分期付款业务，信用卡分期交易额达150亿元，直接拉动消费约170亿元。拓宽服务渠道，推广自助银行、网上银行、手机银行等便捷的金融服务。手机金融客户突破1800万，“在福建每2人就有1人使用”建设银行手机金融服务；手机银行交易额占全国建设银行的20%和当地同业的70%。

五、维护地方金融稳定

严格落实福建省委、省政府加快化解企业信贷风险“十条措施”和对银行的“五不”要求，全力维护金融稳定。积极争取政策，做好转贷续贷，化解企业经营风险。仅在省行层面通过再融资化解171户企业信贷风险，涉及金额132亿元；累计为中小微企业办理“无还本续贷”868笔，金额71亿元。

六、加强精神文明创建

辖内4个单位保持“全国文明单位”称号，分行被授予“福建省第七届文明行业先进行业”称号；1个单位获评“全国金融五一劳动奖状”，3个单位获评“全国五一巾帼标兵岗”；27个单位获评“省级文明单位”；4个机构被评为中国银行业文明规范服务“五星级营业网点”。实现连续16年安全稳定运营，再次荣获福建省委、省政府“省直平安单位”称号。

（执笔：周卉）

中国工商银行股份有限公司福建省分行

2015年，中国工商银行股份有限公司福建省分行认真贯彻落实福建省委、省政府和工商银行总行的战略部署，紧密结合金融监管要求，始终以打造"客户数量最多、经营渠道最优、服务质量最佳、员工素质最高、企业文化最好"的"精品强行"为目标，主动融入福建经济发展大局，坚持稳中求进、加快转型创新、严守风险底线，突出"保增长"和"控风险"两条主线，切实践行国有大型商业银行服务地方经济发展的社会责任，不断提高金融服务实体经济质量和效率，实现了各项工作的平稳发展。

一、支持实体经济

紧跟"一带一路"、自贸试验区改革创新等国家重大战略和"中国制造2025"等重大决策实施进展，围绕福建省委、省政府科学发展、跨越发展的战略部署，坚持盘活存量与用好增量相结合，加大信贷投放力度，主动对接国家战略实施和重大工程建设，全力支持地方经济发展。截至2015年末，各项贷款余额较年初增加132.22亿元。着力支持重点项目建设、先进制造业、现代服务业、文化产业、战略新兴产业、优势产业集群，全年共对电力、核电、高速公路、铁路和能源等49个省政府公布的省级重点项目投放166.43亿元贷款，年末贷款余额较年初新增130.22亿元，增幅72.4%，比上年多增56.67亿元；对已确立的188个省分行级重点项目投放183.22亿元。相继设立平潭自贸区分行、福州自贸区分行，以"先行先试"的思维，整合国际、国内资金和资本市场资源，创新融资方式，有力支持了"三区"建设。

二、服务企业

提高对科技创新创业企业的服务水平，积极运用各种金融工具推动科技资源与金融资源的有效结合，加大对科技型中小企业特别是高新园区内的中小企业的金融扶持力度，促进福建省科技产业的可持续发展。一方面，对高新技术产业、高新技术企业建立差异化的信贷管理机制；另一方面，依托工商银行先进科技，优化业务系统，创新适合高新技术企业特定的信贷产品和金融服务，有效提高业务处理效率和客户服务质量。加大对企业"走出去"支持力度，提供出口信贷、境外并购贷款、投行+融资等特色产品，对"走出去"客户在财务顾问、内保外贷、内存外贷、并购贷款、项目融资、全球现金管理等领域提供支持，并充分利用海外机构众多的优势，主动为"走出去"企业提供信息服务，帮助企业把握国际经济动态，挖掘投资机会，识别投资风险。2015年，累计办理国际结算252亿美元，国际贸易融资25亿美元，结售汇117亿美元，跨境人民币444亿元，对外担保9亿美元，其中成功办理力聚物流内保直贷业务，实现了在平潭综合实验区中资企业举借外债业务领域"零"的突破。

三、普惠民生

注重民生领域金融服务，积极创新和改进符合消费群体特点的差异化金融产品和服务。大力推广个人金融资产自助质押贷款业务，年末贷款余额较年初增加10.22亿元；进一步支持居民首套及改善性购房需求以及重点楼盘的个人住房按揭贷款需求，年末个人住房按揭贷款余额较年初增加53.25亿元。紧跟互联网金融步伐，推进融e购、融e联、融e行"三大平台"和支付产品线、融资产品线、投资交易线"三大产品线"发展，满足了客户对互联网金融业务的需求；推出具有金融服务、交通管理、违章处理、高速通行、榕城公交一卡通等多行业应用功能的九卡合一的"牡丹驾驶员通卡"，极大地方便了客户的日常生活；开发投产了短信平台积分兑换应用、在线兑奖流量应用、手机银行榕城通卡充值项目、多渠道代缴学费项目、燃气费代缴系统、自来水公司水费代扣系统、代缴学费和校园一卡通、公积金冲还贷项目、手机银行居家生活委托代扣应用等一批新产品项目，民生领域金融服务能力不断提高。

四、优化信贷供给结构

严守区域信贷风险底线，从经济下行压力大、企业经营困难加重的实际情况出发，积极化解风险。对符合产业政策、具有核心竞争力和发展前景、经营出现暂时困难的企业，不简单抽贷、断贷，而是尽力通过创新机制和服务，一企一策地化解信贷风险，并在大额风险化解、推动企业重组转化、以物抵债、打击逃废债等方面争取总行层面更多政策支持。同时，积极支持企业并购重组、实体经济去产能去杠杆和节能环保、高端装备制造、新能源、新材料等新兴战略产业，助力低碳经济发展，做大力支持绿色发展、低碳发展和循环发展的实践者和引领者。

五、金融创新

坚持以客户为中心，以前瞻性的视野深入推进业务产品创新，不断提高综合金融服务能力和客户满意度。推进“商行+投行”“表内+表外”“境内+境外”运作，有效满足了客户和市场的新型金融需求。大力支持福建省地方债承销业务，承销认购155.33 亿元、同业占比 12.3%，位居前列，受到福建省人民政府的肯定并收到《感谢信》。

六、社会责任

着力解决小微企业融资难题，实现了针对小微企业评级、授信、押品评估和业务审批流程的“四合一”体系，并通过推广小微金融中心发展模式、跨部门协同推进小微企业票据直贴业务，大力发展小微企业贷款，全年累计发放小微企业贷款 261.92 亿元，年末监管口径余额较年初增加 12.16 亿元；小微企业票据贴现余额较年初增加 39.85 亿元。持续加大涉农贷款重点领域、龙头企业的信贷投入，全面支持和服务“三农”发展，涉农贷款全年新增25.42 亿元。秉承“源于社会、回馈社会、服务社会”的宗旨，积极投身公益事业，努力为构建和谐社会做贡献。开展各类志愿者服务活动，普及市民金融知识和金融风险意识，全年共组织消费者金融知识教育各项活动 1000 多次。2015 年，3 家单位荣获“全国文明单位”称号，25 家单位获“2012-2014年省级文明单位”称号。

七、服务提升

注重夯实经营管理基础，通过精简流程、优化渠道，整合渠道、运营、品牌、投诉、售后、技术等资源，进一步形成二线服务一线、上级服务下级、全行服务客户的经营管理格局，全方位提升服务品质和效率。加强渠道建设，深化网点运营标准化改革，持续升级优化网点 56 家，建成智能化模式 49 家，同业竞争力达标网点 150 家，完成 27 家网点的业态创新；福清支行营业室入选“百佳示范单位”，另有 4 家网点获评“五星级网点”，6 家网点获评“四星级网点”，2 家网点获评“三星级网点”，入选获评网点层级和数量在同业中遥遥领先，客户服务体验显著提升。此外，加强安全生产、安防设施和外部欺诈风险管理，防堵案件工作受到社会各界的肯定，全力保障了全行业务经营的发展，为区域金融安全稳定发挥应有的作用。

（执笔：杨希）

招商银行福州分行

2015年，招商银行福州分行以总行“加快战略转型，抢抓新常态下的新机遇”为发展战略目标，结合自身实际，攻坚克难，明确了“稳增长、促转型、控风险、调结构”的工作思路，聚焦利润增长和客群经营，努力实现业务增长方式、盈利模式、经营模式和风险管理模式转变，做深客户服务，严抓资产质量管控，利息收入、非息收入和资产保全齐头并进，业务经营实现平稳、快速、协调发展，轻型银行目标雏形初具，业务模式渐趋成熟。

2015 年招商银行福州分行经营管理呈现以下几大亮点：

一、综合绩效考核各项指标完成情况良好

2015 年，招商银行福州分行总资产达 624.56 亿元，较年初增加99.67亿元，比上年增长19.0%。经营利润稳步增长，累计实现考核利润8.66亿元，比上年增加4.91亿元，增长131.0%。负债业务快速增长，人民币自营存款余额为 466.07 亿元，较年初增长49.24亿元，增幅11.8%。人民币自营贷款年日均余额474.21亿元，较年初基数增加65.31亿元。

二、“轻型银行”业务助力非息收入跨越发展

一是财富管理实现量、质、价齐升。2015年，完成权益类产品销售收入 1.63 亿元，固定收益类产品销售25.10亿元，实现财富管理业务中收2.52亿元，为零售银行业务创收奠定基础。

二是批发业务在国内证、融资租赁、互联网平台E+账户、移动支票、国际信用证等方面，实现了昂首奋进：2015年，招商银行福州分行国内证开证量、福费廷转卖量仅5个月就双破百亿；成功拓展国内证“小企业 E 家+福费廷”模式，仅半年时间创中收超 1600 万元；实现首笔医疗租赁、首笔在建机场融资租赁及首笔“租融通”项目落地，2015年收取融资租赁手续费3617.5万元；创新叙做“随心展+期汇通”、存款端IRS无资本消耗业务等，累计实现中收达3100万元。

三是投行业务顺势而为，除债券承销业务保持稳健增长外，创新了理财资金以“卫星”模式认购债券类理财模式，创下了首笔“账优易”、首笔城市发展基金等多个首单及分行开业以来代销产品单笔最大金额纪录，不断刷新着投行业务的新业绩，2015 年共计实现投行中间业务中收合计 1.06 亿元，完成总行任务的126.2%。

四是通过致力打造大资管经营体系，同业业务规模、收入双双实现跨越发展。其中，同业理财销售额突破 1200 亿元，全行排名第 7 位；此外，同业投资齐头并进，股票收益权转让、结构化配资不断增收，资产托管渠道、同业渠道逐一开启，2015全年累计实现同业考核利润达3亿元。

五是票据业务也随着直贴业务量、承兑回贴率的攀升斩获超额收益。全年实现直贴业务量208亿元，比上年增加71亿元，增幅达52%；全年承兑回贴率达到43%。

三、业务结构日益优化，传统业务平稳增长

在资产端，零售资产业务通过轻型获客、房贷业务专业化运营等方式，斩获零售贷款年增量同类行排名第1位、零售贷款获客同类行排名第2位、消费贷款增量系统排名第1位的可喜战绩。在负债端，分行通过积极转变思维，力推引存产品，不断优化存款结构，2015年人民币活期存款年日均余额占比进一步提升至52.1%。

四、多措并举，客群建设大步发展

在零售客群建设上，不仅开展了“一带一路”

代发竞赛，更如火如荼进行线上电子渠道、异业联盟渠道、生活结算渠道的建设，全年新增大众客群42429户，完成总行全年任务的101.0%，为“双金”“私钻”客群的逐层晋级奠定了基础。对公客群建设亦不甘示弱，通过细化过程管理直接推动批发有效客户、核心价值客户、存量对公活跃客户的井喷发展，全年新增批发有效客户3195户，完成率达114%；新增大中型客户259户，完成率达480%；存量对公活跃客户占比53.1%，较上年末提升4.8个百分点。

五、风险管理多管齐下，加强处置

一方面，强化过程管控及贷后管理明确了信贷准入边界，开展担保圈排查、预警客户风险排查、担保公司排查等专项检查，建立分行客户FPA统一视图，制定主动退出机制等。另一方面，加大不良资产清收和处置力度。通过建立不良资产诉讼的快速反应机制、实行一户一策重点推进的方式，以及建立不良资产推介机制，分行实现不良及风险资产处置12184.31万元，现金清收11356.80万元。

六、员工队伍、管理团队建设稳中求进

深化人力资源管理，把人才的留引和发展视为工作重中之重，制定出台了《招商银行福州分行专业序列管理办法》，让每一个员工的奋斗有了驰骋的天空；更加公平地构建了“以价值贡献为本”的岗位体系，为后续薪酬体系对接、高价值激励、专业序列衔接等多元化的运用奠定基础；同时，后备人才库实施方案的出炉，促进员工队伍专业化、可持续发展；持续动态考察干部表现，更是加大力度地提升了干部的年轻化程度。

七、中后台基础管理及企业文化不断强化

坚持“服务立行”，通过开展服务竞赛活动、加强服务质量监测、日常服务培训，服务管理工作日显成效；机构建设开枝散叶，伴随着永安支行、连江支行、五四北支行、自贸区分行的落点，未来福建招银大厦建设也将巍然屹立闽江潮头；运营管理、合规管理继续为分行稳步前行保驾护航；招商银行福州分行企业文化不断得到认可，工会、团委活动、关爱员工计划逐项落实，持续营造团结向上的和谐氛围，全行干部员工精神面貌焕然一新。

（执笔：李诗婷）

福建海峡银行

截至 2015 年末，福建海峡银行资产总额 1336.83 亿元，比年初增加 258.50 亿元，增长 24.0%；存款余额 717.33 亿元，比年初增加 81.71 亿元，增长 12.9%；贷款余额 533.31 亿元，比年初增加 74.61 亿元，增长 16.3%；实现拨备前利润 20.08 亿元，比上年增加 3.99 亿元，增长 24.8%。

一、差异化发展，避免同质化竞争

第一，发挥城商行地域性、普惠性的优势，落实“两岸金融、市民金融、特色金融”的差异化定位。2015 年，市民金融的信贷增量达到 44.68 亿元，占新增贷款的 60.4%，特色金融（海洋、文化和城镇化）新增 15.85 亿元，占新增贷款的 21.4%。第二，抓住福建省建设生态文明先行示范区的优势，落实“快乐山水”差异化布局。重点支持行业周期波动小、现金流量足的“快乐山水”行业，包括旅游观光和文化休闲“快乐”行业、竹林果茶的绿色行业、海洋产业和水电水利蓝色行业。2015 年，实现投放 11.46 亿元，比上年增长 76.9%。第三，适应互联网+的发展趋势，搭建差异化发展平台。通过行业的上下游组建俱乐部的方式，实现网络化销售、俱乐部式管理。在发展海洋产业时，依托水产厅、远洋渔业协会的组织，在远洋捕捞、冷藏加工和冷链物流等行业成立俱乐部，实现资产上下游交易，一套资金循环使用，安全高效。利用现有的微信银行、手机银行、ATM、VTM 和小微专业支行等延伸客户服务，实现网格化管理。

二、特色化经营，提升全面风险管理水平

第一，充分应用大数据的成果，优化资源配置，建立扁平化经营机构，实现精准、高效的客户营销。建立营销、评审、售后、客户维权和运营保障相分离的流程化经营，在营销方面，设立隶属于总行直接经营的行业部，主动规划发展客户，主动经营风险，实现业务规划、产品策划、资源配置、售后服务和客户权益维护无缝对接。2015 年，实现新增规划投放增加 170 亿元，增幅达 25%。第二，适应客户对金融产品的多样化需求，理顺总分支的体系，提升服务有效客户能力。实施客户分层、风险分级、经营分业，确立支行侧重渠道运营、发展零售客户和经营低风险业务的客户，分行和总行的行业部通过规划发展对公业务和新兴市场业务。第三，应对利率市场化，主动经营资产，提升全面风险管理水平。在同业首创设立售后服务部、客户权益部，推行“双卡”（售后服务卡、授信廉洁卡）工程。零售和公司有效客户新增 1.58 万户、1392 户，网银客户新增 4.69 万户，零售理财客户新增 1.14 万人。

三、专业化服务，提升创新驱动能力

第一，组建专门的机构团队。设立文化产业金融部、城镇化金融部、海洋产业金融部、贸易金融部、投资银行部和上海金融研发中心，引进专业人才。第二，配置专项的资源。特色行业部信贷类资产余额 43.82 亿元，比年初增加 38.52 亿元，贡献度 28.8%。第三，开发专门的产品。设立福建省远洋渔业发展基金 50 亿元，全省首推“海洋企业助保金贷款”，第一次获得省财政厅 1.3 亿元企业“助保贷”存款；开发小微“迷你贷”、消费“诚信贷”、按揭“业主贷”、三农“小康贷”；创新小微贷款产品“银保贷”，推广续贷通、专利权质押贷；省内城商行首发茉莉信用卡。第四，实现专业的运作。通过网络化营销提高销售效率，通过俱乐部式管理实现与客户联动，通过管家式服务实现与客户共成长。

（执笔：郑舒）

2-3-7-9　福建辖区证券业发展综述

2015年，福建辖区（不含厦门，下同）资本市场总体平稳有序运行，直接融资势头强劲，上市公司质量稳步提升，证券期货经营机构持续发展壮大，场外市场建设深入推进。截至2015年末，福建辖区有上市公司66家，证券公司2家，期货公司3家，基金公司2家，证券投资咨询公司2家，证券、基金、投资咨询公司子公司、分公司39家（含6家筹建），证券营业部266家（含筹建9家），期货营业部63家。

一、直接融资势头强劲

2015年，辖区境内上市公司、挂牌企业累计实现直接融资1537.95亿元，分别是2014年、2013年融资额的2.4倍和10.3倍。其中，5家公司实现首发上市，首发融资18.75亿元；76家次上市挂牌公司通过定向增发、配股、发行H股、发行优先股、新三板定增等方式实现股权性再融资441.41亿元；57家次上市挂牌公司实现债权性融资1049.35亿元；51家次公司通过海交中心对接融资28.44亿元。截至2015年末，辖区还有2家企业已过会待发行，17家企业已向证监会申报IPO，57家上市公司启动再融资工作，拟融资将近1400亿元。

二、上市公司质量稳步提升

截至2015年末，辖区有境内上市公司66家、总股本908.97亿股、总市值12300.65亿元，分列全国第13位、第9位和第9位；资产总额59484.63亿元、净资产5308.62亿元，分列全国第4位和第7位。2015年，各上市公司实现营业收入4579.60亿元、净利润681.44亿元，分别比上年增长了21.4%、8.9%；平均每股收益0.75元、平均净资产收益率14.3%，分别是全国平均水平的1.5倍和1.3倍。并购重组持续活跃进行，全年有22家次上市公司开展并购重组，其中16家次已公告金额304.73亿元。部分上市公司通过并购重组向下游延伸产业链、培育新的利润增长点或有望扭亏为盈，重组成效逐步显现。

三、证券期货经营机构发展壮大

2015年，2家证券公司累计实现营业收入127.55亿元、净利润51.53亿元，分别比上年增长116.2%和146.9%；3家期货公司实现营业收入4.35亿元、净利润7744.42万元，分别增长46.8%和106.2%。兴业证券研究业务、机构销售交易等业务率先进入行业前十位，华福证券资产管理业务规模达到行业第6名。2015年度，兴业、华福2家证券公司分别被评为A类AA级及A类A级，兴证期货连续两年被评为A类A级。全年共新增4个期货交割仓库（厂库）。此外，私募投资基金呈现出较好的发展趋势。截至2015年末，辖区已完成登记的私募基金管理人257家，比上年末增长613.9%，已备案私募基金（含投资顾问管理型）127只，管理资金规模达548.39亿元，增长267.7%。

四、场外市场建设深入推进

截至2015年末，辖区新三板挂牌企业达86家，比上年末增长了2.7倍；另有15家企业已取得挂牌函，29家企业在挂牌审核程序中。海交中心挂牌企业超过1635家，托管总股本12.84亿股，中心与省内11家银行签订了战略合作协议，合计授信额度达205亿元。

五、市场整体运行平稳有序

依托综合监管机制，加大对资本市场违法违规行为的稽查执法，严厉打击各类证券期货违法违规活动。在股市异常波动期间，密切关注省内市场运行情况，排查各类不稳定因素，市场风险得到积极防范和处置。

（执笔：陈张玲）

2-3-7-9-1 福建辖区上市公司情况一览表

（2015 年）

上市公司简称	总股本（万股）	总市值（万元）	每股收益（元）	净资产收益率（%）
华映科技	77910.29	1148397.65	0.20	5.32
航天发展	142962.89	2723443.05	0.23	5.46
平潭发展	96589.04	1929849.11	0.04	1.76
三木集团	46551.96	474364.44	0.03	0.98
永安林业	34101.98	573595.30	0.20	3.84
阳光城	401477.73	3625343.92	0.44	15.38
泰禾集团	124445.07	3048904.26	1.23	15.36
漳州发展	88414.65	567622.08	-0.10	-6.05
中国武夷	38945.24	870036.75	0.33	9.51
闽东电力	37300.00	399856.00	0.06	1.54
新大陆	93862.20	2376590.90	0.37	16.59
七匹狼	75567.00	1033000.89	0.36	5.55
众和股份	63525.82	1387403.81	-0.23	-18.94
国脉科技	86500.00	1287120.00	0.05	3.18
浔兴股份	35800.00	553468.00	0.23	8.33
冠福股份	72872.76	1084346.60	0.27	7.89
三钢闽光	53470.00	378567.60	-1.74	-43.78
游族网络	28710.50	2570451.20	1.86	33.34
福晶科技	28500.00	675735.00	0.12	5.90
鸿博股份	29818.60	887401.54	0.03	1.06
圣农发展	111090.00	2442869.10	-0.37	-9.22
太阳电缆	45225.00	542700.00	0.40	14.50
星网锐捷	53911.12	1301953.63	0.49	11.02
三元达	27000.00	535410.00	0.11	6.80
榕基软件	62220.00	1490169.00	0.03	1.16
天广消防	70809.45	1483458.01	0.23	3.76
恺英网络	67680.00	4097347.18	1.17	95.71
海源机械	20000.00	513800.00	0.01	0.28
闽发铝业	42950.00	436372.00	0.04	1.94
雪人股份	60000.00	722400.00	0.03	1.22
兴业科技	24247.80	481318.83	0.05	0.83
福建金森	13868.00	386778.52	0.27	5.21
龙洲股份	26859.32	490719.83	0.17	3.70

2-3-7-9-1 续表 （2015年）

上市公司简称	总股本（万股）	总市值（万元）	每股收益（元）	净资产收益率（%）
海欣食品	28280.00	777700.00	-0.14	-5.10
昇兴股份	42000.00	1470000.00	0.33	11.15
中能电气	15400.00	451066.00	0.13	2.66
青松股份	38592.00	387463.68	0.03	1.82
元力股份	13600.00	435200.00	0.23	6.05
纳川股份	41587.65	654173.73	0.06	2.38
富春通信	38000.26	1788672.41	0.21	8.09
广生堂	14000.00	1168020.00	0.92	30.62
福建高速	274440.00	1169114.40	0.20	6.96
冠城大通	148779.47	1300332.59	0.15	3.37
青山纸业	106184.16	820803.56	-0.14	-12.52
中闽能源	99946.52	731608.55	0.01	0.73
福日电子	38028.07	521364.90	0.31	7.51
龙净环保	106905.00	1847318.40	0.52	16.69
片仔癀	40221.15	2766812.72	1.16	15.39
福能股份	125834.73	2163099.05	0.85	17.15
凤竹纺织	27200.00	457504.00	0.05	2.04
惠泉啤酒	25000.00	456250.00	0.09	2.11
龙溪股份	39955.36	659662.95	0.13	2.40
福耀玻璃	250861.75	3042536.24	1.10	20.67
东百集团	44911.46	607202.90	0.12	3.26
实达集团	35155.84	854990.01	0.44	79.58
福建水泥	38187.37	423116.02	-1.02	-33.77
兴业银行	1905233.68	32522338.83	2.63	17.57
兴业证券	520000.00	5720000.00	0.80	25.10
九牧王	57463.72	1313620.52	0.70	9.27
紫金矿业	2157281.37	5562938.88	0.08	5.96
永辉超市	406753.61	4108211.47	0.16	6.49
贵人鸟	61400.00	2175402.00	0.54	14.36
南威软件	10000.00	978200.00	0.63	7.64
火炬电子	16640.00	1427545.60	0.94	17.41
龙马环卫	26670.00	1059332.40	0.60	19.83
安记食品	12000.00	664440.00	0.59	10.40

2-3-7-9-2 福建辖区上市公司经营效益情况

（2014-2015 年）

年份	加权平均每股收益（元）		整体平均净资产收益率（%）	
	福建辖区	全国	福建辖区	全国
2014	0.78	0.55	16.54	12.71
2015	0.75	0.49	14.32	10.99

2-3-7-9-3 福建辖区企业在证券市场融资情况

（2014-2015 年）

年份	年底累计上市公司家数（家）			当年融资企业数（个）			当年融资金额（亿元）		
	福建辖区	全国	占全国比重（%）	福建辖区	首发	再融资	总计	首发	再融资
2014	61	2613	2.33	12	2	10	262.46	13.17	249.29
2015	66	2827	2.33	40	5	35	871.63	18.75	852.88

注：再融资家数及金额为股权再融资及发行公司债券家数及金额。

2-3-7-9-4 福建辖区证券公司发展情况

（1992-2015 年）

年份	证券公司				期货公司		
	企业数（个）	交易量（笔）	交易金额（亿元）	开户数（万户）	企业数（个）	交易金额（亿元）	开户数（万户）
1992	2						
1993	2						
1994	3	579109	89.93	1.76			
1995	3	511853	73.27	2.75			
1996	3	2915385	2370.83	6.11			
1997	3	5023838	2052.47	11.54			
1998	3	6272101	2551.03	14.44			
1999	3	6403338	2551.30	28.40			
2000	3	7735686	3298.08	39.82			
2001	3	3846792	1472.50	50.10			
2002	3	3714922	1709.51	53.48			
2003	3	3832845	3337.75	71.96			
2004	3	4614592	2757.72	76.64			
2005	3	3943657	1465.43	81.24			
2006	2	10161965	4855.01	91.87			
2007	2	57629015	23554.77	137.76			
2008	2	45616621	14167.39	149.19			
2009	2		37004.93	239.66			
2010	2		24166.49	235.00	2	30200.00	1.04
2011	2		24389.23	156.74	2	51629.19	1.32
2012	2		21542.25	230.88	3	135552.60	1.77
2013	2		32442.47	325.22	3	241545.01	3.64
2014	2		68806.22	395.22	3	200882.11	4.26
2015	2		129921.44	330.27	3	390838.72	5.11

注：证券公司开户数为资金开户数；以上数据不包括厦门。

2-3-7-9-5 福建省部分证券公司发展概况

兴业证券股份有限公司

一、2015年工作回顾

2015年是中国资本市场发展史上极为不平凡的一年。一方面，股票市场剧烈波动，大起大落，上证综指全年波动幅度最高达72.0%；另一方面，在经济新常态下，中国经济改革与转型迫切需要资本市场发挥作用，提供更多创新产品和服务，资本市场与证券行业服务实体经济的空间正在打开，作用持续扩大。面对动荡的市场环境，兴业证券股份有限公司按照五年战略规划要求，不断适应资本市场新情况和证券行业创新发展新要求，大力推进各项业务较快增长，不断加强风险管理，积极响应号召参与资本市场维稳，公司发展和服务实体经济取得较好成效，经营业绩创历史新高。同时2015年也是公司第一个5年战略规划收官之年，5年来经过全司上下不懈努力，公司资本实力和业务竞争力已由上市前第20位以后上升到前15位左右，基本实现了5年规划战略目标。

二、公司总体经营情况

2015年，公司把握行业发展机遇，积极应对市场波动，经营业绩大幅增长。集团公司全年实现营业收入115.40亿元，比上年增长1.1倍，归属于母公司股东净利润41.70亿元，增长1.3倍。其中，公司（含资管）实现营业收入94.80亿元，净利润37.90亿元，分别增长1.1倍和1.4倍，营业收入和净利润行业排名均为第16位，与上年持平。

公司资本实力进一步增强。截至2015年末，集团公司总资产1138.18亿元，比上年末增长55.0%，归属于母公司股东净资产185.15亿元，增长26.1%。年末资产总额984.75亿元，增长51.1%；净资产总额170.17亿元，增长21.8%；净资本143.07亿元，增长5.4%。2016年1月，公司完成配股，募集资金122.58亿元，净资产行业排名已经从2014年的第17位上升到第15位。公司连续三年分类评级为A类AA级，综合竞争实力、抗风险能力、行业地位和市场影响力进一步提升。

三、公司主营业务情况

2015年，公司坚定不移地推进业务转型和创新发展，加大业务拓展力度，各项业务及子公司业务持续较快增长，发展态势良好。

（一）私人财富管理业务稳中有进

2015年，私人财富管理业务托管A股资产达7517亿元，比上年增长45.0%，行业排名第18位；融资融券余额148.30亿元，行业排名第18位，上升1位；股票质押回购和约定购回余额159.43亿元，行业排名第15位；股票基金交易量达71383亿元，增长310.2%，行业排名第17位，上升1位。

（二）机构与销售交易业务跻身行业第一梯队

2015年，机构与销售交易业务综合席位收入比上年增长1.8倍；行业排名第7位，上升1位；市场份额从2014年的3.9%上升到2015年的4.6%。服务公募基金、QFII/RQFII、保险社保和企业年金等机构客户237家，比年初增加82家。研究服务竞争力继续提升，总体研究能力和水平已稳居行业前列，在2015年“新财富”评选中，研究所荣获“本土最佳研究团队”第4名，比2014年上升2位；机构销售荣获“最佳销售团队”第1名，连续两年蝉联新财富第一。积极推进主经纪商业务，服务PB客户21户；获得基金托管业务和私募外包服务业务资格，托管产品385只，规模达228亿元，托管私募产品数量居行业第7位。

（三）投资银行业务市场竞争力快速提升

2015年，投资银行业务持续增长。债券融资业务完成企业债、公司债和中小企业私募债承销金额461亿元，比上年增长1.5倍，行业排名第7位，上升6位；承销家数31家，增长45.0%，行业排名第7位，上升1位。股权融资业务完成股票主承销金额208亿元，增长1.8倍，行业排名第15位，上升3位；承销家数22家，增长83.0%，行业排名第11位，上升1位。新三板当年新挂牌企业63家，行业排名第18位，上升7位；定向增资47次，累计募集资金5.8亿元。

（四）资产管理业务继续保持良好的发展态势

2015年，兴证资管公司实现受托资产管理业务收入比上年增长2.4倍，行业排名第10位，提升9位。集合产品期末规模由年初的124亿元增加到244亿元，增长97.6%，集合产品整体投资收益率居行业前十位。兴全基金公司平均净资产收益率和主动投资管理能力保持在行业前十位。管理资产总规模（含子公司）1758亿元，增长53.9%。

（五）证券投资业务取得较好收益，投资能力持续保持行业前列

2015年，公司投资规模与投资范围持续扩大，权益类投资始终保持稳健风格，衍生品投资能力快速提升，证券投资能力处于业内领先地位。同时，公司为175家挂牌企业提供做市服务，参与家数行业排名第5位，交易量行业排名第11位。

（六）期货业务整体竞争力不断提升

兴证期货公司收入增长显著，盈利能力持续提升。截至2015年末，客户权益由年初39.81亿元增加至70.64亿元，比上年末增长77.4%。

（七）直接投资业务稳步发展

兴业创新资本公司管理的股权投资基金规模稳步增长，截至2015年末，管理资金规模32亿元，项目投资及投后管理情况良好。

（八）境外业务迎来发展重大机遇

兴证香港公司经过三年多的努力，不仅已实现全牌照运营，各项业务全面开展，而且已经实现盈利。2015年，托管客户资产市值339亿港元，较年初增长5.3倍，在香港中资券商中排名第8位；公司现正在积极准备在香港上市，为公司国际化战略推进打开更大空间。

（九）另类投资业务有序起步

2015年，兴证投资公司正式投入运营，目前已经搭建投研团队，初步完成投资布局，并储备多个优质项目，开局良好，已经实现盈利。

（执笔：赵路）

信达证券股份有限公司

信达证券股份有限公司（以下简称“信达证券”）成立于2007年9月，2015年7月17日，信达证券首次被评为AA级券商，表明公司的综合内控能力和市场竞争力都迈上了一个新的台阶。

信达证券秉承“崇德精业、诚信为本、规范经营、创新发展”的经营理念，以“客户利益至上”为经营原则，以“专业创造价值”为核心价值观，通过服务、产品、技术的创新，为客户提供专业、优质的服务，实现公司与客户的共同发展。

一、公司主要业务

公司业务资格齐备，服务平台完善，旗下拥有4家金融服务子公司，3家分公司、81家证券营业部遍布全国。

公司以信达金融系统为依托，数年来通过债务重组、改制、引入PE投资、IPO、业务重组、公司债、企业债、股票增发等持续不断的服务，帮助企业成长发展。利用遍布全国的业务网络，公司为超过100万客户提供快速稳定的交易通道、准确及时的投资资讯和超过60家金融机构发行的上千款金融产品。

公司投资银行团队历史上成功完成了20多家企业股票承销和财务顾问业务。债券融资业务累计债券主承销金额近500亿元人民币。企业融资业务可为企业提供不同时期相应的保荐、推荐或财务顾问服务。资管业务可为客户提供高质高效的保值增值服务，并实现了资产管理规模的快速发展。发行的理财产品线涵盖了FOF型产品、混合型产品、货币型产品、普通债券型产品和分级债券产品，形成了丰富完备的产品线。公司首创客户保证金现金管理产品——现金宝集合资产管理计划（被称之为“信达模式”）在业内产生了积极深远的影响。经纪业务积极探索由卖方业务向卖方、买方协同发展的全新商业模式转变。同时，电子化交易、研究咨询、信达基金港等支持平台体系给公司的经纪业务发展提供了有力保障。

信达证券全资子公司——信达期货有限公司是国内规范化、信誉高的大型期货公司之一。拥有中国金融期货交易所全面结算会员资格及上海、大连、郑州商品交易所三大期货交易所的全权会员资格，可为客户代理所有已上市品种的标准期货合约交易，向客户提供交易、结算、交割、信息咨询、培训等服务。

二、网点布局

信达证券按照现代企业制度建设的要求，建立了完善的组织架构和精简高效、权责明晰的组织管理体系，在北京、上海、深圳、广州、沈阳、成都等30个城市设立了证券服务机构。截至2015年末，公司共有证券营业网点86家，其中分公司4家（北京分公司、上海分公司、辽宁分公司、厦门分公司），营业部82家。公司经纪业务网点覆盖16个省、市，其中北京市分布分公司1家、证券营业部8家，上海市分布分公司1家、证券营业部5家，广东省分布证券营业部13家，辽宁省分布分公司1家、证券营业部34家，浙江省分布证券营业部5家，江苏省分布证券营业部4家，四川省分布证券营业部3家，河南省分布证券营业部2家，福建省分布分公司1家、证券营业部1家，海南、湖南、天津、安徽、河北、山东、山西省各分部证券营业部各1家。公司各营业网点设施完备、交易品种齐全、服务优质、运作规范。

三、2015-2016年获奖情况

——2015年，被评为首都文明单位标兵；

——2015年，荣获爱投顾首届中国投顾大师赛“优秀投顾服务券商”奖；

——2016年，荣获第九届新财富“中国最佳投行”评选两项大奖。

（执笔：游希）

2-3-7-10 福建省保险业发展综述

近年来，在福建省委、省政府的高度重视和关心支持下，福建保险业发展取得了长足进步。市场规模稳步壮大，服务能力不断增强，对社会贡献日益突出。“十二五”以来，福建省保费收入年均增长15.6%，高于全国2.2个百分点；现有市场主体达到54家，在筹保险法人机构1家，资产总额达到1800亿元。“十二五”以来累计提供风险保障达90万亿元，赔付达921亿元，缴纳税费65.4亿元，吸纳就业人数超过19.3万人。

2015年，福建省保险市场发展势头良好，助推经济与保障民生作用增强。

一、保险业较快发展，保费收入持续增长

2015年，全省保险业累计实现保费收入777.6亿元，比上年增长13.4%。其中，财产险保费增长8.9%，人身险增长15.8%。社会经济生活的保险渗透率继续提高。2015年，福建保险密度增长12.4%，保险深度提高0.1个百分点。

二、助推经济功能增强

（一）参与全省重点项目建设

截至2015年末，保险资金在福建投资累计余额757.1亿元，全年新增投资约161.2亿元。此外，工程险为全省在建重点项目提供了达2133亿元的风险保障。

（二）支持出口增长

2015年，福建省出口信用保险公司提供出口风险保障约210亿美元，支持出口企业获得融资24.4亿美元。

（三）服务“三农”发展

2015年，福建省农房保险、水稻保险、森林综合保险、渔工责任险、渔船保险等政策性农险赔款支出3.1亿元，有效服务和支持了“三农”发展。

三、民生保障水平提高

（一）总体保障水平提高

2015年，福建省为社会承担风险保障总额26万亿元，增长16.7%；赔付支出245.1亿元，增长14.0%。

（二）支持社会保障体系建设

一是商业养老保险方面，2015年全省累计计提寿险责任准备金达1644亿元，持有长期寿险保单达1484万人次。二是商业健康保险方面，全年全省发生健康险赔付支出26.7亿元，增长25.8%。三是大病保险方面，全年全省保费收入2.2亿元，参保人数954.5万人。四是新农合方面，全年全省为456.3万农民提供健康保障。

2-3-7-10-1 福建省保险系统机构数

（2006-2015 年）

年份	财产保险公司			人寿保险公司		
	机构数（个）	职工人数（万人）	代理制销售人员数（万人）	机构数（个）	职工人数（万人）	代理制销售人员数（万人）
2006	590	0.71	0.59	998	0.72	4.77
2007	783	0.81	0.86	1078	0.87	5.35
2008	1022	1.02	1.46	1218	1.15	7.59
2009	1022	0.99	1.51	1352	1.13	9.16
2010	891	1.01	1.29	1327	1.30	8.30
2011	897	1.15	1.13	1372	1.23	8.09
2012	928	1.26	1.13	1400	1.24	8.32
2013	961	1.29	1.15	1395	1.20	9.21
2014	991	1.49	1.14	1400	1.35	9.88
2015	1025	1.70	2.05	1421	1.37	13.51

2-3-7-10-2 福建省保险公司业务经济技术指标

（2006-2015 年）

单位：亿元

年份	保险金额		保费收入		赔款及给付	
	财产保险公司	人寿保险公司	财产保险公司	人寿保险公司	财产保险公司	人寿保险公司
2006	26623.37	14472.18	52.36	121.99	27.78	17.03
2007	33331.54	26183.30	69.44	147.92	37.02	31.89
2008	58799.91	37200.85	81.21	209.47	49.57	40.61
2009	77706.63	37163.26	96.19	234.46	56.00	38.73
2010	71367.89	43103.10	132.74	290.87	65.44	37.46
2011	70943.49	31104.60	158.51	273.90	76.88	47.02
2012	100495.39	36089.27	184.40	293.30	94.73	55.08
2013	13779.21	44153.69	216.04	358.81	110.26	77.06
2014	163508.78	58991.13	251.71	434.11	130.14	84.85
2015	195720.15	63947.12	274.55	503.03	147.25	97.83

注：2012 年起保险金额为有效保单保险金额，保费为原保险保费收入。

2-3-7-10-3　福建省部分保险公司发展概况

中国人寿保险股份有限公司福建省分公司

中国人寿保险股份有限公司福建省分公司是中国人寿下属一级分公司，主要经营福建省（不含厦门）的人寿保险、健康保险、意外伤害保险等各类人身保险业务，现行市场销售近100个险种，构筑了集储蓄、保障、年金、医疗、理财分红为一体的产品体系，是福建保险市场唯一一家年度保费收入上百亿公司。截至2015年末，全省共有87家分支机构，其中市级分公司8个，县市区支公司78个，拥有营销服务部517个、银邮渠道代理网点1947个，公司员工3238人，销售队伍47984人，是福建机构最全、人员最多、业务规模最大、资产实力最强的寿险公司。

2015年，公司实现总保费（不含厦门）129.24亿元，比上年增长10.6%，近年来首次实现两位数增长。公司主要指标均保持福建寿险市场第一，市场份额30.8%，领先主要竞争对手9.9个百分点。在客户服务方面，公司不断创新客户服务举措，打造“金山微信+云助理+数字标牌”全方位、现代化的销售服务体系，建立e宝账等电子化服务模式和重大突发事件理赔快速响应机制，实现保全、理赔电子化推广工作，电子化率分别为45.5%和99.1%，均居全国系统前列；推广智能排队系统，提升柜面服务科技含量；在全国系统率先开展移动、视频调查试点工作和承保后业务质量核查工作，增强对突发事件的应急服务能力，妥善做好漳州古雷PX项目爆炸事故、“东方之星”号沉船事故、苏迪罗台风等重大突发事件理赔服务工作；持续创新客户增值服务，先后组织开展了健康好帮手、国寿大讲堂、国寿特惠超值及国寿资讯通等265场次客户服务现场活动，吸引11.26万名客户参加；组织开展以“牵手国寿孝善为先”为主题的第五届“中国人寿杯”少儿绘画比赛活动，共吸引4.98万人报名参赛；组织开展国寿客户节“百名学子成人礼”专场活动。在客户投诉方面，不断完善客户投诉处理机制和服务质量监督评估体系，设立投诉接待室，公布投诉渠道及投诉处理流程上墙，改季度接待日为月度接待日，扩展至全省所有省市县机构，并纳入年度客户服务质量考核系统，2015年度累计开展分支机构负责人消费投诉接待及研究日活动1025场，实现投诉处理率100%；组织全省开展“服务体验　服务对标”工作，开展3·15消费者权益保护系列活动，现场发放宣传材料10925份，全年未因投诉处理不当引发群体性或重大投诉事件发生。持续强化内部管控与合规经营，认真开展“两个加强、两个遏制”专项自查工作，实施风险预警及分级管理；强化关键岗位检查，深入推进反洗钱管理工作，加大监督检查力度，较好守住了不发生系统性、区域性风险的底线。

公司积极履行企业社会责任，充分发挥保险的功能作用和国有控股大公司的优势，助力海西建设。2015年，成功承办南平市城镇居民大病保险业务及莆田市2016-2018年新农合大病保险、城镇居民大病保险及新农合经办业务，为222.33万城乡居民提供了大病保险补偿服务，累计收取保费7826.62万元，赔款金额达3726.19万元。积极投身公益慈善事业，与福建省妇联联合开展“寻找最美家庭”活动，深受好评；与福建省美协联合举办五年的“国寿小画家”活动，已成为海西少儿绘画领域的一张名片，树立良好的企业形象；与省教育厅关工委德育中心联合开展向福建省贫困中小学校“捐书助学献爱心”活动，被授予“模范单位”荣誉称号，并颁发“情系教育　书香八闽”荣誉牌匾；与漳州见义勇为基金会联合举办春季见义勇为助学活动，为56名见义勇为子女赠送学平险一份保障9.15万元，并为见义勇为子女发放助学金。

（执笔：卢星星）

中国平安人寿保险股份有限公司福建分公司

2015年，中国平安人寿保险股份有限公司福建分公司紧紧围绕“抓服务、严监管、防风险、促发展”的全保会精神，以总公司“聚焦队伍管理 激发经营活力”的战略规划为指引，坚持执行“聚焦人力成就优秀”的经营思路，公司上下齐心协力、开拓进取，全年实现价值与品质的协调发展。

截至2015年末，分公司总保费收入达到113.03亿元，比上年增长18.0%。其中，个险业务总保费收入94.23亿元，增长16.8%；银保业务总保费收入9.83亿元，增长4.6%；其他业务渠道总保费收入计8.97亿元，增长54.7%。有效客户数约239.2万户，缴纳税金40465万元，赔付支出达15.2亿元。各项指标稳居福建人身险市场前列。平安人寿现已在福建（含厦门）设有福建分公司、厦门分公司，下辖泉州中心支公司、漳州中心支公司、龙岩中心支公司、三明中心支公司等8家中心支公司，14家支公司，1家营业部及157家营销服务部，合计182家分支机构。分公司内勤员工2004人，保险代理人34918人。

2015年，分公司遵循总公司“聚焦人力发展、激发经营活力”的理念，持续“以做系统优秀机构”为目标，借助总公司开展“讲危机、讲不足、讲创新”契机，挖掘经营工作中存在的危机，发现不足，寻找创新点，激发经营活力。在推动银保期交转型的同时，积极推进寿险普通型产品和万能型产品的费率市场化改革。通过个险渠道和以电销为主的公司直销渠道的快速增长，推进总保费增速提升。在分公司各条线的持续奋战下，2015年达成113.03亿元的挑战目标。后援工作方面贯彻总部服务管理、业务支持、风险管理、成本管理四大策略，以新生活运动和健康管理为突破口，打造线上线下联动寿险生态圈，主动迎接互联网时代新的经营模式。合规工作方面，分公司紧密围绕“两个加强、两个遏制”自查及检查工作，对其中发现的问题，积极开展深入整改工作的同时，将工作重心放在非法集资问题专项整治及违规代销第三方金融产品上，开展了大量的合规文化推广、自查检查排查、风险管控、制度建设等相关工作。

在业务推动的同时，分公司持续秉承“执善心筑大业”的慈善理念，开展各项品牌公益活动，践行平安作为企业公民的社会责任。分公司持续开展无偿献血活动，联合福建各家平安专业公司，携手福建省血液中心在平安大厦举行主题为“有爱，携手同行”无偿献血活动。开启“新生活运动”，以“平安有约健康行”为旗舰活动，推动员工及公众积极参与健身运动；积极参与保险公益宣传活动，在“7•8”全国保险公众宣传日开展保险进社区活动，通过悬挂横幅、张贴海报、播放视频、滚动播放LED屏、微信新媒体等方式加大“全国保险公众宣传日”的宣传力度，让“一键保险呵护无限”的口号深入人心。同时通过平安人寿“E服务”APP中的“问医生”“旺财账户”“生活货架”等功能，实现与公众的高频互动，帮助大众管理健康、管理财富、管理生活。借助这些活动的举办，向社会公众传播新生活运动理念，引领绿色健康的新型生活方式。分公司不间断关注平安希望小学，分别对龙岩梅溪平安希望小学、漳州南靖长教平安希望小学、莆田仙游度尾平安希望小学进行基础校舍修缮，并开展了形式活泼多样的维护活动，为孩子们创造更好的学习生活环境。积极开展“高校励志计划”活动，鼓励学术创新，与福建师范大学、福州大学等高校相关专业对接，鼓励学生提交优秀财经类论文参评，开展对国民经济有益的学术研究，增强自身核心竞争力、创新能力。积极践行平安作为企业公民应尽的社会责任。

（执笔：陈群）

中英人寿保险有限公司福建分公司

中英人寿保险有限公司福建分公司（简称“中英人寿福建分公司”）成立于 2005 年 12 月 9 日，是首家进驻福建的外资寿险公司。分公司实行包括个人营销、银行保险、经代营销、直效与电话行销在内的四个销售渠道，为不同类别的客户、不同层面的需求提供寿险服务。

近年来，中英人寿股东双方共同制定了未来六年中英人寿的发展战略，“成为领先的多渠道及数字化的保险公司，以卓越超群的客户体验提供定制化的产品与服务，满足中产及富裕客户的需求”成为了公司战略发展的新愿景和新目标。未来几年，中英人寿将构建以中粮的食品健康研究能力及健康食品的提供能力、英杰华海外服务和留学金融资源及打通客户从食品、身体、生活及财务健康各方数据，建立客户个人健康数据档案的 3 大核心竞争力和差异化优势，为更多的客户提供卓越超群的服务体验。并通过提升中英品牌知名度、提高用户转化率、客户再购买率和客户留存率，实现客户价值的增长及企业 VNB 的持续增长。至 2020 年，公司将为 1000 万的健康平台用户提供全面的健康服务，并通过简便快捷的服务平台，不断地提升用户体验，最终提升准客户的转化率及已有客户的价值。

“以自控渠道和保障型产品为核心，追求有价值的增长”是中英人寿整体发展战略。近年来，中英人寿总部持续加大个人营销和电话销售两个自控渠道的资源投入，扶持自控渠道的规模及利润的成长；对银行保险、经代营销非自控渠道持续加强品质管控。2015 年，中英人寿福建分公司实现保费收入达 41122.2 万元，比上年增长 15.4%。新单保费为 11123.52 万元，增长 32.6%。总保费收入目前在福建省内外资寿险公司中位列第 2 位。2015 年，分公司赔付支出 11977.09 万元，增长 9.7%。

2015 年，中英人寿福建分公司晋江营销服务部业务总监获得由人力资源和社会保障部、中国保险监督管理委员会共同颁发的“全国保险系统劳动模范”荣誉称号，享受省部级劳动模范待遇。是本届福建省十万寿险营销员中唯一获奖者，也是中英人寿全国首位获此殊荣的中英人。

2015 年，中英人寿福建分公司连续第五年获得年度财经排行榜“最佳外资保险品牌”称号。

2015 年，中英人寿福建分公司以“服务•创新”为抓手，谋求更新更大的发展。同时，坚决遏制违法违规行为发生，切实保护保险消费者利益，确保不发生区域性系统性风险。

1. 加强合规文化建设。2015 年，分公司以“两个加强、两个遏制”“年度风险排查”“销售误导滚动自查”“非法集资专项治理”“案件风险排查”“消费者投诉处理专项自查”等各种监管项目为契机，持续建立健全公司内控制度，推动合规文化建设，建立风险控制体系和机制，不断提升公司合规经营与风险管理水平。

2. 做好防范和处置非法集资工作。2015 年，分公司结合近年来保险业非法集资案件情况及特点，分公司将防范和处置非法集资工作作为当前各项工作的重中之重，切实抓紧、抓实、抓好。一是加强组织领导，提升责任意识。二是加强监测预警，防范风险苗头。三是坚持依法治理，妥善处置风险。

3. 保护保险消费者权益。近年来，中英人寿多次修改销售人员业务品质管理办法，趋严、趋重惩处各类违法违规、业务不良行为，有效地提升业务品质。一旦发现业务人员存在不良行为，将在系统中登记代理人不良行为。

强强联手打造的中英人寿，秉承英方股东英杰华集团 300 多年专业保险经验，以高效的多元化行销体系，适合不同客户需求的优质保险产品及强大的服务支持系统，立足福建市场，致力于为广大客户提供优质全面的寿险服务。

（执笔：许陈涛）

中国平安财产保险股份有限公司福建分公司

2015 年，中国平安财产保险股份有限公司福建分公司累计实现保费收入 44.23 亿元，比上年增长 10.7%，市场份额 20.9%，纳税贡献逾 6.44 亿元，进一步巩固了福建省第二大财产保险公司的地位。

2015 年，分公司主动参与风险管理，积极为福州地铁、福州烟草、福清核电、三明电网等一大批国家级、省级重点建设项目保驾护航，全力助推福建经济社会科学跨越发展；持续深入推动与公众利益关系密切的环境污染、食品安全、医疗责任、医疗意外、校园安全等领域的责任险业务的发展，满足社会多层次、多领域的保障需求，承保了将乐县全县人口交通意外险项目、晋江全市残疾人意外险统保项目、全省环卫工人意外伤害保险统保项目等多个大型民生保障项目，并创新推出诉讼保全责任险，有力解决目前财产保全申请中的申请瓶颈。

面对互联网金融和科技创新的历史机遇，2015 年分公司深入体察客户需求，以客户为中心，持续推进产品和服务创新。产品方面，设计推出“平安驾学无忧卡”“汽车延保”“驾易贷”等系列创新保障方案，获得市场热烈反响。服务方面，持续提升理赔时效，优化服务体验：1 月及 8 月，先后上线车险理赔、财产险理赔“新高铁项目”，业内首推“电话直赔”服务，建立以客户为中心的多通道、组合式、并联式的线上理财服务；4 月，首推施救费直赔服务；6 月，上线“微信•共享 e 平台”，支持客户随时随地微信投保/批改，同时联合实力救援公司，打造业内首个 020 救援平台；7 月，启动理赔收单极速前行项目，实现客户理赔收单零等待；10 月，研发平安产险交警点电动车系统，实现交警点实时出单，并满足交警对于电动车车辆上牌管理的需求；11 月，集小安理赔指引、查勘员位置可视化、查勘员服务及时点评三项功能的“小安服务”在福建上线。

2015 年，分公司持续完善突发事件应急处置机制，全力提供主动、高效、专业的理赔服务，切实发挥保险救灾的基础功能。5 月 19 日，清流县特大暴雨造成多处电网设备受损，电力供应瘫痪，分公司迅速启动大灾绿色理赔通道和财产险预赔服务；7 月 22 日，龙岩连城等地发生严重内涝，分公司立即开通理赔绿色通道，设置临时理赔服务点，及时进行现场定损；8 月 8 日，台风“苏迪罗”在福建登陆，分公司共接相关报案约 4500 笔，其中通过电话直赔处理相关报案约 1500 笔，车险单笔最快赔案仅用时 4 分 40 秒，创全国电话直赔纪录，财产险单笔最快理赔时效 28 分钟，亦刷新分公司历史纪录；9 月 29 日，台风“杜鹃”在福建莆田登陆，分公司单笔车险理赔最快时速提升至 4 分钟。据统计，2015 年度分公司累计支付赔款逾 21 亿元。

此外，分公司还积极投身公益事业，在全省范围内积极开展“遇见平安遇见爱”公益活动。全省千余名员工参与到“停车关爱”活动中，服务举措惠及 1.4 万名车主及普通市民。各级机构主动联合各地机关企事业单位，开展节假日“平安护航”、爱心献血、关爱白内障患者及自闭症儿童、公益支教、爱心“衣加衣”等系列公益活动累计近 70 场次，捐赠爱心物资价值逾 20 万元。

凭借优质、创新的产品与服务，2015 年分公司获颁多个荣誉奖项：4 月 13 日，分公司连续第 4 年跻身福建省“纳税百强”榜单，排名提升至第 49 位；6 月 16 日，被中国质量万里行促进会授予首批“顾客满意度 AAA 达标单位”荣誉称号；9 月 29 日，在福州日报主办的第二届“金榕奖”评选活动中，荣膺“年度服务创新保险公司”称号；11 月 7 日，在福建日报发起的福建首届金融品牌评选活动中荣获“金融创新奖”。在福建保监局、福建省保险行业协会组织的多次全省车险理赔服务质量综合测评中，多次获得第一、二名佳绩。分公司车险意健险理赔部获颁福州市“工人先锋号”称号，另有 2 名员工先后获评“全国保险系统劳动模范”及“全国金融五一劳动奖章”。 （执笔：张余忠）

2-3-8 房地产业

2015年，福建省房地产市场出现非外力和政策性因素下的市场下行，投资增速持续回落，房屋施工面积、新开工面积以及土地购置面积等多项指标出现负增长。随着国家“330新政”和福建省“闽七条”等政策的推行、央行放松房贷政策、公积金异地贷款以及降息降准等利好因素，销售降幅收窄，政策效果有所显现。

2015年，全省房地产开发投资4469.61亿元，比上年下降2.1%，与上年大幅增长23.3%反差较大。按构成分，全年全省完成建安投资3168.04亿元，由上年增长22.5%转为下降0.9%；土地购置费1072.93亿元，由上年增长36.6%转为下降8.3%。按用途分，住宅投资2864.95亿元，由上年增长23.2%转为下降1.8%，其中90平方米-144平方米中等户型投资下降16.5%；办公楼投资327.76亿元，下降8.6%；商业营业用房670.97亿元，增长2.5%。

2015年，全省房屋施工面积30891.14万平方米，比上年增长2.8%，增幅比上年回落11.5个百分点。其中，住宅施工面积19558.92万平方米，由上年增长10.6%转为下降0.8%；办公楼施工面积2150.88万平方米，增长18.8%，回落14.0个百分点；商业营业用房面积3875.01万平方米，增长7.0%，回落13.6个百分点。新开工和竣工面积均有下降，全年新开工面积5244.85万平方米，下降22.3%，降幅扩大16.2个百分点，其中住宅新开工面积下降24.0%，降幅扩大11.4个百分点，特别是90平方米-144平方米中等户型新开工面积由上年的下降12.8%扩大至下降29.7%，进一步延缓了后续投资量；全年竣工面积3436.56万平方米，由上年增长6.3%转为下降4.1%，其中住宅竣工面积2398.99万平方米，由上年增长9.8%转为下降6.6%。

在“330新政”“闽七条”和公积金异地贷款等政策的积极促进下，全省商品房销售面积降幅持续不断收窄。2015年，全省商品房销售面积4037.76万平方米，降幅由年初1-2月的同比下降27.7%逐渐收窄至全年的下降2.0%。其中，住宅销售3315.69万平方米，下降0.3%；办公楼销售155.42万平方米，下降14.1%；商业营业用房销售296.25万平方米，增长3.2%。分设区市观察，商品房销售面积比上年下降的有：厦门下降27.8%，福州下降5.3%，三明下降2.2%，宁德下降1.0%；比上年增长的有：龙岩增长26.9%，漳州增长16.2%，莆田增长14.3%，泉州增长3.6%，南平增长2.2%。

2015年，全省房地产开发企业到位资金5639.33亿元，比上年下降1.5%，降幅比上年扩大0.8个百分点。其中，国内贷款846.73亿元，增长12.5%；利用外资7.98亿元，下降65.8%；自筹资金2300.58亿元，下降7.2%；其他资金2484.05亿元，增长0.5%。开发商定金及预收款仍呈下降态势，全年定金及预收款1211.45亿元，在上年下降21.7%的情况下再下降6.7%；消费者购房贷款明显回升，全年个人按揭贷款832.82亿元，增长0.7%，比上年提高15.9个百分点。

从全国看，全年房地产开发投资95979亿元，比上年增长1.0%。其中，住宅投资64595亿元，增长0.4%；办公楼投资6210亿元，增长10.1%；商业营业用房投资14607亿元，增长1.8%。

2015年，全国城镇保障性安居工程基本建成住房772万套，新开工783万套，其中棚户区改造开工601万套。

注：本文数据均为快报数。

（摘编：林舒）

福建省房地产开发投资完成情况

项　目	2000	2005	2010	2014	2015
企业数（个）	1922	2596	3634	3280	3151
完成投资额（亿元）	207.37	540.39	1818.86	4567.40	4469.61
本年资金来源（亿元）	276.86	803.93	2631.31	5726.13	5639.33
#国内贷款	44.78	156.85	432.46	752.62	846.73
利用外资	24.94	14.81	18.17	23.32	7.98
自筹资金	54.21	217.15	1099.64	2479.19	2300.58
施工面积（万平方米）	3422.88	6107.75	14189.73	30051.77	30891.14
本年新开工面积（万平方米）	1102.85	2196.57	4679.56	6754.06	5244.85
#住宅	891.87	1727.38	3399.53	4193.81	3185.57
本年竣工面积（万平方米）	1009.36	1576.16	2242.47	3583.57	3436.56
#住宅	771.81	1304.85	1715.87	2568.02	2398.99
土地购置面积（万平方米）	901.07	1822.55	1540.42	1294.16	1056.72
商品房销售额（亿元）	168.96	605.09	1611.32	3763.52	3585.81
#住宅	119.39	481.90	1300.13	2939.58	2839.76
商品房销售面积（万平方米）	810.65	1913.84	2575.62	4119.48	4037.76
#住宅	675.73	1720.56	2139.26	3324.10	3315.69

2-3-9　旅行社及相关服务业

2015年，福建省旅游行业积极贯彻国家旅游局“515战略”和福建省政府《关于进一步深化旅游业改革发展的实施意见》，主动作为，抢抓“一带一路”战略和自贸实验区建设的机遇，以旅游产业融合发展为核心，全面打响“清新福建”品牌，“大旅游、大产业、大市场”发展格局日臻成形，旅游业对经济社会发展特别是对经济下行压力的支撑作用逐步增强。全年全省旅游经济运行总体平稳，累计接待游客26720.05万人次，比上年增长14.0%；实现旅游总收入3141.51亿元，增长16.0%。其中，接待国内游客26128.59万人次，增长14.2%，实现国内旅游收入2798.16亿元，增长16.3%；接待入境游客591.45万人次，增长8.5%，实现旅游外汇收入55.61亿美元，增长13.2%。

2015年，国家旅游局批复同意福建省自贸区台资合资旅行社试点经营本省居民赴台团队游业务，允许持有台湾有效导游、领队执业证的导游或领队执业以及投资设立旅行社时无需年经营总额限制。在自贸区政策红利的助力下，福建省旅行社行业开放水平不断提高，行业规模及竞争实力持续增强。行业规模方面，新增出境游组团社11家（其中赴台游组团社5家）、新设立旅行社58家，全省共有旅行社905家，其中出境游组团社93家（其中赴台游组团社19家）。资质实力方面，2015年全省新增12家5A级旅行社、16家4A级旅行社；截至2015年末，全省共有5A级旅行社62家、4A级旅行社84家、3A级旅行社142家，其中有9家旅行社跻身2014年度全国百强旅行社，数量居全国第4位。游客接待方面，据抽样调查数据推算，全年旅行社累计接待1213.26万人次，比上年增长11.3%，增幅提高0.3个百分点，其中省外游客通过旅行社组织入闽旅游的占比为9.1%，借力旅行社加强开拓省外客源市场并形成优势互补、整体联动的促销机制具有广阔操作空间。

2015年11月，国家旅游局公布了2014年度全国旅行社统计调查百强名单，福建省有9家入选全国百强旅行社，分别是厦门建发国际旅行社有限公司、福建省中国旅行社、福建省春秋国际旅行社有限公司、中国国旅（福建）国际旅行社有限公司、福建省康辉国际旅行社股份有限公司、福建康泰国际旅行社有限公司、厦门旅游集团国际旅行社有限公司、福建省旅游有限公司、福建省石狮市假日国际旅行社有限公司，数量居全国第4位。其中，中国国旅（福建）国际旅行社有限公司、福建省石狮市假日国际旅行社有限公司首次进入百强。

（摘编：林舒）

福建省旅游业发展情况

（2011-2015 年）

项　目	2011	2012	2013	2014	2015
国内旅游人数（万人次）	**13595.01**	**16659.74**	**19542.03**	**22887.70**	**26128.60**
住宿设施接待人数	7140.22	8078.39	8854.94	9917.23	11088.24
居民家庭接待人数	695.00	1123.62	1673.25	2019.23	2077.49
一日游游客人数	5759.79	7457.73	9013.84	10951.43	12962.87
国内旅游收入（亿元）	**1361.66**	**1702.44**	**2003.41**	**2405.84**	**2798.16**
外省游客消费	769.63	922.62	1034.66	1057.92	1285.42
本省多日游游客消费	425.00	512.55	620.39	962.23	1047.21
一日游游客消费	167.03	267.27	348.36	385.69	465.53
国内游客构成（%）					
一、按性别分					
男	57.2	56.0	60.4	54.0	53.7
女	42.8	44.0	39.6	46.0	46.3
二、按年龄分					
14 岁以下	1.2	1.1	0.9	1.2	0.9
15-24 岁	17.2	16.5	29.7	24.6	27.2
25-44 岁	53.5	53.4	53.1	54.3	58.0
45-59 岁	22.9	23.7	14.8	17.8	12.6
60 岁以上	5.2	5.3	1.5	2.1	1.4
国内游客消费构成（%）					
交给旅行社	10.7	11.1	11.2	7.8	6.1
长途交通	23.6	23.0	17.2	17.9	23.9
住宿	16.5	16.5	21.7	20.8	22.4
餐饮	13.9	13.5	14.7	16.8	16.6
购物	17.5	18.8	14.8	13.9	14.0
游览	5.9	5.7	4.8	6.2	5.8
娱乐	5.3	4.7	5.2	5.7	4.9
市区交通	2.1	2.1	2.0	4.5	4.2
邮电通讯	1.0	1.0	0.7		
其他	3.5	3.5	7.7	6.4	2.2

注：由于 2012 年泉州市旅游局进行旅游普查，故调整 2011 年国内旅游人数和收入及分项数。

2-3-10 2015年福建税收收入主要统计指标

2-3-10-1 福建省三大产业

（2015

项　目	合　计	国　内 增值税	一般纳税 人增值税	国　内 消费税	营业税	企　业 所得税	个　人 所得税
合　计	**40615664**	**8906651**	**8654664**	**3319773**	**6082413**	**8780716**	**2371585**
一、第一产业	**40894**	**6416**	**5210**		**5115**	**7359**	**5948**
二、第二产业	**19815093**	**6666091**	**6617362**	**2931637**	**1515550**	**3101485**	**787504**
（一）采矿业	**364370**	**159449**	**144689**		**11464**	**58328**	**28389**
煤炭开采和洗选业	133580	86375	73432		6730	14972	8997
石油和天然气开采业	1279						956
黑色金属矿采选业	55049	14265	14194		151	2593	670
有色金属矿采选业	116060	28711	28652		1877	31521	14883
非金属矿采选业	51706	29378	28130		1554	9109	1521
其他采矿业	6700	720	281		1152	133	1362
（二）制造业	**15396441**	**5586660**	**5555440**	**2931637**	**75415**	**1969582**	**430836**
农副食品加工业	216327	151964	151738		887	31492	6284
食品制造业	212847	130950	130631		1782	39595	14663
酒、饮料和精制茶制造业	290982	148248	148005	48522	849	69386	4516
烟草制品业	1750229	299880	299880	1272488	247	54652	5901
纺织业	315434	194253	193795		2563	54160	22024
纺织服装、服饰业	630324	391627	379151		1402	154781	26616
皮革、毛皮、羽毛及其制品和制鞋业	845010	569372	568168		3594	187388	25974
木材加工和木、竹、藤、棕、草制品业	89972	62198	61624	23	531	10495	5120
家具制造业	93414	61640	60432		353	14490	4084
造纸和纸制品业	234267	119915	119748		1182	80535	7496
印刷和记录媒介复制业	85079	51431	51091		568	22562	2491
文教、工美、体育和娱乐用品制造业	162740	107059	106606	1	1462	28893	5232
石油加工、炼焦和核燃料加工业	2012315	309633	309580	1565139	952	2739	6500
化学原料和化学制品制造业	239537	140971	140809	1849	1807	54286	14047
医药制造业	117701	67516	67515		827	31330	7032
化学纤维制造业	51384	32496	32472		599	9619	1614
橡胶和塑料制品业	394038	240054	239544		2139	98953	11362

税收收入情况

年）

单位：万元

城市维护建设税	房产税	印花税	城镇土地使用税	土地增值税	车辆购置税	车船税	耕地占用税	契税	其他各税
1142385	**632321**	**295033**	**375933**	**1964288**	**804612**	**164690**	**281265**	**1239023**	**4254976**
757	2346	1887	1550	1357	2844		2693	2610	12
665888	**240650**	**115602**	**189359**	**19923**	**6594**	**108**	**49588**	**39670**	**3485447**
7703	**1259**	**760**	**1521**	**1229**	**905**		**3**	**278**	**93086**
4423	220	208	657	32	221				10745
			5		318				
644	365	102	164		222				35873
1268	440	235	230	33	42			85	36735
1101	173	171	369	1163	37		3	193	6934
267	61	44	96	1	65				2799
521059	**212832**	**78597**	**170354**	**10265**	**4466**	**9**	**23252**	**21477**	**3360005**
6382	7144	3782	5968	235	131		895	1163	
10108	5816	1847	4925	206	520		1390	1037	8
7969	3918	844	3311	238	1	1	2394	767	20
109797	3707	1097	952		102		52	27	1328
10631	13880	4047	11101	356	751		917	751	
26679	11078	4411	7979	390	336		241	866	3918
26388	13111	4636	11345	871	464	1	1060	806	
3995	2166	855	3561	154	50		355	469	
3706	3339	893	3349	49	52		1034	425	
6870	7811	2190	6625	452	144		404	639	4
2633	2596	543	1849	350	19		7	30	
7018	6433	1063	4885	406	35		125	123	5
117774	936	4342	4215	2	15		24	35	9
6665	5904	3017	7180	410	90	4	1732	1381	194
4490	2814	586	2272	24	33		619	158	
1139	1945	1203	2180	343	32		4	158	52
15412	13056	3093	8629	439	152		239	506	4

项　目	合　计	国　内 增值税	一般纳税 人增值税	国　内 消费税	营业税	企　业 所得税	个　人 所得税
非金属矿物制品业	580966	349711	343621		3036	109833	42230
黑色金属冶炼和压延加工业	129258	86071	85924		1497	21434	2832
有色金属冶炼和压延加工业	134831	63447	63361		968	43320	9165
金属制品业	299354	154438	153510		5486	74498	21974
通用设备制造业	463991	223873	223536		2310	43468	14198
专用设备制造业	394844	129779	129494		1521	53176	9594
汽车制造业	626001	303925	303883	42821	1041	80691	16246
铁路、船舶、航空航天和其他运输设备制造业	584911	183745	183335	400	8386	73971	3891
电气机械和器材制造业	856104	403262	403081	391	4574	217855	34869
计算机、通信和其他电子设备制造业	862073	464260	463468		11096	245776	58231
仪表仪器制造业	75665	41713	41683		727	16053	8430
其他制造业	2646838	103229	99755	3	13029	44151	38220
（三）电力、热力、燃气及水的生产和供应业	**1547562**	**914020**	**912322**		**17059**	**451924**	**53731**
电力、热力生产和供应业	1382379	847068	845567		10239	380763	49248
燃气生产和供应业	119128	50373	50303		3518	55778	2237
水的生产和供应业	46055	16579	16452		3302	15391	2246
（四）建筑业	**2506722**	**5962**	**4911**		**1411612**	**621651**	**274548**
房屋建筑业	955420	156	89		483816	308789	91484
土木工程建筑业	337959	1358	1184		187671	77983	34467
建筑安装业	681133	2454	2145		429392	115585	88695
建筑装饰和其他建筑业	532210	1994	1493		310733	119294	59902
三、第三产业	**20759671**	**2234144**	**2032092**	**388136**	**4561748**	**5671872**	**1578133**
（一）批发和零售业	**3855389**	**1506231**	**1404687**	**388118**	**96260**	**784689**	**148333**
批发业	3208513	1131878	1100661	377091	69861	682478	95698
零售业	646876	374353	304026	11027	26399	102211	52635
（二）交通运输、仓储和邮政业	**675583**	**252402**	**237458**		**39483**	**216559**	**80797**
交通运输业	610378	235418	221413		34313	199296	71482
仓储业	33058	8363	7787		2373	8769	3008

年）　　　　　　　　　　　　　　　　　　　　　　单位：万元

城市维护建设税	房产税	印花税	城镇土地使用税	土地增值税	车辆购置税	车船税	耕地占用税	契税	其他个税
18184	16231	4751	20124	851	104		812	952	14147
4922	5293	2288	4267	3	6		350	256	39
3953	6523	3286	2857	147	23		43	183	916
12763	10978	4115	9270	2161	138		1967	1553	13
9445	7517	1865	6282	84	101		1223	822	152803
6724	6255	1294	4943	140	95	1	1795	1105	178422
11881	7826	2537	5702	97	58		169	204	152803
3363	1832	774	2724	88	9		84	43	305608
19300	9264	3730	6630	1008	48		1195	1156	152822
38170	19942	9931	8093	235	44		3138	3157	
4500	2123	602	1252	34	19	1	86	124	1
20198	13394	4975	7884	492	894	1	898	2581	2396889
53685	**19122**	**10486**	**10142**	**1521**	**487**	**3**	**11901**	**3348**	**125**
49278	16797	8509	6329	1017	138		10396	2597	
3111	702	1617	738		222	3	198	631	
1296	1623	360	3075	504	127		1307	120	125
83441	**7437**	**25759**	**7342**	**6908**	**736**	**96**	**14432**	**14567**	**32231**
28488	2888	8416	1686	2932	279		4688	8646	13152
10379	968	4950	3030	2640	149	4	6587	1184	6589
24957	1789	6602	766	257	142	35	795	4010	5654
19617	1792	5791	1860	1079	166	57	2362	727	6836
475740	**389325**	**177544**	**185024**	**1943008**	**795174**	**164582**	**228984**	**1196743**	**769517**
129668	**56085**	**73358**	**20177**	**26656**	**4427**	**35**	**2663**	**7473**	**611252**
99677	37027	59194	13535	22958	1998	31	1305	5419	610363
29991	19058	14164	6642	3698	2429	4	1358	2054	889
16355	**25480**	**9108**	**12695**	**4310**	**9322**	**1036**	**3186**	**4440**	**372**
14604	17821	7738	8055	4305	9233	1024	2855	3829	369
836	3976	1128	3681		69	12	331	509	3

项　目	合　计	国　内 增值税	一般纳税 人增值税	国　内 消费税	营业税	企　业 所得税	个　人 所得税
邮政业	32145	8621	8258		2797	8494	6307
（三）住宿和餐饮业	**245428**	**913**	**606**		**150056**	**28693**	**28352**
住宿业	115614	136	34		65951	14311	9922
餐饮业	129814	777	572		84105	14382	18430
（四）信息传输、软件和信息技术服务业	**651668**	**220231**	**213014**		**11282**	**253455**	**99075**
电信、广播电视和卫星传输服务业	369268	129133	128629		5598	179730	30285
互联网和相关服务	12105	4581	4109		433	2316	3266
软件和信息技术服务业	270296	86517	80276		5251	71409	65524
（五）金融业	**4809446**	**6433**	**4521**		**1769052**	**2159537**	**526000**
货币金融服务	3776585	5833	4291		1512979	1795082	314120
资本市场服务	387051	312	60		84090	183988	105178
保险业	451102	66	1		128215	64473	81132
其他金融业	194708	222	169		43768	115993	25570
（六）房地产业	**7381114**	**877**	**396**		**2003507**	**1742264**	**252716**
（七）租赁和商务服务业	**924291**	**94572**	**53556**		**238278**	**255249**	**135188**
租赁业	43238	12768	6745		6339	12224	2516
商务服务业	881053	81804	46811		231939	243025	132672
（八）科学研究和技术服务业	**254186**	**69597**	**56316**		**23790**	**58702**	**48789**
（九）居民服务、修理和其他服务业	**520423**	**37381**	**27573**		**158846**	**118830**	**65199**
（十）教育	**77111**	**273**	**245**		**14560**	**5434**	**40916**
（十一）卫生和社会工作	**69068**	**41**			**1359**	**3695**	**61203**
（十二）文化、体育和娱乐业	**91247**	**17052**	**15708**		**18039**	**12254**	**31460**
#新闻和出版业	19254	9742	9464		770	1687	4550
广播、电视、电影和影视录音制作业	14900	6264	5727		554	4666	1914
体育	23582	31	21		2544	715	16034
娱乐业	25748	145	126		11839	4000	6728
（十三）公共管理、社会保障和社会组织	**356092**	**2879**	**395**		**22651**	**6778**	**55802**
（十四）其他行业	**848619**	**25262**	**17617**	**18**	**14577**	**25733**	**4303**

单位：万元

城市维护建设税	房产税	印花税	城镇土地使用税	土地增值税	车辆购置税	车船税	耕地占用税	契税	其他个税
915	3683	242	959	5	20			102	
10255	**21765**	**680**	**3175**	**276**	**94**	**3**	**295**	**806**	**65**
4441	16750	426	2451	152	32	1	295	701	45
5814	5015	254	724	124	62	2		105	20
18700	**15003**	**4528**	**3572**	**127**	**24298**		**115**	**1283**	
9580	10660	1604	2486	13	98		13	68	
796	210	321	60		22			100	
8324	4133	2603	1026	114	24178		102	1115	
121254	**30479**	**20367**	**2374**	**5235**	**496**	**162790**	**1000**	**4414**	**16**
103220	24383	14884	1815	1246	97		3	2923	
5967	2170	634	326	3925	21	1	1	422	16
8554	2708	2817	181	45	122	162789			
3513	1218	2032	52	19	256		996	1069	
127739	**126088**	**38647**	**99525**	**1821092**	**510**	**7**	**79921**	**1087531**	**692**
23934	**43809**	**14057**	**19756**	**36828**	**1142**	**356**	**29555**	**31001**	**566**
1078	4742	961	1203	27	693	10	22	599	56
22856	39067	13096	18553	36801	449	346	29533	30402	510
6800	**4711**	**2232**	**3392**	**1004**	**207**	**1**	**14388**	**20459**	**114**
13594	**32163**	**5501**	**10652**	**15408**	**2976**	**70**	**24336**	**35060**	**407**
1042	**2144**	**165**	**428**	**11791**	**338**			**20**	
110	**846**	**733**	**129**	**413**	**352**		**-129**	**309**	**7**
2300	**5406**	**344**	**2488**	**865**	**150**		**62**	**819**	**8**
681	1080	98	221	422	3				
387	801	95	123	25	12		55	4	
194	2237	24	993	111	21			670	8
793	737	47	974	307	67			111	
2542	**22581**	**5966**	**2622**	**16431**	**1161**	**284**	**59483**	**982**	**155930**
1447	**2765**	**1858**	**4039**	**2572**	**749701**		**14109**	**2146**	**89**

2-3-10-2 福建省分企业类型

（2015

项 目	合 计	内资					
		小 计	国 有 企 业	集 体 企 业	股份合作企业	联 营 企 业	#国 有 控 股
一、税收收入合计	**40615664**	**27832082**	**4102679**	**142024**	**245708**	**18278**	**6636**
增值税收入	12890096	6638417	1569426	23655	4732	6871	2509
#一般纳税人	8654664	5387594	750152	22625	4635	6771	2509
小规模纳税人	251987	135368	5349	1030	97	100	
消费税收入	3408599	2589911	1198811	13	25		
营业税	6082413	5441173	348278	27144	41718	2021	158
企业所得税	8780716	6561589	515881	61394	152600	2035	255
个人所得税	2371585	1835149	114795	7910	36924	4749	3104
资源税	114543	108842	7153	960	161	19	
城市维护建设税	1142385	839240	87501	3038	3023	445	230
房产税	632321	455357	46943	10938	2351	516	244
印花税	295033	240882	14888	872	1314	91	16
城镇土地使用税	375933	279714	16490	2375	818	252	120
土地增值税	1964288	1535905	26399	1195	86	19	
车船税	164690	160103	4589	5	113	51	
车辆购置税	804612	323688	7607	2230	703	1148	
烟叶税	68162	68162	68138				
耕地占用税	281265	267865	26486	33	3	42	
契税	1239023	486085	49294	262	1137	17	
二、非税收入合计	**7825314**	**6516838**	**669581**	**63937**	**19120**	**4154**	**1589**
教育费附加收入	547790	404995	39463	1539	1540	202	100
地方教育附加	364640	269470	26370	1018	1020	136	65
文化事业建设费收入	7782	6111	26	20	1		
税务部门罚没收入	2474	2159	185	36	28	5	
残疾人就业保障基金	74712	61068	4731	363	388	153	126
社会保险基金收入	6591993	5560951	583748	59217	14962	3218	1009
基本养老保险基金收入	3704584	3078801	430532	37526	4655	1586	434
失业保险基金收入	291956	240023	26880	2627	1049	432	328
基本医疗保险基金收入	2249940	1956947	101542	16355	8446	1100	222
工伤保险基金收入	170915	138901	13105	1491	373	42	13
生育保险基金收入	142005	113686	8373	1021	428	58	12
其他社会保险基金收入	32593	32593	3316	197	11		
其他非税收入	235923	212084	15058	1744	1181	440	289
地方水利建设基金收入	83771	76182	6353	585	369	312	282
价格调节基金收入	133666	122439	8181	1118	807	119	7
其他收入	18487	13463	524	41	5	9	
附列资料：工会经费收入	**75279**	**56080**	**3531**	**502**	**484**	**32**	**12**

税收收入情况

年）　　　　　　　　　　　　　　　　　　　　　　　　　　　　　　单位：万元

企业								
股份公司	#国有控股	私营企业	其他企业	港澳台投资企业	#国有控股	外商投资企业	#国有控股	个体经营
18841050	**6196623**	**3504063**	**978308**	**4962919**	**309740**	**5988480**	**1149206**	**1832182**
3630709	567163	1361397	41627	2672232	12517	3459364	291823	120083
3268888	567163	1313412	21111	1580793	12517	1663629	291823	22648
60291		47985	20516	12858		6326		97435
1388614	855512	2446	2	57107	5332	760513	707099	1068
4247042	1461337	650864	124106	240946	83217	227721	30294	172573
5070582	2033230	698256	60867	1285395	5736	933732	22946	
1235762	398489	227469	207540	131355	26008	170695	39256	234386
82560	44119	12187	5802	2795	58	274	4	2632
631812	263726	101569	11852	101401	17205	186984	21537	14760
284243	87318	64860	45506	96980	19107	61113	10378	18871
171071	43353	42729	9917	25202	4104	22682	4245	6267
204250	59066	49435	6094	53569	12078	38729	6550	3921
1239643	252690	219614	48949	268222	120471	106805	14317	53356
154099	63387	689	557	3051	85	1481	224	55
15860		32093	264047	529		262		480133
24								
110409	32377	12213	118679	2912	299	3167	4	7321
374370	34856	28242	32763	21224	3523	14958	529	716756
3418595	**930528**	**767291**	**1574160**	**576480**	**97425**	**644716**	**127667**	**87279**
304378	126511	51912	5961	49631	7883	86027	10091	7137
202855	84254	34628	3443	33058	5255	57391	6730	4721
3078	131	2885	101	330	61	201	41	1140
1262	88	400	243	51	6	22	1	242
35566	12665	9787	10080	7011	1338	6548	1911	85
2727453	682533	619994	1552359	477553	81087	485273	106649	68218
1685701	414910	378022	540779	287063	46621	291415	63206	47305
144504	45195	30767	33764	24206	3667	25748	5841	1979
753668	188621	175884	899952	136621	27190	140566	33451	15806
71942	15327	19969	31979	16104	2011	14451	2226	1459
70343	17402	15300	18163	13559	1598	13091	1925	1669
1295	1078	52	27722					
144003	24346	47685	1973	8847	1795	9254	2244	5736
46321	13582	21364	878	2761	1122	3762	1778	1066
86348	10241	24980	886	3626	646	2931	460	4670
11334	523	1341	209	2461	27	2563	6	
37534	**8106**	**12336**	**1661**	**9993**	**1502**	**8977**	**1858**	**229**

2-3-10-3 福建省营业税分企业

（2015

项 目	合 计	内资					
		小 计	国 有 企 业	集 体 企 业	股份合作企业	联营企业	#国 有 控 股
一、建筑业	**1411612**	**1369395**	**131458**	**13039**	**9597**	**1502**	**79**
房屋建筑业	483816	474194	34468	6088	7247	5	
土木工程建筑业	187671	185400	32514	1546	543	332	28
建筑安装业	429392	416836	52342	2563	1612	384	
建筑装饰和其他建筑业	310733	292965	12134	2842	195	781	51
二、交通运输、仓储及邮政业	**39483**	**37429**	**6543**	**353**	**10**	**7**	**7**
（一）交通运输业	**34313**	**32691**	**3807**	**322**	**10**	**1**	**1**
铁路运输业	2755	2755	1775	136			
道路运输业	19783	19649	1484	145	3	1	1
水上运输业	1814	1687	482	3			
航空运输业	7826	7758	22				
管道运输业							
装卸搬运和运输代理	2213	922	121	38	7		
（二）仓储业	**2373**	**1941**	**229**	**31**		**6**	**6**
（三）邮政业	**2797**	**2797**	**2507**				
三、住宿和餐饮业	**150056**	**86765**	**5234**	**787**	**19**	**5**	
住宿业	65951	48065	4772	489	12		
餐饮业	84105	38700	462	298	7	5	
四、信息传输、软件和信息技术服务业	**11282**	**10569**	**509**	**4**	**8**	**5**	**2**
电信、广播电视和卫星传输服务	5598	5263	493		8	3	2
互联网和相关服务	433	432					
软件和信息技术服务业	5251	4874	16	4		2	
五、金融业	**1769052**	**1663743**	**113977**	**1119**	**31635**	**94**	
货币金融服务	1512979	1413263	103253	1113	31035		
资本市场服务	84090	82673	1241			8	
保险业	128215	124720	4667		80	86	
其他金融业	43768	43087	4816	6	520		
六、房地产业	**2003507**	**1671130**	**43676**	**3923**	**77**	**81**	**17**
七、租赁和商务服务业	**238278**	**213968**	**11579**	**1710**	**93**	**110**	**18**
（一）租赁业	**6339**	**5323**	**293**	**201**	**56**	**1**	
（二）商务服务业	**231939**	**208645**	**11286**	**1509**	**37**	**109**	**18**
广告业	1213	1201	63	1			
知识产权服务	54	54	6				
旅行社及相关服务	4811	4806	474	4			
其他商务服务业	225861	202584	10743	1504	37	109	18
八、科学研究和技术服务业	**23790**	**22807**	**2352**	**213**	**5**	**4**	**1**
九、居民服务、修理和其他服务业	**158846**	**145224**	**8196**	**3168**	**89**	**124**	**2**
十、教育	**14560**	**14496**	**1155**	**153**		**5**	
十一、卫生和社会工作	**1359**	**1325**	**3**	**6**			
十二、文化、体育和娱乐业	**18039**	**13379**	**378**	**40**		**5**	**5**
十三、其他行业	**242065**	**190945**	**23296**	**2629**	**186**	**83**	**26**

类型税收收入情况

年）　　　　　　　　　　　　　　　　　　　　　　　单位：万元

企业								
股份公司	#国有控股	私营企业	其他企业	港澳台投资企业	#国有控股	外商投资企业	#国有控股	个体经营
937337	40336	260228	16234	11999	3273	5550	1015	24673
334907	12908	90741	738	5364	2985	567	0	3691
119811	18599	28104	2550	41	0	571	439	1659
272074	3840	78133	9728	3519	287	2274	93	6763
210545	4989	63250	3218	3074	1	2134	483	12560
29804	11632	690	22	997	183	1031	201	26
27950	10719	581	20	864	183	756	150	2
844	42							
17580	6765	418	17	106	71	27	19	1
1187	815	10	3	68	6	59	33	
7736	2982			4	4	64	61	
603	115	153		686	101	606	35	1
1597	815	76	2	133		275	51	24
257	98	33						
53425	11153	25151	2144	19183	5664	16233	2441	27875
32113	8646	9038	1641	8311	2052	7295	1258	2280
21312	2507	16113	503	10872	3612	8938	1183	25595
9171	2461	763	109	287	106	422	69	4
4518	926	135	106	155	31	176	9	4
390	35	42				1		
4263	1500	586	3	132	75	245	60	
1511107	1061929	4580	1231	7465	1741	97350	3095	494
1274140	940371	2673	1049	4964	1347	94258	2528	494
80358	43784	1011	55	898	312	519	128	
119555	55909	232	100	2221	82	2157	221	
37054	21865	664	27	265		416	218	
1333332	240974	267427	22614	164775	68517	64833	19338	102769
143441	42121	44830	12205	7908	614	11575	283	4827
2544	461	1064	1164	120	16	726	67	170
140897	41660	43766	11041	7788	598	10849	216	4657
746	338	316	75					12
26		22						
3645	742	342	341	5				
136480	40578	43086	10625	7783	598	10849	216	4645
12682	1584	3323	4228	722		61		200
89278	13621	16181	28188	1958	203	3005	538	8659
2289	410	1351	9543	2		14	10	48
330		153	833					34
6026	527	5231	1703	1581	316	1281	204	1803
119217	34558	20974	25052	23595	2599	26364	3099	1161

2-3-10-4 福建省企业所得税分企业

（2015

项 目	合 计	内资					
		小 计	国有企业	集体企业	股份合作企业	联营企业	#国有控股
合 计	8780716	6561588	515881	61394	152600	2035	255
（一）采矿业	58328	53582	5887	487	41		
煤炭开采和洗选业	14972	14972	3645	172			
黑色金属矿采选业	2593	2593	275	43			
有色金属矿采选业	31521	26898	11	17			
非金属矿采选业	9109	8986	1954	255	41		
其他采矿业	133	133	2				
（二）制造业	1969582	749961	31504	2171	767	385	30
农副食品加工业	31492	19720	93	65	1		
食品制造业	39595	18600	214	341			
酒、饮料和精制茶制造业	69386	5190	1	41	-1		
烟草制品业	54652	54652	27873				
纺织业	54160	26594	19	46	10	226	20
纺织服装、服饰业	154781	42661		15	12		
皮革、毛皮、羽毛及其制品和制鞋业	187388	58223		13	15	121	
木材加工和木、竹、藤、棕、草制品业	10495	8230	13	92	84	3	
家具制造业	14490	7456	1	3			
造纸和纸制品业	80535	16356	33	46	6		
印刷和记录媒介复制业	22562	4502	286	99	5		
文教、工美、体育和娱乐用品制造业	28893	9745		56	7		
石油加工、炼焦和核燃料加工业	2739	1292		1			
化学原料和化学制品制造业	54286	34466	367	73	3		
医药制造业	31330	22157	13	113	3	7	7
化学纤维制造业	9619	3168					
橡胶和塑料制品业	98953	26980	1	47	71	8	

类型税收收入情况

年）　　　　　　　　　　　　　　　　　　　　　　　　单位：万元

企业							
股份公司	#国有控股	私营企业	其他企业	港澳台投资企业	#国有控股	外商投资企业	#国有控股
5070582	**2033234**	**698256**	**60867**	**1285395**	**5736**	**933732**	**22946**
43405	**34402**	**3134**	**628**	**522**	**400**	**4224**	**4215**
9656	8144	871	628				
1000	838	1275					
26518	23603	352		400	400	4223	4215
6130	1817	606		122		1	
101		30					
519842	**46477**	**194588**	**709**	**635339**	**3830**	**584282**	**3812**
14864	228	4697		6011	-24	5761	
14488	489	3557		10288		10707	
4370	287	778		8653	1139	55543	-4
26779	847						
9420	1710	16726	147	15638	-12	11928	-1
18865	40	23769		102339		9781	
38375	26	19699		92385	11	36780	
5665	3021	2373		1758		507	
5379	16	2073		3614		3420	
8636		7635		45368		18811	
2014	8	2098		17391		669	
5823		3859		11415		7733	
767	14	524		1062	1029	385	79
19371	3512	14652	1	14951	21	4869	-1813
21442	7299	580		7700		1473	
2068		1100		3432	-1	3019	
19191	65	7655	6	37769		34204	

2-3-10-4 续表 1 （2015

项目	合计	内资					
		小计	国有企业	集体企业	股份合作企业	联营企业	#国有控股
非金属矿物制品业	109833	81687	109	197	348	10	2
黑色金属冶炼和压延加工业	21434	17722	2	564	1		
有色金属冶炼和压延加工业	43320	29444					
金属制品业	74498	24772	1	36	15	2	
通用设备制造业	43468	13841	586	41	28	1	1
专用设备制造业	53176	14565		5	8		
汽车制造业	80691	6093	218	6	22		
铁路、船舶、航空航天和其他运输设备制造业	73971	59440	13	12			
电气机械和器材制造业	217855	50613	-6	229	127	1	0
计算机、通信和其他电子设备制造业	245776	48471	512				
仪表仪器制造业	16053	10953		4			
其他制造业	44151	32369	1155	26	2	5	
（三）电力、热力、燃气及水的生产和供应业	**451924**	**346811**	**100480**	**4277**	**254**	**186**	**170**
电力、热力生产和供应业	380763	291256	96902	3583	250	26	10
燃气生产和供应业	55770	42968	811				
水的生产和供应业	15391	12595	2767	694	4	160	160
（四）建筑业	**621651**	**610063**	**27766**	**5474**	**9023**	**820**	**36**
房屋建筑业	308789	308614	10548	2522	8336	606	
土木工程建筑业	77983	77591	8376	762	345	60	36
建筑安装业	115585	110206	4634	955	308	79	
建筑装饰和其他建筑业	119294	113657	4208	1235	34	73	
（五）批发和零售业	**784689**	**675198**	**215490**	**2053**	**51**	**96**	**13**
批发业	682478	597289	214566	1153	25	55	12
零售业	102211	77909	924	900	26	41	1
（六）交通运输、仓储和邮政业	**216559**	**174831**	**12428**	**616**	**2**	**96**	

年）　　　　　　　　　　　　　　　　　　　　　　　　　　　　　单位：万元

企业							
股份公司	#国有控股	私营企业	其他企业	港澳台投资企业	#国有控股	外商投资企业	#国有控股
44590	1727	36433		21707		6439	
15985	10330	1171		1745		1967	−370
28828	3	616		4160	23	9716	1326
17781	1514	6937		22390	105	27336	7
8920	41	4265		4873		24754	
9451	19	5096	5	29867		8744	
4348		1499		19879	2139	54719	4579
57711	9897	1204	500	9140		5391	
43772	1296	6468	23	76258	−98	90984	
41205	3887	6728	27	58148	−501	139157	9
9901		1048		3387	−1	1713	
19833	201	11348		4011		7771	
229410	**118436**	**10744**	**1469**	**76561**	**5**	**28552**	**1196**
178988	114177	10040	1468	65012	5	24495	3
41897	640	260		9882		2928	1193
8525	3619	444	1	1667		1129	
438952	**32931**	**123965**	**4070**	**10135**	**5**	**1453**	
225247	17521	61095	260	144		31	
52858	7636	14379	811	39		353	
79481	3057	22870	1879	4914		465	
81366	4717	25621	1120	5035	5	602	
370763	**37125**	**86323**	**428**	**43850**	**138**	**65641**	**1515**
313744	28189	67377	375	36256		48933	1
57019	8936	18946	53	7594	138	16708	1514
135057	**75446**	**23725**	**2907**	**24653**	**569**	**17075**	**4712**

项　目	合　计	内资					
		小　计	国有企业	集体企业	股份合作企业	联营企业	#国有控股
交通运输业	199296	163891	11932	329	2	96	
仓储业	8769	3793	496	287			
邮政业	8494	7147					
(七) 住宿和餐饮业	**28693**	**19484**	**1257**	**168**	**4**		
住宿业	14311	9596	1149	129			
餐饮业	14382	9888	108	39	4		
(八) 信息传输、软件和信息技术服务业	**253455**	**110851**	**854**	**91**		**1**	
电信、广播电视和卫星传输服务	179730	60464	809	3		1	
互联网和相关服务	2316	2152					
软件和信息技术服务业	71409	48235	45	88			
(九) 金融业	**2159537**	**2051501**	**10822**	**37215**	**142126**	**15**	
货币金融服务	1795082	1764472	6432	37215	142126		
资本市场服务	183988	172618	525			15	
保险业	64473	63641	899				
其他金融业	115993	50769	2966				
(十) 房地产业	**1742264**	**1323845**	**68206**	**1316**	**10**	**367**	**1**
(十一) 租赁和商务服务业	**255249**	**243127**	**7835**	**1293**	**154**	**25**	**4**
租赁业	12224	8998	484	242	44	1	1
商务服务业	243025	234129	7351	1051	110	24	3
(十二) 科学研究和技术服务业	**58702**	**55443**	**10925**	**335**	**79**	**15**	**1**
(十三) 居民服务、修理和其他服务业	**118830**	**92049**	**17932**	**5464**	**41**	**27**	
(十四) 教育	**5434**	**5257**	**1139**	**188**	**3**		
(十五) 卫生和社会工作	**3695**	**3688**	**1**	**3**	**28**		
(十六) 文化、体育和娱乐业	**12254**	**11700**	**290**	**22**			
(十七) 公共管理、社会保障和社会组织	**6778**	**6168**	**1656**	**6**			
(十八) 其他行业	**33092**	**28030**	**1409**	**215**	**17**	**3**	

年）　　单位：万元

企业							
股份公司	#国有控股	私营企业	其他企业	港澳台投资企业	#国有控股	外商投资企业	#国有控股
128430	75109	20195	2907	22243	50	13162	3957
2702	327	308		2284	519	2692	755
3925	10	3222		126		1221	
13832	**1426**	**3807**	**416**	**4920**		**4289**	**-8**
6697	793	1365	256	2484		2231	
7135	633	2442	160	2436		2058	-8
103717	**44636**	**5415**	**775**	**94562**		**48042**	**1814**
59186	40636	183	284	89500		29766	
2091	256	61		164			
42441	3744	5170	491	4898		18276	1814
1857650	**1439442**	**3155**	**516**	**25929**	**741**	**82107**	**4299**
1577483	1281482	1043	172	12269	712	18341	4261
171728	117901	332	18	11046	29	324	29
62724	38286	18		56		776	
45715	1773	1762	326	2558		62666	9
1044437	**126640**	**199660**	**9849**	**334900**	**48**	**83519**	**1284**
204632	**58021**	**24145**	**5043**	**4285**		**7837**	**13**
6898	355	898	431	1031		2195	
197734	57666	23247	4612	3254		5642	13
24040	**3188**	**4683**	**15366**	**2065**		**1194**	**-4**
49787	**1543**	**9591**	**9204**	**23981**		**2800**	**52**
1092	**72**	**763**	**2072**	**114**		**63**	
971	**411**	**978**	**1707**			**7**	
7569	**616**	**1713**	**2109**	**437**		**117**	**30**
1143	**657**	**192**	**3171**			**610**	
24283	**11765**	**1675**	**428**	**3142**		**1920**	**16**

2-3-11　2015年福建省环境状况公报

一、综述

2015年，全省环保系统和有关部门紧紧围绕福建省委、省政府的决策部署，深入实施生态省战略，扎实推进生态文明先行示范区建设。在经济社会快速发展的同时，全省环境质量持续保持全国领先。12条主要河流整体水质为优，Ⅰ类-Ⅲ类水质比例为94.0%。23个城市空气质量均达到或优于国家环境空气质量二级标准，达标天数比例平均为99.5%。城市声环境质量保持稳定，辐射环境质量总体保持良好，森林覆盖率达65.95%，是全国水、大气、生态全优的省份之一。

二、水环境

全省水环境质量总体保持良好水平。主要河流水质保持优良，个别集中式生活饮用水源地水质下降，主要湖泊水库水质有所改善，近岸海域海水水质保持稳定。

十二条主要水系

全省12条主要河流共设置135个国、省控水质监测断面，按《地表水环境质量标准》（GB 3838-2002）评价，水质状况为优。Ⅰ类-Ⅲ类水质比例为94.0%，较上年下降了0.7个百分点。

◆闽江　闽江水质为优，Ⅰ类-Ⅲ类水质比例为98.2%，比上年下降0.6个百分点。各河段中，干流南平段和建溪Ⅰ类-Ⅲ类水质比例均为100%，干流福州段和富屯溪均为95.8%，沙溪为98.9%。与上年相比，干流南平段、干流福州段、沙溪、建溪持平，富屯溪下降了4.2个百分点。

◆九龙江　九龙江水质良好，Ⅰ类-Ⅲ类水质比例为84.2%，比上年下降了2.5个百分点。各河段中，西溪Ⅰ类-Ⅲ类水质比例为100%，北溪龙岩段和北溪漳州段分别为66.7%和83.3%。与上年相比，西溪提高了2.4个百分点，北溪龙岩段、北溪漳州段分别下降了8.3个百分点和2.4个百分点。

◆其他河流　萩芦溪、交溪、霍童溪、敖江、晋江、漳江和东溪Ⅰ类-Ⅲ类水质比例均为100%，木兰溪、龙江和汀江分别为83.3%、41.7%和92.6%。与上年相比，龙江下降了4.1个百分点，木兰溪、萩芦溪、交溪、霍童溪、敖江、晋江、汀江、漳江和东溪持平。

集中式生活饮用水源地

9个设区市的31个集中式生活饮用水源地水质达标率为97.3%，比上年提高12.8个百分点。平潭综合实验区的1个集中式生活饮用水源地水质达标率为76.6%，下降23.4个百分点。14个县级市的25个集中式生活饮用水源地水质达标率为100%，提高0.2个百分点。43个县城的63个集中式生活饮用水源地水质达标率为99.9%，下降0.1个百分点。

主要湖泊水库

全省10个主要湖泊水库Ⅰ类-Ⅲ类水质比例为66.7%，比上年提高3.2个百分点。

福州东张水库、莆田东圳水库、三明泰宁金湖、三明安砂水库和宁德古田水库等5个湖泊水库水质均为Ⅲ类，福州山仔水库、泉州惠女水库和龙岩棉花滩水库水质均为Ⅳ类，福州西湖水质为Ⅴ类，泉州山美水库水质为劣Ⅴ类。

厦门筼筜湖为海水湖，水质为劣海水四类。

以湖泊水库综合营养状态指数评价，10个主要湖泊水库均为中营养状态。

海洋功能区

全省海洋功能区布设343个监测站位，根据《福建省海洋功能区划》（2011-2020年）的功能定位，全省海洋功能区水质达标率为79.7%，比上年提高了 0.6 个百分点。

近岸海域海水

根据《海水水质标准》（GB 3097-1997），按站位比例评价，全省近岸海域一类、二类水质占 68.2%，比上年下降 3.0 个百分点；三类水质占 7.6%；四类和劣四类水质占 24.2%。

根据 2011 年《福建省近岸海域环境功能区划修编》，按近期（2011-2015 年）水质保护目标评价，全省近岸海域环境功能达标率为 58.1%，与上年同期持平；按功能区类别评价，环境功能达标率为 67.7%，比上年下降 1.7 个百分点。

6 个沿海设区市中，按水质保护目标评价，漳州海域功能达标率最高，为 81.8%；宁德海域最低，为 25.0%。按功能区类别评价，漳州海域功能达标率最高，为 90.9%；厦门海域达标率最低，为 33.3%。

10 个主要港湾中，按水质保护目标评价，湄洲湾和诏安湾功能达标率为 100%，其他港湾不同程度低于水质保护目标要求；按功能区类别评价，沙埕湾、湄洲湾和诏安湾功能达标率为 100%，其他港湾不同程度低于功能区划要求。

措施与行动

福建省政府出台《关于印发水污染防治行动计划工作方案的通知》（闽政[2015]26 号），加大水污染防治力度，保障水安全。

开展万里安全生态水系建设，从 2015 年起计划 5 年时间总投资 300 亿元，完成 5000 公里安全生态水系建设。2015 年在 12 个县开展试点，总投资 5.2 亿元，建设河长 238.5 公里。

开展 9 个设区市共 30 个在用集中式饮用水源地环境状况评估，督促福州西北区水厂水源地、龙岩黄岗水库、九龙江北溪引水等一批市级水源地开展环境整改。

继续实施建筑饰面石材行业差别电价政策，2015 年全省共下达差别电价资金 2.56 亿元。

全年新扩建城镇污水处理厂 15 座，新增日处理能力 60.5 万吨，新建污水管道 1150 公里。截至 2015 年末，全省共建成城镇污水处理厂 137 座，规模 517.7 万吨/日，其中城市 96 座，规模 470.4 万吨/日，乡镇 41 座，规模 47.25 万吨/日。2015 年，全省污水处理量 13.3 亿吨，污水处理率达 88%，城镇污水处理厂污泥安全处理处置率达 85%。开展海洋环保责任制考核，严格审核近岸海域环境功能区划的调整。

三、大气环境

全省城市环境空气质量保持优良水平。背景区域空气质量保持稳定。酸雨污染仍较普遍。

城市空气质量

按照《环境空气质量标准》（GB 3095-1996）评价，全省城市环境空气质量保持优良水平，23 个城市空气质量均达到或优于国家环境空气质量二级标准，其中武夷山市环境空气质量达到一级标准。23 个城市空气质量达标天数比例平均为 99.5%。

按照《环境空气质量标准》（GB 3095-2012）评价，全省 9 个设区城市环境空气质量均达到二级标准，达标城市比例为 100%。达标天数比例在 96.1%-99.2%之间，平均为 97.9%。厦门、三明、泉州、漳州和龙岩 5 个城市达标天数比例高于平均值，福州、莆田、南平和宁德 4 个城市达标天数比例低于平均值。在超标天数中，以细颗粒物为首要污染物的天数最多，占 72.1%。

根据《城市环境空气质量排名技术规定》，按空气质量综合指数从小到大排序，全省 9 个设区市环境空气质量排名依次为南平、龙岩、莆田、厦门、宁德、泉州、福州、漳州和三明。首要污染物：龙岩为臭氧，其余 8 个设区市均为细颗粒物。

酸雨

全省降水 pH 年均值为 5.17，比上年上升 0.06 个 pH 单位；酸雨出现频率为 40.5%，下降 6.2 个百分点。

措施与行动

贯彻落实《福建省大气污染防治行动方案实施细则》，持续优化调整产业和能源结构，全面推进工业企业污染源、施工工地和道路扬尘面源以及机动车等移动源综合整治，做好空气质量监测和预测预报工作，完成既定空气质量目标。

建立省、市、县（区）三级黄标车淘汰工作联席会议制度，全年共淘汰黄标车83525辆，其中2005年底前注册运营黄标车23882辆，超额完成年度淘汰任务。

分解落实国家下达福建省的煤电节能和“超低排放”升级改造目标任务，完成6台机组共322万千瓦装机容量节能改造和9台机组共507万千瓦装机容量“超低排放”改造。实施燃煤工业锅炉节能环保提升工程，加强对发电企业烟尘排放监管，推进煤场扬尘综合治理。

四、声环境、辐射环境、固体废物

声环境

城市声环境质量继续保持稳定。

◆道路交通噪声

全省23个城市道路交通噪声平均等效A声级为68.4分贝。其中，10个城市道路交通声环境质量属于“好”，13个城市道路交通声环境质量属于“较好”。

◆区域环境噪声

全省23个城市区域环境噪声平均等效A声级为55.7分贝。其中，14个城市区域声环境质量属于“较好”，9个城市区域声环境质量属于“一般”。

◆措施与行动

2015年中、高考期间，全省各级环境监察机构现场执法检查6351人次，出动执法车辆1584车次，受理投诉案件1267起，查处率100%，立案处罚39件，下达整改通知书43份，为广大考生提供了一个安静的温书迎考环境。

固体废物

全省工业固体废物产生量6001.27万吨，比上年增长24.1%；排放量0.1万吨；综合利用量3594.30万吨；贮存量133.18万吨；处置量2345.85万吨，增长301.0%。

全省危险废物产生量41.03万吨，比上年增长45.3%；当年贮存量3.63万吨，共累计贮存24.82万吨（其中生活垃圾焚烧飞灰贮存19.22万吨），全年跨省转移危险废物2.67万吨。

全年新扩建垃圾无害化处理设施5座，新增处理能力2400吨/日。截至2015年末，全省建成生活垃圾无害化处理厂（场）71座，日处理规模2.76万吨，无害化处理率达到96%。其中，建成生活垃圾焚烧发电厂18座，处理能力1.5万吨/日，约占全省处理规模的54.0%。

全省929个乡镇中有549个乡镇建成乡镇生活垃圾压缩式转运站，超过40%的行政村（5800个行政村）实现城乡垃圾一体化处理。

措施与行动

深化工业固废污染综合防治。在21个重点行业推广强制性清洁生产审核，要求“双超，双有，高耗能”且危险废物产废量超过10吨以上的企业开展强制性清洁生产审核，提升工业固体废物资源化效率，避免和减少污染物产生。

强化危险废物管理工作。制定出台《关于进一步加强危险废物污染防治工作的意见》（闽政[2015]50号），提出深化危险废物源头管控等6条意见。推进危险废物处置能力建设，截至2015年末，全省持证经营单位35家（其中发新证6家），处置利用能力达44.3万吨/年（其中医疗废物2.9万吨/年）；实际利用处置19.4万吨（其中医疗废物2.39万吨），比上年增加37.5%。

加强POPs污染防治，提前完成《全国主要行业持久性有机污染物污染防治“十二五”规划》中的淘汰落后产能项目，完成重点行业二噁英总排放因子削减10%的目标。强化电子废物与进口废物企业监管，2015年度共审核167批次限制类废物进口申请，规范4家废弃电器电子废物拆解企业回收处理活动，促进废物资源化与再利用。2015年，全省共拆解废弃电器电子产品236.39万台。

辐射环境

辐射环境质量总体保持良好。全省环境电离辐射水平处于天然本底涨落范围内；运行核电厂周围环境电离辐射水平未见明显变化；环境电磁辐射水平满足相应标准要求。

◆环境电离辐射

全省环境地表γ辐射剂量率，气溶胶和沉降物的总α、总β活度浓度与历年相比未见明显变化，均为正常环境水平。空气与降水中氚、气碘及空气中氡均为环境本底水平。福州、厦门、三明等地4个辐射环境自动监测站实时连续空气吸收剂量率小时均值范围为70.9-193.6纳戈瑞/小时，保持在当地天然本底水平涨落范围内。

饮用水源地水中总α、总β活度浓度均低于《生活饮用水卫生标准》（GB 5749-2006）中规定的标准限值，天然放射性核素活度浓度与历年相比未见明显变化。监测的地表水和地下水中总α、总β活度浓度与历年相比未见明显变化，天然放射性核素活度浓度与1983-1990年全国环境天然放射性水平调查结果处于同一水平。近岸海域海水人工放射性核素锶-90和铯-137活度浓度均远低于《海水水质标准》（GB 3097-1997）规定的限值。海洋生物中人工放射性核素锶-90和铯-137活度浓度处于本底水平。

土壤中人工放射性核素活度浓度与历年相比未见明显变化，天然放射性核素活度浓度与1983-1990年全国环境天然放射性水平调查结果处于同一水平。

核电厂周围环境电离辐射

宁德、福清核电厂外围设置了2个前沿站及21个辐射环境自动监测子站，按规范开展核电厂周边大气、水体、土壤、动植物等环境介质放射性跟踪监测。监测结果显示：宁德核电厂周围辐射环境自动监测站实时连续空气吸收剂量率小时均值范围为67.7-187.2纳戈瑞/小时，福清核电厂实时连续空气吸收剂量率小时均值范围为78.0-160.0纳戈瑞/小时，均在当地天然本底水平涨落范围内；宁德、福清核电厂外围环境空气、气溶胶、土壤、降水、饮用水、海水、动植物等环境介质中放射性核素活度浓度与核电厂运行前本底值及对照点相比，处于同一水平。

电磁辐射

环境电磁辐射水平与历年相比未见异常。开展监测的广播电视设施及移动通信基站天线周围环境敏感点的电磁辐射水平，输电线和变电站周围环境敏感点的工频电场强度和磁感应强度均低于《电磁环境控制限值》（GB 8702-2014）中公众曝露控制限值。

措施与行动

开展放射源安全大检查。全省各级环保部门出动检查2350余人次，对327家放射源使用单位开展了全方位排查，督促各类企业安全送贮107枚闲置、废弃放射源。

提升辐射事故应急能力。细化辐射事故应急预案和9项实施程序，推动设区市完善辐射事故实施程序。

加强核安全文化建设。按照覆盖全体持证单位、覆盖所有骨干人员的两个“全覆盖”要求，各级环保部门共对1673家核技术利用单位2300余名辐射工作人员开展核安全文化集中宣贯，各核技术利用单位自行宣贯9000余人次。

五、生态环境

全省生态环境质量继续保持在优良水平，森林覆盖率继续位居全国首位，生态环境状况指数继续保持全国前列。

土地利用

全省耕地面积 133.77 万公顷。全年耕地补充面积超过实际建设占用面积，实现了耕地占补平衡。基本农田保护面积 114.00 万公顷，保护率为 85.2%。

水土流失治理

全省完成水土流失综合治理面积260.1万亩，占年度下达任务200万亩的130%，“十二五”以来累计完成水土流失综合治理面积1200万亩，超额完成900万亩规划治理任务。

森林

全省森林面积 801.27 万公顷，森林覆盖率为 65.95%，活立木总蓄积量 6.67 亿立方米。划定生态公益林面积 286.13 万公顷。

全年共发生森林火灾 114 起，受害面积 1415.60 公顷，受害率和发生率分别为 0.16‰和 1.28 次/10 万公顷。

林业有害生物发生面积 21.87 万公顷，成灾面积 0.62 万公顷，成灾率 0.77‰。

海洋

全省近岸海域布设 163 个监测站位，海洋沉积物质量总体良好，大部分监测海域海洋沉积物质量符合《海洋沉积物质量》(GB 18668-2002) 第一类标准。部分海域沉积物中的石油类、铜和锌等含量偏高，为第二类海洋沉积物质量标准。在全省主要海湾 17 个区域采集 22 个牡蛎或缢蛏样品，所有样品中总汞、六六六和麻痹性贝毒含量均符合《海洋生物质量》(GB 18421-2001) 第一类标准。腹泻性贝毒未检出。部分样品中石油烃、滴滴涕、铜、铅和砷等含量为海洋生物质量第二类或第三类标准。

自然保护

全省共建立自然保护区 92 个，其中国家级 16 个、省级 23 个，自然保护区总面积 45.5 万公顷。建成森林公园 175 个，其中国家级 29 个，省级 126 个，县级 20 个，森林公园总面积达 18.6 万公顷。建设国家湿地公园 7 处，总面积 6749 公顷。

全省已经建立世界地质公园 2 个，国家地质公园 14 个，省级地质公园 6 个，上述地质公园总面积 44.78 万公顷，其中国家级以上地质公园面积 42.07 万公顷，省级地质公园面积 2.71 万公顷。

措施与行动

福建省政府出台《关于推进水土流失治理企业化运作的实施方案》，鼓励和引导民间资本投入水土保持。安排省级水土流失专项治理资金 3.36 亿元，争取中央水土流失专项治理资金 2.19 亿元。依法征收省级水土保持补偿费 5778.4 万元，比上年增长达 11%。武夷山市、光泽县创建“国家水土保持生态文明工程”通过水利部评审。

永春桃溪、武平中山河湿地公园获批为国家湿地公园试点，长乐闽江河口国家湿地公园通过验收，正式授牌。新建顺昌七台山、武夷山黄龙岩两处省级自然保护区。

推广测土配方施肥面积 2125 万亩次，减少不合理施用化肥 5.2 万吨（折纯），总节本增效 8.1 亿元。发放施肥建议卡 465 万份，入户率均达 90% 以上。

加强野生动植物和湿地保护的宣传力度。持续开展“世界湿地日”“世界野生动植物日”“爱鸟周”和“保护野生动物宣传月”活动。

六、气候变化、自然灾害

气候与水资源

2015 年，全省年平均气温偏高、降水偏多、日照显著偏少，气候总体属偏差。全省年平均气温 20.1℃，分别比常年和 2014 年偏高 0.6℃和 0.1℃；平均年降水量 1934.7 毫米，分别比常年和 2014 年偏多 280.5 毫米（1.7 成）和 262.0 毫米（1.6 成）；

年平均日照时数 1491.0 小时，分别比常年和 2014 年偏少 211.1 小时和 308.7 小时，为 1961 年以来第二少，仅次于 1997 年。

自然灾害

全省陆地及近海地区共发生 3.0 级及以上地震 2 次。最大地震为2015年11月30日惠安海域ML3.6级地震，陆地 3.0 级及以上地震 1 次，为 2015 年 4 月 18 日德化 ML3.0 级地震。

全省共发现赤潮 3 起，分别为 4 月、5 月和 9 月各发生一起，累计影响面积 260 平方公里。主要发生在霞浦、黄岐半岛和泉州围头湾、安海湾海域。主要赤潮优势种为中肋骨条藻、米氏凯伦藻、东海原甲藻和球形棕囊藻。赤潮未造成渔业直接经济损失。

气象灾害总体偏重，突发性、局地性和极端性天气气候事件频发。全省出现 4 次寒潮、5 次高温、7 次强对流、27 场暴雨、6 个台风登陆或影响以及春夏气象干旱。暴雨洪涝灾害造成直接经济损失 100.44 亿元，龙岩、三明和南平灾情较重；台风灾害主要由登陆台风“苏迪罗”和“杜鹃”造成，直接经济损失 88.23 亿元，宁德、福州和莆田受灾严重。据统计，2015 年主要气象灾害共造成全省 368.76 万人受灾，因灾死亡 43 人，直接经济损失 188.77 亿元，为 2011 年以来最重。

措施与行动

2015 年，全省气象部门共发布预警信号 11000 余次，预警短信近 2 万条，接收 2 亿余人次。开展人工影响天气作业 906 次。

七、专栏

环保改革

福建省委、省政府召开全省生态环境保护工作会议，在全国率先以省委、省政府名义出台《关于进一步加强环境保护工作的若干意见》；率先成立由省委书记担任组长、省长担任常务副组长的省生态文明建设领导小组；制定《福建省生态文明体制改革实施方案》《福建省环境保护督察实施方案（试行）》《福建省生态环境监测网络建设工作方案》等生态文明体制改革系列配套方案。在泉州、三明试点推行环境污染责任保险、企业环境信用评价等综合改革，试点经验被中央深化改革领导小组办公室转发交流。推进排污权有偿使用和交易试点，至 2015 年末已成交金额达 1.4 亿元。

环保目标责任制

在全国率先实施党政领导生态环境保护目标责任书，每年全省“两会”期间由省委书记和省长与各设区市、平潭综合实验区管委会党政“一把手”签订。

开展《环保目标责任书》2015 年度考核，其中厦门、泉州、福州和莆田分别获得前三名（福州、莆田并列第三名）。

环境法制建设

福建省人大常委会一审通过《福建省湿地保护条例》。省政府在全国率先制定并颁布《福建省土壤污染防治办法》；开展《福建省环境保护条例（修订）》立法工作，起草《福建省核电厂辐射环境保护办法（草案）》并提请省政府审议。

依法行政

组建福建省环境保护厅依法行政工作小组，依法审查 12 起行政复议案件，其中维持原具体行政行为 6 件，撤销 4 件，责令履行 1 件，终止（撤回申请）1 件。依法应诉 5 起环境保护行政诉讼案件，并胜诉结案。

持续推进“简政放权”工作，梳理行政权力 88 项、公共服务事项 6 项，实行属地管理 59 项，行政权力下放率达 67%。

中国生态文明论坛福州年会

由环保部和福建省政府指导、中国生态文明研究与促进会主办、福州市政府和福建省环保厅承办的中国生态文明论坛福州年会 2015 年 12 月在福州市举办。年会以“全面建设生态文明——新常态、新理念、新起点”为主题，举办了高峰论坛和“绿色交通·一带一路”等8个分论坛，通过了《生态文明·福州倡议》。

生态创建

持续推进生态省“细胞工程”建设，截至2015年末，全省共建成国家级生态县（市、区）10个、生态乡镇（街道）519个、生态村3个；省级生态市5个、生态县（市、区）62个、生态乡镇（街道）926个、生态村2400个。

主要污染物减排

火电、钢铁、水泥、平板玻璃四大气污染重点行业提前完成脱硫脱硝，9台火电机组完成“超低排放”改造；造纸、印染、合成氨、皮革等重点涉水排污行业基本完成废水深度治理。

全省化学需氧量、氨氮、二氧化硫、氮氧化物分别比2014年减排3.2%、4.7%、5.1%、7.9%，“十二五”期间累计减排比例分别为12.4%、12.4%、14.1%、15.3%，全面完成国家下达的“十二五”减排目标。

重点流域整治

福建省政府召开闽江、九龙江、敖江流域“河长制”工作现场会，持续推进饮用水源保护、工业和养殖业污染整治、城乡环保基础设施建设。实施“闽江、九龙江、敖江流域水环境综合整治年度计划”，全年共完成146个重点项目，完成投资额约17.4亿元；晋江、洛阳江流域完成51项年度重点项目，完成投资额约6.4亿元；汀江流域完成20项，完成投资额约4亿元。

重金属污染防治

编制并实施《福建省重金属污染综合防治“十二五”规划2015年度实施方案》。调整产业结构，推进皮革、电镀等重点行业综合整治及清洁生产，对重点区域铅锌采选企业进行调控，严格控制重金属排放量，完成国家《重金属污染防治“十二五”规划》确定的目标。

行政执法

开展“清水蓝天”环保执法专项行动，2015年全省共出动执法人员85317人次，排查企业29144家次，查处违法建设项目2098个，立案查处环境违法案件3357起，下达处罚决定书3192份，罚款8360万元。

加强环境执法与刑事司法的衔接，全省共办理适用新环保法“四个配套办法”和环境刑事案件883起，其中实施按日计罚案例30起、查封扣押案例392起、限产停产123起、行政拘留219起、涉嫌环境犯罪119起。

环境污染投诉

全省共受理“12369”电话举报件27346件，办结27227件，办结率为99.6%；受理来信（来邮）2029件、来访570批次1657人次、网上投诉22964件，办理率100%；排查矛盾纠纷932件、化解920件，排查积案29件、已结案23件；领导包案326件；领导接访496批次；组织下访786批次。

排污收费

全省排污费入库47973.33万元，比上年增收1.4%，上缴省库5770万元。福建省获得2014年度全国排污申报与排污费征收工作一等奖。

环保投入

全省各级财政资金用于节能环保方面投入955694万元（按“211”支出科目计算）。

清洁生产与循环经济

公布145家强制性清洁生产审核企业名单，全年共完成86家重点企业的强制性清洁生产审核评估和39家重点企业的强制性清洁生产审核验收。加快推进列入省级的15个循环经济示范试点城市、24个试点园区、205家试点企业的建设，促进循环经济发展。

环境监测

加快推进环境监测能力建设，全省新建46座水质自动站，110 座城市环境空气自动站建成投入使用。开展全省 9 个设区市及 14 个县级市空气质量排名。

核事故应急管理

严格落实核应急 24 小时值班备勤，举办应急辐射监测、公众核应急撤离、军地核应急联动等演习，参加国家“神盾-2015”核应急演习和海南省核应急演习，提升核应急能力。举办闽、粤、桂、琼四省（区）核应急合作联席会议。编制完成漳州核电一期、宁德核电二期厂址区域核应急方案。

突发环境事件

全省共发生突发环境事件 19 起，其中因违法排污引发一般突发环境事件 3 起；因交通事故引发一般突发环境事件 6 起；因生产安全事故引发次生一般突发环境事件 6 起，其他原因引发的一般突发环境事件 4 起，无较大、重大或特别重大突发环境事件发生。

环境科技

福建省质监局批准发布福建省地方标准《环境空气气态污染物过氧乙酰硝酸酯（PAN）连续自动监测方法》(DB35/T 1521-2015)。全省环保科研项目获得 2 项国家自然科学奖二等奖、2 项国家科技进步奖二等奖。科技部批准南平市、将乐县列为国家可持续发展实验区进行建设。截至 2015 年末，全省共建有 7 个国家级、11 个省级可持续发展实验区。

环境信息化建设

完成全省饮用水源电子地图绘制、机动车污染防治监管、排污权交易管理、排污许可证管理、污染源自动监控系统升级改造等信息化项目建设；推进“全省环保数据资源中心”和“环保在线监控数据共享平台（二期）”建设，整合各类环保业务系统，构建“一企一档”“一点一档”和污染源生命周期信息化管理体系；开展“生态环境大数据综合平台”研究、设计等前期工作。

建设项目环境管理

修订《福建省建设项目环境影响评价文件分级审批管理规定》。加强环评机构管理，开展 94 家环评机构及其环评人员的信用评定工作，其中一般失信机构 22 家，严重失信机构 11 家，不良环评人员 232 人。

全省共审批 9962 个（含辐射）建设项目的环评文件，对 5479 个（含辐射）建设项目开展了环保设施竣工验收。

环境宣传与教育

建立“一网两微一端一系统”（即环保人人网、“福建环境”微信、微博、手机端、环境质量发布系统）宣教平台，实现传统媒体与新媒体的整合传播。

围绕生态文明及新福建建设、重大环保工作进展与成效、重要环保举措、百姓关注的环境热点难点问题等内容，组织开展省级以上报纸、电视等主流媒体宣传报道环保新闻 2100 余条目。开展“六•五”环境日宣传月系列活动共 200 余项、4 项国家环境宣教福建活动、20 余项省级环境宣教活动。

漳州东南花都、邵武将石省级自然保护区被确认为第二批全国中小学环境教育社会实践基地。

对外合作与交流

加强与台港澳交流和德国、越南、印尼等国家合作，签订《泛珠三角区域合作框架协议》(修订版)、《泛珠三角区域危险废物跨省转移处置及监管合作框架协议》等合作协议。

（资料来源：福建省环境保护厅）

2-3-11-1 福建省环境统计主要指标

（2014-2015 年）

指标名称	计量单位	2014	2015
一、煤炭消费总量	**万吨**	**8259.46**	**7458.40**
#工业	万吨	8079.10	7351.17
生活	万吨	121.56	152.17
二、主要污染物排放总量控制			
1.二氧化硫排放量	万吨	35.60	33.79
#工业	万吨	33.76	31.71
生活	万吨	1.83	2.08
2.化学需氧量排放量	万吨	62.98	60.94
#工业	万吨	7.76	7.26
生活	万吨	34.32	33.24
3.烟（粉）尘排放量	万吨	36.79	34.17
#工业	万吨	34.92	32.18
生活	万吨	0.97	1.15
4.氨氮排放量	万吨	8.93	8.51
#工业	万吨	0.55	0.41
生活	万吨	5.21	5.01
5.工业烟（粉）尘排放量	万吨	34.92	32.18
6.工业固体废物排放量	万吨	0.04	0.01
三、工业“三废”排放及处理情况			
1.工业废水排放量	亿吨	10.21	9.07
2.一般工业固体废物综合利用量	万吨	4277.69	3784.27
3.工业废气排放量	亿立方米	18383.25	17204.24
四、城市环境基础设施建设情况			
1.污水处理厂数	个	258	278
2.污水设计处理能力	万吨/日	489.77	517.45
3.污水实际处理量	亿吨	13.78	15.05
生活污水处理量	亿吨	12.13	13.44
工业废水处理量	亿吨	1.65	1.61
五、环境影响评价			
1.当年开工建设的建设项目数	个		9962
执行环境影响评价制度的建设项目数	个		9962

2-3-11-2 福建省工业污染治理项目建设情况

（2015 年）

指标名称	计量单位	本年实际
一、工业企业数	**个**	**267**
二、老工业污染源项目治理本年施工总数	**个**	**331**
#工业废水治理项目	个	89
一般工业固体废物治理项目	个	62
噪声治理项目	个	6
其它治理项目	个	40
三、老工业污染源治理项目本年完成投资	**万元**	**446909.61**
#工业废水治理项目	万元	136019.97
一般工业固体废物治理项目	万元	9784.13
噪声治理项目	万元	550.00
其它治理项目	万元	78318.61
#排污费补助	万元	63.00
政府其他补助	万元	800.00
企业自筹	万元	446046.61
#银行贷款	万元	140416.38
四、老工业污染源治理项目本年竣工总数	**个**	**227**
#工业废水治理项目	个	45
一般工业固体废物治理项目	个	56
噪声治理项目	个	6
其它治理项目	个	25
#老工业污染源废水治理项目新增处理能力	万吨/日	9.37
老工业污染源废气治理项目新增处理能力	万立方米/时	2207.05
老工业污染源固废治理项目新增处理能力	万吨/日	6.15

2-3-11-3 各行业重点调查工业污染排放及处理利用情况

（2015年）

指标	工业企业数（个）	工业废水排放量（万吨）	工业废水处理量（万吨）	工业废气排放量（亿立方米）	烟（粉）尘产生量（吨）	烟（粉）尘排放量（吨）
煤炭开采和洗选业	79	2147.43	2763.22		150.29	150.29
黑色金属矿采选业	68	1002.30	1767.45	58.48	1363.96	798.03
有色金属矿采选业	108	1846.82	5702.69	3.23	231.07	33.29
非金属矿采选业	46	871.89	866.88	1.70	641.46	452.98
其他采矿业	1	0.90	0.90	0.06	1.86	0.19
农副食品加工业	617	3758.06	3287.68	82.90	32029.46	2868.51
食品制造业	340	2953.51	2864.71	52.78	14638.28	1783.62
酒、饮料和精制茶制造业	100	1423.24	1529.71	35.96	10073.98	1024.22
烟草制品业	6	40.50	62.60	57.19	9691.13	344.02
纺织业	374	10295.86	11413.62	154.82	50157.47	7051.22
纺织服装、服饰业	151	1194.82	1410.76	17.04	4249.92	690.52
皮革、毛皮、羽毛及其制品和制鞋业	258	727.96	856.23	70.05	8711.58	2116.19
木材加工和木、竹、藤、棕、草制品业	341	424.64	431.63	252.36	109095.45	7029.10
家具制造业	72	82.03	70.27	15.94	1398.48	236.95
造纸和纸制品业	265	7994.92	13810.62	287.57	270017.60	8052.67
印刷和记录媒介复制业	41	30.92	44.10	5.40	1912.29	276.68
文教、工美、体育和娱乐用品制造业	98	182.55	151.87	7.81	660.29	64.92
石油加工、炼焦和核燃料加工业	13	1742.77	2010.65	656.41	91227.89	4866.53
化学原料和化学制品制造业	370	5360.19	19395.83	560.96	193410.97	9823.57
医药制造业	52	897.90	895.56	29.87	15207.98	972.37
化学纤维制造业	31	3118.22	3264.31	88.17	24289.85	1319.97
橡胶和塑料制品业	195	550.21	542.87	307.62	22065.51	2576.19
非金属矿物制品业	1202	1592.69	5303.47	4724.00	9674504.59	96845.17
黑色金属冶炼和压延加工业	92	1473.38	39112.40	4310.42	1134690.87	123713.69
有色金属冶炼和压延加工业	87	543.36	648.85	398.79	337765.00	3984.56
金属制品业	286	996.37	2111.17	171.56	6111.17	1958.12
通用设备制造业	94	159.18	187.59	82.52	4770.68	253.20
专用设备制造业	38	137.93	141.66	32.76	486.96	45.31
汽车制造业	79	247.25	224.40	47.73	1297.45	175.56
铁路、船舶、航空航天和其他运输设备制造业	50	134.75	107.85	11.75	1710.08	1643.35
电气机械和器材制造业	122	203.71	207.71	106.69	3567.76	864.45
计算机、通信和其他电子设备制造业	103	1865.29	2188.69	130.54	111.37	26.15
仪器仪表制造业	23	143.45	119.92	9.10	12.69	4.23
其他制造业	63	112.97	88.81	35.06	5253.35	171.79
废弃资源综合利用业	43	368.38	995.27	9.39	674.73	93.80
金属制品、机械和设备修理业	6	20.20	51.64	8.49	1.16	0.03
电力、热力生产和供应业	51	30404.50	18306.21	4378.95	4333530.49	18621.92
燃气生产和供应业	2	3.45	5.75	0.12	49.55	19.82

3

区域概况

本篇规模以上工业主要指标数据来源于各设区市公开出版物。

3-1 工业

3-1-1 各设区市工业发展概况

福州 2015年，福州市牢牢把握中央支持福建省加快发展的重大战略机遇，以全面深化改革为根本动力，坚持以提高经济发展质量为中心，主动适应经济发展新常态，全力稳增长、调结构、促改革，经济保持平稳健康发展，经济运行在新常态中稳中提质，转型升级成效显著，工业发展稳中趋好。全年规模以上工业完成增加值1927.90亿元，比上年增长8.8%。分经济类型看，国有企业增长26.9%，集体企业增长6.6%，股份合作企业增长1.1%，股份制企业增长10.4%，外商及港澳台商投资企业增长5.3%，其他企业增长15.6%。实现利润总额372.99亿元，增长1.8%。实现出口交货值1594.04亿元，增长4.7%，增幅比上年回落3.1个百分点。

2015年，福州市工业经济运行呈现以下特点：

一是工业经济运行稳定，经济效益指数平稳上升。1-12月，规模以上工业综合经济效益指数达286.0%，高出全省平均水平9.8个百分点，比上年提高6.4个百分点，比1-11月提高4.5个百分点。构成综合经济效益指数的资本保值增值率、资产负债率、全员劳动生产率等指标表现均优于上年，资本保值增值率为109.4%，提高1.0个百分点；资产负债率为57.1%，下降0.4个百分点；全员劳动生产率为290675元/人，增加17171元/人，由此可见规模以上工业企业负债压力减小，经营风险有所降低，成长能力、生产效率稳步提高。

二是“两翼”工业贡献近七成。2015年，南北“两翼”规模以上工业实现增加值977.07亿元，比上年增长11.8%，对规模以上工业增加值增长的贡献率为69.5%，拉动规模以上工业增加值增长6.1个百分点，其中连江、福清两地规模以上工业增加值增幅分别达到12.0%和9.1%，分别比全市平均水平高出3.2个百分点和0.3个百分点。

三是战略性新兴产业保持较快增长。截至2015年末，全市列入重点监测的规模以上战略性新兴企业共有215家。全年实现增加值422.18亿元，比上年增长9.1%，增幅高于全市平均水平0.3个百分点，占规模以上工业比重达21.9%，对规模以上工业增加值增长的贡献率达22.2%，拉动规模以上工业增加值增长2.0个百分点。

四是高技术产业显示较强的拉动作用。截至2015年末，全市已初步形成了电子信息技术、新材料技术、新能源技术等为主的高技术产业群。2015年，全市规模以上高技术产业实现增加值252.84亿元，比上年增长12.1%，增幅高出全市平均水平3.3个百分点，占规模以上工业比重为13.1%，贡献率达19.8%，拉动规模以上工业增加值增长1.7个百分点。

五是民营工业活力增强。2015年，规模以上民营工业实现增加值1253.07亿元，比上年增长10.0%，高出全市平均水平1.2个百分点，占规模以上工业的比重为65.0%，对规模以上工业增加值增长的贡献率为42.5%，拉动规模以上工业增加值增长3.7个百分点。

厦门 2015年，在厦门市委、市政府的正确领导下，全市工业积极应对经济下行和转型升级双重压力，以产业优为导向，坚持存量提升、增量优选，突出抓龙头、铸链条、建集群、筑平台、促融合、优服务，全市工业保持平稳健康运行。全年规模以上工业实现增加值1254.06亿元，比上年增长7.9%，对全市GDP增长的贡献率达48.9%，继续发挥其在国民经济中的主导作用。截至2015年末，全市规模以上工业企业达1647家。全年实现工业总产值5030.81亿元，首次突破五千亿大关，增长8.1%。其中，重工业完成产值3416.91亿元，增长8.1%；轻工业完成产值1613.90亿元，增长8.2%；重工业与轻工业之比为2.1∶1。实现销售产值4724.69亿元，产销率为93.9%。实现出口交货值2044.64亿元，下降5.4%，出口交货值率43.3%。全年出口交货值超亿元的企业213家，共完成出口交货值1826.97亿元，占全市规模以上工业出口交货值的89.4%。出口交货值增量超亿元的企业32家，共完成出口交货值531.93亿元，实现出口交货值增量227.86亿元，其中出口交货值增量超十亿元的企业3家。经济效益综合指数为208.62，降低6.83个点。其中，总资产贡献率8.4%，降低1.4个百分点；资本保值增值率105.8%，降低2.1个百分点；资产负债率51.0%，降低0.4个百分点；流动资产周转率1.64次，减慢0.14次；成本费用利润率4.2%，降低1.0个百分点；全员劳动生产率为20.14万元/人，净增0.26万元/人。实现利润总额181.11亿元，下降21.9%。

2015年，厦门市工业经济运行呈现以下特点：

一是近六成行业保持增长。2015年，规模以上34个工业行业中，工业总产值增长的有22个行业，占比58.8%，近六成行业保持增长。增幅排名前三位的分别是：印刷和记录媒介复制业、有色金属冶炼和压延加工业、汽车制造业，分别比上年增长31.3%、27.5%和25.9%。总量排名前三位的分别是：计算机、通信和其他电子设备制造业，电气机械和器材制造业，橡胶和塑料制品业，分别完成工业总产值1927.05亿元、349.55亿元和327.67亿元，分别增长12.7%、6.3%和4.3%。

二是电子、机械两大支柱行业作用进一步显现。2015年，电子、机械两大支柱行业完成工业总产值3368.29亿元，占规模以上工业总产值的比重为67.0%，比上年提高1.7个百分点，支柱行业作用进一步显现。其中，电子行业完成工业总产值1962.14亿元，占规模以上工业总产值的比重为39.0%，提高1.2个百分点；机械行业完成工业总产值1406.15亿元，占规模以上工业总产值的比重为28.0%，提高0.5个百分点。

三是七条产业链产值超百亿元。2015年，制造业主要产业链及配套进一步扩展和延伸。全市主要产业链共完成工业总产值3479.14亿元，占规模以上工业总产值的比重为69.2%，比上年增长4.3%。其中，平板显示、计算机与通讯设备、汽车、农副产品与食品加工、输配电及控制设备、水暖及厨卫、烟草加工与销售七条产业链产值超百亿元，分别完成工业总产值1153.02亿元、709.22亿元、411.98亿元、339.08亿元、177.99亿元、124.04亿元和112.03亿元。增幅排名前三的分别为：现代照明和太阳能产业链（增长14.6%）、汽车产业链（增长13.9%）、生物与新医药产业链（增长11.5%）。工程机械产业链、输配电及控制设备产业链、计算机与通讯设备产业链分别下降16.6%、3.5%和1.1%。

四是高新技术产业产值增幅高出全市平均水平3.5个百分点。规模以上工业中，高新技术产业涉及的主要行业有：计算机、通信和其他电子设备制造业，橡胶和塑料制品业，汽车制造业，电气机械和器材制造业等。2015年，规模以上高新技术产业企业共有546家，完成工业总产值3315.86亿元，占规模以上工业总产值的比重为65.9%，比上年增长11.6%，高出全市平均水平3.5个百分点，工业经济转型发展进程取得明显成效。

莆田　2015年，面对错综复杂的国内外经济环境，莆田市坚持稳中求进，主动适应新常态，着力培育新动力，工业运行稳步回升。全年规模以上工业完成增加值799.14亿元，比上年增长10.8%。从横向比对看，莆田市规模以上工业增速排名位居全省九设区市第一名，比全省平均水平高2.1个百分点。

2015年，莆田市工业经济运行呈现以下特点：

一是多数行业保持增长。2015年，规模以上33个工业大类行业有24个行业增加值实现增长，增长面达到72.7%，其中文教、工美、体育和娱乐用品制造业（增长43.7%）、化学原料和化学制品制造业（增长84.4%）、纺织业（增长53.7%）、非金属矿物制品业（增长24.8%）、纺织服装、服饰业（增长16.7%）、木材加工和木、竹、藤、棕、草制品业（增长24.4%）等15个行业增幅高于全市平均水平。

二是轻工业发展快于重工业，重工业保持稳步增长。2015年，规模以上轻工业实现增加值559.83亿元，比上年增长11.7%，增幅高出重工业3.1个百分点，对规模以上工业增加值增长的贡献率达75.6%，拉动规模以上工业增加值增长8.2个百分点。重工业实现增加值239.32亿元，增长8.6%，对规模以上工业增加值增长的贡献率达24.4%，拉动规模以上工业增加值增长2.6个百分点。

三是亿元企业拉动明显，新增企业成为工业经济新的增长极。2015年，全市产值超亿元企业568家，占规模以上工业企业数的48.3%。完成增加值707.36亿元，比上年增长16.1%，对规模以上工业增加值增长的贡献率达125.9%，拉动规模以上工业增加值增长13.6个百分点。全市新增工业企业共拉动规模以上工业增加值增长6.2个百分点，成为工业经济发展新的增长极。其中，151家规模以下转规模以上企业实现工业增加值48.33亿元，增长1.1倍，对规模以上工业增加值增长的贡献率为32.2%，拉动规模以上工业增加值增长3.5个百分点。43家新投产工业企业实现增加值30.05亿元，增长2.0倍，对规模以上工业增加值增长的贡献率为24.9%，拉动规模以上工业增加值增长2.7个百分点。

四是小微企业彰显活力，大中型企业保持稳定增长。2015年，全市946家规模以上小微工业企业实现增加值417.48亿元，比上年增长16.5%，增幅比上年提高0.8个百分点，高出大中型企业11.3个百分点，占规模以上工业增加值的比重为52.2%，提高2.7个百分点，对规模以上工业增加值增长的贡献率达75.6%，拉动规模以上工业增加值增长8.2个百分点。大中型工业企业完成增加值381.67亿元，增长5.2%，对规模以上工业增加值增长的贡献率达24.4%，拉动规模以上工业增加值增长2.6个百分点。

五是十大产业集群“九升一降”。2015年，全市十大规模以上工业产业集群实现工业增加值767.62亿元，比上年增长11.1%，增速比规模以上工业平均水平快0.3个百分点，对规模以上工业增加值增长的贡献率达98.6%，拉动规模以上工业增加值增长10.6个百分点。除金属冶炼及压延加工业外，制鞋（10.1%）、纺织服装（18.3%）、化工（20.8%）等产业实现高速增长。

六是省级龙头企业和高成长企业引领带动作用突出。2015年，全市省级龙头和高成长企业实现工业增加值97.95亿元，比上年增长27.4%，对规模以上工业增加值增长的贡献率达26.8%，拉动规模以上工业增加值增长2.9个百分点。其中，6家省级工业龙头企业实现工业增加值42.70亿元，增长23.0%，高出全市平均水平12.2个百分点；17家高成长企业实现工业增加值55.25亿元，增长31.0%。

七是民营工业发展趋好。2015年，全市规模以上民营工业企业790家，占规模以上工业企业数的67.1%。完成增加值476.99亿元，比上年增长11.6%，高出规模以上工业平均水平0.8个百分点。占规模以上工业增加值的比重为59.7%，比上年提高0.5个百分点。对规模以上工业增加值增长的贡献率达63.8%，拉动规模以上工业增加值增长6.9个百分点。

八是工业投资稳步回升，企业产能平稳释放。2015年，全市工业固定资产投资完成470.25亿元，比上年增长15.7%，增幅比上年提高15.9个百分点，工业投资回暖迹象明显。其中，制造业投资完成355.45亿元，增长9.1%，增幅提高3.4个百分点。据工业企业的景气专项调查显示：四季度，主要产品生产能力利用率为78.3%，比三季度高0.1个百分点，产能利用率处于合理稳定的区间。调查结果显示，影响企业产能正常发挥的主要原因有“产品需求减少，订单不足”“劳动力供应不足、技能欠缺”“季节性减产”和“原材料供应不足”等。

三明 2015年，三明市积极应对复杂的国内外经济环境，牢牢把握稳中求进的工作总基调，全力推动工业发展。全年规模以上工业实现增加值866.50亿元，比上年增长8.4%。其中，私营企业增长较快，完成增加值670.58亿元，增长9.8%，高出全市平均水平 1.4 个百分点。实现利润总额61.44亿元，下降18.0%。其中，国有及国有控股企业利润总额下降2倍，由盈转亏，亏损额为7.09亿元；国有企业利润总额0.09亿元，下降19.1%；集体企业 0.39 亿元，下降 39.4%；股份制企业55.47亿元，下降19.1%；外商及港澳台商投资企业3.55亿元，下降1.0%；私营企业60.19亿元，增长0.2%。

2015年，三明市工业经济运行呈现以下特点：

一是非公企业贡献率超九成。2015年，非公企业完成增加值760.59亿元，比上年增长9.8%，对规模以上工业增加值增长的贡献率达 99.8%。其中，私营企业实现增加值 670.58 亿元，对规模以上工业增加值增长的贡献率达88.3%。

二是高技术产业发展良好。2015年，高技术产业完成增加值20.79亿元，比上年增长19.3%，增幅高出全市规模以上工业 10.9 个百分点，占规模以上工业增加值的比重为 2.4%，比上年提高 0.3 个百分点。

三是八大产业对规模以上工业增加值增长的贡献率近九成。2015年，全市八大产业实现工业总产值2867.01 亿元，实现增加值 765.23 亿元，占规模以上工业增加值的比重为88.3%，对全市规模以上工业增加值增长贡献率达89.7%。从增速看，八大产业均实现增长，其中机械、生物医药、纺织三产业增长较快，分别比上年增长13.1%、10.4%、10.1%，冶金、林产、化工、采矿、建材五大产业个位数增长，增幅位于 3.7%-9.2%区间；从总量看，八大产业工业总产值均超百亿元，其中林产产业规模最大，工业总产值突破600亿元，达626.40亿元，其次是纺织产业（419.27亿元）、化工产业（398.13）亿元、机械产业（393.00）亿元、冶金产业（328.56亿元）、采矿产业（303.70亿元）、建材产业（285.54亿元）、生物医药产业（112.41亿元）。

四是小微企业效益优于规模以上工业平均水平。2015 年，全市小微企业实现主营业务收入2277.33亿元，比上年增长11.6%，增速高出规模以上工业平均水平 4.2 个百分点；实现利润总额59.08亿元，增长6.4%，高出规模以上工业24.4个百分点；企业亏损面为 7.3%，比规模以上工业低1.2个百分点；亏损企业亏损额6.5亿元，增长1.4%，比规模以上工业低87.1个百分点。

五是医药制造业产值突破百亿元。2015年，全市规模以上工业生物医药产业实现工业总产值112.41亿元；实现增加值32.73亿元，占规模以上工业增加值的比重为3.8%，比上年提高 0.1 个百分点，增加值增长10.4%，增速高出规模以上工业平均水平2.0个百分点。

泉州 2015年，面对严峻复杂的经济形势，泉州市牢牢把握中央支持福建加快发展的重大战略机遇，紧紧围绕“四个全面”战略布局，全市工业保持良好发展态势。全部工业实现增加值 3345.09亿元，比上年增长 8.7%，对经济增长的贡献率达57.7%。其中，规模以上工业实现增加值 2902.86亿元，增长8.9%；实现销售产值10964.78亿元，增长6.1%；实现出口交货值1804.66亿元，增长6.4%；拥有超亿元企业2167家，比上年增加105

家，其中超10亿元企业163家，增加28家。

2015年，规模以上工业企业经济效益综合指数为271.2，比上年提升22.6个点，其中总资产贡献率为20.1%，提升3.2个百分点；资本保值增值率107.7%，下降1.4个百分点；资产负债率46.4%，下降3.0个百分点；全员劳动生产率222474元/人，提高20514元/人；流动资产周转率2.9次，提升0.1次；工业产品销售率96.4%，下降0.2个百分点。实现利润总额784.56亿元，增长18.1%，其中外商及港澳台商投资企业、股份制企业和股份合作制企业利润分别增长25.4%、11.6%和5.4%。亏损企业亏损额24.18亿元，减亏7.96亿元。

2015年，泉州市工业经济运行呈现以下特点：

一是轻重工业比例优化。2015年，全市规模以上重工业增加值1011.09亿元，比上年增长13.4%，增速比轻工业高出6.9个百分点，轻重工业比例由上年的65.8∶34.2调整为65.2∶34.8。

二是高技术产业增长较快。2015年，全市规模以上高技术产业增加值66.64亿元，比上年增长10.9%，增速高出规模以上工业平均水平2.0个百分点。高技术产业PPI上涨0.2%，价格涨幅明显好于其他行业，比全市平均水平高3.6个百分点。

三是新兴产业贡献突出。2015年，全市五大规模以上新兴产业完成增加值440.95亿元，比上年增长20.0%，增幅高出规模以上工业平均水平11.1个百分点，拉动规模以上工业增加值增长2.8个百分点。

四是节能降耗形势良好。2015年，全市规模以上工业综合能耗2313.76万吨标准煤，比上年增长5.8%，增速连续7个月回落；37个工业大类中19个行业大类综合能耗下降。

五是企业效益持续好转。2015年，全市4387家规模以上工业企业实现利润总额784.56亿元，比上年增长18.1%，增幅比主营业务收入高10.3个百分点。其中，盈利企业4273家，盈利面达97.4%，居全省首位，比全省平均水平高5.5个百分点，比全国平均水平高11.9个百分点。

六是企业总体经营状况有所改善。据泉州市2015年第四季度规模以上工业企业景气调查结果显示，19.8%的企业认为本季度本行业总体运行状况乐观，21.4%的企业认为本季度本企业总体经营状况良好，占比分别比上季度提高0.9个百分点和1.6个百分点。

漳州　2015年，积极应对宏观经济下行压力，围绕工业经济稳中求进、稳中提质的总基调，努力推进企业转型升级，顺利实现工业生产平稳发展。2015年，全部工业实现增加值1118.00亿元，比上年增长10.0%，其中规模以上工业增加值增长10.6%。在规模以上工业中，分经济类型看，国有控股企业增长6.2%，集体企业增长14.0%，股份制企业增长14.6%，外商及港澳台商投资企业增长4.6%，私营企业增长16.5%；分轻重看，轻工业增长14.0%，重工业增长7.0%；分门类看，采矿业增长24.0%，制造业增长11.7%，电力、热力、燃气及水生产和供应业下降7.1%。工业产品销售率98.5%，提高0.2个百分点。实现利润总额345.21亿元，增长8.4%。其中，国有控股企业11.80亿元，增长34.7%；集体企业0.57亿元，下降78.1%；股份制企业204.41亿元，增长19.3%；外商及港澳台商投资企业138.95亿元，下降4.7%；私营企业117.52亿元，增长25.0%。

2015年，漳州市工业经济运行呈现以下特点：

一是近七成行业增加值增长较快。2015年，全市规模以上工业的35个大类行业中有24个增加值增速在两位数以上。其中，仪器仪表制造业比上年增长42.6%，木材加工和木、竹、藤、棕、草制品业增长31.8%，黑色金属矿采选业增长28.1%，非金属矿采选业增长23.4%，黑色金属冶炼和压延加工业增长23.3%，非金属矿物制品业增长22.0%，通用设备制造业增长21.4%，橡胶和塑料制品业增长21.3%。

二是4+4产业贡献突出。2015年，全市规模以上4+4产业（石油化工、特殊钢铁、装备制造、食品工业、电子信息、新材料、新能源、生物与新医药）实现增加值966.50亿元，比上年增长11.3%，增速比规模以上工业平均水平高0.7个百分点，拉动规模以上工业增加值增长8.6个百分点。其中，四大主导产业实现增加值811.21亿元，增长10.3%，分别为：特殊钢铁96.86亿元，增长23.3%；装备制造业259.56亿元，增长16.5%；食品工业342.88亿元，增长16.2%；石化工业111.90亿元，下降16.6%。

三是骨干企业支撑效果显著。2015年，全市953家亿元企业实现增加值1104.42亿元，占规模以上工业增加值的比重为87.8%，比上年增长12.0%，增速高出规模以上工业平均水平1.4个百分点，对规模以上工业增加值增长的贡献率达97.9%，有力地拉动了全市规模以上工业增加值增长。

四是工业效益稳步提高。2015年，全市规模以上工业经济效益综合指数为317.0，比上年提高12.1个点；完成主营业务收入4398.44亿元，增长12.9%，实现利税总额595.96亿元，增长5.5%。全市2082家规模以上工业企业中，有174家企业出现亏损，企业亏损面为8.4%，比1-11月下降0.6个百分点。

南平 2015年，南平市主动适应工业发展新常态，全力做好"稳增长，调结构，促改革"等各项工作，工业发展水平加快推进。全年全部工业实现增加值485.44亿元，比上年增长8.2%，其中规模以上工业实现增加值449.58亿元，增长8.3%。在规模以上工业中，分经济类型看，国有及国有控股企业下降5.4%，国有企业增长7.5%，集体企业增长5.6%，股份制企业增长8.8%，外商及港澳台商投资企业增长3.1%，私营企业增长10.8%；分轻重看，轻工业增长10.7%，重工业增长5.5%；分门类看，采矿业增长4.7%，制造业增长13.3%，电力、热力、燃气及水生产和供应业增长3.2%。工业产品销售率为96.0%，增幅比上年回落0.4个百分点。

在规模以上工业的37个大类行业中，专用设备制造业增加值比上年增长28.4%，计算机、通信和其他电子设备制造业增长26.4%，非金属矿采选业增长22.8%，文教、工美、体育和娱乐用品制造业增长16.2%，家具制造业增长13.4%，汽车制造业增长10.9%，增幅居行业前列。六大重点产业实现增加值346.25亿元，其中食品加工产业增长10.5%，文化创意产业增长9.9%，竹加工产业增长9.2%，新型轻纺产业增长9.1%，机电制造产业增长8.2%，生物产业增长6.7%。

2015年，规模以上工业实现主营业务收入1557.89亿元，比上年增长10.4%；实现利润总额65.98亿元，增长1.5%；上交税金总额52.18亿元，增长8.0%；亏损企业亏损面为7.6%，亏损总额18.69亿元，增长116.3%。

2015年，南平市工业经济运行呈现以下特点：

一是规模以上工业企业发展较快。截至2015年末，全市规模以上工业企业突破1000家。全年完成工业总产值1699.34亿元，比上年增长8.0%；完成增加值449.58亿元，增长8.3%。

二是轻工业占比不断提高。2015年，轻、重工业分别完成工业总产值893.20亿元和806.14亿元，轻重工业比例为52.6∶47.4，轻工业比重比上年提高了2.6个百分点，轻重工业结构持续优化。

三是新建投产企业数大幅增加。2015年，全市累计新增66家新建投产企业，比上年增加37家，新建投产企业数居全省第2位，累计完成工业总产值34.55亿元，对全市规模以上工业总产值增长贡献率达21.4%。

四是亿元企业数量增加。2015年，全市工业总产值超过亿元的企业达490家，比上年净增68家，完成工业总产值1434.92亿元，占规模以上工业总产值的比重达84.4%，比上年提高3.2个百分点；全年净增工业总产值175.33亿元，对规模以上工业总产值增长的贡献率高达 107.9%，是工业经济发展的主要拉动力。

龙岩 2015 年，龙岩市积极应对错综复杂的经济形式，主动适应新常态、把握新常态，全力以赴稳增长、促改革、调结构，工业发展取得新成效。全年全部工业实现增加值 726.48 亿元，比上年增长 8.6%。其中，规模以上工业实现增加值 573.71 亿元，增长 8.7%，工业产品销售率 98.0%，提高 0.2 个百分点。

2015 年，规模以上工业完成工业总产值 1830.05 亿元，比上年增长 8.8%。机械、有色金属、烟草、能源精化产业、纺织、建材、光电新材料等重点产业完成工业总产值 1773.40 亿元，增长 9.0%。其中，机械产业工业总产值 271.32 亿元，增长 6.0%；有色金属产业工业总产值 377.30 亿元，增长 23.1%；烟草产业工业总产值 144.86 亿元，下降 3.4%；能源精化产业工业总产值 317.82 亿元，增长 4.4%；纺织产业工业总产值 92.83 亿元，增长 5.3%；建材产业工业总产值 179.07 亿元，增长 2.4%；光电新材料产业工业总产值 66.81 亿元，增长 16.7%；不锈钢及特钢产业工业总产值 38.64 亿元，增长 29.2%；农副产品加工产业工业总产值 284.76 亿元，增长 9.4%。实现利润总额 84.65 亿元，下降 21.7%。其中，国有企业 9.47 亿元，下降 21.7%；集体企业 1.40 亿元，下降 12.9%；股份制企业 63.73 亿元，下降 16.2%；外商及港澳台投资企业 9.21 亿元，下降 47.7%；国有控股企业 28.79 亿元，下降 33.4%。

2015 年，龙岩市工业经济运行呈现以下特点：

一是亿元工业企业贡献突出。2015 年，全市规模以上产值超亿企业达 347 家，比上年增加 28 家，完成工业总产值 1518.40 亿元，占规模以上工业总产值的比重达 82.9%，拉动规模以上工业总产值现价增长 9.9 个百分点，对规模以上工业总产值增长的贡献率高达 112.2%。

二是重点产业喜忧参半。2015 年，全市重点产业完成工业总产值 1773.40 亿元，比上年增长 9.0%。其中，不锈钢及特钢、有色金属和光电新材料等产业发展表现抢眼，分别增长 29.2%、23.1%和 16.7%，拉动规模以上工业总产值现价增长 5.3 个百分点；机械、纺织、建材等传统支柱产业总产值分别增长 6.0%、5.3%和 2.4%，拉动规模以上工业总产值增长 1.4 个百分点，对规模以上工业总产值增长的贡献率仅为 16.3%。

三是高技术产业发展迅速。2015 年，全市规模以上高技术产业实现增加值 13.20 亿元，比上年增长 16.0%，占规模以上工业增加值的比重为 2.3%，比上年提高 0.5 个百分点。

宁德 2015 年，宁德市积极应对宏观经济下行压力，切实加强政策扶持和要素保障，围绕工业经济稳中求进、稳中提质的总基调，努力推进企业转型升级，做大做强骨干产业，工业保持平稳增长。全年全部工业完成增加值 624.20 亿元，比上年增长 9.4%。其中，规模以上工业增加值增长 9.7%，增幅居全省各设区市第 3 位。在规模以上工业中，分经济类型看，国有及国有控股企业增长 8.8%，集体企业增长 13.5%，股份制企业增长 8.8%，外商及港澳台投资企业增长 22.2%，私营企业下降 8.3%；分轻重看，轻工业增长 12.6%，重工业增长 8.5%；分门类看，采矿业增长 3.2%，制造业增长 10.0%，电力、热力、燃气及水生产和供应业增长 7.4%。截至 2015 年末，全市规模以上工业企业达 1357 家，其中产值超亿元企业 549 家，比上年增加 19 家。

2015 年，在规模以上工业的 35 个大类行业中，有 14 个行业增加值增速高于规模以上工业平均水平。其中，有色金属冶炼和压延加工业比上年增长 26.6%，非金属矿物制品业增长 14.6%，橡胶和塑料制品业增长 11.2%。8 个主要产业增加值增长 9.8%。其中，冶金产业实现增加值 178.42 亿元，增长 23.6%；电机电器产业实现增加值 122.30 亿元，增长 2.3%；食品产业实现增加值 104.45 亿元，增长 2.2%；高技术产业实现增加值 52.40 亿元，增长 71.8%。

2015 年，规模以上工业实现利润总额 161.09 亿元，比上年增长 12.5%。其中，国有及国有控股企业 22.48 亿元，增长 11.5%；股份制企业 141.44 亿元，增长 7.4 %；外商及港澳台投资企业 18.10 亿元，增长 72.1%；私营企业 40.56 亿元，下降 7.2%。

2015 年，宁德市工业经济运行呈现以下特点：

一是逾八成行业实现增长，但传统行业增势较缓。2015 年，全市 35 个行业大类中，有 30 个行业增加值比上年增长，增长面达 85.7%。其中，农副食品加工业等 16 个行业个位数增长，非金属矿物制品等 14 个行业两位数增长。增长较快的是有色金属冶炼和压延加工业、橡胶和塑料制品业，分别实现增加值 134.22 亿元、83.16 亿元，分别比上年增长 26.6%、11.2%。电机、食品、建材、船舶、电力、医化等 6 个传统行业共实现增加值 381.65 亿元，增长 4.3%。

二是大型企业拉动强劲，但中小企业增势低迷。2015 年，全市 1357 家规模以上工业企业中，大型企业共有 7 家，全年实现增加值 185.56 亿元，占规模以上工业的比重为 25.8%，比上年增长 65.9%，对规模以上工业增加值增长的贡献率 106.6%，拉动规模以上工业增加值增长 10.3 个百分点；中型企业 134 家，实现增加值 190.51 亿元，下降 2.8%；小微型企业 1216 家，实现增加值 341.78 亿元，下降 0.5%。

三是亿元企业贡献率超 100%。2015 年，全市 1357 家规模以上工业企业中，产值过亿的企业共有 549 家，比上年增加 19 家，累计实现工业总产值 2639.47 亿元，比上年增长 16.5%，占规模以上工业总产值的比重为 88.0%，对规模以上工业总产值增长的贡献率达到 139.3%，比上年提高 26.8 个百分点，连续两年贡献率超 100%。其中，产值超 100 亿元的企业 3 家，10 亿元-100 亿元的企业 25 家，5 亿元-10 亿元的企业 85 家，分别增加 1 家、减少 6 家、增加 2 家。

四是主导产业支撑作用显著。2015 年，全市 8 个主要工业产业继续发挥主导作用，企业数合计 1103 家，占规模以上工业企业数的 81.3%，实现增加值 641.43 亿元，占规模以上工业总增加值的比重为 89.4%，比上年增长 9.8%，对规模以上工业增加值增长的贡献率为 90.7%，比上年下降 0.4 个百分点。分产业看，冶金、电机电器、食品加工 3 个产业增加值均超过 100 亿元，分别为 178.42 亿元、122.30 亿元、104.45 亿元。产值方面，6 个产业工业总产值超 100 亿元，3 个产业工业总产值超 400 亿元。

五是新增长点企业拉动有力。2015 年，市级工业经济新增长点项目企业 111 家，占全市企业数 8.2%，实现增加值 238.98 亿元，占规模以上工业增加值的比重为 33.3%，比上年增长 43.8%，增速比规模以上工业平均水平高 34.1 个百分点，对规模以上工业增加值增长的贡献率为 108.3%，提高 38.2 个百分点，拉动规模以上工业增加值增长 10.5 个百分点。

注：本文数据采用快报数。

（摘编：朱翔）

3-1-2 各设区市规模以上工业主要指标

（2015年）

指 标	计量单位	福州市	厦门市	莆田市	三明市	泉州市
总 量						
企业数	个	2302	1766	1248	1785	4420
工业总产值	亿元	7845.00	5028.68	2613.42	3274.08	11398.12
主营业务收入	亿元	7448.70	4715.74	2578.53	3148.76	10922.23
资产总额	亿元	5954.91	4745.84	1437.86	1505.26	7686.11
利润总额	亿元	384.43	185.12	204.15	65.24	812.92
利税总额	亿元	601.44	352.46	278.64	131.88	1372.45
本年应交增值税	亿元	167.06	84.27	56.27	48.97	297.22
占全省比重						
企业数	%	13.4	10.2	7.2	10.4	25.6
工业总产值	%	19.0	12.2	6.4	7.9	27.6
主营业务收入	%	18.8	11.9	6.4	8.0	27.6
资产总额	%	20.1	16.0	4.9	5.1	25.9
利润总额	%	16.3	7.8	8.6	2.8	34.4
利税总额	%	15.1	8.9	7.0	3.4	34.5
本年应交增值税	%	16.1	8.1	5.4	4.7	28.7

3-1-2 续表 （2015 年）

指　标	计量单位	漳州市	南平市	龙岩市	宁德市
总　量					
企业数	个	2147	1109	1095	1368
工业总产值	亿元	4536.94	1722.24	1856.91	2976.10
主营业务收入	亿元	4507.21	1616.48	1815.04	2838.61
资产总额	亿元	3184.42	1106.50	1963.44	2063.20
利润总额	亿元	372.11	76.87	90.05	168.93
利税总额	亿元	615.10	133.10	249.30	240.42
本年应交增值税	亿元	219.99	44.20	61.10	58.12
占全省比重					
企业数	%	12.5	6.4	6.4	7.9
工业总产值	%	11.0	4.2	4.5	7.2
主营业务收入	%	11.4	4.1	4.6	7.2
资产总额	%	10.7	3.7	6.6	7.0
利润总额	%	15.8	3.3	3.8	7.2
利税总额	%	15.5	3.3	6.3	6.0
本年应交增值税	%	21.2	4.3	5.9	5.6

3-1-3 各设区市食品加工及制造业

食品加工及制造业包括农副食品加工业、食品制造业。其中，水产品加工业在福建食品加工及制造业中占有较大比重，在全国也具有较强竞争力。全省已形成了东山海捕鱼、漳州石斑鱼、宁德大黄鱼、连江藻类、福清对虾等具有区域优势、产业效益高的水产品特色产业。

福州 水产品加工是福州食品行业的重要组成部分。近几年，福州以沿海县（市）为重点，发展水产品精深加工和出口加工业，形成了福清对虾、长乐鳗鱼、连江鱼糜制品、福州鱼丸等具有区域优势、产业效益高的水产品特色产业。

2015 年，福州市水产品加工产量达 150 万吨，实现加工产值约 270 亿元，约占全省水产品加工业产值的 40%。鱼糜制品、藻类、对虾、烤鳗、鲍鱼、海参六大类水产加工品均占全省的三分之二以上。作为中国鳗鲡之都，福州烤鳗出口量占全国的 45% 左右。其他如海带、鲍鱼、紫菜等加工品产量均居全国前列。2015 年，福州积极打造“10+1”渔业特色品牌，先后有福州烤鳗、福州鱼丸、漳港海蚌等 7 个品种入选“福建十大渔业品牌”，入选数量位居全省第一。从销售市场看，亚洲最大的水产品分销中心——名成福州海峡水产品交易中心年吸引来自全国各地的采购商达 1100 万人次，水产年交易量超 200 万吨，年交易额突破 300 亿元。

漳州 水产罐头是漳州近几年新培育的高附加值品种，也是漳州罐头出口新的增长点，近几年在全球经济形势低迷的情况下持续保持增长势头。2015 年，漳州检验检疫局检区出口水产罐头 6.94 万吨、货值 1.1 亿美元，分别比上年增长 46.7%和 35.1%，创历史新高。漳州水产罐头出口品种主要包括鲭鱼罐头、沙丁鱼罐头、金枪鱼罐头和鲍鱼罐头等。

东山是漳州重要的渔业县。2015 年，东山县水产品出口创汇继续居全国县（市、区）级首位，达 17.51 亿美元，比上年增长 24.0%，占全县外贸出口比重的 96.9%。水产品总产量 38.42 万吨，增长 7.3%。水产品加工产量 46.35 万吨，增长 30.5%；水产品加工产值 178.04 亿元，增长 32.6%。

宁德 宁德霞浦台湾水产品集散中心作为国台办在中国大陆首家批准支持设立的台湾水产品加工、贸易基地，具有独特的对台地缘优势和得天独厚的养殖条件。2015 年，霞浦台湾水产品集散中心出口水产品 3.65 万吨、2.25 亿美元，比 2013 年入驻之初的 1.41 万吨、0.56 亿美元，分别增长了 1.6 倍、3.0 倍。其中，输台水产品 125 批、2784 吨、4243 万美元，比 2013 年入驻之初的 11 批、178 吨、342 万美元分别增长了 10.4 倍、14.6 倍、11.4 倍。

泉州 泉州主要出口水产品包括冻海捕鱼、冻鱿鱼、冷冻鱼糜、鱿鱼干、调味紫菜和水产罐头等，主要销往东南亚、欧盟、美国、非洲、日本等。2015 年，泉州检验检疫局共检验监管出口水产品 8.64 万吨、货值 3.18 亿美元，分别比上年增长 31.1% 和 39.4%，呈量价大幅齐增，创历史新高，成为泉州市出口新亮点。全年水产品出口呈现三大亮点：一是传统出口市场反弹明显。菲律宾、印尼是泉州水产品出口主要市场，2015 年共对菲律宾、印尼出口 1.35 亿美元，比上年增长 40.1%。二是新兴市场开拓卓有成效。全年新开拓东帝汶、中非、乌拉圭、巴拿马、智利等 7 个国家市场，出口国家和地区由上年同期的 39 个增至 47 个。其中，对泰国出口 8334.5 万美元、对斐济出口 779.3 万美元，分别增长 167.6%和 123.3%；对斯里兰卡出口 567.1 万美元，增幅达 30.4 倍。三是大力发展高附加值产品。全年共出口鱿鱼 1.51 亿美元，增长 65.7%。

2015 年各设区市规模以上农副食品加工业、食品制造业主要指标见下表。

（摘编：林晓霞）

各设区市规模以上农副食品加工业主要指标

（2015 年）

单位：亿元

地　区	企业数（个）	工业总产值	主营业务收入	资产总额
福州市	194	634.89	612.95	290.52
厦门市	66	204.24	196.55	151.65
莆田市	66	201.12	203.26	76.96
三明市	96	132.91	128.58	33.65
泉州市	46	194.77	186.24	92.55
漳州市	324	821.99	812.79	369.07
南平市	91	199.61	171.19	193.60
龙岩市	73	87.39	86.47	40.28
宁德市	165	253.03	253.47	111.74

续上表

单位：亿元

地　区	利润总额	利税总额	本年应交增值税
福州市	31.30	46.71	13.28
厦门市	3.47	4.05	0.46
莆田市	14.87	17.56	2.06
三明市	2.74	4.09	0.89
泉州市	9.10	11.82	2.05
漳州市	62.23	114.11	49.48
南平市	-0.88	0.41	0.92
龙岩市	2.40	3.18	0.69
宁德市	16.81	22.43	5.04

各设区市规模以上食品制造业主要指标

（2015 年）

单位：亿元

地　区	企业数（个）	工业总产值	主营业务收入	资产总额
福州市	54	119.37	116.18	63.59
厦门市	46	54.44	52.52	65.00
莆田市	32	58.06	57.76	22.71
三明市	38	82.56	74.70	33.42
泉州市	99	444.86	425.70	254.12
漳州市	197	353.04	350.73	159.13
南平市	42	75.64	69.50	37.95
龙岩市	47	61.34	61.28	21.82
宁德市	27	45.19	42.59	16.90

续上表

单位：亿元

地　区	利润总额	利税总额	本年应交增值税
福州市	7.73	12.43	4.27
厦门市	2.02	4.24	1.94
莆田市	3.20	4.43	1.04
三明市	2.49	3.21	0.54
泉州市	36.50	51.01	12.48
漳州市	32.74	49.47	15.41
南平市	6.59	8.79	1.83
龙岩市	3.28	4.25	0.70
宁德市	4.68	5.54	0.69

3-1-4 各设区市酒、饮料和精制茶制造业

泉州 安溪是全国第一产茶大县。据 2016 年中国茶叶区域公用品牌评估结果显示，安溪铁观音品牌价值已达 60.04 亿元，位居榜首。截至 2015 年末，安溪县茶园面积 60 万亩，其中有机茶叶认证面积排名居全国产茶县之首。全年茶叶总产量 6.5 万吨，涉茶总产值 135 亿元，农民人均纯收入中有 56%来自于茶叶。近三年来，安溪茶业努力开拓海外市场，已有 65 家安溪茶品牌企业，以海外设立分公司、办事处或营销处等不同方式，开展单点拓展和销售。为加快推动品牌国际化，安溪县政府组织当地的龙头企业以安溪铁观音子品牌在海外注册。2015 年，安溪县政府已在日、俄、韩、美、法等 46 个国家和地区注册了“安溪铁观音”商标。全年茶叶出口量达 1.6 万吨，占全国乌龙茶出口总量的三分之一，主要出口国包括日本、香港、东盟、欧盟、美国等 50 多个国家和地区。

南平 武夷山是南平茶叶的重要产区。截至 2015 年末，武夷山共有茶园面积 14.8 万亩，全年精制茶叶产量 7800 吨，总产值达 15.36 亿元，茶企纳税入库 5272 万元。2015 年，武夷山通过推广“以电代燃”，进一步优化能源结构，加快茶产业绿色经济发展步伐。具体措施包括：落实“以电代燃”，对设备升级改造的茶叶企业，可获得省级财政补助，补助资金不超过设备投资总额的 30%，色选机、自动化萎凋室及其系统、茶叶加工设备补助不超过投资总额的 50%。企业独立购置用于环境保护、节能节水、安全生产等的专用设备，可按一定比例实行税额抵免。比照台湾农民创业园扶持政策，在省级创业园内的茶叶种植户，可按农业生产用电标准下浮 30%收费等。

宁德 近几年，宁德市充分发挥优势，加快推进茶叶产业发展，已成为福建省乃至全国的重点产茶区。 2015 年 10 月，宁德市获批“国家级出口茶叶质量安全示范区”，全国茶叶标准化技术委员会白茶、红茶工作组也先后落户宁德。截至 2015 年末，宁德市拥有“天山绿茶”“坦洋工夫”“福鼎白茶”茶叶公共区域品牌 3 个，茶叶地理标志保护产品 3 个，中国驰名商标 10 件，福建省著名商标 58 件，宁德市知名商标 94 件，地理标志证明商标 17 件，福建省名牌产品 35 件，“三品”认证产品 100 多个，茶叶出口备案基地 54 个，面积 7.19 万亩。2015 年，新坦洋品牌价值 6.35 亿元，连续 5 年位居中国红茶首位。

截至 2015 年末，宁德市拥有茶园面积 103 万亩。全年茶产业保持了逆势增长势头，茶叶产量 9.3 万吨，比上年增长 6.3%，毛茶产值约 40 亿元。茶园面积和产量位居全国茶叶主产区前茅。茶叶出口增长迅速，2015 年宁德检验检疫局共检验检疫出口茶叶（含茶叶制品）2544.34 吨，货值 8433.76 万美元，分别是 2010 年的 3.8 倍和 12.8 倍。茶叶出口逐步实现从间接出口向自营出口转变，出口形式从以出口原料为主向以出口产品为主转变，目的地达 20 多个国家和地区。此外，宁德部分茶企通过产业升级开发深加工茶产品，茶叶附加值得到显著提高。茶叶产品出口单价从 2013 年的 8.55 美元/千克增长到 2014 年的 17.77 美元/千克，2015 年 1-4 月茶产品出口单价上涨至 34.35 美元/千克，价格较 2013 年翻了两番。

2015 年各设区市规模以上酒、饮料和精制茶制造业主要指标见下表。

（摘编：林晓霞）

各设区市规模以上酒、饮料和精制茶制造业主要指标

（2015 年）　　　　单位：亿元

地　区	企业数（个）	工业总产值	主营业务收入	资产总额
福州市	34	91.52	94.52	41.29
厦门市	19	82.89	126.07	90.94
莆田市	10	54.92	54.90	47.35
三明市	50	52.52	51.22	26.41
泉州市	99	206.02	200.95	117.59
漳州市	63	97.03	96.51	66.36
南平市	106	91.51	85.53	43.99
龙岩市	44	33.73	31.06	16.25
宁德市	177	155.94	153.89	66.10

续上表　　　　单位：亿元

地　区	利润总额	利税总额	本年应交增值税
福州市	6.24	10.13	2.88
厦门市	6.87	14.00	5.61
莆田市	12.13	17.99	3.16
三明市	1.88	2.75	0.36
泉州市	26.36	37.77	8.45
漳州市	9.95	14.77	3.55
南平市	6.68	10.22	2.39
龙岩市	2.36	2.90	0.24
宁德市	9.33	13.25	2.75

3-1-5 各设区市纺织及纺织服装、服饰业

纺织及纺织服装、服饰业是福建重要的传统支柱产业。2015 年，福建省规模以上纺织业产销均实现增长。其中，工业增加值 553.01 亿元，增长 10.9%；主营业务收入 2242.02 亿元，增长 8.5%。

福州 经过多年培育，福州市现已初步形成了化纤、棉纺、织造、染整、服装、纺织机械为一体的具有持续竞争优势的纺织化纤产业集群，产业链条趋于完善，棉纺、经编业所需的原料，生产工艺研发设计，设备零配件生产加工，设备维修，后道加工印染，服装加工等上下游产业配套齐全，规模优势明显，在国内涤纶纱、民用锦纶丝、经编花边等细分市场占据定价优势。2015 年，福州规模以上纺织化纤产业完成总产值 2073.30 亿元，比上年增长 19.8%，成为福州市首个产值突破两千亿的主导产业。截至 2015 年末，全市纺织化纤行业产能规模已达年产涤纶短纤维 70 万吨、涤纶长丝 90 万吨、锦纶长丝 100 万吨、纱线 850 万锭，成为全国最大的化纤混纺纱生产基地和锦纶民用丝生产基地，经编产品约占全国市场份额的五分之三。

长乐是福州纺织化纤产业集群的集中地。2015 年，在全国经济下行压力加大、纺织及服装产业产能过剩的背景下，长乐纺织产业采取多种措施确保生产平稳增长。一是通过“机器换工”，实现行业转型升级。长乐 85%以上棉纺企业设备达到国内领先水平，“机器换工”使企业用工水平从技改前的 58 人/万锭下降到 36 人/万锭，下降近 40%。二是通过产品创新和产业链延伸，形成产业发展新的增长点。长乐力恒锦纶科技有限公司已推出新产品数十种，尼龙凉爽纱、扁平纱等特色产品受到市场欢迎，产品附加值比常规产品提高 10%以上。福建恒申集团向上游进军，投资 400 亿元打造全球最大的己内酰胺、锦纶聚合一体化生产基地。三是企业抱团取暖。长乐市经编协会推出增贷模式，由龙头企业长乐力恒锦纶科技有限公司向申请企业提供应急资金，以解决企业“过桥”难题，截至 2015 年末，累计为 154 家企业提供应急还贷资金 22 亿元，节约了 3300 万元-4400 万元的融资成本；协会还和金融机构推出了信用证产业链融资，解决企业担保难题。截至 2016 年 1 月 20 日，中国银行和长乐农商行已为长乐企业批复授信额度合计 2.62 亿元。2015 年，长乐纺织业完成总产值 1450 亿元，其中规模以上纺织企业完成总产值 1389.13 亿元，比上年增长 8.6%。长乐被中国纺织工业联合会授予“2015 年度纺织行业创新示范集群地区”称号，有 7 家企业入选中国民营企业制造业 500 强。

泉州 2015 年，在人民币升值、劳动力不足、成本上升、国际贸易壁垒高筑等诸多不利因素下，泉州纺织服装企业出口仍实现较大幅度增长。据泉州市经济和信息化委员会统计，2015 年 1-10 月，泉州纺织服装出口额 52.7 亿美元，同比增长 33.3%；占全省纺织服装出口额的 26.9%，约占全市出口总额的 40%。出口较大幅度增长的主要原因：一是传统欧美市场回暖。2015 年，美国经济出现缓慢复苏迹象，欧盟经济逐步脱离底部，形成向上拐点，推动纺织服装类消费品需求回升。二是世界第二大针织品出口国孟加拉国因受 2012 年 11 月火灾和 2013 年 4 月塌楼等因素影响，欧美贸易商将原该国市场的针织品份额大部分回流到国内服装生产企业。三是新兴市场的开拓加上支持出口新政的实施。如受俄罗斯入世关税降低影响，2015 年泉州纺织服装企业加大对俄罗斯出口力度。

2015 年各设区市规模以上纺织业及纺织服装、服饰业主要经济指标见下表。

（摘编：林晓霞）

各设区市规模以上纺织业主要指标

（2015 年）　　单位：亿元

地　区	企业数（个）	工业总产值	主营业务收入	资产总额
福州市	288	850.01	834.90	584.22
厦门市	63	73.02	63.84	87.94
莆田市	29	69.98	68.27	74.27
三明市	147	363.28	345.30	109.72
泉州市	265	784.41	733.28	506.30
漳州市	42	62.45	61.57	30.62
南平市	36	70.00	62.76	27.86
龙岩市	21	55.67	52.08	34.81
宁德市	13	46.96	44.72	8.59

续上表　　单位：亿元

地　区	利润总额	利税总额	本年应交增值税
福州市	45.36	55.54	8.13
厦门市	2.91	4.73	1.49
莆田市	4.04	6.40	1.95
三明市	4.36	7.89	2.97
泉州市	48.42	66.38	14.33
漳州市	5.37	8.85	3.20
南平市	2.57	4.56	1.65
龙岩市	2.91	4.66	1.64
宁德市	2.11	3.03	0.53

各设区市规模以上纺织服装、服饰业主要指标

（2015 年）　　　　单位：亿元

地　区	企业数（个）	工业总产值	主营业务收入	资产总额
福州市	69	139.61	132.41	48.90
厦门市	121	113.48	99.09	125.22
莆田市	51	93.86	93.69	29.99
三明市	57	41.84	40.94	17.68
泉州市	788	1337.54	1287.56	836.16
漳州市	45	36.12	36.96	11.16
南平市	16	17.61	16.71	6.53
龙岩市	63	40.72	39.74	26.54
宁德市	11	14.65	14.57	2.26

续上表　　　　单位：亿元

地　区	利润总额	利税总额	本年应交增值税
福州市	3.00	7.16	3.64
厦门市	10.43	16.83	5.54
莆田市	7.71	9.85	1.75
三明市	1.73	2.64	0.66
泉州市	103.22	142.75	32.54
漳州市	2.89	4.84	1.74
南平市	1.11	1.70	0.42
龙岩市	3.10	4.41	1.19
宁德市	0.24	0.44	0.15

3-1-6 各设区市木材加工和木、竹、藤、棕、草制品业

南平 截至2015年末，南平市共有规模以上木材加工和木、竹、藤、棕、草制品业企业237个；全年完成工业总产值298.88亿元，利税总额达24.22亿元。

2015年，南平市森林蓄积量达到1.62亿立方米，居全省第一。全年全市造林绿化完成37.46万亩，阔叶树及其混交林造林比例达41%。全市竹业经济大幅增长，实现竹业产值260.89亿元，比上年增长29.9%，新建竹林优化改造示范片35个，丰产高效竹林基地30.02万亩。全市苗木花卉种植面积达16.2万亩，增长5.1%。

截至2015年末，南平市已成立林权流转、林业科技服务平台10个、森林资源评估服务平台13家、林权抵押担保收储服务平台7个，部分县（市）还将林业综合服务延伸至乡镇。2015年，新增林业专业合作社109个。通过林权流转平台完成林地林木流转变更3104宗地、17.4万亩，完成林权交易480宗地、面积6.56万亩，交易金额为1.18亿元。完成林权抵押登记758笔，抵押林权面积33.70万亩，抵押金额6.30亿元。

三明 截至2015年末，三明市共有规模以上木材加工和木、竹、藤、棕、草制品业企业282个；全年完成工业总产值399.78亿元，利税总额达19.31亿元。

2015年，三明市植树造林总面积38.06万亩，其中人工荒山造林10.84万亩（含非规划林地造林2.66万亩）；人工迹地更新20.01万亩，人工促进天然更新1.32万亩，低产低效林改造3.59万亩，林冠下造林2.30万亩。全市森林覆盖率76.8%。商品材产量122.50万立方米，比上年下降19.6%。全市城市新增建成区绿地面积157.24公顷，绿地率37.65%；新增公园绿地面积45.76公顷，人均公园绿地面积13.15平方米。

自2010年以来，林业雄踞三明产业集群之首。2015年，三明市完成规模以上林产工业产值626.4亿元，比上年增长7.5%，完成规模以上工业增加值168.30亿元，增长7.7%，生产商品材118.85万立方米，下降20.3%。近年来，围绕竹子的采伐和运输等相关政策愈发宽松。三明拥有460多万亩的竹林，资源禀赋优越。仅木竹地板产量就达793万平方米，增长24.6%，位列全省第一。

近年来，三明积极推动做大做强现有笋竹龙头骨干企业，扶持培育年产值亿元以上的竹加工企业27家。“家丰”牌竹日用品荣获中国驰名商标；8个竹胶板、竹凉席、竹制日用品商标荣获省著名商标。

漳州 截至2015年末，漳州市共有规模以上木材加工和木、竹、藤、棕、草制品业企业57个；全年完成工业总产值60.89亿元，利税总额达7.87亿元。

初步测算，截至2015年末，漳州市森林覆盖率约63.6%。全年植树造林总面积20.97万亩，其中人工荒山造林（含非规划林地造林）2.72万亩；商品材产量86.33万立方米，增长3.0%。

作为全国第三大木材加工基地，近年来，漳州市的林业产业发展及转型升级得到漳州市委、市政府高度重视和大力支持。从主要企业看，作为漳州市的重点龙头国有企业，2015年福建漳龙集团规划建设漳龙林业循环经济产业园区。产业园充分利用漳州现有木材加工产业基础和产业园区位优势，通过合理规划分区，形成原木加工、板材加工、家具生产、进出口贸易、交易配送、物流电商、科研、金融服务等完整产业链。发展以木材加工、人造板加工为主体，辅以高端家具、木制品等高附加值产品，带动相关配套产业发展。

2015年各设区市规模以上木材加工和木、竹、藤、棕、草制品业主要经济指标见下表。

（摘编：张琛）

各设区市规模以上木材加工和木、竹、藤、棕、草制品业主要指标

（2015 年）

单位：亿元

地 区	企业数（个）	工业总产值	主营业务收入	资产总额
福州市	31	37.73	35.20	14.83
厦门市	5	2.36	2.13	2.10
莆田市	31	42.64	41.69	28.60
三明市	282	399.78	388.07	128.26
泉州市	15	24.02	23.20	9.13
漳州市	57	60.89	60.83	25.67
南平市	237	298.88	289.13	101.82
龙岩市	61	57.73	53.84	31.83
宁德市	33	31.11	30.16	15.05

续上表

单位：亿元

地 区	利润总额	利税总额	本年应交增值税
福州市	1.60	2.89	0.63
厦门市	0.06	0.11	0.04
莆田市	4.43	5.22	0.51
三明市	12.36	19.31	5.51
泉州市	2.69	3.59	0.70
漳州市	5.72	7.87	1.96
南平市	14.73	24.22	7.27
龙岩市	3.06	4.37	0.92
宁德市	1.79	3.07	1.05

3-1-7 各设区市家具制造业

漳州 截至 2015 年末，莆田市共有规模以上家具制造业企业 94 个；全年完成工业总产值 90.84 亿元，实现主营业务收入 90.72 亿元。

木质家具出口是我国家具出口的最重要组成部分，占到了家具出口总量的半壁江山。漳州一直以来都是木质家具出口的重要生产基地之一。为促进木质家具出口的稳步增长，2015 年漳州检验检疫局积极采取各项措施。首先，为进一步促进快速通关，漳州检验检疫局根据企业的质量安全管控能力，加强技术指导，通过日常监管，帮助企业查找存在的薄弱环节，提出整改建议。并对企业实行多级监管，减少优质企业出口产品抽批概率，大大提高了通关速度。其中，对一级监管企业除需要对外出证外全部免于抽批检验，对二级监管企业按照 1%-5%抽批检验，对三级监管企业按照 20%抽批检验。其次，由于木质家具材质的特殊性，根据进口国或进口商的要求，许多出口木质家具需要进行熏蒸消毒处理。漳州检验检疫局一方面积极为企业提供各类标准资料和信息，帮助企业依照不同的客户要求和行业标准规范制定不同的检验作业指导书。积极协调熏蒸单位人员，在企业条件成熟的情况下，尽量在企业现场开展相关工作，有效减少企业移场、堆存费用；另一方面，协调熏蒸单位人员随叫随到、不分节假日开展熏蒸服务工作，并及时出具熏蒸报告。据统计，2015 年，漳州共出口木家具 12350 批、货值 3.02 亿美元，分别比上年增长 1.4%和 2.2%，出口额创历史新高。

莆田 截至 2015 年末，莆田市共有规模以上家具制造业企业 31 个；全年完成工业总产值 40.95 亿元，实现主营业务收入 40.42 亿元。

仙游县是我国最大的木雕生产基地和三大红木古典家具主产地之一，占全国高端家具市场份额的 70%以上，被誉为影响中国古典家具市场的风向标、晴雨表。近年来，仙游荣获“中国古典工艺家具之都”“中国仙作红木家具产业基地”“中国古典家具收藏文化名城”等称号；工艺美术产业硕果累累，“仙游古典家具制作技艺”于 2014 年入选国家级非物质文化遗产保护名录。截至 2015 年末，全县有工艺美术生产厂家 4400 家，从业人员达 21 万人，2015 年实现产值 348 亿元，年创税收 3 亿多元。

为让仙作迈出国门、走向世界，进一步提升影响力，2014 年仙游县开始进行申评“世界中式古典家具之都”，并于 2015 年 6 月顺利通过初评，2016 年 4 月，经由世界手工艺理事会专家团的实地考察与走访，仙作顺利通过终评。仙游此次申评“世界中式古典家具之都”，必将进一步推动“仙作”在世界范围内的竞争力和影响力，将开创中国古典家具文化“世界之旅”新纪元。

从主要企业看，近年来，陈桥家具集团公司到各地家具市场进行考察，在经过多次探讨后，将现代和古典两种截然不同的风格结合起来，打造成更受年轻消费群体青睐的“新古典工艺家具”，并将陈桥“新古典工艺家具”定位在“以实用为主，兼具收藏价值”。2015 年还引入互联网+红木模式，确立互联网基因，首创互联网红木合伙人制加盟方式，成为红木古典家具行业实现互联网红木合伙人制加盟及 020 经营模式的红木家具集团。

2015 年各设区市规模以上家具制造业主要经济指标见下表。

（摘编：张琛）

各设区市规模以上家具制造业主要指标

（2015 年）　　单位：亿元

地　区	企业数（个）	工业总产值	主营业务收入	资产总额
福州市	49	87.50	84.25	33.96
厦门市	38	49.23	43.76	37.12
莆田市	31	40.95	40.42	27.84
三明市	27	33.36	34.19	10.69
泉州市	39	67.41	66.04	52.60
漳州市	94	90.84	90.72	47.63
南平市	24	25.99	25.43	13.96
龙岩市	17	16.37	15.53	4.16
宁德市	9	9.18	8.94	4.86

续上表　　单位：亿元

地　区	利润总额	利税总额	本年应交增值税
福州市	2.36	4.43	1.42
厦门市	1.79	2.63	0.64
莆田市	4.17	5.60	1.07
三明市	1.18	1.80	0.42
泉州市	5.47	7.57	1.71
漳州市	6.99	11.73	4.32
南平市	1.38	2.21	0.63
龙岩市	0.78	1.39	0.37
宁德市	0.41	0.73	0.29

3-1-8 各设区市造纸和纸制品业

泉州 2015年，泉州市规模以上造纸和纸制品业完成工业总产值452.54亿元，实现主营业务收入363.04亿元，利润总额达33.66亿元。

2016年，泉州市出台了《泉州市造纸及纸制品产业转型升级路线图》。目标是至2020年，造纸及纸制品产业工业总产值达到700亿元，年均增长11%。同时，在确保产业总量增长的前提下，能耗和污染物排放量降低10%，实现增产减排。

在实施路径上，将加快推进恒安集团、优兰发集团、泉州玖龙纸业、恒利集团等企业技术改造、扩建，提升泉州纸业核心竞争力。支持规模以上纸制品企业引进先进技术，扩大投资规模，进一步培育成为行业龙头企业，提升泉州纸业的整体竞争力。同时，大力支持大众创业，鼓励国内外有实力的企业和有见识的企业家进入纸制品业发展，带动壮大纸制品业。生活用纸制品业重点发展高档纸巾纸、湿巾纸、新功能性卫生巾等；产业用纸制品业重点发展激光纸、医疗卫生用纸、保鲜纸等；文化用纸制品业重点发展高精度打印纸、涂布胶印纸、铜版纸等；包装印刷纸制品业重点发展节能环保型产品、新兴智能产品、多层复合高档软包装印刷和即时印刷、按需印刷、个性化印刷、远程印刷等新型业态。通过完善园区载体，重点推进6个重大项目实施：中国包装印刷产业（晋江）基地基础设施建设项目，石狮市高新区五金印刷产业园基础设施建设项目，福建恒安生活用品智能化生产基地项目，泉州玖龙纸业牛卡纸扩建项目，优兰发集团泉州华祥纸业技改扩建项目，恒利特种生活用纸生产项目。

从主要企业看，福建恒安集团是福建省唯一一家销售产值超百亿元的造纸企业，2015年销售产值为244.50亿元。集团下属4个生产基地均位于晋江市，主要产品分别为安尔乐系列卫生用品、生活用纸（纸巾纸和湿纸巾等）、卫生纸原纸和卫生纸品以及原辅材料。2016年集团在晋江投资63亿元，建设恒安生活用品智能化生产基地项目，一期总建筑面积11.27万平方米，建设立体式仓储中心、产品配送中心等，年产卫生巾1500万标准箱、纸尿裤1000万标准箱，将成为我国纸业信息化工程建设的样板。玖龙纸业（泉州）有限公司目前产能65万吨/年，2015年纸和纸板产量60万吨。公司拥有2条废纸制浆造纸生产线，产能分别为35万吨/年和30万吨/年，主要产品为高强瓦楞原纸和挂面牛卡。公司配置有2台60MW和2台12MW的发电机组。2015年第二期工程（产能65万吨/年）和第三期工程（产能50万吨/年）建设进度滞后于原计划，计划2016年恢复建设。

漳州 截至2015年末，漳州市共有规模以上造纸和纸制品企业99个；全年完成工业总产值256.64亿元，实现主营业务收入251.49亿元。

从主要生产企业看，福建省联盛纸业有限责任公司是福建省唯一的纸和纸板产量超百万吨的造纸企业，2015年纸和纸板产量为239万吨。公司主要产品有高档牛卡、涂布白纸板、高强瓦楞原纸、纱管原纸、灰纸板等。公司有2个生产基地：位于长泰县官山工业区的福建联盛纸业有限责任公司，拥有4条生产线，总产能80万吨/年；位于龙海市的联盛纸业（龙海）有限公司，拥有4条生产线，总产能170万吨/年。2个生产基地合计产能250万吨/年。新建的45万吨/年箱纸板和60万吨/年白纸板项目现在正处于前期工作阶段，预计“十三五”前后可以建成，届时整个集团纸和纸板产能将为355万吨/年。

2015年各设区市规模以上造纸和纸制品业主要经济指标见下表。 （摘编：张琛）

各设区市规模以上造纸和纸制品业主要指标

（2015 年）　　单位：亿元

地　区	企业数（个）	工业总产值	主营业务收入	资产总额
福州市	56	69.44	67.84	33.32
厦门市	41	27.23	26.43	39.65
莆田市	31	50.17	50.21	20.00
三明市	37	64.04	62.26	50.32
泉州市	113	452.54	363.04	303.37
漳州市	99	256.64	251.49	213.46
南平市	26	30.82	29.91	56.24
龙岩市	21	16.69	15.86	13.07
宁德市	16	14.20	14.18	4.27

续上表　　单位：亿元

地　区	利润总额	利税总额	本年应交增值税
福州市	2.48	4.13	1.12
厦门市	0.34	1.12	0.66
莆田市	1.82	2.97	0.77
三明市	-0.39	0.67	0.90
泉州市	33.66	44.67	9.32
漳州市	33.76	47.17	12.19
南平市	-2.39	-1.02	1.14
龙岩市	0.36	0.78	0.35
宁德市	0.57	0.92	0.29

3-1-9 各设区市医药制造业

厦门 截至 2015 年末，厦门市拥有规模以上医药制造业企业 17 个；全年完成工业总产值 40.68 亿元，实现主营业务收入 38.30 亿元。

“十二五”期间，厦门市科技局共投入科技资金 2.85 亿元，重点突破生物与新医药领域科技难题，研发了一批技术先进、竞争力强的产品，如全球第一支戊肝疫苗、第一支神经生长因子药品、第一套耐药结核病集成分子诊断系统，亚洲第一个通过欧洲新资源食品认证的 DHA 藻油，国内第一支宫颈癌疫苗等。培育了一批创新能力强、成长性好的龙头企业：金达威的辅酶 Q10 市场占有率达 50%以上；蒙发利医疗健身器材出口份额和工业产值连续十二年保持国内行业第一；星鲨成为国内最大的鱼肝油、维生素制剂生产企业；施爱德自主研发的一次性穿刺器产品国内市场占有率第一；麦克奥迪远程病理会诊平台已覆盖近千家医院，是全国最大的病理会诊平台；艾德生物的肿瘤精准诊断产品、大博医疗的骨科III类植入产品、蓝湾科技的高纯氨糖等均拥有较高的市场占有率。

在生物与新医药领域，厦门市已组建了 42 个国家、省、市级重点实验室和工程中心。其中，国家级重点实验室和工程中心 9 个，省级 10 个，市级 23 个，为核心关键技术的突破提供了强大的技术支撑。支持建设了 27 个公共服务平台，带动社会科技投入 16.92 亿元，为企业孵化、创新成果转化提供了完善的服务体系。其中，厦门大学国家传染病诊断试剂与疫苗工程技术研究中心的原核表达类病毒颗粒疫苗研究团队，在世界上首次成功应用大肠杆菌原核表达系统研制出重组类病毒颗粒疫苗，获得 2015 年“求是杰出科技成就集体奖”，成为福建省第一个获得该奖项的团队。

“十二五”期间，厦门市的生物与新医药产业保持了快速发展，产值年均增长达 32%；2015 年，企业总数达 589 家，工业总产值达 342 亿元，销售收入达 470 亿元。其中，规模以上的生物与新医药企业从 76 家发展到 120 家，产值上亿元的企业从 16 家发展到了 67 家，高新技术企业从 36 家发展到了 135 家。

为了进一步加快产业发展，2015 年厦门市出台了《厦门市加快生物与新医药产业发展的若干措施》，是各千亿产业链中第一个出台的专项产业扶持政策，在技术创新、成果转化与产业化、招商引资、市场开拓等方面加大了对企业的扶持力度。2016 年，厦门市科技局共兑现了扶持资金 2000 万元，对 37 个新产品的研发和产业化予以扶持。

三明 截至 2015 年末，三明市拥有规模以上医药制造业企业 21 个；全年完成工业总产值 43.09 亿元，实现主营业务收入 41.44 亿元。

近年来，三明市明溪县生物与新医药产业不断壮大。一是基地建设成规模。已建成各类药材基地近 10 万亩，成为全国规模最大的南方红豆杉基地和全省规模最大的厚朴种植基地。二是科研水平上档次。拥有生物医药高、中级职称以上专业人才 29 名，先后与复旦大学、福建农林大学合作建立博士后工作站和生物医药技术转移中心，承担省级以上科研项目 20 余项，获得国家专利 13 项。三是产业发展成体系。全县已发展生物医药企业 12 家，并涵盖生物医药初、中、高三级，已具备成品药生产能力。2015 年，全县实现生物医药产值 26.56 亿元。

2015 年各设区市规模以上医药制造业主要经济指标见下表。

（摘编：林舒）

各设区市规模以上医药制造业主要指标

（2015年） 单位：亿元

地　区	企业数（个）	工业总产值	主营业务收入	资产总额
福州市	25	83.49	69.65	69.20
厦门市	17	40.68	38.30	67.66
莆田市	8	7.66	7.48	3.96
三明市	21	43.09	41.44	20.61
泉州市	14	29.91	27.80	21.63
漳州市	9	20.57	20.84	46.86
南平市	12	24.85	22.36	32.80
龙岩市	16	20.64	17.99	9.01
宁德市	12	20.69	17.38	13.81

续上表 单位：亿元

地　区	利润总额	利税总额	本年应交增值税
福州市	7.39	10.43	2.56
厦门市	7.12	8.82	1.51
莆田市	0.87	1.01	0.08
三明市	2.23	3.22	0.67
泉州市	2.85	4.34	1.38
漳州市	7.78	9.85	1.78
南平市	3.31	4.53	1.10
龙岩市	1.05	1.51	0.35
宁德市	1.66	2.48	0.70

3-1-10 各设区市非金属矿物制品业

福建省是全国建材生产大省。作为全国陶瓷四大产区及主要的集散地之一，陶瓷产业也是福建省传统产业中最具代表性的行业之一，主要分布在晋江、德化、南安、闽清等地；石材产业主要集中在厦门、南安、惠安等地。

水泥制造业

三明 2015 年，三明市生态文明建设深入推进，节能减排成效明显，全年共淘汰水泥落后产能 37.6 万吨。2016 年，三明市将围绕供给侧结构性改革，推进产业转型升级，加大力度支持水泥等困难行业换挡升级，提高资源配置效率，实现产能出清，确保年内淘汰落后水泥产能 22 万吨。

龙岩 水泥业是龙岩的传统支柱工业，在建材产业中占主导地位。受当前宏观经济下行影响，水泥工业生产经营困难重重。为促进龙岩市水泥工业健康稳步发展，一方面，龙岩市人民政府出台《关于促进水泥工业发展若干措施的通知》，促进水泥产业转型升级，进一步化解水泥过剩产能，帮助企业拓展销售市场，加强信贷支持，提升水泥企业整体水平。2015 年，龙岩市规模以上工业企业生产水泥 3591 万吨，比上年增长 5.0%。另一方面，龙岩市坚持绿色低碳，推进生态文明建设，根据《福建省人民政府关于下达 2015 年淘汰落后和过剩产能目标任务的通知》（闽政[2015]20 号）及《龙岩市人民政府关于下达 2015 年淘汰落后和过剩产能目标计划的通知》（龙政综[2014]314 号）、《龙岩市人民政府关于下达 2015 年淘汰过剩产能目标计划的通知》（龙政综[2015]136 号）文，对计划淘汰的 96 万吨水泥产能已全部完成设备拆除，按时完成淘汰任务。

砖瓦、石材等建筑材料制造业

泉州 南安石材产业是福建省重点培育的海峡西岸经济区重要产业集群之一，也是泉州市特色优势产业集群之一。

为了应对市场的变化以及新兴集群地的挑战，南安市传统产业集群地积极调整产业发展方向，加快转型升级步伐。南安政府出台了《关于打造石材千亿产业集群的规划》《南安市机械装备千亿产业集群发展规划》，推动石材机械产业加快发展；出台了《进一步引导南安石材企业自主品牌》《加快促进南安石材企业转型升级》，引导和鼓励石材企业在商业连锁、创立品牌等领域发力，推动石材企业积极探索零售化趋势下的专卖店营销模式等。在当地政府的推动下，全球石材行业首个石材机械交易中心落户南安水头镇，加速了南安石材机械产业形成集群效应。截至 2015 年末，南安市共有石材企业 1500 多家，从业人员超过 10 万人。规模以上工业产值超 350 亿元，自营进出口额达 6 亿美元。拥有进出口贸易手册的石材企业近百家，石材贸易遍及 130 多个国家和地区，进口、出口石材量分别占全国的 60%和 55%，为南安和泉州市的经济发展作出了贡献。大部分石材贸易经厦门海关进出口，仅 2014 年从厦门海沧、东渡、象屿等口岸进口的石材中南安就占了 70%，也为厦门市进出口贸易和繁荣作出了重大贡献。

分企业观察，东星奢石文创园通过《福建省观光工厂建设与服务规范》验收，将成为南安市第一家省级观光工厂，也是南安探索石旅产业融合共生、互促发展的新模式、新典范，将为南安石材产业的发展注入新活力。英良集团“五号仓库”、石材博物馆作为一种新型的面向设计师和高端客户群的业态，在树立品牌的同时，为转型升级提供了一种新的方向。

厦门 2015 年，厦门检验检疫局共受理报检和检验监管进口石材 18987 批次、617.4 万吨、货值

11.01 亿美元，进口量受全球经济下行压力影响，虽比上年下降 13.1%，但仍是全国进口石材最大口岸。

厦门口岸进口石材主要为大理石和花岗岩两大类，来自土耳其、印度、巴西、意大利、埃及、西班牙、葡萄牙、芬兰、希腊、挪威等 70 余个国家和地区。其中，进口大理石 11725 批、352.3 万吨、货值 6.06 亿美元，进口量占总量的 57.1%。

石材主要通过散杂船或海运集装箱装运方式进口，其中欧洲、美洲、非洲等地区的国家多以海运集装箱装运方式进口，2015 年达 353.3 万吨，占进口总量的 56.9%。

陶瓷制品业

泉州　泉州德化县是个文化底蕴深厚的千年古县。早在宋元时期，德化陶瓷就成为“海上丝绸之路”的重要出口商品，德化被誉为“中国白的故乡、瓷艺术的摇篮”。2015 年，面对错综复杂的国际形势和不断加大的经济下行压力，德化县采取五大措施促进陶瓷产业的发展。一是加快实施传统陶瓷产业改造升级。二是大力发展陶瓷电子商务。三是继续加大市场拓展力度，积极参加广交会、上海华交会等知名展会。四是积极贯彻稳增长政策，落实泉州市政府关于促进德化陶瓷行业健康发展六条措施，全年兑现涉企资金 1.66 亿元，争取上级补助 11.66 亿元，比上年增长 27.3%。五是大力推广德化陶瓷品牌，持续提升德化的品牌形象和综合竞争力。5 月 30 日，德化被授予“世界陶瓷之都”称号，成为全球唯一获此殊荣的陶瓷产区。6 月 11 日，国家版权局和 WIPO 在厦门举行新闻发布会，向全球推广德化在陶瓷产业版权保护方面成功做法。7 月 10 日-22 日，来自欧美、亚洲 8 个国家近 30 位艺术家共聚德化，进行为期 12 天全球语境下的当代陶瓷艺术创作与探讨，并成功举行创作成果展。10 月 28 日，首届中国陶瓷电商峰会开幕，共同探索未来“互联网+陶瓷”的无限空间，助力陶瓷产业转型升级。11 月 9 日，第十四届亚洲艺术节暨第二届海上丝绸之路国际艺术节世界瓷都·德化陶瓷（柴烧）艺术交流展开幕，展出 100 多件柴烧陶艺作品，还邀请到日本、韩国陶艺家来交流。据统计，2015 年，德化县陶瓷产业实现工业总产值 155.07 亿元，比上年增长 5.2%，占德化县规模以上工业总产值 71.5%；实现销售产值 161.05 亿元，完成出口交货值 126.86 亿元，增长 3.0%，其中自营出口（海关口径）22837 万美元，增长 1.9%，增幅较年初有所放缓，全年呈现前高后低走势。

漳州　漳州平和县持续项目带动产业发展，陶瓷产业群持续壮大。2015 年 1 月，平和工业园区的侨丰陶瓷二期项目投产，新增的生产线每天可生产仿古瓷砖达 10000 平方米，为打造“漳州瓷都”注入了一股新生力量。2016 年 3 月，漳州市万宝达建材有限公司第一条生产线试投产。该项目占地面积 77 亩，总投资 1 亿元，装备 4 条陶瓷生产线，主要生产发光陶瓷、彩绘陶瓷等，达产后年可生产 700 万平方米陶瓷制品、创产值 2.1 亿元，创税收 300 万元以上，填补了平和县艺术陶瓷制品的空白。

2015 年各设区市规模以上非金属矿物制品业主要经济指标见下表。

（摘编：林舒）

各设区市规模以上非金属矿物制品业主要指标

（2015 年）　　单位：亿元

地　区	企业数（个）	工业总产值	主营业务收入	资产总额
福州市	252	419.64	425.85	449.76
厦门市	71	96.32	93.50	124.02
莆田市	52	72.48	71.20	29.21
三明市	165	289.02	275.93	139.07
泉州市	753	1284.65	1250.41	831.76
漳州市	209	346.95	346.60	235.02
南平市	53	71.58	68.89	42.28
龙岩市	119	165.27	158.64	193.64
宁德市	153	160.95	160.70	56.54

续上表　　单位：亿元

地　区	利润总额	利税总额	本年应交增值税
福州市	43.18	57.63	10.40
厦门市	1.07	3.78	2.29
莆田市	6.85	9.07	1.81
三明市	5.99	11.95	4.78
泉州市	97.64	141.03	31.51
漳州市	29.80	50.23	18.19
南平市	3.27	5.93	2.24
龙岩市	4.11	8.43	3.61
宁德市	9.65	13.47	2.99

3-1-11 各设区市冶金行业

冶金行业包括黑色金属矿采选业、有色金属矿采选业、黑色金属冶炼和压延加工业、有色金属冶炼和压延加工业4个行业。福建省冶金行业主要分布在福州、三明、漳州、龙岩、宁德等地。

福州 截至2015年末，福州市共有规模以上冶金行业企业57个，资产总额达372.56亿元；全年完成工业总产值599.32亿元，实现主营业务收入548.13亿元，实现利润总额1.58亿元。

分行业观察，黑色金属冶炼和压延加工业是福州市冶金行业的主要行业，2015年主营业务收入达385.25亿元，占该市冶金行业的比重为70.3%；其次是有色金属冶炼和压延加工业，主营业务收入为162.88亿元，比重为29.7%。

分销售区域观察，福州市冶金产品主要销往省内市场和省外市场，省内市场和省外市场销售比重分别为53.5%和43.2%。

三明 截至2015年末，三明市共有规模以上冶金行业企业159个，资产总额达270.59亿元；全年完成工业总产值462.27亿元，实现主营业务收入442.23亿元。

分行业观察，黑色金属冶炼和压延加工业是三明市冶金行业的主要行业，2015年主营业务收入达285.47亿元，占该市冶金行业的比重为64.6%；其次是黑色金属矿采选业，主营业务收入为88.48亿元，比重为20.0%。

分销售区域观察，三明市冶金产品主要销往省内市场，省内市场销售比重达72.4%。其中，黑色金属矿采选业、有色金属矿采选业、黑色金属冶炼和压延加工业3个行业均以省内市场销售为主，省内市场销售比重均在70%以上；有色金属冶炼和压延加工业以省内市场和省外市场销售为主，省内市场和省外市场销售比重分别为47.7%和44.8%。

分主要企业观察，2015年为应对钢铁全行业产能过剩、企业经营困难的局面，福建三钢闽光股份有限公司根据市场需求和生产经营的实际情况，紧紧围绕产品品种结构调整、改善技术经济指标、提高产品质量、改善生产环境、降低成本、提高效益等方面，加大研究开发经费的投入，加强研究开发和攻关力度，大力开发应用新工艺、新技术、新材料、新设备，不断提升企业的技术装备水平和生产工艺水平，增强企业自主技术创新和控制能力。继成功开发金属制品材、高强度钢筋、抗震钢筋、核电专用钢筋、高强度船板、桥梁板、优质碳素结构钢等系列的数十个品种规格后，又成功完成SM10BA免退火冷镦用热轧盘条、35CrMo盘圆、Q460系列高强度钢板的开发和45#、40Cr、35CrMo、40Mn2、20Cr等圆钢扩规格，A、B级船板生产规格扩项至50mm。此外，20CrMnTiH、PSB930、SWRH82B等产品的开发与试验工作取得突破性进展，同时开发试制SD420W牌号10个规格台标钢筋样品，并有序推进产品出口认证工作，产品档次和市场竞争力进一步提高。

漳州 截至2015年末，漳州市共有规模以上冶金行业企业64个，资产总额达266.83亿元；全年完成工业总产值453.37亿元，实现主营业务收入456.12亿元，实现利润总额14.77亿元。

分行业观察，黑色金属冶炼和压延加工业是漳州市冶金行业的主要行业，2015年主营业务收入达401.61亿元，占该市冶金行业的比重为88.0%；其次是有色金属冶炼和压延加工业，主营业务收入为52.35亿元，比重为11.5%。

分销售区域观察，漳州市冶金产品主要销往省内市场，省内市场销售比重达90.0%。

分主要企业观察，漳州三宝钢铁有限公司是漳州主要钢铁企业之一，生产的钢铁96%是销往省内。2015年，面对钢价在低位徘徊的新常态，除了内部着重加强人才梯队建设、降本增效之外，公司也对产品进行延伸，如钢铁线材的深加工，改变过去销售原材料的做法，直接提供工地所需的线材标准件成品，这样做既提高了工地的效率，也使企业获得了更大的利润。同时，公司也在销售渠道上做出创新——直接跟厦门建发集团有限公司合作。由厦门建发集团有限公司去承接项目，公司将钢铁产品直接送到终端市场，结算价格在招标价格上适当下调。与传统的经销商模式相比，这样的合作模式可以直接消化产能。此外，公司还致力于研发新产品，并在多个领域有所突破：2014年获得了国家工信部的行业准入、成为上期所交割品牌、拿到全国冶金产品认证；2015年还申报了国家钢铁行业重点实验室。

龙岩　截至2015年末，龙岩市共有规模以上冶金行业企业79个，资产总额达676.15亿元；全年完成工业总产值431.83亿元，实现主营业务收入438.87亿元，实现利润总额24.55亿元。

分行业观察，有色金属冶炼和压延加工业是龙岩市冶金行业的主要行业，2015年主营业务收入为384.96亿元，比重为87.7%；其次是黑色金属冶炼和压延加工业，主营业务收入23.07亿元，占该市冶金行业的比重为5.3%。

分销售区域观察，龙岩市冶金产品主要销往国内市场，其中省外市场的销售比重达六成以上。

分主要企业观察，2015年面对全球消费低迷，黄金、铜、锌等金属价格大幅下跌的严峻形势，紫金矿业集团股份有限公司集团公司紧紧围绕“抓改革、保增长、促发展”的工作主线，通过挖潜扩能、降本增效、利用金融工具规避市场风险等有效措施，部分抵消了产品价格下跌对企业利润的冲击。全年实现营业总收入745.56亿元，比上年增长26.9%；归属于上市公司股东的净利润16.88亿元，下降28.0%；基本每股收益0.08元。若剔除资产减值和股票公允价值变动损失，公司2015年经营净利润同比有所增长。2015年该集团公司完成对巴布亚新几内亚波格拉金矿和刚果（金）卡莫阿铜矿两个大型项目的收购，进一步提升了公司的黄金产量；公司黄金总资源储量从截至2014年底的1341.50吨上升到1498.31吨（增长11.7%），铜的总资源储量从1543.30万吨上升到2600.00万吨（增长68.5%）。

宁德　截至2015年末，宁德市共有规模以上冶金行业企业105个，资产总额达326.25亿元；全年完成工业总产值861.59亿元，实现主营业务收入752.59亿元，实现利润总额16.05亿元。

分行业观察，有色金属冶炼和压延加工业是宁德市冶金行业的主要行业，2015年主营业务收入为471.01亿元，比重为62.6%。其次是黑色金属冶炼和压延加工业，主营业务收入达276.93亿元，占该市冶金行业的比重为36.8%。

分销售区域观察，宁德市冶金产品主要销往省内市场和省外市场，省内市场和省外市场销售比重分别为33.8%和66.2%。

2015年各设区市规模以上冶金行业主要经济指标见下表。

（摘编：秦茹）

各设区市规模以上冶金行业主要指标

（2015 年）　　单位：亿元

地　区	企业数（个）	工业总产值	主营业务收入	资产总额
福州市	57	599.32	548.13	372.56
厦门市	30	160.80	120.91	223.63
莆田市	12	48.46	39.25	56.89
三明市	159	462.27	442.23	270.59
泉州市	46	242.11	232.97	113.23
漳州市	64	453.37	456.12	266.83
南平市	43	100.19	100.07	76.59
龙岩市	79	431.83	438.37	676.15
宁德市	105	861.59	752.59	326.25

续上表　　单位：亿元

地　区	利润总额	利税总额	本年应交增值税
福州市	1.58	18.73	15.42
厦门市	2.19	4.62	1.53
莆田市	-2.18	-2.04	0.12
三明市	-2.91	7.04	6.98
泉州市	9.18	13.99	3.84
漳州市	14.77	35.40	19.15
南平市	-0.31	1.98	1.76
龙岩市	24.55	39.18	10.48
宁德市	16.05	26.00	8.66

3-1-12　各设区市汽车制造业

福州　东南（福建）汽车工业有限公司是福州市的汽车龙头企业。近几年互联网的普及火热，改变了传统的营销环境和消费者购物习惯，汽车行业在快速发展中，“触网”是大势所趋。2016 年初，公司与汽车行业领先的电商平台——汽车之家合作，在“互联网”领域进行大胆探索尝试，为新型营销模式的诞生提供了可能，为公司在竞争激烈的 SUV 市场开创出一条新路子。这不仅是一次在汽车电商领域的大胆尝试，将汽车电商平台更有效地融入汽车销售的整个环节，利用“互联网+”把汽车厂商、4S 店、消费者有机结合在一起，也是公司在电商发展领域中的一种全新突破。

厦门　厦门市汽车行业以厦门金龙汽车集团股份有限公司为产业龙头。厦门金龙汽车集团股份有限公司已形成集整车与零部件制造为一体的客车生产体系，连续多年入围中国客车第一集团军。2015年，公司销售各型客车8.69万辆，比上年增长1.3%，其中大型客车销售2.55万辆，增长4.3%，中型客车销售1.28万辆，下降19.2%，轻型客车销售4.86万辆，增长6.9%。新能源汽车销售呈现爆发式增长，公司所属整车企业打造了多款深受市场认可的新能源产品，并逐步向系统方案提供商角色转变。全年实现新能源车销售1.84万辆，增幅达437.3%，位居行业前列。2015年，公司的研发、制造和销售能力，以及品牌价值均得到进一步提高。一是新产品开发取得成果。公司在制造节能与新能源汽车、高等级公路客车、标准化公交客车、高水平轻型客车的技术方面共完成近百款新产品的开发。二是新技术发展见成效。公司围绕客车低碳化、轻量化、智能化等重点关键技术研究领域进行技术攻关。突破关键核心技术，在客车模块化标准化设计、客车智能化、车联网技术、新能源客车整车设计、新能源客车整车控制、节能降耗技术、轻量化材料应用、全承载车身、主动安全技术等重点领域取得技术优势。如研发的 ISG 双电机混合动力系统居于国内领先水平；自主开发的“易驱”新能源系统令新能源客车的电控系统管理更智慧、更高效；推进轻量化技术开发应用，开发出全铝车身与采用高强钢车身的新能源车型，有效降低了车辆的能耗。三是研发人员数量与质量并存。长久以来公司通过不断的人才引进及自主培养，形成了一支高素质的技术开发队伍，公司技术中心聚集了国内整车、底盘、车身、汽车电气等方面的一批优秀专业技术人才，承担客车产品的研发。截至2015年末，公司共有研发人员1414人，职工总计17474人，从业人员中研发人员比重达8.1%，其中具有中高级职称的人员1126人。

三明　中科动力（福建）新能源汽车有限公司是福建省第一家生产高品质环保经济型电动汽车的民营企业，公司的新能源汽车项目填补了福建省在环保经济型电动汽车方面的空白。公司在创办以来坚持走自主创新的道路，聚焦汽车“经济、便利、安全、时尚、文明”五大主题，致力于打造一个集开发设计、制造和验证汽车整车、汽车零部件、汽车工程技术综合服务为一体的新能源汽车基地。公司自 2014 年 10 月投产以来，缔造了当年建设、当年生产、当年销售、当年盈利的传奇。截至 2015 年 6 月，已有 4000 多辆电动汽车投入市场，销售额约 1.3 亿元。

2015 年各设区市规模以上汽车制造业主要经济指标见下表。

（摘编：朱翔）

各设区市规模以上汽车制造业主要指标

（2015 年）　　单位：亿元

地　区	企业数（个）	工业总产值	主营业务收入	资产总额
福州市	100	292.20	271.75	240.26
厦门市	64	300.44	283.39	283.05
莆田市	8	11.92	11.29	4.32
三明市	17	72.28	71.24	24.48
泉州市	77	88.59	83.54	52.09
漳州市	43	232.42	231.06	95.71
南平市	13	20.90	19.47	10.15
龙岩市	39	70.37	63.94	90.90
宁德市	20	17.08	17.40	8.19

续上表　　单位：亿元

地　区	利润总额	利税总额	本年应交增值税
福州市	13.41	28.29	7.52
厦门市	19.31	27.23	6.26
莆田市	1.65	1.94	0.27
三明市	0.55	1.01	0.29
泉州市	4.61	7.34	2.09
漳州市	30.47	46.41	15.58
南平市	0.75	1.26	0.43
龙岩市	1.99	3.52	1.17
宁德市	0.80	1.33	0.46

3-1-13 各设区市计算机、通信和其他电子设备制造业

福州 福建星网锐捷通讯股份有限公司是新型智能移动信息终端产品研发的产业化龙头企业，2015年公司的核心竞争力得到进一步提升，主要体现在以下四个方面：一是创新能力稳步提升。2015年，公司继续提高研发投入，全年共申请专利467项，其中发明专利394项。截至2015年末，公司累计获得专利总数达1215项（有效861项），增强了公司在技术上的领先优势，产品的市场竞争力稳步提升。二是运营服务能力逐渐提升。公司企业级客户具有客户数量众多、个性化需求差异较大的特点，客户需求的差异性也为公司带来较强的客户粘性。公司依托强大的研发技术团队和完善的营销服务体系，为客户提供满足客户需求的解决方案的能力，为公司带来较强的市场竞争力。三是业务拓展能力得到加强。公司通过多年的技术积累和市场积累，在移动互联网快速发展的今天，已经具有较强的将传统信息化解决方案与移动互联网跨界融合的能力，在KTV行业信息化解决方案的基础上开发出K米app应用，取得较好的市场反应。基于通讯技术的智能家居“星智装”等项目也取得比较好的开局。四是产业资源整合能力进一步加强。2015年，公司完成对德明通讯（上海）有限公司和福建四创软件有限公司的收购，进入4G通讯应用领域和应用软件开发领域，通过整合供应链资源和产业上下游资源，取得了较好的协同效应和经济效益，有效提升了公司的整体竞争实力。

2016年7月举行的“2016年中国电子信息百强企业发布会暨重点企业监测工作座谈会”上，中国电子信息行业联合会发布了“2016年（第三十届）中国电子信息百强企业”名单。福建省电子信息（集团）有限责任公司、福州福大自动化科技有限公司2家福州企业入选，分别位列第39位和第76位。

厦门 2015年，全球集成电路巨头台湾联华电子股份有限公司在厦门投资建设的联芯集成电路制造项目，在火炬（翔安）产业园动土。该项目总投资约62亿美元，一期占地面积380亩，预计2016年12月试生产，2021年12月达产，规划最大月产能为5万片12英寸晶圆。

联芯集成电路制造项目对厦门火炬高新区乃至厦门市集成电路产业具有划时代的里程碑意义。晶圆，是制造半导体芯片的基本材料，是整个集成电路产业链的核心，联华电子股份有限公司在厦门打造的12英寸晶圆厂，代表着目前芯片代工的国际先进水平，不仅科技含量高，更为重要的是，它的产业吸附能力强，带来的集聚效应明显，有助于构建“芯片—软件—整机—系统—信息服务”的电子信息产业千亿产业链（群）。

当前，厦门市正全力创建国家信息消费示范城市，以智能手机、平板电脑以及行业终端为代表的移动终端销售稳步增长，带动了云计算、大数据、物联网等新兴应用向纵深发展。由此可见，火炬高新区集成电路产业链，不仅是推动厦门电子信息产业完善产业配套，促进区域经济发展，加深海峡两岸合作的战略举措，也将是加快“创新、转型、升级”发展的重要抓手。

2015年各设区市规模以上计算机、通信和其他电子设备制造业主要经济指标见下表。

（摘编：朱翔）

各设区市规模以上计算机、通信和其他电子设备制造业主要指标

（2015年）　　单位：亿元

地　区	企业数（个）	工业总产值	主营业务收入	资产总额
福州市	106	891.65	840.36	526.36
厦门市	206	1924.00	1764.28	1210.36
莆田市	43	113.47	110.38	44.90
三明市	12	14.89	14.89	3.82
泉州市	57	168.72	153.96	135.61
漳州市	48	152.23	148.94	97.05
南平市	11	39.99	37.95	9.47
龙岩市	30	29.42	30.11	20.86
宁德市	6	1.41	1.99	1.78

续上表　　单位：亿元

地　区	利润总额	利税总额	本年应交增值税
福州市	32.97	46.05	10.87
厦门市	28.13	39.22	7.69
莆田市	13.74	15.95	1.68
三明市	0.23	0.26	0.02
泉州市	11.70	16.35	3.51
漳州市	16.55	24.89	7.82
南平市	0.88	1.14	0.17
龙岩市	2.39	3.00	0.44
宁德市	0.09	0.10	

3-2 建筑业

2015年，福建省各设区市建筑业面对国内经济下行压力加大、投资增长乏力的复杂局面，深入贯彻落实党的十八大和十八届五中全会精神，全面深化改革，加快转型升级，积极推进建筑产业现代化，攻坚克难，开拓进取，全省建筑业整体发展稳中有进。

福州　2015年，福州市建筑业实现增加值580.66亿元，比上年增长9.9%。全市具有资质等级的总承包和专业承包建筑业企业901家，其中产值超亿元以上建筑企业338家，比上年增加45家。占全部资质企业数的37.5%。

厦门　2015年，厦门市建筑业实现增加值239.32亿元，比上年增长8.1%。全市具有资质等级的建筑业企业共完成建筑业总产值1106.86亿元，增长25.5%。其中，建筑工程产值1033.79亿元，增长25.3%；安装工程产值55.59亿元，增长18.0%，当年建筑企业新签合同价款1071.37亿元，增长2.1%。

莆田　2015年，莆田市具有资质等级的总承包和专业承包建筑业企业完成建筑业总产值484.47亿元，比上年增长0.9%，增幅比上年回落28.5个百分点；完成竣工产值318.54亿元，增长3.2%，回落20.4个百分点；房屋施工面积3388.44万平方米，增幅由上年同期的增长28.5%转为下降23.6%；房屋竣工面积达962.82万平方米，增幅由上年同期的增长11.4%转为下降21.5%；签订合同额795.67元，增幅由上年的增长21.7%转为下降7.7%；新签合同额468.06亿元，增幅由上年的增长18.8%转为下降10.1%。省外入莆建筑企业完成产值165.86亿元，增长46.4%。按注册地观察，2015年入库的资质内建筑企业256家，比上年增加31家，增长13.8%；按建筑业总产值计算的劳动生产率为27.07万元/人，增长24.5%，回落20.8个百分点。从所有制结构看，全市国有及国有控股建筑企业5个，减少1个；完成建筑业总产值12.13亿元，下降23.8%，占全部建筑业总产值的2.5%，下降0.8个百分点。国有及国有控股建筑企业从业人员8594人，下降22.6%，占全部从业人员的4.8%，下降0.2个百分点。分地区观察，产值增幅居前3位的分别是湄洲岛、涵江区和秀屿区，增速分别为31.9%、22.5%和21.2%；产值增幅居后3位的分别是城厢区、仙游县和北岸，增速分别为3.8%、-35.6%和-57.0%。

三明　2015年，三明市建筑业实现增加值169.94亿元，比上年增长10.3%。全市具有资质等级的总承包和专业承包建筑业企业完成建筑业总产值557.89亿元，增长16.0%；房屋施工面积4694.56万平方米，增长13.8%；房屋建筑竣工面积1605.97万平方米，下降13.3%。

泉州　2015年，泉州市建筑业实现增加值399.48亿元，比上年增长10.3%。全市资质等级以上的建筑企业有564个，完成建筑业总产值1285.87亿元，增长11.3%。建筑房屋施工面积9606.17万平方米，实行投标承包面积6303.81万平方米，招投标率达65.6%。房屋竣工面积3048.98万平方米，下降0.6%。总产值达到亿元及以上的企业164家，其中5亿元及以上的企业48家。

漳州　2015年，漳州市建筑业实现增加值225.19亿元，比上年增长11.1%。全市具有资质等级的总承包和专业承包建筑业企业完成建筑业总产值430.73亿元，增长13.6%。

南平　2015年，南平市建筑业实现增加值150.13亿元，比上年增长10.0%。全市具有资质等级的总承包和专业承包建筑业企业完成房屋建筑施工面积1619.37万平方米，增长12.3%；房屋建筑竣工面积118.38万平方米，减少44.7%。

龙岩 2015年，龙岩市建筑业实现增加值188.34亿元，比上年增长8.1%。全市资质等级以上的总承包和专业承包建筑企业完成建筑业总产值662.80亿元，增长16.6%；房屋建筑施工面积5002.00万平方米，增长20.4%；房屋建筑竣工面积1987.00万平方米，增长16.1%。

宁德 2015年，宁德市具有资质等级的总承包和专业承包建筑业企业完成产值206.78亿元，增幅由上年的增长16.8%转为下降3.4%。分季度观察，一季度下降7.2%，二季度下降9.7%，三季度下降2.8%，全年下降3.4%，呈现负增长的运行轨迹。从产值构成来看，建筑工程产值189.98亿元，下降4.8%；安装工程产值15.00亿元，增长16.9%；其他产值1.81亿元，增长5.2%。分注册类型观察，国有及国有控股建筑业企业完成建筑业产值14.58亿元，增长5.8%，比全市建筑业总产值增速高9.2个百分点，占建筑业总产值的比重由上年的6.4%提高到7.0%；非国有建筑业企业完成产值192.20亿元，下降4.0%，占全市的比重由上年的93.6%下降到93.0%，下降0.6个百分点。房屋施工面积1548.76万平方米，下降4.8%。其中，实行投标承包的房屋建筑面积为1517.47万平方米，下降1.6%，降幅收窄5.6个百分点，占房屋建筑施工总面积的98.0%，提高3.2个百分点。

注：本文数据均采用快报数。

（摘编：朱翔）

各设区市总承包和专业承包建筑业企业主要经济指标

（2015年）

地　区	企业数（个）	期末从业人员数（人）	劳动生产率（按总产值计算）（元/人）	企业总收入（万元）	利税总额（万元）
福州市	1117	1155997	219237	26140358	1691301
厦门市	759	765707	157884	11712466	673713
莆田市	273	173387	270797	4243018	443959
三明市	227	1548274	247370	4453027	402714
泉州市	616	594081	261232	12465215	1159212
漳州市	275	168064	291379	3083495	290109
南平市	262	53659	239504	1186978	100273
龙岩市	318	310792	212754	6154337	511744
宁德市	164	100628	246103	1789324	124911

3-3 服务业

3-3-1 各设区市批发和零售业

福州　2015年，福州市实现社会消费品零售总额3488.74亿元，比上年增长14.0%，占全省比重21.9%。按经营地统计，城镇消费品零售额3262亿元，增长13.7%；乡村消费品零售额227亿元，增长17.9%。按消费类型统计，商品零售额3134亿元，增长14.4%；餐饮收入额355亿元，增长10.1%。

在限额以上企业商品零售额中，服装、鞋帽、针、纺织品类零售额比上年增长25.6%，食品、饮料、烟酒类增长25.5%，日用品类增长23.8%，中西药品类增长22.0%，家用电器和音像制品类增长17.3%，建筑及装潢材料类增长9.8%，汽车类增长6.2%，石油及制品类增长5.7%。

厦门　2015年，厦门市实现社会消费品零售总额1168.42亿元，比上年增长8.9%。其中，批发业零售额101.19亿元，增长29.8%；零售业零售额931.55亿元，增长7.5%；住宿业零售额22.09亿元，下降4.5%；餐饮业零售额113.59亿元，增长7.6%。

在限额以上批发和零售企业商品零售额中，通讯器材类零售额27.66亿元，比上年增长47.6%；服装、鞋帽、针纺织品类零售额91.05亿元，增长31.4%；粮油、食品类零售额62.93亿元，增长11.3%；石油及制品类零售额100.43亿元，增长6.5%；日用品类零售额24.36亿元，增长4.8%；烟酒类零售额14.63亿元，增长2.8%；金银珠宝类零售额12.17亿元，下降1.2%；汽车类零售额258.42亿元，下降4.4%；化妆品类零售额6.20亿元，下降7.4%。

莆田　2015年，莆田市实现社会消费品零售总额558.85亿元，比上年增长12.2%。按经营地统计，城镇消费品零售额492.82亿元，增长12.7%；乡村消费品零售额66.03亿元，增长8.5%。按消费类型统计，商品零售额509.46亿元，增长12.4%；餐饮收入额49.39亿元，增长10.5%。

在限额以上企业商品零售额中，金银珠宝类零售额比上年增长100.6%，通讯器材类零售额增长55.1%，家具类增长44.7%，服装、鞋帽、针、纺织品类增长38.7%，家用电器和音响器材类增长27.6%，粮油食品类增长21.8%，日用品类增长14.1%，汽车类增长9.6%，体育、娱乐用品类增长5.2%，化妆品类增长2.0%，石油及制品类下降24.5%。

“十二五”期间，全市累计实现社会消费品零售总额2233.62亿元，相当于“十一五”时期的2.1倍，五年间社会消费品零售总额年均增长14.0%。

三明　2015年，三明市实现社会消费品零售总额444.47亿元，比上年增长9.8%。按经营地统计，城镇消费品零售额389.83亿元，增长9.6%；乡村消费品零售额54.64亿元，增长11.2%。

在限额以上企业商品零售额中，通讯器材类零售额比上年增长69.2%，服装、鞋帽、针、纺织品类增长28.1%，化妆品类增长26.5%，家具类增长17.9%，家用电器和音响器材类增长17.1%，金银珠宝类增长16.4%，粮油食品类增长11.4%，日用品类增长11.3%，汽车类增长2%，石油及制品类下降7.1%。

泉州　2015年，泉州市实现社会消费品零售总额2459.59亿元，比上年增长12.3%。按经营地统计，城镇消费品零售额2111.82亿元，增长12.2%；

乡村消费品零售额347.77亿元，增长12.9%。

限额以上企业实现社会消费品零售额986.16亿元，比上年增长16.3%。按消费类型统计，商品零售额达951亿元，增长16.5%；餐饮收入额35.16亿元，增长9.2%。在限额以上批发和零售企业商品零售额中，五金、电料类零售额比上年增长133.8%，建筑及装潢材料类增长63.0%，家具类增长49.5%，服装、鞋帽、针、纺织品类增长36.6%，文化办公用品类零售额增长30.4%，饮料类增长21.6%，粮油、食品类增长18.6%，中西药品类增长16.8%，家用电器和音像器材类增长12.3%，汽车类增长11.8%，石油及制品类下降1.4%。通过互联网实现商品零售额70.62亿元，增长58.8%。

漳州　2015年，漳州市实现社会消费品零售总额776.99亿元，比上年增长12.2%。按经营地统计，城镇消费品零售额684.46亿元，增长11.7%；乡村消费品零售额92.53亿元，增长16.6%。按消费类型统计，商品零售额673.28亿元，增长12.1%；餐饮收入额103.71亿元，增长14.2%。

在限额以上企业商品零售额中，家具类零售额比上年增长47.6%，服装、鞋帽、针、纺织品类增长45.6%，粮油食品类增长38.1%，通讯器材类零售额比上年增长26.7%，汽车类增长24.1%，金银珠宝类增长21.4%，家用电器和音像器材类增长17.5%，化妆品类增长13.0%，日用品类增长12.8%，石油及制品类下降20.8%，体育、娱乐用品类下降32.6%。

南平　2015年，南平市实现全年社会消费品零售总额503.85亿元，比上年增长11.5%。按经营地统计，城镇实现消费品零售额434.18亿元，增长11.2%；乡村实现消费品零售额69.67亿元，增长13.0%。分行业观察，批发业实现零售额23.25亿元，增长19.3%；零售业实现零售额416.25亿元，增长13.1%。分企业规模观察，限额以上企业实现零售额168.93亿元，增长14.6%；限额以下企业实现零售额为334.92亿元，增长10.0%。

限额以上大宗商品中，粮油食品类、汽车类和石油及制品类零售额分别比上年增长46.9%、8.6%和-21.1%。

龙岩　2015年，龙岩市实现社会消费品零售总额639.58亿元，比上年增长14.2%，扣除价格因素，实际增长12.4%。按经营地统计，城镇消费品零售额567.74亿元，增长13.7%；乡村消费品零售额71.84亿元，增长18.6%。

在限额以上企业商品零售额中，金银珠宝类零售额比上年增长116.2%，化妆品类增长52.1%，建筑及装潢材料类增长49.3%，家具类增长33.3%，文化办公用品类增长32.1%，日用品类增长30.8%，粮油类增长28.2%，中西药品类增长24.2%，服装类增长22.8%，肉禽蛋类增长20.9%，汽车类增长16.4%，通讯器材类增长15.1%，家用电器和音像器材类下降2.9%。

宁德　2015年，宁德市实现社会消费品零售总额465.45亿元，比上年增长12.2%。按经营地统计，城镇消费品零售额402.74亿元，增长12.1%；乡村消费品零售额62.71亿元，增长12.7%。按消费类型统计，商品零售额419.03亿元，增长12.0%；餐饮收入额46.42亿元，增长13.6%。

在全市有零售额的22类商品统计中，有19个类别实现增长，增长面达86.4%。其中，建筑及装潢材料类、饮料类、机电产品及设备类商品销售表现突出，分别比上年增长67.9%、62.8%和61.0%；文化消费增速加快，特别是体育、娱乐用品类、金银珠宝类商品增速分别比上年提高58.2个百分点和40.8个百分点；刚性需求类中粮油、食品类和饮料类增速分别提高17.2个百分点和16.0个百分点。

注：本文数据均为公报数。

（摘编：林舒）

3-3-2 各设区市铁路、道路、水上、航空运输业

福州 截至2015年末，福州市公路里程11716公里，其中高速公路总里程595公里，高速铁路总里程344.94公里，比上年末新增70公里，福州港生产性泊位117个，增加3个，其中万吨级以上泊位49个，福州空港国内航线（含港澳台）85条、增加11条，国际航线15条，新辟国际国内共28条航线，主要有：福州—上海—名古屋、福州—悉尼、长沙—福州—吉隆坡、福州—冲绳、福州—天津—哈尔滨等。

厦门 2015年，厦门市完成旅客运输量0.87亿人次，比上年增长11.2%；旅客周转量371.03亿人公里，增长14.3%；货物运输量2.68亿吨，增长13.9%；货物周转量1489.91亿吨公里，增长17.6%。截至2015年末，厦门港有生产性泊位159个（含漳州），其中万吨级以上泊位71个；全年港口货物吞吐量2.10亿吨，增长2.5%；港口集装箱吞吐量918.28万标箱，增长7.1%。

厦门空港现开通运营城市航线201条，在厦门机场通航运营的外国（地区）航空公司19家，与28个国际城市（含香港、澳门、台北、高雄）通航。空港旅客吞吐量2181.42万人次，比上年增长4.6%，其中国际及地区航线旅客吞吐量271.91万人次，增长11.1%；空港货邮吞吐量31.06万吨，增长1.4%。

莆田 截至2015年末，莆田市公路通车里程6217.83公里，比上年末增长2.0%。其中，高速公路通车里程262.60公里，增长42.6%。

全年沿海港口完成货物吞吐量3051万吨，比上年下降0.6%。其中，外贸货物吞吐量1011.01万吨，下降18.1%。集装箱吞吐量10722万标箱，下降0.1%。

截至2015年末，全市汽车保有量21.82万辆（含三轮汽车和低速货车），比上年末增长15.8%，其中私人汽车保有量19.42万辆，增长18.3%。轿车保有量12.71万辆，增长17.0%，其中私人轿车保有量11.76万辆，增长18.8%。

三明 截至2015年末，三明市公路通车里程14583公里，比上年末增长2.5%。其中，高速公路650公里，增长5.6%。漳永高速三明段、莆炎高速三明莘口至明溪城关段建成通车，高速公路通车里程居全省前列。

客运量方面，铁路完成客运量630.61万人，比上年增长16.5%；公路完成客运量2984.36万人，增长5.4%；水运34.93万人，下降11.6%。货运量方面，全年铁路完成货运量739.44万吨，下降11.8%；公路完成货运量12065.80万吨，增长13.2%。

泉州 2015年，泉州市共新建、改建公路680公里，其中新建公路321公里。截至2015年末，全市公路通车总里程达16877公里，比上年末增加351公里。其中，二级及二级以上高级公路里程2725公里，高速公路里程574公里。公路密度达155公里/百平方公里。全市铁路总里程243.88公里。

2015年，泉州市完成旅客运输量9582.67万人次，比上年下降3.5%；旅客周转量75.41亿人公里，增长4.6%。完成货物运输量24120.49万吨，增长14.6%；货物周转量1574.66亿吨公里，增长17.8%。港口完成货物吞吐量12241.21万吨，增长9.3%，其中外贸货物吞吐量3379.07万吨，增长9.0%；集装箱吞吐量201.51万标箱，增长6.9%。

漳州 2015年，漳州市完成旅客运输量3796.07万人次，比上年增长8.3%；货物运输量12489.92万吨，增长13.6%。沿海港口新增货物通过能力达162万吨。完成内外贸货物吞吐量5564.53万吨，下降4.9%，其中外贸货物吞吐量

1070.52万吨，下降25.3%；内外贸集装箱吞吐量34.01万标箱，下降24.4%。

截至2015年末，全市汽车保有量（含三轮汽车和低速货车）35.12万辆，比上年末增长10.6%，其中私人汽车保有量30.45万辆，增长12.5%；轿车保有量18.48万辆，增长13.5%，其中私人轿车保有量16.91万辆，增长14.9%。

南平 2015年，南平市旅客运输量（不含民航）3162.02万人，比上年增长4.3%；旅客周转量（不含铁路、民航）160243.93万人公里，下降2.8%。货物运输量3993.28万吨，增长11.9%；货物周转量（不含铁路、民航）1089624万吨公里，增长15.7%。

龙岩 2015年，龙岩市公路货物运输周转量115.12亿吨公里，增长15.3%。公路旅客运输周转量12.19亿人公里，下降0.9%。

截至2015年末，全市公路通车总里程为14222公里，比上年末增长4.4%。其中，高速公路662公里。铁路营业长度486公里。

截至2015年末，全市机动车保有量88.24万辆，比上年末增长0.2%，其中个人汽车保有量84.21万辆，增长0.6%。载客汽车保有量23.63万辆，增长9.8%，其中个人载客汽车达21.2万辆，增长11.7%。

宁德 2015年，宁德市完成旅客运输量7609万人，比上年增长1.0%；旅客周转量29.29亿人公里，下降3.1%。完成货物运输量4916万吨，增长11.3%；货物周转量118.57亿吨公里，增长15.2%。港口完成货物吞吐量2606万吨，增长6.4%。其中，外贸货物吞吐量810万吨，下降18.9%。

截至2015年末，宁德市公路通车里程11326.86公里，其中等级公路9963.52公里，高速公路434公里。

截至2015年末，全市民用汽车保有量15.27万辆（包括三轮汽车和低速货车），比上年末增长7.4%，其中私人汽车保有量12.96万辆，增长8.1%。轿车保有量8.67万辆，其中私人轿车保有量7.88万辆。

注：本文数据均为公报数。

（摘编：林舒）

3-3-3 各设区市邮政业

福州 2015年，福州市邮政行业完成业务总量42.38亿元，比上年增长24.1%；业务收入31.53亿元，增长13.3%，其中邮政业务总量6.54亿元，增长7.0%，邮政业务收入7.92亿元，下降1.6%；快递业务量17044.14万件，增长19.0%，快递业务收入19.97亿元，增长15.4%。

厦门 2015年，厦门市完成邮政业务总量35.15亿元，比上年增长31.0%。2015年6月，厦门市出台了《厦门市促进快递行业发展若干规定》，立足于厦门市实际，分别从土地利用、财政扶持、人才培养、设施建设、通行便利、科技应用等方面作了相应制度设计，力求在制度层面破解目前快递行业发展普遍存在的“用地难”“用工难”“通行难”等问题。

莆田 2015年，莆田市完成邮政业务总量2.06万元，比上年下降11.2%。完成邮政函件业务543.46万件，包裹业务7.27万件，快递业务量47.92万件。

三明 2015年，三明市完成邮政业务总量4.41亿元，比上年增长12.9%；邮政业务收入（不含邮政储蓄银行直接营业收入）4.92亿元，增长16.3%；完成邮政函件业务384.36万件，包裹业务4.34万件，快递业务量1099.10万件。

泉州 2015年，泉州市实现邮政业务收入79.66亿元，比上年增长46.3%。

2015年，泉州市加快发展邮政快递业。推动泉州（晋江）快递产业园建设，设立800万专项资金争取创建“中国快递示范城市”。积极推动跨境快件发展，泉州晋江国际机场对台航空货运已实现无障碍直通，泉州国际快件监管中心正式投入运营。

漳州 2015年，漳州市完成邮政业务总量14.96亿元，比上年增长39.0%；完成邮政函件业务1752.25万件，包裹业务6.85万件，快递业务量4202.74万件。

2015年，漳州市政府出台了电子商务快递协同发展的惠企政策，四大电子商务平台上线运行，6个县（市）分别列入国家级、省级农村电子商务示范区。2016年，全市将加速发展互联网经济，拓展农村电子商务，支持龙文、漳浦、云霄等重点电子商务园区建设，整合提升电子商务聚集区，壮大电子商务经济规模；快递物流业将着力加快漳龙物流园、五洲国际工业博览城等一批综合快递物流园区、配送中心和共同配送末端网点建设，加快发展冷链物流，支持第三方快递物流企业发展，促进各种运输方式无缝对接。

南平 2015年，南平市完成邮政业务总量6.50亿元，比上年增长27.8%。

龙岩 2015年，龙岩市实现邮政业务收入4.50亿元，比上年增长18.8%。

宁德 2015年，宁德市完成邮政业务总量6.84亿元，比上年增长29.3%；完成邮政函件业务367.17万件，包裹业务6.95万件，快递业务量2494.22万件。

注：本文数据来源各设区市公报。

（摘编：林舒）

3-3-4 各设区市住宿和餐饮业

福州 2015年，福州市住宿和餐饮业完成固定资产投资51.55亿元，比上年增长1.9%。截至2015年末，福州市共有星级酒店50家，其中五星级酒店8家。

随着外卖行业的兴起，借助020平台，餐饮商家销售额增长高达40%。在业务迅猛发展同时，网络交易平台也存在一些问题，比如因平台商户审核不严格导致无证照、证照与实际商户信息不符合、超范围经营等问题出现。另外，平台存在的维权机制不健全、没有餐饮服务许可证等问题，让近年来相关投诉呈爆炸式增长。

2015年，福州市市场监管局制定了《福州市无证餐饮外卖服务单位专项整治工作方案》，分三个阶段开展整治工作。第一阶段为摸底统计阶段，在拉网式检查的基础上，对无证经营的外卖小餐馆、小吃店、小饮品店等各类型餐饮逐步排查，并分析目前无证外卖餐饮经营的总体情况，做到底数清、情况明。第二阶段为动员疏导阶段，采取业主座谈会、专题培训、发放相关法律法规宣传资料和告知书，予以事前宣传和告知，督促无证餐饮外卖单位开展自查自纠。第三阶段为集中整治阶段，经查处，仍拒不整改或多次整改不到位的“钉子户”，重点进行清理，坚决予以关停取缔。

厦门 2015年，厦门市住宿业零售额22.09亿元，比上年下降4.5%；餐饮业零售额113.59亿元，增长7.6%。截至2015年末，厦门市共有星级酒店79家，其中五星级酒店19家。

莆田 2015年，莆田市住宿和餐饮业完成固定资产投资额5.84亿元，比上年下降52.3%；外商直接投资4个合同项目，实际利用金额500万美元。截至2015年末，莆田市共有星级酒店15家，其中五星级酒店2家。

三明 2015年，三明市住宿和餐饮业完成固定资产投资27.12亿元，比上年增长28.5%。截至2015年末，三明市共有星级酒店39家，其中五星级酒店3家。

泉州 2015年，泉州市住宿和餐饮业完成固定资产投资19.23亿元，比上年增长22.7%；外商直接投资3个合同项目，实际利用金额59万美元。截至2015年末，泉州市共有星级酒店94家，其中五星级酒店13家。

漳州 2015年，漳州市住宿和餐饮业完成固定资产投资41.81亿元，比上年下降26.2%。截至2015年末，漳州市共有星级酒店29家，其中五星级酒店2家。

南平 2015年，南平市住宿业实现零售额4.84亿元，比上年增长11.5%；餐饮业实现零售额59.50亿元，增长6.7%。截至2015年末，南平市共有星级酒店39家，其中五星级酒店2家。

龙岩 截至2015年末，龙岩市共有星级酒店33家，其中五星级酒店1家。

宁德 2015年，宁德市住宿和餐饮业完成固定资产投资2.59亿元，比上年下降37.8%。截至2015年末，宁德市共有星级酒店16家，其中五星级酒店1家。

注：本文数据来源福建省旅游局及各设区市公报。

（摘编：林舒）

3-3-5 各设区市电信业

福州 2015 年，福州市完成电信业务总量 204.02 亿元，比上年增长 22.1%；电信业务收入 111.33 亿元，增长 3.0%。截至 2015 年末，全市固定电话用户 183.59 万户，比上年末下降 5.7%；移动电话用户 908.33 万户，下降 3.8%，其中 4G 电话用户 286.18 万户，3G 电话用户 330.13 万户；互联网宽带接入用户（不含手机上网）206.7 万户，下降 0.6%。

厦门 2015 年，厦门市完成电信业务总量 142.26 亿元，比上年增长 24.8%。截至 2015 年末，全市固定电话用户 131.22 万户，比上年末减少 4.69 万户；移动电话用户 583.65 万户，减少 11.64 万户，其中 3G 移动电话用户 168.75 万户，4G 移动电话用户 223.07 万户；固定互联网宽带接入用户 144.45 万户，减少 1.64 万户；移动互联网用户 459.84 万户，增加 6.75 万户。

莆田 2015 年，莆田市完成电信业务总量 42.49 万元，比上年增长 4.5%。截至 2015 年末，全市电话用户总数 322.74 万户，比上年末减少 11.23 万户。其中，固定电话用户 63.77 万户，减少 0.99 万户，移动电话用户 258.97 万户，减少 10.24 万户，3G 电话用户 34.48 万户，减少 61.65 万户，4G 电话用户 101.24 万户，净增 81.72 万户。互联网用户 200.08 万户，增加 11.69 万户。

三明 2015 年，三明市完成电信业务总量 39.32 亿元，比上年增长 12.0%；电信业主营业务收入 18.87 亿元，下降 5.7%。截至 2015 年末，全市电话用户总数 302.86 万户，比上年末减少 6.71 万户。其中，固定电话用户 50.38 万户，减少 2.91 万户，移动电话用户 252.48 万户，减少 3.80 万户，3G、4G 电话用户共 132.05 万户，净增 44.28 万户。互联网用户 160.50 万户，净增 12.47 万户，其中固定宽带用户 48.24 万户，净增 4.46 万户。移动电话基站 1.32 万个，增长 16.1%。

泉州 2015 年，泉州市完成电信业务总量 184.87 亿元，比上年增长 21.2%。截至 2015 年末，全市固网交换机总容量 437.57 万门，移动通信交换机总容量 1610 万门，城乡固定电话用户达 213.90 万户，移动电话用户 930.54 万户。互联网用户 995.79 万户，其中固定宽带用户 229.36 万户。

漳州 2015 年，漳州市完成电信业务总量 80.63 亿元，比上年增长 25.9%。截至 2015 年末，全市电话用户总数 550 万户，其中固定电话用户 90.4 万户，移动电话用户 459.6 万户。互联网用户 391.6 万户，比上年末增加 22.6 万户，其中固定宽带用户 85.6 万户，增加 8.2 万户。移动电话基站 1.93 万个，增长 43.3%。

南平 2015 年，南平市完成电信业务总量 41.01 亿元，比上年增长 20.5%。截至 2015 年末，全市固定电话用户总数达到 51.2 万户，比上年末减少 3.1 万户；移动电话用户数 260.1 万户，增加 21.0 万户。互联网用户数 218.8 万户，增加 25.3 万户。

龙岩 2015 年，龙岩市完成电信业务总量 41.81 亿元，比上年增长 15.3%。截至 2015 年末，全市固定及移动电话用户总数达 303.27 万户，比上年末减少 44.30 万户。其中，固定电话用户达 50.38 万户，增加 1.00 万户；移动电话用户达 252.89 万户，减少 45.30 万户。互联网用户达 64.15 万户，增加 10.90 万户。

宁德 2015 年，宁德市完成电信业务总量 50.11 亿元，比上年增长 17.3%。截至 2015 年末，全市电话用户总数 332.12 万户，比上年末增加 0.10 万户，其中固定电话用户 49.66 万户，减少 2.41 万户；移动电话用户 282.46 万户，增加 2.51 万户。

注：本文数据均为公报数。

（摘编：林舒）

3-3-6　各设区市软件和信息技术服务业

福州　电子信息产业是福州市支柱产业之一。不过，长期以来“缺芯少屏”的瓶颈制约着电子产业的提升发展。2015 年 10 月 11 日，福州京东方第 8.5 代新型半导体显示器件生产线面板项目开工。这是福州新区获批后，首个动建的大型产业项目，创下福州电子信息产业单体项目投资额之最，填补了福州电子信息产业液晶面板的行业空白。该项目不仅可补齐福州电子信息产业短板，还将发挥强大的集聚效应，吸引带动上下游形成千亿级的产业集群。

2015 年，福州市电子信息产业产值首次突破一千亿元。“十二五”期间，福州市软件和信息技术服务业收入年均增长达 20%；信息消费规模年均增长达 23%，信息化发展水平居全省第 2 位；14 家企业列入全国两化融合管理体系贯标试点，其中 4 家通过首批评定，居全省前列。

厦门　2015 年，厦门市软件信息产业发展迅猛，产值达 921 亿元，比上年增长达 23%，年产值占全省一半以上。

厦门市依托平台建设，着力发展软件信息服务产业。截至 2016 年 6 月，厦门软件园有 6 家上市公司、27 家新三板挂牌企业，集聚了产业资本运营、中介服务、培训机构、众创空间等产业要素。

厦门软件园是厦门发展软件和信息服务业的重要载体，海西地区信息产业人才的吸附器、培育器和加速器。从 1998 年底动工兴建第一期，到 2005 年夏开工建设第二期，再到 2011 年春破土动工第三期。经过十多年发展，厦门软件园已形成一期、二期、三期有机联动，岛内、岛外一体发展的良好格局。其中，软件园一期主打“科技金融+创业孵化”，二期作为企业总部和研发中心集聚区，三期打造产业发展要素齐全的完整产业集群。截至 2016 年 5 月，厦门软件园入驻企业 2225 家，各类人才 8 万名左右。

尤其是软件园二期，已成为厦门市软件和信息服务业的核心区。厦门的 13 家省级众创空间，8 家在此；115 家市级众创空间，42 家在此。园区先后被授予国家新型工业化产业示范基地、国家动画产业基地、2014-2015 年度中国软件和信息服务领军产业园区、2015 优秀服务软件园区等荣誉称号。

2015 年，厦门软件园一期、二期、三期实现总销售收入 582.93 亿元，比上年增长 24.0%，占全市软件和信息服务业收入的 63.3%。以每平方米建筑面积产出算，软件园一期高达 9.6 万元，二期达 4.7 万元。

（摘编：林舒）

3-3-7 各设区市金融业

3-3-7-1 各设区市金融机构人民币各项存款情况

（2011-2015 年） 单位：亿元

地 区	2011	2012	2013	2014	2015
合 计	**20714.46**	**24283.68**	**27809.44**	**30747.61**	**35356.29**
省 级	237.26	285.99	188.13	513.45	571.51
福州市	6706.94	7707.28	8720.26	9439.39	10831.49
厦门市	4419.87	5151.40	5789.94	6607.25	8194.99
莆田市	859.33	1062.99	1278.06	1432.30	1585.22
三明市	903.29	1068.65	1184.56	1205.73	1333.75
泉州市	3779.67	4510.73	5395.86	5778.53	6348.29
漳州市	1247.83	1500.53	1829.67	2066.68	2311.36
南平市	864.93	991.61	1138.94	1250.48	1410.78
龙岩市	908.43	1093.96	1266.55	1376.62	1562.85
宁德市	786.91	910.54	1017.47	1077.16	1206.04

注：以上数据不含外资银行。

3-3-7-2 各设区市金融机构人民币各项贷款情况

（2011-2015 年） 单位：亿元

地 区	2011	2012	2013	2014	2015
合 计	**17895.85**	**21209.82**	**24337.29**	**28417.70**	**31978.75**
省 级	250.57	550.38	761.97	893.99	1121.95
福州市	5835.43	6711.77	7738.74	9331.49	10583.71
厦门市	3826.79	4555.93	5028.89	5824.12	6619.86
莆田市	730.07	888.30	1067.19	1315.32	1450.87
三明市	826.72	985.04	1115.36	1193.68	1207.10
泉州市	3020.97	3527.68	4009.81	4673.64	5280.31
漳州市	961.71	1148.23	1362.10	1569.32	1870.86
南平市	718.47	796.68	910.98	1006.33	1091.14
龙岩市	874.55	1038.97	1177.96	1291.90	1360.65
宁德市	850.58	1006.84	1164.28	1317.89	1392.30

注：以上数据不含外资银行。

3-3-8 各设区市房地产业

福州 2015 年，福州市房地产开发投资 1381.12 亿元，比上年下降 5.1%。其中，住宅投资 856.65 亿元，下降 7.5%。全年保障性安居工程在建面积 870.34 万平方米，增长 4.4%，竣工面积 155.39 万平方米。全年新增建设保障性安居工程 20077 套。

厦门 2015 年，厦门市房地产开发投资 774.07 亿元，比上年增长 9.9%，占固定资产投资（不含农户）的 41.0%。其中，土地购置费 297.22 亿元，增长 22.7%，占房地产投资的 38.4%。商品房施工面积 4333.83 万平方米，增长 2.7%；商品房新开工面积 592.47 万平方米，下降 19.9%。

莆田 2015 年，莆田市房地产开发投资 415.94 亿元，比上年增长 19.9%。其中，住宅投资 246.86 亿元，增长 23.0%；办公楼投资 29.83 亿元，下降 14.3%；商业营业用房投资 64.25 亿元，增长 6.7%。全年新开工建设城镇保障性安居工程住房 1.44 万套（户），基本建成城镇保障性安居工程住房 1.77 万套。

三明 2015 年，三明市房地产开发投资 130.22 亿元，比上年下降 26.3%。其中，住宅投资 91.01 亿元，下降 26.8%；办公楼投资 4.99 亿元，增长 15.7%；商业营业用房投资 19.21 亿元，下降 31.0%。

泉州 2015 年，泉州市房地产开发投资 681.59 亿元，比上年下降 12.2%。房地产开发投资按工程用途分，商品住宅投资 436.29 亿元，下降 15.0%；办公楼投资 53.68 亿元，增长 4.6%；商业营业用房投资 108.43 亿元，下降 1.6%。商品房销售面积 830.56 万平方米，增长 3.6%。商品房销售额 518.56 亿元，下降 2.2%。

漳州 2015 年，漳州市房地产开发投资 502.51 亿元，比上年增长 6.4%。其中，住宅投资 367.62 亿元，增长 9.4%。

南平 2015 年，南平市房地产开发投资 152.82 亿元，比上年增长 1.9%。商品房建筑施工面积 1619.37 万平方米，增长 12.3%，其中本年新开工面积 352.29 万平方米，增长 3.9%；商品房竣工面积 118.38 万平方米，下降 44.7%；商品房销售面积 243.43 万平方米，增长 2.2%。

龙岩 2015 年，龙岩市完成房地产开发投资 193.3 亿元，比上年下降 8.9%，其中商品住宅投资 135.75 亿元，增长 2.2%。商品房销售面积 222.95 万平方米，增长 26.9%。商品房销售额 125.67 亿元，增长 26.5%。

宁德 2015 年，宁德市房地产开发投资 238.03 亿元，比上年下降 13.2%，其中住宅投资 175.32 亿元，下降 11.8%；办公楼投资 8.82 亿元，下降 19.2%；商业营业用房投资 21.93 亿元，下降 5.9%。

注：本文数据均为公报数。

（摘编：林舒）

3-3-9 各设区市旅行社及相关服务业

福州 截至2016年4月末，福州市共有旅行社165个。2015年，福州市接待境内外游客4669.31万人次，比上年增长13.5%，其中境外游客96.62万人次，增长6.5%；旅游总收入537.29亿元，增长14.8%。全市共有A级景区38个，其中5A景区1个，实现零的突破，4A景区13个。全年经福州口岸赴台旅游41106人次，增长1.7%。

厦门 截至2016年4月末，厦门市共有旅行社235个。2015年，厦门市接待国内外游客6035.85万人次，比上年增长13.1%，旅游总收入832.36亿元，增长15.3%。其中，接待入境游客317.26万人次，增长18.9%，入境过夜游客202.63万人次，增长10.8%，旅游创汇19.96亿美元，增长10.3%。接待国内游客5718.59万人次，增长12.8%，过夜国内游客2608.32万人次，增长11.8%，国内旅游收入708.61亿元，增长16.2%。

莆田 截至2016年4月末，莆田市共有旅行社27个。2015年，莆田市接待入境游客26.99万人次，比上年增长8.8%。其中，接待外国人4.93万人次，增长11.5%；台湾同胞16.45万人次，增长5.2%；港澳同胞5.61万人次，增长18.0%。接待国内旅游人数1949.36万人次，增长14.6%。实现旅游总收入159.24亿元，增长16.9%。其中，国内旅游收入144.66亿元，增长16.7%。

三明 截至2016年4月末，三明市共有旅行社49个。2015年，三明市接待游客1951.99万人次，比上年增长13.2%，旅游总收入达150亿元，增长14.4%。其中，接待入境游客5.27万人次，增长0.6%，国际旅游外汇收入0.48亿美元，增长达9%；接待国内游客1946.71万人次，增长13.2%，国内旅游收入147.01亿元，增长14.5%。

泉州 截至2016年4月末，泉州市共有旅行社93个。2015年，泉州市共接待国内外游客5125.31万人次，比上年增长15.7%。其中，国内游客4903.46万人次，增长16.3%；接待境外游客221.85万人次，增长4.2%。全年实现旅游总收入617.89亿元，增长16.9%，旅游创汇13.3亿美元，增长8.1%。

漳州 截至2016年4月末，漳州市共有旅行社63个。2015年，漳州市接待国内旅游人数2190万人次，比上年增长15.2%，接待入境游客42.44万人次，增长4.4%。其中，接待外国人11.49万人次，下降0.8%；台湾同胞18.46万人次，增长12.5%；港澳同胞1.14万人次，增长24.7%。实现旅游总收入239.58亿元，增长17.7%。其中，国内旅游收入219.72亿元，增长17.0%；国际旅游外汇收入3.22亿美元，增长25.0%。

南平 截至2016年4月末，南平市共有旅行社114个。2015年，南平市共接待旅游总人数2925.48万人次，比上年增长16.9%，其中接待境外旅游人数29.31万人次，增加1.7%；实现旅游总收入371.63亿元，增长18.9%，其中旅游创汇8.30亿美元，下降3.8%。

龙岩 截至2016年4月末，龙岩市共有旅行社36个。2015年，龙岩市旅游总收入196.25亿元，比上年增长18.6%，其中国内旅游收入192.55亿元，增长18.5%。全年接待旅游总人数2532.21万人次，增长16.2%。其中，国内旅游人数2522.35万人次，增长16.1%；接待入境游客9.86万人次，增长21.8%。

宁德 截至2016年4月末，宁德市共有旅行社90个。2015年，宁德市接待游客总人数1837.36万人次，比上年增长14.8%。其中，接待国内旅游人数1834.86万人次，增长14.8%；接待入境旅游人数2.50万人次，增长8.9%。实现旅游总收入150.29亿元，增长17.9%。

注：本文数据来源福建省旅游局及各设区市公报。

（摘编：林舒）

3-3-10 各设区市环境保护主要指标

3-3-10-1 各设区市工业“三废”排放及处理率情况

（2015年）

地 区	工业废水						
	重复用水率（%）	生产耗水率（%）	COD去除率（%）	石油类去除率（%）	挥发酚去除率（%）	氰化物去除率（%）	氨氮去除率（%）
福州市	77.07	9.86	94.23	98.42	99.45	99.68	84.13
厦门市	85.28	52.75	91.49	97.43	53.19	96.65	90.31
莆田市	84.91	12.14	88.64	71.64		75.12	81.51
三明市	90.91	6.63	83.46	77.62	87.74	88.06	71.54
泉州市	91.60	5.72	91.57	95.93	99.99	99.16	90.22
漳州市	83.52	29.20	94.15	68.54	89.68	90.47	83.84
南平市	67.52	25.42	87.25	48.21	25.56		91.90
龙岩市	81.71	16.88	81.13	82.89	47.19	83.85	54.09
宁德市	91.47	2.54	67.43	80.86		86.67	78.80

续上表

地 区	工业废气			工业固废			
	SO_2去除率（%）	氮氧化物去除率（%）	烟（粉）尘去除率（%）	综合利用率（%）	贮存率（%）	处置率（%）	排放率（%）
福州市	68.57	35.54	96.13	95.35	0.03	4.63	
厦门市	64.31	52.53	99.37	86.85	0.33	13.97	
莆田市	66.40	31.54	97.66	87.73	0.01	12.29	
三明市	63.02	29.34	98.33	92.50	1.60	5.90	
泉州市	68.52	21.94	95.93	97.99	1.11	0.90	
漳州市	65.64	45.53	97.18	96.45	1.00	2.55	<0.01
南平市	1.63	15.20	96.46	50.10	0.06	49.85	
龙岩市	43.65	39.18	99.53	39.63	0.68	62.54	
宁德市	66.57	63.70	98.39	81.96	9.88	8.16	<0.01

3-3-10-2 各设区市工业污染排放及处理利用情况

（2015 年）

项　目	全省	福州市	厦门市	莆田市	三明市
工业企业数（个）	5971	439	400	366	720
工业用水量（万吨）	774524.17	45030.32	40565.14	21789.93	150706.58
废水治理设施数（套）	3547	356	344	143	541
废水治理设施处理能力（万吨/日）	661.44	97.28	33.63	15.90	165.77
废水治理设施运行费用（万元）	173624.80	19515.90	19413.10	4466.20	20198.30
工业废水处理量（万吨）	142960.85	10881.87	22225.01	2525.56	47893.91

续上表

项　目	泉州市	漳州市	南平市	龙岩市	宁德市
工业企业数（个）	1615	847	500	485	586
工业用水量（万吨）	335212.97	72590.56	24468.30	23738.05	60276.90
废水治理设施数（套）	877	561	288	270	164
废水治理设施处理能力（万吨/日）	125.89	110.47	48.07	48.04	14.26
废水治理设施运行费用（万元）	39010.70	32277.40	10987.30	23335.00	4067.90
工业废水处理量（万吨）	23934.89	19257.21	7129.37	7254.74	1743.48

4

民营企业

2015年福建省民营工业发展综述

一、生产保持增长，增速逐年回落

2015年，福建省民营工业实现增加值7658.18亿元，比上年增长9.3%。分规模看，规模以上民营工业实现增加值6881.48亿元，增长9.5%；规模以下民营工业实现增加值776.70亿元，增长7.3%。

近年来，福建省民营工业增加值增幅逐年回落。2015年增幅为9.3%，比2014年回落1.5个百分点，比2013年回落4.8个百分点，比2012年回落7.1个百分点。分规模看，规模以上民营工业增幅逐年回落，2015年增幅为9.5%，比2014年回落1.2个百分点，比2013年回落5.1个百分点；规模以下民营工业增幅一改前几年逐年上升态势，较大幅度回落，2015年增幅为7.3%，比2014年回落4.2个百分点，比2013年回落3.5个百分点。

受增加值增幅逐年回落影响，福建省民营工业对全部工业增加值的拉动作用也逐年下降。2015年，福建省民营工业拉动全部工业增加值增长6.2个百分点，比2014年回落0.3个点，比2013年回落3.2个点。

二、出口增幅略有回升，贡献率大幅提高

世界经济复苏缓慢、外需低迷、国际政治局势不稳定等多方因素导致全球贸易仍处于深度调整期，福建省出口也相应受到限制，出口低速增长。在此大环境下，福建省民营工业出口保持增长，增幅略有提高，对工业出口交货值增长的贡献率和拉动作用也有所提高。2015年，福建省规模以上民营工业实现出口交货值4352.79亿元，比上年增长6.1%，增幅比上年提高1.0个百分点；对规模以上工业出口交货值增长的贡献率为202.2%，提高149.2个百分点；拉动规模以上工业出口交货值增长3.6个百分点，提高0.5个点。

三、销售增长乏力，盈利水平提高

2015年，福建省民营工业（不含个体工业）实现主营业务收入26783.43亿元，比上年增长8.3%，增幅比2014年回落1.4个百分点，比2013年回落5.1个百分点，呈逐年回落态势，销售增长乏力。分规模看，规模以上民营工业实现主营业务收入25061.42亿元，增长8.3%，增幅回落1.2个百分点；规模以下民营工业（不含个体工业）实现主营业务收入1722.01亿元，增长8.5%，增幅回落3.5个百分点。

尽管主营业务收入增幅回落，但在企业降成本取得成效，以及国家出台的一系列减税政策的作用下，企业税负减轻，生产成本增幅回落。2015年，福建省规模以上非公有企业主营业务成本比上年增长7.2%，增幅比上年回落4.1个百分点，大于主营业务收入回落幅度，拉动企业盈利水平上升。2015年，福建省民营工业（不含个体工业）实现利润总额1586.38亿元，增长7.4%，增幅提高2.0个百分点。分规模看，规模以上民营工业实现利润总额1512.86亿元，增长7.5%，增幅提高2.5个百分点；规模以下民营工业（不含个体工业）实现利润总额73.52亿元，增长6.0%，增幅回落4.7个百分点。

四、企业总量大幅减少

截至2015年末，福建省共有民营工业企业62389个，比上年末下降14.3%，占全部工业企业

数的比重为94.4%，比上年末下降1.4个百分点。其中，规模以上民营工业企业13082个，增长1.9%；规模以下民营工业企业49307个，下降17.1%。

五、吸纳就业人数减少

截至2015年末，福建省民营工业企业（不含个体工业）从业人员370.35万人，比上年末下降0.7%。分规模看，规模以上民营工业企业从业人员283.03万人，下降1.7%；规模以下民营工业企业（不含个体工业）从业人员87.32万人，增长3.0%。

六、偿债能力和营运能力上升

一是偿债能力上升。2015年，福建省规模以上民营工业资产负债率为48.53%，产权比率为94.31%，分别比上年降低1.18个百分点、4.52个百分点。二是营运能力上升。2015年，福建省规模以上民营工业总资产周转率为1.66次、流动资产周转率为2.87次，分别提高0.06次和0.16次。

七、两金占比有所提高

2015年，受市场需求不足影响，民营企业销售难度加大，库存增加，应收账款和产成品存货总额增加。截至2015年末，福建省规模以上非公有企业应收账款和产成品存货总额为4712.79亿元，比上年增长5.3%，增幅比上年回落1.8个百分点；两金总额占流动资产总额的比重为37.7%，比上年提高0.8个百分点。

（执笔：赵清）

4-1　福建省农林牧渔业民营经济增加值

（2011-2015年）　　单位：亿元

行业	2011	2012	2013	2014	2015
总　计	**1612.23**	**1790.14**	**1938.98**	**2085.04**	**2194.06**
农业	716.77	797.14	867.36	963.23	1017.10
林业	153.08	165.06	188.88	207.75	201.58
畜牧业	250.14	264.16	267.78	272.43	297.40
渔业	436.93	504.31	550.21	571.39	602.02
农林牧渔服务业	55.31	59.48	64.75	70.24	75.96

注：农林牧渔业民营经济是指农林牧渔业中扣除国营农场部分。由于近年来国营农场比重越来越小，且国营农场大部分由个人承包，因此可将农林牧渔业全部视为民营经济。

4-2 福建省规模以上民营工业经济总量

（2011-2015 年）

年份	企业数（个）	工业总产值（亿元）
2011	9722	16798.65
2012	11607	18999.52
2013	12338	21465.31
2014	12843	24127.05
2015	13082	26430.89

续上表

年份	工业增加值（亿元）	从业人员平均人数（万人）
2011	4740.64	241.90
2012	5159.87	282.38
2013	5773.86	278.96
2014	6429.51	282.49
2015	6881.48	283.03

4-3 福建省民营建筑业企业经济总量

（2011-2015 年）

年份	企业数 （个）	建筑业总产值 （亿元）
2011	109	114.90
2012	111	141.28
2013	79	163.11
2014	72	178.67
2015	69	193.53

续上表

年份	竣工产值 （亿元）	年末从业人员 （万人）
2011	81.26	6.85
2012	97.31	6.04
2013	94.81	6.37
2014	95.10	6.55
2015	130.42	7.58

注：鉴于资料可得性原因，建筑业民营企业仅包括集体、港澳台商投资企业。

4-4 福建省限额以上民营批发业企业经济总量

（2011-2015 年）

年份	企业数 （个）	销售额 （亿元）
2011	1490	2598.38
2012	1978	3080.21
2013	2596	3915.69
2014	3040	4951.71
2015	3384	5636.12

续上表

年份	主营业务收入 （亿元）	营业利润 （亿元）
2011	2336.15	32.12
2012	2777.05	35.00
2013	3553.31	58.10
2014	4462.07	70.71
2015	5092.04	77.61

注：限额以上民营批发业企业包括集体、私营、港澳台商投资企业。

4-5 福建省限额以上民营零售业企业经济总量

（2011-2015 年）

年份	企业数（个）	销售额（亿元）
2011	1248	730.15
2012	1502	909.34
2013	1941	1193.13
2014	2377	1542.71
2015	2748	1769.86

续上表

年份	主营业务收入（亿元）	营业利润（亿元）
2011	658.94	15.80
2012	800.52	13.58
2013	1058.95	31.61
2014	1374.16	34.75
2015	1575.32	48.74

注：限额以上民营零售业企业包括集体、私营、港澳台商投资企业。

4-6 福建省限额以上民营住宿业企业经济总量

（2011-2015 年）

年份	企业数（个）	营业额（亿元）
2011	314	54.02
2012	344	58.93
2013	388	66.03
2014	428	70.57
2015	448	77.27

续上表

年份	主营业务收入（亿元）	营业利润（亿元）
2011	53.11	2.65
2012	57.61	1.96
2013	65.24	0.85
2014	68.89	0.44
2015	76.01	-0.10

注：限额以上民营住宿业企业包括集体、私营、港澳台商投资企业。

4-7 福建省限额以上民营餐饮业企业经济总量

（2011-2015 年）

年份	企业数（个）	营业额（亿元）
2011	431	78.08
2012	499	104.28
2013	547	117.50
2014	574	100.72
2015	607	98.75

续上表

年份	主营业务收入（亿元）	营业利润（亿元）
2011	77.25	4.55
2012	102.80	5.68
2013	116.66	7.00
2014	99.80	4.41
2015	96.55	3.96

注：限额以上民营餐饮业企业包括集体、私营、港澳台商投资企业。

5

专题研究

砥砺前行的福建工业经济

——2015年福建工业经济运行分析

2015年，在宏观经济下行压力加大的困难下，全省工业经济主动适应新常态，激发市场活力、加快转型升级、推进结构优化，实现了平稳较快增长。

一、生产增速换挡趋于平稳

2015年，全省规模以上工业（以下简称“工业”）实现工业增加值10621.33亿元，比上年增长8.7%，增幅比上年回落3.2个百分点，比全国平均水平高2.6个百分点，增速换挡。从月度总量看，各月增加值总量较为稳定，除2月份（676亿元）未达800亿元以外，其余月份均在800亿元以上。3月、4月、6月、9月、10月、11月和12月这7个月工业增加值总量突破900亿元。从全年各季度走势看，4个季度工业增加值增速分别为9.3%、9.6%、8.2%和7.4%，呈现出上半年平稳向上，下半年趋稳回落的态势，但各月的累计增速始终保持在9.0%左右运行，上下波动不超过0.5个百分点，工业生产运行总体平稳。

（一）股份制企业起主要拉动作用

2015年，全省股份制工业完成增加值6307.33亿元，比上年增长11.2%，占规模以上工业的59.4%，对规模以上工业增长的贡献率为80.3%，增速、比重和贡献率均居各经济类型之首。外商及港澳台商投资企业、集体企业和股份合作企业实现增加值分别为3862.74亿元、47.57亿元、20.13亿元，分别增长4.6%、8.4%和6.9%；国有企业实现增加值195.86亿元，下降0.9%。

（二）多数行业保持增长

2015年，全省38个工业大类行业，有32个行业实现增长，增长面达到84.2%。其中，有色金属冶炼和压延加工业（增长28.0%），化学纤维制造业（增长22.8%），通用设备制造业（增长13.0%），食品制造业（增长12.8%），计算机、通信和其他电子设备制造业（增长10.8%），农副食品加工业（增长10.7%）等19个行业实现两位数增长。

（三）超六成的产品产量增长

2015年，列入统计的406种产品中有250种产品产量比上年增产，增产面达61.6%；98种产品增速超过20%，占全部监测产品的24.1%。其中，符合消费升级要求的高端工业产品增长较快，如运动型多用途乘用车（SUV）（增长71.0倍）、手机（增长68.3%）、电工仪器仪表（增长46.0%）、锂离子电池（增长56.6%）、隔热、隔音人造矿物材料及其制品（增长44.0%）、液晶显示屏（增长29.1%）、家用房间空气清洁装置（增长25.0%）、通信及电子网络用电缆（增长22.6%）；但大部分原材料产品产量增速较低，个别产品产量下降：原铝（电解铝）下降5.1%、平板玻璃下降4.4%、粗钢下降13.9%。

（四）民营工业发展趋好

民营经济活跃程度是反映一个经济体经济活力的重要标志。2015年，全省规模以上民营工业完成增加值6881.48亿元，比上年增长9.5%，增幅比规模以上工业增幅高0.8个百分点；占规模以上工业增加值的64.8%，比上年提高0.7个百分点；对规模以上工业增长的贡献率为78.9%，提高19.9个百分点。

（五）三大主导产业持续增长

2015 年，全省三大主导产业实现增加值 3546.77 亿元，比上年增长 10.1%，增幅高于规模以上工业 1.4 个百分点；三大主导产业占规模以上工业增加值比重为 33.4%；对规模以上工业增长的贡献率为 38.5%。

二、工业经济效益主要指标稳步增长

2015 年，全省规模以上工业企业实现主营业务收入 39106.59 亿元，比上年增长 6.6%；实现利润总额 2208.70 亿元，增长 4.7%；上缴税金总额 1556.77 亿元，增长 11.7%；工业经济效益综合指数为 276.17，比上年提高 11.56 个点。

（一）企业控制成本支出取得成效

一是主营业务成本增幅降低。2015 年，福建省规模以上工业主营业务成本 333728.71 亿元，比上年增长 6.2%，增幅比上年回落 4.8 个百分点。其中，销售费用增长 6.4%，增幅回落 2.7 个百分点；财务费用增长 6.0%，增幅回落 7.4 个百分点；管理费用增长 9.6%，增幅提高 2.6 个百分点。二是每百元主营业务收入支出的成本下降。2015 年，全省规模以上工业企业每百元主营业务收入中的成本为 86.25 元，比上年降低 0.29 元。

（二）工业企业经营效果渐好

一是反映经营效果的产成品周转天数和应收账款平均回收期天数减少。2015 年，全省规模以上工业企业产成品周转天数和应收账款平均回收期分别为 14.1 天和 32.3 天，分别比上年缩短了 0.2 天和增加 0.5 天。二是流动资金周转速度提高。2015 年，福建省规模以上工业企业流动资产周转次数为 2.81 次，提高 0.03 次。三是资产负债率下降。2015 年，福建省规模以上工业企业资产负债率（该指标为逆指标）为 53.3%，比上年下降 1.2 个百分点。

（三）工业生产效率稳步提高

一是全员劳动生产率提高。2015 年，福建省规模以上工业全员劳动生产率为 26.11 万元/人，比上年提高 1.94 万元/人，增长 8.0%。二是产出效率趋好。2015 年，全省规模以上工业每百元资产实现的主营业务收入 140.8 元，人均主营业务收入 96.5 万元，分别增加 8.5 万元和 7.0 万元。三是人均创利税提高。2015 年，福建省规模以上工业企业人均创利税 9.29 万元，增加 0.75 万元。

三、工业产业结构向中高端加快调整转化

（一）高技术行业稳步增长贡献提升

2015 年，全省规模以上高技术制造业实现增加值 1005.02 亿元，比上年增长 12.5%，增幅比规模以上工业高 3.8 个百分点；占全省规模以上工业增加值比重为 9.5%，提高 0.4 个百分点；对全省工业增长的贡献率为 12.9%，贡献率分别比 1-9 月、1-6 月和 1-3 月提升 1.8 个百分点、2.8 个百分点和 3.2 个百分点。

（二）战略性新兴产业占比提高

福建省工业在转型升级过程中，着力培育战略性新兴产业，推动工业结构优化发展。2015 年，福建省规模以上工业中战略性新兴产业实现增加值 1913.62 亿元，比上年增长 9.6%，增幅比规模以上工业高 0.9 个百分点；占规模以上工业增加值的比重为 18.0%，比上年提高 1.0 个百分点。

（三）装备制造业生产加快

2015 年，全省规模以上装备制造业实现增加值 2363.45 亿元，比上年增长 9.1%，增幅比规模以上工业高 0.4 个百分点，比 1-9 月、1-6 月和 1-3 月分别提高 0.5 个百分点、1.5 个百分点和 0.8 个百分点；占规模以上工业增加值的 22.3%；对规模以上工业增长的贡献率为 22.9%，增速、比重和贡献率均为全年新高。

（四）高耗能行业生产放缓占比下降

2015 年，全省规模以上工业高耗能行业实现产值 10612.24 亿元，比上年增长 0.4%，增幅比上年回落 7.1 个百分点，比全省规模以上工业低 6.4 个

百分点，占全省规模以上工业产值比重为25.8%，下降1.7个百分点。

（五）部分符合转型升级的细分行业保持快速增长

2015年，部分支撑工业结构转型升级的细分行业保持较快增长。电子工业专用设备制造业产值增长48.5%，医疗仪器设备及器械制造业产值增长21.4%，生物药品制造业产值增长17.8%，电子器件制造业产值增长15.0%，视听设备制造业产值增长14.8%。

四、主要工业行业分化明显

（一）机械装备行业增长稳中有升

2015年，全省机械装备行业实现产值6428.2亿元，比上年增长9.4%，增幅比前三季度提高0.4个百分点。符合智能制造、数控一代、机器换工、环境保护等发展导向的装备制造业增长形势较好，2015年机床、环保设备行业产值分别增长29.1%、16.3%，一些公司以数字化制造技术为核心，面向消费电子、3C通讯、纺织水暖等行业提供各类高端智能数控装备，增长形势良好。汽车行业加快增长，2015年产值1113.9亿元，增长14.1%，汽车产量19.4万辆，增长7.1%。船舶行业形势严峻，2015年实现产值276.4亿元，下降4.0%。船舶企业面临新承接订单大幅下滑，大量超期船舶无法按期交船，资金回笼难等问题，生产经营风险不断加大。全省造船产能利用率不到60%，部分民营船舶生产企业举步维艰。工程机械行业持续下滑，2015年实现产值143.2亿元，下降8.2%；装载机、挖掘机产量分别下降40.1%和33.5%。电工电器行业低位回升，2015年实现产值1761.4亿元，比上年增长6.5%，其中输配电及控制设备、电线电缆等子行业继续保持增长，但电机行业受部分企业资金链、需求下降等影响继续下降，累计产值下降12.3%。

（二）电子信息行业保持两位数较快增长

2015年，全省电子信息制造业实现产值4838.6亿元，比上年增长14.2%，比全省平均水平高4.4个百分点。电子器件制造业实现产值1478.2亿元，增长达15%，在一系列促进消费政策措施带动下，相关产品增长较快，如液晶显示屏产量增长29.1%，锂离子电池增长56.6%。电视机制造业实现产值212.4亿元，增长22.2%。计算机制造业受移动智能终端产品影响，实现产值858.8亿元，增长5.7%，计算机、笔记本电脑产量分别下降11.0%、2.5%。通信设备行业受联想移动公司产能继续转移减产影响，实现产值148.8亿元，下降14.2%。

（三）石化行业受部分大企业停产及上年下半年基数走高等因素影响生产增速逐月放缓

2015年，全省石化行业实现产值2999.2亿元，比上年增长8.5%，增幅比前三季度回落6.3个百分点。四季度，PX、PTA等有机类化工产品市场价格随国际油价下跌较为明显，TDI、BDO等产品价格持续在低位。己内酰胺价格已接近生产成本，利润空间被挤压。四季度原油价格进一步走低，产品和原料价差增大，有利于公司效益增长。

（四）消费品行业保持小幅回升态势

2015年，全省消费品行业实现产值19714.1亿元，比上年增长11.2%，增幅比前三季度回升1.2个百分点。纺织业旺季不旺，市场平淡，2015年实现产值5273.3亿元，增长12.3%，常规化纤、纱线、面料、服装等行业开工不饱满，库存不断加大，但细旦功能性化纤丝、棉型聚酯短纤、新型高支混纺纱线、高弹染整面料企业生产保持产销良性运行。食品工业受消费刚性拉动，总体运行平稳，休闲食品仍保持较快的增长速度，烘焙行业增速略有放缓，食品制造、农副食品加工业产值分别增长14.1%、10.9%。制鞋业总体尚未走出低谷，全年实现产值2646.5亿元，增长5.7%。企业发展喜忧参半，一些龙头企业通过逐步实施自动化生产线全覆盖战略，销售业绩实现稳步回升趋势；二、三线品牌鞋企受资金短缺、网上电商低价鞋冲击等因素影响，产品库存积压严重、资金无法及时回笼，生产经营困难。

（五）冶金行业效益全面下滑

2015年，全省冶金行业实现产值3375.90亿元，比上年增长11.0%。受建筑钢材、不锈钢300系薄板、钨精矿、稀土氧化物等主要产品价格大幅下跌影响，企业效益下滑，全省冶金行业利润下降105.8%。钢铁企业基本全行业亏损，全年累计亏损额达43.10亿元，增亏22.02亿元。

（六）建材行业生产保持增长

2015年，全省建材行业实现产值3120.4亿元，比上年增长11.7%。其中，水泥行业达291亿元，增长12.4%；建筑陶瓷行业达552亿元，增长9.9%；建筑用石加工行业达767亿元，增长6.9%；平板玻璃制造46.6亿元，下降19.7%。主要产品中，水泥产量增长0.9%，平板玻璃下降4.4%，花岗石板材增长12.1%。

五、工业经济运行中面临的困难

（一）工业品外需市场不容乐观

2015年，福建省规模以上工业实现出口交货值7000.96亿元，比上年增长1.8%，增幅比一季度回落1.2个百分点，比上半年回落0.2个百分点，比三季度回落0.6个百分点，比上年回落4.0个百分点，增幅为2010年以来最低。分行业看，2015年，黑色金属、化纤、有色金属、化工等部分传统及重工业行业出口交货值降幅较大，分别实现出口交货值19.81亿元、39.73亿元、70.17亿元、91.04亿元，依次下降40.0%、18.7%、15.6%、9.9%。17个出口交货值超过100亿元的重点出口行业中有6个行业比上年下降。

（二）转型升级步伐缓慢

轻工、纺织、冶金、建材等行业原有的规模扩张优势、成本优势和市场优势不断减弱，企业对于外部环境承受能力有所下降。新兴产业规模尚小缺乏竞争优势，全省战略性新兴产业占GDP的比重不到10%，智能装备产业仅占机械工业的6.7%。企业自主创新能力不足，全省R&D经费支出占GDP比重低于全国平均水平；科技成果转化率约10%，低于全国20%的平均水平。

（三）企业停产减产面较大

2015年12月，全省16774家规模以上工业企业中，停产企业1174家，减产企业5963家，停产和减产企业合计7137家，停产减产面为42.5%，分别比9月、6月和3月扩大4.5个百分点、6.1个百分点和4.9个百分点。2015年停减产面为近年新高，2014年同期和2013年同期停产减产面分别为38.2%和39.2%。

（四）亏损企业亏损状况仍在加剧

2015年，全省规模以上工业企业中有1355家企业亏损，亏损面为8.1%，比上年扩大0.5个百分点；亏损企业亏损额255.65亿元，比上年增亏69.5%，增亏幅度扩大66.6个百分点。

（五）PMI、PPI、工业用电量、增值税等相关指标继续回落

2015年，全国制造业采购经理指数PMI为49.7，福建PMI为49.2，比全国低0.5个百分点。价格是反映市场景气状况的先行指标，2015年以来，全省工业品生产者出厂价格继续下跌，表现低迷。2015年，全省工业生产者出厂价格指数PPI累计为97.0，降幅比上年扩大1.6个百分点，自2012年2月起，持续处于下降通道中。2015年，全省工业用电量下降1.5%，回落9.7个百分点。2015年1-11月，全省工业增值税（国税部门）同比下降0.2%，回落4.1个百分点。

四、若干建议

（一）调整优化产业结构，大力发展先进制造业

适应新常态下经济中高速增长，调整优化产业结构势在必行，在经济增速换挡前行同时，大力发展先进高端制造业，瞄准中国制造2025和工业4.0，高起点高投入智能制造、高端装备、生物医药等新兴产业，加快改造升级传统产业，致力于改善工业经济产业结构，积蓄增强工业经济发展新动能，推进产业整体向中高端迈进，构建福建工业竞争新优势。

（二）倡导企业自主创新，力促工业提质增效发展

积极倡导企业自主创新，强化企业创新主体地位，鼓励企业技术创新和集成创新，推动企业开展管理创新并建设新型营销模式，引导企业在设计、品牌、质量、营销上下真功出实绩，提升价值，创造财富。政府要通过优化制度设计，创造公平竞争的市场环境，来促进企业自我发展，尽可能减少出台直接针对某些行业的扶持政策，避免再次出现类似光伏行业的大力扶持——一哄而上—产能过剩—极度萧条的现象。

（三）分类指导强化服务，帮助企业缓解经营困难

面广量大的中小企业，是全省工业经济的中坚力量，针对现阶段企业在营销、融资、用工等方面遇到的现实困难，积极搭建公共服务平台，加强分类指导服务，加大对中小企业的信贷投入及放贷补贴力度，打通宏观宽泛的流动性注入实体微观企业的各种屏障，拓宽中小企业直接融资渠道，落实清费减负举措，帮助中小企业降低生产经营成本，采取有效措施减轻中小企业“招工难、用工贵”等困扰，帮助中小企业缓解经营困难与压力，增强企业经营信心与动力。

（执笔：陈玲）

推进福建工业经济扩量提质的思考

经过改革开放 30 多年来的建设，福建工业经济已具备一定的产业基础，工业经济运行质量有了较大的提升，工业日益成为推动福建省经济社会发展的主导力量。2014 年，全省规模以上工业实现增加值突破万亿，达到 10051 亿元。但是，随着推动工业发展的核心生产要素——人口、土地、资源和劳动力等红利逐渐消失，福建工业经济也面临新形势和新挑战。

一、福建工业经济扩量提质任重道远

（一）工业生产增速进入平稳运行

改革开放以来，福建工业经济经历了 30 多年的持续高速增长。从 1979 年至 2010 年“十一五”规划结束，全省全部工业增加值总量增加了 267 倍，年均增速达到 16.2%。然而，这种高速发展模式是特定时期、特定条件下的产物，经济学和社会学的原理告诉我们这种增长模式是难以长期持续的，也是很难复制的。“十二五”以来，全球经济发展速度趋缓，工业经济的发展重心也由关注增长速度逐渐转移至注重结构调整优化上来，全省工业经济增速在平稳中缓慢下行。2011 年至 2014 年全部工业增加值增速分别为 16.7%、13.8%、12.8%和 12.1%，2015 年 1-11 月全省规模以上工业增加值增速仅为 8.8%，呈现持续回落的趋势，短期内福建工业经济出现明显提速的可能性不大。

（二）工业经济总量指标有被赶超趋势

从表 1 可以看出，从 2010 年起，全省全部工业增加值总量在全国的位次一直保持在第 11 位。全省规模以上工业主营业务收入总量位次显示后移的态势，从 2005 年的第 9 位后移至 2013 年的 12 位，分别被四川、湖北和安徽超过。资产是工业经济时代最重要的生产要素，一个地区拥有资产的多少反映了这个地区工业经济持续发展的能力和水平。2010 年之前，福建省规模以上工业资产总额一直位居全国第 13 位，2011 年起，被安徽和内蒙古超过，居全国的位次后移。

表 1　全省工业主要总量指标在全国的位次

福建	全部工业增加值		规模以上工业主营业务收入		规模以上工业资产总计	
	总量（亿元）	位次	总量（亿元）	位次	总量（亿元）	位次
2005	2842.43	9	7848.24	9	6841.37	13
2008	4755.45	10	14816.17	9	11694.91	13
2010	6379.71	11	21479.37	10	16058.70	13
2011	7675.09	11	26850.95	11	18582.15	14
2012	8541.94	11	29206.84	11	21385.98	15
2013	9455.32	11	32847.14	12	24671.06	14

（三）工业结构调整进展相对缓慢

一是高技术制造业所占比重不升反降。2014 年，全省高技术产业增加值为 918.63 亿元，仅占规模以上工业增加值的 9.1%，比全国平均水平低 1.5 个百分点，且在“十二五”期间没有出现提升的趋势，还比 2010 年降低 1.3 个百分点。二是代表先进制造业水平的装备制造业发展不快。2014年，全省装备制造业实现增加值2240.51亿元，占规模以上工业的22.3%，比上年下降0.3个百分点，比2010年下降2.8个百分点。三是科技含量相对低、产品附加值不高的劳动密集型行业占比提高。2014年，全省规模以上工业中劳动密集型的行业实现增加值占比为28.9%，比上年提高0.3个百分点。四是高耗能行业占比提高。2014年，全省高耗能工业行业实现增加值占规模以上工业的比重为24.5%，比上年提高0.7个百分点，比2010年提高2.0个百分点（见表2）。

表2　主要年份全省规模以上工业部分行业增加值比重

单位：%

	2014	2013	2010	2014年比2010年增加（百分点）
高技术行业	9.1	9.0	10.4	-1.3
装备制造业	22.3	22.6	25.1	-2.8
劳动密集型行业	28.9	28.6	28.0	0.9
高耗能行业	24.5	23.8	22.5	2.0

（四）工业经济质量效益指标不佳

2014年国家统计局发布的反映经济转型升级的指标体系中，选取了工业劳动生产率、工业企业每百元资产实现主营业务收入、工业企业主营业务收入利润率和工业企业产成品存货周转天数等4个指标，分别从工业劳动生产效率、投入产出效率、盈利能力、景气状况的不同角度反映工业经济质量效益情况。从表3可以看出，2014年的各个指标均优于2000年，但与2010年相比，2014年反映工业生产投入产出效率的每百元资产实现主营业务收入和反映工业盈利能力的主营业务收入利润率表现出减少和降低现象。

表3　反映规模以上工业经济转型升级的质量效益指标

	计量单位	2000	2010	2014
工业劳动生产率	万元/人	5.12	14.84	24.06
工业企业每百元资产实现主营业务收入	元	78.88	146.10	120.02
工业企业主营业务收入利润率	%	4.48	8.17	6.32
工业企业产成品存货周转天数	天	27.32	15.08	14.87

（五）工业产业技术水平有待提高

尽管近年来福建省工业的技术创新能力有所增强，但产业技术开发投入略显不足，产品科技含量和装备现代化程度不高，科技成果向现实生产力转化的有效机制尚未真正形成。多数企业形成了生产能力，但是没有形成开发能力；不少企业还只算得上是个加工厂或组装厂，没有成为创新主体，更谈不上拥有核心技术。截至2014年末，全省仅有

1321家工业企业拥有自己的科技机构，仅占7.9%，以企业为主体的技术创新体系建设尚处于起步阶段。从工业企业研究与试验发展（R&D）投入来看，2014年全省工业企业R&D经费支出占主营业务收入的比重仅为0.9%。OECD（经济合作发展组织）将R&D强度作为衡量高技术产业的基本标准，1%以下为低技术，1%-3%以上为高技术，10%以上为严格意义的高技术。技术开发与创新经费投入低，大大制约了技术、产品创新能力的提高。这也造成福建省工业基础技术和重大装备严重依赖于发达国家，一些关键零部件上（如芯片、集成电路和汽车电子器件等）完全依赖进口。

二、福建工业扩量提质日益迫切

（一）全球产业竞争格局正在发生重大调整

“工业4.0”“第四次工业革命”正在全球酝酿和发展中，世界正处于新一轮技术和产业革命孕育期。发达国家凭借自身优势力图重振制造业，一些后发国家依托传统优势更多参与中低端市场分工，承接产业及资本转移。中国制造业面临发达国家和其他发展中国家“双向挤压”的严峻挑战。

（二）制造业在经济新常态中面临新挑战

随着资源和环境约束不断强化，劳动力等生产要素成本不断上升，投资和出口增速明显放缓，主要依靠资源要素投入、规模扩张的粗放发展模式难以为继，工业特别是制造业的结构调整、转型升级、提质增效刻不容缓。

（三）实现规划目标的要求

现在距离2020年全面建成小康社会的时间节点只有5年，要完成“十八大”确定的目标任务，必须按照新型工业化道路的总体要求，以提高全要素生产率为出发点，全面优化产业结构，推进两化深度融合，把工业发展建立在创新驱动、集约高效、绿色低碳、智能发展、惠及民生的基础上，加快实现提质增效升级。

（四）产业结构调整的客观需要

福建经济数十年来的持续高速增长，得益于抓住了经济运行体制调整带来的改革红利和农村剩余劳动力转移带来的人口红利两大历史机遇。而如今，这些优势已不再那么突出，而资源约束和产能过剩等影响工业经济发展的问题则逐渐突显。首先是福建省人口红利消减，安徽、江西和两湖等地区凭借更充足的劳动力供给、更廉价的劳动力成本赢得了更多的发展成果，客观上形成了赶超态势。其次是资源约束瓶颈倒逼。从1978年到2014年这30多年间，福建能源消费总量增长了16.6倍，如果继续按照现有发展模式进行，到2020年时，福建的能源消费量将可能会突破2亿吨标准煤，依靠粗放式增长获取发展红利的时代行将结束。第三是过剩产能的消除化仍将持续一段时期。因此，当前推进福建工业经济持续健康发展，已经不能再简单地局限于增加投资、加快生产、加快出口等办法，而是要将重心转移到加快调整、加快转变、加快改革，千方百计地转移到提高工业产业整体素质上来。

三、推动福建工业提质扩量的驱动力选择

（一）突破口——智能制造

1.智能制造的重要意义。智能制造是信息化与工业化深度融合的主攻方向，也代表着先进制造业的发展方向。加快发展智能制造产业，对于提高福建省制造业整体实力，加快制造业转型升级，提高生产效率、技术水平和产品质量，替代人工作业，降低能源资源消耗，实现制造过程智能化和绿色化发展具有重要意义。

2.福建实施《中国制造2025》行动计划：主攻智能制造。智能制造是福建省对接中国制造2025、加快产业转型升级的重要突破口。福建省委九届十四次全会把加快产业转型升级作为稳增长调结构的主要抓手和“十三五”时期经济发展的重点任务，强调贯彻落实《中国制造2025》和《福建省实施〈中

国制造 2025〉行动计划》。智能制造作为产业转型升级工作的重要抓手，受到省委省政府领导高度关注。

3. 福建出台“智能制造九条”。为贯彻福建省委九届十四次全会精神，省政府出台了《关于加快发展智能制造九条措施的通知》（简称“智能制造九条”），通知中明确指出，全球工业 4.0 革命浪潮下，抓住新一轮产业变革机遇和信息化发展趋势，推动福建制造向智能制造转变，是福建制造业实现弯道超车、提升长远竞争力的根本保证。

（二）全国掀起智能制造的浪潮，高新技术推动中国“智”造

1. 机器换人——存量的优化，以智能化提高传统产业竞争力。2014 年，随着政府各项扶持政策的相继出台，在机械、纺织、服装、家具、鞋业等重复劳动特征明显、劳动强度大的传统制造业中，利用先进自动化生产设备进行技术改造升级，掀起了一场“机器换人”的浪潮，不但节约了劳动力成本，提高了劳动生产率和技术贡献率，还提升了产品质量。

2. 互联网+——以互联网作为技术平台引发新一轮的技术和产业革命。某重工企业通过在其设备上安装 2G、3G 的通信模块而与后台联系起来，可以实时采集设备的运行状况，从而进行主动维护。该重工企业在全球有 10 万台设备接入了后台的网络中心，通过大数据处理进行实时的远程监控预警，3 年间成本降低 60%，新增利润超过 20 亿元。

3. 智能化生产——基于信息物理系统的智能装备、智能工厂等智能制造正在引领制造方式变革。温州某鞋业生产企业采用三维足型扫描仪，能够在 10 秒内完成一个脚型的完整三维尺度测量，不仅将生产效率提高了 30%以上，而且节省了大量人力成本。

（三）福建省智能制造初见成效

1. “数控一代”示范工程。泉州在福建省率先启动“数控一代”机械产品应用示范工程。2014 年以来，近 1000 家泉州制造企业应用国产数控系统 1400 多套，建成制鞋、水暖卫浴、汽车配件等数十条自动化生产线，帮助企业减少用工 20%-30%、降低设备成本 30%-50%。

2. “机器换工”。泉州某纺织企业从 2013 年开始，通过自主研发及与“哈工大”合作，研发了“自动断线检测系统”，为全部 400 多台机台装上了“断纱仪器”，不仅次品率下降了 5%，效率也提高了 5%，同时，减少用工一倍以上。

3. 智能化生产车间。福建某数控机械企业逐步建设智能化生产车间，运用互联网技术，将机床联合在一起，通过云平台进行机床生产、故障诊断、调度等。

4. 传统产业与互联网融合。充分释放从创意设计到生产制造的巨大创造潜能，推动更多企业由产品代工向品牌塑造跃升。如制鞋业是莆田市的传统优势支柱行业，为了加快制鞋业的发展，莆田市积极促成制鞋业与新兴的互联网电子商务融合，从而形成了 300 多个鞋类自主品牌，以及多个垂直细分平台和分销平台，不少较大规模的制鞋企业将其生产过程的不同工序分包给专业生产部件的小企业或者家庭作坊，激发众多小企业的活力，带动全市制鞋产业产值超百亿元。

5. 产业集群基础性创新的融合。大众创业、万众创新的实施，促进个性化定制等在制造业全产业链集成运用，推动制造模式变革。

此外，网络众包、协同设计、大规模个性化定制、精准供应链管理、全生命周期管理、电子商务等正在重塑产业价值链体系；可穿戴智能产品、智能家电、智能汽车等智能终端产品不断拓展工业制造的新领域。

四、“凤凰涅槃”，实现工业从“制造”到“智造”的转变

习总书记提出的“两只鸟论”的思想发端于浙

江经济社会发展实践，“腾笼换鸟，凤凰涅槃”分别指结构调整、创新驱动两个层面。前者指要培育和引进新兴产业，在挪空间中转型升级；后者指须拿出浴火重生的勇气，抢占新产业、新技术的制高点。“两只鸟论”既切合实施经济结构调整之需，也是对改革创新的形象阐述，为福建工业经济实现扩量提质，找到发展新动力有至关重要的意义。只有大力提高自主创新能力，以信息化带动工业化，打造先进制造业基地，变制造为智造，变贴牌为创牌，才能实现福建工业产业的浴火重生、脱胎换骨。

（一）努力实现“存量”强和“增量”大的有机统一

面对扩量和提质的“双重任务”，不扩量发展就没有实力，不提质转型升级就没有未来。因此，福建省工业转型升级、扩量提质，既是形势所迫，也是任务使然。既要积极化解部分行业产能过剩矛盾，又要在提质增效升级上取得新的、实质性进展，需要在工业“存量”和“增量”上双管齐下，努力实现“存量”增强和“增量”增大的有机统一。

（二）培育发展壮大福建省的智能制造产业

围绕解决福建省智能装备产业规模偏小、龙头企业实力较弱、技术创新水平不高等问题，需要从四个方面采取措施，促进智能制造产业发展壮大。引进和培育行业龙头企业，给予资金奖励和投资补助；推动智能装备专业园区建设，对智能装备园区项目所需的资金、新增用地、用林指标优先支持；加大智能制造研发创新平台支持力度，提升研发创新能力；支持智能制造标准与品牌建设，对福建省智能装备企业并购国内外高端品牌的或者福建省企业主导制订智能制造国际标准、国家标准和行业标准的，给予资金奖励。

（三）切实在解决影响制造业发展的短板上下工夫

传统制造业哪些是要先被改造的？目前我国ERP 管理系统已经十分成熟，但在芯片、传感器这样的短板方面，应该成为今后重点发展目标以及未来我国制造业的投资方向。此外，国计民生部分，譬如医疗、食品行业也是短板的其中之一。因此，福建省在抓住智能制造业发展的机遇期时，更要抓住我国制造业短板，力求在芯片、传感器、医疗、食品等行业寻求突破。

（四）推进信息化与工业化深度融合

深化互联网在制造领域的应用，培育智能监测、远程诊断管理、全产业链追溯等工业互联网新应用；建设工业云服务和工业大数据平台，推动软件与服务、设计与制造资源、关键技术与标准的开放共享；加强互联网基础设施建设，建设低时延、高可靠、广覆盖的工业互联网；组织开发智能控制系统、工业应用软件、故障诊断软件和相关工具、传感和通信系统协议，实现人、设备与产品的实时联通、精确识别、有效交互与智能控制。

（五）持续提高工业科技创新能力

科技创新日益成为经济发展的主要动力。应发挥行业骨干企业的主导作用和高等院校、科研院所的基础作用，攻克一批对产业竞争力整体提升具有全局性影响、带动性强的关键共性技术，加快成果转化；鼓励代工企业建立研究设计中心，向代设计和出口自主品牌产品转变；发展各类创新设计教育，设立工业设计奖，激发全社会创新设计的积极性和主动性；推进科技成果产业化，建立完善科技成果信息发布和共享平台；强化基础领域标准、计量体系建设，加快实施对标达标，提升基础产品的质量、可靠性和寿命；建立多部门协调推进机制，引导各类要素向基础领域集聚；着力解决影响核心基础零部件（元器件）产品性能和稳定性的关键共性技术；加大基础专用材料研发力度。

（执笔：陈玲）

福建省企业创新现状及特点分析

为全面了解福建省企业创新活动的开展情况，2015年根据全国企业创新调查方案要求，有关部门对福建省19234家企业在2013-2014年间创新活动情况开展调查。调查显示，福建省企业创新情况总体呈良好态势，创新活动较为活跃，但仍存在创新能力低、力量偏弱等需关注的问题。

一、福建省企业创新现状及特点

（一）企业创新活动活跃

调查显示，福建省有42.2%企业开展了创新活动，比全国平均水平高0.9个百分点，居全国第9位、东部第6位；开展创新活动企业中有98.4%取得成功，比全国平均水平高2.2个百分点，仅次于四川省，居全国第2位、东部第1位。从规模以上工业企业创新情况看，大型企业开展创新活动的比重高于其他企业，外商投资企业创新活动更加活跃。被调查企业中有82.9%的大型工业企业开展了创新活动，比中型企业、小型企业分别高20.9个百分点和39.2个百分点；53.4%的外商投资企业开展了创新活动，比港澳台商投资企业高3.6个百分点，比内资企业高6.5个百分点。从创新类型看，产品创新和营销创新在工业企业中表现最为活跃，分别占工业企业总数的27.3%和28.6%；工艺创新和组织创新在建筑业企业中表现最活跃，分别占34.3%和43.6%。

（二）企业创新方式优化

调查显示，福建省规模以上工业企业中，有83.2%的企业独立开发新产品，比2006年提高了13.0个百分点；71.7%的企业独立开发或改进生产工艺，比2006年提高10.0个百分点，独立开发成为企业实现技术创新的主要方式。代表自主创新投入的内部研发费用占企业技术创新费用总额的61.6%，比2006年高出35.7个百分点，反映企业技术创新模式由主要依靠引进技术向自主研发转变。

（三）企业创新投入增加

调查显示，2014年福建省规模以上工业企业创新费用达512.29亿元，比2006年的191.53亿元增加320.76亿元；其中，内部研发经费支出315.38亿元，外部研发经费支出11.46亿元，获取相关技术经费支出38.03亿元，分别是2006年的6.4倍、2.1倍和2.5倍。

（四）企业创新成效显现

调查显示，2014年全省规模以上工业企业实现新产品销售收入3511.71亿元，是2006年的2.8倍，年均增长13.9%。从产品新颖度看，在产品创新企业中，产品新颖度达到国际市场的新企业超过五分之一，占22.3%，产品新颖度达到国内市场的新企业接近六成，占59.1%。从专利情况看，有效发明专利拥有量快速增长。截至2014年末，全省规模以上工业企业拥有有效发明专利9176件，是2006年的7.7倍，年均增长29.1%。

（五）企业创新动因多样

调查显示，市场信息成为激发福建省企业开展创新活动的重要动因。在开展产品或工艺创新活动的企业中，有48.9%认为客户或消费者需求信息对企业开展创新活动影响最大，认为竞争对手信息和原材料供应商信息影响最大的分别有27.1%和23.2%；从合作模式看，有67.5%的企业在产品或工艺创新上与其他企业开展了不同形式的合作，其中最受青睐的创新合作伙伴是客户或消费者，选择与其合作的企业占44.8%，其次是原材料供应商，占 41.9%。从政策因素影响看，有 71.3%的企业家认为优惠政策的扶持是促进企业创新的重要因素。在调查的 9 类扶持政策中，对企业创新的影响力较大的是：创造和保护知识产权、鼓励企业吸引和培养人才、金融支持、优先发展产业的相关政策，分别达 52.9%、51.4%、51.1%和 49.5%。

（六）创新驱动成为共识

调查显示，有创新活动的企业对创新作用的认同度更高。在被调查企业中，福建省八成以上企业家认为创新对企业的生存发展有一定作用，其中有 27.2%企业家认为创新对企业的生存发展起了重要作用，有 51.1%已为企业今后的发展制定了创新战略目标。在有创新活动的企业中，有 41.6%的企业家认为创新对企业的生存发展起了重要作用，有 77.1%制定了创新战略目标。从创新类型对企业的影响看，有 92.1%的企业家认同产品创新提高了产品的性能质量，91.1%认同组织创新提升了管理效率，89.7%认同工艺创新提高生产效率，87.2%认同营销创新开拓了新的客户群体。

二、企业创新需关注的问题

（一）创新能力在东部地区不具优势

调查显示，福建省企业创新活跃程度虽居东部地区第 6 位，但 2014 年规模以上工业企业创新费用占主营业务收入比重仅为 1.4%，比东部地区的 1.6%低 0.2 个百分点。开展创新活动的企业所占比重比东部地区的平均水平（43.0%）低 0.8 个百分点，比江苏、天津、浙江分别低 7.2 个百分点、6.8 个百分点和 4.9 个百分点。

（二）中小型企业创新力量较薄弱

调查显示，在规模以上工业企业中，有 42.1%的小型企业和 56.4%的中型企业开展研发活动，比大型企业分别低 31.4 个百分点和 17.1 个百分点。在研发资金投入方面，小型和中型工业企业分别投入 72.62 亿元和 88.01 亿元，分别仅占工业研发投入总额的 23.0%和 27.9%，比大型企业低 26.1 个百分点和 21.2 个百分点。在研发人员投入方面，中型工业企业的 R&D 人员折合全时当量占总量的 30.2%，小型企业占 20.6%，比大型企业分别低 19.0 个百分点和 9.6 个百分点。

（三）三大因素阻碍企业创新

调查显示，阻碍企业创新主要有三大因素，一是信息渠道不畅，有 13.6%的企业缺乏技术方面的信息，13.1%的企业缺乏确定创新产品需求方面的信息，9.8%的企业缺乏市场的信息。二是资金不足，有 14.5%的企业缺乏银行贷款等外部资金支持，10.7%的企业缺乏企业或企业集团内部资金支持，6.4%的企业缺乏风险投资支持。三是人才流失，24.9%的企业存在人才缺乏和流失阻碍企业创新活动开展的情况。

（四）政策效果不明显

调查显示，有 60%以上企业家认为“科技开发用品免征进口税受收政策”“技术转让、技术开发收入免征增值税和技术转让减免所得税政策”“高新技术企业所得税减免政策”以及“研发活动专用仪器设备加速折旧政策”对企业创新活动影响不大。主要原因：一是企业不具备享受相关优惠政策的资格，即优惠政策的门槛较高，惠及面较窄。二是企业不知道相关优惠政策，即政府对优惠政策的宣传推广力度不足。

（五）创新成果保护意识不强

调查显示，仅 5.6%的企业申请了发明专利，6.5%申请了实用新型或外观设计专利，16.1%注册了商标，专利保护的重要性尚未得到企业的足够重视，创新成果保护总体水平不高。

三、对策建议

（一）对企业创新再强化扶持

应加大财政资金扶持力度，拨出专项资金，支持拥有国家级、省级企业技术中心的企业开展原始创新，给予原始创新项目合理的运行周期和收益宽容周期；对企业申报高新技术企业、成立国家级和省级企业技术中心给予经费支持；推行创新券制度，通过引导性资助或后补助等方式，鼓励和引导企业，加大研发投入力度。贯彻财政部、国家税务总局、科技部《关于完善研究开发费用税前加计扣除政策的通知》等政策，加强宣传，简化手续，规范政策执行，扩大惠及面，确保政策落实到位。

（二）加强企业知识产权保护

进一步健全知识产权保护和运行机制，充分发挥政府的引导和保障作用，营造尊重知识产权，维护市场秩序的良好环境。增强企业知识产权管理意识，要把知识产权管理与企业的创新战略联系起来，增强企业核心竞争力。开展企业管理人员知识产权培训，提高其知识产权创造、运用、保护和管理水平。吸引更多优质专利代理机构入闽，引导专利代理机构为企业提供知识产权服务。普及知识产权保护法，加大对反复侵权、恶意侵权行为的查处，对创新行为的鼓励和保护。

（三）加快企业创新人才培育

在继续贯彻落实福建省引进高层次人才的一系列优惠政策基础上，通过创造良好创新环境，吸引海内外高层次管理和创新人才；通过委托培养、联合培养等形式，培养适应福建省建设和产业发展需要的实用型创新人才；通过项目、技术、资金、人才集聚效应，引导人才、技术等向企业流动；通过学科建设、互培交流等形式，鼓励科技人员以兼职和全职等方式向企业流动，促进项目转化和人才创新能力的提升。

（执笔：陈昉）

投资回报率：一个值得关注的问题

投资是宏观经济运行的先行指标，资金的投向和使用效果决定了投资的回报预期和未来产业结构的走向。过去，我们更多的是追求经济规模的扩大，长期以来大规模粗放式的投入成为推动经济增长的重要引擎；新常态下，转型升级、提质增效是头等大事，投资只有符合未来产业发展趋势和市场走向，才有高的回报率，也才有良好经济效益和社会效益。换言之，投资回报率是检验投资方向是否正确、产业结构是否合理、经济转型升级是否有效的试金石。

一、投资回报率不高是当前福建经济存在的现实问题

改革开放以来，福建省投资迅猛增长，全社会固定资产投资总额由1979年的15.30亿元增加至2015年的21628.31亿元，年均增长22.3%。“十二五”时期投资对经济增长的贡献率稳定在70%以上，远高于全国40%-50%的平均水平，投资无疑是近些年福建经济快速增长最主要的驱动力。但在大规模投资的同时，投资的效果系数却在逐年走低，福建省固定资产投资效果系数2011年至2015年分别为2.76、2.38、2.16、1.89和1.67，投资效益不断下滑。2015年，福建省固定资产投资效果系数在东部地区居第8位，与2010年相比，投资效果系数下滑，下降幅度居东部地区第2位。

以工业投资为例，2011-2015年福建省工业投资增速分别为35.6%、22.9%、24.2%、11.0%和16.2%，但产出持续回落、生产质量不高、投资效率偏低等问题也同时存在。同期福建省工业投资的效果系数分别为3.60、3.04、2.60、2.21和1.94，呈现出明显的下降趋势，总体上也低于同期全国平均水平。考虑到增加值四要素中，劳动者报酬和生产税净额分别是分配给个人和上缴国家的部分，只有营业盈余是归企业所有，因此利润才是企业生产经营所追求的最终目标，也是投资回报的最终体现。所以，本文使用利润率近似替代投资回报率，用来衡量工业的投资效果。进一步分析工业投资效果不佳，主要原因是高利润率行业投入不足，导致高投入低产出现象较为严重，从行业利润率以及投资的变动可以分析投资效果系数下降的原因，以2011-2015年分行业的平均利润率与2009-2013年的分行业投资数据进行比较（见表1）。

表1　福建省部分规模以上工业行业利润率及投资情况

行业	2009-2013年工业分行业投资（亿元）	行业投资占比情况（%）	2011-2015规模以上工业分行业平均利润率（%）
合计	18259.14	100.00	6.69
燃气生产和供应业	150.03	0.82	11.46
酒、饮料和精制茶制造业	493.37	2.70	9.99
通用设备制造业	529.43	2.90	9.01
食品制造业	459.63	2.52	8.88

续表 1

行业	2009-2013 年工业分行业投资（亿元）	行业投资占比情况（%）	2011-2015 规模以上工业分行业平均利润率（%）
化学纤维制造业	410.94	2.25	8.85
木材加工和木、竹、藤、棕、草制品业	574.65	3.15	8.41
非金属矿物制品业	1374.61	7.53	8.40
纺织服装、服饰业	565.61	3.10	8.34
仪器仪表制造业	104.49	0.57	8.30
非金属矿采选业	179.20	0.98	8.19
电气机械和器材制造业	688.66	3.77	8.13
电力、热力生产和供应业	2347.88	12.86	8.09
纺织业	908.10	4.97	7.86
家具制造业	286.99	1.57	7.61
印刷和记录媒介复制业	116.18	0.64	7.33
有色金属矿采选业	91.20	0.50	7.22
农副食品加工业	778.24	4.26	6.99
专用设备制造业	468.85	2.57	6.90
造纸和纸制品业	582.20	3.19	6.90
煤炭开采和洗选业	224.48	1.23	6.68
有色金属冶炼和压延加工业	366.92	2.01	6.66
汽车制造业	411.47	2.25	6.65
橡胶和塑料制品业	596.48	3.27	6.34
烟草制品业	79.47	0.44	6.18
废弃资源综合利用业	45.05	0.25	5.96
铁路、船舶、航空航天和其他运输设备制造业	228.13	1.25	5.96
金属制品、机械和设备修理业	16.97	0.09	5.75
皮革、毛皮、羽毛及其制品和制鞋业	523.41	2.87	5.71
水的生产和供应业	364.59	2.00	5.50
金属制品业	590.88	3.24	5.18
其他制造业	330.48	1.81	5.08

续表 2

行业	2009-2013 年工业分行业投资（亿元）	行业投资占比情况（%）	2011-2015 规模以上工业分行业平均利润率（%）
计算机、通信和其他电子设备制造业	742.94	4.07	4.54
石油加工、炼焦和核燃料加工业	711.80	3.90	4.45
医药制造业	191.37	1.05	4.20
黑色金属冶炼和压延加工业	604.30	3.31	2.69
化学原料和化学制品制造业	773.60	4.24	2.54
文教、工美、体育和娱乐用品制造业	232.93	1.28	-0.56
黑色金属矿采选业	85.36	0.47	
开采辅助活动	20.90	0.11	
其他采矿业	7.35	0.04	
石油和天然气开采业			

注：1. 2011 年起使用新的行业分类标准，2010 年和 2011 年数据根据新行业标准做了适当调整。2. 2011 年起投资改为固定资产投资，之前为城镇固定资产投资。3. 表中行业按平均利润率高低降序排列。

从表 1 可以看出：

（一）部分高利润率行业投资占比较低

如燃气生产和供应业 2011-2015 年平均利润率为 11.5%，高居各行业之首，但其 2009-2013 年的投资总额占规模以上工业的比重仅为 0.8%；仪器仪表制造业平均利润率为 8.3%，高于规模以上工业平均水平 1.6 个百分点，投资总额占规模以上工业的比重仅为 0.6%；还有化学纤维制造业、家具制造业、印刷和记录媒介复制业等利润率高于全省平均的行业其投资都略显不足，占比较低。

（二）部分低利润率行业投资较多

如化学原料和化学制品制造业，石油加工、炼焦和核燃料加工业，黑色金属冶炼和压延加工业等利润率均低于全省平均水平，但其投资占比都达到 3% 以上，其中黑色金属冶炼和压延加工业 2011-2015 年平均利润率仅为 2.7%，居 38 个工业大类行业中第 35 位，但其投资规模却居第 9 位。

（三）部分劳动密集型行业利润率高于资本、技术密集型行业

一方面，福建省部分具有比较优势的传统行业大都属于劳动密集型行业，由于研发和创新驱动，企业掌握了核心技术，拥有自主品牌和自主知识产权，将传统行业的产品做到不传统，所以利润率较高。如纺织服装、服饰业，酒、饮料和精制茶制造业，食品制造业，化学纤维制造业，非金属矿物制品业等行业的利润率均高于规模以上工业平均水平。另一方面，一些资本、技术密集型的行业，由于缺乏自主品牌和研发创新，处于价值链低端，所以其利润率较低。如计算机、通信和其他电子设备制造业，医药制造业，石油加工、炼焦和核燃料加工业，铁路、船舶、航空航天和其他运输设备制造业，化学原料和化学制品制造业等行业的利润率均低于规模以上工业平均水平。

二、投资回报率不高直接影响经济主体的生产投资热情，使整体经济乏力

投资回报率不高，将导致企业投资成本回收期限延长，企业利润空间被挤压，使本来就紧张的资金缺口进一步扩大，从而导致企业的生产积极性和相关经济主体投资实体经济的热情下降，资本的逐利性会导致资金转向股票、债券、房地产等其他渠道进行投机，将对实体经济产生不利影响，增加经济运行风险。

（一）企业停产减产面持续扩大

2015年12月，全省有1174家企业停产，停产面为7.0%，5963家企业产值同比减少，减产面为35.5%，停产减产企业合计7137家，停产减产面为42.5%，分别比9月、6月和3月扩大4.5个百分点、6.1个百分点和4.9个百分点。2015年停减产面为近年新高，分别比2014年和2013年提高4.3个百分点和3.3个百分点。2016年1-2月，全省共有6390家规模以上工业企业停减产，停减产面为36.9%。其中，减产企业数5433家，多404家，减产额增加122.10亿元。

（二）企业生产景气状况不佳

根据规模以上工业企业四季度生产经营及景气状况专项调查显示，2015年四季度全省工业企业产能平均利用率为79.4%，比三季度、二季度分别降低0.2个百分点和0.4个百分点，订单不足是企业生产能力没有充分发挥的主要原因。2015年四季度企业家信心指数为110.57，分别比2014年同期、2015年三季度、二季度、一季度回落5.75个点、2.07个点、4.52个点和11.46个点，已连续3个季度处于“相对景气”区间。反映市场需求的工业生产者出厂价格已连续48个月处于下降通道，表明整个市场需求疲软。

（三）民间投资持续放缓

由于投资回报率不高、经营效益下滑，福建省民营企业和民间资本投资意愿下降，民间投资增速也逐渐回落。2015年，全省民间投资12637.31亿元，比上年增长17.8%，增幅比上年回落5.9个百分点，占投资的比重为59.3%，对全省投资的贡献率为60.3%，下降10.7个百分点。2016年1-2月，全省固定资产投资增速为近19年以来同期最低值，其中民间投资1170.55亿元，同比下降4.6%；制造业投资513.05亿元，下降0.8%。

三、导致投资回报率不高的主要原因

（一）产业同质化和重复建设导致投资回报率不高

低水平重复投资，一方面引起严重的产能过剩，市场过度竞争，因此投资效率和效益下降；另一方面导致地方经济的投资结构和产业结构更加趋同而不是趋异，导致大量的资本沉淀于生产能力过剩的产业。在福建省全部38个工业大类行业中，40个以上县（市、区）共同拥有的行业有18个，占47.4%。这些行业包括：农副食品加工业，食品制造业，饮料制造业，纺织业，纺织服装、服饰业，木材加工和木、竹、藤、棕、草制品业，家具制造业，造纸和纸制品业，化学原料和化学制品制造业，非金属矿物制品业，黑色金属冶炼和压延加工业，金属制品业，通用设备制造业，专用设备制造业，电气机械和器材制造业等。其中，非金属矿物制品业在全省22个县（市、区）中都位列增加值居前5位的行业；农副食品加工业在全省21个县（市、区）中都位列增加值居前5位的行业；皮革、毛皮、羽毛及其制品和制鞋业在全省16个县（市、区）中位列增加值居前5位的行业；黑色金属冶炼和压延加工业在全省12个县（市、区）中位列增加值居前5位的行业。以钢铁行业为例，目前全国的钢铁年产能约12亿吨，年需求量约7亿吨-8亿吨，约三分之一的产能是过剩的。根据企业景气状况调查，2015年福建省规模以上钢铁企业平均产能利用率约为70%，大大低于规模以上工业80%左右的平均水平。

（二）产业结构低端化导致投资回报率不高

福建省产业结构层次偏低，优势产业基本都集中在传统的劳动密集型产业。以规模以上工业为例，福建省工业总产值居前5位的行业分别是计算机、通信和其他电子设备制造业，皮革、毛皮、羽毛及其制品和制鞋业，非金属矿物制品业，农副食品加工业和纺织业，有4个属于传统的劳动密集型行业。而同属东部地区的江苏、浙江和广东工业总产值前5位的行业大都集中在计算机、通信和其他电子设备制造业，电气机械和器材制造业，化学原料和化学制品制造业，通用设备制造业，汽车制造业等高端制造业。一般而言，传统的劳动密集型产业通常处于价值链低端，产品科技含量不高，附加值较低，往往依靠价格优势抢占市场，相对于高新技术产业其投资回报率不高。即便是高技术产业，福建省的投资往往也集中于产业链的低端，形成的生产能力也必然处于产业链的低端，因此投资效率偏低。以厦门的光电产业集群和计算机及通信产业集群为例，名义上属于高技术产业，实则很多企业都是“两头在外”的外商及港澳台商投资企业，仅仅是利润率很低的加工制造环节在厦门完成。

（三）创新能力不足导致投资回报率不高

受人才、体制机制等因素制约，福建省科技与创新的水平较低，创新投入不足。生产企业往往忽视自己的研发主体地位，寄希望于政府扶持，其短视行为导致不重视创新，研发投入不足，最终导致企业缺乏市场竞争力，丧失定价权，只能靠廉价薄利在市场上争得一席之地。2015年，福建省R&D经费投入强度（R&D经费投入与地区生产总值之比）为1.5%，低于全国2.1%的平均水平。2014年，福建省规模以上工业企业开发新产品经费投入占主营业务收入比重为0.8%，不仅落后于上海（1.7%）、北京（1.5%）、广东（1.4%）、浙江（1.4%）、江苏（1.2%）、天津（0.9%）、山东（0.8%）等东部地区省市，也落后于重庆（1.0%）、湖南（0.9%）、湖北（0.9%）、陕西（0.9%）等中西部省市。

（四）现行政策导致政府投资对民间投资产生挤出效应

一是政府投资具有逆经济周期的特点，也就是说在经济衰退时，政府为了刺激经济增长会增加政府投资，而民间投资则具有顺经济周期的特点，即在经济衰退，盈利机会减少时，民间投资会减少。因此，出现政府投资增加而民间投资并不增加甚至减少的现象。二是政府投资主要集中在基础设施和一些垄断领域，由于政策的限制，民间资本比较难进入这些领域，因此在政府投资增加时，民间资本由于市场准入限制，难以扩大投资。所以，政府投资对民间投资缺乏带动效应。三是融资成本上升导致政府投资对民间投资存在挤出效应。政府支出增加往往会导致利率上升，而利率上升会减少私人投资，从而对民间投资产生挤出效应。

四、“十三五”时期福建省必须努力提高投资回报率

“十三五”时期，投资对福建省经济增长不仅要继续起到重要作用，还要发挥其关键性的作用，重点在于要落实中央提出的供给侧结构性改革的要求，改变传统投资模式，增强投资的针对性、有效性和前瞻性，按照“三去一降一补”的工作思路，努力扩大有效投资，避免产生无效投资，使投资由原来的规模扩张型向质量效益型转变。

（一）对存量投资进行转型升级

对于已经形成生产能力的存量投资，必须加快技术改造和转型升级，由过去依靠要素驱动、粗放式发展，转向效率驱动、创新驱动的集约式发展，鼓励企业创新，优化产品结构，提升产品质量，努力向价值链两端延伸。综合运用产业、财税、金融等政策，引导创新要素向企业集聚，使企业真正成为研发投入主体、技术创新活动的主体和创新成果应用的主体，以提升本土企业的市场竞争力，提高投资回报率，增加社会就业。推动自主创新，不断提高企业产品的核心竞争力和企业的定价权，充分

发挥创新对经济增长的引领作用；重点突破核心技术和关键共性技术，利用技改投资带动产业转型和技术升级。福建省有一批不断转型升级、自主创新、正确调整和把握生产方向的企业正逆势而上。

（二）对增量投资进行正确引导

对新增的投资项目，必须进行正确引导，高起点规划，以战略眼光加强对新上项目的预期预判，使增量投资投向市场前景好、投资回报率高、符合当地经济发展实际的产业。一是因地制宜，科学合理制定产业发展政策。制定立足本地资源，突出本地特色的产业发展规划，对主导产业特别是具有竞争力的优势产业、异质性产业，制定配套的优惠政策加以扶持。与此同时，地方政府在招商引资的过程中对于本地缺乏产业配套、不具备发展基础的行业要慎重，上级主管部门在产业规划、项目审批过程中要通盘考虑，结合各地实际进行合理布局，避免遍地开花。二是优化投资结构，引导发展优势产业。要提高投资效果，除了关注投了多少量，更应关注投向哪儿去的问题。从本文分析中就可以看出，近年来福建省投资的总量不小，但投资的效果一般，原因之一就是行业投向的问题。有关部门在制定计划的时候应有效地引导企业尽可能地投向高利润率高回报的优势产业，并提供优良的投资环境和优惠的扶持政策。同时也应加强行业前景分析研判，充分考虑经济周期和投资的时间效应，及时为企业决策提供参考、咨询，避免盲目跟风投资。如非金属矿物制品业利润率由2010年的9.8%跌至2015年的6.7%，黑色金属冶炼和压延加工业利润率由2010年的4.1%跌至2015年的0.3%，很大程度上是由于金融危机之后在刺激政策下市场盲目跟风投资，造成水泥、钢铁等产能过剩导致。三是调整政府投资政策，协调政府投资和民间投资。协调政府投资和民间投资，实现政府与民间投资的协同发展。政府的投资政策重在营造良好的投资环境，激活全社会资本，发挥民间投资比政府投资更灵活的特点和优势，弥补政府投资不足和不到位的领域，提高投资质量和投资效率。政府要想方设法降低企业制度性交易成本，清理和规范涉及民间投资管理的行政审批项目，健全产业政策导向和市场供求状况等信息发布制度，依法保护民间投资的合法权益。四是加强投资回报率考核，促进投资量质并举。加强投资回报率的考核是抓工作、促发展的有效手段，建议在今后的考核中应更加注重投资回报率的考核，将反映投资回报率的相关指标纳入考核内容，避免简单片面地以增长速度来评判一个地区的投资成效。

（执笔：陈志强　刘喆）

发力供给侧　激发新动能

2014年以来，福建牢固树立五大发展理念，以“三去一降一补”五大任务为抓手，着力推进供给侧结构性改革，积极释放改革红利，努力加快新旧动能转换，经济改革发展成效明显。

一、供给侧结构性改革取得实质性进展

（一）“去产能”成效明显

各地突出围绕产业转型升级，推进供给侧结构性改革，改造传统低、散、小企业、整合清理产能过剩的行业，着力提高供给质量。

1. 落后产能淘汰升级工作有序推进。“十二五”期间，全省加大财政投入，认真抓好淘汰落后产能工作，实际完成淘汰落后产能：炼铁 41.2 万吨、炼钢21.5万吨、铁合金9.7万吨、水泥2196.5万吨、造纸207.8万吨、制革345.2万标张、印染47.3万千米、电石6.0万吨、化纤0.7万吨、铅蓄电池1447.9万千伏安时、稀土100.0吨，圆满地完成了国家下达的“十二五”淘汰落后产能目标任务。据2016 年 3 月份对 33 家产能过剩行业企业调查，54.5%的企业反映2015年淘汰了落后和过剩产能，30.3%的企业反映对落后产能进行技术升级改造。

2. 富余职工安置井然有序。在坚决全面和超额完成国家下达的淘汰落后产能目标任务的同时，妥善做好职工安置工作。督促企业在淘汰落后产能工作中制定职工安置方案，依法处理劳动关系，对淘汰落后产能企业分流出来的失业人员，及时为其提供失业登记、社会保险转移与接续、档案寄存、再就业培训等服务，帮助符合政策条件的失业职工享受再就业优惠政策。据2016年3月对33家产能过剩行业企业调查，2015年裁减或转岗员工 1401 人（其中裁减 701 人、转岗 700 人），占用工总数17.6%。对于裁减人员，绝大多数企业依据《劳动合同法》支付了补偿金，个别企业除了支付补偿金，还将裁减员工推荐给同类企业。对于未裁减人员，企业采取培训转岗、内部消化等措施安置。

3. 过剩行业产能压缩有效。严格控制产能过剩行业盲目发展，基本停止审批产能过剩的新增产能项目，有效遏制了钢铁、水泥、电解铝、平板玻璃、船舶等行业的盲目发展，较好化解部分行业产能严重过剩矛盾。一些“产能过剩”行业产品产量下降。2016 年一季度，全省粗钢产量同比下降 18.0%，民用钢质船舶产量下降13.5%，成品钢材产量下降12.9%，水泥产量下降 0.5%。非金属矿物制品业实现增加值 187.89 亿元，增长 7.1%，增幅回落1.7个百分点。

（二）“去库存”稳步推进

1. 商品房销售企稳回升。据统计，2016年一季度全省商品房销售面积 882.67 万平方米，同比增长 25.0%，商品房销售额 837.76 亿元，增长37.0%。从区域看，福州、厦门、泉州房地产销售良好，福州市商品房销售面积 216.97 万平方米，增长 49.9%；商品房销售额 226.87 亿元，增长27.1%；厦门市商品房销售面积126.79万平方米，增长 10.6%；商品房销售额 257.10 亿元，增长61.7%；泉州市商品房销售面积168.78万平方米，增长 29.6%；商品房销售额 115.47 亿元，增长32.9%。

2. 商品房库存去化有所加快。截至 2016 年 3 月末，全省商品房库存（即已取得预售许可暂未销售的面积）7243.9 万平方米（含住房和非住房），比2月末减少350.4万平方米，按照全省近三年商品房月平均销售面积计算，去化周期为 22 个月，其中商品住房库存 4092.8 万平方米，比 2 月末减少291.9万平方米，去化周期为16个月，比2015

年底缩短 1 个月；商业、办公等非住宅类商品房库存 3151.1 万平方米，比 2 月末减少 59.5 万平方米，去化周期为 43 个月，比 2015 年底缩短 1 个月。

3. 房地产市场价格稳中有升。2016 年 2 月，福州、厦门新建商品住宅价格环比分别上涨 1.4%、1.3%；同比分别上涨 5.5%、10.2%，涨幅分别比上月扩大 2.2 个百分点、1.5 个百分点。福州、厦门二手住宅价格环比分别上涨 0.8%、2.0%；二手住宅价格同比分别上涨 4.8%、8.1%，涨幅分别比上月扩大 1.3 个百分点、2.9 个百分点。

（三）“降成本”初见成效

1. 企业负担有所减轻，效益回升。2016 年 1-2 月，全省规模以上工业主营业务成本 4734.09 亿元，同比增长 2.8%，增幅回落 6.1 个百分点。其中，销售费用增长 6.2%，增幅回落 1.3 个百分点；财务费用下降 11.5%，降幅扩大 25.2 个百分点；管理费用增长 7.0%，增幅回落 1.6 个百分点。全省规模以上工业企业实现主营业务收入 5507.75 亿元，增长 3.4%；实现利润总额 302.73 亿元，增长 17.9%；全省规模以上工业企业每百元主营业务收入中的成本为 85.95 元，降低 0.52 元。

2. 新设小微企业享受政策优惠，生产规模壮大。商事制度改革以来，1129 家正常营业的新设小微企业和个体经营户 2015 年户均资产 104.34 万元，比上年增长 31.2%；户均营业收入 102.96 万元，增长 59.3%；户均从业人员 5.8 人，增长 9.8%。

（四）“补短板”成绩喜人

1. 高新技术产业发展提速。全省集中力量发展集成电路、高端装备制造、生物医药、节能环保等新兴产业，培育新的增长动力。2016 年一季度，全省高技术产业实现产值 1064.88 亿元，同比增长 13.5%，比全省规模以上工业产值高 4.7 个百分点；高技术产业实现产值占全省工业产值比重为 10.5%，提高 0.4 个百分点；对全省产值增长的贡献率达 15.4%，提高 6.4 个百分点。适合消费升级需求的产品产量快速增长。2016 年一季度，运动型多用途乘用车（SUV）产量大幅增长，太阳能电池增长 10.9 倍，环境保护专用设备产量增长 1.4 倍，平板电脑、智能手机产量分别增长 38.1% 和 48.3%。

2. “互联网+”产业方兴未艾。在技术创新的驱动下，移动互联网与传统行业加速渗透，不断催生新的服务模式。2016 年一季度，全省限额以上批发和零售企业实现网上商品零售额 111.27 亿元，在上年同期增长 138.0% 的基础上，同比仍增长 66.9%，比限额以上零售额增幅高 54.4 个百分点，拉动限额以上零售额增长 3.8 个百分点，提高 0.3 个百分点。如南安泛家居产业联盟目前已建立融合石材陶瓷、水暖厨卫、家具搭配及物流、电商、集成体验等环节为一体的新模式，正在筹备与阿里巴巴、京东、苏宁易购等垂直电商平台合作，首家 3000 平方米的线下综合体验馆将于 2016 年底开业。

3. 公共服务水平不断提升。据福建省财政厅统计，2016 年一季度，全省民生支出 645.08 亿元，占全省财政支出比重达 77.5%，同比提升 5.3 个百分点。其中，教育支出、社会保障和就业支出、医疗卫生与计划生育支出分别增长 24.0%、15.0% 和 75.6%。

二、多措并举有力推进供给侧结构性改革

（一）创新驱动是推进供给侧结构性改革的重要引擎

1. 大力开展专项行动，推进产业升级。深入推进“制造 2025”“互联网+”等行动计划，持续下大力气抓龙头、建平台、铸链条、建集群，加快推动传统产业改造升级，做优做强主导产业，战略性新兴产业形成新增长极。2015 年，全省高技术制造业实现增加值占规模以上工业增加值比重为 9.5%，比上年提高 0.4 个百分点；战略性新兴产业实现增加值占规模以上工业增加值的比重为 18.0%，提高 1.0 个百分点。泉州实施智能制造、服务型制造、提升质量品牌三大专项行动，加快以“机器”换工

为核心的智能化、数控化改造，力争 2016 年规模以上制造业企业自动化率超 40%、相关企业用工再减少 20%-30%，建成纺织服装智慧制造、鞋业智能生产等 34 个（条）智能工厂、数字化车间和“数控一代”示范生产线。

2. 大力推进“双创”，激发创业创新热情。商事制度改革以来，全省日均新登记内资市场主体 1315 户，同比增长 18.5%。截至 2016 年 3 月，全省备案孵化器 136 家，其中国家级孵化器 11 家，省级孵化器 31 家，孵化面积 208 万平方米，入驻企业 3300 家，创业岗位 6.9 万个。全省各类众创空间达 200 多家，其中省级众创空间 49 家，省级众创空间中创业团队数达 1000 多个，创客人数 5000 余人，创业导师近 500 人。

（二）开拓市场是推进供给侧结构性改革的重要条件

1. 大力开拓房地产市场。针对房地产市场出现的投资下滑、商品房积压、市场销售不畅等问题，全省认真贯彻落实国家有关房地产新政，积极出台稳定住房消费政策，保持房地产市场平稳发展。一是鼓励农民工进城购房，扩大市场需求。鼓励在城镇有稳定就业和收入的农民工常住人口家庭就地购房落户，与城镇居民享受同等公共服务。据福建省住建厅调查，2015 年泉州市区外来务工农民购房面积约占市区商品房销量的 51.2%。2016 年 3 月，据对三明碧桂园项目调查，其购房者中来自周边县占 50%。据对福安市金鼎观湖、福鼎市泰禾红树林和金滩一号项目调查，70%购房者是所辖乡镇农民，尤以农民工返乡置业者居多。二是大力推进棚改项目和房屋征收实行货币化安置，消化商品房存量。采取税收减免优惠措施，鼓励棚改和房屋被征收户以货币化安置款项购买库存商品房。据省住建厅统计，2015 年全省棚改项目和房屋征收货币化安置比例达 35%。三是积极引导企业开拓市场，加快市场销售。厦门市“融信•海上城”邀约银行系统客户组团看房，不定期推出团购、大客户购房、特价房等促销活动，根据市场变化及时调整产品结构，推出精装房源，获得市场青睐；厦门市“海沧•五华广场”组织企业客户团购；写字楼项目“国贸建设•银领中心”充分利用人脉资源、现场资讯等方式挖掘大客户。

2. 加强工业品市场开拓。一是大力推行电子商务营销模式。加快商业模式创新步伐，积极发展线上线下协同联动、网店一体的电子商务营销模式。晋江市 30%的纺织鞋服企业运用电子商务开展 B2B 业务，20%的企业自建网站。安踏、七匹狼、特步等品牌企业均建立了网上官方旗舰店。二是支持建设闽货网上专业市场。泉州结合“互联网+”行动，积极培育供应链、产业链电商大平台，目前“泉州购”平台已全面启动；引导电商平台、专业市场、生产企业无缝对接，在全国率先创办网商虚拟产业园并试行集群登记注册，目前已入驻企业近 2000 家。三是强化省内名优产品宣传与促销。编制充实名优特新工业产品推荐目录，积极引导财政性政府公建项目、重点建设项目优先采购省内名优产品；举办产品推介、展览展销、供需对接、协作配套对接等各种“手拉手”促销活动。四是大力开拓国外市场。2016 年一季度，规模以上工业实现出口交货值 1639.9 亿元，同比增长 3.3%，增幅提高 0.3 个百分点，较上年全年提高 1.5 个百分点。

（三）简政放权是推进供给侧结构性改革的重要保障

1. 开展降本增效行动，减轻企业负担。针对实体企业成本高企的问题，各地积极开展降本增效专项行动，落实稳增长调结构的一系列政策措施，减免企业税收，帮助企业降低税费负担、资金、用电、物流等成本。据对 1312 家小微工业企业调查，一季度有 34.1%的规模以下小微工业企业享受减半征收企业所得税政策，比上季度上升 3.2 个百分点。

2. 进一步简政放权，营造良好运营环境。各地进一步深化审批制度改革，加大简政放权力度，最大限度精简审批和服务事项，降低了创业成本和技术门槛。如 2015 年以来，厦门市直部门共精简权力事项 4521 项，精简率达 51%；泉州市政府启动了“四张清单”制度，其中行政权利清单精简率达 41.7%。据对 1143 家新设小微企业和个体经营户跟踪问卷调查，2015 年第四季度有 82.7%的企业和个体经营户已完成全部许可办理，比上年同期上升 10.3 个百分点。

（四）有效投资是推进供给侧结构性改革的重要抓手

针对经济发展的薄弱环节，加大基础设施、民生领域、主导产业、高技术产业等方面投资力度，支持企业技术改造和设备更新，培育发展新产业，补齐经济发展短板。

1. 基础设施投入力度加大。2015 年，全省基础设施投资 6257.91 亿元，比上年增长 29.2%，增速提高 6.7 个百分点；占全省投资比重为 29.4%，提高 2.7 个百分点。2016 年一季度，全省基础设施投资继续增长，达 1272.45 亿元，同比增长 23.8%，占全省投资比重为 29.6%，同比提高 2.9 个百分点。其中，水利、环境和公共设施管理业投资增长 46.0%，电力、热力、燃气及水的生产和供应业投资增长 44.7%。

2. 民生工程领域投资加快。2015 年，全省继续加快推进民生工程建设，财政投入用于民生方面的资金 3038.28 亿元，比上年增长 25%，占财政支出的比重达 76%，提升 2.5 个百分点。财政支出继续向民生倾斜，民生领域投资快速增长。居民服务业投资增长 96.7%，公共设施管理业投资增长 51.2%，生态保护和环境治理业投资增长 45.1%，卫生和社会工作投资增长 44.9%、教育事业投资增长 27.5%。

3. 高新技术投资快速增长。2015 年，全省高技术产业完成投资 555.25 亿元，比上年增长 43.2%，增速提高 34.7 个百分点。2016 年一季度，全省高技术产业完成投资 161.76 亿元，同比增长 111.3%。其中，电子计算机及办公设备制造业投资增长 168%、电子及通信设备制造业投资增长 150.7%、信息化化学品制造业投资增长 54.9%。

三、不断激发经济发展新动能

今后要按照党中央、国务院、省委、省政府的行动部署和具体要求，贯彻落实创新、协调、绿色、开放、共享的发展理念，着力加强供给侧结构性改革，提高供给体系质量和效率，激发发展新动能，谋求发展新突破，努力在新一轮竞争中实现跨越赶超。

（一）产业升级添动能

传统产业供给与消费需求升级的矛盾仍然存在，中低端产品产能过剩、高端产品产能不足问题依然成为经济发展的掣肘。全省新兴产业规模尚小缺乏竞争优势，有技术含量、有竞争力的装备制造业发展不快。2015 年，全省战略性新兴产业占 GDP 的比重不到 10%，与先进省份差距较大；装备制造业增加值占工业比重 22.0%，比全国平均水平低 8.1 个百分点；智能装备产业仅占机械工业的 6.7%。建议要进一步推进传统产业升级改造，做优做强主导产业，大力培育新兴产业，打造福建产业升级版。一是加快数控技术的推广应用，推进传统产业升级；二是加快促进产业融合，实施好“互联网+”行动计划，加快主导产业发展，促进服务业和制造业融合发展，加快电商、物流、工业设计、服务外包等产业发展；三是大力发展战略性新兴产业，集中力量发展集成电路、新一代信息技术、高端装备制造、生物医药、节能环保等新兴产业。

（二）科技创新提动能

当前全省研发投入依然不高，产业自主创新能力依然较弱，技术创新人才依然不足，全省研发经费投入强度不足 2%，科技成果转化率约 10%，全省研发人员中硕士以上毕业生占比不足 15%，这些都成为制约经济加速发展的重要因素，建议今后要加快实施创新驱动战略，以科技创新带动动能转换提升。一是推进大众创业、万众创新，落实好扶持科技企业孵化器、众创空间以及科技服务业发展的相关政策，支持个人创业和“草根”创业创新；二是建设科技创新平台，支撑产业发展。围绕产业需求，支持和引进重大科研机构在闽实施重大科技项目，加强创新平台建设，培育区域创新发展的核心力量；三是加强人才培养，加强领军人才、复合人才、专业人才培养，增强创新驱动能力。

（三）有效投资增动能

当前固定资产投资领域仍存在较大项目投资增长乏力，续建和新开工较大项目偏少，民间投资增速持续回落，内涵式投资下降等问题。一季度，全省新开工5000万元以上项目同比下降34.7%，完成投资下降31.1%，民间投资增幅回落17.6个百分点，改建和技术改造投资下降15.0%。建议要选准投资方向，有效启动民间投资，补齐发展短板，提高投资效益，增强经济发展后劲。一是紧盯项目，稳住投资。抓牢抓实项目建设，把投资重点放在调结构、补短板、惠民生上。发挥重点项目的支撑带动作用，持续扩大有效投资。二是积极引导民间投资。降低基础设施、生态环保、民生工程等领域的民资进入门槛，优化投资环境，降低投资成本，强化要素保障。要放宽市场准入，进一步减少对民营资本和外资的准入限制，打破行业垄断，尤其是全面放开民营资本进入教育、医疗卫生、养老、文化等短板领域。推动交通、能源、工业科技、农业、社会事业、城建环保、商贸服务业的发展。三是创新投融资机制。创新融资方式，为社会资本提供更好的融资服务，丰富社会资本的融资方式和渠道。推进政府购买服务和PPP模式，鼓励和支持社会资本项目改造，用足用好商业银行项目及配套基础设施建设贷款。

（四）市场开拓释动能

当前市场消费的潜力还非常大，“双十一”“双十二”全民购物狂欢，“海淘”热等表明全省消费市场需求依然较旺。但流通模式发展较为滞后，还跟不上消费需求的升级。2015年，限额以上批发和零售企业通过互联网实现的商品零售额仅占社会消费品零售总额的3.4%，建议要大力开拓市场，创造市场消费新领域、新模式，激发市场消费新动能。一是积极发展新型业态、新商业模式。加快推进以连锁经营、物流配送和电子商务为主要内容的现代流通组织形式，加大供给侧结构性改革，加快商品流通企业的转型升级。二是激发农民工消费需求。大力培育发展小城市，统筹各类城镇协调发展，让更多的农民工就地市民化，通过小城镇的建设提高农民购买力水平。三是拓展新型消费领域。随着经济的发展和人民生活水平的提高，城乡居民消费观念和消费方式逐步发生转变，应积极引导拓展信息消费、健康养老消费、休闲旅游消费、文化体育消费、医疗保健消费、教育消费、绿色循环消费等新型消费。

（五）优化环境变动能

据对部分企业的调研，企业反映发展环境逐步改善，审批事项不断减少，审批效率逐步提高，但企业也希望进一步精简审批环节、加强信息公开、减少不必要的检查。为此建议，进一步深化改革，优化环境，释放改革红利，增强发展活力。一是继续深化行政审批制度改革，进一步取消、调整和下放行政审批项目，减少和规范前置性审批，减少资质资格认定，减少行政事业性收费。二是大力推动行政审批信息化、充分利用现代信息化技术成果，推行电子化审批和审批信息共享，提升审批效能。三是加快推进审批服务规范化。引入标准化理念对审批流程进行规范管理。制定行政审批咨询、办理、监督检查的规范标准，实现服务质量标准化。

（执笔：吴文芳　张琳琅）

福建工业企业技术创新研究

一、研究意义及文献评述

（一）研究意义

随着改革开放的深入以及经济体制改革的推进，福建省经济得到快速发展。然而，自 2008 年金融危机以来，福建省面临着复杂的国内外环境，经济发展增长速度大大放缓，原先的经济增长模式受到了巨大挑战。为贯彻落实中央一系列战略部署，适应经济发展新常态，进一步提升福建综合竞争力，福建省委省政府积极作为，主动对接国家扶持创业创新政策，先后出台了《福建省产业技术创新战略联盟构建实施方案》《关于促进工业创新转型稳定增长十条措施》《关于加快发展智能制造九条措施》《福建省实施<中国制造 2025>行动计划》等 9 项 112 条促进创新、加快产业转型升级的一系列政策，全力打造大众创业万众创新的新常态下经济增长新引擎。不仅如此，“十三五”规划中对创新驱动发展战略也做出了重要的部署，提出要大力培育创新型企业，提高大中型企业研发机构覆盖面，扶持和培育一批科技小巨人企业。鼓励和推动高校、科研院所与企业形成创新利益共同体，建设一批产业技术研究院。创新已然成为福建适应经济发展新常态、实现科学发展跨越发展的必然选择。

工业是一个国家、地区或城市经济长期、持续、稳定增长的根本推动力量。而工业要壮大，就需要创新，需要信息化与工业化的进一步融合。为此，本文选择研究工业企业技术创新，正是从持续增强经济发展后劲的角度出发，寻找实现福建科学发展跨越发展的有效途径。

（二）研究评述

国外学者们对技术创新的阐述不尽相同，但都没有对技术创新能力形成一个系统全面而又明确的论述，且与企业实际生产经营联系较少，缺乏实际指导意义。国内研究起步较晚，主要侧重于创新的类型及模式，但基本上是以理论分析和个案研究为主，不足以充分揭示工业企业创新的作用及如何促进企业创新。本文认为，有必要从微观角度测评工业企业技术创新贡献率，同时运用微观样本数据及统计模型测算技术创新对工业企业利润影响程度。最后，对企业如何提高创新能力提出相应的对策建议。

1999 年，国务院出台了《关于加强技术创新，发展高科技，实现产业化的决定》，从整个过程对技术创新进行说明。技术创新，是指企业应用创新的知识和新技术、新工艺，采用新的生产方式和经营管理模式，提高产品质量，开发生产新的产品，提供新的服务，占据市场并实现市场价值。至此，技术创新在工业经济中越来越重要的作用得到了政府、企业的认同。因此本文将主要分析企业的技术创新，包括产品创新和工艺创新。

二、工业企业技术创新贡献率实证研究

（一）基于 DEA-MALMQUIST 的工业企业技术创新贡献率分析

本次实证分析所用的数据来自于 2011-2015 年《福建工业能源交通统计年鉴》。工业企业产出为工业总产值，工业企业投入为资本投入与劳动力投入，资本投入指标采用资产总计，劳动力投入指标采用从业人员平均数。本文将全省各个设区市作为一个 DEA 模型的决策单位，每个决策单位在各个时期均有相应的产出和投入，将这些决策单元和各年相应的产出投入整理在一起，得到工业企业的面板数据。运用 DEAP2.1 软件估算 DEA-Malmquist 指数，得到指数化的工业企业技术创新生产率。

DEA-Malmquist 指数将第一年的各种生产率设定为1，在以后的年份，如果数值大于1，表示该技术效率为正增长，小数点以后的数为增长率；如果小于1，则为负增长。DEA-Malmquist 模型是一个面板数据估算模型，将各年工业企业的工业总产值、资本投入和劳动力投入输入到 DEAP2.1 软件中，便可得到估算结果，如表1所示。

表1 基于 DEA-Malmquist 指数估算的工业企业技术创新生产率

year	effch	techch	pech	sech	tfpch
2010	1	1	1	1	1
2011	1.758	0.138	1.112	1.245	0.930
2012	0.988	1.052	1.043	1.059	0.945
2013	1.043	1.050	1.038	0.993	1.095
2014	1.078	1.099	1.187	1.099	1.075
mean	1.182	0.853	1.082	1.092	1.008

注:1.指数大于1表示相应效率得到提高，小于1表示效率降低。技术创新生产率（tfpch）代表技术进步、规模效率和知识经验方面积累的产出效率，能进一步分解为技术效率变动和技术进步变化。技术进步变化（techch）是指技术所涵盖的各种形式知识的积累与改进，比如新的技术工艺、新知识、新的管理理念、新流程等等，这些知识的积累和改变会使得决策主体生产效率得到提升。技术效率变动（effch）是指实际产出水平与潜在产出水平的百分比，潜在产出水平是指充分利用所有资源时所能产生的最大产出，在可变规模报酬下可进一步分解为规模效率变化和纯技术效率变化。规模效率（sech）是指企业规模因素影响的生产效率。纯技术效率（pech）是指企业由于管理和技术等因素影响的生产效率。2.根据 DEAP2.1 软件使用说明，得出的数据与1相减即为相应变量的增长率。

表1给出了全省工业企业技术创新生产率的 DEA-Malmquist 指数估算结果。结果显示，2010-2014 年间，全省工业企业技术创新生产率整体上处于增长状态，4年间年均增长率为0.8%。在这4年间，全省规模以上工业企业总产值年均增长率为14.8%，通过 DEA-Malmquist 指数计算出的工业企业技术创新生产率年均增长率除以规模以上工业企业总产值年均增长率可求得技术创新对工业企业的贡献率为5.4%。可以看出，“十二五”期间福建省工业企业技术创新对工业企业的效益起到的作用并不显著，将来有极大的提升空间。

技术创新生产率可以进一步分解为技术效率变化（effch）和技术进步（techch），可以看出这4年间，技术效率年均变化率为18.2%。为了进一步探究技术效率提高的源泉，我们将技术效率进一步分解为纯技术效率变化，mean 值显示：“十二五”期间，纯技术效率年均变化率为8.2%，而规模效率年均变化率为9.2%，这说明技术运用水平提高较为显著。然而，值得注意的是，这一时期的技术进步变动为0.853，小于1，表示全省工业企业在这一时期的技术没有进步，甚至还出现倒退。这说明全省工业生产的技术水平发展状况不太乐观，技术进步停滞成为拖累当前工业产出效率提升的一大因素。

（二）基于企业样本的技术创新对工业企业利润影响程度分析

1.模型构建与变量选取。在模型的构建中，本文设置了净利润作为因变量衡量工业企业技术创新的效果，建立如下模型：

$$Va_i=\beta_0+\beta_1 Rd_i+\beta_2 Size_{1i}+\beta_3 Size_{2i}+\beta_4 Capital_i+\beta_5 Age_i+\beta_6 Age_i^2+\beta_7 Own_{1i}+\beta_8 Own_{2i}+\beta_9 Hum_i+\xi_i$$

其中，下标 i 表示不同企业个体，Va 代表企业的净利润，Rd 代表企业的技术创新，Size 代表企业规模，Capital 代表企业的资本密集度，Age 代表企业的年龄，Own 是企业的所有制结构，Hum 是企业的人力资本状况；ξ_i 为随机误差项。为了消除量纲影响，将所有绝对数变量取自然对数进行分析。模型变量具体选取如下：

净利润（Va）。净利润是衡量企业盈利能力的重要指标，其提升是衡量企业技术创新成果的重要标志。

技术创新（Rd）。衡量企业创新活动的指标通常分为创新投入与创新产出两类指标，创新投入一般以 R&D 经费支出或 R&D 人员来衡量，创新产出一般以新产品销售收入来衡量。为了充分利用可得数据，模型采用变异系数法对 R&D 经费内部支出、R&D 人员、新产品销售收入三个变量赋权综合推算出一个变量来反映企业技术创新活动。根据计算，三个指标的权重分别为 24.1%、50.7%、25.2%。

企业规模（Size）。本文根据国家统计局对大中小微型企业划分办法来界定规模以上大、中、小型工业企业。企业规模引入虚拟变量：

$$Size_{1i}=\begin{cases}1 & 中型企业\\ 0 & 其他类型\end{cases}\quad Size_{2i}=\begin{cases}1 & 中型企业\\ 0 & 其他类型\end{cases}$$

，小型企业作为对比项。

企业资本密集度（Capital）。本文使用固定资产净额与企业从业人员数的比值来代表资本密集度。

企业年龄（Age）。利用企业成立时间与观察期的差距表示企业年龄。

企业所有制（Own）。采用虚拟变量判断企业是否为国有企业、民营企业及外资企业：

$$Own_{1i}=\begin{cases}1，民营企业\\ 0，其他企业\end{cases}\quad Own_{2i}=\begin{cases}1，国有企业\\ 0，其他企业\end{cases}$$

，外资企业作为对比项。

人力资本水平（Hum）。选取普通工人占总员工比例作为人力资本变量。

2. 数据来源及模型检验。本文从漳州市随机抽取 235 家工业企业样本，运用 Eviews6.0 软件，利用最小二乘法对 2014 年横截面数据进行计量分析。通过对模型的多重共线性进行检验得出系数矩阵，从系数矩阵可以看出，变量的相关系数都维持在 0.1 以内，不存在多重共线性。同时考虑到异方差问题对检验结果稳健性的影响，本文采用 White 推导出的异方差一致协方差矩阵，修正了模型回归结果的标准误差和 t 统计值。

表 2　模型回归结果

变量	系数	T 值	P 值
Rd	0.45	4.28	0.00
$SIZE_1$	1.48	5.95	0.00
$SIZE_2$	2.82	7.92	0.00
Capital	0.46	6.00	0.00
Age	0.18	0.40	0.69
Age^2	-0.12	-1.00	0.32
OWN_1	-0.28	-0.79	0.43
OWN_2	-0.33	-1.08	0.28
Hum	-2.08	-1.03	0.30
R^2	0.56	调整后的 R^2	0.54
F 值	30.48	Prob（F 值）	0.00

3. 实证结果分析。从表 2 可以看出，P 值小于 0.05 的变量表示通过 5%的显著性水平检验，表明技术创新、企业规模、资本密集度对企业利润的影响相当显著。回归方程 F 值也通过了显著性水平检验，说明回归方程总体显著。可以得出结论如下：

(1)技术创新的系数显著为正，符合理论分析，只有企业注重技术创新才能提高利润水平。技术创新强度每提高 1 个百分点，净利润上升 0.45 个百分点。同时倒推出 R&D 经费支出每提高 1 个百分点，净利润上升 0.11 个百分点。R&D 人员每提高 1 个百分点，净利润上升 0.23 个百分点。新产品销售收入每提高 1 个百分点，净利润上升 0.11 个百分点。

(2)规模经济是技术进步和企业升级的重要影响因素之一。从表 2 中可以看出，检验统计量的 P 值为 0，检验显著，企业规模越大，净利润越高。从调查样本中可以计算，大型企业净利润平均水平比中型企业高 14.8%，比小型企业高 16.9%。

(3)企业资本密集度的系数显著为正，随着人口红利的消失，并且由于地方政府出于对 GDP 竞争的追逐，将优惠政策更多给予资本密集型产业，进而使资本密集型企业拥有盈利优势，资本密集型企业的利润值较高。资本密集度每提高 1 个百分点，净利润上升 0.46 个百分点。

(4)企业年龄对净利润的影响一次项为正，二次项为负，但都不显著。企业从初创到成熟应该是增长的，而后因经营年限增长会滋生惰性，经营战略缺乏变化，企业利润可能会下降，但通过技术创新及转型升级方面的努力，可能会提升利润水平。

(5)企业所有制因素的影响为负，但不显著。企业所有制结构虚拟变量与利润呈负相关关系，印证了国有企业经济效率损失论，表明民营企业与外资企业相比其利润率要低，主要由于地方政府为吸引外资会提供税收减免和低廉地价等优惠，相比之下，民营企业处于弱势地位。但变量影响不显著，原因是随着国有企业改革的不断深化以及政府对民营企业加大扶持力度，民营企业发展环境不断改善，国有及民营企业利润水平不断提高，与外资企业利润水平差距逐渐缩小。

(6)企业人力资本影响为负，但不显著。人力资本变量显示，随着普通工人占比的不断上升，企业利润不断下降，说明工业企业人才结构渐趋完善，不再依赖低成本的劳动力优势。但变量影响不显著，原因是随着经济发展，普通工人学历日渐提高以及受到各种各样的技术培训，提高了其人力资本水平。

三、福建省工业企业创新现状与问题

从前文模型测算结果看，“十二五”期间工业企业技术创新生产率的年均增长率为 0.8%，对工业企业产值增长贡献率仅为 5.4%，技术创新对经济增长、企业效益提高的作用发挥得还不够，从实际调研中也发现，创新发展面临着较大困难，主要表现在：

(一)创新产出能力提高，但水平总体仍偏低

目前全省工业企业产品创新和技术工艺创新水平有所提高，技术创新产出能力不断增强。全省规模以上工业企业完成新产品产值由 2010 年的 2441.42 亿元增加到 2014 年的 3883.33 亿元，年均增长 12.3%；全年实现新产品销售收入由 2010 年的 2261.11 亿元增加到 2014 年的 3511.71 亿元，年均增长 11.6%。

但总体来看，福建工业企业技术创新能力仍然较弱，中小企业普遍缺乏创新能力和具有自主知识产权的科技成果，与发达国家和其他省市相比还有相当差距，多数产业处于产业价值链末端，技术水平、劳动生产率和产品附加值都还比较低。一是发明专利申请量偏少，申请专利的只是一些实用新型、外观设计等方面专利。2014 年，福建规模以上工业企业发明专利申请量占专利申请总量的比重为 29.2%，比全国低 8.8 个百分点，有效发明专利数只占全国的 2.0%。二是新产品产出水平偏低。2014 年，规模以上工业企业新产品销售收入占主营

业务收入比重为 9.5%，比全国低 3.4 个百分点。

（二）研发能力增强，但产学研合作缺少长期稳定机制

企业科技机构规模不断壮大，科研能力进一步增强。截至 2015 年 6 月，全省共拥有省级以上企业技术中心 401 家，其中国家级 30 家。全省规模以上工业企业办 R&D 机构达到 1524 个，比 2010 年年均递增 10.1%；企业办 R&D 机构人员数 7.59 万人，比 2010 年年均递增 10.2%；机构经费支出 158.99 亿元，比 2010 年年均递增 9.9%。全省规模以上工业企业 R&D 项目数由 2010 年的 5592 项增加到 2014 年的 10949 项，年均增长 18.3%。

目前创新主体之间以多种方式开展科研合作，但这种合作关系相对松散，企业对高校和研究机构资源的利用不足。2014 年，全省工业企业向外单位支付的 R&D 经费共计 11.46 亿元，在对外单位支出的 R&D 经费中，支付给研究机构和高校的经费为 5.48 亿元，所占比重为 47.8%，比 2010 年降低了 0.3 个百分点。据对漳州 942 家规模以上工业企业调查，从创新合作伙伴看，选择高校和研究机构作为合作伙伴的企业分别仅占有创新活动企业的 11.4%和 7.7%，排在 11 类合作伙伴的第 4 位和第 6 位，表明企业与相关科研院所的产学研合作深度不大，企业重视程度不高。从合作形式看，在与高校和研究机构开展合作的企业中，59.4%的企业采用共同完成科研项目的合作形式，有 13.3%的企业聘用高校和研究机构人员到企业兼职，有 14.7%的企业与高校或研究机构合作在企业建立研发机构，有 2.1%的企业在高校或研究机构设立研发机构，说明目前产学研合作仍以解决临时性科研项目为主，缺少市场化机制，产学研全面合作格局尚未形成。

（三）企业对国外技术的依赖程度大幅下降，但核心技术缺失，引进技术消化创新能力薄弱

随着福建工业企业创新投入规模的扩大和创新能力的提高，工业企业对国外技术的依赖程度趋于减弱。2014 年，全省工业企业引进国外技术经费支出为 20.89 亿元，占工业企业技术改造经费支出的 17.7%，比 2010 年下降 7.9 个百分点。引进国外技术经费支出与 R&D 经费之比由 2010 年的 0.17∶1 下降到 2014 年的 0.07∶1。

虽然企业自主创新能力进一步提升，但自主创新水平仍然偏低。一是引进技术消化创新能力薄弱。企业普遍重生产轻研究开发，重引进轻消化吸收，重模仿轻创新，高端发明少，一些企业甚至靠仿造和假冒生存。全省规模以上工业技术引进的支出和消化吸收经费的比例是 1∶0.12，而全国规模以上工业技术引进的支出和消化吸收经费的比例是 1∶0.37。从国际上看，一般每引进 1 美元的技术，至少要投入 2 美元以上的消化吸收资金。没有消化吸收就难以再创新，所以许多企业陷入了“引进技术—引进技术过时—再重新引进技术”的恶性循环。二是核心技术缺失。由于缺少拥有自主知识产权的核心技术，不少行业存在产业技术空心化的危险，成为产业进一步发展和进入国际市场的瓶颈。据受访的电子信息制造企业反映，目前无论是自主研发还是大众创新成果多集中于外围技术，核心技术大多仍掌握在外国厂商手中。

（四）创新投入增加，但仍面临较大缺口

为提高工业企业创新能力，福建企业不断加大研发经费的投入力度。全省规模以上工业企业 R&D 经费支出由 2010 年的 146.69 亿元增加到 2014 年的 315.38 亿元，年均增长 21.1%，居全国第 10 位。R&D 经费投入强度由 2010 年的 0.7%提高到 2014 年的 0.9%。全省创新队伍持续壮大，规模以上工业企业从事 R&D 活动的人员由 2010 年的 7.12 万人增加到 2014 年的 14.40 万人，年均增长 19.3%。R&D 人员投入强度由 2010 年的 1.7%提高到 2014 年的 3.4%。

虽然企业创新经费投入不断增加，但企业科技研发资金投入不足仍长期困扰福建企业创新能力和核心竞争力。2014 年，全省 R&D 经费支出占地区生产总值的比例为 1.5%，比全国低 0.6 个百分点，全省技术市场成交额占全国的比重不到 1%。国际上普遍认为只有 R&D 投入强度达到 5%以上的企业才具有足够的市场竞争力。2014 年，全省规模以上工业企业 R&D 投入强度为 0.9%，仅达到全国平均水平。其中，大中型企业 R&D 经费投入强度 1.1%，也与全国平均水平基本持平。规模以上企业办科技机构平均科研经费支出 1043.24 万元，比全国平均水平低 4.9 个百分点。

随着知识经济时代的来临，人力资本作用越来越重要，将成为加快经济增长方式转变、创造社会财富的决定性因素。一定规模和较高素质的科研队伍是提高企业技术创新能力的关键性因素。但目前全省工业企业创新人才缺乏成为制约企业创新的最主要因素。一是人才输送机构偏少。福建高等教育水平和科研水平总体比较低，高等学校、科研院所、研究机构数量偏少，创新驱动力不足。2014 年，全省拥有普通高等学校 88 所，其中本科院校仅 33 所，“211 工程”高校仅 2 所，“985 工程”高校仅 1 所，高等学校尤其是名牌高校落后于北京、天津、上海、山东、江苏，浙江、广东、辽宁等东部地区，也落后于湖北、湖南、河南、陕西、四川等中西部教育大省。二是企业拥有的高素质技术人才偏少。2014 年，规模以上工业平均每个企业办科技机构拥有博士和硕士人数不足 5 人，博士和硕士占机构人员总数的比重仅为 8.9%，比全国低 3.8 个百分点。漳州市调查的企业家期望政府进一步创造良好的企业创新环境，尤其是创新人才培养方面。2013-2014 年间，大多数企业家都认为“缺乏人才或人才流失”是妨碍创新工作的最重要因素，认为该因素对开展创新活动有较大阻碍的企业占全部企业的 17.3%。企业家反映现在企业有经费支持但缺乏能够有效使用经费的人才，由于漳州对人才吸引条件不够，没有有效的激励措施，比不上经济发达地区，人才不仅难得，而且还有大量人才流失，这是当前漳州市工业企业创新面临的主要问题。从小方面看，漳州缺乏引人、留人机制与环境，从大方面看，也折射出福建与北、上、广、深在引人、留人方面亟待加强。

（五）创新政策扶持力度加大，但政策认可度不高

当前，全省出台了一系列促进创新、加快产业转型升级的政策保障措施，进一步强化市场导向，健全创新市场导向机制，建立以企业为主体、产学研协同创新机制，推进应用型技术研发机构市场化、企业化改革，进一步创新科技体制机制，全力打造提升产业创新能力的软环境。

但调查显示，国家有关创新政策虽然得到企业的一定认可，但仍有相当数量的企业认为有关政策对企业创新影响较小或没有作用，特别是小企业对政策的认可度更低于大中型企业。据对漳州 942 名规模以上工业企业家调查结果显示，很多企业家认为这些政策的影响有限，在“鼓励企业吸引和培养人才的相关政策”“优先发展产业的支持政策”“金融支持相关政策”“创造和保护知识产权的相关政策”等四方面，认为影响为“低”或“无”和“中”的企业约各占 42%，认为影响为“高”的企业仅有约 16%，在“企业研发费用加计扣除税收优惠政策”“高新技术企业所得税减免政策”“企业研发活动专用仪器设备加速折旧政策”“科技开发用品免征进口税收政策”“技术转让、技术开发收入免征增值税和技术转让减免所得税优惠政策”等五项政策方面，认为影响为“低”或“无”的企业约占六成，认为影响为“中”的企业约占三成，认为影响为“高”的企业仅约占一成，这说明创新扶持政策在实践中发挥作用不理想。创新扶持政策实践作用有限的主要原因排在第 1 位的是企业不具备享受政策的资格，说明政策的普惠性不强；排在第 2 位的是有关部门对政策的宣传不到位，很多企业因对有关政策不了解而未申请；排在第 3 位的是政策的针对性不强，对企业的吸引力不足。

四、几点建议

（一）完善人才引进机制，加强创新人才队伍建设

创新是工业企业的生命力，而人才是创新的核心，没有人才，创新就成了无源之水，因此要促进创新，首要就是引进人才，要加强创新人才队伍建设，丰富人力资源。完善人才引进机制，加强创新人才队伍建设，需要政府和企业共同努力。政府应根据当地主导产业发展和创新的需要，制定高层次人才引进计划，特别是重视行业顶尖人才或领军人物的引进，在人才引进政策的制定上，政府要发挥主要作用。企业也要建立并完善人才内聚和迅速成长的良性机制，建立创新人才的激励机制，在分配和奖励方面实施倾斜政策，同时要抓好员工再教育和培训，提高员工素质，加强企业创新人才队伍的培育和建设。

（二）拓宽资金渠道，切实加大企业创新投入

根据国际上一些学者的观点，一个企业的研发投入强度要达到 8%以上才有竞争力，达 5%可以参与竞争，而占 3%以下的企业将很快被市场淘汰。就福建省工业企业目前的情况来看，与发达地区还有相当大的一段距离。当前企业研发经费来源渠道单一，应加强政府在企业创新过程中的引导作用，特别是在制定产业规划、出台扶持政策等方面。政府在加大财政支持力度的同时，要注重政策导向和资金项目扶持相结合，帮助企业拓宽融资渠道，引导社会资本进入企业创新项目，保障企业科研投入经费，切实帮助企业提高研发投入强度，提升企业竞争力。

（三）充分利用社会资源，加强产学研合作，加速科研成果向现实生产力转化

企业资源是相对有限的，尤其是知识资源、人才资源、信息资源和技术资源，而科研机构和大学院校在这些方面拥有优势，企业与科研机构及高校加强合作，对于企业而言，可以产生合作优势，通过产学研结合，企业可以弥补自身的资源缺陷和技术薄弱环节，增强企业自身整体技术实力和创新能力。因此，政府要加快科技体制改革，大力促进产学研结合，充分发挥科研机构和高校的研发优势，鼓励更多的科研机构或高校进入企业，进行产学研联合创新，实现优势互补，利益共享，有利于缩短创新成果的转化周期，加速科研成果及时转化为现实生产力，提高技术成果的转化率，提高企业创新的效率。

（四）完善科技创新平台，构建特色鲜明的区域创新体系

企业创新、掌握核心技术的关键要有一个平台，需要对发展方式进行升级，突破传统要素供给的思维，高度关注产业高端要素的创造和集聚。要通过实施重大科技专项和建立科技重大创新平台等有效形式，整合有限的科技资源，聚焦力量，着力在一些关键技术攻关上取得突破，形成自己的技术、专利和标准，为新兴产业发展积蓄势能平台。要构建特色鲜明的区域创新体系，强化企业创新主体地位，完善科技创新平台，推动产学研紧密结合，健全科技、金融良性互动机制，加速科技成果转化，形成支撑新兴产业发展的强大合力。

（五）加强服务型政府建设，改善企业创新的外部环境

创新环境既包括相应的创新政策法规、金融政策、税收优惠政策、产业促进政策等，也包括相应的创新基础设施。政府应加强服务型政府建设，在区域创新活动中积极发挥引导和组织的作用，灵活应用政策工具，完善法规建设，促进建立有利于加速科技进步和创新的体制机制。创新基础设施是为本地创新活动主体提供服务的公共设施，要加强公共图书馆、公共信息服务机构和公共试验机构的建设，要加强高等教育的发展，在教育上加大投入，为创新提供优秀人才。

（执笔：张琳琅　黄艳　蓝文志　江伟斌）

福建工业企业偿债能力研究

偿债能力是指企业偿还全部到期债务的承受能力或保证程度，它的强弱反映了企业财务状况的好坏和持续经营能力的高低。本文从企业偿债能力相关指标入手，通过对福建省规模以上工业企业偿债能力的分析，剖析现有企业财务状况，提出增强企业偿债能力的措施，为促进福建省工业经济发展提供依据。

一、福建省规模以上工业企业偿债能力现状

（一）企业短期偿债能力较好

在现行财务指标中，反映企业短期偿债能力的指标有流动比率和速动比率。通常情况下，流动比率保持在200%和速动比率保持在100%左右较好。如果比率过低，则表示企业短期偿债能力低，过高则表示流动资产占用资金较多，不利于资金周转。当遇到流动比率与速动比率不一致情况下，用速动比率来分析更能直接反映短期偿债能力。2014年，福建省规模以上工业企业流动比率和速动比率分别为124.6%和94.0%，即每100元流动负债需要124.6元流动资产或94.0元速动资产来偿还。比上年分别高0.2个百分点和0.7个百分点，比全国规模以上工业企业分别高16.3个百分点和10.7个百分点。从2010年以来，福建省规模以上工业速动比率均处在100%附近，表明企业短期偿债能力总体情况较好。

（二）长期偿债能力较强

用于衡量长期偿债能力有资产负债率、权益比率和已获利息倍数。一般情况下，资产负债率以60%、权益比率以100%为宜，利息保障倍数以大于300%为好。资产负债率和权益比率越低，企业长期偿债能力越强，反之则长期偿债能力越弱。2014年，福建省规模以上工业企业的资产负债率、权益比率分别为54.4%和121.5%，比全国平均水平分别低2.8个百分点和13.2个百分点；利息保障倍数为580.8%，比全国平均水平高78.8个百分点。2010-2014年，资产负债率处在50%-60%波动区间，没有突破60%标准，表明近几年福建省工业企业的资产负债率较为合理，总体的长期偿债能力不错；权益比率虽大于100%且处在100%-125%区间波动，但仍处在风险可控财务结构，表明企业总体上更愿意通过借款方式扩大经营；已获利息倍数均高于300%，表明企业偿付债务利息的能力较高。

（三）偿债能力高低与企业规模大小密切相关

从反映短期偿债能力指标看，2014年大型、中型、小微型工业企业流动比率分别为116.2%、118.9%和141.3%，速动比率分别为84.0%、92.6%和107.4%，表明企业规模越大，其流动比率和速动比率越小。从衡量长期偿债能力指标看，2014年大型、中型、小微型工业企业资产负债率分别为58.3%、54.3%和50.3%，权益比率分别为141.3%、119.5%和105.4%，利息倍数分别为609.6%、685.9%和745.4%；表明企业规模越大，其资产负债率、权益比率越大，利息倍数越小。以上分析可看出，小微型企业偿债能力强于中型企业，中型企业偿债能力强于大型企业。

（四）轻工业偿债能力好于重工业

从反映短期偿债能力指标看，2014年轻工业流动比率和速动比率分别为143.9%和108.0%，比重工业的110.8%和83.9%分别高出66.9个百分点和24.1个百分点，说明重工业中固定资产占比较高，其短期偿债能力弱于轻工业。从衡量长期偿

债能力指标看，2014 年轻工业资产负债率、权益比率分别为 49.4%和 100.1%，比重工业的 57.8%和 138.9%分别低 8.4 个百分点和 38.8 个百分点；利息倍数为 880.1%，比重工业高 325.6 个百分点。

（五）偿债能力因企业登记类型不同有所差异

在不同登记类型企业中，偿债能力较强的是港澳台企业，其流动比率和速动比率分别为 138.2%和 111.0%，资产负债率、权益比率和已获利息倍数分别为 51.6%、108.1%和 871.2%。外商投资企业次之，其流动比率和速动比率分别为 136.0%和 105.0%，资产负债率、权益比率和已获利息倍数分别为 54.0%、118.3%和 684.1%。第三是内资企业，其流动比率和速动比率分别为 115.7%和 83.8%，资产负债率、权益比率和已获利息倍数分别为 55.5%、127.8%和 627.1%。在内资企业中，国有及国有控股企业短期偿债能力较低，其流动比率和速动比率分别仅为 79.2%和 53.1%；资产负债率、权益比率和已获利息倍数分别为 62.4%、167.1%和 285.5%，均与理论标准水平有差距。

（六）偿债能力因行业不同而强弱不一

一是从短期偿债能力分析，制造业偿债能力最强。2014 年，全省制造业流动比率和速动比率分别为 130.8%和 97.8%；采矿业次之，其流动比率和速动比率分别为 94.2%和 81.3%；电力、热力、燃气及水生产和供应业最弱，其流动比率和速动比率分别仅为 66.3%和 58.2%。在制造业中，大部分行业短期偿债能力较好，一些行业较弱。如酒、饮料和精制茶制造业，纺织服装、服饰业，家具制造业，印刷和记录媒介复制业，文教、工美、体育和娱乐用品制造业，医药制造业，橡胶和塑料制品业，金属制品业，通用设备制造业，专用设备制造业，汽车制造业，电气机械和器材制造业，计算机、通信和其他电子设备制造业，仪器仪表制造业等行业速动比率均超过 100%，其短期偿债能力较强；而烟草制造业，石油加工、炼焦和核燃料加工业，黑色金属冶炼和压延加工业 3 个行业速动比率低于 50.0%，其短期偿债能力为比较弱。二是从长期偿债能力看，采矿业长期偿债能力最强。采矿业，制造业，电力、热力、燃气及水生产和供应业资产负债率分别为 44.2%、52.8%和 64.0%，权益比率分别为 80.5%、114.4%和 178.1%，利息倍数分别为 1087.7%、754.1%和 355.8%；综合比较，采矿业长期偿债能力最强，制造业次之，电力、热力、燃气及水生产和供应业较弱。在制造业中，食品制造业，酒、饮料和精制茶制造业，烟草制造业，纺织业，纺织服装、服饰业，皮革、毛皮、羽毛及其制品和制鞋业，木材加工和木、竹、藤、棕、草制品业，文教、工美、体育和娱乐用品制造业，橡胶和塑料制品业，非金属矿物制品业，金属制品业，通用设备制造业，仪器仪表制造业等行业资产负债率低于 60%，权益比率低于 100%，利息倍数高于 300%，其长期偿债能力较强；而造纸和纸制品业，石油加工、炼焦和核燃料加工业，化学原料和化学制品制造业，化学纤维制造业，黑色金属冶炼和压延加工业，铁路、船舶、航空和其他设备运输制造业等行业资产负债率均高出 60%，权益比率均超过 160%，从这两个指标看，这些行业属于长期偿债能力较弱。

二、影响企业偿债能力的主要原因

（一）短期偿债能力方面

1. 企业“两金”占用过高。2014 年，企业流动资产中的存货和应收账款占比超过一半，达到 50.2%，其中应收账款占流动资产 25.7%，企业存在过多的存货和应收账款，导致企业流动资金被积压在这些流动资产上，当遇到需求疲软、资金紧张必然影响到企业短期偿债能力进一步提升。

2. 企业负债结构不合理。近几年，福建省规模以上工业企业的短期负债占负债总额的比重偏高，2014 年达到 74.8%，且其数额接近流动资产，导致企业经常需抽出流动资金去偿债，势必影响到企业的正常经营，其偿债能力也会因此变弱。

3. 部分行业短期偿债能力偏低。处在经济环境大变局年代，市场竞争激烈，部分行业产能过剩，市场需求减少，导致企业成本上升、业绩下滑，造成这些行业短期偿债能力下降。

（二）长期偿债能力方面

1. 权益比率高风险大。2010-2014 年，福建省规模以上工业企业的权益比率均大于 1，这意味着企业总体上是一种高风险高报酬的财务结构；且权益比率呈逐年上升趋势，从 2010 年的 111.9%上升到 2014 年的 121.5%，说明企业更多依靠对外借款方式扩大生产经营，债权人利益因企业自有资本过少而缺乏保障，导致债权人比股东面临风险也随之加大。

2. 盈利能力不稳定。盈利能力的变化势必会影响企业长期偿债能力，从反映盈利能力的核心指标看，主营业务利润率从 2010 年的 8.17%下降到 6.32%，每百元主营业务收入中的成本从 2010 年的 84.84 元上升到 2014 年的 85.64 元，表明福建省规模以上工业盈利能力有所减弱且不稳定，这势必会对企业长期偿债能力产生不利的影响。

三、增强企业偿债能力的建议

企业发展壮大取决于企业的盈利能力，要提高企业盈利能力，必须增强企业的偿债能力，特别是负债经营的企业负债比率要同企业盈利能力和偿债能力相适应，否则，即使一个盈利企业由于无力清偿债务也会削弱企业的活力和生产经营积极性。因此，增强企业的偿债能力是保证企业在激烈的市场竞争中健康发展的关键。

政府层面：一是政府加强引导协调，完善投资风险承担机制，引导企业形成较为合理、均衡的资本和负债结构创造良好的外部环境。二是理顺企业投融资渠道，加大对企业投融资的指导和监督力度，协助企业选择正确的筹资渠道方式，降低企业资金成本。

银行层面：一是对短期偿债能力较差的企业保持谨慎态度，采取限贷或停贷；对于负债率较低企业放宽贷款条件，加快发展。二是加大对高科技企业、战略新兴产业、主要产业和有市场前景而一时有困难的企业支持力度，在贷款额度和利率方面给予优惠，给这些发展前景好的企业创造必要的资金支持。

企业层面：一是增强偿债意识。有的企业虽具有偿债能力，但由于缺乏偿债意识，造成赖账有理的心理，能赖就赖，增强企业偿债意识涉及企业诚实守信和良好信用，影响到企业的兴衰存亡。二是加强“降本增效”管理。在需求疲软、成本高企、资金紧张情况下，企业加强内部管理，切实做好“增收节支”日常管理，提高“降本增效”效果。三是优化债务结构减少企业负债。优化债务结构是指企业的短期负债和长期负债应该保持一下合理的比例。目前，福建省规模以上工业企业短期负债过多，企业应积极调整债务结构，减少短期借款，适当增加长期借款，降低因偿还到期债务而带来的还款压力，保证自己有足够的时间维持正常经营，提高企业的经济效益，增强偿债能力。四是优化资产结构满足偿还债务的需要。当企业两金占压过多，应采取清理库存，加快应收账款回收；当长期投资不合理，应检讨合同和协议及时进行调整，收回投资；当固定资产闲置过多，短期内不能发挥作用应积极处理，变死物为活钱。只有这样才能用活企业资产，发挥资金最大效益，减少企业负债，增强企业偿债能力。

（执笔：林武兴）

2015年福建省产业损害预警分析报告

一、2015年福建省工业发展概况

（一）生产增速趋于平稳

2015年，全省规模以上工业实现工业增加值10621.33亿元，比上年增长8.7%，增幅比上年回落3.2个百分点，但高出全国平均水平2.6个百分点。从月度总量看，各月增加值总量较为稳定，除2月份（676亿元）未达800亿元以外，其余月份均在800亿元以上。从全年各季度走势看，四个季度工业增加值增速分别为9.3%、9.6%、8.2%和7.4%，呈现出上半年平稳向上，下半年趋稳回落的态势，但各月的累计增速始终保持在9.0%左右运行，上下波动不超过0.5个百分点，工业生产运行总体平稳。分大类行业观察，2015年全省38个工业大类行业，有32个行业实现增长，增长面达到84.2%。其中，有色金属冶炼和压延加工业（增长28.0%），化学纤维制造业（增长22.8%），通用设备制造业（增长13.0%），食品制造业（增长12.8%），计算机、通信和其他电子设备制造业（增长10.8%）等19个行业实现两位数增长。分产品观察，列入统计的406种产品中有250种产品产量比上年增长，增长面达61.6%，98种产品增速超过20%。其中，高端工业产品增长较快，大部分原材料产品产量增速较低，个别产品产量下降。如运型多用途乘用车（SUV）（增长71.0倍）、手机（增长68.3%）、锂离子电池（增长56.6%）增幅均超50%；原铝（电解铝）下降5.1%、平板玻璃下降4.4%、粗钢下降13.9%。

（二）主营业务收入增幅连续4年回落

2015年，福建省规模以上工业实现主营业务收入39106.59亿元，比上年增长6.6%，增幅连续4年回落（见图1）。分大类行业观察，6个行业主营业务收入比上年下降，32个行业主营业务收入比上年均有不同程度增长。从增幅情况看，有21个行业主营业务收入增幅比上年回落。其中，化学原料和化学制品制造业（回落34.7个百分点），燃气生产和供应业（回落27.2个百分点），石油加工、炼焦和核燃料加工业（回落21.2个百分点）3个行业回落幅度较大，均超20个百分点。

图1　2011-2015年福建省规模以上工业主营业务收入增速

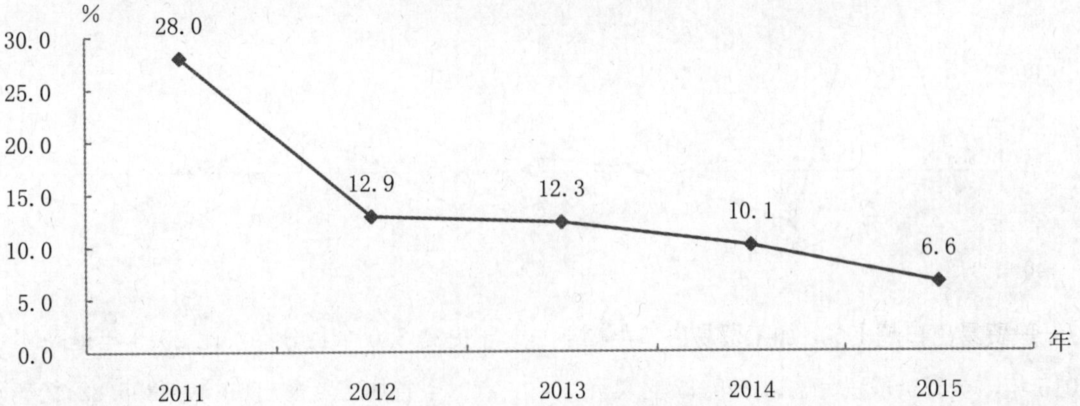

（三）企业获利能力减弱

一是利润总额增幅连续4年回落。2015年，福建省规模以上工业实现利润总额2208.70亿元，比上年增长4.7%，增幅连续4年回落（见图2）。分大类行业观察，18 个行业利润总额比上年减少，22 个行业利润总额增幅低于上年，黑色金属冶炼和压延加工业（回落 50.8 个百分点），黑色金属矿采选业（回落 46.7 个百分点），有色金属冶炼和压延加工业（回落 38.8 个百分点），煤炭开采和洗选业（回落 31.9 个百分点），专用设备制造业（回落 30.1 个百分点）增幅回落幅度均超过 30 个百分点。二是企业创利能力继续下降。2015 年，全省规模以上工业主营业务收入利润率为 5.6%，在上年下降 0.3 个百分点的基础上继续下降 0.1 个百分点。

图 2　2011-2015 年福建省规模以上工业利润总额增速

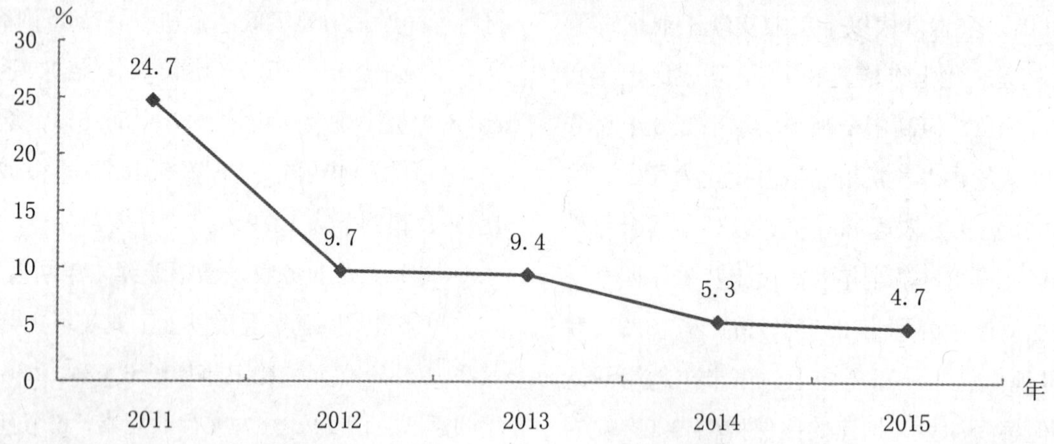

（四）外贸出口优于高于全国平均水平

2015年，福建省外贸出口额为 1130.40 亿美元，比上年下降 0.4%，降幅较全国平均水平低 2.9 个百分点。

1. 月出口增幅波动明显。除 3 月份外，全省出口总额均在 80 亿美元以上，月增幅波动明显。从增幅情况看，2 月份为全年最高，增幅为 94.9%；3 月份为全年最低，降幅为 20.5%。2015 年福建省分月度出口增速见图 3。

图 3　2015 年福建省分月度出口增速

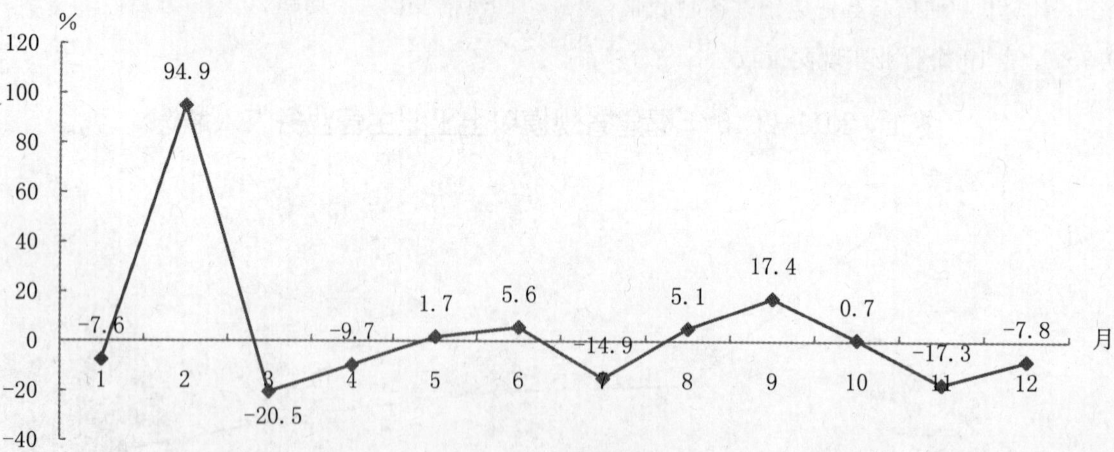

2. 一般贸易出口超七成，加工贸易出口小幅下降。2015 年，全省一般贸易出口 826.77 亿美元，比上年增长 2.0%，增幅比全省出口平均水平高 2.4 个百分点；占全省出口总额的比重为 73.1%，比上年提高 3.0 个百分点，比 2013 年提高 4.0 个百分点。全省加工贸易出口额为 255.82 亿美元，下降 5.9%。

3. 传统劳动密集型产品出口乏力，高新技术产

品出口下降。2015年，福建省纺织纱线织物及制品、服装及衣着附件、家具及其零件、箱包及类似容器、鞋类、塑料制品、玩具等7大类传统劳动密集型产品出口额为438.48亿美元，比上年下降1.0%。而从附加值较高的机电和高技术产品看，2015年福建省机电和高技术产品出口额分别为401.89亿美元和146.57亿美元，分别下降0.5%和2.6%；占全部出口的比重分别为35.6%和13.0%，分别比全国平均水平低22.0个百分点和15.8个百分点。

4.美国、欧盟、东盟居出口前三位，对美国出口大幅增长。2015年，对美国、欧盟、东盟出口额居全省出口额前三位，三大市场出口额合计为583.43亿美元，比上年增长0.5%，高于全省平均水平。其中，对美国出口额为222.42亿美元，增长11.5%，占全省出口总额的比重从上年的17.6%提高到19.7%。

二、2015年福建省部分产业安全状况评估

（一）纺织产业

列入福建省纺织产业安全监测的行业有纺织业，纺织服装、服饰业，皮革、毛皮、羽毛及其制品和制鞋业3个行业。2015年，福建省规模以上纺织产业增加值、主营业务收入和利润总额分别为2055.19亿元、7082.82亿元和446.33亿元，均比上年增长，但增幅有所回落。其中，利润总额回落幅度较大，达4.3个百分点（见表1）。全省纺织品、服装出口总额为228.85亿美元，增幅由上年的下降0.1%转为增长0.1%。

表1　福建省规模以上纺织产业主要指标

（2014-2015年）

指标	绝对值（亿元）	2015年增速（%）	2014年增速（%）
增加值	2055.19	7.3	8.9
主营业务收入	7082.82	8.1	10.1
利润总额	446.33	3.3	7.6

影响福建省纺织产业安全的主要因素如下：

1.市场销售萎缩。由于国际市场需求减弱，国内需求增长放缓，纺织企业普遍面临着订单不足、库存增加、生产减少等困难。在全球总需求增长乏力的背景下，纺织供应链之间的比较优势竞争更加激烈，一是境外需求不足。受纺织业自身市场和下游相关市场需求不足的影响，企业开拓市场总体趋难。2015年，全省纺织业境外市场销售比重比上年下降1.8个百分点；纺织服装、服饰业境外市场销售比重下降3.8个百分点；皮革、毛皮、羽毛及其制品和制鞋业境外市场销售比重下降5.8个百分点。泉州市某纺织生产企业反映受下游服装厂需求不足的影响，企业经营困难逐年加大，2015年1-9月订单总额在上年同期下降六成的情况下，同比继续下降8.6%，仅6457万元，为正常年景的三成；长乐针织经编产品由于市场需求持续减弱，订单大幅减少，部分企业处于半停产状态。二是需求分流。受劳动力、土地等要素成本延续上升影响，纺织业供、销两头市场均被其他国家尤其是东南亚新兴发展国家所分流。如惠安某针织生产企业反映受东南亚低廉的人工成本冲击，出口订单尤其是工序简单的订单流失严重，2015年1-9月出口订单额357万美元，同比下降16.8%，且呈逐年下降态势；长乐市某染织生产企业反映受国外相同产品的市场冲击，销路更难开拓，近年一直处于亏损经营状态。

2.用工短缺难以改善。用工短缺是近年来制约

工业企业发展的一大困扰，而纺织行业自身特点也使这一困扰难以改变。一是三班倒的工作作息制度，使得大多数年轻人不愿进厂做工；二是原材料为纤细物质，对工人的年龄、视力要求高于其他行业，年长的工人不能胜任等。受上述因素影响，导致纺织企业用工短缺尤为突出，主要表现：一是用工总数减少。2015 年，福建全部规模以上纺织行业从事生产活动的人数 116.40 万人，比上年下降 4.7%。二是仍较普遍存在缺工现象。据 2015 年对全省 9 个设区市 105 家纺织业企业开展的专项调查结果显示，42.9%的调查企业反映存在不同程度的缺工现象。如福建某超纤生产企业反映因缺工导致 1-9 月产值同比下降 12.5%。

（二）石化产业

列入福建省石化产业安全监测的行业有化学原料及化学制品制造业、化学纤维制造业。2015 年，福建省规模以上石化产业增加值 552.49 亿元，虽然同比保持增长，但增幅大幅回落 24.1 个百分点；主营业务收入 2385.83 亿元，由上年的增长 23.7%转为下降 3.6%；利润总额为 63.50 亿元，降幅为 9.8%，降幅扩大 9.6 个百分点（见表 2）。全年全省化学工业及其相关工业的产品出口总额 25.66 亿美元，增幅从上年的增长 13.4%转为下降 11.6%。

表 2　福建省规模以上石化产业主要指标

（2014-2015 年）

指标	绝对值（亿元）	2015 年增速（%）	2014 年增速（%）
增加值	552.49	4.5	28.6
主营业务收入	2385.83	-3.6	23.7
利润总额	63.50	-9.8	-0.2

影响福建省石化行业安全的主要因素：

1. 结构性过剩严重。据中国石油和化学工业经济运行发布会的数据显示，2015 年我国石油和化工行业固定资产投资比上年下降 0.5%，为历史上首次下降。其中，石油和天然气开采业投资增速不足 1%，炼油业投资降幅近 20%，化学工业投资增幅滑落至 2%左右，创历史最低纪录。目前我国炼油行业原油加工能力约 7.5 亿吨，但每年实际原油加工量仅 5 亿吨左右，其中国产原油约 2 亿吨，炼油产能过剩矛盾非常突出，而且原油大量依靠进口。

2. 行业要素成本上升。2015 年以来，石化企业用工成本、融资成本、物流成本、环保成本、用电成本等呈上升趋势，虽然原材料等成本下降，但不足以抵消总成本上升。一是主营业务成本高。2015 年，全行业每百元主营业务收入成本为 89.27 元，比全省规模以上工业高 3.02 元。其中，化学纤维制造业每百元主营业务收入成本为 89.61 元，比整个石化行业平均水平高 0.34 元。二是融资成本明显高于全省规模工业平均水平。全年行业财务费用比上年增长 15.7%，而同期全省规模工业财务费用增幅仅为 6.0%。

3. 安全环保压力大。环境污染已成为制约化工行业发展的重要问题，日益收紧的环保政策也给福建石化行业带来巨大压力。2015 年 1 月 1 日新环保法实施，除了对于环保不达标的企业或责令整改，或直接“封停”外，还增加了按日计罚、查封扣押、行政拘留等条款。福建省石化行业多为中小型化工厂，由于工厂规模较小、厂点分散，生产过程中的三废量较大，新环保法的实施，迫使化工企业必须建设环保设施，实现达标排放，对于那些生产工艺落后，无法实现达标排放的企业，只能关闭。

（三）汽车制造业

2015 年，福建省规模以上汽车制造业产销同步增长，增加值和主营业务收入分别为 249.86 亿元和 1050.14 亿元，分别比上年增长了 12.8%和 12.5%，增幅分别提高 8.7 个百分点和 12.1 个百分点；利润总额为 65.93 亿元，增长 26.4%（见表 3）。全年全省汽车及其零附件出口总额 22.50 亿美元，增幅从上年增长 16.3%转为下降 7.4%。

表 3　福建省规模以上汽车制造业主要指标

（2014-2015 年）

指标	绝对值（亿元）	2015 年增速（%）	2014 年增速（%）
增加值	249.86	12.8	4.1
主营业务收入	1050.14	12.5	0.4
利润总额	65.93	26.4	-8.9

影响福建省汽车制造业安全的主要因素如下：

1. 知名品牌缺乏。近年来，福建省汽车制造业快速发展，涌现出东南汽车、金龙汽车等品牌，但在全国范围内，仍无法与全国知名品牌相比。在中国汽车工业行业协会公布的 2015 年中国品牌商用车销量前十五名企业集团、2015 年中国品牌汽车销量前十五名企业集团、2015 年中国品牌乘用车销量前十五名企业集团中，福建均未有企业入选。

2. 产品附加值低。我国汽车及零部件出口产品以劳动密集型产品为主，高新技术、高附加值产品出口量非常少，核心零部件目前大都由国外独资或合资公司制造或匹配。福建出口的汽车也以中低档经济型为主，以小轿车为例，2015 年福建出口小轿车平均单价仅为 5366 美元，比上年下降 150 美元。

（四）计算机、通信和其他电子设备制造业

2015 年，福建省规模以上计算机、通信和其他电子设备制造业增加值和主营业务收入分别为 728.91 亿元和 3124.36 亿元，均比上年增长，增幅分别提高 0.6 个百分点和 5.5 个百分点；利润总额增速大幅下降，由上年的增长 7.3%转为下降 14.9%(见表 4)。计算机及相关产品出口总额 77.49 亿美元，比上年下降 7.0%，降幅收窄 8.2 个百分点。

表 4　福建省规模以上计算机、通信和其他电子设备制造业主要指标

（2014-2015 年）

指标	绝对值（亿元）	2015 年增速（%）	2014 年增速（%）
增加值	728.91	10.8	10.2
主营业务收入	3124.36	5.8	0.3
利润总额	105.41	-14.9	7.3

影响福建省通信设备、计算机和其他电子设备制造业安全的主要因素如下：

1. 产业竞争力还相对薄弱。一是产业规模小。2015 年，福建省规模以上通信设备、计算机和其他电子设备制造业企业数为 506 个，而广东省 2014 年规模以上通信设备、计算机和其他电子设备制造业企业就达 4671 个，差距较大。二是部分核心产品依赖进口。集成电路作为计算机一个重要的组成部分，2011-2015 年，我国集成电路进口额从 1702 亿美元提高到 2299 亿美元，约占全国进口总额的 14%，与石油连续多年成为最大宗的两类进口商品。从福建省情况看，福建的集成电路也多依赖进口，2015 年集成电路出口额仅为进口额的 7.4%。三是产品结构单一。同样以集成电路为例。全球集成电路产品的结构中，消费和通信类占比将近 50%，工业控制、计算、汽车电子等占据 50%。而福建省乃至全国 90%的集成电路企业和设计产品均集中在消费类和手机芯片领域，且以中低端为主，在可靠性、稳定性要求更高的工业控制、汽车电子等领域，产品数量少、种类单一。

2. 经营风险大。一是企业效益低。2015 年，福建省规模以上通信设备、计算机和其他电子设备制造业利润率仅为 3.4%，比上年下降 0.8 个百分点，比规模以上工业平均水平低 2.2 个百分点。与广东省相比，2014 年广东省规模以上通信设备、计算机和其他电子设备制造业利润率就达 4.8%。企业利润率低也导致了亏损企业的增加，2015 年福建省规模以上通信设备、计算机和其他电子设备制造业亏损企业数为 79 个，比上年增加 11 个。二是两金占比高。2015 年，福建省规模以上通信设备、计算机和其他电子设备制造业两金占比达 47.8%，比上年提高 3.7 个百分点，比规模以上工业平均水平高 6.6 个百分点，两金占比高极大地影响了企业的运行效率，加大了运行风险。

（五）轻工业

列入福建省轻工业安全监测的行业有家具制造业、造纸和纸制品业、橡胶和塑料制品业、金属制品业、其他制造业。2015 年，福建省规模以上轻工业产销保持增长，增加值和主营业务收入分别为 1212.86 亿元和 4057.14 亿元，分别比上年增长 8.1%和 9.7%；利润总额为 247.17 亿元，增幅由上年的下降 3.0%转为增长 7.1%（见表 5）。全年全省塑料及其制品、橡胶及其制品，木及制品、木炭、软木、编结材料制品，木浆等、废纸、纸、纸板，杂项制品出口总额达 159.96 亿美元，增长 5.0%，增幅回落 10.0 个百分点。

表 5　福建省规模以上轻工业主要指标

（2014-2015 年）

指标	绝对值（亿元）	2015 年增速（%）	2014 年增速（%）
增加值	1212.86	8.1	10.1
主营业务收入	4057.14	9.7	8.1
利润总额	247.17	7.1	-3.0

影响福建省轻工业安全的主要因素如下：

1. 产业规模小。以造纸行业为例，目前我国造纸业规模以上企业 3700 余家，平均规模 2.34 万吨纸/年，福建省造纸业规模以上企业 435 家，平均规模仅 1.53 万吨纸/年，而世界造纸工业企业平均规模在 8-10 万吨纸/年，与世界及全国平均水平相比存在很大差距。

2. 贸易壁垒愈加严苛。一是技术性贸易壁垒提高。如欧盟《木材及木制品规例和新环保设计指令》强制实施后，在一定程度上对我国木家具等木制品行业对欧出口带来较大影响；欧盟、美国均颁布法规减少或全面禁用塑料袋用量，对福建省的塑料制品出口造成一定的影响。二是反倾销反补贴案件持续升温。2014年底，印尼、巴西、阿根廷、马来西亚等国家对我国产的塑料制品发起了反倾销调查；2015年，美国对华聚对苯二甲酸乙二醇酯树脂反倾销、反补贴调查是当年福建省遭受贸易摩擦涉案金额最大案件，达5720万美元。

（六）冶金产业

列入福建省冶金产业安全监测的行业有黑色金属冶炼和压延加工业、有色金属冶炼和压延加工业。2015年，福建省规模以上冶金产业增加值和主营业务收入分别为632.17亿元和1926.49亿元，产销增幅均大幅回落，其中增加值增幅回落9.8个百分点，主营业务收入增幅从上年的增长14.6%转为下降2.7%；利润总额为51.03亿元，下降45.9%，降幅扩大37.7个百分点（见表6）。全年全省珠宝、贵金属及制品、贱金属及其制品出口额达67.64亿美元，增幅从上年的增长22.5%转为下降1.7%。

表6　福建省规模以上冶金产业主要指标

（2014-2015年）

指标	绝对值（亿元）	2015年增速（%）	2014年增速（%）
增加值	632.17	11.7	21.5
主营业务收入	2926.49	-2.7	14.6
利润总额	51.03	-45.9	-8.2

影响福建省冶金产业安全的主要因素如下：

1.供大于求，价格低迷。2015年，国内钢铁行业产能过剩严重，日粗钢产量持续维持高位，库存高企，供大于求的局面难以改观，导致钢材价格呈现持续走低、加速下跌的走势，福建省钢铁平均价格1月份为年内最高，12月份为年内最低，期间出现的价格反弹持续时间较短。从价格跌幅上看，监测的10种钢材价格平均跌幅22.4%，较上年的7.7%明显扩大。从具体产品看，全省年平均每吨16mm圆钢2746元，22mm螺纹钢2305元，6.5mm高线2393元，热轧中厚板2670元，热轧卷板2768元，冷轧卷板3318元，分别下跌23.9%、28.0%、26.9%、25.2%、25.9%和23.6%。

2.技术水平偏低。据对福州市24家钢铁企业调查显示，从生产技术水平看，只有1家企业处于国际先进水平，有5家企业处于国内先进水平，其余18家均处于国内一般水平；从生产设备水平来看，也只有1家企业处于国际先进水平，有3家企业处于国内先进水平，其余20家均处于国内一般水平。从研发机构的设立看，受资金短缺，融资困难以及技术力量不足等因素的制约，福州市目前仅有1家自建研发中心，并独立进行项目研发，其余23家企业均未设立研发机构，且生产技术基本为引进，未能独立进行项目研发。从生产产品看，目前福州市钢铁企业主要是生产建筑钢材，而生产发展前景好、附加值高的彩钢板、特种钢材的企业却很少。如部分大型企业主要是生产优质低合金结构钢（粗钢）、拉拔用线材，与省外其他大型钢铁企业相比，仍然存在很大差距。

3.贸易保护日益加剧。2015年，福建省钢铁及其制品共遭受来自10个国家和地区发起的贸易救济调查24起，涉案金额6881万美元，分别占全省案件总数和涉案总金额的 45.2%和 21.6%。2015 年，福建省钢材出口额为 13.20 亿美元，比上年下降 14.6%。

（七）机械设备制造业

列入福建省机械设备制造业安全监测的行业有通用设备制造业、专用设备制造业、电气机械及器材制造业、仪器仪表制造业 4 个行业。2015 年，福建省规模以上机械设备制造业增加值、主营业务收入、利润总额均保持一位数增长，其中增加值和主营业务收入增幅比上年小幅回落，分别回落 0.2 个百分点和 0.4 个百分点；利润总额增幅有所提高，提高 1.9 个百分点（见表 7）。全年全省机电、音像设备及其零件、附件，光学、医疗等仪器、钟表、乐器及其零件、附件出口额达 293.80 亿美元，增长 0.4%，增幅回落 1.6 个百分点。

表 7　福建省规模以上机械设备制造业主要指标

（2014-2015 年）

指标	绝对值（亿元）	2015 年增速（%）	2014 年增速（%）
增加值	979.82	8.8	9.0
主营业务收入	3528.54	6.3	6.7
利润总额	251.85	9.5	7.6

影响福建省机械设备制造业安全的主要因素如下：

1. 境外市场需求疲软。世界主要经济体国家经济复苏缓慢，基础设施投资增加不明显，许多发展中国家经济发展动力不足，对基础设施投入不足，国际市场疲软，全球经济不景气等仍然是主要因素。由于受这种大环境的影响，直接影响了机械行业的出口，福建省机械行业出口增幅为近年来最低。全年机械工业主要出口产品中，专用仪器仪表制造业产品下降 68.0%，集装箱制造业产品下降 46.3%，建筑工程用机械产品下降 36.8%。

2. 产品附加值低。以变压器行业为例。变压器作为电网中电力传送过程的主要电力设备，是电气成套设备领域最常见的器件之一。我国变压器市场已成为国际第二大市场。目前，我国有资质生产各种变压器的企业约有 2000 多家，而工业总产值超过 1 亿元的仅 130 余家，员工人数超过 2000 人仅 20 家左右，中小型变压器生产制造企业占变压器企业总数的 80%以上。多数小企业技术实力不强，只能生产 110kV 以下的低端产品，从而导致中低端变压器市场生产能力严重过剩。福建省变压器生产企业也多为中小企业，在中国变压器行业前 100 强企业排名中，仅 1 家企业入选。

3. 新的出口经营方式尚未形成，在“走出去”推进国际化投资、建厂、产能合作等与世界市场融合不够。福建省机械行业产业规模总体上偏小，出口规模不大，在装备、技术、标准、品牌的产业输出都处于劣势。在产能转移、开拓国际新市场方面还不够成熟。因此，在机械产品出口竞争激烈的环境下，要使出口得到正常增长，在短期内难以明显改善。

（八）非金属矿物制品业

2015 年，福建省规模以上非金属矿物制品业产销保持增长，增加值、主营业务收入分别为 815.28 亿元和 2809.77 亿元，增幅分别比上年回落 1.7 个百分点和 2.2 个百分点。利润总额从上年的增长

9.5%转为下降 1.5%（见表 8）。全年全省矿物材料制品、陶瓷品、玻璃及其制品出口总额 77.34 亿美元，增长 16.8%，增幅提高 5.1 个百分点。

表 8　福建省规模以上非金属矿物制品业主要指标

（2014-2015 年）

指标	绝对值（亿元）	2015 年增速（%）	2014 年增速（%）
增加值	815.28	9.5	11.2
主营业务收入	2809.77	9.4	11.6
利润总额	188.74	-1.5	9.5

影响福建省非金属矿物制品业安全的主要因素如下：

1. 行业去库存压力不容乐观。2015 年，福建省规模以上非金属矿物制品业库存达到 244.33 亿元，比上年增长 6.5%，高于全省规模以上工业平均水平 4.9 个百分点。库存大不仅增加企业仓储、人力盘点等费用，还占压大量资金，对企业的现金流造成巨大压力。2015 年，福建省规模以上非金属矿物制品业两金占比为 37.8%，比全省规模以上工业平均水平高 1.9 个百分点。

2. 企业经营压力较大。2015 年 1 月 1 日，被称为“史上最严”的新环保法正式实施。为配合新环保法的实施，环境保护部还陆续出台《环境保护按日连续处罚暂行办法》等配套文件，强化了对企业的环保节能约束，倒逼企业加大环保投入。福建省水泥、玻璃行业实施脱硝治理，建筑陶瓷行业实施天然气改造，这些都增加了建材企业的生产运营成本，在成本上涨、主要产品价格下降的双重压力下，建材行业企业整体面临较大的经营压力。2015 年，福建省非金属矿物制品业每百元主营业务收入成本为 85.01 元，比上年增加 0.51 元，增幅居监测的九大产业第 3 位；非金属矿物制品业利润率为 6.7%，下降 0.8 个百分点。

（九）食品产业

列入福建省食品产业安全监测的行业是农副食品加工业、食品制造业。2015 年，福建省规模以上食品产业增加值、主营业务收入、利润总额分别为 932.70 亿元、3828.32 亿元和 237.36 亿元，均保持两位数增长，其中利润总额增幅大幅提高，比上年提高 14.6 个百分点（见表 9）。全年全省活动物、动物产品，植物产品，动、植物油、脂、蜡、精制食用油，食品、饮料、酒及醋、烟草、烟草及烟草代用品的制品出口总额达 87.08 亿美元，增幅由上年的增长 6.5%转为下降 0.4%。

表 9　福建省规模以上食品产业主要指标

（2014-2015 年）

指标	绝对值（亿元）	2015 年增速（%）	2014 年增速（%）
增加值	932.70	11.5	11.3
主营业务收入	3828.32	12.3	12.4
利润总额	237.36	21.4	6.8

影响福建省食品产业安全的主要因素如下：

1.进口农产品对国内农产品加工行业的冲击日渐显现。目前，部分农产品的国内外价差较大，国内市场对进口农产品的需求正在逐步增强，对国内农产品加工行业的冲击日渐显现。以乳品生产加工业为例，近年来国外奶粉大量进口，我国一些乳品企业也相继在海外布局乳业生产加工一体化基地，把在国外生产的奶粉源源不断地进口国内，加工成小包装奶粉和液态奶等产品；同时相当部分消费者对国内品牌的奶粉质量缺乏信心，通过跨境电商、海外代购等渠道购买国外品牌的产品，对国内奶粉生产企业特别是婴幼儿配方奶粉生产企业冲击很大。

2.行业发展缺乏有效的支持后劲。以鳗鱼养殖和加工行业为例，福建省烤鳗出口多年来居全国第一，是全省出口水产品的重要组成部分，为福建省大宗的出口农产品之一。近年来，受鳗苗产量和价格波动大、养殖成本增加，特别是欧洲鳗被列入濒危保护动物以及烤鳗主要进口国日本市场萎靡等多种因素影响，福建省部分经济实力较弱的鳗鱼养殖和加工企业停产或倒闭，鳗鱼养殖企业从上千家缩减至 2015 年的 300 多家，鳗鱼加工企业也从数十家减少到 20 多家，烤鳗出口量也从高峰时每年 4 万多吨跌至 1 万吨左右。

三、2016 年产业安全状况预测及对策建议

（一）2016 年预测

1.有利形势。从国内看，一是国家对外贸发展的支持力度不断加大。2015 年，国家出台一系列促进外贸稳增长调结构的政策措施，通过提高贸易便利化水平、清理和规范进出口环节收费、加强融资保险支持等政策降低贸易成本，鼓励发展跨境电子商务等新型商业模式，为外贸发展营造了更加有利的政策环境，将有效提振进出口企业信心。二是对外开放进程深入推进。我国提出的“一带一路”合作倡议、国际产能和装备制造合作进入实施阶段，对外贸易与对外投资相互促进的局面正在形成，为外贸发展增添了新的动能。同时，我国已与 22 个国家和地区达成 14 个自贸协定，并与有关国家共同推进《区域全面经济伙伴关系协定》、中韩、中澳自贸协定于 2016 年生效，也将有助于福建省扩大对其出口；中日韩自贸区谈判加速，也为对日经贸合作提供了稳定预期。从国际看，2016 年全球经济将继续呈现不均衡复苏。IMF 预计 2016 年和 2017 年全球经济增速分别为 3.4%和 3.6%。其中，受能源价格较低、财政赤字收窄以及房地产和动力市场状况改善等有利因素影响，美国经济预计将继续复苏，IMF 预测美国经济增长率将从 2015 年的 2.5%上升至 2016 年的 2.6%。受低能源价格、宽松货币政策和欧元贬值等有利因素影响，IMF 预测其经济增长速度将从 2015 年的 1.5%上升至 2016 年的 1.7%。受财政整顿推迟、能源价格下跌、金融环境宽松及消费增长等因素影响，日本经济短期内仍将保持复苏态势，IMF 预计日本经济增长率将由 2015 年的 0.6%上升至 2016 年的 1.0%。新兴市场经济体经济增速可能略有回升。IMF 预计其 2016 年增速将由 2015 年的 4.0%上升至 4.3%。

2.不利形势。①国际市场需求不足。发达国家投资活动低迷，对能源资源、中间产品、机械设备的需求不振，严重拖累投资品国际贸易增长。2012-2014 年，发达国家投资平均增长 1.3%，比 2009-2011 年平均增速低 8 个百分点。在经济低增长的环境下，发达国家消费者对扩大消费支出态度较为谨慎，耐用品消费增长有限；新兴经济体经济出现较大波动，收入增长明显放缓，消费市场需求下滑，消费品国际贸易缺乏强劲的增长动能。WTO 预计，2016 年全球贸易量将增长 3.9%，仍将低于过去 20 年 5%的平均水平。其中，发达国家出口增长 3.9%，发展中国家出口增长 3.8%。**②外贸传统竞争优势弱化。**近年来，我国劳动力、土地等要素成本延续上升态势，严重削弱了出口企业竞争力。目前，广东等沿海省份制造企业普通工人的月

平均工资约为600美元，是部分东南亚国家的2倍以上。如综合考虑土地、能源价格等因素，成本差距还将进一步扩大。东南亚、南亚等新兴经济体承接出口加工产能转移，劳动密集型制造业能力提升，在发达国家市场对中国产品形成竞争和替代。2010年，我国在美国、欧盟劳动力密集型产品进口市场中的份额分别达到50.6%和47.9%，2015年分别降至 47.1%和 43.6%。③贸易摩擦的影响更加凸显。2015年，多边贸易自由化有所进展，世贸组织《信息技术协定》扩围谈判达成全面协议，成员国对《贸易便利化协定》的批准稳步推进。但在全球工业产能过剩、国际贸易大幅下滑、份额竞争激烈的情况下，一些国家试图通过贸易限制措施保护国内产业，全球范围贸易保护主义升温。根据世贸组织 2015 年底发布的贸易限制措施报告，世贸组织成员国仍在实施的贸易限制措施超过1900项，2008年以来出台的贸易限制措施中75%仍在实施。在此背景下，我国遭遇的国外贸易保护主义压力明显加剧。我国已连续 21 年成为世界上遭遇反倾销调查、连续10年成为遭遇反补贴调查最多的国家。仅以2011-2015年国外对我国发起的案件为例，每年涉案平均金额约110亿美元，累计涉案金额约550亿美元。

总体上看，世界经济仍处在危机后的深度调整期，在短期内仍难以摆脱低速增长状态。但发达国家经济增速从低谷缓慢爬升，对全球经济的贡献将增强；新兴市场国家整体上有望扭转持续5年的经济放缓势头。预计 2016 年全省外贸进出口形势难以出现明显好转的态势，但随着国家和省支持外贸稳增长政策措施的落实，以及“十三五”开局之年的开门红效应的显现，2016年全省外贸出口有望好于2015年。

（二）对策建议

1.推进转型升级，化解产能过剩。一是利用“一带一路”优势，把支持企业“走出去”作为化解产能过剩的重要途径，鼓励企业加强对外交流合作，积极实施资源、技术、市场并购，完善适合企业特点的全球市场营销网络和服务体系，积极拓展境外市场，同时对“走出去”的企业给予相关政策扶持。二是加大力度鼓励企业自主投资建立技术中心，积极构建以企业为主体，产学研用相结合的创新体系，强化企业技术创新的主体地位，提升企业创新能力，促进产业结构调整和技术升级。这方面可以参考安徽省的做法：在淘汰落后产能方面，安徽省发布了《安徽省人民政府关于化解产能严重过剩矛盾的实施意见》，加大对产能严重过剩企业向境外转移产能活动的信贷支持，落实金融有保有控政策，鼓励优势企业大力开展跨境合作，推动水泥、汽车、钢铁、家电、机械等行业具有比较优势的过剩产能走出去，形成产业、产能、产品、技术立体对外输出的格局。截至 2015 年末，马钢、中鼎、蚌埠玻璃设计院等先后收购法国瓦顿和德国施密特、WEGU、阿旺西斯等公司，奇瑞、江淮在巴西、土耳其等国投资兴业。海螺集团通过“走出去”转移优势过剩产能，2015年仅在东南亚投资就超过3亿美元，目前在印尼、缅甸、柬埔寨、老挝、俄罗斯等 5 国已基本落实的项目，可形成熟料 3700 万吨、水泥 5020 万吨产能。在产业升级方面，出台了《安徽省认定企业技术中心管理办法的通知》，鼓励和引导企业建立自主创新的技术中心，并每年对全省主要产业中技术创新能力较强、创新绩效显著、具有重要示范作用的企业技术中心予以认定，定时对已认定的企业进行考核；对由企业主体投入建设与新认定的国家级重点（工程）实验室、工程（技术）研究中心、企业技术中心，分别一次性奖励 300 万元、200 万元、100 万元，并对符合条件的企业购置用于研发的关键仪器设备，分别按其年度实际支出额的 15%予以补助。截至 2015 年末，安徽省拥有省级以上企业技术中心 931 家，其中国家级企业技术中心 64 家，数量排名由 2010 年的全国第 10 位、中部第 3 位上升至全国第 7 位、中部第 1 位。

2. 加大跨境电商的扶持力度，催生外贸增长点。跨境电商作为一种新型的国际贸易模式，绕过发达国家的贸易壁垒和渠道优势，直接面对国外消费者，掌握大量消费者数据，市场潜力巨大，将成为外贸的重要增长点。2015 年，国务院、福建省政府多次出台鼓励跨境电商的政策，鼓励培育一批跨境电子商务平台和企业，大力支持企业运用跨境电子商务开拓国际市场。因此，应充分运用好自贸区政策、跨境电商平台优势盘活福建省对外贸易方式，挖掘新兴贸易业态潜力，营造更加便利化的营商环境，促进外贸健康发展。

3. 多措并举降低企业人工成本。针对当前工业企业人工成本偏高问题，建议从以下三个方面采取措施降低成本。一是加快推进“机器换人”，减少用工。近几年，福建省部分企业通过“机器换人”取得了成效。但与浙江相比，差距较大。如目前浙江在役工业机器人总量达到 3.2 万台，占全国的15%左右，居全国第 1 位。据测算，通过机器换人，浙江省 2013 年减少普通劳动用工 70 万人，2014 年减少 67 万人，2015 年用工人数减少了 57.7 万人。建议福建省加大扶持力度，支持企业开展“机器换人”，逐步适度减少全省企业职工人数。尤其加强金融机构对企业“机器换人”的支持，通过设立智能装备融资租赁公司，鼓励企业采取租赁方式，降低“机器换人”成本。二是加大社保缴费比例调整力度。2016 年 5 月，福建省出台的《福建省降低企业成本减轻企业负担的意见》提出：降低社会保险缴费费率、下调失业保险费率、延长工伤保险基准费率调整政策的期限等。目前，与浙江等省比较，福建省企业缴纳的社保费率仍偏高。建议福建省在确保支付能力的前提下，根据福建省企业的实际情况，加大社保缴费比例调整力度，进一步降低企业缴费基数。三是加大企业职工培训补贴力度，落实职业培训补贴办法，降低企业培训成本。对企业职工参加职业培训的，根据人才需求紧缺程度和培训成本，按一定比例给予企业培训费补贴和技能鉴定费补贴等。

（执笔：张琛）

2015年福建省小微工业运行情况分析

一、规模以上小微工业发展现状

（一）生产及出口增幅同比由降转升

2015年，福建省规模以上小微工业总产值、增加值、出口交货值分别为17053.01亿元、4407.63亿元、1781.83亿元，分别比上年增长13.8%、12.2%和15.4%；增幅由上年分别回落8.2个百分点、7.0个百分点和10.7个百分点转为分别提高1.9个百分点、0.7个百分点和10.0个百分点。

（二）主营业务收入增幅继续回落

2015年，福建省规模以上小微工业实现主营业务收入15704.41亿元，比上年增长12.2%，增幅在上年回落5.7个百分点的基础上继续回落1.6个百分点。分行业观察，18个行业主营业务收入增幅低于规模以上小微工业平均水平。其中，有色金属矿采选业，石油加工、炼焦和核燃料加工业，有色金属冶炼和压延加工业，黑色金属冶炼和压延加工业，电气机械和器材制造业5个行业主营业务收入比上年下降。

（三）盈利能力提高

2015年，福建省规模以上小微工业利税总额和利润总额同比均呈两位数增长，且增幅有所提高。其中，利税总额和利润总额分别为1280.24亿元和838.60亿元，分别比上年增长12.2%和14.9%，增幅分别提高了4.8个百分点和10.2个百分点。

二、主要亮点

（一）产销增速高于全部工业平均水平，对全部工业增长的贡献率均提高

2015年，福建省全部小微工业增加值、主营业务收入同比增幅分别高出全部工业2.8个百分点和5.3个百分点。对全部工业增加值增长的贡献率为58.9%，比上年提高15.7个百分点；对全部工业主营业务收入增长的贡献率为72.7%，提高18.9个百分点。

（二）降息对企业降本增效产生积极作用

2015年，国家多次下调金融机构人民币存贷款基准利率和存款准备金率，以确保资金流动充裕，降低社会融资成本。受此影响，小微企业降息效果较为明显。2015年，全省规模以上小微工业企业利息支出112.28亿元，由上年增长11.8%转为下降5.2%；利息支出占营业利润的比重为13.6%，下降2.7个百分点。

（三）企业减税受惠面进一步扩大

2015年1月始，全国企业所得税减半征收起征点调高至20万元，10月始起征点又调高至30万，使获得所得税减半征收优惠的小微工业企业面进一步扩大。据对1500户小微工业企业调查，2015年有30.9%的企业享受企业所得税减半征收政策，比上年上升20.1个百分点。

三、发展中面临的主要问题

（一）需求总体偏弱，企业订单减少

2015年，世界经济整体复苏疲弱，增长速度放缓。据英国共识公司2016年2月预计，2015年世界经济比上年增长2.5%，增速放缓0.3个百分点。经济增速的放缓造成外需疲软，不仅导致了全球贸易量增速的下降，也对我国乃至福建省出口带来较大影响。据国际货币基金组织2016年1月预计，2015年世界贸易量同比增长2.6%，增速同比回落0.8个百分点。从全国看，2015年全国出口额14.13万亿元，下降1.8%。从福建省看，2015年全省出口额7013.24亿元，仅增长0.6%，增幅回落4.8个百分点。外需疲软，内需也呈现回落走势。

2012-2015 年间全国社会消费品零售总额增幅逐年回落，分别为 12.1%、11.5%、10.9%和 10.6%（扣除价格因素）。

需求总体偏弱造成了企业内外贸订单的减少。据对福建省 5260 户小微工业企业调查显示，2015 年列入调查企业新签内贸订单额为 2831.10 亿元，比上年下降 3.3%。

（二）成本持续上涨，挤压盈利空间

近年来，在人工成本、土地和资源环境成本等不断上涨的推动下，福建省小微企业综合成本持续上涨，不断挤压企业盈利空间。2013-2015 年间，福建省规模以上小微工业企业每百元主营业务收入中的成本均高于 85 元，且逐年上涨。与大中型企业相比较，小微企业成本上涨更为突出。2015 年，福建省规模以上小微工业每百元主营业务收入中的成本比上年增加 0.32 元，而同期大型企业、中型企业分别减少 1.47 元和 0.05 元。在企业各项成本构成中，人力成本较高是小微企业面临较为突出的问题。据对 1500 户小微工业企业调查，在回答“当前面临的最突出问题”时，有 56.7%的企业反映劳工成本上升快，位居各问题之首。

（三）产能过剩突出，有效供给不足

随着经济下行压力的不断加大，国内外需求减弱，加上长期以来重复建设、重复生产，同质化竞争严重，导致部分产品尤其是中低端产品产能过剩问题突出。据对福建省部分小微企业调查显示，2015 年一季度、三季度产能利用率在 80%以下的小微企业占全部调查样本量的比重分别为 50.5%和 41.4%，分别高出同期产能利用率在 80%以下的大中型企业数比重 12.8 个百分点和 12.4 个百分点。中低端产品产能过剩、产品供过于求，加剧了产品出厂价格的下跌。2015 年，福建省工业生产者价格各月下跌幅度在 2.4%-3.6%之间，远超出 2014 年各月 0.8%-2.0%的跌幅。另一方面，随着消费需求的升级，却呈现出高端产品有效供给不足的状况。以部分工业行业为例，2015 年福建省装备制造业增加值占全省工业的 22.0%，比全国平均水平低 8.1 个百分点，其中智能装备产业仅占机械工业的 6.7%；福建省纺织产品初加工纺纱产品产能比重较高，而市场上需求量较大的高技术含量、高附加值的产业用纺织品的产能比重较低。

（四）企业融资困难，融资成本偏高

尽管近年全国及福建省出台了多项支持小微企业融资的多项政策，企业融资难融资贵现象有所改善，但受到小微企业自身担保抵押不足，企业经营风险加大等因素影响，仍有部分小微企业反映融资较为困难。据对 158 户获得银行贷款的小微企业调查，2015 年仍有近三成企业反映融资难。

四、对策建议

（一）多措并举降低企业人工成本

针对当前企业反映较为突出的人工成本偏高等问题，应进一步采取措施降低企业人工成本。一是适当降低缴费比例和缴费基数，延长缓缴期限。2016 年以来，江苏、天津等多个省市相继出台了多项政策以降低实体经济成本，其中在降低社保缴费比例和缴费基数方面部分省份力度较大。如天津市将企业缴纳失业保险费率由 2%降至 1%，缴纳生育保险费率由 0.8%降至 0.5%，并允许困难企业暂缓缴纳养老保险费的期限为一年；江苏提出“在继续实施现有降低失业、工伤、生育保险费率基础上，2016-2018 年再降低失业保险缴费比例 0.5 个百分点。建议福建省在确保支付能力的前提下，进一步降低企业社保缴费比例，并对困难企业设定适当的过渡期，在过渡期内予以适当减免或缓缴。二是加大职工培训补贴力度，降低企业培训成本。进一步落实职业培训补贴办法，加大职工培训补贴力度。对企业职工参加职业培训的，按照人才需求紧缺程度，根据培训成本按一定比例给予企业培训费补贴和技能鉴定费补贴等。

（二）加强创新，拓宽渠道，缓解融资难

一是加大金融产品创新力度。近几年，福建省各金融机构推出的“无间贷”“连连贷”“循环贷”“续贷通”等，一定程度上缓解了融资难问题，降低了企业融资成本，其中泉州银行推出的“无间贷”还在全国推广。因此，有必要加大金融产品创新力度，继续研发适合小微企业的各类金融产品和服务。

二是创新融资担保方式。福建省通过向中小企业融资担保机构拨付一定比例的风险补偿金，鼓励担保机构为企业提供银行贷款融资担保。但在实际操作过程中，存在担保机构“权、责、利”不对等现象，担保机构承担的风险较高，导致担保机构发展缓慢。为此，建议有关部门创新融资担保方式，引入保险机构，发挥其保险风险保障、融资增信、损失补偿等功能，形成“政府+保险+银行”的风险共担模式，通过为无抵押无担保的小微企业提供增信融资服务，放大财政资金的杠杆效应。在这方面，重庆市、武汉市运用“政银保”模式，开展的小额贷款保证保险业务已取得良好成效，值得福建省借鉴。截至 2015 年 6 月末，武汉市累计出资 225 万元，撬动银行放贷规模 2.5 亿元，杠杆作用放大 110 倍；重庆市财政累计安排资金 2000 万元，撬动银行放贷规模 12 亿元，杠杆作用放大了 60 倍。

三是积极推动小微企业资本市场上市。近两年中小企业股票品种发展较快，全国新三板公司数量已超过 A 股上市公司数量。福建省应加快利用这一时机，大力推动符合条件的小微企业在资本市场上市，扩大直接融资规模。企业进入资本市场需要投入较高的成本。尽管目前福建省对企业上市有专项资金补贴，但与企业的投入相比，有较大差距，与其他省市的补贴力度相比也有较大差距。以新三板为例，企业挂牌新三板的成本费用包含支付给券商、会计师事务所和律师事务所等第三方机构的费用等至少在 200 万元以上，而福州、泉州、厦门高新区企业仅可获得约 100 万元的财政补贴。与其他省市相比，福建省补贴力度偏低。如深圳高新区对企业挂牌新三板的财政补贴为 180 万元，苏州工业园区为 200 万元，东莞松山湖高新区为 200 万元，大连高新区为 290 万元。因此，有必要加大财政资金的补贴力度，进一步推动福建省小微企业在资本市场上市。

（三）加快推进“互联网+制造业”应用

随着大数据时代的到来，企业通过推进“互联网+制造业”应用，发挥互联网优化配置资源要素的平台作用，可以促进企业线上线下融合发展，推动生产方式和发展模式变革，进而提高供给质量和效率，实现转型升级。如天喔（福建）食品有限公司通过联接集团总部的 Macola 管理系统积极参与云制造，实现订单快速下达、问题及时处理、资源高度共享，有效提高企业的生产效率。2016 年初，福建省发布了《积极推进“互联网+”行动实施方案》，提出福建省互联网+制造的重点领域、行动目标及主要任务。建议福建省从三方面加快推进小微企业“互联网+制造业”应用：一是搭建小微企业协同创新平台，整合各方优势资源，推进小微企业科技创新。运用该平台，实现小微企业相互学习、信息共享和协同创新，提高产学研协同创新的质量和效益。二是积极培育小微企业电商平台，为小微企业开拓销售渠道。如泉州结合“互联网+”行动，积极培育供应链、产业链电商大平台，目前“泉州购”平台已全面启动；在全国率先创办网商虚拟产业园并试行集群登记注册，已入驻企业近 2000 家，引导电商平台、专业市场、生产企业无缝对接。建议福建省其他设区市借鉴泉州的做法，大力培育发展小微企业电商平台。三是为小微企业“互联网+”提供有力支持。落实好扶持小微企业“互联网+”发展的相关政策，为小微企业和创业团队提供研发工具、经营管理和市场营销等方面的支持和服务。设立互联网专项扶持资金，为小微企业开展“互联网+制造业”给予一定的补贴，减轻企业开展互联网业务摸索的前期负担。

（执笔：陈亮　刘用美　唐梅光　罗天进　林晓霞）

福建省高新技术企业发展状况分析

一、高新技术企业发展现状

（一）全省总体发展水平和规模

2014年，全省经认定的福建高新技术企业1779家，主营业务收入5710.88亿元，实现增加值1596.78亿元，占全省高新技术产业的比重分别为44.9%、46.3%。近年来，福建高新技术企业发展加快，2014年实现增加值比2010年年均增长10.8%（见图1）。2014年，全省规模以上工业中高新技术企业产值5667.42亿元，比上年增长6.2%；销售产值5424.24亿元，增长5.0%；出口交货值1755.87亿元，增长4.6%；增加值1407.41亿元，增长10.1%（见表1）。

图1 “十二五”以来福建高新技术企业增加值情况

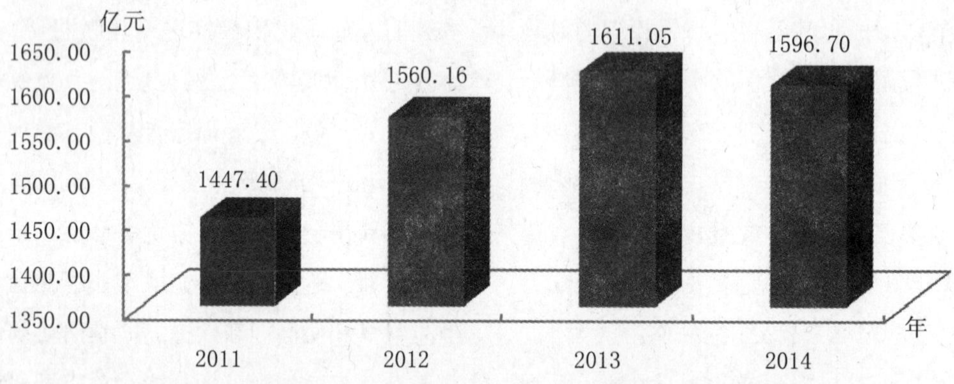

表1 全省规模以上工业高新技术企业基本情况

（2014年） 单位：亿元、%

地区	产值		销售产值		出口交货值		增加值	
	总量	增长	总量	增长	总量	增长	总量	增长
全省	5667.42	6.2	5424.24	5.0	1755.87	4.6	1407.41	10.1
福州市	1434.04	9.3	1372.82	11.1	451.47	6.9	316.13	12.2
厦门市	2049.68	0.5	1934.77	-4.1	977.38	2.9	511.57	10.7
莆田市	93.08	15.8	90.99	15.9	10.57	7.0	27.14	16.7
三明市	103.34	2.0	100.86	1.6	9.70	4.1	28.13	4.2
泉州市	1037.19	11.4	1003.66	11.8	111.94	19.5	275.91	11.9
漳州市	477.90	10.8	473.34	11.9	117.55	3.9	137.19	10.1
南平市	82.47	-1.2	76.25	-4.4	11.02	-12.4	18.59	3.3
龙岩市	250.17	12.9	239.29	16.2	12.53	-15.5	54.81	15.7
宁德市	139.54	1.9	132.27	0.5	53.71	1.4	37.94	6.0

注：1.产值、出口交货值、销售产值为现价增长，增加值为可比价增长。2.规模以上工业企业：指年主营业务收入在2000万元及以上的法人工业企业。

（二）从产业发展角度分析全行业、区域分布布局

2014年，全省高新技术产业主营业务收入12726.70亿元，比2011年增长44.7%（按现价计算，下同），年均增长13.1%；增加值3451.19亿元，比2011年增长48.3%，年均增长14.0%，占地区生产总值的比重为14.3%，比2011年增加1.1个百分点；高新技术产业对经济增长的贡献率达16.7%。2014年福建高新技术产业实现的增加值比2010年增长了83.0%，年均增长16.3%。

从全省高新技术产业主营业务收入的行业分布看，高新技术改造传统产业的主营业务收入在全省高新技术产业中占比最高，达60.8%（见图2）；电子和通信设备制造业、计算机及办公设备制造业的主营业务收入在高技术制造业中占比较大，其比重分别为19.5%、6.9%；信息服务业的主营业务收入在高技术服务业中占比较大，其比重为6.1%（见表2）。

图2　2014年福建高新技术产业主营业务收入占比情况

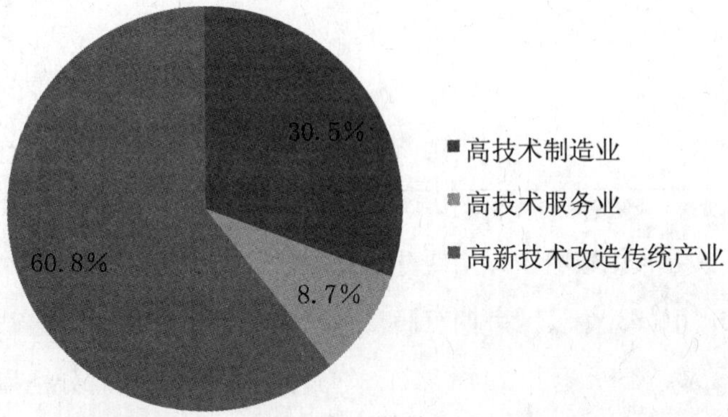

表2　福建高新技术产业主营业务收入行业分布情况

（2014年）

行业	主营业务收入（亿元）	占全省比重（%）
总计	12726.70	100.0
高技术制造业	3884.83	30.5
医药制造业	241.89	1.9
航空、航天器及设备制造业	88.41	0.7
电子和通信设备制造业	2486.45	19.5
计算机及办公设备制造业	877.70	6.9
医疗仪器设备及仪器仪表制造业	142.92	1.1
信息化学品制造业	47.45	0.4
高技术服务业	1105.36	8.7
信息服务业	772.54	6.1

续上表　　　　　　　　　　　　（2014 年）

行业	主营业务收入（亿元）	占全省比重（%）
电子商务服务	3.37	…
检验检测服务	13.14	0.1
专业技术服务业的高技术服务	205.50	1.6
研发与设计服务	48.16	0.4
科技成果转化服务	44.84	0.4
知识产权及相关法律服务	3.85	…
环境监测及治理服务	13.97	0.1
高新技术改造传统产业	7736.52	60.8

注：资料来源于 2014 年福建省高新技术产业发展情况统计公报。“…”表示数据不足本表最小单位数。

全省高新技术产业区域分布比较集中，主要分布在福州市、厦门市和泉州市，3 个设区市拥有高新技术企业数分别为 4425 家、4368 家和 2449 家，占全省的比重分别为 29.3%、28.9%和 16.2%（见图 3）；其高新技术产业主营业务收入分别为 3027.65 亿元、4163.70 亿元和 2454.88 亿元，占全省的比重分别为 23.8%、32.7%和 19.3%；高新技术产业增加值分别为 837.08 亿元、1080.69 亿元和 691.46 亿元，占全省的比重分别为 24.3%、31.3%和 20.0%（见表 3）。

图 3　2014 年福建分地区高新技术企业数占比情况

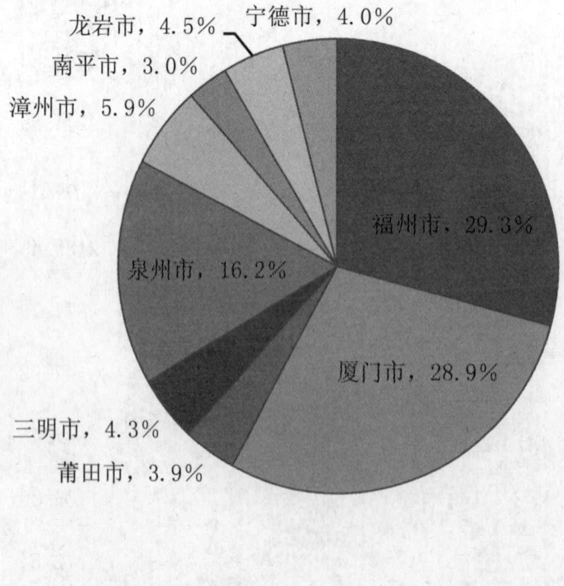

表 3　福建高新技术产业区域分布情况

（2014 年）

地区	高新技术产业单位数（家）	占全省高新技术产业单位数比重（%）	高新技术产业主营业务收入（亿元）	占全省高新技术产业比重（%）	高新技术产业增加值（亿元）	占全省高新技术产业比重（%）
合计	15114	100.0	12726.70	100.0	3451.19	100.0
福州市	4425	29.3	3027.65	23.8	837.08	24.3
#平潭	66	0.4	3.20	…	0.99	…
厦门市	4368	28.9	4163.70	32.7	1080.69	31.3
莆田市	582	3.9	445.43	3.5	136.19	3.9
三明市	648	4.3	538.95	4.2	141.95	4.1
泉州市	2449	16.2	2454.88	19.3	691.46	20.0
漳州市	891	5.9	909.00	7.1	258.86	7.5
南平市	457	3.0	293.82	2.3	83.75	2.4
龙岩市	695	4.5	519.32	4.1	129.30	3.7
宁德市	599	4.0	373.96	2.9	91.90	2.7

注：资料来源于 2014 年福建省高新技术产业发展情况统计公报。“…”表示数据不足本表最小单位数。

（三）从开发区发展亮点分析高新企业重点布局

截至 2014 年末，福建拥有福州、厦门、泉州、莆田、漳州 5 个国家高新技术产业开发区，共实现高新技术产业主营业务收入 3595.94 亿元，实现高新技术产业增加值 890.30 亿元，占全省高新技术产业主营业务收入的比重分别为 28.3%、25.8%（见图 4）；三明和龙岩 2 个省级高新技术产业园区实现高新技术产业主营业务收入 312.60 亿元，实现高新技术产业增加值 80.92 亿元，占高新技术产业主营业务收入的比重分别为 2.5%、2.3%（见表 4）。

图 4　2014 年福建高新技术产业园区主营业务收入占比情况

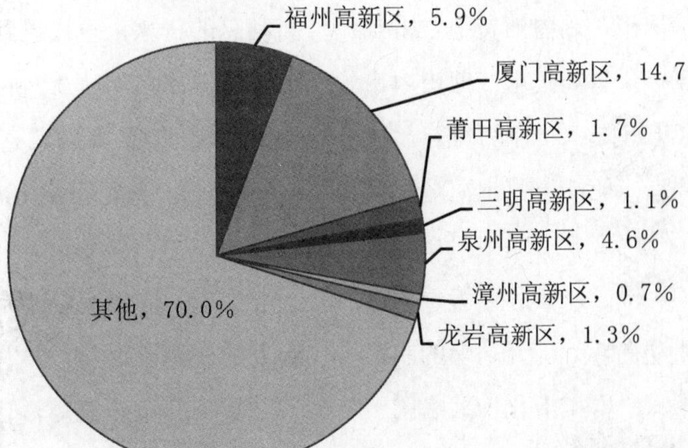

表4 福建省高新技术产业开发区高新技术产业情况

（2014年）

	主营业务收入		增加值	
	总量（亿元）	占全省高新技术产业比重（%）	总量（亿元）	占全省高新技术产业比重（%）
福州高新技术产业开发区	770.92	6.1	203.10	5.9
厦门火炬高技术产业开发区	1919.35	15.1	452.98	13.1
泉州高新技术产业开发区	594.80	4.7	156.39	4.5
莆田高新技术产业开发区	221.02	1.7	56.03	1.6
漳州高新技术产业开发区	89.85	0.7	21.80	0.6
三明高新技术产业园区	147.53	1.2	39.23	1.1
龙岩高新技术产业园区	165.07	1.3	41.69	1.2

资料来源：2014年福建省高新技术产业发展情况统计公报。

二、当前高新技术企业发展面临的困难与问题

（一）市场需求不足，要素成本不断上升

1.国内外市场需求不足，企业销售渠道有限。 2014年，全省高新技术产业增加值占全省比重仅为14.3%，不仅总量偏小且主要集中在改造传统产业基础上，新兴产业仍显弱势，医药、医疗制造业、航空、航天器及设备制造业等主营业务收入仅占全省高新技术产业比重不足5%，产业带动能力有限。因此，在新经济环境下，新产品开发度不高，销售市场受到局限。一是新形势下，市场需求不足。从国内环境看，尽管2013年7月后国家陆续出台一系列的政策，以期提振内需，但在收入分配改革、社会保障制度不健全的情况下，国内消费很难得到有效启动。据统计，2013年全省高技术产业国内市场占有率为3.1%，比上年下降0.1个百分点，比2011年下降0.3个百分点，比江苏、上海分别低18.3个百分点、2.8个百分点；位次也由2011年的全国第8位后退至第10位。从国际环境看，近年来全球产业转移出现新动向，一部分高端的制造业在美国、欧洲等发达国家“再工业化”战略的引导下回流，一部分劳动密集型的企业向劳动力和资源等更低廉的新兴发展的东南亚国家转移。据对80家高新技术企业调查，反映企业当前发展的主要困难中，受国外经济形势、汇率等影响显著的占42.5%。

2.生产要素成本价格上升，企业利润连续下降。 近年来，企业受到原材料、人工成本上涨和土地价格攀升等因素叠加影响，生产成本增加，产品竞争力下降。同时国务院新近通过的《土地管理法修正案》提高了整地补偿数额标准，工业用地成本也有所提高，高新工业园区的厂房租金也逐步上涨。此外，由于以中小企业为主的高新技术企业，固定资产等抵押物少，从银行获得贷款的上浮利率较高，甚至无法从银行贷到款，转而从民间获得更高利息的贷款，直接导致企业的融资成本上升。受上述因素的影响，高新技术企业利润出现连续下滑，2014年平均每家高新技术企业的利润总额为0.08亿元，分别比2013年、2012年下降69.2%、76.5%。

（二）企业自主创新能力不强，研发资金和高级人才资源匮乏

1.创新意识淡薄，自主创新能力不强。 一是具有国内外领先技术水平和自主知识产权的高新技

术产品不多。目前，全省大多数高新技术企业仍以技术引进为主，掌握核心技术的较少。二是创新能力弱。当前全省高新技术企业规模普遍偏小，2014年全省大中型高新技术产业企业只有743家，95.1%的高新技术企业都属于小微型，而且这些企业主要集中在高新技术改造传统产业、电子及通讯设备制造业和电子计算机及办公设备制造业，这三个行业的总产值占全省高新技术产业的92.7%，其中高新技术改造传统产业占全省份额达61.0%。由于传统产业中小企业居多，因此大多数高新技术企业普遍自主创新能力不足，有相当一部分企业从事着产品简单加工和组装生产。尽管全省也设立了许多创新基金，但由于申请过程中门槛高，手续多，资金少，许多中小企业望而却步。

2.研究和开发资金投入不足，人才匮乏。据对80家企业问卷调查，反映企业资金困境和人才瓶颈是当前企业发展面临的最主要的困难与问题的占68.0%，居所有问题首位。一是资金投入不足。同时由于中小企业资金少，技术力量弱，在研发资金上投入明显较少，导致新产品开发缓慢，科技成果转化率低。2014年，全省R&D经费投入355.03亿元，居全国第15位，与江苏、广东、山东、北京、浙江等省份R&D经费投入相比，同期这些省份的R&D经费投入分别是全省的4.7倍、4.5倍、3.7倍、3.6倍、2.6倍。2014年，全省高新技术产业R&D经费占主营业务收入比重仅为2.8%，离国际上通用的5%以上方能发展的标准相差甚远。二是人才缺乏。首先，高级科技人员的缺乏制约了高新技术产业的良性发展。2014年，全省高新技术产业拥有的R&D活动人员13.73万人，其中参加科技项目人员12.32万人，R&D活动人员仅占从业人员的7.5%。其次，人才稳定性差，流动性大，但劳动法对员工的约束力不强。许多传统产业高新技术企业地处工业园区或者郊区，对一些人才吸引力本来就不大。而且近年来越来越多企业重视人才引进，各省各地为了吸引人才采取了很多措施，造成了人才流动性大，特别对一些高新技术企业来说，研发项目进行一半时，项目研发人员的流动必然影响项目的顺利进行，而在这方面劳动法对员工的约束力不强。

（三）政策效应发挥不够，财税、金融政策扶持力度有待提高

1.企业享受的优惠政策有限。目前，全省高新技术企业享有的优惠政策有限，最主要就是税收优惠政策即企业所得税按15%的税率征收。据80家高新技术企业调查问卷显示，55.0%的高新企业享受了优惠政策，其中有48.8%享受的是企业所得税减免政策、8.7%享受企业加计扣除优惠政策，其他政策的只有4.3%。除了这些优惠政策外，没有运用国际通行的加速折旧、投资抵免、加大费用开支、延期纳税、提取投资风险准备金、亏损结转等做法。此外高新技术企业享受的是减低税率类的企业所得税过渡优惠政策与企业所得税法及实施条例规定的减低税率类的税收优惠不可叠加享受，由企业择优执行。

2.财税优惠政策存在局限性。（1）重事后优惠轻事前宣传鼓励。现行的税收优惠政策重心主要放在实行低税率。而忽视了对高新技术企业的纳税前的宣传和引导，由于全省高新技术企业以中小企业为主，部分财务人员素质较低，甚至出现一些企业对这个优惠政策还不知晓。而且有关部门还不注重对企业税前引导和税收鼓励政策的制定，如可引导企业采用R&D费用的加计扣除和税收抵免等，可使企业在投资初期，间接调节和引导企业的经营行为，通过影响税基，而享受到税收利益。

（2）受惠面小，优惠金额低，手续繁琐。现行的税收优惠主要是对已取得的科研成果，并产生经济效益的企业，由于全省高新技术企业规模小又主要集中在传统产业，盈利能力弱，因此享受税收优惠政策的面小，优惠金额低。据对80家高新技术企业抽查显示：通过认定后“未享受”高新技术企业财税优惠政策的占42.0%。其主要原因：40.5%的企业因亏损或微利，企业未提出申报；9.5%享受了更优惠的其他所得税优惠政策；14.3%反映申报减免手续繁琐；9.5%反映申报税务部门建立了第二次核查机制；16.7%的企业自愿放弃高新技术企业税收优惠政策。

（3）不是基于项目的优惠，优惠政策缺乏有效性。当前的税收优惠忽视对具体的科技研究开发活动及其项目优惠，这不利于促进科技创新和产业升级。一方面缺乏针对性，只是对已形成科技实力的高新技术企业以及已经享有科研成果的技术性收入实行优惠，对在取得收入以前进行的大量科技投资、对创新的过程并不给予优惠，对技术创新的巨大风险未能给予有效补偿。另一方面，容易出现滥用优惠的现象，使高新技术企业中的非高新（产品）技术收入也享受科技优惠政策，造成优惠的浪费。

（4）财税政策与其他相关政策缺乏配套操作措施。当前全省财税政策与各部门相关联的配套政策少，没有真正形成一个良好政策环境。一是目前明确要对高新技术产品实行增值税扶持，但除软件和集成电路外，对其他高新技术产品的扶持措施尚未落实。二是支持科技的风险投资法规虽然出台，但缺乏相应的贷款担保、财政贴息等财政政策、货币政策配套，同时缺乏相应的股权投资、股权转让、科技信用社、创业板证券市场等资本市场运营机制配套，使得大量的企业、银行、民间资本不敢涉足风险投资领域，加剧了我国高新技术产业发展必须的风险投资短缺，延缓了高新技术产业发展。

3. 金融优惠政策缺乏，捆绑扶持效应差。高新技术企业在发展过程中，高成长性决定了其需要资金的高投入，高风险决定了其融资的高难度。当前资金问题，成为高新技术企业发展的一个瓶颈。各级政府为了支持高新技术型中小企业的发展，先后出台了一些支持高新技术型中小企业的金融政策，但力度相当有限。一方面，针对高新技术型中小企业的贴息贷款、优惠贷款有限。全省目前专门针对科技型企业为服务对象的银行仅2家支行，海峡银行福州科技支行和泉州科技支行。据了解，海峡银行泉州科技支行，针对高新技术型中小企业的贴息贷款，优惠贷款的政策从成立到2014年仍未落到实处，高新技术企业仍无法享受此专项优惠。另一方面，在高新技术型中小企业信用担保体系建设方面也显得滞后。泉州鲤城区高新技术园区部分企业反映，获得“高新技术企业”证书后到银行贷款和其他企业的信用评级基本没有差别，同时企业申请的专利、品牌等无形资产的质押贷款难度较大，获得的贷款金额也有限，与宁波市的部分银行的质押融资相比差距很大。

（四）服务平台建设尚不完善，科技创新环境仍需改善

1. 基础投入不足，公共平台仍需完善。据对80家高新技术企业调查，企业对促进高新技术企业发展的建议中，希望加强创新载体建设，推进创新平台搭建的占62.5%；希望不断改善科技创新环境的占60%；希望引进院校共建，推进国内外科技合作的占56.3%。一是平台建设规模有待进一步扩大。长期以来全省企业作为创新主体在研究开发、技术转移、成果转化等各个环节的需求往往得不到及时有效的解决，尤其是大型科学仪器设备、研究试验基地方面资源十分缺乏，创新成本居高不下，严重影响了企业创新的积极性。二是平台的共享性有待进一步提高。当前，各级政府以重大科技项目、科技三项费用、创新资金等方式投入形成的各类ASP平台、科技企业孵化器、创业中心、生产力促进中心、行业中心以及科技研发实验设施设备等公共服务平台，由于规划和布局的局限性，各类服务资源基本上成为本地区、本部门、本单位甚至少数课题组个人所有和享用，社会共享度不高，造成利用效率差，无法形成集成优势。三是缺乏统一、严格、权威的信息平台和窗口。大量的技术标准、专利、科研成果、科技情报等科技文献资源，广泛分布在不同的高校、科研院所、信息中介和政府部门手中，缺少有效的平台和统一的窗口对上述资源进行汇总和发布，从事创新活动的企业和个人无法快速有效对这些文献资源进行检索、引用和开发，导致创新效率低下，创新资源浪费严重。

2.投融资手段欠缺，风险投资机构发展缓慢。全省大多数科技企业资金投入能力较弱，但金融市场促进其发展的投融资体系尚未建成，风险投资和技术产权市场发育不健全。目前由于风险投资担保机构发展缓慢，数量少、规模小、实力弱，同时又缺乏相应的财政贴息、贷款担保政策与风险投资配套，大量的企业、银行、民间资本不敢涉足风险投资领域，导致高新技术企业发展必须的风险投资资金的短缺，使许多具有发展潜力的中小企业生长缓慢，许多有前景的科技成果无法转化。一是以银行信贷融资渠道存在较大障碍。银行对企业提供贷款需要严格的担保程序，而目前全省高新技术企业，以中小企业为主，这些企业往往资产质量不佳，负债率高，难以提供合适有效的担保方式，此外由于市场风险大，资金占用时间长，也是银行不愿承担此类贷款风险的一个原因。二是资本市场约束。目前，我国沪深两大证券市场，但对在正式的资本市场上市的企业有十分严格的资格条件限制，如达到一定的规模，经营年限，连续盈利年限等，这些要求对于高新技术型中小企业来讲股票上市的门槛太高，特别是传统产业技术型中小企业来说，很难在股票市场上进行直接融资。

三、促进和壮大高新技术企业发展的思考和建议

（一）强化政策引导，促进高新技术产业快速发展

一是加快建设高新技术产业基地，提升高新制造业规模，优化其结构。在条件具备的地区，要继续加强产业基地建设，实现资源向产业基地倾斜，进一步延伸完善产业链。同时大力引进技术实力雄厚的领军企业和项目，通过技术创新、科技攻关，突破产业发展核心技术。二是培育新的增长点，大力发展高技术服务业。目前全省高技术服务业处在发展初期，蕴藏着较大的发展潜力和发展空间。政府需尽快制定并细化适应高技术服务业发展的政策措施，培育高技术服务业消费市场。三是改变自主创新的定义，创新产、学、研相结合的转化形式。切实加强政府、企业、科研院校和社会中介组织互动合作的新模式和新效果。选择集中突破重点领域和产品，实施正确的产业化技术路线。

（二）改变人才培养模式，提高人才吸引力

第一，要积极发展高等教育以及专业技术的人才培养结构。应对高等教育的人才培养结构和模式加以调整，合理规划高新技术人才的培养规模和结构，稳步发展理工类本科教育。第二，要规范人才市场运作机制。提高人力资源配置效率，满足高新技术产业发展对多方面多层次的人才需求。第三，要努力营造吸引人才的环境。在人才管理中要充分体现“以人为本”的理念，落实“事业留人、待遇留人”的人才政策。

（三）选准切入点，完善财税优惠政策

第一，重视对高新技术企业在纳税前的宣传和引导。通过多种形式对高新技术企业尤其是中小企业开展宣传辅导，提高企业理解有关税收政策水平。第二，完善高新技术产业发展税收政策。在设计税收激励政策时，应把有限的资源用在“刀刃”上，针对项目而不是企业作为扶持对象，不仅给予已经具备较强科研实力的高新技术行业或企业享受税收优惠政策，对于所有企业只要研发项目符合规定的条件和标准（可放宽到省级重点扶持领域），都应给予一定的税收优惠。第三，加强税收优惠形式的多样化，进一步推行税收间接优惠方式（税基式优惠）。针对企业研发初期的巨大风险性，重视

事前优惠，鼓励企业增加科研投入和先进设备的投资，主要表现为对企业税基式的减免措施。第四，实行流转税方面的优惠。可考虑参照运输费用的抵扣政策，允许企业购买的技术服务、知识产权等获得一定比例的进项抵扣。

（四）充分发挥风险市场作用，拓宽投融资渠道

通过多渠道筹资，建立“多方投入，风险共担，利益共享”的风险投资运行机制，实现融资市场化。一是正确发挥政府在风险投资中的功能。政府的角色应由原来的“领导”转化为“引导”，工作的重心应放在建立良好的制度环境方面，改变过去完全无偿投资方式，有的投资可以采用有偿方式，以提高资金使用效益。二是健全全省风险投资业的运行管理机制。加快建立风险投资的中介服务体系，大力培养高素质的风险投资专业管理人才，还应积极促进保险业的导入，合理分散全省风险投资业的风险。

（五）加大政府扶持力度，促进财税政策与其他相关政策配套

一是完善财税与金融政策配套。政府应给予相应的贴息支持，减少金融机构的风险。应增加财政投入，为知识产权的交易市场提供保障。二是加大培育和发展各类中介服务机构，为其提供财税减免等优惠政策。三是从政策措施上鼓励和引导高新技术企业的创新。四是完善相关制度，允许多项税收优惠政策，财政补贴等叠加使用。为鼓励企业全方面的发展，税收优惠是应从不同的领域给予减免。

（六）增强服务意识，加强公共服务平台建设

切实保护知识产权，加大执法力度，营造尊重和保护知识产权的良好环境。大力培育和发展各类科技中介服务机构，规范中介机构运作模式，打造中介机构诚信体系，营造品牌效应，强化服务水平，协调沟通指导企业和高校、科研机构的连接，使产学研形成一个有机的整体。

（执笔：林秀琴　黄岚　方长青）

大力发展众创空间　激发创新创业活力

在“大众创业、万众创新”的浪潮推动下，福建加快众创空间发展步伐，构建了一批低成本、便利化、全要素、开放式的众创空间，为创新创业者提供了广阔舞台和良好环境，为福建经济发展注入了新活力。为进一步了解福建众创空间的发展情况，近期有关部门联合开展调研，对福州、厦门、三明、泉州、漳州等地 48 家众创空间开展调查，结果显示，在各级政府大力推动下，众创空间蓬勃兴起，成为推动大众创业、万众创新的新兴力量，但发展尚处于初期阶段，也存在发展不平衡、服务水平有待提高等问题，需要进一步优化环境、加大扶持，促进其更好更快地发展。

一、发展特点

（一）发展速度较快

福建主动顺应“互联网+”时代创新创业新趋势，支持个人创业和“草根创业创新”，激发了大众创新创业活力。近两年，众创空间从无到有，发展迅速。据福建省科技厅统计，全省各类众创空间达 300 多家，其中省级众创空间 49 家，市级众创空间 54 家。2016 年 2 月 15 日，福州优空间等 12 家众创空间获得国家级众创空间备案，纳入国家科技企业孵化器管理体系。49 家省级众创空间吸引创业团队达 1000 多个，创客 5000 余人，创业导师近 500 人。

（二）发展地域广泛

从沿海到山区，众创空间蓬勃兴起，各领风骚，福州、厦门、泉州领先发展，其他地市也加快建设步伐。福州已建成 32 家众创空间，总面积达 17.81 万平方米；厦门共认定了 35 家市级以上众创空间，总面积达 9.8 万平方米，入驻的创业团队和初创企业数达 585 个，创业人员 3600 余人；泉州拥有 59 家众创空间（其中国家级 6 家、省级 3 家、市级 29 家），创业人员 5630 人，孵化创新创业企业 626 家，项目 1080 个；三明已建和在建的各类众创空间有 30 家，总面积 2.8 万平方米，入驻团队 200 余个；漳州已建和在建的各类众创空间有 14 家，总面积 8.2 万平方米，入驻创业团队 136 个。

（三）投资主体多元

全省积极调动社会力量参与众创空间建设，出现了国有企业、民营企业、高等院校、科研院所等多元投资主体。据对 48 家众创空间调查，投资主体是民营企业的有 34 家，占 70.8%，居主导地位；国有企业和高等院校各 3 家，均占 6.3%；研究院所、混合所有制各 2 家，均占 4.2%。

（四）产业特色鲜明

福建各地依托当地特色产业、特色资源，充分发挥产业优势，促进创新要素集聚，打造独具特色的众创空间载体。从涉及的行业看，有互联网、智能制造、服务、陶瓷、文化创意、现代农业等，如福州天宏创世孵化基地重点发展手游等互联网项目；厦门派美特众创空间专注于智能硬件和新型电子产品开发；三明“丹霞创客”众创空间布局在旅游产业；泉州星期 YI 创客空间由服装龙头企业出资组建，着力于为上下游企业提供技术服务和资本项目对接；漳州“创客龙”海西创客梦工场吸引互联网+现代农业、休闲观光旅游业等企业入驻；漳州悦农庄自建线上线下结合的 020 平台进行农产品销售。

二、主要做法

（一）加大政策扶持力度，优化创新创业环境

1. 创优发展环境。福建高度重视众创空间发展，深入落实国务院《关于发展众创空间推进大众创新创业的指导意见》，出台了《关于大力推进大众创业万众创新十条措施的通知》。各级政府也先后制定出台一系列配套政策措施，如厦门出台《关于全面推进大众创业万众创新创建小微企业创业创新基地示范城市的实施意见》，从拓展创业创新空间、打造创业创新平台、创新体制机制等方面推进创业创新工作；泉州出台《关于推进大众创业万众创新的若干意见（试行）》《泉州市科技局关于发展众创空间促进创新创业的实施意见》等政策，整合聚集各项科技创新资源，形成"众创空间+科技企业孵化器+加速器+产业园区"的新型创新创业孵化链条。

2. 加大补助力度。各级政府发挥财政资金的引导和放大作用，通过加大财政补贴力度，助推创新创业工作。据对 48 家众创空间调查，有 23 家众创空间获得财政补助，2015 年补助金额达 1220 万元，平均每家获得补助 53 万元。一是给予孵化用房补助。福建鼓励各地充分利用老厂房、旧仓库、存量商务楼宇以及传统文化街区等资源改造成为新型众创空间，并对符合条件的众创空间给予孵化用房补助。二是购买创新服务。为鼓励重大科研基础设施和大型科研仪器向社会开放服务，推动科技资源开放共享，促进科技创新创业，2016 年福建省科技厅出台《福建省科技创新券补助管理暂行办法》，设立省级科技创新券专项基金，用于众创空间入驻企业和创客购买科技创新服务的补助。三明鼓励众创空间入驻企业和创客购买"创新助理"服务包、新产品检验检测、文献检索、科技查新、知识产权评估、创新培训等科技创新服务，并按不超过创新服务费用 59%的比例予以补助，目前三明市已下达了第一批创新券补助 100 万元。三是提供财政资金资助。各地对认定的国家、省、市级众创空间和示范基地，根据具体情况，给予数额不等的财政资金补助。厦门对认定的市级众创空间，根据运营时间长短，给予 20 万元至 40 万元不等的财政资金补助；对获得国家级、省级、市级示范基地的，一次性分别予以 100 万元、50 万元和 30 万元的补助。2015 年厦门市级财政为认定的众创空间发放各类补助 1539 万元。三明也加大对符合条件的众创空间扶持力度，2016 年 2 月已下达首批财政补助资金 666.89 万元。

3. 降低创业门槛。深化商事制度改革以来，福建多举措降低创业门槛，如"三证合一、一照一码"，企业设立推行"一表申报"，允许"一址多照""一照多址"，按工位注册企业；允许科技人员、大学生等创业群体借助"商务秘书公司"地址托管等方式申办营业执照。同时对初创企业免收登记类、证照类、管理类行政事业性收费。据对 48 家众创空间调查，多数众创空间及入驻企业认为简政放权、减免规费等改革简化了手续、降低了运营成本，使企业能专注于产品研发和核心业务开展。

（二）大力发展众创空间，强化创业创新服务

众创空间代表了网络时代大众创新创业的发展趋势，实现了创业与创新、线上与线下、孵化与投资的有机融合，具有模式新、机制新、理念新的特点，它为大众创新创业者提供技术咨询、创业辅导、投融资等服务，为广大想创新、能创新的人才提供舞台、创造机会。

1. 强化创业创新服务。众创空间为初创企业及创业团队、个人创业者提供办公场所、工商注册、财务托管、代理记账、网站建设等创业服务和商务服务。据对 48 家众创空间调查，2015 年运营场地面积为 35.30 万平方米，管理运营人员 611 人。如厦门虾米众创空间拥有完善的管理运营团队，为创业团队提供人力资源、财务、行政及法律等方面的服务，让创业团队专注项目的研发；泉州创客领 SHOW 众创空间拥有专业运营人员 8 名，导师 8 名，物业、保洁、工程维护等服务人员 92 名，在全省首创 24 小时“全天候创业生态社区”模式，为创业者提供政务、法务、财务、融资、培训、人才六大要素创业服务。

2. 举办各种特色活动。一是开展创业辅导培训。各众创空间对初创企业开展企业运营、获取融资、股权分配、挂牌上市等方面培训，帮助初创企业尽快融入市场。据对 48 家众创空间调查，2015 年共拥有导师人数 507 人，比上年增长 71.7%；培训 769 场次，比上年增长 24.7%。二是举办创业竞赛。如福州凤凰谷创业咖啡 2015 年共举办了 6 场“福建省创业聚”项目路演活动，先后邀请国内知名创投飞马旅、北辰星资本等机构共同筛选项目参加路演展示，吸引了 400 多位创业者和创投机构现场观摩；福建我想创业互联网孵化器针对移动互联网及传统行业转型互联网+的企业和创业团队，举办“iDream 创业路演”，为互联网创客提供资本与项目对接渠道。

3. 提供融资服务。如福州新华都商学院中心共举办了四期创业基金申请公开答辩会，共有 18 个项目获得学院 560 万元创业基金扶持，外部跟投创业资金 5960 万元。福州两岸青年孵化中心依托清华控股与国内 200 多家金融机构的战略合作伙伴关系，未来清华控股将直接投资 1000 万元，为创客提供强有力的融资平台。

（三）积极引导社会参与，激发创业创新热情

1. 激发创业创新热情。在新技术不断发展和市场经济持续开放的环境下，众创空间的出现让创新创业由精英走向大众，出现越来越多“草根”群体，有初次创业的大学生，有经验丰富的离职高管，有海外经历的留学人员，进一步激发了创业创新的活力，丰富了创业创新的源头供给。据福建省科技厅对全省近 90 家众创空间 1436 位创业人员调查，其中大学生创业达 660 人，占 46%；大企业高管离职创业 358 人，占 24.9%；科技人员创业 304 人，占 21.2%；留学归国创业 114 人，占 7.9%。

2. 鼓励产品技术创新。创客们发挥聪明才智，大力推进产品、商业模式创新，增强了经济发展活力。据对 48 家众创空间调查，2015 年成功孵化项目 140 个，比上年增长 204.3%，泉州创客领 SHOW 孵化的福建省皇品文化传播股份有限公司以其独特的新媒体概念以及未来富有想象力的文化创意市场空间，成为福建首家在新三板成功上市的广告文创企业；厦门青瓦众创空间中专注于移动互联网技术研发的“豆玩互动”（medp.cn）企业，研发和上线的《斩魔无双》《仙侠剑》《角头联盟》等多款热门游戏精品占据九游、6816 手游网等游戏榜单前列。

3. 创新股权融资方式。福建积极创新股权融资方式，省产业股权投资基金首期出资 1 亿元发起设立福建省创业创新天使基金，投资众创空间大学生等创业创新项目，参股社会资本发起设立的天使基金；增强资本市场融资能力，支持创业创新企业在“新三板”和海峡股权交易中心挂牌交易，鼓励众创空间组织创新产品开展网络众筹，为大众创业创新提供融资服务。据省科技厅对全省近 90 家众创空间调查，众创空间服务的团队及企业 2015 年获投资总额 8 亿元左右，其中社会投资 6 亿多元，获得种子资金、天使、A 轮、B 轮、C 轮融资服务企业数近 250 个，新三板挂牌企业 5 个，正在申报 2 个。

三、存在的问题

（一）众创空间发展不平衡

受地区经济发展不平衡、对众创空间认知程度、人才集聚程度、众创空间地理位置等因素影响，发展不平衡现象较为突出。据对 48 家众创空间调查，2015 年来已入驻团队 1437 个，入驻率（入驻团队占可入驻团队）为 51.9%。一方面部分众创空间发展速度快，入驻企业多，目前运营场所已接近饱和。另一方面部分众创空间由于地理位置偏远、交通不便、服务能力弱等原因，空间入驻率较低。

（二）专业服务能力不足

部分众创空间仅停留在提供网络配套的工位、公共会议室等基础服务上，而在创业辅导、创业融资、项目市场化运作、科技研发等专业服务能力有待提高。据对 48 家众创空间调查，54.2%的众创空间 2015 年培训次数在 12 次以内，其中 16.7%的众创空间在 3 次以内，16.7%的众创空间在 3-5 次。

（三）盈利方式有限

目前众创空间收入主要来自会员费、政府补贴、举办活动、部分孵化项目的分红等，收入有限，但运营成本较高，部分众创空间仍处于亏损状态。

（四）人才、资金等难以满足需求

一是人才引进难。漳州部分众创空间反映，众创空间的管理运营人才不足，人员水平不高，服务工作难开展到位。二是资金短缺。福建风险投资资本市场尚未成熟，专业投资机构少，投资人观念传统，对估值不认可，金融机构对创业团队“短、快、平”的融资需求难以满足。

（五）部分众创空间由于特殊原因未享受到项目补助

近年来，各级政府加大扶持力度，许多众创空间反映享受到财政补助资金或其他相关补贴，但部分众创空间因房屋产权不明晰、消防验收不过关等原因，未享受到补贴。

四、建议

（一）加大扶持力度

一是购买创新服务。部分众创空间建议政府以购买服务的形式，向众创空间购买组织路演、竞赛活动的服务，对众创空间投入的硬件、装修以及设立的云打印机、创建的 APP 等公共配套设施给予补助，降低运营成本。二是成立投资引导基金。部分众创空间建议政府牵头投入小部分资金，通过众筹形式向社会融资，符合条件的众创空间均可享受该基金。三是加大信贷支持。建议银行对“众创”贷款利息采取保本微利定价，进一步开发适合创客企业的担保新品种。

（二）加强信息沟通

一是举办对接活动。针对众创空间发展不均衡问题，建议举办众创空间之间的对接活动，探索合作共赢渠道，实现抱团发展、优势互补、提升专业化水平。二是搭建信息平台。泉州番薯创客空间建议有关部门牵头建立信息交流平台，便于众创空间与创业团队以及众创空间之间的交流、协作。

（三）提高服务能力

一是组织学习培训。邀请国内先进众创空间介绍成功经验，组织省内众创空间赴先进地区学习交流，提升水平。二是加强创业队伍建设。鼓励知名企业家、职业经理人等担任志愿创业导师，为创业者提供创业辅导等帮助。

（四）培育创业文化

建设众创空间要导入敢为人先、宽容失败的创新创业文化理念，树立崇尚创新、创业致富的价值导向，大力培育企业家精神，为福建构建灵活的创新机制、促进创新创业活力，营造良好的生态环境。一方面加强各类媒体对大众创业、万众创新的新闻宣传和舆论引导，树立一批创新创业典型人物，进一步激发市场与民间活力，汇聚起推动福建经济转型升级、行稳致远的强大正能量；另一方面政府要引导社会对创新创业秉持科学和理性的认知，对失败者给予指导和帮助，逐步形成宽容的创业氛围。

（执笔：吴文芳　陈晓艳　黄艳）

2015年福建新设小微企业跟踪调查情况分析

国家工商登记制度改革后，企业注册资本登记条件放宽和市场主体准入门槛降低，点燃了大众创业的热情，激发了市场活力，新设立的小微企业和个体经营户数量猛增。现根据抽样调查情况分析如下：

一、调查样本分布

按照国务院要求，国家统计局对2014年3-7月新注册市场主体按企业抽取3%和个体抽取0.5%的比例，进行跟踪抽样调查，福建省共抽取2260家样本单位。其中，企业样本1568家，个体样本692家，分布在18个行业门类中。具体行业门类情况如表1所示。

表1　新设小微企业和个体经营户行业门类情况

	单位数（家）	比重（%）	正常营业单位数（家）	正常营业率（%）
总计	2260	—	1129	50.0
农、林、牧、渔业	82	3.6	44	53.7
采矿业	5	0.2	1	20.0
制造业	286	12.7	143	50.0
电力、热力、燃气及水生产和供应业	2	0.1	2	100.0
建筑业	91	4.0	36	39.6
批发和零售业	1060	46.9	545	51.4
交通运输、仓储和邮政业	44	1.9	22	50.0
住宿和餐饮业	127	5.6	78	61.4
信息传输、软件和信息技术服务业	84	3.7	39	46.4
金融业	14	0.6	5	35.7
房地产业	21	0.9	8	38.1
租赁和商务服务业	244	10.8	103	42.2
科学研究和技术服务业	64	2.8	30	46.9
水利、环境和公共设施管理业	4	0.2	3	75.0
居民服务、修理和其他服务业	79	3.5	50	63.3
教育	10	0.4	4	40.0
卫生和社会工作	2	0.1	2	100.0
文化、体育和娱乐业	41	1.8	14	34.1
公共管理、社会保障和社会组织	0	—	0	—
国际组织	0	—	0	—

二、发展现状

（一）生存企业活力较强，规模不断壮大

经过一年的发展，正常营业的新设小微企业和个体经营户活力较强，生产规模不断壮大，户均资产和户均收入均超过百万，2015 年福建省新设小微企业和个体经营户十大行业门类户均资产 104.34 万元，比上年增长 31.2%；户均营业收入 102.96 万元，增长 59.3%；户均从业人员 5.8 人，增长 9.8%。十大行业门类中有 4 个行业门类户均资产超百万，3 个行业门类户均收入超百万。2014-2015 年福建省新设小微企业和个体经营户十大行业门类发展情况如表 2 所示。

表 2　福建省新设小微企业和个体经营户十大行业门类发展情况

（2014-2015 年）

	户均资产（万元）			户均收入（万元）			户均从业人数（人）		
	2015	2014	增长（%）	2015	2014	增长（%）	2015	2014	增长（%）
总计	104.34	79.49	31.2	102.96	64.64	59.3	5.8	5.3	9.8
批发和零售业	91.24	70.75	29.0	131.87	74.18	77.8	3.9	3.5	11.1
制造业	136.19	108.44	25.6	146.66	108.94	34.6	11.5	10.1	13.7
租赁和商务服务业	74.81	70.55	6.0	33.09	21.81	51.7	5.5	5.9	-6.3
住宿和餐饮业	60.17	31.83	89.0	41.24	24.91	65.5	4.3	4.1	4.9
建筑业	134.01	72.63	84.5	92.50	50.14	84.5	8.0	9.2	-13.1
信息传输、软件和信息技术服务业	90.34	81.17	11.3	47.60	18.20	161.5	6.2	5.0	24.6
农、林、牧、渔业	267.02	240.64	11.0	84.23	95.98	-12.2	8.9	7.3	22.2
居民服务、修理和其他服务业	52.41	49.48	5.9	41.61	29.03	43.4	5.7	4.6	23.4
科学研究和技术服务业	85.53	87.35	-2.1	45.80	28.70	59.6	7.3	8.5	-14.2
交通运输、仓储和邮政业	142.43	117.68	21.0	143.24	73.50	94.9	7.1	5.0	41.8

（二）营业状态变化较大，半数企业正常营业

与 2014 年相比，经过一年多发展，调查的 2260 户单位营业状态发生较大的变化，但总体发展稳定，半数企业正常营业。具体来看，全省有 1129 家正常营业，占样本单位数的 50.0%，同比下降 4.6 个百分点；有 393 家在筹建中，占样本单位数的 17.4%，下降 6.9 个百分点；有 228 家停产或停业，占样本单位数的 10.1%，上升 5.7 个百分点；有 252 家破产或关闭，占样本单位数的 11.2%，上升 6.2 个百分点；有 16 家被兼并或搬迁，占样本单位数的 0.7%，上升 0.5 个百分点；其他 242 家因无营业场所仍无法找到，占样本单位数的 10.7%，下降 0.8 个百分点。新设立小微企业和个体经营户经营状态变化情况如表 3 所示：

表3　新设立小微企业和个体经营户经营状态变化情况

（2014年四季度-2015年四季度）　　单位：户、%

营业状态	2015年四季度	2014年四季度	所占比重变化情况
合计	2260	2260	—
停业（歇业）	228	100	5.7
筹建	393	549	-6.9
当年关闭	247	109	6.1
当年破产	5	3	0.1
搬迁	12	3	0.4
被兼并	4	2	0.1
其他	242	260	-0.8
营业	1129	1234	-4.6

（三）首次创业居多，八成以上办理许可证

工商登记制度改革促进了就业观念的转变，逐步形成了以市场为导向，以创业带动就业的良好局面。从创业情况看，首次创业者达71.1%，二次或多次创业的占28.9%。其中，大学生首次创业者占首次创业的15.2%。据1143家新设小微企业和个体经营户跟踪问卷调查，有945家已完成全部许可办理，占82.7%，同比上升10.3个百分点；有113家完成部分许可办理，占9.9%，下降5.2个百分点；有56家未办理许可证，占4.9%，下降5.6个百分点。有5.7%的个体经营户转换注册为企业。

（四）市场需求保持稳定，开业企业经营情况略有好转

据1129家正常营业的新设小微企业问卷调查显示：2015年四季度72.7%的企业市场需求情况比上季度好或持平。由于市场需求保持稳定，四季度企业经营情况略有好转。有808家小微企业本季度经营情况比上季度好或与上季度持平，占71.6%，比上季度上升2.7个百分点，比上年同期上升2.1个百分点；有321家本季度经营情况比上季度差，占28.4%，比重比上季度下降2.7个百分点，比上年同期下降2.1个百分点。

（五）优惠政策释放红利，受惠面不断扩大

当前，在大众创业、万众创新的大环境下，国家及各级政府不断出台一系列扶持小微型企业发展政策，尤其是2015年10月企业所得税减半征收起征点上调到30万元后，部分小微企业和个体经营户获得了更多的实惠。据1143家新设立小微企业和个体经营户调查，2015年四季度共有349家企业享受优惠政策，占30.5%，比重比上季度上升4.8个百分点。其中，享受税费减免政策的企业337家，占29.5%，比重比上季度上升4.9个百分点，比上年同期上升8.3个百分点；享受政府资金支持的企业26家，占2.3%，比重比上季度上升0.9个百分点，比上年同期上升1.1个百分点。

三、值得关注的几个问题

（一）融资满足程度低，融资成本上涨

近年来，国家虽然制定、出台了一系列扶持小微企业和个体经营户的政策、措施，其中包括贷款和融资方面的优惠政策，但相对巨大的融资需求总量，落实到具体经营单位时，仍然有相当比例的融资需求无法得到满足。跟踪调查表明，对于新设立的小微企业和个体经营单位，仍有近八成的融资需求没有得到任何满足，2015 年三、四季度，有融资需求的单位足额获得了所需融资的均没超过 10%。调查表明，2015 年四季度新设立小微企业和个体经营单位从银行融资的平均年利息和费用率达到了 10.0%，比上季度上升 1.8 个百分点；从民间借贷的月利率更高达 1.7%，比上季度上升 0.1 个百分点。融资成本偏高，增加小微企业经营成本。

（二）缺乏创业经验，关停企业创单季新高

2015 年以来，全省新设小微企业和个体经营户的开业率呈逐季下降趋势，由年初的 54.6%到四季度下降为 50.0%。截至四季度末，全省新设小微企业和个体经营户停产 228 家，占全部样本 10.1%；倒闭 247 家，占全部样本 10.9%；其中，首次创业的关停企业 321 家，占关停企业的 67.6%。由于多数企业业主是首次创业，没有创业经验，同时又缺乏对市场预判能力，导致许多企业刚开张不久就面临停产歇业甚至倒闭，关停企业数量逐季呈上升趋势。从调查的各季度来看，2015 年四季度关停的企业创调查以来单季最多，达 81 家，比上年同期增加 22 家，比 2015 年一、二、三季度分别增加 2 家、27 家、27 家。2014 年四季度-2015 年四季度各产业单季关停情况见表 4。

表 4　各产业新设立小微企业关停情况

（2014 年四季度-2015 年四季度）

	2014 年四季度	2015 年一季度	2015 年二季度	2015 年三季度	2015 年四季度
总计	59	79	54	54	81
第一产业	2	0	1	1	4
第二产业	13	11	7	7	17
第三产业	44	68	46	46	60

（三）用工环境较差，用工满足程度低

受劳动者择业观念变化、对收入预期要求较高、劳动环境和报酬相互攀比等因素的影响，大部分有用工需求的单位不能如愿招到所需员工。调查表明，在有用工需求的 212 家经营单位中，仅有 11.3%的单位全部招到自己需要的员工，12.8%的单位招到了所需要的大部分员工，有 75.9%单位没能招到或仅招到小部分所需员工。

四、企业期盼

据 1143 家新设小微企业问卷调查显示：新设小微企业期盼政府在财政金融、减少资格审批、提供经营场所和营造市场公平竞争等四方面提供更多的政策扶持。有 60.0%的企业期盼政府加大财政金融支持力度，确保企业在运营过程中有充足的资金保障；有 48.4%的企业期盼减少审批和资质资格认证，进一步降低市场准入门槛；有 40.0%的企业期盼政府加大对新设立单位经营场所的支持，减轻企业运营成本；有 27.7%的企业期盼处罚违法违规行为、营造公平市场环境，保证市场有序竞争。

（执笔：方文　李楠）

减税新政显成效　小微发展添动力

近年来，国家税务总局陆续出台减税政策，释放出重视小微企业发展的积极信号。这些减税政策是否落到实处？能否搅动小微企业“一池春水”？2015年末，有关部门组织开展了小微企业税收减免政策落实情况调查，从中总结梳理减税政策取得的积极成效，剖析小微企业在减税操作过程中存在的问题和障碍，提出进一步降低小微企业税费负担，助力小微企业健康发展的对策建议。

一、扎实推进减税工作，小微生存环境优化

2015年以来，国家税务总局出台10条措施，各地税务部门也相继出台优惠政策，从全力宣传、全程服务、全年督查、全面分析等4个方面部署小微企业税收优惠政策落实工作。此次走访厦门、泉州、莆田、漳州、南平、龙岩、三明等地部分县、市国家税务局、地方税务局，并随机抽取符合营业税、增值税、所得税和印花税减免政策的小微企业共466家进行问卷调查，结果显示：

（一）宣传辅导到位，提高企业知晓率

各地税务部门为了让税收减免政策家喻户晓，充分利用短信、税企QQ群、微信、LED屏、“纳税人学堂”等多渠道、多平台、多视角、全方位广泛宣传小微企业税收优惠政策内容、办税流程、申报要求、管理方式，并及时更新政策内容、管理模式方面的变化，做到落实政策不走样；通过征管系统数据进行摸底调查，对初步判定符合条件的小微企业，派出业务骨干进行点对点对接。

调查结果显示，企业对税收优惠政策了解很清楚的占41.4%，有一定了解的占55.7%，不了解的仅占2.9%。了解渠道主要是通过办理纳税事务时获知占79.8%，其次是通过税务部门提醒获知占68.0%，通过官方媒体、网络等渠道获知占48.7%，通过其他渠道获知占19.1%。如丰泽区车税局微信订阅号用户已达3111户，累计推送180期微信内容；微博粉丝数331人，累计发表博文488条。

（二）履职服务到位，提高企业满意度

针对小微企业财会不健全等问题，税务部门统一列出小微企业常用业务辅导清单，通过在“纳税人学堂”开设小微企业专题讲座、组建上门辅导小分队、在办税场所设置“小微企业专职业务辅导员”等方式，让小微企业熟练掌握财会、纳税申报等业务技能。厦门市国税局率先在厦门国税网站上公开77项税务行政审批事项，取消下放18项审批，实现从管着纳税人向服务纳税人转变。目前已有九成业务可以在办税服务厅一站办结，其中70余项已实现当日办结，51项业务实现即到即办，15类涉税文书报表取消。调查结果显示，企业对税收优惠政策感到满意的超过九成，其中很满意的占41.0%，比较满意的占53.5%，不满意的仅占5.5%。纳税人表示，小型微利企业所得税减半征收上限从年所得税额10万元提高到20万元再到30万元后，这项优惠政策的含金量大大提升，且操作性强，享受手续简便，为小企业雪中送炭。

（三）政策落实到位，扩大企业覆盖面

为了保证小微企业税收减免政策应享尽享，各地税务部门通过跟踪回访小微企业税收优惠政策落实情况，收集意见建议，认真分析、及时反馈政策执行的具体效应；对符合条件小微企业申报信息及时采集并比对分析，对符合享受优惠政策条件而未享受的逐户查明原因，及时采取措施加以解决，确保小微企业应享尽享。调查结果显示，应享小微企业受惠率89.7%，其中应享免征营业税受惠率

96.0%，应享免征增值税受惠率86.6%，应享减半征收所得税受惠率94.3%，应享免征印花税受惠率67.5%。

2014年10月1日增值税免税销售额上限提高到3万元以上政策开始执行以来，泉州市国税2014年10-12月为13.54万户次小微企业减免增值税税款7228.33万元；2015年1-10月国税共为小微企业减免增值税 62.42 万户次，减免税款 21720.86 万元，小微企业受惠面100%。

（四）措施扶持到位，提升小企业活力

各级税务部门除用好用活国家、省关于扶持小微企业的税收优惠政策外，还因地制宜出台了有利于当地企业发展的有效政策，切实减轻企业税收负担，有效缓解企业资金压力。如长汀县抓住国家水土保持重点建设工程林草抚育施肥和福建省 22 个重点县水土流失综合治理项目低效林改造（施肥）时机，出台了长汀县水土流失综合治理项目林草抚育施肥等优惠政策，2014年共免征涉及造林工程的小微企业个人所得税136万元。据调查结果显示，企业认为近两年税收稳步下降的占41.4%，认为有所提高的仅占 18.2%。另据规模以下工业企业调查，2015年三季度反映资金紧张的企业占25.0%，环比下降1.0个百分点；反映流动资金基本正常和相对宽裕的企业占75.0%，提高1.0个百分点；反映无融资需求的企业占78.8%，上升3.1个百分点。

二、减税扩围效果积极，业主赢得真正实惠

近年来，国家为进一步支持小微企业发展，先后出台了一系列惠及小微企业发展的税收政策。如将增值税小规模纳税人和营业税的免税起征点由月销售额（营业额）5千元提高至2万元再到3万元；将增值税小规模纳税人的征收率由 6%调低至4%再到3%；将享受减半征收企业所得税政策的范围，营业额由6万元提高到10万元基础上，再扩大到20万元以内到目前的30万元；对金融机构与小微企业签订的借款合同免征印花税时间延长到2017年12月31日，小微企业受益税收优惠。

（一）营业税落实情况

调查符合免征营业税政策的样本企业有75家，2015 年上半年平均每家企业应税营业额 10.01 万元、营业税免税额 7030 元，免税额占应税营业额的7.0%。三明市反映，2015年上半年尤溪县共计享受减免纳税人 134 户次，减免金额 24.5 万元；宁化县共为784家月营业额不超过3万元的小微企业免征营业税45万元。

（二）增值税落实情况

为确保政策红利不折不扣惠及纳税人，各地税务部门积极采取有效措施，认真落实小微企业税收优惠政策。如泉州市国税局在2013年为5.10万户小微企业减免增值税税款1.16亿元的基础上，2014年继续为5.85万户小微企业减免增值税税款1.53亿元。2014年10月1日增值税免税销售额上限提高到3万元以上政策开始执行以来，2014年10-12月为 13.54 万户次小微企业减免增值税税款 0.72 亿元（其中企业性单位0.44亿元，个体工商户0.28亿元）。2015年1-10月，全市共为62.42万户次（其中个体工商户及其他个人52.70万户次、企业9.72万户次）小微企业减免增值税税款 2.17 亿元（其中，个体工商户及其他个人 1.80 亿元、企业 0.37 亿元）。小微企业受惠面100%，优惠户数占总体小规模纳税人户数比例达到62.8%。莆田市2015年1-6月小微企业减免增值税税额累计7418万元，其中个体工商户和其他个人减免增值税税额累计6205.89 万元，企业和非企业性单位减免增值税税额累计1212.52万元；小微企业增值税优惠政策已全面落实到位，1-6月受惠面达100%。

（三）所得税落实情况

调查符合所得税减半征收政策的样本企业 207 家，从企业所得税纳税申报表的填报情况看，虽说享受面达94.3%。未享受的企业基本上税务人员已

上门宣传，进行退税处理，实在不愿退税的企业采取下次缴税退还。调查的207家符合所得税减半征收政策的企业2015年上半年实际利润或应纳税所得额为4.68万元，所得税减免额3.73万元，所得税减免税额占应纳税所得额的8.0%。

从2015年1月1日起，尤溪县针对小型微利企业应纳税所得额在20万元以下，给予减半征收企业所得税，截至2015年6月末，全县565户小微企业享受小微企业所得税优惠，减免所得税28.77万元，其中国税管征552户小微企业全部享受优惠政策。宁化县2015年上半年实际应享受优惠政策的小微企业53户，已享受优惠政策的小微企业53户，享受优惠面达100%，共减免征收企业所得税38.75万元，户均减免0.72万元。2015年上半年，漳州市享受各类小微企业所得税优惠政策的企业达到6479户，累计减免企业所得税4419万元。

（四）印花税落实情况

调查2015年1-6月与金融机构签订借款合同的样本企业40家，享受到印花税减免政策的有27家，占67.5%；未享受到印花税免税政策的企业13家，其主要原因是企业在与银行签订借款合同时对小微企业的认定比较模糊，而银行代扣了税额，事后企业虽然知道可以免税但因为工作繁忙想延后处理。

三、减税面临诸多障碍，政策有待调整完善

近一年多来，国务院一系列针对小微企业减税"大礼包"，进一步激发了市场活力，为稳增长和保就业打下坚实基础，备受各界好评。但在走访基层调研时，一些税务部门和企业人士反映，目前在小微企业减税实际操作过程中，仍然存在许多问题，阻碍减税政策的进一步推进。

（一）小微认定标准不一，造成税企双方争议

税法上的小微企业并未与国家的小微企业标准接轨。工商部门执行的是工信部、国家统计局、发展和改革委员会、财政部研究制定的《中小企业划型标准规定》对小微企业的认定标准，而税务部门执行的是按照中华人民共和国企业所得税法实施条例92条规定上的小型微利企业标准，不仅有资产总额、年度应纳税所得额、从业人数的限制，而且还有从事行业的限制。过多的条件限制，让原本符合小微企业条件的纳税人，却因税收条件的苛刻而得不到政策的扶持。两个不同标准，容易导致基层税务人员在执行税收优惠政策时产生模糊认识，也容易使纳税人对税收政策产生误解，不仅影响了税法的规范性，而且使扶持小微企业仅成为宣传上的热点，在实际执行中很难贯彻落实。特别是按政策规定免征印花税，必须是小型、微型企业，按《中小企业划型标准规定》，企业的年营业收入超过小型企业的范围，但从业人数没有超过300人，这类企业在与金融机构签订借款合同时，金融机构仍认定不是小微企业而不能享受免征印花税政策。

（二）减税力度"杯水车薪"，部分企业态度消极

1.优惠门槛高，许多企业被拒门外。一方面为了加强征管，降低执法风险，对小微企业在享受税收优惠政策时财务核算要求高，基本上都是要求查账征收，而实际上大部分小型微利企业因财务会计核算能力较低与不规范，而被实行核定征收。至于是否具备建账核算自身应纳税所得额的认定权又在主管税务机关，事实上也确实存在大量的小企业从成立之初就被核定征收了，造成这类企业从设立起就不能享受小型微利企业的优惠待遇。另一方面增值税和营业税的纳税起征点偏低，小微企业月销售额一般都会超过3万，即使某个月低于3万，但从季度看又会超过9万，难以享受到税收减免政策。特别是对制造业的小微企业来说，很难达到享受优惠政策的条件。

2.优惠额度小，部分企业不愿享受。企业对目

前减免税费政策普遍表示欢迎的同时，也表达了对减免力度的失望，认为税费减免政策犹如隔靴搔痒。如企业达到“月销售额不超过3万元”的减税标准减免金额仅为几千几百元，甚至几元，对企业发展的实质性影响效果不明显。又如增值税优惠，首次申报时部分小微企业未享受小微企业增值税优惠，后经修改在征管系统中形成应退税额，通知纳税人前来办理退税，企业认为优惠税额较少，办理退税的积极性较低。再如 2015 国家税务总局发布的《关于进一步完善固定资产加速折旧企业所得税政策有关问题的公告》，明确固定资产加速折旧优惠政策扩大范围，相当于企业推迟交税，相当于国家将税款“贷款”给企业，缓解了当期企业现金流压力，有利于促进产业升级。尽管新政策可以帮助企业改善现金流，但其并非给企业带来额外的税收减免。若企业处于税收豁免期或者拥有未结转弥补的税务损失，企业则未必会采用这个新政策，因为对于他们来说减缓折旧速度会更有利。

3. 优惠方式少，政策扶持缺针对性。目前国家对小微企业的税收优惠，局限于企业所得税、增值税、营业税、印花税，其他税种没有涉及。如小微企业缴纳土地使用税、房产税没有相应的税收优惠政策，而小微企业恰恰感到对缴纳这两种税收的负担率较高。同样对小微企业生存发展最艰难和最关键的方面，如创业初期、技术改造、再投资等没有针对性的优惠政策，没能从根本上解决小微企业税收负担，使小微企业在税收优惠方面并没有明显优势。

（三）征税方式不尽合理，税收负担有失公平

主要表现在起征点上下的税负差异大。按现行增值税政策规定，对月（季）销售额3万元（9万元）以下的小规模纳税人免征增值税，起征点临界值上下的纳税人税负差异明显。例如月销售额刚好在3万元的纳税人增值税全免，但是销售额为30001万元的纳税人因相比只增1元而需要交900元的增值税，税负不公平，容易造成征纳双方的矛盾。按现行所得税优惠政策规定，对年应纳税所得额低于30万元（含30万元）的小型微利企业，其所得减按 50%计入应纳税所得额，按 20%的税率缴纳企业所得税，这样年应纳税所得额在 30 万元上下的小微企业，缴纳的所得税额会相差很多。也正因为税收体系存在不合理性，个别处于征收临界值的小微企业为了能够享受优惠政策而以不做账或者做假账的方式铤而走险进行逃税、避税。

（四）企业纳税遵从度低，增加税收管理难度

1. 财务制度不够健全。约 90%的小型微利企业属于家族式、夫妻式、兄弟式、合伙式管理模式，缺乏专业税务知识，并且考虑到成本问题，只能聘请兼职会计。由于兼职会计责任心不一，入行门槛低，专业知识水平相差大，甚至有的不具备从业资格，导致在税收申报中存在随意申报、亏损申报或零申报，满足不了税务管理的要求。每个月都出现因纳税人误填申报表而没有享受到小微企业税收优惠的情况，在这种情况下，税务机关要花费大量的人力、物力进行申报辅导及办理退税，大量增加税务机关有限的人力、物力。

2. 税收法制观念淡薄。调查中发现，小微企业往往只看到局部和眼前的利益，有的企业为达到减免税目的，人为调整月销售额，或采用化整为零、分散经营的方式，把发票集中到几个月开具；或搞体外经营，账外账，弄虚作假，违规享受减免税政策；或在账务处理方面不按规定使用发票，不如实申报，出现“常亏不倒”等现象。也有的企业担心如享受优惠被税务机关事后核查，或因会计核算不健全被发现其他税务问题，这个税种少交了，可能导致管得严，或者秋后算账，反而交得更多，不配合税务机关及时处理相关未享受减免记录，导致相关政策贯彻落实覆盖率未能达到 100%。还有一些企业认为要享受税收优惠政策就要健全财务制度，而健全财务制度则要增加财务成本，在思想上缺乏规范财务制度、争取税收优惠的意识。

四、梳理减税政策落位，激活大众企业源泉

当前政府“大众创业、万众创新”战略的实施，需要各级部门的保驾护航，其中依靠税收的调节是其中重要的一环。要通过税收优惠、减免等手段，扶持部分产业发展，以达到增加就业、促进社会稳定的目的。

（一）完善税收优惠政策，不断提升普惠程度

1. 加大减税力度，放宽优惠范围。一是深化并扩大对小微企业的税收优惠力度。所得税建议放宽从业人数标准或取消对从业人数的限制。小微企业多属劳动密集型产业，员工人数较多，按照从业人数限制享受优惠政策的标准，不利于鼓励小微企业发挥吸纳就业的作用。况且在基层税收优惠政策的执行中，以从业人数为标准进行审核，缺少有效的监管手段。适度提高起征点，切实降低小微企业的实际税负，使企业在生产旺季、订单增多的月份也能享受到税收减免政策，让更多的小型企业能享受到国家政策。降低现行税率，针对小微企业经营规模小、投资风险大的情况，制定税收政策加以鼓励，实施力度更大、惠及面更广、更切合小微企业的税收优惠政策，切实减轻企业负担。二是增强税收优惠政策的针对性。小微企业分布在不同行业，既有劳动密集型的传统行业、科技型创新企业和文化创意等现代服务业，也有探索未来商业模式的潜在的革新型企业，在吸收就业、技术创新和促进转型升级和变革商业模式等方面发挥着各自的优势，但都面临着不同的市场风险和经营困难。建议进一步细分小微企业的不同产业类型，结合政策目标，梳理和完善现有税收优惠政策，合理掌握政策执行口径，对各类小微企业相应给予针对性的政策待遇。

2. 优化政策设计，促进税负公平。一是拓宽优惠形式，由单一的直接减免税，改为直接减免、降低税率、加速折旧、放宽费用列支、设备投资抵免、再投资退税等多种优惠形式。二是调整免征方式，将现执行的免税政策由全额累进的计算方法改为采用超额累进的计算方法，即对征税对象数额未超过免征额的部分不征税，超过免征额的也只就其超过部分征税，减少起征点临界上下税负差异，使税收负担更加合理和公平，同时也能促进小微企业不断健全自身财务管理核算方式。三是给予小微企业缴税选择权。针对小微企业经营月份或季度之间的实际销售额不平衡问题，建议对小微企业在申报方式上可由企业自行选择按月、按季或按年申报方式，对全年月均销售额未达 3 万元的所有小微企业适用优惠政策。四是积极扩大查账征收范围，尽量缩小核定征收的比重，使小微企业享有充分的自主权。

（二）统一小微认定标准，增加政策可操作性

需尽快建立健全相关法律衔接，修正企业所得税法的小微企业认定标准，使之符合《中小企业划型标准规定》。针对目前经济学角度定义的小微企业（小型微型企业）和法律角度规定的小微企业（小型微利企业），二者在概念上的差异，国家税务部门和法律部门在制订和完善法律制度的时候要考虑扩大法律角度的小微企业的认定范围。让更多企业能够享受税收政策的优惠，扩大受惠主体。根据目前的税收法律，小型微型企业只有符合小型微利企业的条件才能享受企业所得税优惠。但是根据规定，小型微利企业的范围要比小型微型企业的范围小。建议税法上将小微企业的认定口径与工商部门执行的标准相统一。二是进一步放宽小微企业认定限制条件。要在政策层面上制定简便明了、易于基层税务机关把握的行业标准，更好地发挥政策导向作用；要尽可能地取消从业人员限制，更好地发挥小微企业吸纳就业能力的优势。

（三）规范税收管理制度，夯实税收征管基础

一是促进小微企业建账建制。要结合小企业会计准则的实施，逐步取消定税制。对新开业的小微

企业要按规定要求建账建制，对已经建账建制的小微企业，应扩大查账征收面，尽量缩小核定征收的比重，同时对核定征收的应税所得率和应纳税款，通过调查实事求是地核定，以维护小微企业的合法权益。二是加强小微企业税法知识、建账建制等辅导培训。可发挥中介服务机构的作用，为小微企业提供税务咨询、税务代理服务。同时，可委托第三方机构进行专业性减免税资格认定。如对涉及资源综合利用等专业性很强的增值税减免政策，税务机关可委托国家指定的专业性机构进行资格认定，再办理税收减免，以减少优惠政策认定的人为性。三是整合办税资源。逐步推行同局通办或同城通办的服务模式，统一办税流程，精简涉税资料，简化办税环节，提供纳税申报办理指引，设立减免税绿色通道，把办税服务厅真正创建为“一窗通办，全程流转，内部闭合，一站服务”的全职能办税场地。推行网上办税、上门办税、电话办税、邮寄办税等多种办税服务方式，切实提高综合服务水平和办事效率。

（四）加强部门沟通协调，构建良性互动机制

支持与促进小微企业发展是一项长期的系统工程，关系到社会众多部门，涉及到经济、社会运行发展，小微企业本身、政府财政部门、税务部门、金融机构、行业组织等理应都有介入和参与的可能性、可行性以及必要性。要与小微企业相关的各职能部门加强联系，实现信息互通与互换，建立信息沟通服务平台。如在走访企业过程中，有企业表示对国家和地方出台的优惠税收政策、金融等政策措施虽然知晓，但由于各种政策措施纷繁复杂，并不完全清楚具体内容，企业希望相关部门能定期出版小微型企业优惠政策汇编手册或者优惠政策直通网站，将优惠政策按税收、财政、金融等不同部门进行分类，以便企业能更好地利用优惠政策措施，促进企业自身发展。在走访税务部门时，工作人员普遍反映如能实现信息与银行系统共享，税费减免过程中存在的诸如偷税、漏税、不愿配合退税等等问题将迎刃而解。

（执笔：翁丽玉）

福州市钢铁企业发展现状调查分析

近年来，宏观经济增速放缓，钢铁行业在市场需求不振、产能不断释放以及企业库存较大三重压力下，产业供求结构性矛盾较为突出，发展举步维艰。虽然国家出台了一系列拉动内需的政策，但是钢铁企业仍未迎来属于它们的春天。本文通过实地走访调研福州市 24 家钢铁企业，剖析“十二五”期间这些企业的生存情况，并提供相应的对策建议。

一、福州市钢铁行业发展概况

（一）中小企业为主

2015 年，福州市共有 38 家规模以上钢铁企业，企业数量较 2011 年增加了 11 家。从企业规模看，大型企业 5 家，中型企业 9 家，小型企业 22 家，微型企业 2 家，中小微型企业占比达到 86.8%。从 2014 年企业工业产值看，50 亿元以上有 5 家，10 亿元-50 亿元有 8 家，10 亿元以下有 25 家，工业产值在 10 亿元以下的企业占比达到 65.8%。从地理位置看，主要分布在长乐市、罗源县等临港地区，其中长乐市 13 家，罗源县 5 家，连江县和闽侯县各 4 家。

（二）产量增速放缓

“十二五”期间，福州市钢铁行业总产值告别了“十一五”期间年均增速 30.4%的高速增长时代，逐步进入平稳增长期。2011-2014 年，福州市钢铁行业总产值从 486.55 亿元增加到 589.99 亿元，年均增长 6.6%。粗钢产量从 2011 年 502.15 万吨增长到 2014 年 770.64 万吨，年均增长 15.3%；钢材产量从 2011 年 629.62 万吨增长到 2014 年 851.08 万吨，年均增长 10.6%。值得关注的是，2012 年和 2014 年的行业产值增幅均回落到个位数且均在 5%以下，增速明显放缓。

（三）产品种类广泛

在全市规模以上钢铁生产企业中，有进行钢铁冶炼的和开展钢铁压延加工。从产品分类看，主要分为不锈钢冶炼及压延加工企业、普通粗钢冶炼及压延加工企业。这些企业所生产的具体产品已涵盖普通钢坯、线材、螺纹钢、不锈钢热冷轧板、钢管和型钢等各品种。

二、福州钢铁企业面临的困境

（一）钢价下行，降幅显著

“十二五”以来，尤其是从 2011 年四季度开始，福州市钢铁行业出厂价格同比指数一路下行，在 2012 年 3 季度降到 84.7 后，降幅有所缩小，之后一直在 93 上下波动，进入 2014 年下半年后，同比指数又开始新一轮的持续下降态势，降幅逐步扩大，至 2015 年 2 季度降到“十二五”以来的最低值 83.5。

图 1　福州市钢铁行业出厂价格同比指数走势

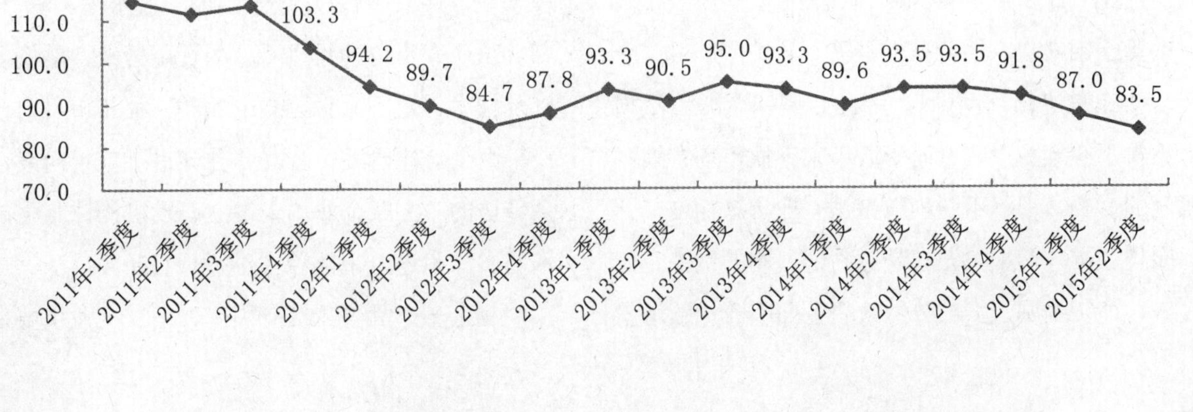

从具体产品看，以福州3家大型钢企为例，罗源某企业生产的低合金钢粗钢出厂价格从2011年1月的3774元/吨下降至2015年1月的1919元/吨，年均降幅为15.6%；长乐某企业生产的线材出厂价格从2011年1月的3898元/吨下降至2015年1月的2244元/吨，年均降幅为12.9%；罗源某企业生产的不锈钢钢坯在2012年初仍保持高位，但在2015年初已降至6423元/吨。据长乐市及罗源县部分不锈钢生产企业反映，由于不锈钢产品与普通钢材销售对象差别较大，虽然不锈钢产品价格受到钢铁行业整体价格下降的影响，但相较普通钢材总体价格仍保持在较高水平。2011年1月-2015年1月福州被调查企业产品出厂价格情况见表1。

表1　福州被调查企业产品出厂价格

（2011年1月-2015年1月）

产品名称	单位	2011年1月	2012年1月	2013年1月	2014年1月	2015年1月
低合金钢粗钢	元/吨	3774	3325	2917	2667	1919
线材（软线）	元/吨	3898	3500	3115	2752	2244
不锈钢钢坯	元/吨	8451	8569	7949	6684	6423

（二）效益下滑，融资困难

2011-2014年，福州钢铁行业利润总额分别为35.29亿元、20.85亿元、18.04亿元和8.59亿元，呈逐年递减态势，其中2014年降幅最大，为52.4%；从亏损总额来看，2011-2014年福州钢铁行业亏损企业亏损总额分别为649万元、4289万元、1396万元、57940万元，以2014年亏损企业亏损总额最多，为2011年亏损总额的89倍。

在钢铁行业不景气，钢价持续下行的大背景下，部分钢企生产运营出现困难，经营效益下滑，甚至被迫停产或倒闭。2015年，全市38家规模以上钢铁企业中许多企业持续减产，有的进入停产状态。

鉴于钢铁生产的特殊性，关闭高炉停产对钢企而言实在是“伤筋动骨”，因此一些钢企哪怕亏损也不得不继续生产。然而受近年来钢铁市场持续不景气的影响，银行不断削减钢铁企业贷款额度，并提高贷款准入门槛，尤其是对产能过剩的钢铁企业收贷、缩贷加剧，大部分钢铁企业面临着贷款增量难、续贷难、涨息和抽贷等问题，造成企业流动资金较为匮乏；同时，工人工资的不断上涨也大幅提高了企业的生产成本。受访的24家企业中，有半数企业认为融资困难和资金压力大已成为影响企业日常经营的重要阻碍。

（三）技术一般，有待提升

从生产技术水平看，受访的24家企业中，只有1家企业处于国际先进水平，有5家企业处于国内先进水平，其余18家均处于国内一般水平；从生产设备水平来看，受访的24家企业中，也只有1家企业处于国际先进水平，有3家企业处于国内先进水平，其余20家均处于国内一般水平。

从研发机构的设立看，受资金短缺，融资困难以及技术力量不足等因素的制约，福州市目前仅有1家钢企自建研发中心，并独立进行项目研发，其余受访的23家企业均未设立研发机构，且生产技术基本为引进，未能独立进行项目研发。

从生产产品看，目前福州市钢铁企业主要是生产建筑钢材，而生产发展前景好、附加值高的彩钢板、特种钢材的企业却很少。

三、对策建议

（一）转型升级引方向

近年来，尤其是 2014 年以来，随着宏观形势的变化，经济下行压力持续加大，“调结构，促转型”也愈发成为钢铁企业共同面临的主题。在调研中发现，部分企业已在谋求转型升级，进行产业结构调整，提升技术设备水平，提高产品附加值。这类企业逐渐停止简单扩大产量的扩张模式，转为依靠转型升级来控制产品成本，增加产品科技含量，从而走向更为良性健康的发展模式。

（二）政策扶持渡难关

1. 融资方面。部分受访的钢铁企业希望获得企业技术改造税费减免和财政补贴，同时促进金融机构适当放宽钢企贷款条件，增加对企业的信贷额度，帮助企业渡过“寒冬”。

2. 技术方面。部分受访企业希望能够搭建企业和高校、企业和科研机构之间的桥梁，解决技术短缺的难题。同时对企业技术创新或转型升级给予相关政策解读引导和财税优惠，激发自主创新活动。

3. 行业协会。行业协会应成为产业内相关企业互帮互助的桥梁，在技术提高、人才招聘和产品销售方面，充分发挥协会内信息搜集快，反馈迅速的优势，同时定期开展技术指导工作，帮助企业开展转型升级。

（三）另辟蹊径谋发展

在低迷的市场环境中，大型钢企尚可依靠自身实力和外界支持维持生存，而实力较弱的中小钢企被迫停产倒闭的不在少数。中小钢企无论是资金实力还是技术水平，都无法与大型钢企相提并论，要想在激烈的市场竞争中求得生存，就必须另辟蹊径，避开大型钢企的优势产品，转而采取生产有特色的产品或者寻求与大型企业进行互补性重组、延伸产业链等方式在市场中谋得一席之地。此外，中小钢企还可以适度扩大自己的销售网络。从受访企业情况来看，24 家企业中只有 3 家企业生产的产品销往国外，有 10 家企业的产品销往省外，其余 11 家企业生产的产品均在本省销售。从销售渠道看，只有 2 家受访企业利用电商平台进行销售，其他企业均未涉及电商领域。主动融入互联网+，拓展销售渠道和销售领域，也是中小企业寻求发展的方式之一。鉴于目前钢铁市场整体产能过剩的局面，部分高污染、高耗能、低产出的中小钢企，应适应国家相关产业政策，适时调整企业发展思路与方式。

（执笔：柯文婷）

漳州市企业“走出去”涉税风险的调查与思考

2016年1月，根据中国税务学会关于海上丝绸之路走出去企业调查问卷的通知，福建省漳州市税务学会及时将调查问卷发放到15家“走出去”企业，并做好相关的宣传和辅导工作。在此基础上，本文通过剖析漳州市企业“走出去”过程中面临的有关涉税风险问题，提出应对服务措施。

一、问卷调查内容

国务院授权国家发展改革委、外交部、商务部三部委联合发布《推动共建丝绸之路经济带和21世纪海上丝绸之路的愿景与行动》。中国税务学会经研究，决定将海上丝绸之路“走出去”企业税收服务研究列为2016年度重点研究课题，并报总局领导给予充分肯定。为扎实做好此项研究工作，中国税务学会针对沿海“走出去”企业在境外可能遇到的相关涉税问题，制作一份调查问卷，部署福建等11个省市税务学会，实地走访企业开展问卷调查，以便并就企业如实反映的涉税问题，有针对性地提出解决问题的统一政策和维权措施建议。

此次问卷调查共涉及10个方面内容：一是企业对外商业投资目的以及项目所在国；二是企业对外投资项目类型；三是企业境外机构功能；四是企业境外所得主要来源；五是企业对外投资面临突出的税务问题；六是企业采取何种方法应对税务难点；七是企业享受双边税收协定情况；八是企业境外纳税情况；九是企业境外纳税种类、税负及优惠情况；十是希望可以从中国税务机关得到何种帮助。

二、调查问卷剖析

漳州市税务学会共对15家“走出去”企业发放问卷调查，涉及芗城、龙文、龙海、漳浦、东山、南靖、长泰等7个县（市、区），除处在筹办期的3家企业，其余12家企业基本完成问卷调查。根据问卷调查统计数据逐一进行剖析，发现目前漳州市“走出去”企业主要面临以下涉税问题。

（一）企业“走出去”战略不清

漳州市“走出去”企业投资项目主要分布在东南亚的新加坡、马来西亚和印度尼西亚，欧洲的荷兰和非洲的坦桑尼亚，以及中国的香港和台湾地区（见图1）；对外投资经营目的主要是为了充分利用闲置资金、拓展国际市场和扩大业务渠道；对外投资项目类型主要是在境外设立分公司和通过并购股权投资两种类型（见图2），境外机构功能主要是生产和贸易（见图3）。投资项目所在地、投资经营目的均有“其他”选择，表明有的企业“走出去”投资经营目的含混不清，在“走出去”战略制定上和对投资目的行业发展趋势把握不准；有的企业急于做大做强，未作充分准备就盲目“走出去”，隐藏投资经营风险；有的企业未能足够重视税收风险问题，没有建立有效的税收风险防控机制。

图 1　漳州市“走出去”企业投资项目分布

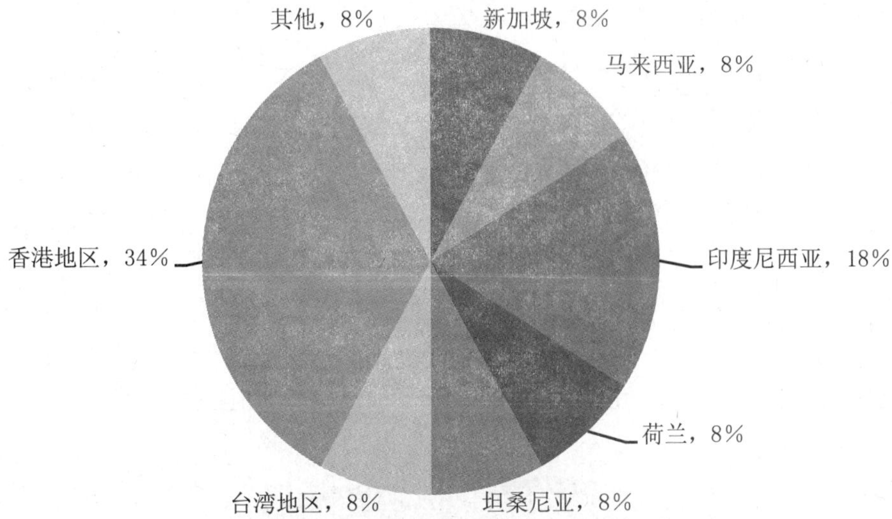

图 2　漳州市“走出去”企业投资项目类型

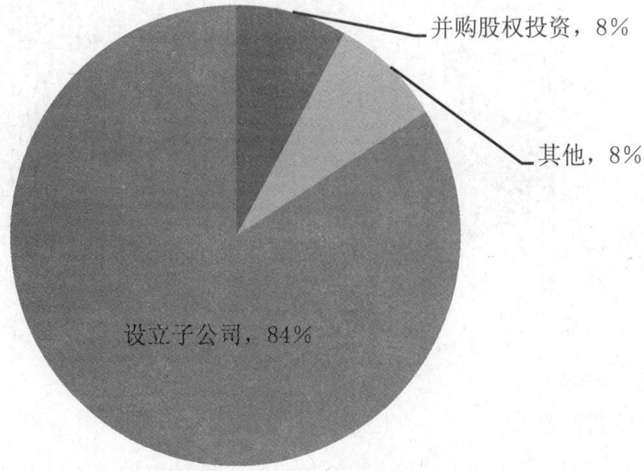

图 3　漳州市“走出去”企业境外机构功能

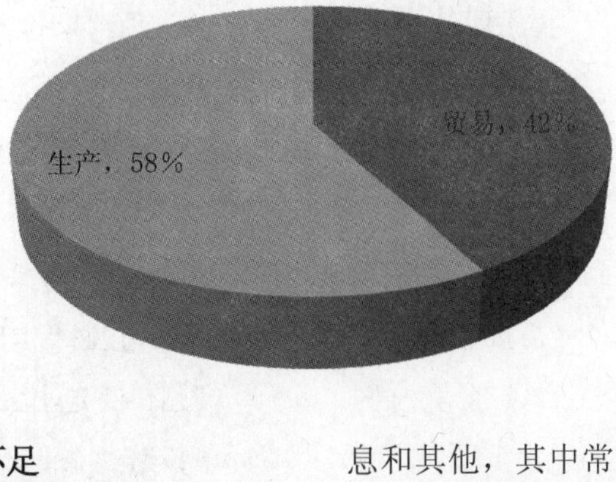

（二）涉税风险控制能力不足

漳州市“走出去”企业境外投资经营所得主要来源于常设机构经营所得、分设机构经营所得、股息和其他，其中常设机构经营所得占一半（见图4），与上述在境外设立子公司占84%的外投资项目类型不相吻合；对外投资或项目运营过程中面临哪些突出的税务问题，有5家企业应对涉税风险信心十足地选择无税务问题，有4家企业“担心境外税法难以掌握或理解，或无法掌握有关最新税法规定”和“担心遇到境外税务争议，缺乏有效应对措施”，另外3家企业还增添“境外合规性申报应对困难”这一项担忧；针对上述税务难点一般采取何种应对方法，有2家企业选择“不知道”，有7家企业选择由境外机构自行解决，有3家企业选择聘请外部税务顾问帮助处理。这些现象表明有的企业对如何规划企业税收成本核算架构、投资并购交易成本架构、外派人员薪酬税务规则等认识不足；有的企业对投资目的国涉税风险认识不够，事前调研评估不充分；有的企业缺乏国际化经验，对税基侵蚀和利润转移规则变化跟踪和应对准备不足，过分依赖境外机构提供信息，组织和协调涉税风险控制能力缺失。

图4　漳州市“走出去”企业境外投资经营所得主要来源

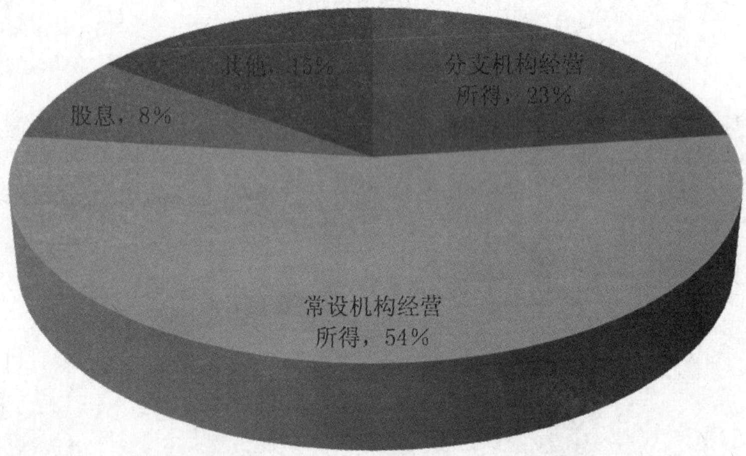

（三）国际税收协定执行缺位

漳州市“走出去”企业仅有一家享受到有关双边税收协定待遇，但在申请协定相关过程中并没有遇到任何困难，其余11家企业均未能享受有关双边税收协定待遇。出现这样的情况，表明目前“走出去”企业在境外投资、并购过程中，对国与国之间的税收协定关注度不够，国际税收协定在执行中出现具体条款执行不到位现象。根源有三方面，一方面是“走出去”企业没有意识到税收协定中有关避免双重课税的规定，就自身境外所得按照来源国的较高税率在当地缴纳了税款，导致本应向境内主管税务机关申报缴纳的税款在来源国申报缴纳，增加境内税务机关后期协调和追回税款的困难；另一方面是一些国家没有明确规定国内法和国际税收协定的适用优先权关系，在两者发生冲突时按照本国税法课征税款，“走出去”企业往往缺少主张适用税收协定征税的意识和渠道，甚至对遭遇目的地税务机关的转让定价调查或其他税务调查时，缺乏对如申请预约定价及避免双重征税双边磋商等相关救济手段的了解，导致税收协定难以发挥作用；企业未能及时提起相互协商程序，还可能与其对税务机关的信任度、依赖度及税务机关的办事效率等有关系，导致对协商结果的信心不足。

（四）企业“走出去”投资准备不足

漳州市“走出去”企业目前仅有2家赢利并在境外申报缴纳企业所得税，其中有一家企业已将境外缴纳的税款顺畅在境内进行境外税收抵免，其余10家企业均未能获利。出现这样的情况，一方面表明漳州市“走出去”企业目前处在起步阶段，有的企业在“走出去”之前缺乏在税收上的整体筹划，没有对境外可能遇到的税收风险问题给予足够的重视，非常盲目地“走出去”；另一方面可能是由于漳州市“走出去”企业普遍存在着准备不足的问题，加上缺乏自主创新能力、企业规模太小难与国际跨国巨头相抗衡、市场竞争手段简单落后且缺乏品牌意识、管理水平未能适应国际化战略的管理模式，导致短期内企业难以赢利。

（五）境外涉税环境不容乐观

漳州市“走出去”企业向境外税务机关申报缴纳的税种主要涉及增值税、营业税、关税、个人所得税或薪俸税、企业所得税等，目前没有一家企业在境外申请享受税收优惠，可见境外税收环境的复杂性。在税收法律环境方面，有的国家很多税种名称和征收规定与国内区别较大，“走出去”企业未能花费大量时间精力去研究国外税收优惠，导致无法准确掌握和享受税收优惠政策；在税收征管环境方面，有的欠发达国家税务机关的税收执法存在不规范问题，影响“走出去”企业申报和享受税收优惠；在依法行政环境方面，有的国家未能及时公布政府针对外来投资企业的税收优惠政策，让企业难以申请享受这些政策，导致权益受损。

（六）征纳互动力度有待加大

面对“如果可能，贵公司希望可以从中国税务机关得到何种帮助？”这个问题，漳州市“走出去”企业有 4 家选择“不知道”，另外 8 家企业有的选择“希望得到关于中国境外税法的培训和指导”“希望普及一些在境外交涉中可能发生的相关税法知识”，有的选择“语言、国度、税制存在差别、帮助效果可能也是甚微”“对外投资公司在国内应如何缴交税费”。调查结果暴露了目前征纳双方互动不够理想，“走出去”税收宣传力度还有待于进一步加大。近年来，税务机关虽然日益重视“走出去”企业服务，税法宣传普及和纳税服务质量不断提升，诸多涉税问题能够得到迅速解决，但仍有一些问题制约着税务机关提升服务“走出去”企业的质量，比如目前税务机关还是难以全面掌握“走出去”企业基础信息，税收征管系统未能有效支撑服务和管理“走出去”企业，还有税务机关对“走出去”企业的政策指引服务仍需加强。同时，我国现行税制对“走出去”企业的支持力度仍显薄弱，针对“走出去”企业的税收优惠政策不多。此外，调查问卷数据在很大程度上难以真实地反映“走出去”企业在境外的涉税风险，一方面是负责调查问卷发放的税务人员责任心不强，未能尽职做好宣传辅导，收回问卷时没有进行数据勾稽关系审核；另一方面是“走出去”企业经办人员综合素质不高，填报调查问卷应付了事，或是对税务机关的纳税服务能力持怀疑态度，宁可相信中介机构也不相信税务机关，或是企业怕泄露自身的涉税问题，对税务机关有抵触情绪。

三、涉税风险应对

随着“一带一路”发展战略的稳步推进，将会有越来越多的企业走出去参与国际市场竞争，国际税收问题逐渐成为“走出去”企业普遍关注的焦点，解决涉税风险控制能力不足问题就显得格外的必要和紧迫。为有效地落实“一带一路”发展战略，建立健全防止国家税收流失和维护国家税收主权的监督协调机制，帮助“走出去”企业化解投资经营中遇到的涉税风险，建议纳税人、税务机关和政府三个层面一起发力。

（一）纳税人层面：应着眼于提升发展战略、风险控制能力和国际化管理水平

首先，要提升“走出去”发展战略。新常态下“走出去”对企业提出了更高要求，不仅要思考如何应对国际化经营挑战，才能更好地发展企业自身比较优势的产业和产品，更要思考国际化税收，树立风险理念、内控理念、法治理念和诚信理念，提高“走出去”涉税风险应对意识，积极维护国家税收主权。因为在当前国际大环境下，国际税收越来越受到各国的重视，企业只有提高税收遵从意识，事先建立好自身的税收风险防控机制，提早做好准备应对各国越来越严的税收监管，才能避免相应的税务风险。特别是进入国际市场初期实力尚不雄厚，应进行境外全方位税务分析，合理安排投资经营架构，用好用活政策优惠，弥补企业自身薄弱环节，尽量避免在境外构成常设机构和盲目扩大经营多元化，或是直接与跨国公司展开恶性竞争。

其次，要提升涉税风险控制能力。“走出去”企业应尽量把涉税风险应对功课做足，熟悉掌握投资国税收政策和税收协定，关注国际规则变化，学会运用税收协定维护自身权益；遇到重复征税、享受投资国税收待遇遇阻、存在或已形成税收歧视、关联交易转让定价调查等深层次涉税风险，应聘请中介机构和专家顾问，或是向国家税务总局申请启动税收协定相互协商程序，或是设立涉税风险管理部门，维护自身合法权益；境内集团总部还要密切关注“走出去”企业出现的新情况、新变化，完善境外投资经营相关监督管理制度，建立健全监测体系，明确职责分工，提升事中事后监管水平，妥善应对随之而来的新需求、新挑战，有效化解涉税风险，促进境外投资经营健康发展。

第三，要提升国际化专业管理水平。国际化专业管理人才短缺是导致“走出去”企业对外投资经营失败，影响国际化经营规模扩大和跨国经营能力提升的最大瓶颈。“走出去”企业国际化经营管理，不仅需要法律、金融、财务、技术、营销等方面的专业人才，还需要有税收战略思想和熟悉涉税风险应对的管理人才。可以通过招聘熟悉国际规则和东道国市场的外国高级人才、留学生、旅居海外华侨华人在企业做高层管理，弥补靠自身培养之不足。

（二）税务机关层面：应着眼于完善涉税信息收集、预警和互动机制

首先，要完善境外涉税信息收集机制。要尽快建立“走出去”企业境外投资经营申报、备案制度，健全申报和备案管理流程，明确境内外所得税合并申报缴纳企业所得税的范围，并在企业所得税年度申报表六“境外所得抵免计算明细表”中增添企业“走出去”涉税信息明细项目，在金税三期征管信息系统的税务登记内容增添企业“走出去”标识功能和查询功能；要规范“走出去”企业境外投资经营涉税信息收集内容，通过分国别、分行业、分项目采集、筛选、共享和应用企业的各项境外收入、来源国家、适用税率、境外缴纳税款等项目信息，便于动态跟踪服务“走出去”企业境外投资经营情况，开展政策效应分析和经济运行分析，为完善服务与后续管理奠定基础；要充分借助政府涉外部门和跨国中介机构的信息资源优势，拓宽境外涉税信息来源渠道，发挥服务“走出去”企业的合力效应；要完善“走出去”企业申报信息的管理制度，建立税收信息资料库，定期了解企业境外税收纳税情况、适用境外税率和涉税诉求，比对查询是否存在境外对企业课税税率高于协定税率等不符合税收协定规定的情况，便于国家税务总局及时启动协商机制，切实维护好我国的税收主权。

其次，要完善境外涉税信息预警机制。要完善涉税预警信息对接服务机制，依托各级税务门户网站、微信平台、微信群等现代化信息传播平台上的“一带一路”专栏，主动对接政府相关职能部门，将税收信息化建设融入社会诚信化体系，形成境外信息、国内信息、典型案例和征管系统互为补充的信息管理机制，及时发布有关企业“走出去”的涉税政策和风险资讯，让纳税人在第一时间了解最新涉税预警信息；要完善涉税风险应对管理机制，启动分国别、分地区、分行业涉税风险预警机制，及时为“走出去”企业解读和发送境外税收风险提示，帮助纳税人减少在国际贸易往来、跨国兼并重组和资本运作中的涉税风险；要完善与境外税务机关合作机制，组织编写境外投资经营涉税风险服务指南，并及时向纳税人发布；要完善“走出去”企业典型案例收集整理机制，从正反两面为“走出去”提供详实的可借鉴资料，指导纳税人做好境外投资经营中的涉税风险控制。

第三，要完善征纳双方信息互动机制。要实施“走出去”企业涉税政策确定性沟通服务，范围涵盖企业跨境投资、融资、重组和海外上市、重大建设项目国际招投标等业务中涉及相冲突的重大事项，境外注册中资控股企业中国税收居民身份确认、中国居民企业海外控股子公司身份判定、缔约国税收协定待遇享受相关实际受益人身份确认等疑难事项，企业在境外投资经营中受到税收歧视待遇、不合理的税收调查、未能享受缔约国税收协定待遇存在双重征税问题等需要启动双边税务协商程序或开展对应纳税调整的特殊事项等方面；要完善境外涉税政策解读和辅导培训机制，定期开展“走出去”企业专项政策辅导，明确告知纳税人应享受税收协定和应执行的税收抵免等境外政策规定；要以省别为单位组建“走出去”服务专家库，组织熟悉和精通海外投资及跨国经营的企业家、专家学者及专业人士，形成专家咨询服务团队，提供战略咨询和疑难问题培训服务；要完善征纳双方信息沟通交流机制，为“走出去”企业开辟互动交流区，让企业有充分的自由来反馈自身关注的政策资讯，并及时记录和回复纳税人反馈的热点问题，对“走出去”企业面临的涉税风险进行重点提示；要完善征纳双方权益保障机制，在尽快完善我国与世界各国税收协定体系的同时，对自觉执行税收协定的“走出去”企业在信誉等级评级上给予考虑，在涉税事项办理上制定便利措施，以提高纳税人维护国家税收主权的意识；创新纳税服务渠道，建立税收权责“正面清单”，适应企业“走出去”的国际化要求。

（三）政府层面：应着眼于加快政策支持、风险防范和监督协调体系建设

首先，要加快政策支持体系建设。要加快推进国际税收协定签订进程，尽快制定和完善适应“走出去”企业迅猛发展的对外直接投资法或境外投资基本法、税收协定体系等法律法规，注重国际税制改革与国内税收征管体制改革的协同配合，特别是社会关注度较高的“走出去”企业境内外投资所得的计征办法、亏损的弥补办法和税收抵免的管理办法，细化纳税人境外所得的种类、成本费用扣除标准等政策规定，切实减少“走出去”企业的税收抵免风险；要完善纳税人申请启动税务相互协商程序暂行办法的具体操作方法，明确企业向基层一线税务机关申请启动税务相互协商程序的流程，提高办理效率，切实维护“走出去”企业利益和我国税收主权；要加大简政放权力度，深化有关部门衔接后续管理，进一步理顺税务、海关、商检、金融、商务等部门的政策协同机制，特别是深化银税合作机制，拓展延伸“税贷通”等融资产品服务范围，帮助境内纳税信用良好的企业解决“走出去”融资难题；要进一步拓展税收协定和税收饶让的适用范围，建立海外投资风险准备金制度，并设立专项扶持资金，对企业在境外建设资源基地、转移富余产能、建立营销网络、承包工程和劳务合作等给予奖励支持。

其次，要加快风险防范体系建设。从中央政府层面开展对外投资合作国别风险评价和境外合作伙伴资信评估，建立健全境外投资合作预警体系，完善日益增多的经贸摩擦和税收纠纷应对机制、不可抗力引起的突发事件应急机制；借鉴欧盟等一体化组织经验，主导建立“一带一路”沿线国家税收合作机制，在避免双重征税、反避税等方面形成区域性协定，并逐步向综合性的税收区域协定发展；深化与经济合作与发展组织、G20、国际货币基金组织、世界银行等的国际税收合作力度，注重国际税收合作与国家税收权益维护的平衡对接，形成建设国际税收新体系的强大合力，并积极参与税基侵蚀和利润转移行动计划，为“走出去”企业营造风险防范体系。

第三，要加快监督协调体系建设。建立健全防止国家税收流失和维护国家税收主权的监督协调机制，完善由政府、行业协会等多层次组成“走出去”企业服务团队的合作机制，加强“一带一路”沿线国家投资环境评估，筛选出适合“走出去”企业投资经营的区域、产业和项目，并协调维护“走出去”企业投资经营的整体商誉和形象；借鉴美日韩等发达国家在我国派驻税务参赞的做法，加快推进海外税务联络官制度建设，派驻税务干部进驻我国驻外使馆或有关省份驻外联络处，为“走出去”企业提供及时的咨询、维权等服务。

（执笔：陈文裕）

产品价格持续低位　企业经营效益下滑

工业生产者出厂价格指数（PPI）作为判断经济走向的先行指标，其高低直接反映出市场需求的变化，体现下游企业的经营状况和运转情况。当前，市场经济已经从以往的供给主导型转变为需求主导型，市场在资源配置、经营方向、产品价格等方面发挥着越来越重要的作用，买方市场的地位更加突显。因此，PPI 所反映出的信息对于决策者、经营者来说则显得尤为重要，同时也是经济运行的晴雨表。在价格反弹时，市场需求旺盛，企业获利增加，生产速度加快，反映生产总成果就会随之加快。自 2012 年 1 月份以来三明 PPI 持续下降，截至 2015 年 6 月，PPI 同比仍下降 2.1%，持续了 41 个月的负增长，目前 PPI 下滑未见尽头，说明经济增速下滑的拐点还未得到数据支持，这也意味着实体经济复苏状况仍然不尽如人意，应引起高度重视。

一、支撑 PPI 的主要工业产品价格推力不足

三明 PPI 总体下行，其中占全市权重 51.9%的 5 类主要工业产品出厂价格长期处于下滑态势，2015 年 1-6 月影响总指数下降 5.2 个百分点，价格的长期低位难以给经济回暖带来正动力。这 5 个主要行业分别为：黑色金属冶炼和压延加工业、煤炭开采和洗选业、非金属矿物制品业、纺织业、化学原料和化学制品制造业（见表 1）。

表 1　三明市 5 个主要行业工业生产者出厂价格指数及其影响程度

（2015 年 1-6 月）

行业	累计指数	拉动总指数（%）
合计	-	-5.2
黑色金属冶炼和压延加工业	82.4	-3.5
非金属矿物制品业	91.2	-0.7
纺织业	95.2	-0.5
煤炭开采和洗选业	87.8	-0.4
化学原料和化学制品制造业	98.2	-0.2

（一）需求疲弱，钢材价格探底

当前，夏季高温多雨天气使得各地需求减少，而钢厂产量依然保持高位，各地钢材价格阴跌不止，大部分品种价格直指近年来最低点。2015 年 1-6 月，三明黑色金属冶炼和压延加工业产品价格同比下降 17.6%，下拉总指数 3.5 个百分点。

（二）供需矛盾，水泥价格惨淡

2015 年以来，国内宏观经济下行趋势有增无减，固定资产、房地产投资双双回落，尤其是房地产新开工项目减少和在建项目复工迟缓，致使水泥需求疲软态势进一步加剧。2015 年 1-5 月，全市规模以上工业企业水泥产量为 800.5 万吨，同比减少 4.2%；同期，房地产开发投资 55.5 亿元，下降 12.9%。1-6 月全市非金属矿物制品业工业品出厂价格下跌 8.8%，2012-2014 年该行业工业品出厂价格分别下降 10.0%、4.4%和 2.2%；自 2012 年

1月以来，42个月份中同比价格仅2个月出现上涨。

（三）销售受阻，纺织价格承压

2015年，国内实行新疆棉花目标价格直补试点政策，不再实行临时收储政策，棉花价格交由市场决定。新棉上市后国内棉花价格下挫，国内外棉价差大幅缩窄，服装板块因终端零售持续低迷，大多数企业基本面较平淡。同时，据国家棉花市场监测系统调查数据显示，截至2015年6月12日，新疆加工皮棉430.9万吨，销售皮棉303.0万吨，销售率为70.3%。

（四）支撑脆弱，煤价回升乏力

由于煤炭需求放缓导致过剩产能难以消化，控制煤炭总量难度增加，加之国际能源行情持续疲软，煤炭新增产能虽逐渐放缓，但下游煤炭库存消化不良，持续抑制煤企销量，煤炭价格更是易跌难涨，经营困难加剧。2015年1-5月，全国原煤产量14.6亿吨，同比减少9321万吨，下降6%；全国煤炭销量13.2亿吨，同比减少1.27亿吨，下降8.8%。

（五）油价踌躇，化工价格低位

国际油价陷入“踌躇”状态，令其他相关化工产品失去了方向，甲醇、PVC以及塑料等化工品的不确定性大幅上升，市场分歧明显。2015年1-6月，三明化学原料和化学制品制造业影响总指数下跌0.2个百分点，同比价格已连续40个月下降。

二、PPI价格持续低位导致企业效益下降

工业生产者价格持续下降，企业利润空间受到挤压的局面短期内将难以改观，必然导致生产和投资预期收益下降，制约着企业扩大投资的意愿和社会资本的流入，进而影响工业整体经济效益的回升。

（一）利润下滑

2012-2015年上半年，三明工业生产者出厂价格指数分别为95.7、97.4、97.3和94.3，原材料购进价格指数分别为97.7、98.4、98.6和96.5，产品出厂价格的降幅大于原料购进价格的降幅，导致企业生产成本压力加大。价格下降必然引起企业利润下滑，长此以往将引起市场的需求不足，逐渐出现萧条，在一定程度上影响企业的效益。2015年1-5月，三明市规模以上工业企业实现利润总额26.5亿元，同比下降18.4%。

（二）资金短缺

2015年1-5月，三明市规模以上工业企业应收账款净额118.0亿元，同比增长6.9%；产成品资金占用59.2亿元，增长2.0%；两项资金占用高达177.2亿元，占流动资金的比重达30.8%。应收账款较大说明经济仍然不景气，企业间竞争越来越激烈，企业为了占有更大的市场份额，不得已采用赊销的方式占领市场。产成品资金占用较高说明企业库存较大，产品的销售不畅通，影响企业的资金使用效率和效益，增加企业经营的风险。

（三）亏损增加

受PPI持续下行影响，企业生产和投资的积极性降低，利润空间进一步缩水，造成企业的“惜投”，从而抑制社会总需求的有效增长，最终导致经济增长乏力，难以保持较快的经济增长速度和稳定健康的经济发展环境。2015年1-5月，三明市规模以上工业亏损企业166家，亏损企业亏损额为6.7亿元，同比增长79.6%。

（四）产销回落

产品价格下降没有带来产销率的增长，反而致使产销率进一步下降，生产萎缩、利润下滑，从而影响企业正常的生产经营。2015年1-5月，三明市规模以上工业产品产销率为98.5%，同比回落0.4个百分点。

三、PPI持续低位的原因解析

（一）与工业产业结构有关

从工业内部结构看，三明资源型加工业比重较高，高新技术产业比重较低。三明的优势产业大都集中在国民经济产业链的前端和价值链的低端，其

效益与资源价格关联度较高。如黑色金属冶炼和压延加工业占全市比重达 20.3%，非金属矿物制品业及化学原料和化学制品制造业占全市的比重也分别达 7.3%和 9.9%。以采矿—冶金—机械产业链为例，3 个产业 2014 年增加值分别为 119.4 亿元、69.6 亿元和 81.2 亿元，其中机械产业产值仅占整个产业链的 30.1%，而全省占比则超过 60%。

（二）与输入性因素有关

据海关统计，2015 年 1-5 月，我国进口主要能源和资源性产品进口价普遍下跌，其中原油进口均价下跌 46.6%，铁矿石进口均价下跌 45.8%，煤进口均价下跌 20.2%，铜进口均价下跌 12.5%，钢材进口均价下跌 5.7%。随着全球经济一体化的深入，国际市场中矿产品、原油、钢铁、有色金属、粮食等大宗产品价格的波动对国内市场 PPI 变动的输入性传导作用越来越明显。在美国、日本、欧洲等主要经济体经济增长乏力，新兴经济体增速放缓，国际市场需求疲软、全球经济增长减速等因素影响下，石油、煤炭、有色金属、粮食等大宗商品价格出现明显波动，总体上同比涨幅回落甚至绝对价格同比下降，带动国内相关行业产品价格涨幅回落或同比绝对价格下降。

（三）与生产成本上升有关

近几年，企业原材料价格跌幅均要小于出厂价格跌幅，企业能否将生产成本转嫁到出厂产品价格上，直接影响到企业的获利。但由于当前多数行业产能过剩，有效需求不足，企业缺乏出厂价格上涨的前提。2015 年 1-5 月，三明市规模以上工业企业主营业务收入同比仍然保持 4%的增长，但生产经营成本却增长了 7.1%；同时生产领域价格特别是 PPI 下降，而劳动力成本又在不断上升，企业上升的成本难以在产品出厂价格上得到完全消化，使得企业盈利空间不断缩小。

（四）与企业定价权有关

位于工业经济上游的资源性产品由于具有稀缺性和垄断性，上游资源性原料产品的定价机制直接影响原料价格。如与装备生产企业有着紧密联系的机床功能配套关键零部件，由于核心技术需要进口，主要核心的零部件定价权依然在外商。上游原料产品价格掌控能力的缺失影响了企业购进价格，购进价格高低直接影响了企业的经济效益。

四、对策建议

（一）转变生产经营方式，降低生产成本

在内需外需双双下降的情况下，企业之间的竞争在不断加剧，甚至出现“价格战”，出厂价格的低迷导致企业的利润空间在逐步缩小；另一方面，以劳动力成本为代表的企业生产成本还在不断增加。这都要求企业转变以往落后的生产经营方式，由粗放型向集约型转变，才能最大限度降低生产成本，提高企业在竞争中的生存能力。

（二）实施“请进来”“走出去”战略，增强抵抗风险能力

近年来工业品出厂价格和原材料购进价格受外部市场影响日趋明显，随着国家实施企业“走出去”战略，应积极鼓励、加大扶持有条件的企业对外部能源、矿产等资源进行战略性合作及开发投资，以最大程度降低原材料和成本的制约。同时也要采取积极措施延伸产业链条，增加产业链中的深加工环节。

（三）加大政策扶持，引导产业健康发展

针对产能过剩的问题，政府应该积极出台相关政策，对企业经营加以正确的引导。对于已经出现产能过剩、或者可能将出现产能过剩的行业，要严格审批，严格把关，避免重复建设，浪费资源；另一方面，要大力开拓新兴产业，尤其是高技术产业，对这部分新兴企业予以政策扶持，着力开创新的经济增长点，不断调整、优化工业产业结构，促进三明工业行业持续、快速、健康发展。

（执笔：何建忠）

6

企业风采

6-1 福建入选中国企业 500 强名单

（2013-2015 年）

序号	排名	企业名称	营业收入（亿元）
2013 年			
1	75	兴业银行股份有限公司	1718.83
2	127	厦门建发集团有限公司	941.33
3	177	厦门国贸控股有限公司	649.13
4	220	紫金矿业集团股份有限公司	484.15
5	317	厦门象屿集团有限公司	323.82
6	368	福建省三钢（集团）有限责任公司	279.42
7	411	永辉超市股份有限公司	246.84
8	450	福建省交通运输集团有限责任公司	227.53
2014 年			
1	62	兴业银行股份有限公司	2140.18
2	128	厦门建发集团有限公司	1046.64
3	161	厦门国贸控股有限公司	816.35
4	243	紫金矿业集团股份有限公司	497.72
5	301	厦门象屿集团有限公司	392.47
6	378	福建省三钢（集团）有限责任公司	306.82
7	379	永辉超市股份有限公司	305.43
8	402	福建中烟工业有限责任公司	285.98
9	481	福建省能源集团有限责任公司	243.00
2015 年			
1	51	兴业银行股份有限公司	2501.23
2	116	厦门建发集团有限公司	1239.36
3	158	厦门国贸控股有限公司	870.63
4	239	厦门象屿集团有限公司	521.73
5	340	永辉超市股份有限公司	367.27
6	405	福建省三钢（集团）有限责任公司	302.04
7	427	福建中烟工业有限责任公司	289.55
8	450	福建省能源集团有限责任公司	274.79

注：该名单由中国企业联合会发布。

6-2　福建入选中国民营企业500强名单

（2013-2015年）

序号	排名	企业名称	主营业务
2013年			
1	162	福建恒安集团有限公司	造纸及纸制品业
2	358	福耀玻璃工业集团股份有限公司	非金属矿物制品业
3	447	福建建州闽光物资有限公司	批发和零售业
4	465	兴业皮革科技股份有限公司	轻工业
5	470	福建龙峰纺织科技实业有限公司	纺织服装、服饰业
6	488	中国龙工控股有限公司	专用设备制造业
2014年			
1	191	融信（福建）投资集团有限公司	房地产业
2	214	福晟集团有限公司	土木工程建筑业
3	228	福建恒安集团有限公司	综合
4	255	大生（福建）农业有限公司	批发业
5	370	冠壹实业集团有限公司	综合
6	385	福耀玻璃工业集团股份有限公司	非金属矿物制品业
7	445	福建建州闽光物资有限公司	综合
8	461	兴业皮革科技股份有限公司	制造业
9	490	福建省金纶高纤股份有限公司	化学纤维制造业
10	498	福建龙峰纺织科技实业有限公司	纺织服装、服饰业
2015年			
1	113	正荣集团有限公司	房地产业
2	117	融信（福建）投资集团有限公司	房地产业
3	162	福晟集团有限公司	土木工程建筑业
4	232	福建恒安集团有限公司	造纸和纸制品业
5	308	均和（厦门）控股有限公司	批发业
6	358	兴业皮革科技股份有限公司	制造业
7	359	福耀玻璃工业集团股份有限公司	非金属矿物制品业
8	388	三六一度（中国）有限公司	制造业
9	399	福建永荣控股有限公司	综合

注：该名单由中国民营企业联合会发布。

6-3 福建企业获中国驰名商标名单

（2013-2015 年）

企业名称	商　标	使用商品/服务	认定时间
福州天使日用品有限公司	爹地宝贝及图	失禁用尿布、吸收式失禁用尿布裤、卫生紧身内裤	2013
福清市东威水产食品实业有限公司	东威及图	鱼（非活的）、虾（非活）、鱼制食品	2013
恒亿集团有限公司	恒亿 HENG YI	建筑、商品房建造、室内装潢	2013
漳平市茶叶协会	漳平水仙ZhangPingShuiCha及图	茶饼	2013
福建国泰沙利食品有限公司	国泰沙利 GUO TAI SHA LI 及图	糕点；谷类制品；饺子	2013
宁德市金盛水产有限公司	三都港 DUGANG 及图	鱼（非活的）	2013
袁茂财/福建永德利刀剪有限公司	永德利	剪刀	2013
宁德市夏威食品有限公司	夏及图	活鱼	2013
福安远东华美电机有限公司	M JIANMING	泵（机器）、空气压缩器、柴油机	2013
宁德市海洋技术开发有限公司	海名威及图	鱼制食品、腌制鱼、蛏干	2013
南日鲍协会	南日鲍 NAN RI ABALONE 及图	鲍鱼（活）	2013
方敏/方家铺子（莆田）绿色食品有限公司	方家铺子	干蔬菜、鱼制食品、干食用菌	2013
福建山中古典工艺家具有限公司	第 6232261 号图形	家具；竹木工艺品；漆器工艺品	2013
福建新世纪电子材料有限公司	Karser	计算器	2013
福建亿发集团有限公司	手心缘	纸、纸餐巾、纸巾	2013
雨中鸟（福建）户外用品有限公司	雨中鸟 yuzhongniao 及图	伞、伞套、女用阳伞	2013

6-3 续表 1　　　　　　　　（2013-2015 年）

企业名称	商　标	使用商品/服务	认定时间
泉州益源鞋业有限公司	策乐 Cele	鞋（脚上的穿着物）、鞋垫、皮带（服饰用）	2013
福建晋江市祥达陶瓷有限公司	祥达及图	瓷砖	2013
石狮市华宝明祥食品有限公司	明祥 MING-XIANG-PAI	鱼制食品、紫菜、海带	2013
福建省闽华电源股份有限公司	MINHUA 及图	蓄电池、电池极板	2013
泉州佰源机械有限公司	BAIYUAN 及图	纺织机；编织机；织布机	2013
福建泉州市金穗米业有限公司	金润及图	米	2013
福建魏氏茶业有限公司	中闽魏氏	茶、茶叶代用品、茶饮料	2013
泉州格林服装有限公司	嗒滴嗒 dadida 及图	服装、童装、鞋	2013
福建中天妇幼用品有限公司	可爱宝贝 MIGNON BABY	纸制和纤维制婴儿尿布（一次性）	2013
达派（中国）箱包有限公司	dapai 及图	旅行包（箱）、旅行用具（皮件）、旅行袋	2013
福建省清流县闽山化工有限公司	闽山及图	松油醇	2013
福建绿宝食品集团有限公司	绿鲜及图	水果罐头、蔬菜罐头、肉罐头	2013
漳州万佳陶瓷工业有限公司	Bolina Italiana	浴室装置、卫生器械和设备、坐便器	2013
福建省东山县海魁水产集团有限公司	海魁及图	鱼片、冻虾、螃蟹肉、水产罐头	2013
青蛙王子（中国）日化有限公司	青蛙王子及图	洗发液、浴液、化妆品	2013
福建中能电气股份有限公司	CE 及图	电缆接头套	2013

6-3 续表 2　　（2013-2015 年）

企业名称	商　标	使用商品/服务	认定时间
东南（福建）汽车工业有限公司	图形	汽车（轻型客车）	2013
福建思嘉环保材料科技有限公司	思嘉 SIJIA	半加工塑料物质、非纺织用塑料纤维、橡胶或塑料制（填充或衬垫用）包装材料	2013
福建网龙计算机网络信息技术有限公司	图形	（在计算机网络上）提供在线游戏	2013
福建德诚黄金有限公司	德诚	贵重金属锭	2013
福建锦江科技有限公司	锦江科技及图	纱	2013
福建海壹食品饮料有限公司	海旺及图	加工过的鱼	2013
江铭福	江船长 captian jiang 及图	水产罐头	2013
福建满堂香茶业股份有限公司	满堂香	茶	2013
福建奋安不锈钢有限公司	奋安及图	普通金属合金	2013
福建海源自动化机械股份有限公司	海源 HY 及图	陶瓷工业用机械器设备（包括建筑用陶瓷机械）	2013
来奇偏光科技（中国）股份有限公司	AP	液晶屏偏光膜、眼镜、太阳镜	2013
来明工业（厦门）有限公司	蓝色沸点 BLUE POINT	眼镜、太阳眼镜	2013
厦门蒙发利科技（集团）股份有限公司	轻松伴侣及图	振动按摩器、按摩器械、健美按摩设备	2013
厦门通士达有限公司	通士达 TOPSTAR	照明器械及装置	2013
厦门正新橡胶工业有限公司	CST	车辆用轮胎、自行车轮胎、充气外胎（轮胎）	2013
厦门华特集团有限公司	HUATE 及图	铺路沥青、沥青	2013

6-3 续表 3　　　　　　　　　　（2013-2015 年）

企业名称	商　标	使用商品/服务	认定时间
厦门东纶股份有限公司	东纶 DongLun 及图	长丝、弹力丝（纺织用）、纺织用弹性纱和线	2013
厦门向阳坊食品有限公司	向阳坊及图	蛋糕、面包、月饼	2013
厦门金达威集团股份有限公司	第 5159044 号图形	医用饲料添加剂、兽医用酶	2013
厦门翔球集团有限公司	玉鹭 Yulu 及图	家具	2013
厦门中骏集团有限公司	图形	建设项目的开发	2013
福建省晋江市佶龙机械工业有限公司	佶龙 JILONG 及图	染色机（印花机）	2013
厦门银鹭食品集团有限公司	银鹭	八宝粥、花生牛奶（软饮料）	2013
厦门中药厂有限公司	鼎炉	中成药	2013
厦门日上车轮集团股份有限公司	第 3065413 号图形	车轮；车轮毂；车轮圈	2013
厦门金龙联合汽车工业有限公司	金龙	客车（汽车）	2013
漳州水仙药业股份有限公司	水仙及图、水仙	风油精	2013
金冠（龙海）塑料包装有限公司	今冠及图	包装用纸袋或塑料袋（信封、小袋）	2013
平和县白芽奇兰协会	白芽奇兰	茶	2013
福建南海食品有限公司	南胜 NANSHENG 及图	速冻方便菜肴、干蔬菜	2013
福建省丰盛食品有限公司	洋乐贝	甲壳动物（非活）	2013
诏安红星乡青梅技术研究会	诏安红星	新鲜青梅	2013

6-3 续表 4　　　　（2013-2015 年）

企业名称	商　标	使用商品/服务	认定时间
福建省特瓷卫浴实业有限公司	特瓷卫浴 TECI	水龙头、喷水器、压力水箱	2013
宗艺石材发展有限公司	宗艺 ZONGYI	花岗石、大理石、石料	2013
福建森源股份有限公司	森源 SENYUAN 及图	家具、办公家具、沙发	2013
锦兴（福建）化纤纺织实业有限公司	锦兴 Jinxing 及图	纺织用弹性纱、弹力丝（纺织用）、长丝、人造丝	2013
谊嘉宝实业有限公司	谊嘉寳	鞋（棉鞋）	2013
福建恒利纸业有限公司	好吉利	纸巾	2013
福建雨丝梦洋伞实业有限公司	YUSIMENG 及图	伞	2013
泉州海日星工艺美术有限公司	海日星	树脂工艺品	2013
福建省南安市波辉鞋服有限公司	七波辉 7-POOVE 及图	运动鞋	2013
福建索力鞋业有限公司	索力 ULTRASONIC 及图	鞋	2013
福建天线宝宝食品股份有限公司	天线宝宝	食品用胶	2013
福建省金燕海洋生物科技股份有限公司	乘风及图	琼脂（食用）	2013
泉州盛世三和茶业有限公司	三和	茶	2013
福建归真堂药业股份有限公司	归真堂 GREETOWN 及图	熊胆粉	2013
晋江富永雨具有限公司	FUYONG 及图	雨伞或阳伞骨；伞	2013
福建腾飞园林古建筑有限公司	腾飞石业；TENGFEI STONE	石头、混凝土或大理石艺术品	2013

6-3 续表 5　　　　　　（2013-2015 年）

企业名称	商　标	使用商品/服务	认定时间
三六一度（福建）体育用品有限公司	361°	服装；童装；运动鞋；帽；袜	2013
福建省好邻居食品工业有限公司	好邻居 HAOLINJU 及图	糖果	2013
福建众和股份有限公司	图形	布、棉织品、纺织织物	2013
莆田市集友艺术框业有限公司	JIYOU1985 及图	画框	2013
福建省仙游县贡品轩古典家俱有限公司	贡品轩 GONG PIN XUAN 及图	家具	2013
莆田市双威体育用品有限公司	思威琪	鞋	2013
莆田市海帝食品有限公司	海帝及图	甲壳动物（非活）	2013
福建南平太阳电缆股份有限公司	太阳 SUN 及图	电源材料（电线、电缆）、电缆、光纤电缆	2013
福建顺昌虹润精密仪器有限公司	虹润 HR 及图	压力指示计、速度计、流量计、温度指示计	2013
福建正山堂茶业有限责任公司	元正及图	茶；红茶	2013
福建正盛无机材料股份有限公司	正字及图	水合二氧化硅、水玻璃（可溶玻璃）、水合物	2013
福建好日子食品有限公司	土楼及图	茶、茶叶代用品	2013
福建省武平县茶叶协会	武平绿茶 Wuping Green Tea	茶	2013
陈俭敏	华益及图	化油器（摩托车用）	2013
福建省福安市华微电机有限公司	第 756905 号图形	电机、电泵	2013
福安市珍华工艺品有限公司	珍华堂 ZHENGHUATANG 及图	银饰品、链（珠宝）、项链（宝石）	2013

6-3 续表 6　　（2013-2015 年）

企业名称	商　标	使用商品/服务	认定时间
福建福鼎海鸥水产食品有限公司	九洋 JIUYANG 及图	鳗鱼、鱼片	2013
宁德市蕉城区茶叶协会	天山绿茶 TIANSHAN GREENTEA 及图	茶	2013
福建省天湖茶业有限公司	绿雪芽及图	茶叶	2013
福建惠泽龙酒业有限公司	惠泽龙及图	黄酒	2013
泉州市泉永机械发展有限公司	quanyong	推土机；铲运机；传动装置（机器）	2014
霞浦县农副产品产业协会	霞浦海带	海带	2014
安发（福建）生物科技有限公司	甘诺宝力	医用营养食物，医用食物营养制剂，医用营养品	2014
冠城大通股份有限公司	武夷及图	漆包线；电源材料（电线、电缆）；电线	2014
福建省三福古典家具有限公司	三福	家具；沙发；竹木工艺品	2014
福清朝辉水产食品有限公司	第 4892766 号图形	贝壳类动物（非活）；虾（非活）；鱼制食品	2014
福建环科化工橡胶集团有限公司	环科 HUANKE 及图	再生胶	2014
福建茗匠竹艺科技有限公司	茗匠及图	非贵重金属茶具；非贵重金属餐具；非贵重金属茶托	2014
福建省万华电子科技有限公司	万华	防盗报警器；网络通讯设备；半导体	2014
奔达金银丝线（中国）有限公司	BT 及图	纺织用纱；丝	2014
福建天清食品有限公司	天清食品及图	肉；鱼制食品（鱼糜、肉糜制品）	2014
厦门信达股份有限公司	XINDECO 及图	进出口代理	2014

6-3 续表 7　　　　　　　　　　（2013-2015 年）

企业名称	商　标	使用商品/服务	认定时间
福建龙净环保股份有限公司	龙净及图	静电工业设备；电子工业设备	2014
闽东宏宇冶金备件有限公司	第 1394169 号图形	管道金属接头	2014
漳州市恒丽电子有限公司	MOVEBEST；第 3437587 号图形	钟；手表；电子钟表	2014
福建三都澳食品有限公司	威尔斯 weiers 及图	鱼制食品	2014
旗牌王（中国）纺织服饰有限公司	旗牌王 KLPONE 及图	服装	2014
福建省建瓯黄华山酿酒有限公司	福矛 FUMAO	酒	2014
莆田市华峰工贸有限公司	华峰及图	纺织织物；布；鞋和靴用织物	2014
美佳爽（福建）卫生用品有限公司	奇酷 CHIKOOL	卫生纸；纸垫；纸或纤维素制婴儿尿布裤（一次性）	2014
莆田标准木业有限公司	第 8820953 号图形	木材；非金属建筑材料；非金属建筑物	2014
连城县朋口镇兰花协会	连城兰花及图	兰花	2014
福建省泉州市裕园茶业有限公司	裕园 YUYUAN 及图	茶；茶叶代用品	2014
力达（中国）机电有限公司	罗威 luowei	空气压缩机；电焊机	2014
福建省天丰源茶产业有限公司	六妙	茶	2014
福建省尤溪县沈郎食用油有限公司	沈郎乡 SHEN LANG XIANG 及图	食用菜子油；食用油脂；笋干	2014
红苹果化工（福建）有限公司	红苹果及图	油漆、水溶性内外墙有关喷塑料、油胶泥（油灰、腻子）	2014
福建固美金属有限公司	固美及图	普通金属合金、金属板条	2014

6-3 续表 8　　　　（2013-2015 年）

企业名称	商　标	使用商品/服务	认定时间
群峰智能机械股份有限公司	群峰	制砖机	2014
福建神州电子股份有限公司	SHENZHOU 及图	音像接收机	2014
厦门松霖科技有限公司	Solex	水龙头、沐浴器	2014
威兰西（中国）服饰有限公司	威兰西 weles	服装	2014
福建达利食品集团有限公司	好吃点	饼干、糕点、谷类制品	2014
福建巨龙电机集团有限公司	“GLONG”及图	水力发动机和马达、发电机组、泵（机器、发动机或马达部件）	2015
福建恒杰塑业新材料有限公司	恒杰及图	非金属套管，非金属软管	2015
长乐市长源纺织有限公司	皓光及图	棉线和棉纱，纺织线和纱	2015
长乐聚泉食品有限公司	聚泉及图	鱼（非活的），鱼制食品、烤鳗鱼（烤制的鳗鱼）	2015
福建南安市巨轮机械有限公司	巨轮 JL	采掘机、搅拌机、拉线机、切断机	2015
福建亚亨动力科技集团有限公司	亚亨 YA HENG 及图	电池、蓄电池、电池瓶	2015
福建闽城光学眼镜有限公司	“Mincheng”及图	眼镜	2015
福建远翔化工有限公司	远翔化工 Yuan Xiang Chemical 及图	水合物、表面活性化学剂、硅胶	2015
金色年华药业有限公司	金色年华 JIN SE NIAN HUA	化学药物制剂	2015
松溪县茶叶管理总站	松溪绿茶	茶	2015
福建元力活性炭股份有限公司	元力	活性炭	2015

6-3 续表 9　　　　　　　　　　（2013-2015 年）

企业名称	商　标	使用商品/服务	认定时间
福建新坦洋茶叶（集团）股份有限公司	第 7177760 号图形商标	茶	2015
福鼎市郑源工艺有限公司	郑源 ZHENG YUAN 及图	非贵重金属茶叶罐、非贵重金属酒具（托盘）、非贵重金属茶叶	2015
宁德市奇隆翔农业有限公司	大翔 DAXIANG 及图	茶	2015
方家铺子（莆田）绿色食品有限公司	良品堂	干食用菌、食用鸟窝、海参（非活）	2015
福建亿发集团有限公司	5243027 号图形商标	纸张加工、印刷、纸张处理	2015
福建省恒星珠宝有限公司	7927116 号图形	项链（首饰）、翡翠	2015
莆田市清华园电器发展有限公司	恋尔	电热水器	2015
泉州顺美集团有限责任公司	顺美 SHUNMEI 及图	陶器、瓷器、瓷、赤陶、玻璃艺术品	2015
晋江明伟鞋服有限公司	CAMKIDS	服装、足球鞋、鞋（脚上的穿着物）	2015
福建泉州赛特电源科技有限公司	BAOTE 及图	电池、电池充电器	2015
福建华闽纸业有限公司	开心一百	纸	2015
福建省明信橡塑有限公司	信明及图	传送带、输送带	2015
三明市丰润化工有限公司	FENG・RUN 及图	白炭黑	2015
福建三和食品集团有限公司	栖息园	清水笋、速冻笋、蔬菜罐头	2015
福建和其昌竹业有限公司	和其昌及图	建筑用木材、胶合板、制模用木材	2015
福建东亚水产股份有限公司	陵海东亚及图	鱼（非活的）、甲壳动物（非活）、贝壳类动物（非活）	2015
云霄县水产养殖协会	竹塔泥蚶	泥蚶（活的）	2015

6-3 续表 10　　　　（2013-2015 年）

企业名称	商　标	使用商品/服务	认定时间
施朗格（漳州）建材科技有限公司	“施朗格”和“Stonelution”及图	树脂复合板、石灰华、石板	2015
厦门雅瑞光学有限公司	BOLON	太阳镜	2015
福建共荣石业有限公司	共荣 GONGRONG 及图	石、混凝土或大理石像；石头、混凝土或大理石半身雕塑像；石头、混石、混凝土或大理石小雕像	2015
福建省邦手氟塑料制品有限公司	邦手 BANG-UP 及图	密封环；接头用密封物	2015
厦门固克涂料集团有限公司	固克 KUCK	涂层（建筑材料）、非金属建筑涂面材料	2015
福建省神蜂科技开发有限公司	SHEN　FENG 及图	蜂蜜；蜂胶（非医用营养）；蜂王浆（非医用）；非医用营养胶囊	2015
福建福贞金属包装有限公司	图形商标	马口铁罐	2015
厦门圆兴商贸有限公司	XYC	钻头（机器零件）、切削工具（包括机械刀片）、刀具（机械零件）	2015
厦门瑞忆科技有限公司	征服者 CONQUEROR 及图	导航仪器、卫星导航仪器、车辆测速器	2015
厦门康乐佳运动器材有限公司	“K-powerSPORT”	锻炼身体器械	2015
厦门安妮股份有限公司	王者	热敏纸	2015
福建省梦娇兰日用化学品有限公司	小浣熊	化妆品、洗发液、牙膏、浴液、花露水	2015
福建泉州大华蓄电池有限公司	DAHUA 及图	蓄电池、电池极板	2015
福建傲威电子有限公司	傲威 OWAYS 及图	健美按摩设备	2015
翁国锋	荟萃楼	宝石（珠宝）、戒指（珠宝）、手镯（珠宝）	2015
福建富源茶业有限公司	詹氏富源 ZHANSHIFUYU	茶	2015

注：2013、2014 年驰名商标名单来源于福建省商标协会，不包含司法认定的驰名商标。

6-4 福建省已注册和初步审定地理标志名单

（截至 2015 年末）

序号	注册人	注册商标	商　品	注册号
1	永泰县生产力促进中心	永泰芙蓉李	李子（鲜水果）	3899569
2	福州市园艺学会	福州茉莉花茶	茶	4939090
3	永泰县生产力促进中心	永泰柿饼	柿饼	6160169
4	福州市橄榄行业协会	福州橄榄	橄榄蜜饯；冰橄榄	4880151
5	闽侯县橄榄行业协会	闽侯橄榄	鲜橄榄	6644323
6	福清市山羊协会	高山山羊	山羊	8509769
7	福建省闽清县粉干协会	闽清粉干	粉干	8794404
8	连江县晓澳镇百胜海水养殖协会	百胜缢蛏	缢蛏（活的）	9112727
9	长乐市漳港海蚌场	漳港海蚌	海蚌（活）	8851809
10	罗源县茶叶协会	七境茶	茶	10226541
11	永泰县生产力促进中心	永泰李干	李干（蜜饯）	8715207
12	福清市一都镇经济发展服务中心	一都枇杷	枇杷（鲜水果）	10865125
13	平潭水仙花协会	平潭水仙花	水仙花球茎；水仙花	10694024
14	福清市渔溪镇经济发展服务中心	渔溪龙眼	龙眼（鲜水果）	10461152
15	福州市琅岐经济区　养殖协会	琅岐红	活青蟹	13631771
16	连江县鲍鱼行业协会	连江鲍鱼	鲍鱼（活的）	13600377
17	连江县鲍鱼行业协会	连江鲍鱼	鲍鱼（非活）	13600378
18	长乐市古槐镇青山村龙眼行业协会	青山龙眼	新鲜龙眼	13857686
19	闽清县橄榄行业协会	闽清橄榄	新鲜橄榄	13814881
20	连江县海带行业协会	连江海带	海带（非活）	14628241
21	福州市晋安区寿山石开发保护管理中心	寿山石雕	石雕刻艺术品	14665138
22	厦门市同安区农村经纪人协会	同安凤梨穗	龙眼	10852974
23	厦门市翔安区新圩镇经济发展服务中心	古宅大蒜	大蒜（新鲜蔬菜）	12877116
24	厦门市同安区农村经纪人协会	同安凤梨穗	干桂元	10852973
25	厦门市同安区花卉盆景协会	同安红	三角梅（植物）	13466165
26	漳州市果业发展中心	漳州香蕉	新鲜香蕉	2024522
27	漳州市花卉协会	ZHANGZHOU NARCISSUS	水仙花	2016475

6-4 续表 1　　　　　　　　　　　　　　　　（截至 2015 年末）

序号	注册人	注册商标	商　品	注册号
28	漳州市花卉协会	漳州水仙花	水仙花	2016476
29	漳州市花卉协会	漳州水仙花	水仙花	2016477
30	南靖县兰花协会	南靖兰花	兰花	5819164
31	南靖茶商会	南靖丹桂	茶	5819161
32	南靖茶商会	南靖铁观音	茶	5819162
33	南靖县和溪镇中药材协会	南靖和溪巴戟天	巴戟天（中药药材）	9665597
34	南靖县龙山镇农产品协会	南靖麻笋	麻笋（新鲜）	9649494
35	南靖县养蜂协会	南靖正冬蜜	蜂蜜	10202339
36	福建省平和琯溪蜜柚发展中心	平和琯溪蜜柚	蜜柚	1388988
37	福建省平和琯溪蜜柚发展中心	平和红柚	柚子	8938890
38	平和县白芽奇兰茶协会	平和白芽奇兰	茶	9813932
39	平和县特产协会	平和青花瓷	瓷器等	9871924
40	平和县特产协会	平和芦溪晒烟	烟草；烟丝；烟末	9975573
41	平和县特产协会	平和芦溪咸菜	咸菜（腌制芥菜）	10003960
42	平和县特产协会	平和坂仔香蕉	香蕉	10003961
43	平和县特产协会	平和大溪豆干	豆腐干	10003962
44	平和县特产协会	平和小溪枕头饼	枕头饼（糕点）	10064381
45	诏安县红星乡青梅技术研究会	诏安红星	新鲜青梅	2016463
46	诏安县水产技术推广站	林头珠蚶	珠蚶(贝壳类动物(活的))	10221082
47	诏安县四都镇后港青壳荔枝协会	后港青壳荔枝	荔枝（鲜水果）	10221116
48	华安县茶叶协会	华安铁观音	茶	7401817
49	华安县经济作物站	华安坪山柚	柚子	9527545
50	漳浦县杜浔酥糖协会	杜浔酥糖	酥糖	8090682
51	漳浦县深土镇农产品产业协会	深土紫菜	紫菜	8371641
52	漳浦县旧镇镇农产品产业协会	旧镇白鳗	白鳗	9300873
53	漳浦县沙西榕树协会	沙西榕树	榕树	9413347
54	漳浦县盘陀镇茶叶协会	盘陀金萱茶	茶	9642018

6-4 续表 2　　　　　　　　　　（截至 2015 年末）

序号	注册人	注册商标	商　品	注册号
55	云霄县枇杷协会	云霄枇杷	枇杷	3418548
56	云霄县水产养殖协会	竹塔泥蚶	泥蚶（活的）	8518148
57	云霄县农作物科学研究所	东厦锯缘青蟹	锯缘青蟹（活）	9552702
58	云霄县农作物科学研究所	下河杨桃	杨桃	9552703
59	云霄县农作物科学研究所	列屿巴非蛤	巴非蛤（活）	9552743
60	云霄县农作物科学研究所	马铺淮山	淮山（新鲜蔬菜）	9552744
61	云霄县农作物科学研究所	东厦文蛤	文蛤（活）	9954948
62	云霄县农作物科学研究所	下河金枣	金枣（新鲜水果）	9954949
63	龙海市浮宫镇杨梅协会	浮宫杨梅	杨梅	8681587
64	龙海市程溪镇菠萝协会	程溪菠萝	菠萝	9552249
65	福建省长泰县柑桔协会	长泰芦柑	芦柑（水果）	7718009
66	漳州市芗城区天宝香蕉协会	天宝香蕉	香蕉	8771238
67	福建省东山县芦笋协会	东山芦笋	芦笋	8699182
68	长泰县农产品流通协会	长泰吴田蜜薯	番薯	9921549
69	长泰县农产品流通协会	长泰状元蜜桔	桔	9921550
70	漳州市果业发展中心	漳州芦柑	柑橘	10032250
71	漳州市果业发展中心	漳州芦柑及图形	柑橘	10032251
72	漳州市果业发展中心	漳州芦柑及图形	柑橘	10032252
73	平和县特产协会	平和南胜咸水鸭	咸水鸭	10208093
74	平和县特产协会	山格查某囝仔肉	生仁饼（糕点）	9975572
75	诏安县白洋灰鹅协会	诏安灰鹅	鹅（活家禽）	10126597
76	诏安县红星乡青梅技术研究会	诏安红星青梅	加工过的青梅	10462581
77	诏安县茶叶协会	诏安八仙茶	茶	9466590
78	漳浦县深土镇农产品产业协会	深土花菜	花菜（新鲜蔬菜）	10221005
79	漳浦县旧镇镇农产品产业协会	旧镇大蚝	牡蛎（活的）	10181305
80	漳浦县大南坂农产品协会	大南坂菠萝	菠萝	9814817
81	漳浦县蔬菜出口协会	漳浦大葱	新鲜大葱	11192112

6-4 续表 3　　（截至 2015 年末）

序号	注册人	注册商标	商　品	注册号
82	漳浦县官浔镇淡水生态虾养殖协会	官浔淡水虾	淡水虾（活的）	10103610
83	云霄县农作物科学研究所	东厦缢蛏	缢蛏（活）	10737564
84	龙海市白水糖果协会	白水贡糖	糖果	9871237
85	龙海市养鸭协会	金定鸭	鸭（活家禽）	11476392
86	龙海市九湖镇荔枝协会	九湖兰竹荔枝	荔枝	11014904
87	南靖县名优农产品协会	南靖金线莲	金线莲（中药药材）	12853757
88	南靖县名优农产品协会	南靖香蕉	香蕉	12122166
89	平和县特产协会	平和窑瓷器	瓷器	13215417
90	诏安县秀篆镇苦丁茶协会	诏安苦丁茶	茶	11599107
91	诏安县桥东镇水产养殖协会	甲洲鸡母埭大虾	虾（活的）	11708370
92	诏安县桥东镇水产养殖协会	仙塘红蟳	红蟳（活的）	11708371
93	漳浦县旧镇镇农产品产业协会	乌石荔枝	荔枝	11435975
94	漳浦闽台花卉协会	漳浦蝴蝶兰	蝴蝶兰（自然花）	10779426
95	龙海市榜山镇江东鲈鱼养殖协会	江东鲈鱼	鲈鱼（非活）	11994880
96	龙海市榜山镇江东鲈鱼养殖协会	江东鲈鱼	鲈鱼（活的）	11994881
97	龙海市程溪镇金蝉协会	程溪金蝉	蝉花（中药材）；蝉蜕（中药材）	13098212
98	平和县特产协会	平和粗鳞鱼	粗鳞鱼（非活）	11448151
99	平和县特产协会	平和棕包梨	梨	11448152
100	平和县特产协会	平和大溪荔枝	荔枝	11448153
101	平和县特产协会	平和夫人李	李子	11448155
102	平和县特产协会	平和大溪米粉	米粉	11448156
103	平和县特产协会	灵通七叶胆	药茶；药用草药茶	11448157
104	诏安县四都镇大梧村水产养殖协会	大梧蚝	蚝[牡蛎（活的）]	13148116
105	诏安县太平镇水果营销协会	诏安柿饼	柿饼	13858673
106	华安县华安玉同业公会	华安玉雕	玉雕	11937842
107	漳浦县深土镇农产品产业协会	深土三角文蛤	文蛤（活的）	13597610
108	漳浦县深土镇农产品产业协会	深土皱纹盘鲍鱼	鲍鱼（活的）	13597611

6-4 续表 4　　　　　　　　　　　　　（截至 2015 年末）

序号	注册人	注册商标	商　品	注册号
109	漳浦县沙西海产品协会	沙西红蟳	蟳（活的）	11571857
110	漳浦县沙西海产品协会	沙西血鳗	血鳗（活的）	11571858
111	漳浦县沙西海产品协会	沙西泥蚶	蚶（活的）	11571859
112	漳浦县前亭镇农产品产业协会	前亭珠蚶	蚶（活的）	11632810
113	漳浦县前亭镇农产品产业协会	前亭沙虾	虾（活的）	11632811
114	漳浦县大南坂农产品协会	大南坂红肉橙	新鲜橙	12170641
115	福建省云霄县水产开发中心	漳江口大蚝	大蚝（活的牡蛎）	12980693
116	东山县水产技术推广站	东山鲍鱼	鲍鱼（活）	13890624
117	长泰县农产品流通协会	长泰砂仁	砂仁（中药药材）	13571587
118	长泰县农产品流通协会	长泰天竺岩茶	茶	13571586
119	南靖县名优农产品协会	南靖郑店菜脯汁	菜脯汁（调味酱汁）	13304988
120	南靖县陶瓷协会	南靖漳窑瓷器	瓷器	15669132
121	诏安县梅岭镇水产养殖协会	悬钟埭乌鱼	乌鱼（活鱼）	13442814
122	漳浦县长桥镇园艺协会	漳浦长桥八卦柑	八卦柑（新鲜水果）	14657511
123	漳浦县六鳌镇农产品协会	六鳌紫菜	紫菜	12354393
124	安溪县山格淮山产业技术研究会	山格淮山	山药（蔬菜）	10447781
125	南安市官桥镇曙光甘薯产业协会	曙光甘薯	鲜地瓜	10374727
126	泉州市洛江区河市镇槟榔芋协会	河市槟榔芋	芋	11180200
127	南安市石亭绿茶研究会	石亭绿茶	茶	8757651
128	安溪县茶业总公司	安溪铁观音	茶叶	1388991
129	安溪县茶业总公司	安溪黄金桂	茶叶	1388992
130	永春县柑桔同业公会	永春芦柑	柑桔	6655467
131	永春县茶叶同业公会	永春佛手	茶	6655468
132	德化县陶瓷同业公会	德化陶瓷	瓷器；陶器等	4523004
133	德化县陶瓷同业公会	德化瓷雕	瓷器；陶器等	4523005
134	德化县养殖技术推广中心	德化戴云黑鸡	鸡（活的）	3636696
135	永春县茶叶同业公会	永春闽南水仙	茶	6655469

6-4 续表 5　　（截至 2015 年末）

序号	注册人	注册商标	商　品	注册号
136	惠安县石雕石材同业公会	惠安石雕	石雕	8605351
137	石狮市古浮紫菜协会	古浮紫菜	紫菜	8770533
138	泉州市洛江区虹山乡果蔬行业协会	虹山红心地瓜	地瓜	8820222
139	晋江市深沪镇渔业协会	深沪鱼丸	鱼丸	9625935
140	惠安县崇武镇食品加工行业协会	崇武鱼卷	鱼卷	14230888
141	泉港涂岭龙眼行业协会	涂岭龙眼	龙眼	13392586
142	泉州台商投资区洛阳镇农产品促进协会	洛阳桥牡蛎	牡蛎（活的）	13677296
143	建宁县黄埠乡农业服务中心	桂阳萝卜	新鲜萝卜	13111566
144	明溪县红豆杉行业协会	明溪红豆杉	红豆杉	12821614
145	明溪县金线莲协会	明溪金线莲	金线莲（药草）	13732502
146	永安市槐南镇新农村建设服务中心	安贞旌鼓	鼓（乐器）	13776367
147	沙县夏茂茶叶协会	沙县红边茶	茶	13908849
148	尤溪县果树技术推广站	尤溪金柑	金柑（新鲜水果）	12988689
149	明溪县淮山行业协会	明溪淮山	山药（新鲜蔬菜）	10191790
150	清流县嵩溪豆腐皮营销协会	清流豆腐皮	豆腐皮	10600558
151	建宁县建莲产业协会	建宁通心白莲	莲子	1607998
152	尤溪县竹业协会	尤溪绿笋	绿笋（新鲜）	3984436
153	尤溪县茶叶协会	尤溪绿茶	茶	7741538
154	尤溪县油茶协会	尤溪茶籽油	茶籽油（食用油）	9854263
155	明溪县肉脯干行业协会	明溪肉脯干	肉脯干	5713312
156	永安市农学会	永安黄椒	辣椒（新鲜蔬菜）	6862869
157	永安市蔬菜产销协会	永安莴苣	莴苣	8972825
158	宁化县河龙贡米协会	河龙贡米	米	7953105
159	福建省将乐县食用菌协会	将乐大球盖菇	鲜食用菌	8279341
160	清流县溪鱼发展协会	清流溪鱼	活鱼	6411969
161	将乐县龙池砚文化研究协会	将乐龙池砚	砚（墨水池）	8271157
162	永安市贡川镇新农村建设服务中心	永安贡川草席	草席	15097039

6-4 续表 6　　　　　　　　　　　　　　（截至 2015 年末）

序号	注册人	注册商标	商　品	注册号
163	永安市西洋镇水果产销协会	永安内炉芙蓉李	李（新鲜水果）	15402597
164	沙县郑湖水柿协会	郑湖水柿	柿子	13305586
165	泰宁县个体私营企业协会	泰宁金湖乌凤鸡	鸡（活的）	13565015
166	仙游县度尾镇文旦柚协会	度尾	文旦柚	1388985
167	莆田市枇杷协会	莆田枇杷	枇杷	3984456
168	莆田市兴化桂圆协会	莆田兴化桂元	干桂元	3895434
169	南日鲍协会	南日鲍	鲍鱼（活）	6595645
170	仙游县金沙薏米产业发展技术协会	金沙薏米	薏米（脱壳后的）	11178479
171	松溪县茶业协会	松溪红茶	茶	10034709
172	武夷山市岚谷乡“三农”服务中心	岚谷熏鹅	熏鹅（加工过的）	13245793
173	延平区林木种苗站	延平百合	百合花（自然花）	12877266
174	邵武市笋制品行业协会	邵武笋干	笋干	10236834
175	建阳市经济作物技术推广站	建阳桔柚	桔柚	10231607
176	建阳市小湖镇三农服务中心	小湖杨梅	杨梅	11083255
177	光泽县水产研究所	光泽溪鱼	活鱼	11132352
178	武夷山茶叶科学研究所	武夷山大红袍	茶	1687896
179	政和县茶叶技术推广总站	政和工夫	茶	6495869
180	政和县茶叶技术推广总站	政和白茶	茶	6228806
181	松溪县茶叶管理总站	松溪绿茶	茶	6534378
182	武夷山市茶叶科学研究所	正山小种	茶	7430842
183	邵武市进士茶树良种推广专业合作社	邵武碎铜茶	茶	6914478
184	政和县茶叶技术推广总站	政和工夫	茶	7667931
185	政和县茶叶技术推广总站	政和白茶	茶	7667932
186	建瓯市锥栗协会	建瓯锥栗	锥栗	7569724
187	建瓯市东峰镇科技特派员工作站	东峰矮脚乌龙	乌龙茶（茶）	9785311
188	浦城薏米产业协会	浦城薏米	薏米（米）	8965756
189	建阳市茶业协会	建阳白茶	茶	10033173

6-4 续表 7　　（截至 2015 年末）

序号	注册人	注册商标	商　品	注册号
190	建瓯市建泽泻协会	建泽泻	药材（泽泻）	12609480
191	浦城县桂花协会	浦城桂花	鲜桂花；桂花树苗木	13814882
192	浦城县桂花协会	浦城丹桂	桂花	13814883
193	福建省光泽县林业科学技术推广中心	光泽厚朴	新鲜厚朴	14504754
194	顺昌县柑桔行业协会	顺昌芦柑	芦柑（鲜水果）	11708379
195	建瓯市锥栗协会	建瓯锥栗	锥栗（加工过的）	9927813
196	建瓯市笋业公会	建瓯笋干	笋干	14275186
197	建阳市建窑建盏协会	建阳建盏	瓷器、日用瓷器	14610818
198	长汀县河田鸡产业协会	长汀河田鸡	鸡肉	12080346
199	武平县猪胆肝协会	武平猪胆肝	猪胆肝（猪肉食品）	11186858
200	永定县巴戟天协会	永定巴戟天	巴戟天（中药药材）	11251004
201	连城红心地瓜干协会	连城红心地瓜干	地瓜干（熟）	3571139
202	连城县朋口镇兰花协会	连城兰花	兰花	5393515
203	漳平市茶叶协会	漳平水仙茶	茶饼	5011405
204	龙岩市新罗区花生产业协会	龙岩咸酥花生	加工过的花生	5130282
205	福建省武平县茶叶协会	武平绿茶	茶	6524922
206	连城县白鸭研究所	连城白鸭	鸭（活的）	6965123
207	连城县白鸭研究所	连城白鸭	鸭（非活）	7023724
208	福建省武平县梁野山中草药协会	武平金线莲	金线莲（中草药）	7304623
209	长汀县河田鸡产业协会	长汀 河田鸡	活家禽（鸡）	7891271
210	武平县梁野花卉协会	武平富贵籽	富贵籽（自然花）	7622475
211	上杭县槐猪产业协会	上杭槐猪	活猪	8605841
212	上杭县园艺产业协会	上杭乌梅	乌梅	10003749
213	永定县菜干协会	永定菜干	菜干	8196341
214	连城县文亨镇红衣花生协会	连城红衣花生	新鲜花生	13341781
215	连城县文亨镇红衣花生协会	连城红衣花生	加工过的花生	13341782
216	上杭县园艺产业协会	上杭萝卜干	萝卜干	13588144

6-4 续表 8　　（截至 2015 年末）

序号	注册人	注册商标	商　品	注册号
217	永定县美蕉协会	永定美蕉	香蕉	14239433
218	永定县红柿专业技术协会	永定红柿	柿子（新鲜水果）	12584748
219	武平县养禽协会	武平象洞鸡	活鸡	14281103
220	武平县养禽协会	武平象洞鸡	鸡（非活）	15179752
221	柘荣县太子参协会	柘荣太子参	太子参	1608000
222	古田县食用菌办公室	古田银耳	银耳	1607999
223	古田县经济作物站	古田油奈	油奈（水果）	2016457
224	古田县黄田镇企业管理站	黄田马蹄笋	新鲜马蹄笋	4914014
225	古田县黄田镇企业管理站	黄田马蹄笋	马蹄笋干等	4914013
226	福鼎市四季柚协会	福鼎四季柚	柚	2016482
227	福鼎市福鼎芋协会	福鼎芋	芋	2016481
228	福鼎市福鼎芋协会	福鼎槟榔芋	芋	3453951
229	福鼎市茶业协会	福鼎大白茶	茶	4350700
230	福鼎市茶业协会	福鼎白毫银针	茶	4350696
231	福鼎市茶业协会	福鼎白琳工夫	茶	4350701
232	福鼎市茶业协会	福鼎白茶	茶	6595730
233	福安市茶业协会	坦洋工夫	茶	5379787
234	福安市茶业协会	坦洋工夫	茶	6190797
235	福安市穆阳镇线面协会	穆阳线面	线面	8972826
236	福安市竹业协会	福安绿竹笋	绿竹笋	9113703
237	霞浦县农副产品产业协会	霞浦海带	海带	7127315
238	霞浦县农副产品产业协会	霞浦紫菜	紫菜	7127316
239	宁德市蕉城区晚熟龙眼产业协会	蕉城晚熟龙眼	龙眼	4957601
240	宁德市蕉城区茶业协会	天山绿茶	茶	6888311
241	宁德市蕉城区三都澳晚熟荔枝产业协会	三都澳晚熟荔枝	荔枝	7170017
242	宁德市渔业协会	宁德大黄鱼	大黄鱼（非活）	9654729
243	宁德市渔业协会	宁德大黄鱼	大黄鱼（活）	9654730
244	周宁县茶叶协会	官司云雾茶	茶	8644027
245	屏南县米烧兔行业协会	屏南米烧兔	米烧兔	9015569

6-4 续表 9　　　　（截至 2015 年末）

序号	注册人	注册商标	商　品	注册号
246	寿宁县茶业协会	寿宁高山乌龙茶	乌龙茶（茶）	9883861
247	古田县红曲行业协会	古田红曲	曲种	10786824
248	福安市茶业协会	坦洋工夫	茶	11499122
249	福安市茶业协会	坦洋工夫	茶	11499123
250	福安市茶业协会	坦洋工夫	茶	11499124
251	福安市穆云畲乡刺葡萄协会	溪塔刺葡萄	鲜葡萄	10180903
252	福安市油茶协会	福安油茶油	食用油	11345819
253	霞浦县茶业协会	霞浦元宵茶	茶	10430782
254	霞浦县茶业协会	霞浦元宵茶	茶	10430783
255	宁德市蕉城区缢蛏协会	宁德缢蛏	蛏（活的）	10729939
256	宁德市蕉城区缢蛏协会	宁德缢蛏	蛏干	10729940
257	柘荣县太子参协会	柘荣太子参	太子参（中药药材）	11870936
258	福鼎市福鼎黄栀子协会	福鼎黄栀子	黄栀子（原料药）	11794318
259	福鼎市福鼎黄栀子协会	福鼎黄栀子	黄栀子（植物）	12038423
260	福鼎市福鼎黄栀子协会	福鼎黄栀子	黄栀子（植物）	12038424
261	福鼎市福鼎黄栀子协会	福鼎黄栀子	黄栀子（果皮、果肉）	12038425
262	福鼎市福鼎黄栀子协会	福鼎黄栀子	黄栀子（果皮、果肉）	12038426
263	福鼎市福鼎黄栀子协会	福鼎黄栀子	黄栀子（原料药）	12038427
264	福安市葡萄协会	福安葡萄	新鲜葡萄	11273163
265	福安市葡萄协会	福安葡萄	新鲜葡萄	11273164
266	宁德市蕉城区黄家蒸笼行业协会	虎贝黄家蒸笼	蒸笼	10779425
267	屏南县黄酒酿造技艺协会	屏南老酒	黄酒	11898122
268	福鼎市鲈鱼养殖协会	桐江鲈鱼	鲈鱼（活的）	12721807
269	福鼎市鲈鱼养殖协会	桐江鲈鱼	鲈鱼（非活）	12721808
270	宁德市蕉城区茶业协会	天山绿茶	茶	10643491
271	宁德市蕉城区茶业协会	天山绿茶	茶	10643530
272	宁德市蕉城区茶业协会	天山红	茶	11836552

注：本篇数据来源于福建省商标协会。

6-5 福建省纳税百强企业名单

（2015 年）

位次	企业集团名称	位次	企业集团名称
1	兴业银行股份有限公司	26	福州闽江世纪城置业有限公司
2	福建联合石油化工有限公司	27	中国电信股份有限公司福建分公司
3	龙岩烟草工业有限责任公司	28	安踏体育用品集团有限公司
4	中化泉州石化有限公司	29	建明（厦门）房地产有限公司
5	中国烟草总公司福建省公司（含所辖单位）	30	厦门银行股份有限公司
6	厦门烟草工业有限责任公司	31	中海福建天然气有限责任公司
7	福建省农村信用社联合社	32	名城地产（福建）有限公司
8	国网福建省电力有限公司	33	福建华电可门发电有限公司
9	中国移动通信集团福建有限公司	34	新华都实业集团股份有限公司
10	中国建设银行股份有限公司福建省分行	35	厦门兆裕房地产开发有限公司
11	厦门海投房地产有限公司	36	国家开发银行股份有限公司福建省分行
12	兴业证券股份有限公司	37	漳州市海滨城置业有限公司
13	融侨集团股份有限公司	38	厦门国贸天地房地产有限公司
14	中国工商银行股份有限公司福建省分行	39	厦门银鹭食品集团有限公司
15	厦门航空有限公司	40	兴业国际信托有限公司
16	厦门国际银行股份有限公司	41	中国人民财产保险股份有限公司福建省分公司
17	中国银行股份有限公司福建省分行	42	福建海峡银行股份有限公司
18	华阳电业有限公司	43	厦门禹洲海景城房地产有限公司
19	中国农业银行股份有限公司福建省分行	44	福建龙岩工程机械（集团）有限公司
20	戴尔（中国）有限公司	45	厦门市特房筼筜开发有限公司
21	百威英博雪津啤酒有限公司	46	华福证券有限责任公司
22	福建省中马建设工程有限公司	47	中石化森美（福建）石油有限公司
23	紫金矿业集团股份有限公司	48	国电泉州热电有限公司
24	福建三安集团有限公司	49	中信银行股份有限公司福州分行
25	福建新华都综合百货有限公司	50	厦门 ABB 低压电器设备有限公司

6-5 续表（2015 年）

位次	企业集团名称	位次	企业集团名称
51	中国工商银行股份有限公司厦门市分行	76	中国农业银行股份有限公司厦门市分行
52	招商银行股份有限公司福州分行	77	捷太格特转向系统（厦门）有限公司
53	中国建设银行股份有限公司厦门市分行	78	利郎（中国）有限公司
54	漳州万达广场有限公司	79	欣贺股份有限公司
55	福建中烟工业有限责任公司	80	福建世茂置业有限公司
56	福建宁德核电有限公司	81	福建达利食品集团有限公司
57	厦门万特福房地产开发有限公司	82	信和（厦门）房地产发展有限公司
58	福州东福实业发展有限公司	83	东南（福建）汽车工业有限公司
59	福建省鸿山热电有限责任公司	84	福建南平南孚电池有限公司
60	泉州银行股份有限公司	85	融侨（福州）置业有限公司
61	福建水口发电集团有限公司	86	中国平安财产保险股份有限公司福建分公司
62	中国民生银行股份有限公司福州分行	87	泉州东海开发有限公司
63	福建大唐国际宁德发电有限责任公司	88	上海浦东发展银行股份有限公司福州分行
64	福建福清核电有限公司	89	中国人民财产保险股份有限公司厦门市分公司
65	华能国际电力股份有限公司福州电厂	90	中国邮政储蓄银行股份有限公司福建省分行
66	福建龙净环保股份有限公司	91	厦门富铭杏博置业有限公司
67	中国人寿保险股份有限公司福建省分公司	92	联发集团有限公司
68	乔丹体育股份有限公司	93	福建奔驰汽车工业有限公司
69	宁德时代新能源科技股份有限公司	94	泉州浦西万达广场投资有限公司
70	厦门禹洲鸿图地产开发有限公司	95	厦门建发股份有限公司
71	福建省龙岩市新罗煤炭工业有限公司	96	国电福州发电有限公司
72	福州中鼎投资有限公司	97	福清万达广场有限公司
73	厦门正新橡胶工业有限公司	98	世纪宝姿（厦门）实业有限公司
74	招商银行股份有限公司厦门分行	99	国网福建晋江市供电有限公司
75	厦门 ABB 开关有限公司	100	福建太平洋电力有限公司

6-6　福建省主营业务收入前300家工业企业

（2015年）

位次	企业名称	位次	企业名称
1	福建省电力有限公司	31	祥兴（福建）箱包集团有限公司
2	福建联合石油化工有限公司	32	捷星显示科技（福建）有限公司
3	中化泉州石化有限公司	33	国网福建晋江市供电有限公司
4	戴尔（中国）有限公司	34	福建明辉电力系统有限公司
5	友达光电（厦门）有限公司	35	福建吴航不锈钢制品有限公司
6	宸鸿科技（厦门）有限公司	36	福建鼎信实业有限公司
7	冠捷显示科技（厦门）有限公司	37	厦门金龙旅行车有限公司
8	福建捷联电子有限公司	38	戴尔（厦门）有限公司
9	福建鼎信镍业有限公司	39	福建元成豆业有限公司
10	紫金矿业集团股份有限公司	40	福建锦江科技有限公司
11	正兴车轮集团有限公司	41	厦门太古飞机工程有限公司
12	福建省三钢（集团）有限责任公司	42	泉州明恒纺织有限公司
13	紫金铜业有限公司	43	福建三宝钢铁有限公司
14	福建华映显示科技有限公司	44	福建百宏聚纤科技实业有限公司
15	福建鼎信科技有限公司	45	福建龙净环保股份有限公司
16	宸美（厦门）光电有限公司	46	福建三安钢铁有限公司
17	福建省金纶高纤股份有限公司	47	东南（福建）汽车工业有限公司
18	福建三宝特钢有限公司	48	福建省长乐市长源纺织有限公司
19	特步（中国）有限公司	49	石狮市佳龙石化纺纤有限公司
20	长乐恒申合纤科技有限公司	50	福建圣农发展股份有限公司
21	达运精密工业（厦门）有限公司	51	腾龙芳烃（漳州）有限公司
22	华映光电股份有限公司	52	南靖万利达科技有限公司
23	福建福欣特殊钢有限公司	53	福建省长汀金龙稀土有限公司
24	中海福建天然气有限责任公司	54	福建奔驰汽车工业有限公司
25	宝钢德盛不锈钢有限公司	55	福建省长乐市金源纺织有限公司
26	福建奋安铝业有限公司	56	福建省闽发铝业股份有限公司
27	厦门银鹭食品集团有限公司	57	国网福建长乐市供电有限公司
28	翔鹭石化（漳州）有限公司	58	长乐力恒锦纶科技有限公司
29	连江清禄鞋业有限公司	59	龙岩烟草工业有限责任公司
30	厦门金龙联合汽车工业有限公司	60	宁德新能源科技有限公司

6-6 续表 1 （2015 年）

位次	企业名称	位次	企业名称
61	泉州福海粮油工业有限公司	91	福建省辉源金属制品有限公司
62	福建鑫海冶金有限公司	92	福耀玻璃工业集团股份有限公司
63	福建铂阳精工设备有限公司	93	泉州市燃气有限公司
64	联盛纸业（龙海）有限公司	94	莆田市鑫龙鞋业有限公司
65	厦门烟草工业有限责任公司	95	明达实业（厦门）有限公司
66	华阳电业有限公司	96	国网福建福安市供电有限公司
67	福建宁德核电有限公司	97	福建东山县海之星水产食品有限公司
68	鸿一粮油资源股份有限公司	98	厦门市三安半导体科技有限公司
69	厦门中盛粮油集团有限公司	99	厦门厦工机械股份有限公司
70	万利（中国）有限公司	100	福建欧美龙体育用品有限公司
71	金莱克（中国）体育用品有限公司	101	福州吴航钢铁制品有限公司
72	福建省晋江福源食品有限公司	102	厦门太古发动机服务有限公司
73	中宇建材集团有限公司	103	欧浦登（顺昌）光学有限公司
74	联想移动通信科技有限公司	104	福建省金盛钢业有限公司
75	福建省长乐市锦源纺织有限公司	105	安踏体育用品集团有限公司
76	国网福建南安市供电有限公司	106	中铝瑞闽股份有限公司
77	厦门天马微电子有限公司	107	福建金牛水泥有限公司
78	福建省正和钢管有限公司	108	福建福日电子股份有限公司
79	厦门正新橡胶工业有限公司	109	路达（厦门）工业有限公司
80	福建凯邦锦纶科技有限公司	110	福建三钢小蕉实业发展有限公司罗源分公司
81	福建通达集团有限公司	111	福建龙麟集团有限公司
82	捷太格特转向系统（厦门）有限公司	112	华能国际电力股份有限公司福州电厂
83	中国重汽集团福建海西汽车有限公司	113	福州翔隆纺织有限公司
84	闽东赛岐经济开发区福华轧钢有限公司	114	如意情集团股份有限公司
85	福建龙和食品实业有限公司	115	厦门厦顺铝箔有限公司
86	飞毛腿（福建）电子有限公司	116	厦门钨业股份有限公司
87	福建省长乐市第二棉纺织厂	117	福建大唐国际宁德发电有限责任公司
88	福建省马尾造船股份有限公司	118	纬恒（福建）轻纺有限公司
89	福建省南平铝业有限公司	119	福建星网锐捷通讯股份有限公司
90	宁德时代新能源科技有限公司	120	福建亿鑫钢铁有限公司

6-6 续表 2　　（2015 年）

位次	企业名称	位次	企业名称
121	福州德通容器有限公司	151	锐珂（厦门）医疗器材有限公司
122	福州开发区钜联鞋业有限公司	152	福建公元食品有限公司
123	厦门船舶重工股份有限公司	153	喜得龙（中国）有限公司
124	福建美明达鞋业发展有限公司	154	福建恒利集团有限公司
125	福建南平太阳电缆股份有限公司	155	福建经纬新纤科技实业有限公司
126	福建省福清供电有限公司	156	石狮市大帝集团有限公司
127	漳州百佳实业有限公司	157	荣兴（福建）特种钢业有限公司
128	漳州傲农牧业科技有限公司	158	福建省永安万年水泥有限公司
129	福建佳通轮胎有限公司	159	厦门中禾实业有限公司
130	福建省源威涤锦科技有限公司	160	三六一度（中国）有限公司
131	福建晋江天然气发电有限公司	161	福建福南铜材有限公司
132	福建华电可门发电有限公司	162	福州利亚船舶工程有限公司
133	福建东南造船有限公司	163	漳州蒙发利实业有限公司
134	福建泉州宝辉珠宝首饰有限公司	164	兴业皮革科技股份有限公司
135	乔丹体育股份有限公司	165	莆田市涵江区章圣鞋业有限公司
136	福建罗源闽光钢铁有限责任公司	166	漳州旗滨玻璃有限公司
137	中海福建燃气发电有限公司	167	福建乐隆隆食品科技有限公司
138	福建亚通新材料科技股份有限公司	168	飞毛腿电池有限公司
139	福建天辰耀隆新材料有限公司	169	福建雯峰珠宝有限公司
140	福建上杭太阳铜业有限公司	170	国网福建石狮市供电有限公司
141	国电泉州热电有限公司	171	福建正麒高纤科技股份有限公司
142	厦门翔鹭化纤股份有限公司	172	九牧厨卫股份有限公司
143	宁德祥全工贸有限公司	173	厦门长塑实业有限公司
144	莆田市永丰鞋业有限公司	174	莆田市力天红木艺雕有限公司
145	福建省东鑫石油化工有限公司	175	赛得利（福建）纤维有限公司
146	福建万华实业有限公司	176	雀氏（福建）实业发展有限公司
147	泉州市天纶纺织科技有限公司	177	福建龙峰纺织科技实业有限公司
148	福建省鸿山热电有限责任公司	178	晋江新奥燃气有限公司
149	福建冠盖金属包装有限公司	179	福州祥龙鞋业有限公司
150	福建省长乐市山力化纤有限公司	180	厦门 ABB 开关有限公司

6-6 续表 3　　　　（2015 年）

位次	企业名称	位次	企业名称
181	福建省长乐市金磊纺织有限公司	211	厦门宏发电声股份有限公司
182	厦门 ABB 低压电器设备有限公司	212	福建圣农发展（浦城）有限公司
183	林德（中国）叉车有限公司	213	漳州灿坤实业有限公司
184	厦门银祥油脂有限公司	214	长乐市聚泉食品有限公司
185	福建省长乐市华源纺织有限公司	215	福建省沙县侨丹实业有限公司
186	福建永强力加动力设备有限公司	216	福建申达钢铁有限公司
187	福建翔升纺织有限公司	217	福建鼎立金属制品有限公司
188	周宁县和兴工贸有限公司	218	福建省晋江市浩沙制衣有限公司
189	福建永春县图图服饰有限公司	219	晋江市金莎珠宝首饰有限公司
190	国网福建罗源县供电有限公司	220	福建力道鞋服有限公司
191	厦门松下电子信息有限公司	221	福建省德化县佳美工艺品有限责任公司
192	蜡笔小新（福建）食品工业有限公司	222	漳州新格有色金属有限公司
193	厦门 TDK 有限公司	223	福建省冠海造船工业有限公司
194	福建省长乐市正隆纺织有限公司	224	漳州大北农农牧科技有限公司
195	福建上润精密仪器有限公司	225	福建省闽太消防水暖有限公司
196	福建思嘉环保材料科技有限公司	226	福建省蓝建集团公司
197	福建省海安橡胶有限公司	227	福建省永安林业（集团）股份有限公司
198	厦门正新海燕轮胎有限公司	228	福州瑞华印制线路板有限公司
199	福建冠福现代家用股份有限公司	229	申鹭达股份有限公司
200	福建省轻工机械设备有限公司	230	玉晶光电（厦门）有限公司
201	柯林（福建）服饰有限公司	231	福建经纬集团有限公司
202	石狮市雄豹狼服装发展有限公司	232	腾龙特种树脂（厦门）有限公司
203	福融辉实业（福建）有限公司	233	正大（中国）服饰有限公司
204	长乐力源锦纶实业有限公司	234	福建达利食品集团有限公司
205	福建统一马口铁有限公司	235	莆田市集友艺术框业有限公司
206	立达信绿色照明股份有限公司	236	百威英博雪津啤酒有限公司
207	福建康宏股份有限公司	237	福建省台福食品有限公司
208	漳州泉丰食品开发有限公司	238	福建新世纪电子材料有限公司
209	福建浔兴拉链科技股份有限公司	239	福建宝德集团有限公司
210	国电福州发电有限公司	240	瓮福紫金化工股份有限公司

6-6 续表 4　　（2015 年）

位次	企业名称	位次	企业名称
241	福建日丰布业有限公司	271	辉煌水暖集团有限公司
242	福建省长乐市金沙港针纺实业有限公司	272	福州福泰钢铁有限公司
243	厦门通士达照明有限公司	273	华昌珠宝有限公司
244	福建省晋江优兰发纸业有限公司	274	联港金属制品（福建）有限公司
245	福建省联盛纸业有限责任公司	275	厦门金鹭特种合金有限公司
246	福建海壹食品饮料有限公司	276	福建福清核电有限公司
247	福建省闽中有机食品有限公司	277	福建省长乐市华亚纺织有限公司
248	厦门建松电器有限公司	278	福建中锦新材料有限公司
249	莆田标准木业有限公司	279	漳州联盛纸业有限公司
250	莆田市华港制油有限公司	280	福建谊辉光电科技有限公司
251	泉州闽华电器有限公司	281	盈丰食品股份有限公司
252	厦门阳光恩耐照明有限公司	282	福建省长乐市金林生织造有限公司
253	福建凯景新型科技材料有限公司	283	福建省长乐市新华源纺织有限公司
254	祥达光学（厦门）有限公司	284	福建新华威化纤染织有限公司
255	国网福建安溪县供电有限公司	285	福建三嘉钢铁有限公司
256	广福鑫（福建）有色金属工业有限公司	286	泉州瑞光珠宝有限公司
257	石狮市斯舒郎体育用品有限公司	287	福建省青山纸业股份有限公司
258	通达（厦门）科技有限公司	288	福建王斌装饰材料有限公司
259	三六一度（福建）体育用品有限公司	289	东亚电力（厦门）有限公司
260	福建省长乐市宝顺羽绒服装有限公司	290	福建亚伦电子电器科技有限公司
261	福建省名乐体育用品有限公司（中国）有限公司	291	珠穆朗玛（中国）有限公司
262	福建福贞金属包装有限公司	292	福建华峰新材料有限公司
263	国网福建龙海市供电有限公司	293	福建石狮市富贵鸟集团有限公司
264	福建鑫华股份有限公司	294	福州大通机电有限公司
265	贝莱胜电子（厦门）有限公司	295	贵人鸟股份有限公司
266	国网福建惠安县供电有限公司	296	晋江市锦福化纤聚合有限公司
267	福建福鼎海鸥水产食品有限公司	297	福州耀隆化工集团公司
268	首钢凯西钢铁有限公司	298	漳州万利达生活电器有限公司
269	福州百洋海味食品有限公司	299	福建省长乐市泰源纺织实业有限公司
270	漳州一帆重工有限公司	300	晋江毅恒鞋材有限公司

6-7 福建省建筑业总产值前300家建筑企业

（2015年）

位次	企业名称
1	中建海峡建设发展有限公司
2	福建省泷澄建设集团有限公司
3	福建六建集团有限公司
4	福建九鼎建设集团有限公司
5	福建省闽南建筑工程有限公司
6	中交一公局厦门工程有限公司
7	福建建工集团总公司
8	福建省惠五建设工程有限公司
9	福建宏盛建设集团有限公司
10	福建省中马建设工程有限公司
11	福建省九龙建设集团有限公司
12	福建省惠东建筑工程有限公司
13	福建省永泰建筑工程公司
14	宏峰集团（福建）有限公司
15	福建省第五建筑工程公司
16	福建省永富建设集团有限公司
17	福建省中木建设集团有限公司
18	福建省杭辉建设工程有限公司
19	福建省来宝建设工程有限公司
20	福建二建建设集团公司
21	福建卓越建设工程开发有限公司
22	福建省八方建筑工程有限公司
23	福建一建集团有限公司
24	福州建工（集团）总公司
25	福建省恒基建设股份有限公司
26	中建三局（厦门）建设有限公司
27	福建省安泰建筑工程有限公司
28	鑫泰建设集团有限公司
29	福建路港（集团）有限公司
30	中铁十七局集团第六工程有限公司
31	福建巨岸建设工程有限公司
32	福建璟榕工程建设发展有限公司
33	福建省透堡建筑工程有限公司
34	星华昌源集团有限公司
35	福建省东霖建设工程有限公司
36	福建登凯成龙建设集团有限公司
37	福建成森建设集团有限公司
38	福建省晓沃建设工程有限公司
39	福州市一建建设股份有限公司
40	中交三航（厦门）工程有限公司
41	中建鑫宏鼎环境集团有限公司
42	中铁二十二局集团第三工程有限公司
43	厦门安能建设有限公司
44	福建省长乐市新纪建筑工程有限责任公司
45	中国水利水电第十六工程局有限公司
46	福建省隧道工程有限公司
47	中城建设有限责任公司
48	福建省华荣建设集团有限公司
49	福建省涵城建设工程有限公司
50	宏晖建设工程有限公司
51	福建省同源建设工程有限公司
52	福建省南安市第一建设有限公司
53	方圆建设集团有限公司
54	福建博业建设集团有限公司
55	恒晟集团有限公司
56	福建路桥建设有限公司
57	福建省泉州市东海建筑有限公司
58	海峡金岸集团有限公司
59	福建省泉发建设工程有限公司
60	福建联泰建设工程有限公司

6-7 续表 1　　　　（2015 年）

位次	企业名称	位次	企业名称
61	福建省桃城建设工程有限公司	91	福建省水利水电工程局有限公司
62	福建省隆盛建设工程有限公司	92	福建省中大工程建设有限公司
63	中标建设集团股份有限公司	93	福建三建工程有限公司
64	福建省高华建设工程有限公司	94	福建省工业设备安装有限公司
65	福建省吴航建筑工程有限公司	95	福建省第一公路工程公司
66	福建省百盛建设发展有限公司	96	福建省亿方建筑工程有限公司
67	福建省惠建发建设工程有限公司	97	福建章诚隆建设工程有限公司
68	福建省荔隆建设工程有限公司	98	福建省国泰建设有限公司
69	福建省榕源建设工程有限公司	99	福建省东风建筑工程有限公司
70	厦门中联建设工程有限公司	100	福建华鸿建设工程有限公司
71	福建恒盛建筑集团有限公司	101	名筑实业集团有限公司
72	石狮市协和建筑工程有限公司	102	中建远南集团有限公司
73	中铁二十四局集团福建铁路建设有限公司	103	福建省送变电工程有限公司
74	福州市第三建筑工程公司	104	福建凌志建设工程有限公司
75	福建省中嘉建设工程有限公司	105	中建（福建）建设有限公司
76	福州三桥建筑工程有限公司	106	永太建设集团有限公司
77	厦门中宸集团有限公司	107	厦门市建安集团有限公司
78	福建磊鑫（集团）有限公司	108	福建省华航建设工程有限公司
79	厦门特房建设工程集团有限公司	109	福能联信建设集团有限公司
80	福建发展集团有限公司	110	神州建设集团有限公司
81	福建华通路桥建设有限公司	111	福建省兴岩建设集团有限公司
82	厦门思总建设有限公司	112	福建省惠三建设发展有限公司
83	福建省海天建设工程有限公司	113	福建荣建建设工程集团有限公司
84	福建省海坛隧道建设工程有限公司	114	华盛置业集团建设工程有限公司
85	飞阳建设工程有限公司	115	福建士联建设有限公司
86	福建省融旗建设工程有限公司	116	福建省盛威建设发展有限公司
87	中建富林集团有限公司	117	福建省兴创建设集团有限公司
88	福建环宇建筑集团有限公司	118	福建省雄盛建筑工程有限公司
89	厦门源昌城建集团有限公司	119	厦门海投工程建设有限公司
90	福建地矿建设集团公司	120	福建名城建工有限公司

6-7 续表 2　　（2015 年）

位次	企业名称	位次	企业名称
121	福建联美建设集团有限公司	151	福建省惠一建设工程有限公司
122	福建省正泰建设工程有限公司	152	福建省长汀县第一建筑工程有限公司
123	福建普尔泰集团有限公司	153	福建省永泰县第三建筑工程公司
124	福建新华夏建工有限公司	154	厦门树鑫建设集团有限公司
125	福建省莆田市联发建筑工程有限公司	155	福建恒泰建设工程有限责任公司
126	中闽建设有限公司	156	福建中联建设工程有限公司
127	福建省长鸿建筑工程有限公司	157	福建省土木建设实业有限公司
128	福建省利恒建设工程有限公司	158	福建华建工程建设有限公司
129	中交四航局第五工程有限公司	159	福建省大源建设工程有限公司
130	福建金鼎建筑发展有限公司	160	福建省高德工程建设有限公司
131	福建省九建建筑工程有限公司	161	中建大闽台建设发展有限公司
132	福建弘祥建设工程有限公司	162	福建惠丰建筑工程有限公司
133	福建省凯源市政园林有限公司	163	福建闽盛建设工程有限公司
134	福建才溪建设集团有限公司	164	福建省中禹水利水电工程有限公司
135	福建中宏建设投资有限公司	165	厦门市政工程公司
136	福建京源建设工程有限公司	166	福建省龙津建筑工程有限公司
137	厦门电力工程集团有限公司	167	恒亿集团有限公司
138	福建省巨龙建设工程有限公司	168	福建宏禹市政园林有限公司
139	福建省华辉建设发展有限公司	169	厦门地山建设发展集团有限公司
140	福建漳龙建投集团有限公司	170	福建省上杭县宏庄建筑工程有限公司
141	福建径坊建造工程有限公司	171	福建省金通建设集团有限公司
142	福建恒声建设发展有限公司	172	福建勘察基础工程公司
143	福建亨立建设集团有限公司	173	福建省华厦建设发展有限公司
144	福建蓝桥建设集团有限公司	174	福建省埕坤建设集团有限公司
145	龙岩市西安建筑工程有限公司	175	福建省双源路港园林有限公司
146	福建省天闽建筑装饰有限公司	176	福建兴万祥建设集团有限公司
147	福州亿力电力工程有限公司	177	福建闽清一建建设发展有限公司
148	福建省亿鑫建设有限公司	178	福州联丰建筑装饰工程有限公司
149	漳州市先行交通建设有限公司	179	泉州市亿民建设发展有限公司
150	厦门市吉兴集团建设有限公司	180	福建第二公路工程有限公司

6-7 续表 3 （2015 年）

位次	企业名称	位次	企业名称
181	厦门集三建设集团有限公司	211	福建省兴盛建设工程有限公司
182	福建省正辉建设工程有限公司	212	福建创邦建筑工程有限公司
183	福建省惠房建设工程有限公司	213	福建龙舜建设工程有限公司
184	福建省中晟建设投资有限公司	214	福建恒丰万骏建筑工程有限公司
185	福建大舟建设集团有限公司	215	福建新纪建设集团有限公司
186	大成工程建设有限公司	216	福建省榕圣市政工程股份有限公司
187	福建省溪石建筑工程有限公司	217	福建省新华都工程有限责任公司
188	福建屹立建设工程有限公司	218	福建上河建筑工程有限公司
189	福建省莆田市老区建设工程有限公司	219	福建省闽楚建设工程有限公司
190	福建宏岸建设工程有限公司	220	福建中森建设有限公司
191	福建省邮电工程有限公司	221	厦门鲁班源屋营造有限公司
192	中国武夷实业股份有限公司	222	福建省南铝铝材工程有限公司
193	福建省第一电力建设公司	223	永同昌建设集团有限公司
194	莆田市建工投资集团有限公司	224	永安市宏盛工程有限公司
195	福建联谊建筑工程有限公司	225	福建建隆建筑工程有限公司
196	福建省泰宁县金湖建设有限责任公司	226	中泛建设集团有限公司
197	福建省城乡建设工程有限公司	227	福建省才为建设工程有限公司
198	福建省恒杰建筑工程有限公司	228	福建省八闽建设工程有限公司
199	福建福阳建筑工程有限公司	229	福建省昊立建设工程有限公司
200	福建恒富建设有限公司	230	福建省汀江水电工程有限公司
201	福建省隆恩建设集团有限公司	231	福建景翔建设工程有限公司
202	福建省金正建设工程有限公司	232	中建力天集团有限公司
203	三明客家源建设工程有限公司	233	福州第七建筑工程有限公司
204	福建省交建集团工程有限公司	234	福建省富茂建筑工程有限公司
205	福建省浦口建筑工程有限公司	235	福建益建建筑工程有限公司
206	福建兴港建工有限公司	236	福建隆晟集团有限公司
207	福建省福圣建设发展有限公司	237	福建旷宇建设工程有限公司
208	福建益新建筑工程有限公司	238	福建宏基建设工程有限公司
209	福建七建集团有限公司	239	厦门市环海华建设集团有限公司
210	福建兴艺建设集团有限公司	240	福建省顺安建筑工程有限公司

6-7 续表 4 （2015 年）

位次	企业名称	位次	企业名称
241	福建省龙芝建筑工程有限公司	271	福建省闽鑫建设工程有限公司
242	福建省凯信建设工程有限公司	272	福建省惠裕建设工程有限公司
243	福建省日晟建设工程有限公司	273	厦门市捷安建设集团有限公司
244	中环建筑（福建）有限公司	274	福建祥瑞建设发展有限公司
245	福建省龙江建设有限公司	275	福建省三明市阳光工程建设有限公司
246	福建省麒麟建设工程集团有限公司	276	福建求实建设工程有限公司
247	福建五岳建设工程有限公司	277	福建祥荣建设投资集团有限公司
248	福建省东昇建设工程有限公司	278	福建根茂建筑有限公司
249	福建省长龙建筑工程有限公司	279	福建省华昊市政工程有限公司
250	福建省五洲建设发展有限公司	280	厦门仙森园林景观工程有限公司
251	福建省富森建设工程有限公司	281	福建森磊建设有限公司
252	福建凤凰山装饰工程有限公司	282	福建永旺建设集团有限公司
253	福建省燕城建设工程有限公司	283	中建远大建设有限公司
254	福建大华鑫建设工程有限公司	284	福建省实盛建设工程有限公司
255	宏都建设集团有限公司	285	福建省强晟建设工程有限公司
256	福建蓝海市政园林建筑有限公司	286	福建省顺天亿建设有限公司
257	宁德市海军第六工程建筑处	287	福建省华高建设工程有限公司
258	福建金山建设工程有限公司	288	福建省中源建设工程有限公司
259	福建省上杭县广厦建筑工程有限公司	289	福州桂冠电力发展有限公司
260	福州铁建建筑有限公司	290	福建省信通工程建设有限公司
261	福建省筑信工程建设有限公司	291	福建省友诚建设有限公司
262	福建省永辉霞建设工程有限公司	292	中耀建设（福建）有限公司
263	福建省崇禹水利水电建设工程有限公司	293	福建省成业建设工程有限公司
264	厦门城健建设有限公司	294	厦门万安智能有限公司
265	宏建建工集团有限公司	295	厦门第一建筑工程有限公司
266	福建省汤头建筑工程有限公司	296	福州闽龙铁路工程有限公司
267	福建永东南建设集团有限公司	297	福建元宏建筑工程有限公司
268	福建城建建设有限公司	298	厦门市嘉颐建筑工程股份有限公司
269	永安市华宇建设工程有限责任公司	299	福建省莆田市电力工程有限公司
270	龙岩市恒达工程有限公司	300	厦门市亿雄建设集团有限公司

6-8 福建省主营业务收入前300家贸易企业

（2015年）

位次	企业名称	位次	企业名称
1	厦门建发股份有限公司	31	福建海峡农博汇商业管理有限公司
2	中石化森美（福建）石油有限公司	32	福建省烟草公司三明市公司
3	福建中烟工业有限责任公司	33	福建石油化工集团华南联合营销有限公司
4	厦门国贸集团股份有限公司	34	厦门市信达安贸易有限公司
5	厦门象屿物流集团有限责任公司	35	福建省龙岩烟草分公司
6	厦门信达股份有限公司	36	福建省烟草公司南平市公司
7	中国石油天然气股份有限公司福建销售分公司	37	厦门特步投资有限公司
8	华信石油有限公司	38	中化石油福建有限公司
9	福建省石油化工集团联合营销有限公司	39	厦门市明穗粮油贸易有限公司
10	均和（厦门）控股有限公司	40	厦门夏商农产品集团有限公司
11	福建省烟草公司泉州市公司	41	海西商品交易所有限公司
12	福建闽海石化有限公司	42	福建闽侯永辉商业有限公司
13	福建炼油化工有限公司	43	福建三钢国贸有限公司
14	中石化化工销售（福建）有限公司	44	冠捷（福州保税区）贸易有限公司
15	紫金矿业集团（厦门）销售有限公司	45	鑫东森集团有限公司
16	福建省福能电力燃料有限公司	46	中储北方（厦门）油品国际贸易有限公司
17	中国石化销售有限公司福建石油分公司	47	厦门嘉联恒进出口有限公司
18	中石化炼油销售（福建）有限公司	48	福州喜盈门实业有限公司
19	福建省烟草公司福州市公司	49	厦门万翔网络商务有限公司
20	厦门成大进出口贸易有限公司	50	厦门轨道物资有限公司
21	福建兴大进出口贸易有限公司	51	晋江市进出口有限公司
22	永辉超市股份有限公司	52	福建省烟草公司莆田市公司
23	福建国能化工有限公司	53	达芙妮投资（集团）有限公司
24	集岭（厦门）石化有限公司	54	厦门安踏有限公司
25	福建省烟草公司漳州市公司	55	大生（福建）农业有限公司
26	厦门市嘉晟对外贸易有限公司	56	中国厦门国际经济技术合作公司
27	福建信通贸易有限公司	57	厦门宝拓资源有限公司
28	福建创世化工有限公司	58	福建盛世欣兴格力贸易有限公司
29	福建省烟草公司厦门烟草分公司	59	福建大生控股有限公司
30	盛屯金属有限公司	60	漳州路桥物资发展有限公司

6-8 续表 1　　　　（2015 年）

位次	企业名称	位次	企业名称
61	福建省烟草公司宁德市公司	91	晋江锦兴贸易有限公司
62	厦门海沧保税港区供应链	92	福建省三农碳酸钙有限责任公司
63	晋江市深沪海上供油有限公司	93	福建省福农农资集团有限公司
64	福建柯普森物流发展有限公司	94	福建省润通汽车销售服务有限责任公司
65	福建大生进出口有限公司	95	福建省商业（集团）有限责任公司
66	厦门育哲进出口有限公司	96	中国石油天然气股份有限公司泉州销售分公司
67	福建三安集团有限公司	97	福州麦多万嘉超市有限公司
68	中海石油气电集团有限责任公司福建贸易分公司	98	龙工（中国）机械销售有限公司
69	华东（福建）石油有限公司	99	厦门海投经济贸易有限公司
70	福建新华发行（集团）有限责任公司	100	厦门市鑫浩联合能源有限公司
71	荣鑫盛（厦门）商贸有限公司	101	福建福日实业发展有限公司
72	福建省长乐市泽源贸易有限公司	102	富华（福建）能源有限公司
73	福建南方建材发展有限公司	103	福建省物资（集团）有限责任公司
74	中海石油福建新能源有限公司	104	福建汇丰物流有限公司
75	厦门港务贸易有限公司	105	福建省榕江进出口公司
76	宸联（厦门）投资有限公司	106	中国航油集团福建石油有限公司
77	福建阳光集团有限公司	107	均达升（厦门）控股有限公司
78	国投京闽（福建）工贸有限公司	108	福州民天实业有限公司
79	晋江市大长江钢管贸易有限公司	109	厦门路桥工程物资有限公司
80	厦门信和达电子有限公司	110	厦门鑫通贸易有限公司
81	国澳（厦门）实业有限公司	111	金潞（厦门）能源有限公司
82	中油海峡（厦门）有限公司	112	新华都购物广场股份有限公司
83	福建山野物流有限公司	113	厦门古龙进出口有限公司
84	厦门佰年能源有限公司	114	福建三木建设发展有限公司
85	福州中宝销售服务有限公司	115	晋江市恒丰进出口贸易有限公司
86	厦门青岛啤酒东南营销有限公司	116	中国抽纱福建进出口公司
87	福建国海燃料有限公司	117	晋江辉豪化工有限公司
88	福建山福国际能源有限责任公司	118	中国石油天然气股份有限公司福建福州销售分公司
89	福建漳龙集团有限公司	119	福建省超盛化工工贸有限公司
90	福建漳龙三宝进出口有限公司	120	青拓实业集团有限公司

6-8 续表 2 （2015 年）

位次	企业名称	位次	企业名称
121	黑金（厦门）能源有限公司	151	厦门市荣鑫行化工有限公司
122	福建裕华石油化工有限公司	152	沃尔玛深国投百货有限公司福州山姆会员商店
123	厦门三安信达供应链管理有限责任公司	153	福州联合闽津茶业有限公司
124	厦门华澄集团有限公司	154	福建省农资集团厦门公司
125	福建匹克能源有限公司	155	国药控股福建有限公司
126	泉州新华都购物广场有限公司	156	福建同春药业股份有限公司
127	厦门展志投资有限公司	157	国药控股福州有限公司
128	鹭燕（福建）药业股份有限公司	158	莆田启峰木业有限公司
129	厦门启润实业有限公司	159	福州中维实业有限公司
130	厦门夏商粮食发展有限公司	160	厦门大亮贸易有限公司
131	厦门华特沥青实业有限公司	161	福建中天药业有限公司
132	厦门恒兴集团有限公司	162	福建省南安市闽南建材第一市场有限公司
133	福建苏闽石油有限公司	163	福建新中冠信息科技集团有限公司
134	厦门融银贸易有限公司	164	东琦（厦门）石化有限公司
135	厦门新五菱汽车销售有限公司	165	福建福泰钢铁有限公司
136	福建华闽进出口有限公司	166	中国石油天然气股份有限公司福建厦门销售分公司
137	三和进出口贸易（三明）有限公司	167	海诚（厦门）石油有限公司
138	福州开发区新电燃料有限公司	168	厦门宝欣企业有限公司
139	福建苏宁云商商贸有限公司	169	中国卷烟销售公司厦门卷烟调拨站
140	厦门华特集团有限公司	170	厦门维多利商贸有限公司
141	厦门象屿农林资源有限责任公司	171	中国石油天然气股份有限公司华南化工销售厦门分公司
142	福建省三明钢联有限责任公司	172	福建省晋江市长城石化有限公司
143	福建九州通医药有限公司	173	福建七匹狼实业股份有限公司
144	厦门东华兴工贸有限公司	174	福州朝畅贸易有限公司
145	全骏达实业有限公司	175	厦门大正贸易有限公司
146	厦门航空开发股份有限公司	176	福建新华都综合百货有限公司
147	福建泉州市嘉晟供应链有限公司	177	福州国美电器有限公司
148	厦门海投供应链服务有限公司	178	福建省南平市立远贸易有限公司
149	福建省福润水泥销售有限公司	179	厦门百城商贸有限公司
150	神华（福建）能源有限责任公司	180	福建鑫凯润实业有限公司

6-8 续表 3　　（2015 年）

位次	企业名称	位次	企业名称
181	漳州商贸集团有限公司	211	泰地集团（厦门）石油有限公司
182	福建省晋江市电商发展有限公司	212	厦门创裕兴进出口贸易有限公司
183	福州永力通汽车贸易有限公司	213	厦门森宝集团有限公司
184	福建省家具进出口公司	214	福建省闽光现代物流有限公司
185	泉州亲亲商贸有限公司	215	佳通轮胎（中国）投资有限公司福建分公司
186	福建闽台农产品市场有限公司	216	厦门中艺抽纱进出口有限公司
187	厦门新立基股份有限公司	217	福建省经贸发展有限公司
188	福清江阴港银河国际汽车进出口贸易有限公司	218	厦门市旺紫洲工贸有限公司
189	福建省医药有限责任公司	219	厦门市稻贞科技有限公司
190	福州臻盛贸易有限公司	220	福州轻工进出口有限公司
191	泉州中国水暖城有限公司	221	常升（厦门）石化有限公司
192	石狮市卡宾服饰发展有限公司	222	尧山国际控股股份有限公司
193	福建省莆田富力进出口有限公司	223	厦门市华东海石油仓储有限公司
194	厦门良和国际贸易有限公司	224	厦门宏仁医药有限公司
195	福建省旅游贸易公司	225	厦门隆鑫泰贸易发展有限公司
196	福州常春药业有限公司	226	厦门安踏贸易有限公司
197	北新集团厦门国际贸易有限公司	227	福建协兴实业有限公司
198	厦门锦厦科技有限公司	228	泉州五矿（集团）公司
199	隆鑫集团（福建）有限公司	229	宁德万达广场商业物业管理有限公司
200	厦门恒百润贸易发展有限公司	230	厦门同歆贸易有限公司
201	泉州港丰能源有限公司	231	鸿程控股集团有限公司
202	厦门华融实业有限公司	232	丰昱（厦门）石化有限公司
203	厦门市金华穗商贸有限责任公司	233	道普（厦门）石化有限公司
204	阳光城集团股份有限公司	234	厦门盛恒通生物科技有限公司
205	厦门中兵贸易有限公司	235	福建阳光集团厦门进出口有限公司
206	厦门市海澳石油有限公司	236	福州之星汽车贸易有限公司
207	长乐国际机场航空油料有限责任公司	237	福州龙泽投资有限公司
208	厦门夏商国际贸易有限公司	238	厦门合兴包装印刷股份有限公司
209	凯盈（福建）进出口有限公司	239	晋江特步贸易有限公司
210	厦门中佰龙贸易有限公司	240	晋江昌博贸易有限公司

6-8 续表 4　　（2015 年）

位次	企业名称	位次	企业名称
241	福州展纳贸易有限公司	271	泉州市江滨商贸发展有限公司
242	厦门市天虹商场有限公司	272	厦门市中鹭达进出口有限公司
243	漳州兴路贸易有限公司	273	厦门新华都购物广场有限公司
244	晋江裕福集团有限公司	274	金光纸业（厦门）有限公司
245	福建中农农业生产资料有限公司	275	泉州鹏润国美电器有限公司
246	厦门空港航星汽车维修服务有限公司	276	厦门市东之星汽车销售有限公司
247	福建省储备粮管理有限公司	277	裕华能源（厦门）有限公司
248	厦门嘉晟供应链股份有限公司	278	厦门新日精工贸易有限公司
249	厦门正祥（集团）有限公司	279	福建省三明市浩伦园艺植保有限公司
250	厦门中宝汽车有限公司	280	福建省漳州市对外贸易有限责任公司
251	斐乐服饰有限公司	281	中国石油化工股份有限公司福建龙岩石油分公司
252	石狮市龙整进出口贸易有限公司	282	福建省鑫保利商贸发展有限公司
253	泉州福宝汽车销售服务有限公司	283	厦门国贸实业有限公司
254	中海油销售福建有限公司	284	福建省闽粮购销有限公司
255	福州威石艺术品贸易有限公司	285	福州福百祥壹玖伍捌文化创意园有限公司
256	福建龙鼎化工有限公司	286	华信（福建）石油有限公司
257	厦门益电能源股份有限公司	287	厦门苏宁云商销售有限公司
258	厦门海润进出口有限公司	288	厦门佳煜贸易发展有限公司
259	厦门市嘉琳对外贸易有限公司	289	福州桦尔贸易有限公司
260	福建勉达国际贸易有限公司	290	福州福杭电子有限公司
261	厦门国贸化纤有限公司	291	福建益源废物利用股份有限公司
262	厦门宾捷汽车有限公司	292	厦门富泰贸易有限公司
263	厦门非金属矿进出口有限公司	293	厦门夏商集团有限公司
264	福州建发汽车销售服务有限公司	294	福建省龙润凯达石化有限公司
265	中粮粮油厦门有限公司	295	福建金丰源贸易有限公司
266	福建省南安市华龙石油有限公司	296	福建远翔贸易有限公司
267	泉州市丰泽区新亚贸易有限公司	297	福建广捷经贸有限公司
268	福建原动力汽车销售服务有限公司	298	厦门海澳石化仓储有限公司
269	中国石油天然气股份有限公司福建漳州销售分公司	299	福建省新世纪经贸发展有限公司
270	斐乐体育有限公司	300	福雅宝（厦门）石化有限公司

6-9 福建名牌产品名单

（2015 年度）

序号	商标及产品名称	企业名称
1	新大陆、NEWLAND、图形牌有线数字电视机顶盒	福建新大陆通信科技股份有限公司
2	图形牌对虾配合饲料	福建大昌生物科技实业有限公司
3	兴顺+图形+XINGSHUN 牌配合饲料（畜禽）	福建兴顺饲料有限公司
4	光华百特+图形牌猪复合预混合饲料	福州光华百特饲料有限公司
5	海馬+图形牌水产配合饲料	福州海马饲料有限公司
6	闽森牌木家具	福建闽森家具有限公司
7	好事达、Homestar 牌木制家具	好事达（福建）股份有限公司
8	DOUBLE TREES+图形牌木制家具	福州宝恒家具有限公司
9	誠豊+SHING FENG+图形牌木制家具	诚丰家具（中国）有限公司
10	尚族工坊牌木家具	福州新兴家居用品有限公司
11	多佰+dobo 牌食用植物油（大豆油）	福建康宏股份有限公司
12	元洪+图形、石竹山牌+图形、石竹山、元洪牌小麦粉	元洪面粉食品（福建）有限公司
13	永泰三状元牌永泰山茶油	福建胜华农业科技发展有限公司
14	FUHUA+馥华+图形牌速冻食品[速冻其它食品（速冻肉制品）]	福建馥华食品有限公司
15	新大泽牌螺旋藻	福清市新大泽螺旋藻有限公司
16	福铭牌速冻食品（速冻烤鳗）	福建福铭食品有限公司
17	百洋牌罐头（畜禽水产罐头）	福州百洋海味食品有限公司
18	百洋牌速冻食品[速冻面米食品（生制品）、速冻其他食品（速冻肉制品）]	福州百洋海味食品有限公司
19	HaoJiaRen+好家人+图形牌罐头（果蔬罐头）	惠万家食品（福建）有限公司
20	大世界牌蜜饯（橄榄、梅、李）	福州大世界橄榄有限公司
21	龙旺+图形+LONGWANG 牌速冻食品[速冻面米食品（生制品）]	福建龙旺食品饮料有限公司
22	海旺+图形牌速冻食品（速冻面米食品）	福建海壹食品饮料有限公司
23	贝奇+图形牌饮料（果汁及蔬菜汁类）	贝奇（福建）食品有限公司
24	统一牌饮料（茶饮料类）	福州统一企业有限公司
25	大世界牌饮料（果汁及蔬菜汁类）	福州大世界橄榄有限公司
26	台福牌饮料（消消火凉茶）	福建省台福食品有限公司

6-9 续表 1 （2015 年度）

序号	商标及产品名称	企业名称
27	蝴蝶+图形+BUTTERFLY BRAND 牌茶叶（花茶、白茶）	福建茶叶进出口有限责任公司
28	鉴露+图形牌茶叶（绿茶、乌龙茶、花茶、红茶）	闽榕茶业有限公司
29	榕诚+图形牌味精	福建榕诚食品有限公司
30	图形牌蜂产品（蜂蜜）	福建省神蜂科技开发有限公司
31	鸭嫂牌蛋制品（再制蛋类）（皮蛋、咸蛋）	福建鸭嫂食品有限公司
32	正源+图形牌粘胶纤维本色纱线	福建省长乐市金源纺织有限公司
33	皓光+图形牌粘胶纱	福建省长乐市长源纺织有限公司
34	皓光+图形牌涤粘纱	福建省长乐市长源纺织有限公司
35	宝圈+BaoQuan+图形牌涤纶纱	福建经纬集团有限公司
36	正隆牌涤棉混纺本色纱	福建省长乐市正隆纺织有限公司
37	立峰+LIFENG 牌涤纶本色纱	福建省长乐市立峰纺织有限公司
38	金圈+golden circle+图形牌涤纶本色纱	福建省长乐市金鑫纺织有限公司
39	翔隆+图形牌本色纱	福州翔隆纺织有限公司
40	宝圈+图形牌涤纶本色纱	福建省长乐市金沙港针纺实业有限公司
41	闽航佳纶+图形牌涤纶本色纱线	长乐佳纶纺织实业有限公司
42	恒申+图形牌氨纶丝	长乐恒申合纤科技有限公司
43	凯邦+KaiBang+图形牌锦纶 6 高取向丝（HOY）	福建凯邦锦纶科技有限公司
44	LIHENG+图形牌锦纶切片	长乐力恒锦纶科技有限公司
45	JIN GANG+图形牌涤纶牵伸丝	福建金港实业有限公司
46	力源、图形牌锦纶长丝	长乐力源锦纶实业有限公司
47	佳亿+图形牌锦纶 6 弹力丝	福建佳亿化纤有限公司
48	图形+xiangnu+翔奴牌特种劳动防护服	福州春晖制衣有限公司
49	佩吉+page one 牌运动休闲服	福建福田服装集团有限公司
50	MECHANIX WEAR+图形牌机械危害防护性手套	福州格利沃防护用品有限公司
51	东龙+图形牌花边	福建东龙针纺有限公司
52	欣美+图形牌花边面料	福建省长乐市欣美针纺有限公司

6-9 续表 2　　　　　　　　　　（2015 年度）

序号	商标及产品名称	企业名称
53	永丰+图形牌花边面料	福建永丰针纺有限公司
54	添利+图形牌针织布	福建省长乐市添利织物有限公司
55	福荣牌针织成品布	福建省长乐市福荣针织有限公司
56	茶花+CHA HUA、茶花牌食品用塑料包装容器工具等制品	茶花现代家居用品股份有限公司
57	福融辉+图形牌聚丙烯薄膜（bopp）（纸张复合膜、胶带基膜）	福融辉实业（福建）有限公司
58	飛羽+REMEX+图形牌 PE 拖鞋	福建德艺集团股份有限公司
59	浩福+HARP BIRD+图形、HARP BIRD+图形牌塑料拖鞋	福州叶下塑革有限公司
60	戴克美饰+图形牌金属家具	福建省闽侯县华源工艺品有限公司
61	友日久+图形牌 BOPP 封箱胶带	福建友谊胶粘带集团有限公司
62	轩龙+图形牌塑料管材管件	福建祥龙塑胶有限公司
63	金牛+图形牌水泥	福州金牛水泥有限公司
64	图形+大地管桩+DADI GUANZHUANG、图形牌先张法预应力混凝土管桩	福建省大地管桩有限公司
65	图形牌先张法预应力混凝土管桩	福建建华建材有限公司
66	精藝瓷+图形牌仿古砖	福建省闽清豪业陶瓷有限公司
67	依俪斯牌陶质砖	福建省闽清新东方陶瓷有限公司
68	KAI JIA LI+凯佳丽+图形牌陶瓷砖	福建省闽清金陶瓷业有限公司
69	图形+HUA ER DUN+華尔顿牌陶瓷砖	福建省闽清三得利陶瓷有限公司
70	龍固+图形牌铝合金门窗	福清市龙港金属制品有限公司
71	融鹰+图形牌塑料管材管件	福建融音塑业科技有限公司
72	图形牌门窗用未增塑聚氯乙烯（PVC-U）型材	福建亚太建材有限公司
73	合晟、图形牌复合井盖	福建和盛塑业有限公司
74	Yoseng 牌槽钢	福建省长乐市永盛金属制品有限公司
75	图形牌三片罐	福州德通金属容器有限公司
76	TY+天一同益牌 Fit（XGN86）-12 箱型固定式交流金属封闭开关设备	天一同益电气股份有限公司
77	瑞闽+suimin+图形牌铝及铝合金板、带材	中铝瑞闽股份有限公司
78	吴钢+WUGANG、图形牌不锈钢热轧钢带	福建吴航不锈钢制品有限公司

6-9 续表 3　　（2015 年度）

序号	商标及产品名称	企业名称
79	欧派特牌电动自行车	福州宋氏车业有限公司
80	图形牌泵	福州海霖机电有限公司
81	图形+SCENERY 牌电梯	福州快科电梯工业有限公司
82	新大陆+NEWLAND+图形牌臭氧发生器	福建新大陆环保科技有限公司
83	SNOWKEY 牌制冰机	福建雪人股份有限公司
84	图形牌电动机	福州万德电气有限公司
85	辉阳牌额定电压 450V/750V 及以下聚氯乙烯绝缘电线、电缆	福州永通电线电缆有限公司
86	唐力牌柴油发电机组	福建唐力电力设备有限公司
87	图形牌户内高压交流真空断路器	福建森达电气股份有限公司
88	图形牌预装式变电站	福建中能电气股份有限公司
89	图形牌 KYN28A-12 型户内交流金属铠装移出式开关设备	福建中能电气股份有限公司
90	先电、图形牌高低压开关柜	福建省先行电力设备有限公司
91	合晟、图形牌低压电能表计量配电箱	福建和盛塑业有限公司
92	图形+eVideo+视易牌数字娱乐播放机	福建星网视易信息系统有限公司
93	图形+升腾资讯牌信息交互终端	福建升腾资讯有限公司
94	图形+升腾资讯牌智能集成产品	福建升腾资讯有限公司
95	新大陆、NEWLAND、图形牌集成电路卡及集成电路卡读写机	福建新大陆电脑股份有限公司
96	新大陆、NEWLAND、图形牌电子收银秤（智能溯源秤）	福建新大陆电脑股份有限公司
97	新大陆、NEWLAND、图形牌条码识读引擎（模组）	福建新大陆自动识别技术有限公司
98	实达+START+图形牌票证打印机（针式）	福建实达电脑设备有限公司
99	蕾思帝、LEDCITY 牌 LED 灯	福建鸿博光电科技有限公司
100	FOCtek 牌精密光学元件	福建福特科光电股份有限公司
101	永德吉、YDJ Light 牌普通照明用自镇流荧光灯	福建永德吉灯业股份有限公司
102	歌航+gehang+图形牌车载智能信息系统	福建歌航电子信息科技有限公司
103	日立、HITACHI 牌液晶投影仪	日立数字映像（中国）有限公司
104	融绿+图形牌甜椒	福清市绿丰农业开发有限公司

6-9 续表 4　　（2015 年度）

序号	商标及产品名称	企业名称
105	绿叶美之源牌尖椒	福清市绿叶农业发展有限公司
106	圣叶+图形牌黄瓜	福建省圣禾现代农业有限公司
107	光华百特+图形牌生猪	福建光华农牧科技开发有限公司
108	江氏福丰、图形牌生猪	福建省福丰农业发展有限公司
109	闽侯橄榄+图形、图形+闽春阳牌橄榄	闽侯县春阳农业综合有限公司
110	东・鸥、图形牌鲍鱼（速冻）	福州龙福食品有限公司
111	福昕牌福昕 PDF 电子文档处理套件（Foxit PDF Phantom）	福建福昕软件开发股份有限公司
112	福昕+Foxit+图形牌 Foxit PDF SDK（福昕 PDF 开发工具包）	福建福昕软件开发股份有限公司
113	榕基+图形牌榕基应用支撑平台系统	福建榕基软件股份有限公司
114	亿榕信息+YIRONG info+图形牌协同办公系统	福建亿榕信息技术有限公司
115	亿榕信息+YIRONG info+图形牌电子文件管理系统	福建亿榕信息技术有限公司
116	图形牌九天电子票务系统	福建九天达信息科技股份有限公司
117	博思华兴牌博思票据电子化软件 WEB 版	福建博思软件股份有限公司
118	三奥、Savao 牌数字播控系统	福建省三奥信息科技股份有限公司
119	三奥、Savao 牌媒体资产管理系统	福建省三奥信息科技股份有限公司
120	图形+Harmony+哈曼尼牌钢琴	福州和声钢琴有限公司
121	图形+正大牌畜禽饲料	厦门正大农牧有限公司
122	图形+盛洲+shengzhou 牌食用植物油	厦门中盛粮油集团有限公司
123	图形+好年东牌大米	厦门好年东米业有限公司
124	图形+华祥苑+EMPEREUR 牌茶叶（乌龙茶）	华祥苑茶业股份有限公司
125	山國饮藝牌茶叶	厦门山国饮艺茶业有限公司
126	图形+绿帝牌蔬菜制品[食用菌制品（干制食用菌）]	厦门绿帝生态股份有限公司
127	CARESTREAM+AERMEI 牌医疗胶片	锐珂（厦门）医疗器材有限公司
128	图形+窑之星 K-STAR+三维丝牌聚酰亚胺复合滤料	厦门三维丝环保股份有限公司
129	图形+鷺寶+LUBAO 牌锦纶长丝	厦门东纶股份有限公司
130	图形+JORYA+JORYA weekend+ANMANI+恩曼琳+CAROLINE+GIVHSHYH+AIVEI+QDA 牌女装	欣贺股份有限公司

6-9 续表 5 （2015 年度）

序号	商标及产品名称	企业名称
131	图形+东纶+DongLun 牌化纤坯布	厦门东纶股份有限公司
132	图形+亿同新+ALLPACK 牌包装印刷产品	厦门亿同新投资管理有限公司
133	图形+吉宏牌包装盒	厦门吉宏包装科技股份有限公司
134	安妮+小战神牌办公用纸	厦门安妮股份有限公司
135	图形+聚富牌拉伸缠绕膜	厦门聚富塑胶制品有限公司
136	R&T+瑞尔特牌水箱及配件	厦门瑞尔特卫浴科技股份有限公司
137	图形+LIFETIME 牌休闲桌椅	来福太（厦门）塑胶制品有限公司
138	图形+悠度+YODO+picnic source 牌野餐包袋	厦门恒好旅游用品有限公司
139	图形牌帐篷	厦门悠度休闲用品股份有限公司
140	图形+HUATE 牌 SBS 改性沥青	厦门华特集团有限公司
141	图形+高时+BESTCHEER 牌装饰石材	高时（厦门）石业有限公司
142	图形+南亚+NAN YA 牌塑料管材、管件	南亚塑胶工业（厦门）有限公司
143	WDI 牌水箱配件	厦门威迪亚科技有限公司
144	WDI 牌马桶盖板	厦门威迪亚科技有限公司
145	图形+金牌厨柜牌厨柜	厦门金牌厨柜股份有限公司
146	美易+MIE 牌预拌商品混凝土	厦门美益建材有限公司
147	新长诚+NCC 牌金属建筑构件	厦门新长诚钢构工程有限公司
148	GESAC 牌硬质合金（混合料及制品）	厦门金鹭特种合金有限公司
149	图形牌钢圈	厦门日上集团股份有限公司
150	IHISCE 牌挖掘机	石川岛中骏（厦门）建机有限公司
151	图形牌制冷设备（汽车用空调器）	厦门金龙汽车空调有限公司
152	捷豹+JAGUAR 牌空气压缩机	厦门东亚机械有限公司
153	康柏机械+KANGBO+Kangbo Machinery 牌施工升降机	厦门康柏机械集团有限公司
154	图形牌机器人系统	厦门思尔特机器人系统股份有限公司
155	图形+meichi 牌客车车身配件	厦门美驰汽配工业有限公司
156	图形牌海狮白车身	厦门金龙汽车车身有限公司

6-9 续表 6　　（2015 年度）

序号	商标及产品名称	企业名称
157	图形+SENTEC 牌机油滤清器	厦门信源环保科技有限公司
158	图形+SKH 牌电热管	厦高金属工业（厦门）有限公司
159	SWEEPER 牌雨刷	厦门富可汽车配件有限公司
160	图形+闽发+MINFA 牌高中低压成套开关设备	厦门闽光电气实业有限公司
161	Motic 牌显微镜	麦克奥迪实业集团有限公司
162	图形+HOLLY LITE 牌 LED 灯具	厦门兴恒隆股份有限公司
163	图形+A 牌 LED 芯片	厦门市三安光电科技有限公司
164	SEEBEST 牌电子节能灯	厦门视贝科技有限公司
165	恒坤+HENGKUN 牌 TP 光学膜组	厦门恒坤新材料科技股份有限公司
166	图形+顶尖牌收款机	厦门顶尖电子有限公司
167	图形+狄耐克牌智能楼宇可视对讲系统	厦门狄耐克电子科技有限公司
168	图形+罗普特+ROPEOK 牌闭路监控系统	罗普特（厦门）科技集团有限公司
169	PRT 牌热敏打印机芯	厦门普瑞特科技有限公司
170	图形+金鹭牌首饰	厦门市金鹭首饰有限公司
171	图形+TOPKEY 牌安全头盔	厦门新凯复材科技有限公司
172	图形+COMTAISING SPORTS 牌健身器材	厦门市康泰兴运动器材有限公司
173	CARESTREA 牌工业胶片	锐珂（厦门）医疗器材有限公司
174	图形+sunTOP 牌商品展示架	厦门上特展示系统工程有限公司
175	珍新牌猪肉	厦门珍新食品有限公司
176	4399 牌小游戏	四三九九网络股份有限公司
177	南方科宇牌医药管理系统（GSP 系统）	厦门市南方科宇科技有限公司
178	图形牌电子社保平台	易联众信息技术股份有限公司
179	图形+柏事特牌楼宇管理平台	厦门柏事特信息科技有限公司
180	图形牌医学影像信息系统	易联众信息技术股份有限公司
181	DBN+图形牌猪饲料	漳州大北农农牧科技有限公司
182	粤海+图形牌水产配合饲料	福建粤海饲料有限公司

6-9 续表 7　　　　　　　　　　　　　　　　（2015 年度）

序号	商标及产品名称	企业名称
183	X.M.B 牌松木床	漳州喜盈门家具制品有限公司
184	宏香记+图形牌肉制品	漳州市宏香记食品有限公司
185	HL+图形牌速冻虾	福建省诏安县海利水产有限公司
186	ZH+图形牌冻虾	福建中海烤鳗有限公司
187	盈豐+图形牌冷藏巴氏灭菌蟹肉	漳州泉丰食品开发有限公司
188	兴福+XINGFU+图形牌果蔬罐头	龙海海昌食品有限公司
189	图形牌冷藏罐装巴氏杀菌蟹肉	漳州市常山海之味冷冻食品有限责任公司
190	Q-three+Q3+图形牌果蔬罐头	漳州市港昌工贸有限公司
191	图形+LIXING 牌果蔬罐头	立兴集团有限公司
192	鹅仙、鹅仙+EXIAN 牌饼干	奇客食品有限公司
193	金峰牌饼干	漳州市金峰食品工业有限公司
194	SINGS HUA+图形牌包子	信华食品（漳州）有限公司
195	图形+LIXING 牌速食汤	福建立兴食品有限公司
196	图形牌卡拉胶	绿新（福建）食品有限公司
197	精益珍+图形牌沙琪玛	精益珍食品（漳州）有限公司
198	盈豐+图形牌干糖姜、糖水姜	盈丰食品股份有限公司
199	AnAn 牌 PU 合成革	安安（中国）有限公司
200	今冠+图形牌包装用聚乙烯吹塑薄膜（HDPE 薄膜）	金冠（龙海）塑料包装有限公司
201	图形牌钢管家具	漳州市新嘉华家具有限公司
202	NEWSOLAR+图形牌不饱和聚酯树脂	漳州亚邦化学有限公司
203	明欣+图形牌先张法预应力混凝土管桩	福建省明欣集团有限公司
204	图形牌钢结构	福建鑫晟钢业有限公司
205	图形 1、图形 2 牌电动童车	华达（福建）玩具有限公司
206	TECNON 牌商业照明灯具（固定式）	太龙（福建）商业照明股份有限公司
207	正兴+车轮牌汽车车轮	正兴车轮集团有限公司
208	COMTEX（卡帝仕）、MOVEBEST（慕拜仕）牌石英钟表	漳州市恒丽电子有限公司

6-9 续表 8　　（2015 年度）

序号	商标及产品名称	企业名称
209	华杰、图形牌 LED 显示屏	海峡彩亮（漳州）光电有限公司
210	富顺达、FS+图形牌 LED 显示屏	富顺光电科技股份有限公司
211	海德信+HYDERSON+图形牌电子节能灯	立达信绿色照明股份有限公司
212	海德信+HYDERSON+图形牌 LED 灯	立达信绿色照明股份有限公司
213	YOKU 牌锂离子聚合物电池	优科能源（漳州）有限公司
214	RICHGARDEN+图形牌保鲜蔬菜（大葱）	漳浦县丰收园果菜有限公司
215	WANGUI+图形牌天宝香蕉	漳州万桂农业发展有限公司
216	小香杏牌杏鲍菇	福建嘉田农业开发有限公司
217	南野际牌杏鲍菇	福建世野食用菌股份有限公司
218	图形牌速冻蔬菜（多彩菜、黄秋葵）	福建省福龙冷冻食品有限公司
219	嘉昌+JIACHANG+图形牌冻去皮鱿鱼	龙海市嘉昌水产有限公司
220	GREENS+格林氏牌冻罗非鱼片	龙海市格林水产食品有限公司
221	海利隆+图形牌冻鳐鱼	龙海市海利隆冷冻食品有限公司
222	启昌+qichang+图形牌冷冻对虾	东山县启昌冷冻加工有限公司
223	陵岛宏祥+LINGDAOHONGXIANG+图形牌冻鱿鱼	东山县宏祥水产有限公司
224	昌兴水产+图形牌速冻巴浪鱼	东山县昌兴水产食品有限公司
225	新合发+XINHEFA+图形牌速冻水产品（海水鱼）	东山新合发食品有限公司
226	东+图形牌速冻水产品（鱼、虾）	东山县东协成水产食品有限公司
227	DS.XF+图形牌速冻水产品（鱿鱼、章鱼）	福建新福水产集团有限公司
228	闽正、CS 牌冻巴浪鱼	漳州市闽正食品有限公司
229	顺渔福+图形牌冻鱿鱼	漳州顺益食品有限公司
230	美丽家香+图形牌鲜活鲍鱼	漳州市美丽家香食品股份有限公司
231	虎伯寮+图形牌金线莲	福建虎伯寮生物集团有限公司
232	鑫昌龙+XINCHANGLONG+图形牌冻鸭	漳州昌龙农牧有限公司
233	丰苑+FENG YUAN+图形牌饲料用大豆粕	泉州福海粮油工业有限公司
234	JUFENG+图形牌柚木桌子	福建安溪聚丰工艺品有限公司

6-9 续表 9　　　　（2015 年度）

序号	商标及产品名称	企业名称
235	阿一波牌干紫菜	晋江市阿一波食品工贸有限公司
236	喜多多牌椰果王罐头	福建省泉州喜多多食品有限公司
237	阿尔卑斯+AERBEISI 牌果冻	福建天线宝宝食品股份有限公司
238	亲亲+Qinqin+图形牌果冻	福建亲亲股份有限公司
239	雅客+yake+图形牌糖果	福建雅客食品有限公司
240	图形+三和牌铁观音	泉州盛世三和茶业有限公司
241	春水秋香牌铁观音	福建省安溪县自清华茶业有限公司
242	红方+图形、红方牌岩茶	福建日春实业有限公司
243	图形+耕耘牌铁观音	福建省安溪县兴溪茶业有限责任公司
244	福泉春+图形牌永春老醋	福建泉州市福泉春食品有限公司
245	桃溪+图形牌永春老醋	永春县永春老醋有限责任公司
246	桃星+TX+图形牌永春老醋	福建省永春金春酿造有限公司
247	乘风牌琼脂	福建省金燕海洋生物科技股份有限公司
248	COSTIN+图形牌非织造布	福建鑫华股份有限公司
249	XINGTAI+兴泰+图形牌无纺布	晋江市兴泰无纺制品有限公司
250	百川+图形牌涤纶丝	福建百川资源再生科技有限公司
251	GREAT、格来德牌棉针织内衣	福建格来德服饰实业有限公司
252	361°牌针织运动服	三六一度（福建）体育用品有限公司
253	LILANZ+利郎牌西服	利郎（中国）有限公司
254	LILANZ+利郎牌休闲服	利郎（中国）有限公司
255	WEWE 牌女装	福建金苑服饰有限公司
256	Yebao 牌童装	福建野豹儿童用品有限公司
257	ZHOUZHI+图形牌休闲裤	石狮市利美斯制衣有限公司
258	嗒嘀嗒+dadida+图形牌童装	泉州格林服装有限公司
259	帝+DI 牌休闲服	石狮市大帝集团有限公司
260	帝+DI 牌 T 恤衫	石狮市大帝集团有限公司

6-9 续表 10　　　　（2015 年度）

序号	商标及产品名称	企业名称
261	贵人鸟+图形牌运动休闲服	贵人鸟股份有限公司
262	虎都+FORDOO+图形牌西装	虎都（中国）实业有限公司
263	虎都+FORDOO+图形牌休闲裤	虎都（中国）实业有限公司
264	虎都+FORDOO+图形牌茄克衫	虎都（中国）实业有限公司
265	虎都+FORDOO+图形牌 T 恤衫	虎都（中国）实业有限公司
266	虎都+FORDOO+图形牌西裤	虎都（中国）实业有限公司
267	JOEONE+图形、JOEONE、九牧王牌西裤	九牧王股份有限公司
268	JOEONE+图形、JOEONE、九牧王牌休闲裤	九牧王股份有限公司
269	美奈儿+Meinaier 牌内衣	泉州罡晟服装有限公司
270	来莎来酷+LYSA&LYCO 牌棉针织内衣	福建省晋江市深沪达丽服装针织有限公司
271	旗牌王+KIPONE+图形牌牛仔休闲服装	旗牌王（中国）纺织服饰有限公司
272	乔丹、图形牌运动服装	乔丹体育股份有限公司
273	圣吉奥+SHENGJIAO+图形、图形牌休闲裤	泉州市圣吉奥服饰实业有限公司
274	萬姿曼+图形、赛丹+Saidan 牌针织毛衫	福建南安市万家美针织有限公司
275	CoolDry 牌针织面料	泉州海天材料科技股份有限公司
276	SANYUAN+三远+图形牌合成纤维丝织物	晋江市远大服装织造有限公司
277	峰安+FENGAN+图形牌牛软皮	峰安皮业股份有限公司
278	图形牌涤纶布	晋江连捷纺织印染实业有限公司
279	信泰牌三层网布	信泰（福建）科技有限公司
280	HUMA ENTERPRISE+虎马+图形牌针织网布	福建省晋江市华宇织造有限公司
281	FJJIAMEI+图形牌纸箱	福建省德化县佳美彩印有限公司
282	Tx+图形牌防镭射定位卡纸	福建泰兴特纸有限公司
283	家得宝+JIADEIBAO 牌纸或纤维制婴儿尿布（一次性）	泉州天娇妇幼卫生用品有限公司
284	奇酷+chikool、chikool、图形牌婴儿纸尿裤	美佳爽（福建）卫生用品有限公司
285	文松+WENSONG+图形牌瓦楞纸箱	福建省文松彩印有限公司
286	susino+梅花+图形牌晴雨伞	梅花（晋江）伞业有限公司

6-9 续表 11　　　　　　（2015 年度）

序号	商标及产品名称	企业名称
287	集成+JICHENG+图形牌晴雨伞	晋江集成轻工有限公司
288	雨中鸟+yuzhongniao+图形牌晴雨伞	雨中鸟（福建）户外用品有限公司
289	KAM 牌服装辅料（塑料四合扣、胶针和多用扣）	福建省石狮市华联服装配件企业有限公司
290	361° 牌旅游鞋	三六一度（福建）体育用品有限公司
291	八哥、 bage 牌旅游鞋	福建省泉州市八哥运动休闲用品有限公司
292	迪迪鸟+DiDiNiao、图形牌儿童旅游鞋	福建欧美龙体育用品有限公司
293	贵人鸟、GUIRENNIAO K-BIRD+图形牌旅游鞋	贵人鸟股份有限公司
294	鸿星尔克+erke+图形牌旅游鞋	福建鸿星尔克体育用品有限公司
295	名郎+MINGLANG+图形牌休闲鞋	名郎（中国）有限公司
296	木林森+mulinsen 牌休闲鞋	福建石狮市福盛鞋业有限公司
297	乔丹、图形牌旅游鞋	乔丹体育股份有限公司
298	沃登卡牌休闲运动鞋	福建鸿星沃登卡集团有限公司
299	永高人、图形牌童鞋	泉州市永高体育用品有限公司
300	足友牌童鞋	福建足友体育用品有限公司
301	图形牌金属家具	安溪县英发家具装饰有限公司
302	成艺+CY+图形、成艺+图形、养生逸品瓷+图形牌德化白瓷	福建省德化县成艺陶瓷有限公司
303	福庆+图形牌德化白瓷（日用陶瓷）	德化县万盛陶瓷有限公司
304	华鹏+图形、冠福+图形牌日用陶瓷	福建冠福现代家用股份有限公司
305	图形牌德化白瓷（日用陶瓷）	福建德化新耀华瓷业有限公司
306	XING QUAN+图形牌永春篾香	福建兴全香业有限公司
307	達盛香業+DASHENG+图形牌永春篾香	福建省泉州达盛佛具有限公司
308	金丰+JIN FENG+图形牌永春篾香	福建金丰香业有限公司
309	JUNPENG+军鹏牌野营帐篷	军鹏特种装备有限公司
310	达派、Dapai+图形牌旅行箱包	达派（中国）箱包有限公司
311	冠达星+图形牌携带式组合衣柜	冠达星股份有限公司
312	興業+XINGYE+图形、兴业皮革+XINGYE LEATHER+图形牌	兴业皮革科技股份有限公司

6-9 续表 12 （2015 年度）

序号	商标及产品名称	企业名称
313	Meiyang、梅洋、图形、梅洋+Meiyang+图形牌超薄注塑成型密封聚丙烯食品容器	泉州梅洋塑胶五金制品有限公司
314	永悦牌不饱和聚酯树脂	永悦科技股份有限公司
315	莲花+图形牌通用硅酸盐水泥	福建省泉州美岭水泥有限公司
316	WANLI+万利+图形牌陶瓷砖	福建省晋江万利瓷业有限公司
317	国星+guoxing+图形牌陶瓷砖	晋江市品质陶瓷建材有限公司
318	恒达瓷砖+HENGDA TILE+图形牌干压陶瓷砖	晋江恒达陶瓷有限公司
319	荣达+rong da+图形牌陶瓷墙地砖	泉州荣达陶瓷有限公司
320	祥达+图形牌陶瓷砖	福建晋江市祥达陶瓷有限公司
321	协进、XIEJIN 牌陶瓷砖	南安协进建材有限公司
322	协盛+XIE SHENG+图形牌陶瓷砖	福建省晋江协隆陶瓷有限公司
323	marmocer 牌大理石复合板	福建南安市新东源石业有限公司
324	东升+图形牌天然大理石板材	福建省东升石业股份有限公司
325	宏发+HongFa+图形牌装饰石材	福建宏发集团有限公司
326	康利牌天然花岗石建筑板材	南安市水头康利石材有限公司
327	磊艺+LEIYI+图形牌建筑石材	福建省奇达利集团有限责任公司
328	鹏翔岗石+PRECIOUS GRANITE+图形牌人造石	福建鹏翔实业有限公司
329	图形牌钢结构制品	福建荣盛钢结构实业有限公司
330	图形牌玻璃纤维增强塑料夹砂管	泉州市路通管业科技有限公司
331	佶龙+JILONG+图形牌圆网印花机	福建省晋江市佶龙机械工业有限公司
332	青灿+QINGCAN+图形牌鞋服五金扣饰	石狮市青灿兴五金工艺品有限公司
333	天宏+TIANHONG+图形牌钢质防火门、防盗安全门	石狮市天宏金属制品有限公司
334	科盛+图形牌收缩包装机	泉州市科盛包装机械有限公司
335	泉工机械+QUANGONG MACHINE+图形牌砌块成型机	福建泉工股份有限公司
336	盛达+SHENGDA+图形牌石材加工机械	福建盛达机器股份公司
337	图形牌圆型纬编机	福建泉州凹凸精密机械有限公司
338	图形牌小包透明纸自动控制输送装置	福建烟草机械有限公司

6-9 续表 13　　　　　　　　　　　　　　　　　（2015 年度）

序号	商标及产品名称	企业名称
339	亿兴电力、图形牌高低压开关柜	泉州亿兴电力有限公司
340	JJKG+图形牌高低压开关柜	福建省晋江市开关厂
341	佳乐+图形、图形牌 NS-A7 智能可视对讲系统	泉州佳乐电器有限公司
342	共荣+GONGRONG+图形牌石雕工艺品	福建共荣石业有限公司
343	騰飛石業+TENGFEI STONE+图形牌石雕工艺品	福建腾飞园林古建筑有限公司
344	A+图形、SUNTON+图形牌陈设用树脂工艺品	泉州顺通艺品有限公司
345	舒华+SHUA+图形牌电动跑步机	舒华股份有限公司
346	绿滢+图形牌西红柿	福建绿滢生态农林发展有限公司
347	芹峰+图形牌淮山	德化县英山珍贵淮山农民合作社
348	龙翰+图形牌德化黑兔	德化县吉盛黑兔养殖有限公司
349	HONGHU+图形牌番石榴	晋江鸿盛果蔬综合特色农产品有限公司
350	百川牌涤纶牛津布	福建百川资源再生科技有限公司
351	和其昌牌集装箱底板	福建和其昌竹业有限公司
352	名佑+MINGYOU 牌培根	名佑（福建）食品有限公司
353	天清食品+图形牌速冻食品	福建天清食品有限公司
354	山明溪流牌冷冻烤鳗	福建华盛集团三明冷冻食品有限公司
355	仙顶+图形牌茶叶（乌龙茶）	福建仙顶实业有限公司
356	江山美人+图形牌乌龙茶	福建大田大方广茶业有限公司
357	春辉牌茶叶（乌龙茶）	福建省春辉茶业有限公司
358	翠云山牌茶叶（乌龙茶）	福建省翠云茶业有限公司
359	鑫珍牌豆腐皮	清流县嵩溪镇鑫牌豆腐皮厂
360	三元牌来氟米特片	福建汇天生物药业有限公司
361	醇力康牌原料药	福建南方制药股份有限公司
362	BHL 牌聚乙烯醇（PVA）水溶纱	永安市宝华林实业发展有限公司
363	宝华林牌水溶性聚乙烯醇（PVA）纤维	永安市宝华林实业发展有限公司
364	NEW Style+图形牌聚氨酯合成革	福建新泰革业有限公司

6-9 续表 14　　　　（2015 年度）

序号	商标及产品名称	企业名称
365	铙山+Naoshan+图形牌 14g/m²薄页纸	福建铙山纸业集团有限公司
366	铙山+Naoshan+图形牌 16g/m²影摹纸	福建铙山纸业集团有限公司
367	铙山+Naoshan+图形牌炊蒸原纸	福建铙山纸业集团有限公司
368	斑竹+图形牌工业用甲醇	福建三钢（集团）三明化工有限责任公司
369	中化+SINOCHEM 牌复合肥料	福建中化智胜化肥有限公司
370	信明+图形牌橡胶输送带	福建省明信橡塑有限公司
371	FENG・RUN+图形牌白炭黑	三明市丰润化工有限公司
372	正吉+ZHENG JI+图形牌白炭黑	福建省三明正元化工有限公司
373	HONGSHENG+图形牌酚醛模塑料	沙县宏盛塑料有限公司
374	浣溪+图形牌白炭黑	福建省三明同晟化工有限公司
375	豪福+图形牌通用水泥	福建省谋成水泥发展有限公司
376	岩城+图形牌通用水泥	福建省大田县岩城水泥有限责任公司
377	虎球+HUQIU+图形、青山虎+QSH+图形牌通用水泥	福建红火水泥有限公司
378	闽光牌优质碳素结构钢	福建三钢闽光股份有限公司
379	闽光牌拉丝用低碳钢热轧圆盘条	福建三钢闽光股份有限公司
380	普诺维牌辊压模	三明市普诺维机械有限公司
381	图形牌 10kv 高压开关柜	三明亿力森达电气设备有限公司
382	唐力牌柴油发电机组	福建省唐力纵横科技发展有限公司
383	福梅牌辣椒	福建省大田县福梅农业开发有限公司
384	益明+图形牌牛角椒	沙县益民达农业发展有限公司
385	沈佳农牌绿叶蔬菜	福建沈佳有机农业科技发展有限公司
386	竹洲+图形牌猪肉	福建省恒祥农牧集团有限公司
387	宏态牌白鹜鸭蛋	福建省宏硕生态农业发展有限公司
388	郑湖牌水柿	福建省沙县郑湖乡老区福利果场
389	甜乐牌丁地脐橙	尤溪县梅仙脐橙专业合作社
390	建绿牌猕猴桃	建宁县绿源果业有限公司

6-9 续表 15　　　　　　　　　　　　　　（2015 年度）

序号	商标及产品名称	企业名称
391	黄泥家+图形牌金线莲	永安市黄泥家有限责任公司
392	安砂+图形牌鳙鱼	永安市九龙湖农业发展有限公司
393	图形+清流溪鱼牌清流溪鱼	清流县清流溪鱼专业合作社
394	金三明牌烟叶	福建省烟草公司三明市公司
395	科荟种业牌杂交水稻种子	福建科荟种业有限公司
396	冠源牌水产配合饲料	福建正源饲料有限公司
397	洪英工艺+图形牌古典工艺家具	仙游县洪英工艺有限公司
398	铭华牌古典工艺家具	仙游县铭华古典家俱有限公司
399	王福森+图形牌古典工艺家具	莆田市福森古典家具实业有限公司
400	贡品轩+GONG PIN XUAN 牌古典工艺家具	福建省仙游县贡品轩古典家俱有限公司
401	皇木御林+图形牌古典工艺家具	福建省仙游县皇木御林有限公司
402	听琴+图形牌古典工艺家具	福建省仙游听琴古典工艺家具有限公司
403	凯丰里+图形牌古典工艺家具	福建省凯丰里古典家具有限公司
404	弘木金品牌古典工艺家具	仙游县金品世家古典家具有限公司
405	坝下明珠+图形牌古典工艺家具	仙游县坝下明珠古典家具有限公司
406	御锦+图形牌古典工艺家具	仙游县文锦艺术家俱有限公司
407	颜氏怡丰牌古典工艺家具	仙游县颜氏家私有限公司
408	陈公馆牌古典工艺家具	福建省传世古典家具有限公司
409	仁仁之家+图形牌古典工艺家具	仙游县仁仁之家古典硬木家具有限公司
410	图形牌古典工艺家具	福建省上品橼家居有限公司
411	依旧轩牌古典工艺家具	仙游依旧轩古典家具有限公司
412	MY+图形牌油画框	福建省名艺油画工艺有限公司
413	图形牌古典工艺家具	莆田市仙游县紫檀缘古典家俱有限公司
414	颜氏恒业+图形牌古典工艺家具	福建省颜氏恒业古典家具有限公司
415	飞鸿家都+图形牌古典工艺家具	仙游县坝下飞鸿古典家具有限公司
416	三盈+SANYING 牌古典工艺家具	福建省三盈古典家具有限公司

6-9 续表 16　　（2015 年度）

序号	商标及产品名称	企业名称
417	三福古典牌古典工艺家具	福建省三福古典家具有限公司
418	怀古+HUAIGU 牌古典工艺家具	福建省仙游怀古木业有限公司
419	四君子牌古典工艺家具	莆田市四君子古典家具有限公司
420	大家发牌红心熟咸蛋	福建省中源食品有限公司
421	易太牌速冻肉制品	莆田市城厢区诚味食品有限公司
422	天喔牌蜜饯	天喔（福建）食品有限公司
423	万寿塔+图形牌小麦粉（通用）	福建省仙游面粉发展有限公司
424	康辉+图形牌植物蛋白饮料	福建省康辉食品有限公司
425	升龙牌腐竹	福建省莆田市飞龙食品有限公司
426	涵兴记牌酱腌菜	莆田市涵兴食品有限公司
427	大欢喜牌红蛋	福建省红太阳精品有限公司
428	手心缘牌纸巾	福建亿发集团有限公司
429	欧倍洁牌牙刷	莆田市弘田工贸有限公司
430	思威琪牌硫化鞋	莆田市双威体育用品有限公司
431	郑和+图形牌复混肥料	福建正和肥料有限公司
432	三棵树牌木器漆	三棵树涂料股份有限公司
433	三棵树牌乳胶漆	三棵树涂料股份有限公司
434	LUAN+图形牌工程机械子午线轮胎	福建省海安橡胶有限公司
435	JINPU 牌摇臂铣床	福建省金浦机械工业有限公司
436	万鑫牌直缝电焊钢管	福建省莆田市万鑫金属制品有限公司
437	东方机械+图形牌真空砖机	仙游县东方机械有限公司
438	KENKO、佳宜、GAVAO、佳威牌电子计算器	福建省新威电子工业有限公司
439	加利牌 14K 紫金镶嵌首饰	莆田市加利珠宝有限公司
440	宝缘牌银饰品	宝缘珠宝有限公司
441	伊莱特牌银饰品	莆田市秀屿区伊莱特珠宝首饰有限公司
442	RIJING+图形牌玻璃瓶	莆田市日晶玻璃制品有限公司
443	恒艺终端牌展柜	福建省恒艺终端展柜有限公司

6-9 续表 17　　　　　　　　　　　　（2015 年度）

序号	商标及产品名称	企业名称
444	闽强牌结球甘蓝	莆田市华林蔬菜基地有限公司
445	新美、图形牌蔬菜（甜玉米、黄瓜、花菜）	福建省莆田新美食品有限公司
446	日日家牌马铃薯	莆田市闽华农业开发有限公司
447	亿生牌母种猪	福建省亿生农业开发有限公司
448	兴泰牌芦柑	福建省仙游县兴泰果园
449	海族汇牌鲍鱼	莆田市海发水产开发有限公司
450	东禹牌鲍鱼	东禹（福建）水产科技开发有限公司
451	格绿、格绿木业+Grewood+图形牌浸渍胶膜纸饰面锯切实木胶合板	福建省格绿木业有限公司
452	绿源牌中密度纤维板	福建省邵武市绿源人造板有限公司
453	白玉树牌细木工板	浦城县三协木业有限责任公司
454	老根世家+ARISTOCRATIC FAMILY OF ROOTS+图形牌古典工艺家具	建瓯市老根世家家居有限公司
455	政竹+图形牌竹鞋架	福建省天悦竹木有限责任公司
456	杜氏牌木制橱柜	福建杜氏木业有限公司
457	元力牌植物活性炭（木质活性炭）	福建元力活性炭股份有限公司
458	奥農+AONONG 牌竹菜板（竹砧板）	福建政和继升工艺品有限公司
459	御竹牌竹茶盘	福建省御竹工贸有限公司
460	味家牌工艺竹筷	福建味家生活用品制造有限公司
461	好管家牌筷子	福建华韵竹木有限公司
462	金凉山牌竹木覆膜板	福建隆达竹业有限公司
463	南红牌木制线条	福建王斌装饰材料有限公司
464	官薏牌浦城薏米	浦城县官路乡信源薏米专业合作社
465	東福光+TOFCO+图形牌水煮笋罐头	福建易扬食品有限公司
466	東福光+TOFCO+图形牌建瓯锥栗	福建易扬食品有限公司
467	光兴+图形牌茶叶（乌龙茶）	福建省建瓯市龙兴茶叶有限公司
468	九龙袍+JIULONGPAO+图形牌茶叶（乌龙茶）	武夷山市九龙袍茶业有限公司
469	茶人一品+图形牌茶叶（乌龙茶）	福建武夷岩生态茶业有限公司
470	清神阁牌茶叶（乌龙茶）	武夷山清神阁茶业有限公司

6-9 续表 18　　（2015 年度）

序号	商标及产品名称	企业名称
471	北岩+图形牌茶叶（乌龙茶）	武夷山市北岩岩茶精制厂
472	隆合+LONG HE 牌政和白茶	福建省隆合茶业有限公司
473	茂旺牌政和工夫红茶	福建茂旺茶业有限公司
474	留仙峰、留仙峰碎铜茶牌邵武碎铜茶	邵武市留仙峰茶业有限公司
475	福莲牌洗洁巾	福建省邵武福莲有限公司
476	南纺、闽牌非织造布	福建南纺有限责任公司
477	IS 牌指甲油	福建艾尚化妆品有限公司
478	武夷+WY+图形牌 ADC 发泡剂（偶氮二甲酰胺）	福建榕昌化工有限公司
479	青松+GREEN PINE+图形牌合成樟脑	福建青松股份有限公司
480	福莱萌牌实木复合门	福建福莱萌木业科技有限公司
481	闽铝牌铸造铝合金锭	福建省华银铝业有限公司
482	闽鑫牌一般工业用铝及铝合金挤压型材	福建省华银铝业有限公司
483	金弘+图形牌钢丝绳	福建省南平金弘钢缆有限公司
484	闽峰牌半挂车	福建省德峰汽车制造有限公司
485	雕匠坊牌深色名贵硬木茶盘	松溪县居友工艺礼品有限公司
486	铭塔牌木质玩具	福建铭塔玩具股份有限公司
487	富仙+Fuxian+图形牌脱水白萝卜丝	福建省富士岛（政和）食品企业有限公司
488	宝易康牌绿壳鸡蛋	南平易康生态农业发展有限公司
489	宏昌+图形牌芦柑	顺昌县洋墩宏昌发展有限公司
490	神农白雪牌真姬菇	福建神农菇业股份有限公司
491	菇蕾蕾牌银耳	福建省邵武市绿农食用菌有限公司
492	茗匠+图形牌竹茶盘	福建茗匠竹艺科技有限公司
493	平川+图形牌聚合松香	新洲（武平）林化有限公司
494	家丰+图形牌大米	福建省龙岩嘉丰米业有限公司
495	岳山國際+图形牌乌龙茶	漳平市岳山茶业有限公司
496	广大园+GUANGDAYUAN+图形牌蜜饯	连城县广大食品厂
497	健尔聪+图形牌蜜饯	福建连城健尔聪食品有限公司

6-9 续表 19　　　　　　　　　　　　　　（2015 年度）

序号	商标及产品名称	企业名称
498	闽星+图形牌大容量注射液	福建天泉药业股份有限公司
499	实爽+SHISHUANG 牌纸尿裤（片、垫）	长汀县天乐卫生用品有限公司
500	成冠+图形牌棉纱	福建成冠集团有限公司
501	新昇+图形牌涤纶本色纱	福建省新纶纺织科技有限公司
502	佳丽斯牌床上用品	福建佳丽斯家纺有限公司
503	优婷牌卫生巾	福建铭丰纸业股份有限公司
504	图形牌塑胶玩具	漳平市国联玩具礼品有限公司
505	春驰+图形、FL 牌通用硅酸盐水泥	福建春驰集团有限公司
506	步步高+图形牌通用硅酸盐水泥	福建蓝田水泥有限公司
507	塔牌+图形牌通用硅酸盐水泥	福建塔牌水泥有限公司
508	润丰+图形牌通用硅酸盐水泥	华润水泥（龙岩雁石）有限公司
509	闽福牌普通硅酸盐水泥	福建省永定闽福建材有限公司
510	润丰+图形牌通用硅酸盐水泥	华润水泥（漳平）有限公司
511	润丰+图形牌通用硅酸盐水泥	华润水泥（永定）有限公司
512	東宫、LKC 牌高岭土	龙岩高岭土有限公司
513	ZiJin+图形牌阴极铜	紫金矿业集团股份有限公司
514	中恒通+图形牌制动鼓	中恒通（福建）机械制造有限公司
515	闽兴+图形牌半挂车	福建省闽兴专用汽车有限公司
516	dahom、D、德泓牌 LED 玻璃灯管	德泓（福建）光电科技有限公司
517	宏贯·路桥牌桥梁预埋件	福建宏贯路桥防腐科技股份有限公司
518	远山+YUANSHAN 牌生猪	福建省远山农业发展有限责任公司
519	图形牌野猪	福建省招宝生态农庄有限公司
520	图形牌山鸡、贵妃鸡	福建省招宝生态农庄有限公司
521	金汝山+图形牌肉鸡	龙岩市永定区金汝山生态虫子鸡种养殖农民专业合作社
522	森宝+图形牌鲜、冻鸡肉	福建森宝食品集团股份有限公司
523	儒溪槐猪+图形牌槐猪	上杭县儒溪槐猪有限公司
524	练家香+图形牌食用菌（灵芝）	福建省武平县练家香土特产有限公司

6-9 续表 20　　　　　　　　　　　　（2015 年度）

序号	商标及产品名称	企业名称
525	乡下厨房牌米烧兔	福建乡下厨房食品有限公司
526	惠泽龙牌黄酒	福建惠泽龙酒业有限公司
527	目海+muhai 牌绿茶	霞浦县目海茶业有限公司
528	御茶园牌白茶	福建省天禧御茶园茶业有限公司
529	图形牌坦洋工夫红茶	福建福安市城湖茶叶有限公司
530	千氏茗牌茶叶（绿茶、花茶、红茶、乌龙茶）	福建省千氏茗茶业有限公司
531	六妙牌茶叶（白茶）	福建省天丰源茶产业有限公司
532	福兴旺牌坦洋工夫红茶	福建省兴旺茶业有限公司
533	归来客牌茶叶（绿茶）	福建归来客有机茶叶有限公司
534	甘诺+图形牌代用茶	安发（福建）生物科技有限公司
535	旺利来+图形牌腻子粉	福建康富来涂料有限公司
536	DACHENG 牌泵（微型电泵 XZDB 系列≤1.5kW）	福建大成电机集团有限公司
537	凯发+KAIFA 牌 MS 中小型三相异步电动机	闽东凯发电机有限公司
538	磁王牌烧结钕铁硼	宁德市星宇科技有限公司
539	JINGKE+图形牌摩托车化油器	福建福鼎京科化油器有限公司
540	芋魁牌福鼎槟榔芋	芋魁食品（福建）股份有限公司
541	丛绿+图形+conglv 牌清水笋	霞浦县东孚农庄有限公司
542	古甜牌绿竹笋	福建古甜食品科技股份有限公司
543	康盛达牌银耳	福建康旺食品有限公司
544	世纪农源牌速冻果蔬	霞浦县新世纪农业科技开发有限公司
545	闽威+MINWELL+图形牌花鲈	福建闽威实业股份有限公司
546	岳海+图形牌速冻大黄鱼、香鱼、鲍鱼	福建岳海水产食品有限公司
547	鸿顺+图形牌冰鲜鱼（大黄鱼）	福建省宁德市好顺水产养殖有限公司
548	登月+图形牌冰鲜鱼（大黄鱼）	宁德市登月水产食品有限公司
549	中洋牌冻生鱼片	福建省霞浦东吾洋绿色食品有限公司
550	闽松+图形牌海带紫菜	福建省霞浦县盛威工贸有限公司
551	百野轩牌海带紫菜	福建百野轩食品集团股份有限公司
552	闽欣阳牌春菜	福建欣阳生态农业发展有限公司

6-10　福建省优秀企业家名单

（第十六届）

姓名 （排名不分先后）	企业名称	职务
元　萍	福建古甜食品科技股份有限公司	董事长
卞志航	福建福日电子集团有限公司	董事长
尤维德	福建三都澳食品有限公司	董事长
王　军	福建大唐国际宁德发电有限责任公司	总经理
王　慧	福州泓欣环境清洁服务有限公司	董事长
王良星	利郎（中国）有限公司	总裁
王星荣	福建省三星电气股份有限公司	董事长
王基财	福清福星塑胶制品有限公司	董事长
叶远航	中国人民财产保险股份有限公司	总经理
左允文	宁德新能源科技有限公司	副董事长
刘文闻	福建省闽中有机食品有限公司	总经理
刘玉林	福建顺邦防护科技有限公司	总经理
刘学军	厦门航空工业有限公司	董事长、总经理
刘金树	莆田市鑫龙鞋业有限公司	董事长
孙雄鹏	兴业银行福州分行	行长
曲夔遵	青岛啤酒（福州）有限公司	总经理
朱　晖	福建省海安橡胶有限公司	董事长
朱勇进	厦门新立基股份有限公司	董事长
江元勋	福建武夷山国家级自然保护区正山茶业有限公司	董事长
许阳阳	达利食品集团	副总裁
许海谋	中国联合网络通信有限公司	总经理
何礼标	福清市东威水产食品实业有限公司	董事长
吴仕华	福建省华洋农牧发展有限公司	董事长
吴永文	优科能源（漳州）有限公司	董事长
吴哲彦	福建省漳平木村林产有限公司	董事长兼总经理

6-10 续表 1 （第十六届）

姓名 （排名不分先后）	企业名称	职务
吴海明	明鸿集团投资有限公司	董事长
张水利	厦门象屿集团有限公司	总裁
张进瑞	福建海峡工程机械设备有限公司	董事长
张陈松	福建省霞浦东吾洋绿色食品有限公司	总经理
张桂潮	福建龙马环卫装备股份有限公司	总经理
李　丹	厦门海沧投资集团有限公司	董事长
李　红	福建塔牌水泥有限公司	总经理
李一农	福建宁德核电有限公司	董事长
李永珑	中铁十七局集团第六工程有限公司	总经理
李立新	中国华电集团公司福建分公司	总经理
李江淮	立达信绿色照明股份有限公司	董事长兼总经理
李鹏飞	莆田新飞天鞋业有限公司	董事长
杨华辉	兴业国际信托有限公司	董事长
苏良磁	晋江市中德顺机械有限公司	总经理
苏素华	福建海峡银行股份有限公司	董事长
苏清春	福建省泉州美岭水泥有限公司	副总经理
邱宝华	中国移动福建有限公司莆田分公司	总经理
陈　勋	中国人寿保险股份有限公司莆田分公司	总经理
陈文豹	福建巨岸建设工程有限公司	董事长
陈长征	福建纬璇织造有限公司	董事长
陈民和	绿田（福建）食品有限公司	董事长
陈丽春	福建省祥业农业科技有限公司	董事长
陈其龙	泉州市泉港兴通船务有限公司	总经理
陈尚霖	福建源鑫投资集团有限公司	总经理
陈建全	中国邮政集团公司福建省晋江市分公司	总经理

6-10 续表 2　　　　　　（第十六届）

姓名（排名不分先后）	企业名称	职务
陈明伟	福建省泷澄建设集团有限公司	董事长
陈剑钟	福州港务集团有限公司	总经理
陈炳琪	福建宝利特科技股份有限公司	董事长
陈重廷	福建西岸生物科技有限公司	总经理
陈晋辉	福建龙溪轴承（集团）股份有限公司	总经理
周宗佑	福建盈浩工艺制品有限公司	董事长
林　斌	爹地宝贝股份有限公司	董事长
林小雄	厦门路桥建设集团有限公司	董事长
林永强	福建冠业投资发展有限公司	董事长
林位举	福建省信通投资集团股份有限公司	董事长
林秀强	福建同春药业股份有限公司	董事长
林肖芳	安记食品股份有限公司	董事长兼总经理
林荣洲	福建石狮市福盛鞋业有限公司	董事长
林善平	福建顺昌虹润精密仪器有限公司	董事长
林敦华	华盛置业集团建设工程有限公司	总裁
郑永光	福建省长乐市长源纺织有限公司	董事长
郑泽洽	福建泉州顺美集团有限责任公司	董事长
俞　明	福建江阴港银河国际汽车园有限公司	董事长
俞金树	福建省鸿山热电有限责任公司	总经理
施锦珊	鑫桥联合（福建）融资租赁有限公司	董事长
柯希平	厦门恒兴集团有限公司	董事长
洪水河	福建紫山集团股份有限分公司	总裁
饶春荣	福建连城兰花股份有限公司	董事长
倪时龙	福建亿榕信息技术有限公司	总经理
夏　鹏	三祥新材股份有限公司	董事长兼总经理

6-10 续表 3　　　　（第十六届）

姓名 （排名不分先后）	企业名称	职务
徐福生	中国电信股份有限公司南平分公司	总经理
翁海辉	永辉投资有限公司	总经理
郭泽森	泉州嘉泰鞋业有限公司	董事长
钱进群	厦门翔业集团有限公司	总经理
高　炜	安发（福建）生物科技有限公司	总裁
高美建	福建明海鑫企业股份有限公司	董事长
黄建国	福建省闽华电源股份有限公司	总经理
黄金平	福建省永安煤业有限责任公司	总经理
黄荔峰	福建省医药集团有限责任公司	总经理
黄铁明	福建省祥鑫股份有限公司	董事长兼总经理
黄福华	福建省三福古典家具有限公司	董事长
傅子能	泉州银行股份有限公司	董事长
游玉琼	福建省武夷山市永生茶业有限公司	总经理
程　亮	厦门新景地投资有限公司	总裁
童立新	福建省鸿达电子技术开发有限公司	董事长
谢思瑜	厦门金龙汽车集团股份有限公司	总裁
韩鲁闽	厦门公交集团有限公司	董事长
赖世贤	安踏（长汀）体育有限公司	总经理
缪品章	富春通信股份有限公司	董事长
蔡永潮	中国电信股份有限公司晋江分公司	总经理
戴国良	福建先创电子有限公司	董事长
戴景水	福建南安市顺昌鞋业有限公司	董事长
魏立平	福建东百集团股份有限公司	总裁

资料来源：福建省企业与企业家联合会。

6-11 福建省企业高级经营管理人才名单

（第一批）

序号	姓名 （排名不分先后）	企业名称
1	张清苗	福建安井食品股份有限公司
2	王　晶	福建新大陆科技集团有限公司
3	吴兴群	福建七匹狼实业股份有限公司
4	王诗榕	信和新材料股份有限公司
5	陈　斌	厦门松霖科技有限公司
6	曾凡沛	福建龙溪轴承（集团）股份有限公司
7	肖智勇	漳州万晖洁具有限公司
8	张桂丰	福建龙马环卫装备股份有限公司
9	邓志清	福建天泉药业股份有限公司
10	李树荣	福建省鸿山热电有限责任公司
11	陈香麟	福建省东南造船厂
12	罗如生	福建龙净环保股份有限公司
13	曾兴富	福建省三钢（集团）有限责任公司
14	李良光	福建海源自动化机械股份有限公司
15	何建平	百威英博雪津啤酒有限公司
16	柯吉熊	福建省晋江优兰发纸业有限公司
17	许志刚	福建源光亚明电器有限公司
18	谢伟东	三明市海斯福化工有限责任公司
19	滕　达	厦门市美亚柏科信息股份有限公司
20	郑永光	福建省长乐市长源纺织有限公司

7

附录

商务部　中国出口信用保险公司关于支持中小外贸企业提升国际化经营能力的通知

商财函[2016]6 号

各省、自治区、直辖市、计划单列市及新疆生产建设兵团商务主管部门，中国出口信用保险公司各营业机构：

为进一步完善外经贸发展专项资金政策，支持中小外贸企业利用出口信用保险提升国际化经营能力，加快培育我国外贸竞争新优势，现就相关事项通知如下：

一、支持中小外贸企业提高经营管理信息化水平

中小外贸企业（进出口额低于 6500 万美元的企业）是我国外贸发展的有生力量，有效整合企业的内部作业流程和外部客户服务要求，全面提升企业经营管理水平、降低经营成本，对外贸发展和转型升级具有重要作用。各地商务主管部门要鼓励中小外贸企业利用商务部开通的“中小企业外贸软件（ERP）云服务平台”，对其业务进行全流程信息化管理。对已有 ERP 系统的中小外贸企业，各地商务主管部门要支持其与中国出口信用保险公司“信保通”系统实现电子数据交换，方便企业利用中国出口信用保险公司的“信保通”系统开展保单管理、企业资信调查、买方额度申请、出险索赔、海外风险信息查询以及业务数据分析等业务。

中国出口信用保险公司要做好“信保通”与“中小企业外贸软件（ERP）云服务平台”以及中小外贸企业自有 ERP 系统的电子数据交换，为企业通过该平台获得专业出口信用保险服务提供便捷途径。中国出口信用保险公司各地营业机构要主动加强对中小外贸企业的信息化建设宣传，做好业务与技术对接，推动企业不断提升信息化管理水平。

二、支持中小外贸企业提高经营管理科学决策水平

专业海外资信服务是帮助中小外贸企业及时有效了解海外市场及合作伙伴主要信息的重要途径，能有效提高企业营销能力和科学决策水平。各地商务主管部门要支持中小外贸企业有效利用中国出口信用保险公司的海外资信服务，支持中小外贸企业根据自身需要，购买海外企业标准资信报告、海外目标国家指定产品进口采购分析报告、海外采购商 / 供货商名录报告、重点行业研究报告、重点国别风险分析报告。

中国出口信用保险公司要进一步完善业务流程，增强海外信息收集能力和数据分析能力；提升网络平台处理能力，帮助企业及时获得高质量的国别、行业、企业资信以及采购商等，商业信息，提升国际化服务水平。中国出口信用保险公司各地营业机构要加强与当地商务主管部门的沟通，积极配合当地商务主管部门共同做好中小外贸企业遴选、产品推荐以及资信费用结算等工作。

三、支持中小外贸企业增强全面风险管理能力

系统性的服务与培训对增强中小外贸企业全面风险管理能力具有积极作用。各地商务主管部门要采取针对性措施，指导、扶持中小企业提高全面风险管理水平，提升国际化经营能力。各地商务主管部门可委托中国出口信用保险公司为中小外贸企业定期开展风险管理咨询与培训服务，帮助中小外贸企业及时了解国际贸易规则、掌握海外市场动态，大力推动风险管理知识与技术普及，不断提升

中小外贸企业管理水平。

中国出口信用保险公司要充分发挥资信调查、信用保险承保、理赔等领域的技术和经验，研发针对重点行业的中小外贸企业信用管理系统。中国出口信用保险公司各地营业机构要积极配合当地商务主管部门系统梳理辖区内中小外贸企业经营特点及风险管理需求，制定并推动实施针对性服务方案。

四、支持中小外贸企业培育竞争新优势

各地商务主管部门要引导中小外贸企业积极适应“互联网+”发展趋势，充分利用网络平台开拓市场、提升服务、加强管理。中国出口信用保险公司要深入贯彻落实国家“互联网+”行动计划，不断加大产品创新力度，增加数据来源，提升数据分析能力，分步搭建并逐步完善符合中小外贸企业需求的信用风险管理平台，为我国中小外贸企业在线提供全球企业信息注册、重点国别与行业信息调查、海外市场与企业资信调查、信用保险产品购买、风险信息查询、保单融资申请、应收账款管理等信用风险全流程管理服务，帮助中小外贸企业降低国际贸易综合成本，创新利用互联网手段建立中国主导的全球企业信用体系建设工作。

各地商务主管部门和中国出口信用保险公司各地营业机构要认真落实本通知精神，结合本地区实际情况，抓紧完善支持政策，切实发挥好财政资金使用效益，支持中小外贸企业不断提升国际化经营能力，促进对外贸易健康发展。有关执行情况和遇到的问题，请及时向商务部（财务司）和中国出口信用保险公司（贸易险管理部）反映。

商务部

中国出口信用保险公司

2016 年 1 月 5 日

国务院办公厅关于深入实施“互联网+流通”行动计划的意见

国办发[2016]24号

各省、自治区、直辖市人民政府，国务院各部委、各直属机构：

“互联网+流通”正在成为大众创业、万众创新最具活力的领域，成为经济社会实现创新、协调、绿色、开放、共享发展的重要途径。实施“互联网+流通”行动计划，有利于推进流通创新发展，推动实体商业转型升级，拓展消费新领域，促进创业就业，增强经济发展新动能。为贯彻落实国务院决策部署，深入实施“互联网+流通”行动计划，进一步推进线上线下融合发展，从供需两端发力，实现稳增长、扩消费、强优势、补短板、降成本、提效益，经国务院同意，现提出以下意见：

一、加快推动流通转型升级

以满足消费者需求为中心，积极开展全渠道经营，支持企业突出商品和服务特色，充分应用移动互联网、物联网、大数据等信息技术，在营销、支付、售后服务等方面线上线下互动，全方位、全天候满足消费需求，降低消费成本。（商务部、国家发展改革委、新闻出版广电总局，地方各级人民政府）

大力发展体验消费，引导有条件的企业利用现有商业设施改造发展消费体验示范中心，合理布局购物、餐饮、休闲、娱乐、文化、培训、体育、保健等体验式消费业态，增强实体店体验式、全程式服务能力。（商务部、文化部、新闻出版广电总局、体育总局，地方各级人民政府）

着力提高供应链管理控制能力，鼓励百货等零售业态积极发展“买手制”，不断提高自营和自主品牌商品比例，通过发展连锁经营、采购联盟等多种组织形式降本增效，提高利用信息化、网络化、智能化技术实现转型升级的能力。（商务部、国家发展改革委，地方各级人民政府）

增强老字号等传统品牌影响力，积极运用互联网，创新生产工艺和商业模式，弘扬民族、技艺等优秀传统文化，开展知名品牌示范区创建工作，线上线下互动传播中国品牌。（商务部、工业和信息化部、文化部、质检总局，地方各级人民政府）

推动商品交易市场利用互联网创新商业模式，拓展服务功能，加快平台化发展，以转型升级实现市场结构优化、提质增效，带动产业优化重组，发挥好引导生产、促进消费的作用。（商务部、国家发展改革委、国土资源部，地方各级人民政府）

二、积极推进流通创新发展

鼓励发展分享经济新模式，密切跟踪借鉴国外分享经济发展新特点新趋势，结合部门和地方实际创新政府管理和服务，激发市场主体创业创新活力，鼓励包容企业利用互联网平台优化社会闲置资源配置，拓展产品和服务消费新空间新领域，扩大社会灵活就业。（中央网信办、国家发展改革委、工业和信息化部、人力资源社会保障部、商务部、工商总局、国家旅游局、国家邮政局等有关部门，地方各级人民政府）

支持发展协同经济新模式，通过众创、众包、众扶等多种具体形式，围绕产业链、供应链、服务链建立上下游企业、创业者之间的垂直纵深与横向一体化协作关系，提升社会化协作水平和资源优化配置能力。（国家发展改革委、科技部、工业和信息化部、商务部、新闻出版广电总局，地方各级人民政府）

大力发展流通创新基地，为中小企业应用互联网创业创新提供集群注册、办公场地、基础通信、运营指导、人才培训、渠道推广、信贷融资等软硬件一体化支撑服务。（商务部、科技部、人力资源社会保障部、工商总局，地方各级人民政府）

三、加强智慧流通基础设施建设

加大对物流基地建设、冷链系统建设等的政策性扶持力度，科学规划和布局物流基地、分拨中心、公共配送中心、末端配送网点，加大流通基础设施投入，支持建设农产品流通全程冷链系统，重点加强全国重点农业产区冷库建设。加大农村宽带建设投入，加快提速降费进程，努力消除城乡“数字鸿沟”。加大流通基础设施信息化改造力度，充分利用物联网等新技术，推动智慧物流配送体系建设，提高冷链设施的利用率。科学发展多层次物流公共信息服务平台，整合各类物流资源，提高物流效率，降低物流成本。（国家发展改革委、商务部、工业和信息化部、财政部、国土资源部、住房城乡建设部、交通运输部、农业部、国务院国资委、质检总局、新闻出版广电总局、国家邮政局，地方各级人民政府）

推进电子商务与物流快递协同发展，及时总结协同发展试点成果，形成可复制、可推广的制度、做法和经验，着力解决快递运营车辆规范通行、末端配送、电子商务快递从业人员基本技能培训等难题，补齐电子商务物流发展短板。（商务部、国家邮政局，试点城市人民政府）

四、鼓励拓展智能消费新领域

鼓励具备条件的城市探索构建线上线下融合发展的体验式智慧商圈，促进商圈内不同经营模式和业态优势互补、信息互联互通、消费客户资源共享，抱团向主动服务、智能服务、立体服务和个性化服务转变，提高商圈内资源整合能力和消费集聚水平。（商务部、国家发展改革委、科技部、工业和信息化部、国土资源部、环境保护部、住房城乡建设部，地方各级人民政府）

加快实施特色商业街区示范建设工程，发掘地方资源禀赋优势，提高产品和服务特色化、差异化、精准化、数字化营销推广能力，振兴城镇商业。（商务部、住房城乡建设部、国家旅游局，地方各级人民政府）

拓展智能消费领域，积极开发虚拟现实、现实增强等人工智能新技术新服务，大力推广可穿戴、生活服务机器人等智能化产品，提高智能化产品和服务的供给能力与水平。（国家发展改革委、工业和信息化部、科技部，地方各级人民政府）

五、大力发展绿色流通和消费

推广绿色商品，限制高耗能、高污染、高环境风险、过度包装产品进入流通和消费环节。开展绿色商场示范活动，大力宣传贯彻绿色商场国家标准、行业标准，创建一批集门店节能改造、节能产品销售和废弃物回收于一体的绿色商场。推动仓储配送与包装绿色化发展，提高商贸物流绿色化发展水平。推动“互联网+回收”模式创新，利用大数据、云计算等技术优化逆向物流网点布局，鼓励在线回收，加强生活垃圾分类回收和再生资源回收有机衔接。开展“绿色产品进商场、绿色消费进社区、绿色回收进校园”主题宣传活动，推动形成崇尚节俭、科学、绿色的消费理念和生活方式。（商务部、国家发展改革委、教育部、工业和信息化部、国土资源部、环境保护部、住房城乡建设部、质检总局、新闻出版广电总局、供销合作总社，地方各级人民政府）

六、深入推进农村电子商务

坚持市场运作，充分发挥各类市场主体参与农村电子商务发展的动力和创造力。促进农产品网络销售，以市场需求为导向，鼓励供销合作社等各类市场主体拓展适合网络销售的农产品、农业生产资料、休闲农业等产品和服务，引导电子商务企业与新型农业经营主体、农产品批发市场、连锁超市等建立多种形式的联营协作关系，拓宽农产品进城渠道，突破农产品冷链运输瓶颈，促进农民增收，丰富城市供应。畅通农产品流通，切实降低农产品网上销售的平台使用、市场推广等费用，提高农村互联网和信息化技术应用能力。鼓励电子商务企业拓展农村消费市场，针对农村消费习惯、消费能力、消费需求特点，从供给端提高商品和服务的结构化匹配能力，带动工业品下乡，方便农民消费。鼓励邮政企业等各类市场主体整合农村物流资源，建设改造农村物流公共服务中心和村级网点，切实解决好农产品进城“最初一公里”和工业品下乡“最后一公里”问题。（商务部、国家发展改革委、工业和信息化部、财政部、交通运输部、农业部、质检总局、国家旅游局、国家邮政局、供销合作总社、中国邮政集团公司，地方各级人民政府）

七、积极促进电子商务进社区

大力发展社区电子商务，鼓励发展社区购物服务应用软件，加强电子商务企业与社区商业网点融合互动，开展物流分拨、快件自取、电子缴费等服务，提高社区商业的信息化、标准化、规范化、集约化水平，提升社区居民生活品质。（商务部、国土资源部、住房城乡建设部、质检总局，地方各级人民政府）

完善“一站式”便民服务消费功能，支持老旧小区利用闲置房间、地下空间等打造多层次、多形式的便民服务点，将零散的社区服务资源进行线上线下整合，统筹建设和改造餐饮、住宿、家政、洗染、美容美发、维修、物流、金融、文化、娱乐、休闲等生活服务网点，让门店多起来，提高城市居民生活的便利性和城市发展竞争力。（商务部、国土资源部、住房城乡建设部、文化部、新闻出版广电总局，地方各级人民政府）

八、加快完善流通保障制度

组织开展道路货运无车承运人试点工作，允许试点范围内无车承运人开展运输业务。（交通运输部、国家发展改革委）

按照新修订的《高新技术企业认定管理办法》，落实“互联网+流通”企业的申报认定工作。（科技部、财政部、税务总局，地方各级人民政府）

推进工商用电同价，允许大型商贸企业参与电力直接交易，开展商业用户自主选择执行商业行业平均电价或峰谷分时电价试点。（国家发展改革委、商务部）

发挥政府、行业协会作用，科学规划，合理布局，盘活存量，优化增量，鼓励各地采取先买后租、先建后租等多种有力措施，引导降低实体店铺租金，保障社区菜市场、社区食堂等惠民便民服务设施低成本供给，引导线上企业到线下开设实体店，推动线上线下融合发展。阶段性适当降低困难流通企业住房公积金缴存比例。（住房城乡建设部、财政部、商务部、人民银行，地方各级人民政府）

九、发挥财政资金引导带动作用

积极推进“互联网+流通”行动，着力降低流通成本，提高流通效率，扩大有效供给，鼓励有条件的地方设立“互联网+流通”发展基金，引导社会资本、境外资本加大对流通领域互联网等信息技术应用的投入。（地方各级人民政府）

十、增强流通领域公共服务支撑能力

鼓励整合建设商务公共服务云平台，对接相关部门服务资源，为流通领域提供政策与基础信息服务，为中小微企业提供商业通用技术应用服务。加快建立健全电子商务统计监测体系，建设真实准确的企业、商品、订单、合同、发票、物流运单等电子商务基础信息库，支撑电子商务市场高效规范运行。（商务部、国家统计局、工业和信息化部、工商总局、质检总局、国家邮政局，地方各级人民政府）

加大教育培训结构调整力度，加强电子商务人才继续教育，提高线上线下互动实战能力，培养既懂流通又懂创意创新和网络运营的复合型人才。指导支持各类电子商务创新创意创业大赛，对接行业机构、投融资机构，发现优秀的创业创新项目和创业创新人才。（商务部、教育部）

十一、健全流通法规标准体系

抓紧研究商品流通、电子商务等方面的立法，研究建立流通设施建设、商品流通保障、流通秩序维护等基本制度，解决流通发展中的体制机制问题。（商务部、国家发展改革委、农业部、国务院法制办）

研究梳理现行法律法规中与互联网在流通领域创新应用和管理不相适应的内容，加快修订完善，推动线上线下规则统一。（有关部门按职责分工分别负责）

健全批发、零售、物流、生活服务、商务服务领域标准体系，加强适应电子商务发展需要的农产品生产、采摘、检验检疫、分拣、分级、包装、配送和“互联网+回收”等标准体系建设，加大标准贯彻实施力度，引导企业规范化发展。（商务部、国家发展改革委、农业部、质检总局）

十二、营造诚信经营公平竞争环境

适应“互联网+流通”发展需要，不断创新监管手段，采取合理的监管方式，加强事中事后监管，加大对侵权假冒、无证无照经营、虚假交易等行为的打击力度，保障群众买到质优价廉的商品，放心消费、安全消费。鼓励平台型服务企业利用技术手段加强对违法违规行为的监测、识别和防范，主动与执法部门建立联防联控机制；严厉打击平台型服务企业包庇、纵容违法违规经营行为，营造保障“互联网+流通”行动计划顺利实施的法治化营商环境。（商务部、工商总局、质检总局、食品药品监管总局）

推进商务信用体系建设，结合“三证合一、一照一码”登记制度改革，充分利用全国信用信息共享平台和企业信用信息公示系统，健全政府部门信用信息共享机制，并通过“信用中国”网站向社会提供服务，建立基于消费者交易评价和社会公众综合评价的市场化企业信用信息采集、共享与使用机制，不断优化评价标准和方法，形成多方参与、标准统一的商务诚信体系。（商务部、国家发展改革委、工业和信息化部、人民银行、工商总局、质检总局）

各地区、各部门要加强组织领导和贯彻实施，既要切实发挥好市场在资源配置中的决定性作用，也要发挥好政府的引导调控作用；既要立足当前，也要惠及长远。各地区要结合本地实际制定具体实施方案，明确工作分工，落实工作责任。商务部要会同有关部门建立工作联系机制，加强统筹协调、业务指导和督促检查，重大问题和情况及时报告国务院。

国务院办公厅

2016 年 4 月 15 日

国务院关于做好全面推开营改增试点工作的通知

国发明电[2016]1号

各省、自治区、直辖市人民政府，国务院各部委、各直属机构：

全面推开营改增试点将于2016年5月1日实施，为切实做好试点各项工作，现就有关事项通知如下：

一、高度重视全面推开营改增试点工作，切实加强组织领导

全面推开营改增试点是当前推动结构性改革尤其是供给侧结构性改革的重要内容，是实施积极财政政策的重大减税措施，政策性强、涉及面广，时间紧、任务重。各地区、各部门要充分认识全面推开营改增试点的重大意义，高度重视，统一思想，进一步加强对试点工作的组织领导。全面推开营改增试点部际联席会议要按照国务院赋予的职责，主动做好综合协调，统筹推进相关工作。各省（自治区、直辖市）人民政府要对本行政区域全面推开营改增试点工作负总责，政府主要负责同志要切实担负起第一责任人的责任。要精心组织，周密部署，抓紧建立工作协同推进机制，明确任务分工，细化措施方案，层层落实责任。

二、密切跟踪试点运行情况，做好政策解读和舆论引导

各地区、各部门要密切跟踪掌握全面推开营改增试点工作的进展情况，充分利用互联网、大数据等技术手段，针对不同行业和企业特点，梳理试点过程中的新情况，不断总结试点经验，优化流程，改进方法，加强监测预警，完善应对预案，强化风险防控，出现问题迅速处置。要进一步加强试点工作宣传，深入进行政策解读，对不实消息和人为炒作要予以及时澄清，积极回应社会关切，避免政策误读，有效引导社会舆论，为改革营造良好氛围。

三、严肃财经纪律，强化责任追究

地方各级政府都要讲政治、顾大局，算政治账、经济账、长远账，严格遵守有关法律法规和财经纪律，绝不允许为了短期利益和局部利益，搞回溯性清税，甚至弄虚作假收过头税。此类问题一经发现要依法依规严肃处理，对不应征收的税收必须立即退付给纳税人，超出合理增幅部分的税收要相应扣回。有关部门要强化监督约谈，禁止个别企业等假借营改增之名刻意曲解政策、趁机涨价谋取不当利益。同时，要确保全面推开营改增试点后顺利实施调整中央与地方增值税收入划分过渡方案。要坚决避免违背市场规律的不合理行政干预，不得限制企业跨区域生产经营、操纵企业增加值地区分布，严禁以各种不当手段争夺税源，防止形成地方保护和市场分割，破坏全国统一大市场建设。要确保试点工作平稳、有序进行，确保各项减税措施落到实处、见到实效，确保各行业税负只减不增，使广大企业充分享受到全面推开营改增试点的改革红利。重大事项要及时向国务院报告。

国务院

2016年4月29日

国务院关于促进外贸回稳向好的若干意见

国发[2016]27号

各省、自治区、直辖市人民政府，国务院各部委、各直属机构：

外贸是国民经济重要组成部分和重要推动力量。当前，外贸形势复杂严峻，不确定不稳定因素增多，下行压力不断加大。促进外贸回稳向好，对经济平稳运行和升级发展具有重要意义。为此，提出以下意见：

一、充分发挥出口信用保险作用

进一步降低短期出口信用保险费率。对大型成套设备出口融资应保尽保，在风险可控的前提下，抓紧评估和支持一批中长期险项目。

二、大力支持外贸企业融资

通过差别准备金、利率、再贷款、再贴现等政策，引导金融机构加大对小微企业的支持力度。鼓励和支持金融机构对有订单、有效益的外贸企业贷款。加强银贸合作，鼓励和支持金融机构进一步扩大出口信用保险保单融资和出口退税账户质押融资规模。

三、进一步提高贸易便利化水平

积极改善通关便利化的技术条件，提高机检比例，进一步降低海关出口平均查验率，加强分类指导，对信用好的出口企业降低查验率，对信用差的出口企业加大查验力度。2016年年底前将国际贸易“单一窗口”建设从沿海地区推广到有条件的中西部地区，建立标准体系，落实主体责任。全面推进通关作业无纸化。

四、调整完善出口退税政策

优化出口退税率结构，对照相机、摄影机、内燃发动机等部分机电产品按征多少退多少的原则退税，确保及时足额退税，严厉打击骗取退税。完善出口退税分类管理办法，逐步提高出口退税一类企业比例，发挥好一类企业的示范带动作用。

五、减免规范部分涉企收费

落实收费目录清单制度和《港口收费计费办法》，加快推进市场化改革，着重打破垄断，加强和创新收费监管，建立打击违规收费机制。加大对电子政务平台收费查处力度，对海关、出入境检验检疫、税务、商务等部门电子政务平台开展全面检查。合理规范港口、保险、运输、银行等收费，支持实体经济发展。加快将货物港务费并入港口建设费。电器电子产品出口符合政策条件的，可按规定免征废弃电器电子产品处理基金。

六、进一步完善加工贸易政策

综合运用财政、土地、金融政策，支持加工贸易向中西部地区转移。中西部地区要加大加工贸易产业用地保障力度，优先纳入供地计划并优先供应，东部地区加工贸易梯度转移腾退用地经批准可转变为商业、旅游、养老等用途。加工贸易企业依法取得的工业用地可按合同约定分期缴纳土地出让价款，对各省（区、市）确定的优先发展产业且用地集约的工业项目可按不低于相关标准的70%确定土地出让底价。鼓励转移到中西部地区的加工贸易企业参与电力直接交易。抓紧做好阶段性降低社会保险费率政策落实工作。优化财政支出结构，支持中西部地区加工贸易发展。鼓励金融机构为加工贸易梯度转移项目提供金融支持。

在全国范围内取消加工贸易业务审批，建立健全事中事后监管机制。在符合条件的海关特殊监管区域积极探索货物状态分类监管试点，在税负公平、风险可控的前提下，赋予具备条件的企业增值税一般纳税人资格。在自贸试验区的海关特殊监管区域积极推进选择性征收关税政策先行先试，及时总结评估，在公平税负原则下适时研究扩大试点。

七、支持边境贸易发展

将边贸政策与扶贫政策、民族政策相结合。加大中央财政对边境地区转移支付力度，继续支持边境小额贸易企业发展能力建设，并督促地方规范资金使用，确保将资金落实到基层一线地区，大力促进边境小额贸易企业发展。

八、实行积极的进口政策

完善进口贴息政策，调整《鼓励进口技术和产品目录》，重点支持先进设备、先进技术进口，鼓励企业引进消化吸收再创新。完善现行汽车品牌销售管理办法，切实推进汽车平行进口。赋予符合条件的原油加工企业原油使用和进口资质。降低部分日用消费品关税，引导境外消费回流。

九、加大对外贸新业态的支持力度

开展并扩大跨境电子商务、市场采购贸易方式和外贸综合服务企业试点。支持企业建设一批出口产品“海外仓”和海外运营中心。总结中国（杭州）跨境电子商务综合试验区和市场采购贸易方式的经验，扩大试点范围，对试点地区符合监管条件的出口企业，如不能提供进项税发票，按规定实行增值税免征不退政策，并在发展中逐步规范和完善。加快建立与外贸综合服务企业发展相适应的管理模式，抓紧完善外贸综合服务企业退（免）税分类管理办法。

十、加快国际营销服务体系建设

支持企业建立国际营销网络体系，建设一批境外展示中心、分拨中心、批发市场和零售网点等。鼓励企业建立境外服务保障体系，支持重点企业建设汽车、机床、工程机械、通信、轨道交通、航空、船舶和海洋工程等境外售后维修服务中心及备件生产基地和培训中心。鼓励中国出口信用保险公司、进出口银行、开发银行对企业建设国际营销和售后服务网络提供信保和融资支持。鼓励各类金融机构与企业合作，在重点市场为国际营销服务体系建设提供融资和消费信贷支持。

十一、加快培育外贸自主品牌

鼓励外贸企业创立自主品牌，提升出口质量。建立品牌商品出口统计制度。提高非商业性境外办展质量，培育一批重点行业专业性境外品牌展。加强自主品牌对外宣传，利用高层访问、国际会议、广交会等多渠道加大中国品牌推介力度。利用外经贸发展等专项资金支持品牌、专利等方面境外并购和国际营销体系建设。在风险可控前提下对外贸企业收购境外品牌、营销体系等加大信贷支持。

十二、发挥双向投资对贸易的促进作用

提高国家级经济技术开发区和各类园区的发展水平，加大招商引资力度，稳定外商投资规模和速度，提高引进外资质量。积极引导外资投向新兴产业、高新技术、节能环保等领域。进一步改善投资环境，大力引进国际人才，推动中关村国家自主创新示范区有关人才政策尽快在全国复制推广。促进引资和引智相结合，培育新的外贸经营主体。推动对外投资合作和贸易相结合。大力推进“一带一路”建设和国际产能合作，带动我国产品、技术、标准、服务出口。加大磋商协调力度，推动解决企业“走出去”面临的签证申办难点和普遍性问题。

十三、加强外贸知识产权保护

持续开展外贸领域打击侵权假冒专项行动，依法打击有关违法行为。支持企业开展商标、专利注册保护，加强境外知识产权争端解决和维权援助机制建设。健全多双边知识产权交流和执法协作机制，切实支持进出口企业应对境外知识产权纠纷，有效遏止境外恶意注册、恶意诉讼等行为。加强指导和帮助，提高外贸企业防范和应对国际技术性贸易壁垒的能力和水平。加强外贸领域诚信体系建设，探索建立外贸企业信用评价体系。

十四、加强组织实施

各地区、各部门要进一步提高认识，更加重视外贸工作，加强协调，形成合力。要加大政策落实力度，早部署、早落实，加强督促检查。各地区要提高政策的精准度，借鉴有益经验做法，根据形势需要和本地区实际，出台有针对性的配套措施。各部门要明确责任分工，抓紧制定实施细则。要多措并举，促进外贸创新发展，千方百计稳增长，坚定不移调结构，努力实现外贸回稳向好。

国务院

2016年5月5日

国务院办公厅关于进一步做好民间投资有关工作的通知

国办发明电[2016]12 号

各省、自治区、直辖市人民政府，国务院各部委、各直属机构：

党中央、国务院高度重视促进非公有制经济和民间投资健康发展。习近平总书记强调，公有制经济和非公有制经济都是社会主义市场经济的重要组成部分，都是我国经济社会发展的重要基础。毫不动摇鼓励、支持、引导非公有制经济发展，保证各种所有制经济依法平等使用生产要素、公平参与市场竞争、同等受到法律保护。李克强总理指出，要尊重和维护企业市场主体地位，不断深化改革，推动政策落地见效，稳定市场预期，进一步调动民间投资积极性，激发民间投资潜力和创新活力。针对近期民间投资增速有所回落，为促进民间投资健康发展，国务院部署开展了促进民间投资政策落实专项督查和第三方评估调研。6 月 22 日，国务院常务会议听取了专项督查和第三方评估调研情况汇报，对做好民间投资有关工作提出进一步要求。为深入贯彻落实党中央、国务院领导同志重要指示精神和国务院常务会议部署，经国务院同意，现就有关事项通知如下：

一、充分认识促进民间投资健康发展的重要意义

近几年来，非公经济实力不断增强，已成为稳定我国经济的重要基础。非公经济创造了 60%左右的国内生产总值、80%左右的社会就业，民间投资已占到全社会固定资产投资的 60%以上。促进民间投资健康发展，既利当前又惠长远，对稳增长、保就业具有重要意义，也是推进结构性改革特别是供给侧结构性改革的重要内容。

各省（区、市）人民政府、各有关部门要全面贯彻党的十八大和十八届二中、三中、四中、五中全会精神，牢固树立新发展理念，认真落实中央经济工作会议和《政府工作报告》部署，按照国务院常务会议要求，推动《国务院关于创新重点领域投融资机制鼓励社会投资的指导意见》（国发[2014]60 号）、《国务院关于鼓励和引导民间投资健康发展的若干意见》（国发[2010]13 号）、《国务院关于鼓励支持和引导个体私营等非公有制经济发展的若干意见》（国发[2005]3 号）各项政策落实，促进民间投资回稳向好，更好发挥民间投资主力军作用。

二、认真抓好督查和评估调研发现问题的整改落实

促进民间投资政策落实专项督查和第三方评估调研发现，在部分地区、部分领域，存在着政策措施不落地、政府职能转变不到位、民营企业融资难融资贵、难以享受同等“国民待遇”、企业成本高负担重等突出问题。各省（区、市）人民政府、各有关部门要“对号入座”，逐项检查，及时整改，举一反三研究完善相关配套政策和实施细则，切实加强和改进本地区、本部门、本系统促进民间投资各项工作，确保取得实效，并于 8 月 15 日前将阶段性整改结果和下一步整改工作重点报送国务院办公厅，抄送国家发展改革委。

国家发展改革委要会同有关部门成立督导组，从 7 月中旬开始，对民间投资体量大、同比增速下降较快和近期民间投资增速滞后的省（区、市），组织开展重点督导。

三、继续深化简政放权、放管结合、优化服务改革

本届政府成立以来，以简政放权为“先手棋”，不断推动政府职能转变，激发了企业活力。但一些民营企业反映，部分地区仍然存在重审批、轻监管、少服务等问题，相关行政审批链条未见明显缩短、审批效率没有明显提高，“双随机、一公开”未全面推开，重复检查较多，政府服务缺位。各省（区、市）人民政府、各有关部门要进一步清理行政审批事项，及时破除各种关卡，该取消的行政审批事项要坚决取消，该给市场的权力要尽快放给市场。全面推行“双随机、一公开”监管模式。加快构建权责明确、透明高效的事中事后监管体系。聚焦薄弱环节，全面提升政府服务能力和水平。

今年下半年，国务院审改办要会同有关部门，对“放管服”改革落实情况进行专项检查。

四、努力营造一视同仁的公平竞争市场环境

国务院关于促进非公有制经济和民间投资健康发展的相关文件，已明确对各类市场主体实施公平准入等原则和一系列政策措施。但民营企业普遍反映，在市场准入条件、资源要素配置、政府管理服务等方面，仍难以享受与国有企业同等的“国民待遇”。各省（区、市）人民政府、各有关部门要对照国家政策要求，坚持一视同仁，抓紧建立市场准入负面清单制度，进一步放开民用机场、基础电信运营、油气勘探开发等领域准入，在基础设施和公用事业等重点领域去除各类显性或隐性门槛，在医疗、养老、教育等民生领域出台有效举措，促进公平竞争。

各省（区、市）人民政府要针对自行出台的政策，开展全面自查，坚决取消对民间资本单独设置的附加条件和歧视性条款，加快健全公平开放透明的市场规则，切实营造权利平等、机会平等、规则平等的投资环境。有关自查情况于 8 月 15 日前一并报送国务院办公厅，抄送国家发展改革委。

五、着力缓解融资难融资贵问题

近年来国务院连续出台一系列措施缓解中小微企业融资难融资贵问题，取得了积极成效。但融资难融资贵依然是民营企业反映强烈的突出问题之一，民营企业申请贷款中间环节多、收费高、难度大，一些银行惜贷、压贷、抽贷、断贷行为时有发生。银监会要抓紧会同有关部门开展专项检查，督促银行业金融机构严格落实支持实体经济发展的各项政策措施。要切实做到“三个不低于”，即对小微企业贷款增速不低于各项贷款平均增速、小微企业贷款户数不低于上年同期户数、小微企业申贷获得率不低于上年同期水平；要坚决查处银行涉企乱收费；要引导金融机构运用大数据等新技术，创新适合中小微企业的融资模式，推动大型商业银行扩大服务中小微企业业务。各省（区、市）人民政府要主动作为，积极推动改进金融服务，拓宽民营企业融资渠道，降低融资成本，推进政府主导的省级再担保机构基本实现全覆盖。

全国工商联、新华社等要加强对民营企业融资状况调研评估，及时反映企业诉求。

六、切实降低企业成本负担

国务院要求有关方面开展正税清费，实施“营改增”改革试点等工作，目的是降低企业负担，规范税费制度。但民营企业反映，目前一些措施还不够落实，未能充分享受国家出台的优惠政策，有的地方各种评估收费多，甚至仍然存在乱收费、乱摊派情况。各省（区、市）人民政府、各有关部门要加大工作力度，进一步抓好固定资产加速折旧、小微企业所得税优惠、阶段性降低“五险一金”费率等政策落实。要抓紧对涉企收费情况进行全面自查、集中清理，坚决砍掉不合理收费和中介服务环节。

财政部要会同国家发展改革委等有关部门，抓紧开展涉企收费清理情况专项检查，推动降低企业成本，切实减轻企业负担。审计署要将涉企收费审

计作为政策落实跟踪审计的重点内容进行跟踪。

财政部要会同有关部门抓紧部署清理政府对企业各种欠款的专项工作。各省（区、市）人民政府、各有关部门要在规定时间内依法依规解决拖欠各类企业的工程款、物资采购款以及应返未返保证金等问题。

七、强化落实地方政府和部门的主体责任

各省（区、市）人民政府、各有关部门要切实履行主体责任，把调动民间投资积极性、促进民间投资健康发展摆上重要议事日程，主要负责同志要负总责、亲自协调，分管负责同志要具体抓督促落实，有效解决民营企业反映的突出问题。

各省（区、市）人民政府、各有关部门要针对政府违约和政策不落实等问题，建立问责机制，提高政府公信力。要按照建立“亲”“清”政商关系要求，完善政企沟通机制，充分听取民营企业意见建议，主动改进工作。凡对企业实事求是反映问题进行打击报复的，要依法依规处理，从严追究直接责任人和有关领导人员责任。

八、加大政策解读和舆论宣传力度

各省（区、市）人民政府、各有关部门要健全完善政策发布和政策解读的信息公开机制，及时回应社会关切，进一步营造民间投资良好舆论环境。要加大政府信息数据开放力度，畅通为民营企业提供信息服务的有效渠道。要重视总结推广政府管理服务中的好做法、好经验，曝光不作为、乱作为案例。要主动唱响中国经济光明论，释放积极信号，提振发展信心，稳定和改善市场预期。

各省（区、市）人民政府、各有关部门要按照本通知精神，进一步做好民间投资有关工作，重要情况及时报告国务院。

国务院办公厅

2016 年 7 月 1 日

中共中央　国务院关于深化投融资体制改革的意见

中发[2016]18号

（2016年7月5日）

党的十八大以来，党中央、国务院大力推进简政放权、放管结合、优化服务改革，投融资体制改革取得新的突破，投资项目审批范围大幅度缩减，投资管理工作重心逐步从事前审批转向过程服务和事中事后监管，企业投资自主权进一步落实，调动了社会资本积极性。同时也要看到，与政府职能转变和经济社会发展要求相比，投融资管理体制仍然存在一些问题，主要是：简政放权不协同、不到位，企业投资主体地位有待进一步确立；投资项目融资难融资贵问题较为突出，融资渠道需要进一步畅通；政府投资管理亟需创新，引导和带动作用有待进一步发挥；权力下放与配套制度建设不同步，事中事后监管和过程服务仍需加强；投资法制建设滞后，投资监管法治化水平亟待提高。为深化投融资体制改革，充分发挥投资对稳增长、调结构、惠民生的关键作用，现提出以下意见。

一、总体要求

全面贯彻落实党的十八大和十八届三中、四中、五中全会精神，以邓小平理论、“三个代表”重要思想、科学发展观为指导，深入学习贯彻习近平总书记系列重要讲话精神，按照“五位一体”总体布局和“四个全面”战略布局，牢固树立和贯彻落实创新、协调、绿色、开放、共享的新发展理念，着力推进结构性改革尤其是供给侧结构性改革，充分发挥市场在资源配置中的决定性作用和更好发挥政府作用。进一步转变政府职能，深入推进简政放权、放管结合、优化服务改革，建立完善企业自主决策、融资渠道畅通，职能转变到位、政府行为规范，宏观调控有效、法治保障健全的新型投融资体制。

——企业为主，政府引导。科学界定并严格控制政府投资范围，平等对待各类投资主体，确立企业投资主体地位，放宽放活社会投资，激发民间投资潜力和创新活力。充分发挥政府投资的引导作用和放大效应，完善政府和社会资本合作模式。

——放管结合，优化服务。将投资管理工作的立足点放到为企业投资活动做好服务上，在服务中实施管理，在管理中实现服务。更加注重事前政策引导、事中事后监管约束和过程服务，创新服务方式，简化服务流程，提高综合服务能力。

——创新机制，畅通渠道。打通投融资渠道，拓宽投资项目资金来源，充分挖掘社会资金潜力，让更多储蓄转化为有效投资，有效缓解投资项目融资难融资贵问题。

——统筹兼顾，协同推进。投融资体制改革要与供给侧结构性改革以及财税、金融、国有企业等领域改革有机衔接、整体推进，建立上下联动、横向协同工作机制，形成改革合力。

二、改善企业投资管理，充分激发社会投资动力和活力

（一）确立企业投资主体地位

坚持企业投资核准范围最小化，原则上由企业依法依规自主决策投资行为。在一定领域、区域内先行试点企业投资项目承诺制，探索创新以政策性条件引导、企业信用承诺、监管有效约束为核心的管理模式。对极少数关系国家安全和生态安全、涉及全国重大生产力布局、战略性资源开发和重大公共利益等项目，政府从维护社会公共利益角度确需

依法进行审查把关的，应将相关事项以清单方式列明，最大限度缩减核准事项。

（二）建立投资项目“三个清单”管理制度

及时修订并公布政府核准的投资项目目录，实行企业投资项目管理负面清单制度，除目录范围内的项目外，一律实行备案制，由企业按照有关规定向备案机关备案。建立企业投资项目管理权力清单制度，将各级政府部门行使的企业投资项目管理职权以清单形式明确下来，严格遵循职权法定原则，规范职权行使，优化管理流程。建立企业投资项目管理责任清单制度，厘清各级政府部门企业投资项目管理职权所对应的责任事项，明确责任主体，健全问责机制。建立健全“三个清单”动态管理机制，根据情况变化适时调整。清单应及时向社会公布，接受社会监督，做到依法、公开、透明。

（三）优化管理流程

实行备案制的投资项目，备案机关要通过投资项目在线审批监管平台或政务服务大厅，提供快捷备案服务，不得设置任何前置条件。实行核准制的投资项目，政府部门要依托投资项目在线审批监管平台或政务服务大厅实行并联核准。精简投资项目准入阶段的相关手续，只保留选址意见、用地（用海）预审以及重特大项目的环评审批作为前置条件；按照并联办理、联合评审的要求，相关部门要协同下放审批权限，探索建立多评合一、统一评审的新模式。加快推进中介服务市场化进程，打破行业、地区壁垒和部门垄断，切断中介服务机构与政府部门间的利益关联，建立公开透明的中介服务市场。进一步简化、整合投资项目报建手续，取消投资项目报建阶段技术审查类的相关审批手续，探索实行先建后验的管理模式。

（四）规范企业投资行为

各类企业要严格遵守城乡规划、土地管理、环境保护、安全生产等方面的法律法规，认真执行相关政策和标准规定，依法落实项目法人责任制、招标投标制、工程监理制和合同管理制，切实加强信用体系建设，自觉规范投资行为。对于以不正当手段取得核准或备案手续以及未按照核准内容进行建设的项目，核准、备案机关应当根据情节轻重依法给予警告、责令停止建设、责令停产等处罚；对于未依法办理其他相关手续擅自开工建设，以及建设过程中违反城乡规划、土地管理、环境保护、安全生产等方面的法律法规的项目，相关部门应依法予以处罚。相关责任人员涉嫌犯罪的，依法移送司法机关处理。各类投资中介服务机构要坚持诚信原则，加强自我约束，增强服务意识和社会责任意识，塑造诚信高效、社会信赖的行业形象。有关行业协会要加强行业自律，健全行业规范和标准，提高服务质量，不得变相审批。

三、完善政府投资体制，发挥好政府投资的引导和带动作用

（五）进一步明确政府投资范围

政府投资资金只投向市场不能有效配置资源的社会公益服务、公共基础设施、农业农村、生态环境保护和修复、重大科技进步、社会管理、国家安全等公共领域的项目，以非经营性项目为主，原则上不支持经营性项目。建立政府投资范围定期评估调整机制，不断优化投资方向和结构，提高投资效率。

（六）优化政府投资安排方式

政府投资资金按项目安排，以直接投资方式为主。对确需支持的经营性项目，主要采取资本金注入方式投入，也可适当采取投资补助、贷款贴息等方式进行引导。安排政府投资资金应当在明确各方权益的基础上平等对待各类投资主体，不得设置歧视性条件。根据发展需要，依法发起设立基础设施建设基金、公共服务发展基金、住房保障发展基金、政府出资产业投资基金等各类基金，充分发挥政府资金的引导作用和放大效应。加快地方政府融资平

台的市场化转型。

（七）规范政府投资管理

依据国民经济和社会发展规划及国家宏观调控总体要求，编制三年滚动政府投资计划，明确计划期内的重大项目，并与中期财政规划相衔接，统筹安排、规范使用各类政府投资资金。依据三年滚动政府投资计划及国家宏观调控政策，编制政府投资年度计划，合理安排政府投资。建立覆盖各地区各部门的政府投资项目库，未入库项目原则上不予安排政府投资。完善政府投资项目信息统一管理机制，建立贯通各地区各部门的项目信息平台，并尽快拓展至企业投资项目，实现项目信息共享。改进和规范政府投资项目审批制，采用直接投资和资本金注入方式的项目，对经济社会发展、社会公众利益有重大影响或者投资规模较大的，要在咨询机构评估、公众参与、专家评议、风险评估等科学论证基础上，严格审批项目建议书、可行性研究报告、初步设计。经国务院及有关部门批准的专项规划、区域规划中已经明确的项目，部分改扩建项目，以及建设内容单一、投资规模较小、技术方案简单的项目，可以简化相关文件内容和审批程序。

（八）加强政府投资事中事后监管

加强政府投资项目建设管理，严格投资概算、建设标准、建设工期等要求。严格按照项目建设进度下达投资计划，确保政府投资及时发挥效益。严格概算执行和造价控制，健全概算审批、调整等管理制度。进一步完善政府投资项目代理建设制度。在社会事业、基础设施等领域，推广应用建筑信息模型技术。鼓励有条件的政府投资项目通过市场化方式进行运营管理。完善政府投资监管机制，加强投资项目审计监督，强化重大项目稽察制度，完善竣工验收制度，建立后评价制度，健全政府投资责任追究制度。建立社会监督机制，推动政府投资信息公开，鼓励公众和媒体对政府投资进行监督。

（九）鼓励政府和社会资本合作

各地区各部门可以根据需要和财力状况，通过特许经营、政府购买服务等方式，在交通、环保、医疗、养老等领域采取单个项目、组合项目、连片开发等多种形式，扩大公共产品和服务供给。要合理把握价格、土地、金融等方面的政策支持力度，稳定项目预期收益。要发挥工程咨询、金融、财务、法律等方面专业机构作用，提高项目决策的科学性、项目管理的专业性和项目实施的有效性。

四、创新融资机制，畅通投资项目融资渠道

（十）大力发展直接融资

依托多层次资本市场体系，拓宽投资项目融资渠道，支持有真实经济活动支撑的资产证券化，盘活存量资产，优化金融资源配置，更好地服务投资兴业。结合国有企业改革和混合所有制机制创新，优化能源、交通等领域投资项目的直接融资。通过多种方式加大对种子期、初创期企业投资项目的金融支持力度，有针对性地为“双创”项目提供股权、债权以及信用贷款等融资综合服务。加大创新力度，丰富债券品种，进一步发展企业债券、公司债券、非金融企业债务融资工具、项目收益债等，支持重点领域投资项目通过债券市场筹措资金。开展金融机构以适当方式依法持有企业股权的试点。设立政府引导、市场化运作的产业（股权）投资基金，积极吸引社会资本参加，鼓励金融机构以及全国社会保障基金、保险资金等在依法合规、风险可控的前提下，经批准后通过认购基金份额等方式有效参与。加快建立规范的地方政府举债融资机制，支持省级政府依法依规发行政府债券，用于公共领域重点项目建设。

（十一）充分发挥政策性、开发性金融机构积极作用

在国家批准的业务范围内，政策性、开发性金融机构要加大对城镇棚户区改造、生态环保、城乡基础设施建设、科技创新等重大项目和工程的资金

支持力度。根据宏观调控需要，支持政策性、开发性金融机构发行金融债券专项用于支持重点项目建设。发挥专项建设基金作用，通过资本金注入、股权投资等方式，支持看得准、有回报、不新增过剩产能、不形成重复建设、不产生挤出效应的重点领域项目。建立健全政银企社合作对接机制，搭建信息共享、资金对接平台，协调金融机构加大对重大工程的支持力度。

（十二）完善保险资金等机构资金对项目建设的投资机制

在风险可控的前提下，逐步放宽保险资金投资范围，创新资金运用方式。鼓励通过债权、股权、资产支持等多种方式，支持重大基础设施、重大民生工程、新型城镇化等领域的项目建设。加快推进全国社会保障基金、基本养老保险基金、企业年金等投资管理体系建设，建立和完善市场化投资运营机制。

（十三）加快构建更加开放的投融资体制

创新有利于深化对外合作的投融资机制，加强金融机构协调配合，用好各类资金，为国内企业走出去和重点合作项目提供更多投融资支持。在宏观和微观审慎管理框架下，稳步放宽境内企业和金融机构赴境外融资，做好风险规避。完善境外发债备案制，募集低成本外汇资金，更好地支持企业对外投资项目。加强与国际金融机构和各国政府、企业、金融机构之间的多层次投融资合作。

五、切实转变政府职能，提升综合服务管理水平

（十四）创新服务管理方式

探索建立并逐步推行投资项目审批首问负责制，投资主管部门或审批协调机构作为首家受理单位“一站式”受理、“全流程”服务，一家负责到底。充分运用互联网和大数据等技术，加快建设投资项目在线审批监管平台，联通各级政府部门，覆盖全国各类投资项目，实现一口受理、网上办理、规范透明、限时办结。加快建立投资项目统一代码制度，统一汇集审批、建设、监管等项目信息，实现信息共享，推动信息公开，提高透明度。各有关部门要制定项目审批工作规则和办事指南，及时公开受理情况、办理过程、审批结果，发布政策信息、投资信息、中介服务信息等，为企业投资决策提供参考和帮助。鼓励新闻媒体、公民、法人和其他组织依法对政府的服务管理行为进行监督。下移服务管理重心，加强业务指导和基层投资管理队伍建设，给予地方更多自主权，充分调动地方积极性。

（十五）加强规划政策引导

充分发挥发展规划、产业政策、行业标准等对投资活动的引导作用，并为监管提供依据。把发展规划作为引导投资方向，稳定投资运行，规范项目准入，优化项目布局，合理配置资金、土地（海域）、能源资源、人力资源等要素的重要手段。完善产业结构调整指导目录、外商投资产业指导目录等，为各类投资活动提供依据和指导。构建更加科学、更加完善、更具操作性的行业准入标准体系，加快制定修订能耗、水耗、用地、碳排放、污染物排放、安全生产等技术标准，实施能效和排污强度“领跑者”制度，鼓励各地区结合实际依法制定更加严格的地方标准。

（十六）健全监管约束机制

按照谁审批谁监管、谁主管谁监管的原则，明确监管责任，注重发挥投资主管部门综合监管职能、地方政府就近就便监管作用和行业管理部门专业优势，整合监管力量，共享监管信息，实现协同监管。依托投资项目在线审批监管平台，加强项目建设全过程监管，确保项目合法开工、建设过程合规有序。各有关部门要完善规章制度，制定监管工作指南和操作规程，促进监管工作标准具体化、公开化。要严格执法，依法纠正和查处违法违规投资建设行为。实施投融资领域相关主体信用承诺制

度，建立异常信用记录和严重违法失信“黑名单”，纳入全国信用信息共享平台，强化并提升政府和投资者的契约意识和诚信意识，形成守信激励、失信惩戒的约束机制，促使相关主体切实强化责任，履行法定义务，确保投资建设市场安全高效运行。

六、强化保障措施，确保改革任务落实到位

（十七）加强分工协作

各地区各部门要充分认识深化投融资体制改革的重要性和紧迫性，加强组织领导，搞好分工协作，制定具体方案，明确任务分工、时间节点，定期督查、强化问责，确保各项改革措施稳步推进。国务院投资主管部门要切实履行好投资调控管理的综合协调、统筹推进职责。

（十八）加快立法工作

完善与投融资相关的法律法规，制定实施政府投资条例、企业投资项目核准和备案管理条例，加快推进社会信用、股权投资等方面的立法工作，依法保护各方权益，维护竞争公平有序、要素合理流动的投融资市场环境。

（十九）推进配套改革

加快推进铁路、石油、天然气、电力、电信、医疗、教育、城市公用事业等领域改革，规范并完善政府和社会资本合作、特许经营管理，鼓励社会资本参与。加快推进基础设施和公用事业等领域价格改革，完善市场决定价格机制。研究推动土地制度配套改革。加快推进金融体制改革和创新，健全金融市场运行机制。投融资体制改革与其他领域改革要协同推进，形成叠加效应，充分释放改革红利。

福建省人民政府关于进一步推动企业兼并重组若干措施的通知

闽政[2015]60号

各市、县（区）人民政府，平潭综合实验区管委会，省人民政府各部门、各直属机构，各大企业，各高等院校：

为进一步推动企业兼并重组，促进我省企业做大做强，提出如下措施：

一、加强产业政策引导

支持传统产业、重点行业企业围绕提高产业集中度、延伸产业链开展兼并重组，整合品牌资源和创新资源，建立完善境内外生产、研发、资源和服务体系，积极参与全球资源整合配置。

被兼并重组企业原享受的高新技术企业、省级重点企业研究院、资源综合利用、驰名商标、著名品牌等优惠政策，兼并重组后仍符合相关条件的，经行政主管部门审核确认后，可由实施兼并重组的企业按规定继续享受；被兼并重组企业承担的各级科研项目，兼并重组后仍符合相关条件的，经本级科技行政主管部门审核确认后，可继续承担。

兼并重组后企业实施的技术改造、技术创新、两化融合、节能减排、淘汰落后产能等符合产业政策的项目，优先列入各级政府部门年度重点项目计划，享受相关领域的扶持政策。

同一设区市范围内兼并重组行为，经批准，允许实施兼并重组企业直接继承使用被兼并重组企业的排污权指标，也可用作交易。产能严重过剩行业的企业兼并重组，须制订产能等量或减量置换方案，实施排污总量、产能总量等量或减量置换。

在省工业和信息化发展资金中安排资金，用于支持企业兼并重组，对重大企业兼并重组项目发生的评估、审计、法律顾问等前期费用及并购贷款利息予以补助，单个项目最高不超过300万元；对并购境外或省外科技型企业，分别按照并购金额的10%和5%给予补助，单项最高不超过1000万元。

责任单位：省经信委、财政厅、科技厅、商务厅、环保厅，各设区市人民政府、平潭综合实验区管委会

二、落实税费优惠政策

兼并重组后存续企业的性质及适用税费优惠条件未发生改变的，可按规定享受兼并重组前该企业剩余期限的税费优惠政策。居民企业以非货币性资产对外投资确认的非货币性资产转让所得，可在不超过5年期限内，分期均匀计入相应年度的应纳税所得额，按规定计算缴纳企业所得税。符合改制重组有关土地增值税政策的企业，暂不征土地增值税。

对增值税一般纳税人在资产重组过程中，将全部资产、负债和劳动力一并转让给其他增值税一般纳税人，并按程序办理注销税务登记的，其在办理注销登记前尚未抵扣的进项税额可结转至新纳税人处，凭《增值税一般纳税人资产重组进项留抵税额转移单》继续申报抵扣。

企业在资产重组过程中，通过合并、分立、出售、置换等方式，将全部或者部分实物资产以及与其相关联的债权、债务和劳动力一并转让给其他单位和个人的行为，不属于增值税和营业税征收范围，其中涉及的货物转让，不征收增值税；涉及的不动产、土地使用权转让不征收营业税。兼并重组过程中产生的地方税收部分奖励给企业，用于安置职工、偿还债务、扩大生产等；被兼并企业历史遗留尚未缴纳的水、电等相关费用给予适当减免。

责任单位：省财政厅、国土厅、地税局，省国

税局，各设区市人民政府、平潭综合实验区管委会

三、改善金融服务

支持银行业机构提供信贷资金保障。推进银行业机构充分利用并购贷款、夹层贷款、银团贷款等方式支持企业开展兼并重组，并在贷款规模、利率优惠、贷款期限等方面向兼并重组企业倾斜；地方法人银行业机构要根据自身资产情况为企业兼并重组单列贷款规模。各银行业机构根据我省兼并重组实际情况专门设计有针对性的金融产品，满足企业兼并重组个性化资金需求。对重组企业整体受让被重组企业相关债权债务的，银行业机构不能削减原来双方贷款规模，并在贷款期限和贷款利率等方面给予支持；对重组后原来担保链发生变化的，能解除的尽量解除，不能解除的进行优化。

支持企业通过资本市场进行兼并重组。鼓励我省上市公司利用资本市场以定向增发、资产置换等形式进行兼并重组；引导中概股通过分拆资产并与省内资产进行兼并重组回归A股市场；鼓励各类龙头企业、国有资产通过“借壳”或“买壳”尽快进入资本市场。帮助符合条件的兼并重组企业通过上市、发行并购债等债券、新三板挂牌、资产证券化等方式开展直接融资，支持兼并重组企业债权转股权。鼓励各地市设立以兼并重组股权过桥为主要目的的另类投资公司，为企业兼并重组提供桥梁和缓冲地带。支持发起设立企业兼并重组基金，通过股权投资形式，参与企业兼并重组、产业链整合、司法重整等。支持海峡股权交易中心、省产权交易中心为企业兼并重组中涉及的产权、股权转让和融资提供服务。

责任单位：福建银监局、福建证监局、人行福州中心支行，省发改委、经信委、金融办，各设区市人民政府、平潭综合实验区管委会

四、落实土地政策

对兼并重组后企业退出的土地，各级土地储备机构应有偿收储，按规定支付给企业的土地补偿金应及时拨付给企业，用于支持企业安置职工、偿还债务和搬迁改造、扩大生产。

企业兼并重组中涉及的划拨土地符合国土资源部《划拨用地目录》的，经县级以上人民政府批准可继续以划拨方式使用；不符合的，依法实行有偿使用。兼并重组过程中，凡符合不改变土地用途等条件的，按规定补缴土地出让金并完税后，可按规定办理变更土地登记手续。因历史原因导致房地产权证书不全的，在兼并重组中可根据有关规定申请补办相关手续。

对企业兼并重组中涉及因实施城市规划需要搬迁的工业项目，在符合城乡规划及国家产业政策的条件下，市、县国土资源管理部门经审核并报本级政府批准，可收回原国有土地使用权，并以协议出让或租赁方式为原土地使用权人重新安排工业用地。

对于企业兼并重组不涉及土地使用权实质性转移，凡用地性质和土地用途不改变，可根据工商部门登记的变更企业名称，到所在地国土资源管理部门办理土地名称变更登记；兼并重组后企业通过新建、扩建、翻建厂房，经依法批准提高现有工业用地容积率，不再增收土地价款，并减免相应的城市基础设施配套费。

责任单位：省国土厅、财政厅，各设区市人民政府、平潭综合实验区管委会

五、鼓励龙头企业参与兼并重组

鼓励产业龙头企业、上市公司、民营优势企业强强联合，实施跨所有制的关联性战略性重组，带动中小企业“专精特新”发展，形成优强企业主导、大中小企业协调发展的产业格局。

支持行业龙头企业、骨干企业整合产业链上下游资源，开展并购重组；鼓励大型企业通过兼并重

组拓展业务领域，多元化、集团化发展；鼓励上市公司通过增发、配股等再融资方式，推进并购重组和上下游产业链的整合。

着力推动国有企业之间整合重组，原则上业务相近的国有企业都要整合重组，鼓励有条件的省属国有企业实施跨地区、跨所有制兼并重组。对主业不突出、不具有竞争优势的国有企业实行同类合并，或采取股份制改革、出售等多种形式逐步退出。设立省国企改革重组投资基金，推进产业整合和并购重组，扶持一批有发展潜力的中小国企做大做强做优。

规范和完善国有资产转让处置规定，推动省市县三级经营性国有资产在产权清晰的基础上开展联合重组。调整完善国有股权结构，竞争类企业国有股权比例不设下限。

鼓励民营企业参与我省国有企业产权多元化改革，建立混合所有制企业，对民间资本进入不设附加条件。省属国有独资企业、国有控股企业继续完善公司法人治理结构，引进职业经理人。完善国有企业改革、兼并重组等考核评价体系。

责任单位：省国资委、金融办，各设区市人民政府、平潭综合实验区管委会

六、妥善安置职工

指导兼并重组企业及时为在职职工缴纳接续基本养老、医疗保险，与企业解除劳动关系的职工到灵活就业人员窗口续保缴费。

做好兼并重组解除、终止劳动关系的职工失业登记，确保符合条件的失业人员及时领取失业保险金。对采取有效措施稳定职工队伍的参保缴费企业，由失业保险基金按照规定给予企业稳定岗位补贴。

实施积极就业政策，落实职业培训、创业培训、促进自主创业、帮扶就业困难人员就业等优惠政策，为兼并重组的再就业人员提供包括政策咨询、职业介绍和职业指导在内的一系列就业服务。

责任单位：省人社厅、财政厅，各设区市人民政府、平潭综合实验区管委会

七、加强服务和管理

加强组织领导，建立省企业兼并重组工作厅际联席会议制度。由省经信委牵头，省审改办、省发改委、省科技厅、省财政厅、省人社厅、省国土厅、省环保厅、省住建厅、省商务厅、省国资委、省地税局、省工商局、省质监局、省统计局、省法制办、省金融办、人行福州中心支行、省国税局、福建银监局、福建证监局等相关部门参加。联席会议办公室设在省经信委，负责召集联席会议，协调解决企业兼并重组中的重大问题，研究有关政策和配套措施，督促落实地方和部门职责分工，着力推进省级层面重大兼并重组项目。各地政府也要建立相应的工作体系，指导协调、督促推进本地区企业兼并重组有关工作。

依法保留企业兼并重组行政审批事项，建立权力清单目录并向社会公开。简化行政审批手续和办事程序，兼并重组过程中涉及项目立项、环境评价、工程施工、生产许可等批准文件、房屋所有权转移登记或变更登记、资质证书、资产权属证明变更等，实行直接变更企业名称，资料不齐的，准予补齐材料办理变更手续，相关费用给予减免。

对增值税一般纳税人兼并重组其他增值税纳税人，因住所、经营地点变动，按规定已在工商行政管理部门变更登记，需注销并新办税务登记的，在迁达地办理税务登记后，依企业申请，保留其增值税一般纳税人资格。

健全完善全省企业兼并重组重点项目库，加强重大项目的跟踪协调。搭建兼并重组企业与金融机构之间的有效沟通平台，帮助企业破解兼并重组过程中常见债权债务问题。兼并重组企业利益相关方自愿申请司法重整的，由司法机关依法受理；各地

政府要发挥破产重整工作小组的作用，加强与各银行机构沟通，筛选有救助价值的企业开展破产重整，帮助引入有实力的优质企业参与重整，盘活有价值资产，提高债权人清偿率。健全与当地法院的联席互动机制，落实进一步依法规范金融案件审理执行和企业破产案件审理的意见，支持法院加快破产重整案件的审理。

加大对企业兼并重组公共服务的投入力度。整合政府资源和社会资源，探索建立企业兼并重组公共信息服务平台，与国家兼并重组公共信息服务平台对接，进一步拓宽企业兼并重组信息交流渠道；鼓励资产评估机构、律师事务所、会计师事务所等社会中介服务机构，为企业兼并重组提供战略咨询、法规政策、资产评估等全方位、多层次的综合服务。

根据国家统计制度，妥善解决企业省内跨市（县、区）兼并重组后的增加值等统计数据归属问题；加强兼并重组统计信息工作，完善兼并重组数据收集渠道和机制，提供及时有效的信息服务。

责任单位：省审改办、发改委、经信委、财政厅、国土厅、环保厅、住建厅、工商局、质监局、统计局、法制办，省国税局、福建证监局，各设区市人民政府、平潭综合实验区管委会

各责任单位要认真制定执行计划并推进落实。省经信委要做好组织协调、指导推进、督促检查，有关实施情况应定期汇总报告。

福建省人民政府

2015 年 12 月 10 日

福建省人民政府关于印发新一轮企业技术改造专项行动计划的通知

闽政[2015]61号

各市、县（区）人民政府，平潭综合实验区管委会，省人民政府各部门、各直属机构，各大企业，各高等院校：

现将《福建省新一轮企业技术改造专项行动计划》印发你们，请认真组织实施。各责任单位要认真制定执行计划并推进落实，省经信委要做好组织协调、指导推进、督促检查，有关实施情况应定期汇总报告。

福建省人民政府

2015年12月10日

福建省新一轮企业技术改造专项行动计划

为适应技术进步新趋势，更大力度实施企业技术改造，推动制造业转型升级，促进经济平稳健康可持续发展，特制定新一轮企业技术改造专项行动计划。

一、工作目标

紧密结合《福建省实施〈中国制造2025〉行动计划》，以市场为导向，以提高质量效益为目标，以先进技术装备为支撑，以信息技术深度应用为手段，以设备更新换代、科技成果转化、智能制造、服务型制造和绿色制造为重点，支持企业采用先进适用的新技术、新设备、新工艺和新标准实施技术改造，打造福建制造业升级版，建设先进制造业大省。

到2020年，工业技术改造投资年均增长15%以上，累计完成投资3万亿元以上，工业技改投资占工业投资比重达55%以上；省级以上工程（技术）研究中心、重点（工程）实验室、工业企业技术中心分别达800个、240个、500个，高新技术产业增加值占GDP比重达16%，战略性新兴产业增加值占GDP比重达15%；规模以上工业企业全员劳动生产率年均提高8%以上；产品质量国家监督抽查合格率高于全国平均水平，商标总注册量居全国前列；制造业数字化、网络化、智能化取得明显进展，两化融合发展指数保持全国前列；绿色制造水平巩固提升，全省规模以上工业企业单位增加值能耗比全国平均水平低30%以上，主要污染物排放大幅削减，节能、节水、环境标志产品大幅增加。

二、重点任务

（一）促进先进产能扩产增效

优化工业投资结构，引导企业围绕加快产品升级换代、大力发展中高端产品实施技术改造，增加项目有效投资，扩大生产规模，提高产品技术含量和附加值。鼓励企业进行设备更新和升级换代，引进和购置先进装备，淘汰老旧设备，提升装备水平。支持企业开发制约产业发展瓶颈的行业共性、关键技术，加速科技成果转化。大力培育高新技术企业，加快形成发展潜力大的高新技术企业群体，提高带动示范效应。以新型显示、稀土及化工新材料、节能环保装备及新型动力电池等领域为重点，先导发展新兴产业。

（二）推动企业智能化改造

实施智能制造发展专项，鼓励企业广泛运用新一代信息技术实施技术改造，促进信息技术向市场、设计、生产等环节渗透，推动生产方式向柔性、智能、精细转变。在轻工、纺织、电子、机械、冶金、建材等传统优势产业中实施一批智能化改造示范项目，支持企业立足实际采用流程制造、离散制造、柔性生产、小批量定制等智能制造技术或制造模式进行改造。发展壮大智能化装备制造产业，支持企业研发生产专用型数控系统及伺服驱动装置，集成创新一批新型数控装备，推动数控技术和装备在工业领域广泛应用。实施“机器换工”、两化融合管理体系贯标和智能制造样板工厂（车间）示范项目建设。

（三）大力发展服务型制造

实施制造业服务化专项，以制造为基础、服务为导向，引导企业加快推进制造业与生产性服务业融合发展，延伸价值链条。实施服务型制造试点示范专项，培育一批服务型制造示范企业，提升企业研发设计、市场拓展、品牌运作等服务的核心价值，创新商业模式，实现以产品制造为核心向产品+服务、提供整体解决方案转变。鼓励企业开展总集成总承包、个性化定制、在线支持、全生命周期管理、仓储物流、融资租赁、检验检测等服务。

（四）突破提升工业强基水平

组织实施工业强基工程，支持企业加快研制开发一批关键基础材料和核心基础零部件（元器件），重点突破制约我省整机发展的液压元件、铸锻件、轴承、紧固件、核心芯片等瓶颈。鼓励企业研发生产省内急需的石化基础材料、金属复合材料、纺织高档面料等关键基础材料。鼓励企业加强技术研发，提升铸锻、焊接、热处理、表面处理及特殊加工等先进制造工艺水平。每年竞争性选择扶持一批达到国际或者国内先进水平的基础材料、零部件（元器件）、制造工艺等强基项目。

（五）提升制造业品牌价值

实施质量品牌专项，坚持以质取胜，引导企业建立健全生产全过程质量管理体系，实施先进质量管理方法，提升产品质量和可靠性。加强标准体系建设，支持大中型企业参与国家标准的制修订，培育和发展团体标准。引导企业增强品牌意识，加大品牌培育和市场拓展力度，加快形成一批拥有自主知识产权和核心竞争力的品牌产品、品牌企业、区域品牌，支持企业并购国外高端品牌，扩大品牌影响力，树立“福建制造”品牌良好形象。

（六）推进绿色生态发展

实施企业绿色制造专项，建立健全节能、环保等倒逼机制，以减量化、再利用、资源化为重点，组织实施一批节能技术改造和循环经济项目，提高资源利用效率。实施节能技术装备产业化示范工程，继续推广合同能源管理服务，以节地、节水、节能、节材为重点，支持企业推广和应用重点节能技术、设备和产品。实施燃煤锅炉节能环保综合提升工程，支持钢铁、建材、石化、有色等重点行业、企业采用先进适用清洁生产技术实施改造，削减污染物排放。大力发展循环经济，推行企业循环式生产、产业循环式组合、园区循环式改造。推进汽车零部件、工程机械、矿山机械、办公用品等再制造，实现再制造规模化、产业化。完善淘汰落后产能工作机制，充分运用经济、法律等手段淘汰落后和过剩产能，全面完成国家下达的工作任务。

（七）加强公共服务平台建设

进一步整合资源，建设提升一批产业共性技术开发、研发设计、质量认证、产品检测、电子商务、信息服务、资源综合利用、人才培训等公共服务平台。加快建设企业技术中心、重点（工程）实验室、工程（技术）研究中心等技术创新平台，支持企业设立院士工作站、博士后工作站等。创建福厦泉国家自主创新示范区，引导高新区在管理体制、运行机制、经营模式上有新突破，推动全省国家级高新区二次定位、二次创业。实施工业园区改造提升专项，高起点、高标准规划新建或改造提升工业园区公用设施和公共服务平台，提高园区公共服务水平和承载能力。提升新型工业化产业示范基地建设水平，鼓励沿海地区与山区通过多种方式共建工业园区。

三、政策保障

（一）拓宽多元融资渠道

促进信贷政策、产业政策和技术改造政策的协调配合，加强信息共享，搭建银企信息沟通平台，开展多种形式银企交流活动。鼓励金融机构开发针对企业技术改造的信贷新品种，开设企业技术改造融资“绿色通道”，简化贷款审批流程、缩短审批时间，对重点技术改造项目优先给予支持。设立首期规模 80 亿元的福建省企业技术改造基金并建立省级补差机制，重点投向先进产能扩产增效、智能化改造、服务型制造、工业强基工程、提升质量品牌、绿色生态发展、公共服务平台等领域重点技术改造项目。按市场化原则，引导民间资本参与设立股权基金、产业基金、偿债基金、并购基金等，支持企业技术改造。支持企业上市融资，鼓励企业发债，吸引风险投资、创业投资等民间资本参与企业技术改造。稳健发展众筹，拓展技术改造投融资新渠道。鼓励企业通过融资租赁加快实施技术改造，固定资产产权归属企业的融资租赁方式可视同采购设备享受技改补助政策。

责任单位：省经信委、财政厅、金融办，人行福州中心支行、福建银监局、福建证监局，省投资集团，各设区市人民政府、平潭综合实验区管委会

（二）加大用地支持力度

用地（用林、用海）指标优先支持重点技术改造项目。在符合规划和安全要求、不改变用途的前提下，在原有建设用地上增建生产性设施、进行厂房加层或翻建改建厂房，增加用地容积率的，不再增收土地价款，免收城市基础设施配套费用。允许和鼓励企业将老厂区用地纳入“三旧”改造范围，享受“三旧”改造优惠政策。对符合投资强度、容积率、绿地率等约束性指标的技术改造项目给予优先审批、并联审批、及时供地。

责任单位：省国土厅、住建厅、林业厅、海洋渔业厅，各设区市人民政府、平潭综合实验区管委会

（三）加强财政资金支持

2016-2018 年，省级统筹安排技改专项资金 35 亿元，持续加大力度，创新财政资金支持方式，主要采用设立基金、贴息、补助等方式支持省重点技术改造项目，具体办法由省经信委会同省财政厅研究制定。支持具有投资效应的项目申报国家投资计划。地方政府加大财政支持力度，有条件的市县要设立技术改造专项资金，发挥政策叠加效应。

责任单位：省财政厅、经信委，各设区市人民政府，平潭综合实验区管委会

（四）落实税收优惠政策

进一步落实引进技术设备免征关税、重大技术装备进口关键原材料和零部件免征进口关税及进口环节增值税、企业购置机器设备抵扣增值税等鼓励企业引进先进技术装备的相关优惠政策。加快落实固定资产加速折旧政策，减轻税负，加快企业设备更新、科技创新。更加有效地落实资源综合利用产品和劳务增值税即征即退、合同能源管理减免税、节能节水环保设备投资抵免税、高新技术企业所得税优惠和企业研发费用加计扣除等各种税收优惠政策。广泛开展技术改造税收优惠政策专题宣传，指导和帮助企业用足、用好惠企政策。

责任单位：省地税局、经信委，省国税局，各设区市人民政府、平潭综合实验区管委会

（五）实行差别价格政策

根据福建省行业结构调整和能效提升指南，实施差别化价格政策，对单位产品能耗超过限额标准一倍以上的，电价按 0.2 元/千瓦时加价征收；对单位产品能耗超过限额标准一倍以内的，电价按 0.05 元/千瓦时加价征收；企业在两年内整改达标的，累计加价征收部分予以全额返还；对淘汰类、

限制类装备用电量电价分别按 0.3 元/千瓦时、0.1 元/千瓦时加价征收。严格落实燃煤电厂脱硫、脱硝、除尘电价政策，鼓励燃煤发电企业进行环保设施改造。开展节能量交易试点，对企业完成节能目标任务的，其超额节能量指标有偿转让的收益全部留给企业，未实现节能目标的企业应通过购买节能量指标来完成节能任务，对不履行节能量交易的企业其生产用电按 0.05 元/千瓦时加价征收。

责任单位：省经信委、财政厅、环保厅、物价局

四、组织实施

（一）加强组织领导

由福建省实施“中国制造 2025”行动计划领导小组统一指挥协调，省经信委牵头建立实施新一轮企业技术改造专项行动计划部门间联席会议制度，统筹实施专项行动计划，省各有关部门按职责分工，加强配合。各地要建立相应的协调工作机制，加强工作统筹安排。

责任单位：省经信委，省有关部门，各设区市人民政府、平潭综合实验区管委会

（二）落实目标任务

省经信委将年度技术改造任务分解落实到各设区市和平潭综合实验区，各地可根据实际情况进一步分解到各县（市、区）。加强技术改造投资的监测、分析和政策、信息发布，强化政策引导。梳理重点行业亟需突破的关键环节和核心技术，修订发布《福建省工业企业技术改造投资指导目录》。完善促进企业技术改造的政策体系，推动技术改造相关立法。

责任单位：省经信委、统计局、法制办，各设区市人民政府，平潭综合实验区管委会

（三）强化项目支撑

引导企业更加关注互联网+、消费升级、产城融合、生态环境保护以及国家赋予福建的区域政策等，大力开拓技术改造项目源。省经信委每年安排 1500 万元专项资金用于重大技术改造项目前期经费。滚动实施一批重点技术改造项目，建立动态跟踪、分级管理的重大项目储备制度。简化前期手续，对符合条件且不需要新增建设用地的技术改造项目实行承诺备案管理，加强事中事后管理。各地、各部门要建立重大项目“绿色通道”，强化要素保障，形成储备一批、开工一批、竣工一批、达效一批的良性循环，培育工业新增长点。

责任单位：省经信委、发改委、财政厅、国土厅、审改办，各设区市人民政府、平潭综合实验区管委会

（四）加强督促检查

省级重点检查各地工业技术改造投资额及增长率、重点项目数等指标，各设区市、平潭综合实验区要针对本地工作薄弱环节加大督查力度，确保相关工作任务落实到位。对未完成年度重点考核指标且排名靠后的地市由省政府领导约谈市政府（管委会）领导，对完成重点考核指标较好的地市予以通报表扬。

责任单位：省经信委，各设区市人民政府、平潭综合实验区管委会

福建省人民政府关于印发实施创新驱动发展战略行动计划的通知

闽政[2016]2号

各市、县（区）人民政府，平潭综合实验区管委会，省人民政府各部门、各直属机构，各大企业，各高等院校：

《实施创新驱动发展战略行动计划》已经省政府研究审定，现印发你们，请认真组织实施。

福建省人民政府

2016年1月8日

实施创新驱动发展战略行动计划

为深入实施创新驱动发展战略，推进供给侧结构性改革，加快发展新产业、掌握新技术、构筑新平台、催生新业态、应用新模式，推动自主创新、协同创新、融合创新，加快形成持续创新的系统能力，打造产业升级版，促进福建经济再上新台阶，提出以下意见。

一、明确工作目标

以创新为主引擎，以加快产业转型升级为主线，以构建充满活力和竞争力的创新生态为主要目标，突破产业发展瓶颈，培育新的增长动能，实现自主创新能力全面提升、产业发展质量不断优化、新兴产业比重稳步增加，创新发展战略取得明显成效。

——自主创新能力显著提升。到2020年，引进共建“国字号”研发机构或平台8-10家，建设国家级学会服务站等会企协作创新平台300家，在本科院校中重点建设35家以上高水平科研机构，建设18家以上技术转移转化中心；省级以上企业技术中心、工程（技术）研究中心、实验室、院士专家工作站分别达500个、800个、240个和200个；高新技术企业2600家，创新型企业600家，科技小巨人企业1000家，众创空间200家，虚拟研究院产业技术分院20家；全省R&D经费投入年均增长15%以上，每万名劳动力中研发人员63人年，每万人口发明专利拥有量7.5件。

——产业发展质量不断提高。到2020年，累计实施“机器换工”10000台（套）以上，重点领域生产装备数控化率达70%，产业数字化、网络化、智能化取得明显进展，两化融合发展指数保持全国前列。规模以上工业增加值率比“十二五”末提高约2个百分点，规模以上工业全员劳动生产率年均提高8%左右，规模以上单位工业增加值能耗比全国平均水平低30%，重点行业单位工业增加值能耗、物耗和污染物排放保持国内先进水平。

——新兴产业加速发展。实施新兴产业倍增计划，到2020年，战略性新兴产业增加值占地区生产总值的15%；高新技术产业增加值占地区生产总值的16%。培育一批知名互联网龙头企业，互联网经济年均增长25%以上，总规模超过4000亿元。

二、突出工作重点

（一）新产业

1.新一代信息技术产业。大力发展集成电路产业，推动12英寸集成电路生产线、6英寸Ⅲ-Ⅴ族化合物集成电路、存储芯片（DRAM）等项目建设，加快设计业、制造业、封装测试业协同发展。壮大新型显示产业，加快推进8.5代TFT-LCD面板、莆田华佳彩6代Oxide液晶面板、厦门天马微（二期）等重大项目建设，扩大液晶模组和智能终端生产规模。推动信息通信产业升级发展，加快新一代通信网络系统设备、数字家庭网络设备、高性能服务器等研发生产，促进微波功能模块、微波介质材料、5G通信等技术研发和产品转型。做强软件业，加快发展移动互联网、工业控制系统、信息安全、集成电路设计以及特色应用软件等，促进软件服务外包发展。

2.新材料产业。重点发展稀土永磁、储氢、发光、催化等高性能稀土功能材料和稀土资源高效综合利用技术，加快建设中国（厦门）钨材料生产、应用和研发基地，推动硬质合金材料、涂层技术等关键技术研发与产业化。发展含氟聚合物新材料、含氟精细化学品及中间体，打造氟化工新材料生产基地。发展碳纤维、锦纶、无机非金属等高性能纤维及其复合材料，研发高品质不锈钢、铝合金与特种金属材料。建设国家级特种陶瓷材料生产研发基地，推动碳化硅纤维、氮化硅纤维和透波/吸波材料、陶瓷先驱体材料产业化。

3.高端装备制造业。重点培育发展先进轨道交通装备、航空装备、传感器和智能化仪器仪表、伺服装置和控制系统、工业机器人等高端装备。加快智能测控装置与部件的研发和产业化，提升重大智能制造装备集成创新能力。着力提高高速精密重载传动装置、高压液压元件、高可靠性密封件、大型精密模具、核心芯片等基础制造水平。

4.节能环保产业。发展高效节能锅炉窑炉自动化控制、低温烟气余热深度回收、非晶变压器、高效电动机等工业节能设备，以及高效照明产品、节能汽车等节能产品。壮大先进环保产业，重点发展危险废物处置技术、挥发性有机污染物治理技术，水污染、大气污染防治技术设备及其配套产品、垃圾处理技术设备和环保药剂；扩大平板式脱硝催化剂、高效电袋复合除尘器、空气净化器等生产规模，加快膜材料和组件、高浓度难降解工业废水成套处理设备等水处理设备产业化。

5.新能源产业。完善从硅料（薄膜）、太阳能电池及组件到系统集成、电站工程总承包全产业链，支持太阳能光伏分布式发电系统建设，打造国家级光伏产业基地。加快建设国家级海上风电研发中心和东南沿海风电装备制造基地，以风电成套机组设计和组装为核心，带动风电关键零部件发展。推动大功率、高能量动力锂电池核心技术研发和产业化，发展阀控密封蓄电池、镍氢电池等新型动力电池，打造国内新型环保型动力电池制造和研发中心。建设海西核能工程技术中心，开展第二代在运核电机组延寿技术开发，加快第三代核电技术的消化吸收和再创新。

6.生物与新医药产业。大力发展生物制药业，重点开发蛋白质及多肽药物、干细胞等细胞治疗产品、核酸药物及基因治疗药物；鼓励医疗器械高端化发展，重点发展数字医学影像设备、人工关节、齿科材料、体外诊断医疗器械及试剂等；培育现代中药业，加快名优中成药的剂型改造和二次创新、名医名方和优质中医保健产品开发；推动化学药向“改良型新药”“创新药”升级。发展生物制品业，建立以细菌、酵母、藻类等为基盘的细胞工厂，重点推广细胞转化和酶催化等绿色制造方式。

7.海洋高新产业。继续做强高技术船舶和海洋工程装备产业，重点发展海洋勘探、海底工程、海洋环保、海水综合利用、海上油气生产平台、海洋可再生能源机械、核电机械、港口机械等海洋工程装备，以及汽车滚装船、液化气运输船、客滚船、远洋渔船、游艇等高技术船舶，积极研制大型邮轮。加大海洋资源开发，重点开发海洋高效创新药物和海洋现代中药、海洋功能食品、新型海洋生物材料、海洋生物农用制品、海洋生物酵制剂及海洋生物源化妆品等；集成海藻能源、海水淡化关键技术，促进海水的综合开发利用；积极开发潮汐能、波浪能、潮流能、天然气水合物等可再生能源。

8.现代服务业。发展壮大电子商务、第三方物流、检验检测认证、服务外包、融资租赁、人力资源服务等生产性服务业，提高对制造业转型升级的支撑能力。推动生活性服务业向精细化和高品质转变，培育一批大型旅游、健康、养老产业集团和产业联盟。加快文化创意产业发展，推进文化创意服务专业化、集约化、品牌化，促进工业设计、文化软件服务、建筑设计服务、专业设计服务、广告服务等与制造业、建筑业、农业、体育产业等重点领域融合发展。

9. 现代特色农业。鼓励农业龙头企业与设施装备业、农产品加工业、冷链物流业、电子商务业等产业组团发展，拓展农业产业链，推动农业精致化、集约化、高附加值化。支持引导有实力的“育繁推一体化”种子企业选育一批具有自主知识产权、高产优质的品种。推动分子标记技术、细胞遗传学技术与常规技术结合，发展组培技术，提高育种水平。着力提升设施及农业智能化装备水平，创建农业物联网基础信息传输平台、存储平台和分析平台，推动农业生产过程的数字化采集、科学化管理、智能化控制和精准化服务。重视生态农业集约化种养技术和农产品综合加工、食品安全控制技术的研发与应用，建立现代农业可持续发展技术体系。

（二）新技术

1. 加快掌握关键核心技术。围绕产业重大需求，研究制定电子信息、机械装备、石化、新材料、新能源、节能环保等重点产业技术创新路线，明确技术创新的战略目标、关键共性技术和攻关路径。支持企业采用先进适用的新技术、新设备、新工艺和新标准实施技改，加快新技术产业化。组织实施工业强基工程，支持企业加快研发一批关键基础材料和核心基础零部件（元器件），重点突破关系我省整机产业健康发展的核心芯片、轴承、液压元件、紧固件、陶瓷纤维、光学器件、仪器仪表等基础产品。鼓励企业加强技术研发，提升铸锻、焊接、热处理、表面处理及特殊加工等先进制造工艺水平。组织实施工业强基重大技术攻关，提升核心基础产品性能和可靠性，推动关键材料、核心部件、整机、系统的协调发展。

2. 积极研发前沿新兴技术。跟踪国际科技前沿，支持开展石墨烯、增材制造、机器人、智能可穿戴设备、人工智能、无人机、生命信息、基因检测、北斗导航及应用等新技术的研发，加快新技术、新产品、新成果产业化应用，抢占未来产业发展制高点。着力突破 3D 打印材料研发、过程控制、数字化建模、后处理等环节的共性关键技术。突破机器人本体、伺服电机、控制器、传感器、驱动器、生物芯片等关键零部件技术。积极开发石墨烯在复合材料、电池 / 超级电容、储氢材料、场发射材料以及超灵敏传感器等领域的应用。促进计算机视觉、智能语音处理、生物特征识别、智能决策控制及新型人机交互等人工智能关键技术的研发和产业化。发展航拍、电力巡线、林业监测、环保监控等系列无人机。拓展北斗导航技术在海洋监管、水文监测、交通运输、生态红线区域监管等民用领域的应用。加快可视化、环境构造、仿真等虚拟技术研发应用，发展头盔式虚拟现实显示、可视化眼镜、数据手套等虚拟显示和交互产品。

3. 有效推动技术成果转化。完善科技成果转化的运行机制、激励机制和协同推进机制。提升科技成果链接转化能力，拓展提升“中国·海峡项目成果交易会”“6·18 虚拟研究院”、海峡技术转移中心的平台功能，吸引境内外创新资源来闽聚集。加快国家技术转移海峡中心及其公共服务平台建设，发挥创新合作和技术转移枢纽功能，促进境内外科技成果在我省转化。建设中科院 STS（科技服务网络计划）福建中心，加快中科院科研成果在福建落地转化。提高从新技术到新产品的转化效率，加强首台（套）重大装备认定工作。优化整合科技中介服务机构，健全技术经济服务体系，支持民营资本建设网上技术交易市场，定期发布企业技术需求目录、高等学校和科研机构科技成果转化目录。

4. 加强知识产权运用和标准制定。开展知识产权强省建设试点，实施省专利运用行动计划，完善社会化专利服务体系，提升企业专利转化能力，建设国家专利审查协作福建中心。对科技计划项目实行全过程知识产权管理，支持具有或可能形成自主知识产权的研发项目，将获得知识产权作为应用性研发项目的重要验收指标。实施专利导航工程，引导专利布局。健全知识产权保护机制，完善省、市、县三级知识产权行政执法体系。支持企业积极参与国际、国家、行业和地方标准的制定。鼓励企业制定满足市场和创新需要的团体标准，推动企业产品和服务标准自我声明公开和监督。支持相关行业部门根据我省产业发展需求成立标准化技术委员会，积极培育和发展标准服务业。

（三）新平台

1.强化科技自主研发平台。实施“五个一批”平台建设工程，重点引进合作一批重大研发机构、支持一批高校高水平科研机构、建设一批龙头企业研发中心、培育一批新型创新创业孵化平台、扶持一批技术转移转化中心。加快中科院海西研究院、机械科学研究总院海西分院、国家海洋局海岛研究中心（二期）、厦门南方海洋研究中心、厦门大学石墨烯工业技术研究院、龙岩紫荆创新研究院、中船重工厦门材料研究院等平台建设，争取国家部委在闽布局“加速器驱动乏燃料再生利用”实验设施项目，提升基础技术自主研发能力。对接国内外一流大学、科研院所、世界500强企业和央属企业，引进设立重大研发机构。支持省内高校围绕重点领域建设一批产业研究院和科技研发创新平台。依托电子信息、机械、纺织、冶金、电机电器、汽车等行业的领军企业，建设一批省级产业技术研究院。

2.搭建产业协同创新平台。发展由产业需求拉动、以技术应用为导向的网络化协同创新模式，形成产学研用创新利益共同体，打造新型研发机构和创新组织。支持行业领军企业联合科研院所、高校等组建区域性制造业创新中心，主动融入国家制造业创新中心网络，以前沿技术和关键共性技术的研究开发、转移扩散、首次商业化为重点，形成可复制、可推广的整体解决方案。引进培育以技术扩散和集成应用为主的应用技术研究机构或团队，强化高校院所实验室技术向产品技术转化和集成应用，为企业提供问题诊断、技术咨询、系统解决方案设计、工艺优化等服务。鼓励企业建立院士专家工作站，发挥高端智力资源的引领带动作用。建设省级科技思想库，鼓励有关学会组织专家为产业创新发展提供咨询服务。围绕产业链部署创新链，鼓励面向企业开展技术创新活动，组建产学研创新联盟。

3.完善创新创业支撑平台。把虚拟研究院产业技术分院改造提升为重点突出的“双创”大本营，成为“四众”支撑平台的重要载体；利用存量厂房、仓库、商务楼宇以及传统文化街区等，改造建设一批资源集聚、服务专业、特色鲜明的众创空间；整合高校教学资源、产学研合作基地和创业孵化载体，建设一批大学生创业基地；鼓励科研院所开展改革试点，推动孵化科技企业；争取国家小微企业创业创新基地城市示范，培育一批模式先进、配套完善、服务优质的示范创业创新中心；改造提升现有各类产业园区中的孵化器，鼓励与上市公司、创投机构和专业团队开展合作孵化，拓展孵化功能。制定重大科研基础设施和科学仪器向社会开放的政策措施，推动高校院所资源向小微企业和创业者开放共享。延长园区创新链，鼓励园区与高校院所的创新创业平台开展合作，共享创新资源与优惠政策，提升创新创业服务功能。以农业科技园区、新农村发展研究院、科技特派员服务站等为载体，打造一批支撑乡村创业的“星创天地”。

4.拓展技术交流合作平台。支持优势企业融入全球创新网络，在欧美等国家设立研究中心、技术转移平台、创业孵化平台，兼并重组境外优势科技型企业，链接优势创新资源。推动科技部与省政府共建海丝科技合作中心，联合海丝沿线国家智库机构成立“海丝智库合作联盟”，举办“海丝科技论坛”。推动中国科协与省政府共建“创新驱动助力工程”示范省，积极争取中国科协和全国学会的支持，促进一批国家级会企协作创新联盟、学会协同服务企业创新基地和国家级学会服务站在闽落地。深化闽台合作，举办海峡技术转移专场，发挥海峡科技专家论坛等平台作用，促进两岸科技项目合作落地。推动泛珠三角区域科技合作，利用闽港、闽澳合作平台，拓展与葡语国家的科技合作交流。加强与国内创新发达地区合作。建立闽疆科技战略合作联盟，密切与新疆“丝绸之路”核心区的协作关系。

（四）新业态

1. 培育“互联网+”新业态。大力发展互联网经济，在制造、能源、服务、媒体等领域引入互联网要素，培育工业互联网、智能电网、数字营销、互联网教育、个性化诊疗、社区 O2O、互联网金融等新业态。组织实施“互联网+”重大工程，重点培育为智慧互联工厂提供整体解决方案和系统性服务的工业互联网产业；发展以智能仓储和智能配送为主要特点的现代物流业；鼓励医疗机构与互联网企业合作开展电子处方、疾病预防、个性化健康管理等网络医疗服务；支持互联网企业开发数字教育资源，提供网络化教育服务；推广家政、安防、餐饮、生鲜配送、洗衣等社区 O2O 服务。深化物联网应用，着力发展车联网、船联网、智能家居等新业态。探索发展分享经济，推动企业利用互联网思维，整合重构闲置资源，在设备租赁、交通出行、旅游、房屋出租、体验评价等领域提供新服务。

2. 推进制造业服务化。鼓励制造企业通过管理创新和业务流程再造实现主辅分离，设立面向细分行业的技术研发、信息化支撑、市场拓展、品牌运作的新型服务企业。鼓励制造企业向提供咨询设计、工程施工、仓储物流、系统维护和管理运营等系统集成总承包服务商转型。支持发展提供大型制造设备、生产线等融资租赁服务的专业化类金融服务企业。发展面向智能制造的信息技术服务业，为企业提供制造过程信息物理系统（CPS）方案的设计、开发和系统集成服务。壮大面向研发设计、技术转移、知识产权、科技资讯等的科技服务业。培育市场化运营、融入全球服务外包网络的平台型工业设计企业。

3. 发展云服务业。支持传统信息技术企业向云计算产品和服务提供商转型，实现信息技术能力的按需供给和信息资源的充分利用。发展面向企业的计算、存储资源租用和应用软件开发部署平台服务，以及经营管理、研发设计等在线应用服务；发展面向政府和重点领域的安全可信云计算外包服务；发展面向个人的基于云计算的信息存储、在线工具、学习娱乐等服务。支持云计算与物联网、移动互联网、互联网金融、电子商务等技术和服务的融合发展与创新应用。发展面向云计算的信息系统规划咨询、方案设计、系统集成和测试评估等服务。

4. 鼓励跨界融合催生新业态。引导企业树立跨界发展理念，在传统产品中融入新一代信息技术、节能环保、健康、体验等新元素，发展智慧化、绿色化、健康化、社交化的新业态，积极推动更多的新业态转化为新产业。引导工业企业应用物联网、大数据、自动控制等技术开发智能终端产品，实现由传统的提供产品向提供智慧化、人性化增值服务转型。鼓励信息技术服务企业掌握数据挖掘分析、知识图谱、机器学习等核心技术，强化大数据的获取、分析、行业应用等高附加值环节，为企业提供智能数据服务。强化生态设计理念，加强全生命周期绿色管理，发展绿色建筑、绿色家居、绿色交通、绿色能源等新产品新服务。拓展传统产品的健康监测与管理、医疗保健、照料护理、生物医药等功能，满足健康消费升级需求。提升可穿戴设备、体育用品等个人终端消费产品的数据实时分享、互动等社交化功能。

（五）新模式

1. 推广开放式研发设计模式。借助互联网等手段，汇聚各类创新资源，提升研发设计效率和水平。引导消费电子、家电、制鞋、服装、食品等消费类企业建立开放式创新交互平台、在线设计中心，对接用户需求，发展客户深度参与的研发设计模式。支持机械、船舶、汽车、建材等企业加快构建产业链协同研发体系，集聚各类优势研发设计能力，发展基于互联网的协同设计。支持骨干企业建立面向全社会的研发测试、创业培训、投融资、创业孵化等创新设计平台，打造市场化与专业化结合、线上与线下互动、孵化与投资衔接的创新设计载体。

2. 推行网络化制造模式。鼓励龙头企业通过互联网与产业链上下游紧密协同，促进生产、质量控制、运营管理等系统全面互联，向关联企业“溢出”技术优势、管理优势和资源优势。鼓励优势制造企业发展云制造模式，通过互联网、云计算、大数据等技术，推进生产制造、检验检测、数据管理、技术标准、工程服务的开放共享，打造制造资源“池”，实现制造能力的优化配置。鼓励互联网企业构建网络化协同制造服务平台，促进创新资源、生产能力、市场需求的集聚与对接，加快多元化制造资源的有效协同，提高产业链资源整合能力。

3. 发展个性化定制生产模式。鼓励企业提供满足客户个性化需求的产品，提升产品附加值和客户满意度。在设计、制造、物流、服务等环节植入客户参与界面，实现客户深度参与的定制化生产。通过先进制造技术与新一代信息技术的集成创新，推行模块化产品设计、柔性制造系统、智能化生产控制与调度技术，实现以大批量生产的成本和效率提供定制化产品。率先在纺织、服装、制鞋、家具、建材等行业开展个性化定制试点示范。鼓励互联网企业聚合市场信息，挖掘细分市场需求，为企业开展个性化定制提供服务支撑。

4. 促进互联网商业模式创新。推动传统优势企业与电子商务融合转型，加快商贸服务业线上线下深度融合。整合培育一批面向全国、覆盖全产业链的行业垂直电商平台和闽货网上专业市场。支持传统对外贸易企业向跨境电商转型，推动我省成为全国跨境电商聚集区和对台电商枢纽。鼓励企业利用移动社交、新媒体等渠道，发展社交电商、粉丝经济等网络营销新模式。鼓励企业发展基于互联网的产品全生命周期服务，搭建产品远程监测与诊断平台，向客户提供在线诊断、远程运维、咨询服务，增强与客户的“粘性”和长期互动。

5. 鼓励共享协作发展模式。鼓励技术领先企业向标准化组织、产业联盟等开放基础性专利或技术资源，支持发展开源社区、开发者社群、资源共享平台、捐赠平台、创业沙龙等互助平台，营造良好的众扶发展环境。鼓励消费电子、智能家居、健康设备、特色农产品等创新产品开展实物众筹，发挥实物众筹的资金筹集、创意展示、价值发现、市场接受度检验等功能，帮助创新创意付诸实践；稳步推进股权众筹，鼓励小微企业和创业者通过股权众筹融资方式募集早期资本。鼓励优势企业实现内部资源平台化，培育员工创客意识，建立内部众创机制，通过投资员工创业，开拓新的业务领域。

三、强化措施保障

（一）优化创新生态

进一步简政放权，完善创新管理体制，清理调整与创业创新相关的审批、认证、收费等事项，降低创业创新门槛。借鉴中关村试点政策，积极创建福厦泉国家自主创新示范区。完善有利于自主创新和科技成果转化的激励分配机制，推动科技成果使用、处置和收益权改革政策的落实。加快推进知识产权交易、市场准入、金融创新等改革，构建技术创新市场导向机制。完善创业孵化、创新创业辅导、第三方检测认证、信息服务等创新服务体系。加强创新创业宣传，积极营造大众创业、万众创新的浓厚氛围，倡导敢为人先、敢冒风险的新风尚，在科技计划项目实施和管理中，建立宽容失败的制度保障，使一切有利于科技进步的创新行动得到支持和鼓励。既要建设业内创新小生态，又要构建社会创新大生态，形成全社会创新大潮。

（二）发挥创新主体作用

强化企业的创新主体地位，实施大中型工业企业研发机构广覆盖行动，鼓励企业研发机构参与政府支持的技术研发项目，强化企业研发机构运行绩效评估和补助奖励，鼓励企业普遍设立研发准备金，建立研发管理标准体系，吸收更多企业参与研究制定技术创新规划、计划、政策和标准。发挥高校院所在科技创新中的基础支撑作用，加快前沿技术和关键共性技术研发。全面落实好国家、省政府出台的推进大众创业、万众创新政策措施，将业态创新、模式创新纳入相关创新专项的扶持范围，调动科研人员和创业者的积极性。推进科研人员双向流动，允许国有企事业单位科研人员离岗创业，支持在职科研人员在完成本职工作、不损害单位利益的基础上，采取兼职兼薪方式创业或服务企业创新。各地对符合条件的众创空间房租、宽带使用、数据中心租用等费用予以减免或补贴，培育的企业被认定为高新技术企业的，对孵化载体予以奖励。建立健全高校弹性学制管理办法，将我省高校毕业生自主创业扶持政策范围延伸至普通高校在校大学生，调动广大青年的创业积极性。

（三）推动企业技术改造与创新

采用股权投资、贴息、补助等方式推动企业实施新一轮技术改造，对企业创新转型和升级改造的重点项目，按《福建省人民政府关于印发新一轮企业技术改造专项行动计划的通知》（闽政[2015]61号）规定予以扶持。深入落实发展智能制造的政策措施，全面推广“数控一代”，扩大智能制造试点示范，推动智能制造技术向设计、生产、市场等环节渗透。研究出台“科技小巨人”领军企业培育计划，培育一批“专精特新”高新技术企业。建立“科技小巨人”领军企业培育发展库，加强对入库企业申请高新技术企业认定的辅导，每年遴选一批创新能力强、成长速度快的中小科技企业，为其提供技术研发、成果转化、市场开拓、人才支撑、科技金融、科技中介等个性化服务；鼓励“科技小巨人”领军企业加快技术创新，开展首台（套）设备推广应用，符合条件的可享受《福建省人民政府办公厅关于培育高成长企业六条措施的通知》（闽政办[2015]49号）相关政策。

（四）持续做好财税加减法

统筹财政资源，优先保障重点科技项目资金需求，加大对科技创新专项、应用试点示范、行业共性关键技术研发、公共平台等的扶持力度。发挥海峡两岸科技合作联合基金引导作用，鼓励更多社会资金投入科技创新。鼓励以政府购买服务的方式为科技型中小企业提供法律、工商、会计、税收、信息等一条龙的政府集成服务。启动实施创新券制度，补助企业和创客围绕自身研发项目而需对外委托的科学仪器设备使用、检验检测、知识产权、数据分析、法律咨询、创业培训等科技创新服务的费用。落实企业研发费用加计扣除政策，对研发经费实行专账管理，扩大研发费用加计扣除优惠政策适用范围，允许企业追溯过去3年应扣未扣的研发费用予以加计扣除。实行固定资产加速折旧、企业购进或自制机器设备等固定资产所发生的进项税额抵扣等政策。鼓励企业引进国内外先进制造系统、智能制造设备及大型成套技术装备。落实企业重大技术装备及关键零部件进口免税、进口环节增值税补助等政策。

（五）加大金融支持力度

完善科技金融服务体系，培育一批科技金融专营服务机构，加大对创新创业的信贷支持，推进专利权质押融资、科技保险、科技创投等融资方式创新。完善融资担保和风险补偿机制，支持政府性担保公司加大对创新型企业的担保力度。“万家小微成长贷”“小微企业保证保险贷款”等优先向创新创业企业倾斜。支持创新创业企业到境内外资本市场上市，或到新三板、海峡股权交易中心挂牌。完善股权、产权、知识产权交易体系，培育上市资源。支持省新兴产业创业投资引导基金加大对创新企业股权投资，积极争取国家与我省共同设立“福建省科技成果转化创业投资基金”。引导天使投资基金、风险投资基金等社会资本投资创新创业企业。

（六）加强人才引进和培养

深入实施"海纳百川"高端人才聚集计划，引进、支持、培养一批高层次人才，设立高层次人才创投基金，引导各类资本投向高层次人才创办的科技型、创业型、成长型企业。进一步扩大省杰出青年科学基金规模，加快培育中青年科技创新领军人才。鼓励高校和职业院校建设高端产业学科体系，培养一批紧缺的跨学科、高学历、复合型人才，壮大具有实际技术操作能力的人才队伍。推动行业龙头企业与高校院所合作建立教育实践基地，开展特定岗位高级技能人才培训和职工在岗、转岗技能培训。支持社会中介机构开展创业辅导、紧缺人才培训和创新创业服务。加快人才评价制度改革，职称政策向科技人才、企业人才倾斜，把知识产权、实物成果和服务成效作为人才评价的重要指标。

（七）构建产学研用科学机制

建立以创新成果应用为导向的评价标准，形成"企业出题、政府立题、协同解题"的政产学研用协同创新机制。开展产学研合作试点示范，支持企业与高校院所以资本为纽带，以项目为依托，联合组建优势互补、风险共担的协同创新利益共同体；财政资金对各类协同创新共同体予以扶持，对由企业牵头实施、市场导向明确的协同创新项目采用后补助方式予以支持。强化"中国海峡·项目成果交易会"的产学研常年对接机制，实现企业技术、项目、人才等需求与高校院所的常态化对接合作，引导企业通过"6·18""双创"云平台在线发布需求信息，查询创新资源，开展技术咨询与交易，创新产品众筹等。推广一站式科技创新服务模式，为产学研合作、科技成果转化提供信息共享、交易合作等方面的服务。大力支持创新产品拓展市场，加大对技术水平突出的首台（套）产品扶持力度；建立首购首用风险补偿机制，支持保险机构开展自主创新首台（套）产品的推广应用类保险；探索以政府购买服务方式支持企业创新，围绕经济社会发展重大战略需求和政府购买实际需求，试行创新产品与服务远期约定政府购买制度。

（八）建立协调推进工作机制

建立福建省创新发展厅际联席会议制度，统筹协调全省创新发展相关工作，持续优化创新政策体系和发展环境。省政府分管领导担任总召集人，联席会议办公室设在省科技厅，省直有关单位作为成员单位。其中，省科技厅重点抓研发平台建设、科技小巨人培育、"双创"项目推进等，省发改委重点抓规划、重大创新项目引进等，省经信委重点抓新兴产业培育、企业技术改造等，省教育厅重点抓高校高水平科研机构（平台）建设等。联席会议建立"一月一协调，一季一调度"的定期协调机制，将创新发展工作作为省政府重大项目调度会的重要内容，及时解决创新发展中的困难和问题。每年度召开全省创新创业现场推进会，总结推广创新发展先进经验。聘用行业内知名专家，积极参与创新工作，发挥外脑的决策咨询作用。各设区市建立相应的创新驱动推进工作机制，加强工作统筹安排和沟通衔接。完善创新驱动评价考核机制，把开展创新驱动相关目标完成情况纳入年度绩效考评，形成创新发展工作合力。

福建省人民政府办公厅关于印发培育科技小巨人领军企业行动计划（2016-2020年）的通知

闽政办[2016]18号

各市、县（区）人民政府，平潭综合实验区管委会，省人民政府各部门、各直属机构，各大企业，各高等院校：

经省政府领导同意，现将《培育科技小巨人领军企业行动计划（2016-2020年）》印发给你们，请各单位认真组织实施。

福建省人民政府办公厅

2016年1月29日

培育科技小巨人领军企业行动计划

（2016-2020年）

为贯彻落实省委、省政府“培育一批科技小巨人领军企业”的工作部署，立足现有基础，遴选梳理一批科技小巨人领军企业，通过若干年努力，从中培育一批专精特的行业龙头企业，一批拥有自主知识产权和自主品牌的创新型企业，使其成为引领我省产业转型升级的重点骨干企业，特制定本行动计划。

一、发展目标

以新一代信息技术、新材料、高端装备制造、节能环保、新能源、生物与新医药、海洋高新、现代农业等战略新兴产业领域为重点，重点培育和发展一批科技小巨人领军企业。

到2020年，培育和发展科技小巨人领军企业1000家以上，任务分解如下：

（一）福州、厦门、泉州各200家；

（二）漳州、三明各100家；

（三）莆田、龙岩、南平、宁德各50家；

（四）平潭综合实验区10家；

二、遴选标准

建立“科技小巨人领军企业培育发展库”，科技小巨人领军企业应同时符合以下条件，入库进行培育：

（一）企业于福建省内工商注册登记，系具有独立法人资格、符合国家划型标准的中小企业。

（二）企业上年度营业收入在2000万元以上，主营产品的销售额应占60%以上。

（三）企业近3年研发投入年平均不低于销售收入的3%（软件类企业不低于5%）。

（四）从事研发和相关技术创新活动的科技人员占比不低于10%。

（五）拥有技术创新团队，能够持续进行项目开发和技术创新活动。建有研发机构，具备完成技术创新任务所必备的科研设施、技术装备和实验条件。

（六）具备良好的科技成果转化能力与一定的自主知识产权数量。企业近三年内拥有自主知识产权1项以上。

（七）具有良好的信用等级和较强的融资能力，企业资产负债率不高于70%。

（八）高新技术企业、创新型企业、高成长企业同等条件下优先。

三、扶持措施

（一）优化发展环境

1. 培育对象的发展项目优先列入省、设区市重点建设计划。

2. 培育对象投资项目的核准（备案）、生产许可、用地、环保、外贸、资质资格认定、海关、检验检疫等审批核准手续全部纳入网上审批、限时办结。指导培育对象用好用足国家及我省已出台的惠企政策，及时协调解决培育对象的困难和问题。

责任单位：省发改委、经信委、国土厅、环保厅、商务厅、质监局，福州海关、厦门海关、福建检验检疫局、厦门检验检疫局，各设区市人民政府、平潭综合实验区管委会

（二）加大研发支持力度

1. 培育对象独立或联合申报国家和我省科技计划项目、产业开发专项、技术改造项目，同等条件下予以优先推荐或优先立项支持。

2. 优先推荐培育对象参评高新技术企业、创新型企业、知识产权优势企业。

3. 加强对培育对象研发费用税前加计扣除政策辅导，企业开展研发活动中实际发生的研发费用，未形成无形资产计入当期损益的，在按规定据实扣除的基础上，按照本年度实际发生额的 50%，从本年度应纳税所得额中扣除；形成无形资产的，按照无形资产成本的 150%在税前摊销；同时，财政对企业享受加计扣除政策实际减免的所得税额，给予同量资金奖励，从省级设立的科技小巨人领军企业研发费用加计扣除奖励专项资金中安排。

4. 落实进口设备免税和重大技术装备及关键零部件进口免税、固定资产加速折旧、企业购进或自制机器设备等固定资产所发生的进项税额抵扣政策。对投资鼓励类项目引进国外先进技术设备，省级财政按其进口环节增值税的 5%给予补助，省重点技术改造项目优惠政策可予以叠加。

5. 省级科技创新券优先对培育对象围绕自身研发项目而对外委托的科学仪器设备使用、检验检测、知识产权、数据分析、法律咨询、创业培训等科技创新服务予以补助，每年最高 20 万元。

责任单位：省科技厅、经信委、财政厅、国税局、地税局、知识产权局、福州海关、厦门海关

（三）加快研发机构建设

1. 对培育对象组建的国家重点实验室、工程实验室、工程（技术）研究中心等国家级或省级科技研发创新平台，按照省政府关于加快高水平科技研发创新平台建设发展的六条措施予以奖励。对认定的国家、省级工业设计中心分别给予 80 万元、50 万元奖励。

2. 培育对象牵头设立产业技术研究院等新型研发机构，其在承担科技计划项目、创新平台建设等方面，与科研机构享受同等政策支持。支持建设由培育对象牵头、产学研用充分结合的国家级、省级产业技术创新战略联盟。

责任单位：省科技厅、经信委

（四）推进重大科技成果落地转化和产业化

1. 优先支持培育对象在“6·18”及海峡技术转移中心等平台发布产业技术需求，推动企业对接新技术成果。

2. 对培育对象在我省转移转化的重大成果项目，采取后补助和常规项目资助相结合的方式，分阶段（技术成果购买、中间试验、工业性生产试验、重大产品或装备产业化）给予资金资助，单个项目最高资助总额可达 2000 万元。

责任单位：省科技厅、发改委、经信委

（五）支持市场开拓

1. 落实支持企业开拓市场措施，鼓励培育对象参加国内外知名专业展会，按相关规定予以展位费补助。培育对象为规模以上工业制造业企业的，参与省外公开招标项目中标并单个中标合同金额 600

万元以上，且实际履行合同收付款项已达到合同总金额60%以上的，按合同金额3%给予奖励，单个企业同一项目累计奖励金额不超过300万元，单个企业年度签约项目奖励金额不超过500万元。

2. 鼓励使用培育对象生产的首台（套）重大技术装备，对属于国内首台（套）的按销售价格60%、属于省内首台（套）的按销售价格30%对生产企业及用户给予补助，最高补助金额不超过500万元。

3. 加大各级财政资金、公共服务部门对培育对象的新技术新产品的采购力度，带动新技术新产品在全社会的推广应用。支持培育对象优先获得政府采购合同，降低培育对象政府采购保证金缴交比例。

责任单位：省经信委、财政厅、商务厅

（六）加强知识产权工作

1. 培育对象并购国外高端品牌的，按并购金额的5%给予补助，单项补助不超过500万元。鼓励培育对象实施技术标准战略，对主导制订国际标准、国家标准和行业标准的，分别给予每项不高于50万元、30万元和20万元的奖励。

2. 建立面向培育对象的专利申请绿色通道，对亟需授权的核心专利申请，报请国家知识产权局优先审查。建立培育对象维权援助机制，缩短侵权处理周期，加大对反复侵权、恶意侵权等行为的查处力度。

3. 培育对象以专利权质押获得银行信贷，对符合条件的优先给予贴息资助，资助比例按同期银行贷款基准利率的30%-50%予以贴息，总额最高不超过50万元。积极开展专利保险服务，支持培育对象对核心专利进行投保，符合条件的按有关规定给予补助。

4. 培育对象购买高等学校、科研单位职务发明专利，单项技术交易额为20万元（含）以上，50万元（含）以下的项目，并属非关联交易并实施转化的，按技术交易额的10%给予补助，每家企业补助额度最高不超过50万元。对入选知识产权优势企业的培育对象在安排专利产业化项目给予重点支持。

责任单位：省知识产权局、经信委、质监局、工商局

（七）强化创新人才支撑

1. 支持培育对象加强高层次人才队伍建设。优先支持培育对象申报院士工作站、博士后科研工作站。实施高层次人才集聚工程、人才兴企工程，推动和引导培育对象用好用足人才政策。引导高层次人才创业投资基金优先投向高层次人才领办的优秀项目，试行“一项目一议”“一团队一议”的支持办法，探索“重大项目+高端团队”的引才聚才方式。加大对培育对象聘任“985工程”“211工程”高校工科类毕业生的支持力度。支持高端外国专家以多种形式服务培育对象。

2. 建立健全科研人员双向流动机制，支持高校、科研院所科研骨干带领团队参与培育对象协同创新，并给予科研项目优先立项支持。鼓励国有企事业单位科研人员离岗赴培育对象创业，经同意离岗者可在3年内保留人事关系，并与原单位其他在岗人员同等享有参加职称评定、社会保险等方面的待遇，3年内要求返回原单位的，按原职级待遇安排工作。

责任单位：省人社厅、编办、科技厅、教育厅、国资委、人才办

（八）健全科技金融服务体系

1. 扶持企业进入国内外资本市场的各项政策，优先支持培育对象。省新兴产业创业投资引导基金优先对培育对象进行股权投资。优先对符合条件的培育对象的科技保险费用予以补贴。

2. 办好中国创新创业大赛（福建赛区）暨福建创新创业大赛，加大奖金、科技项目立项、投融资服务、孵化器入住等优惠配套政策，引导创投等社会资源投资培育对象。

3. 推进银行组建科技专业支行等各类科技专营服务机构，建立对培育对象的单独授信评审机制，提供投贷联动金融服务，创新股权质押贷款等各类金融产品。

4. 政府支持的担保公司优先对培育对象提供融资担保，各地政府支持的担保公司对培育对象的担保业务，省再担保公司可适当提高再担保代偿比例。支持设立科技专业担保公司，优先纳入省再担保公司合作对象范围。

5. 强化培育对象上市辅导，支持培育对象改制上市融资。对在“新三板”和海峡股权交易中心挂牌培育对象一次性给予不超过 30 万元的后补助奖励。

责任单位：省金融办、发改委、经信委、科技厅、人行福州中心支行、福建银监局、证监局

（九）完善科技中介服务体系

1. 建设一批涵盖战略咨询、信息服务、创新驿站、技术市场、科技金融、知识产权等的科技中介机构或企业，为培育对象发展提供政策咨询、市场调研与预测等方面的服务。

2. 以培育对象发展需求为导向，在全省创业园区完善和建设检验检测公共服务平台，加快建设一批国家、省级质检中心和计量测试中心。

责任单位：省科技厅、经信委、质监局

四、抓好落实

（一）优化工作机制

各级各部门要建立动态管理机制，强化工作联动和协调，形成工作合力，推动科技小巨人领军企业培育工作的有力开展。

1. 建立由科技、经信、发改、财政等有关部门组成的省科技小巨人领军企业培育工作联席会议制度，联席会议具体事务由省科技厅承担；各设区市人民政府、平潭综合实验区管委会参照建立相应联席会议制度。

2. 各设区市人民政府、平潭综合实验区管委会组织实施辖区内科技小巨人领军企业培育工作。根据遴选标准和任务，制定培育计划，确定培育名单，做好培育工作。培育名单每年更新一次，培育名单和计划报送省联席会议办公室。培育名单中的企业经认定后进入“科技小巨人领军企业培育发展库”。

（二）实行重点扶持

各设区市人民政府、平潭综合实验区管委会要出台相应配套政策和措施，实行领导挂钩、重点培育、重点发展，将科技小巨人领军企业发展情况纳入对各级领导班子的考核范围，每年年底要对科技小巨人领军企业培育工作情况进行检查通报。省直各责任单位和设区市人民政府、平潭综合实验区管委会加强协作，密切配合，落实各项扶持措施。

（三）营造创新氛围

各级各有关部门要通过多种渠道，广泛宣传科技小巨人领军企业创新创业精神，树立创新创业典型，营造浓厚的大众创业、万众创新氛围，加快推动全省产业转型升级，促进福建经济再上新台阶。

福建省人民政府办公厅关于印发福建省“十三五”工业转型升级专项规划的通知

闽政办[2016]46 号

各市、县（区）人民政府，平潭综合实验区管委会，省人民政府各部门、各直属机构，各大企业，各高等院校：

《福建省“十三五”工业转型升级专项规划》已经省人民政府同意，现印发给你们，请认真组织实施。

福建省人民政府办公厅

2016 年 4 月 2 日

福建省“十三五”工业转型升级专项规划

2016 年 3 月

前　言

制造业是国民经济的主体，是立国之本、兴国之器、强国之基。我国正按照全面建成小康社会、全面深化改革、全面依法治国、全面从严治党战略布局要求，贯彻落实创新、协调、绿色、开放、共享发展理念，加快建设制造强国。加快工业转型升级，是适应经济发展新常态的必然选择，是应对市场需求变化的客观需要，是把握新一轮科技进步和产业变革难得机遇的迫切要求。编制和实施《福建省“十三五”工业转型升级专项规划》，对于把握中央支持福建加快发展的重大历史机遇，主动对接《中国制造 2025》、“互联网+”，贯彻落实《中共福建省委福建省人民政府关于进一步加快产业转型升级的若干意见》和《福建省实施〈中国制造2025〉行动计划》，打造产业升级版，建成海峡西岸先进制造业基地、建设先进制造业大省，具有十分重要的意义。

本规划依据《中国制造 2025》和《福建省国民经济和社会发展第十三个五年规划纲要》制定，主要阐述规划期内工业转型升级的发展形势、总体要求、主要任务、重点领域、保障措施等，是指导全省工业转型升级的重要依据。

本规划以 2015 年为基期，规划期限 2016-2020 年。

第一章　发展形势

一、发展基础

“十二五”期间，福建省坚持走中国特色新型工业化道路，加快工业结构调整，海峡西岸先进制造业基地建设取得明显成效，为福建科学发展跨越发展起到重要的支撑作用。

——规模与效益不断提升。2015 年，全部工业企业实现增加值 10974.42 亿元，是 2010 年的 1.72 倍，年均增长率达 12.7%。规模以上工业企业实现利润 2208.7 亿元，比 2010 年增长 25.9%；人均劳动生产率为 26.1 万元，比 2010 年提高了 11.3 万元；工业经济效益综合指数由 2010 年的 219.95 点提高到 2015 年的 276.17 点。工业累计完成投资 2.75 万亿元，年均增长 21.7%，技术改造投资占工业投资的比重由 2010 年的 47.3%提高到 2015 年的 64%。

——产业结构持续优化。2015 年，石化、机械、电子三大主导产业占全省工业总产值比重 36.65%，对全省工业增长贡献率 40.7%。纺织、服装、食品、石材、水暖等传统产业的主要企业工艺技术装备水平达到国际或国内先进水平。高新技术产业增加值 3947 亿元，占全省地区生产总值比重 15.2%，对经济增长的贡献率为 23.1%。战略性新兴产业加快发展，2015 年实现增加值 2619 亿元，占全省地区生产总值比重 10.1%。年销售收入超过百亿元工业龙头企业达到 38 家。

——产业集聚显著增强。2015 年，工业园区入园企业近 3 万家，产值占全省工业比重近 60%，其中超 500 亿元工业园 6 个，超千亿元 1 个；创建省级以上新型工业化产业示范基地 23 家，其中国家级 12 家；26 个重点产业集群实现工业增加值 5233.7 亿元，占全省工业比重 49.3%，其中产值超千亿元产业集群 10 个，比 2010 年增加 9 个。石化、平板显示、LED 等 14 条重点产业链初步建成。

——技术创新能力进一步加强。2015 年，全省拥有高新技术企业 2035 家；省级企业技术中心 423 家，其中国家级 35 家；工程（技术）研究中心 471 家，其中国家级 7 家；重点实验室 200 家，其中国家级 9 家。驰名商标 454 个，名牌产品 1395 个，著名商标 3975 个，发明专利 10726 件。两化融合发展总指数居全国前列。

——节能降耗水平巩固提高。2015 年，全省规模以上工业增加值能耗 0.73 吨标准煤 / 万元，比 2010 年下降 33%；38 个工业大类行业中 22 个行业能源消耗量下降，下降面达 58%；工业万元增加值用水量下降至 68 立方米 / 万元。提前一年超额完成国家下达我省的“十二五”淘汰落后产能目标任务。

二、发展环境

——全球工业发展格局出现新变化。当前，世界经济正处于深度调整期，发达国家纷纷推出“再工业化”和“制造业回归”战略，通过加大科技创新和产业变革、修改国际投资贸易规则，积极争夺制造业竞争优势和价值链高端环节；发展中国家依靠资源、劳动力等比较优势，以更低成本承接制造业转移，对我国制造业发展形成“高端回流”和“中低端分流”的双向挤压，对我省工业转型升级形成新的压力。以中国为代表的新兴经济体对世界经济的影响不断扩大，为我省提高在全球范围内资源配置能力、拓展国际市场空间提供新机遇。

——新技术变革引领产业发展新趋势。当前，新一轮科技革命和产业复苏正在孕育，技术创新日益活跃，围绕科技与产业发展制高点的竞争日益激烈。信息网络、高端制造等重要领域呈现加速发展态势，引领制造模式、生产方式、产业形态发生新变革，在互联网、物联网、移动互联网、云计算、大数据等信息技术支持下，制造业价值链重心由生产环节向研发设计、营销服务转移，产业形态从生产型制造向服务型制造转变，新一轮科技和产业变革的酝酿和推进，为我省工业转型升级迎来难得的“赶超发展”契机，为加快由“福建制造”向“福建创造”“福建智造”转变提供了条件。

——国内经济发展进入新常态。我国发展仍处于可以大有作为的重要战略机遇期，经济保持中高速增长、迈向中高端水平的势头明显。居民对高科技、高附加值、高质量、高安全性产品的需求不断增加，各行业新技术、新装备、新业态、新商业模式的投资机会大量涌现，在“一带一路”战略指引下，我国制造业将由产品输出转向产业输出，这些新的需求为福建制造业发展提供了广阔空间。为积极适应新常态，先进省份在“互联网+”、先进装备制造、信息经济、创新创客等领域引领产业发展新方向，区域和市场竞争更加激烈，部分行业、领域面临新一轮“洗牌”，福建制造业不进则退。

——福建工业发展步入新阶段。当前我省正处于全国生态文明先行示范区、21世纪海上丝绸之路核心区、中国（福建）自由贸易试验区、平潭综合实验区、福州新区“五区叠加”政策优势累积期，成为祖国大陆最具吸引力、投资政策最优惠的省份之一，为培育新的经济增长点、推动产业转型升级提供新动力。同时我省制造业创新能力不强，龙头企业较少，产业配套能力较弱，企业效益下滑，生产性服务业支撑作用不足，劳动力、土地、资金等成本不断上升，资源与环境约束趋紧等制约因素，倒逼我省加快转变粗放发展模式，加速推动产业向中高端跃升。

“十三五”期间，要紧紧抓住中央支持我省加快发展的重大历史机遇，主动适应国际市场环境新调整、技术变革新趋势和国内消费升级新变化，克服工业转型升级的瓶颈制约，实现科学发展跨越发展目标。

第二章　总体要求

一、指导思想

全面贯彻落实党的十八大和十八届三中、四中、五中全会和省委九届十四次、十五次全会精神，深入贯彻习近平总书记系列重要讲话精神和对福建工作的重要指示，坚持创新、协调、绿色、开放、共享的发展理念，主动适应经济发展新常态，主动融入“中国制造 2025”“互联网+”，以转型升级提质增效为主题，以供给侧结构性改革为着力点，以工业化和信息化深度融合为主线，推动制造业发展模式向生态友好型、质量效益型转变，产业结构向更加协调、更加优化转变，发展动力向深化改革、创新驱动转变，生产方式向柔性、智能、精细转变，资源利用向高效、清洁、循环、安全转变，引导制造业向分工细化、协作紧密方向发展，打造海峡西岸先进制造业大省，为推动经济社会发展再上一个新台阶，努力建设机制活、产业优、百姓富、生态美新福建提供有力支撑。

二、基本原则

——坚持市场主导、政府引导。遵循市场规律，尊重企业在转型升级中的主体地位，充分发挥市场在配置资源中的决定性作用。积极转变政府职能，完善财税、金融、土地、人才等相关政策，营造公平竞争的市场环境。

——坚持创新驱动、融合发展。实施创新驱动战略，完善以企业为主体的技术创新体系，强化核心关键技术研发攻关，加快科技成果产业化。推动工业化和信息化、制造业与服务业、军民融合，提升融合发展水平。

——坚持存量提升、增量优选。用高新技术、信息化手段改造提升传统产业，加大技术改造和研发投入。选好选准项目，建立以技术创新、转型升级为导向的项目筛选机制，着力引进带动性强的企业、关键性技术和高附加值产品。

——坚持龙头带动、链群互动。集中力量培育和引进一批主业突出、核心竞争力强的产业龙头企业，发挥产业龙头的引领支撑作用，延伸完善产业链。促进中小企业向“专、精、特、新”发展，引导中小企业向产业龙头集聚，打造一批具有全球影响力的产业集群。

——坚持改革引领、开放合作。深化工业领域供给侧结构性改革，着力去产能、降成本、补短板，实现资源优化再配置，提高供给体系质量和效率。贯彻实施“一带一路”战略，推动装备、技术、标准、服务走出去，深度融入全球产业链、价值链、物流链，更好利用两个市场、两种资源。

——坚持集约发展、绿色安全发展。提高建设用地综合承载能力，支持企业在节能、节水和资源综合利用方面的技术应用。大力发展循环经济和清洁生产，加大产业绿色改造，推进减量化、再利用、资源化，构建绿色制造产业体系，严格行业安全规范和准入管理，淘汰落后工艺和产能。

三、主要目标

到 2020 年，福建省工业综合实力持续提升，产业迈向中高端，创新能力显著增强，绿色发展走在全国前列，建设先进制造业大省。

（一）规模效益

规模以上工业增加值年均增长 8.5%，增加值率比“十二五”末提高约 2 个百分点，全员劳动生产率年均提高 8%左右；工业投资年均增长 15%左右。

（二）产业结构

三大主导产业产值均超万亿元；战略性新兴产业增加值占 GDP 比重达 15%；高新技术产业增加值占 GDP 比重达 16%；培育形成主营业务收入超 100 亿元工业企业达 80 家；产值超千亿元的产业集群（基地）20 个。

（三）创新能力

规模以上工业企业研发经费支出占全社会研发经费支出比重达 80%以上；工业企业发明专利拥有量达 1.56 万件；省级以上工程（技术）研究中心、实验室、工业企业技术中心分别达 800 个、240 个、500 个。信息技术在工业领域应用进一步深化，制造业数字化、网络化、智能化、标准化取得明显进展，两化融合发展指数保持全国前列。

（四）绿色发展

规模以上单位工业增加值能耗比全国平均水平低 30%，大型骨干企业主要产品能耗接近国内先进水平。万元工业增加值用水量进一步下降，主要污染物排放量控制在国家下达指标内，工业固体废弃物综合利用率保持在 85%以上，淘汰落后产能取得重大进展。

第三章　转型升级主要任务

推动工业转型升级，必须坚持问题导向和目标导向，全面推进供给侧结构性改革，强化工作举措，重点实施十大专项行动计划，增强工业转型升级的推动力，提高产业发展水平。

一、实施创新驱动战略，提升企业核心竞争力

实施创新驱动专项行动计划，强化创新主体地位和主导作用，把创新摆在转型升级的核心位置，引导各类创新要素向企业集聚，促进企业成为创新决策、研发投入、成果转化的主体。到 2020 年省级以上工程（技术）研究中心、实验室、企业技术中心分别达 800 个、240 个、500 个，建成 200 家以上众创空间，全省大中型工业企业研发机构建有率达 60%以上，形成一批有国际竞争力的创新型领军企业。

培育企业创新动力。优化劳动力、资本、土地、技术、管理等要素配置，激发创新创业活力，实现发展动力有序转换。提高基础创新能力，夯实自主创新的物质技术基础，积极参与国家重大科技项目。完善企业研发费用加计扣除政策，推动设备更新和新技术应用研发，形成一批有国际竞争力的创新型领军企业。鼓励政产学研用协同创新，支持龙头企业和行业领军企业与国内外高校院所共建公共技术创新中心，对重大共性需求和关键技术开展研发创新，推动政府职能从研发管理向创新服务转变。强化创新平台建设。完善企业研发机构扶持政策，支持企业组建研发中心、技术中心、检测中心、重点实验室等研发机构，实现研发投入、研发人员、创新成果的持续增长。鼓励企业开展核心技术创新和集成创新，整合重点（企业）实验室、行业技术开发基地、工程（技术）研究中心、企业技术中心等资源，拓展“6·18”虚拟研究院平台功能，全面提升创新主体能力，加快科技成果转化。推动省级以上重点实验室、工程技术研究中心、行业技术开发基地等创新服务平台资源向企业开放，降低制

造业创新成本。推动重点领域创新。推动产品创新，引导企业以需求为导向，树立“生产一代、试制一代、研发一代和构思一代”的产品生产理念，提高研发设计水平，鼓励技术、工艺、款式、性能、品种、品牌、包装等方面差异化竞争，提高非价格竞争力；推动营销创新，引导企业强化互联网思维，强化大数据挖掘市场需求的普及应用，鼓励企业创新商业模式，推广实施高效精准营销，贯彻落实“互联网+”行动，重视发展电子商务模式，整合线上线下两种资源，实现市场要素高效利用；推动管理创新，顺应企业管理扁平化趋势，强化管理培训机构服务能力，引导企业实施科学化、精细化管理，推广普及国际先进管理模式，推动企业生产运营管理流程再造，提升行业管理水平和管理效益。培育制造业众创空间。推进特色鲜明的创业创新载体建设，加快构建“四个一批”创业众创空间，支持各地利用园区或闲置厂房等创业基地，为处于初创期和成长期企业提供创业载体。探索创业孵化模式创新，鼓励有条件的创业基地、企业和创投机构发展众创空间，为小微制造企业提供创业创新服务。

二、培育壮大产业龙头，优化产业供给结构

实施产业龙头引领带动专项行动计划，培育壮大一批关联度大、主营业务突出、创新能力强、带动能力强的产业龙头，促进中小企业走“专精特新”发展道路，推进兼并重组，化解过剩产能，降低生产成本，提高供给体系质量和效率，优化产业供给结构。到 2020 年，发展壮大主营业务收入超百亿元工业企业达 80 家，培育超万家“小而优”“小而强”的企业。

扶优扶强龙头企业。强化分级管理、分类指导，引导社会资源向龙头企业积聚，发展壮大总部经济。推动龙头企业延伸产业链，实现资源共享、优势互补，引导龙头企业向大型化、集团化、现代化方向发展，发挥其在产业集群中的核心主导作用，增强产业集聚力。鼓励龙头企业实施精细管理，强化成本控制、节能降耗、质量管理。加大科技研发投入，创建国家级、省级研发机构，加强核心关键技术的研发攻关，促进科技成果产业化，弥补创新链和产业链短板，打造产业供给新优势。优化产业供给结构。优化企业兼并重组市场环境，改善金融服务，落实税费优惠政策，降低企业兼并重组成本；鼓励龙头企业、上市公司等整合产业链上下游资源，拓展业务领域，多元化、集团化发展；支持我省企业并购境外、省外高科技企业，提升我省产业竞争力；以汽车、钢铁、水泥、稀土、船舶、电子信息等行业为重点，促进要素自由流动，引导产业相近、业务关联、优势互补的企业资产重组，优化资源配置，提高行业集中度；鼓励跨行业、跨地区、跨所有制开展并购重组，支持和引导轻纺、船舶、机电、石材、水暖等行业通过企业兼并重组化解债务危机实现脱困发展。化解过剩产能，坚持政府引导、市场倒逼、标本兼治、分类施策原则，建立完善化解工业行业过剩产能和脱困升级工作机制；以钢铁、煤炭、水泥等行业为重点，提出和落实化解过剩产能实施方案，建立市场化调节产能长效机制，促进过剩产能行业结构优化、脱困升级、提质增效。实施中小微企业成长工程。积极推进产业集群化发展步伐，鼓励相同和相关产业的中小企业聚集，重点培育以中小企业为主体、带动作用突出的产业集群；强化中小企业服务体系建设，引导大企业与中小企业通过专业分工、服务外包、订单生产等多种方式，培育一批“专精特新”中小型企业，促进大企业与中小企业形成完善配套的产业服务体系。

三、加快企业技术改造，增强内涵发展动力

实施新一轮企业技术改造专项行动计划，支持企业应用新技术、新工艺、新装备、新材料，推进一批产业关联度大、技术水平高、市场前景好的技

术改造项目。到 2020 年全省企业技术改造投资年均增长 15%左右，累计完成投资额达 3 万亿以上。

加强技术改造投资引导。制定和发布重点产业技术改造投资指导目录，鼓励企业采用新技术、新工艺、新设备和新材料实施技术改造，优化企业产品结构、投资结构，促进企业走内涵式发展道路。引导先进产能扩产增效。鼓励符合产业政策、市场前景好、经济效益优的项目应用先进制造系统、智能制造设备及大型技术装备，扩大生产规模，提升效益。引导企业重点投向用地少、消耗低的优质技改项目，支持重大项目及先进制造业基地建设。推动企业设备更新。鼓励首台（套）装备的使用，支持企业淘汰老旧设备，引进和购置先进设备，提升企业技术装备水平。在轻工、纺织服装、电子、机械、冶金、建材等劳动强度大、环境条件差的行业实施“机器换工”技术改造，提高产品质量和生产效率。推动制造业企业生产装备数字化和信息化改造，加快精益生产、敏捷制造、虚拟制造等系统在装备制造企业的普及推广，实现生产制造环节的自动化控制。实施工业强基工程。突破制约先进制造业发展瓶颈，加大工业“四基”投资力度，加快发展省内急需的石化基础材料、金属复合材料、纺织高档面料等关键基础材料，提高产业基础制造和协作配套能力。完善技术改造政策体系。推动技术改造相关立法，落实支持企业技术改造的财税、金融、土地等政策，建立健全企业技术改造长效机制。

四、坚持以质取胜，提升制造业品牌价值

实施质量品牌专项行动计划，以提质增效为中心，打造制造业质量品牌发展新优势，培育一批质量水平领先、市场信誉好的产品品牌、区域品牌。到 2020 年工业名牌产品达 1300 个，著名商标达 50 件，年销售收入超 100 亿元的名牌产品生产企业达 50 家，工业产品质量抽查合格率高于全国平均水平。

加强标准体系建设。支持大中型企业参与国家标准的制订、实施，鼓励企业将发明专利转化为国家、行业或省级地方标准。加大企业制标扶持，支持重点行业协同推进产品研发与标准制定，探索标准研制和推广。推广先进质量管理。引导企业树立“质量第一”经营理念，推行精益生产、六西格玛、质量诊断等先进质量管理方法，建立健全生产全过程质量管理体系，提升产品质量和可靠性。加强质量安全监管，加强对重要工业产品质量监管，加大政府监督抽查和检测服务力度，建立完善质量安全风险监控和信息通报机制，避免发生系统性、区域性、行业性重大质量安全问题。加大福建品牌培育。引导企业增强品牌意识，扶持一批品牌培育和运营专业服务机构，加大品牌培育和市场拓展力度，树立“福建制造”品牌良好形象。以省市政府质量奖、福建名牌产品、地理标志产品、驰（著）名商标、老字号、知名商号等为重点，加快形成一批拥有自主知识产权和核心竞争力的产品品牌、企业品牌，指导有条件的地方和园区申报全国质量强市示范城市、全国知名品牌示范区和全国出口质量安全示范区，打造一批特色鲜明、竞争力强、市场信誉好的区域品牌。

五、加快发展智能制造，拓展转型升级新路径

实施智能制造发展专项行动计划，加快发展壮大智能制造产业，大力推进企业智能化改造，到 2020 年累计实施“机器换工”10000 台（套）以上，建设 20 个智能制造样板工厂（车间），智能装备制造业和工业软件业产值均超千亿元。

全面推广“数控一代”。推动数字化控制技术在各类装备上的应用，集成创新一批数控装备和工业机器人，提升轻工、纺织、电子、机械、建材等传统优势产业装备数控化水平，引导企业构建制造工艺的仿真优化、数字化控制、实时监测和自适应控制等先进制造能力。加快发展智能装备制造。突

破伺服电机及驱动器、智能化传感器及仪器仪表、工业控制系统等智能测控装置。开发高压液压元件及密封件、高速精密轴承、高效高承载传动件等核心基础零部件。发展高档数控机床、工业机器人、增材制造设备，开发纺织、林产加工、建材、轻工、食品包装等领域智能化专用设备，对传统生产设施进行自动化智能化技术改造，建设一批智能工厂、数字化车间。提高智能服务水平。提升软件服务业对智能制造的支撑能力，推动工业控制软件、信息安全软件、集成控制系统的研发和产业化。发展面向智能制造的生产性服务业，提供智能制造设施与系统的方案设计、工程实施和综合集成服务。

六、推进服务型制造，打造价值链高端环节

实施制造业服务化专项行动计划，整合生产性服务业资源，推动制造与服务深度融合、协同发展，促进生产型制造向服务型制造转变，向价值链“微笑曲线”两端攀升。到 2020 年全省大中型制造企业服务收入占总收入达 25%。

发展生产性服务业。以产业转型升级需求为导向，提升研发设计、现代物流、融资租赁、信息技术服务、节能环保服务等生产性服务业重点领域服务能力和水平。引导生产性服务业在中心城市、制造业集聚区以及有条件的城镇，建设一批生产性服务业功能区、公共服务平台，实现集聚发展。发展服务型制造业。以制造为基础、服务为导向，引导制造业企业创新商业模式，延伸服务链条，提升研发设计、市场拓展、品牌运作等服务的核心价值，实现以产品制造为核心向产品+服务、提供整体解决方案转变。加快发展总集成总承包、个性化定制、在线支持服务、全生命周期管理、仓储物流、融资租赁服务、检验检测等服务型制造重点领域，培育一批服务型制造示范企业，实施一批服务型制造示范项目。推动制造企业服务业务发展。引导制造业企业专注核心产品研发、制造，推动内部生产性服务业的分离与发展，进一步促进社会专业化分工，提高社会资源利用效率，促进产业链多主体协同发展。发展制造业服务外包。引导工业企业以信息技术、供应链管理、研发设计等业务流程外包为重点，支持购买专业化服务，实现包括产品设计、工艺流程、生产规划、生产制造和售后服务在内的全过程管理，为产业转型升级提供支撑。引导企业创新服务贸易业态，把握服务外包发展新趋势，大力拓展在岸服务外包市场，积极承接国际离岸服务外包业务。

七、推动园区改造提升，促进产业集聚集约发展

实施工业园区改造提升专项行动计划，坚持产业集聚、布局集中、发展集约原则，引导产业优化布局，促进产业分工协作，整合一批规模小、布局散、产业层次低的工业园区，建设一批创新能力强、集约程度高、生态效益好的工业“标本”园区，打造一批产城融合、宜居宜业的现代化产业新城，力争到 2020 年全省工业园区总产值占全省工业总产值比重达 75%以上，省级以上新型工业化产业示范基地达 25 个以上，产值超千亿产业集群（基地）达 20 个以上。

强化规划引导。按照集群化、差异化、品牌化发展思路，省级以上工业园区编制实施发展总体规划，推动园区按规划设立、项目按规划落地、产业按规划集聚，引导工业园区朝创新型、集约型、生态型方向发展。完善基础设施。加强园区通水、通电、通路、通讯、通气、平整土地等“五通一平”基础设施及公共服务设施建设，提升“硬件”水平；加快园区污水及固体废物集中处理、集中供热、管网等公用设施建设，提升可持续发展水平；发挥省级工业园区建设基金的引导作用，吸引社会资金及各类股权投资基金投入，支持园区公用设施和基础设施项目等建设。树立园区“标本”。按照统筹兼

顾、分类指导、突出重点、以点带面的思路，精心遴选一批符合规划要求、发展思路清晰、主导产业突出的工业园区确定为省级重点工业园区，形成一批可复制、可推广的成功经验，引领、带动其他工业园区加快整合调整步伐。提升集群发展水平。围绕拓展延伸产业链，实施建链、强链、补链工程，以产业链缺失和薄弱环节、产业集群配套项目对接为重点，持续推进厦门光电、福州纺织化纤、湄洲湾石化、泉州纺织服装等 10 个产值超千亿产业集群规模壮大、链条延伸、竞争力增强；加快培育厦门计算机及通信产业、漳州古雷石化、宁德冶金新材料等一批新的千亿产业集群。

八、大力推进绿色制造，实现可持续发展

实施企业绿色制造专项行动计划，推动形成绿色发展方式。加快制造业绿色改造升级，积极推行低碳化、循环化和集约化，强化产品全生命周期绿色管理，加快构建高效、清洁、低碳、循环、安全的绿色制造体系，到 2020 年全省二氧化硫、化学需氧量、氮氧化物、氨氮排放量控制在国家下达的目标范围内，工业固体废物综合利用率达 85%以上，建成 100 家循环经济示范企业、30 个循环经济示范园区。

推进节能降耗。实施能效“领跑者”行动，以树立标杆、政策激励、提高标准等方式推动高耗能行业、终端用能产品提升能效水平；以节地、节水、节能、节材为重点，推动重点节能技术、设备和产品的推广应用，加快实施节能技术装备产业化示范工程，每年争取实施重点节能工程 200 项。推进重点用能单位能耗在线监测系统建设，加强能耗预警预报，构建节能数据库平台。开展节能量交易试点，形成节能长效机制。推行清洁生产。以能源资源消耗高、污染物排放量大的行业为重点，推动工业领域煤炭清洁高效利用，实施燃煤锅炉节能环保综合提升工程。在钢铁、建材、石化、有色等重点行业、企业推广采用先进适用清洁生产技术，加快清洁生产技术改造，大幅削减工业烟（粉）尘、二氧化硫、氮氧化物和挥发性有机物。发展循环经济。推动省级工业园区循环化改造，实现企业生产过程清洁化、废物循环资源化、能源利用高效化；推行企业循环式生产、产业循环式组合，完善资源综合利用产业链。推进汽车零部件、工程机械、矿山机械、办公用品等再制造，实现再制造规模化、产业化。强化安全生产。实施高风险工业产品、生产工艺和装备的技术改造，加快安全生产管理与监测预警系统、应急处理系统、危险品生产储运设备设施等技术装备升级换代，以法制化、标准化、规范化、系统化的方式推进安全生产，提高工业企业本质安全水平。淘汰落后产能。强化安全、环保、能耗、质量、土地等约束，引导企业调整和退出技术装备落后、资源利用率低、环境污染严重的低端生产环节，淘汰水泥、钢铁、铁合金、皮革、造纸等落后产能，建立企业有序退出机制。

九、推进军民深度融合，促进军地协同发展

实施军民融合深度发展专项行动计划，坚持龙头带动、对接引进和创新转型，拓展军品市场，逐步形成具有福建特色的军民融合产业发展模式。到 2020 年全省军品生产总值超百亿元，年均增长 30%以上，带动民品生产总值 700 亿元以上。

突出发展重点。围绕武器装备及配套产业、后勤保障装备产业、军转民项目产业化三大领域，推进船舶产业、卫星应用、特种新材料、集成电路芯片和航空关键重要部件等基础（元器）件、通信导航、信息安全和信息化弹药，以及军转民项目产业化，支持优势企业进入装备科研生产及维修领域，重点支持马尾造船厂参与军民融合项目。加快基地建设。加快建设军民融合产业示范基地，重点创建宁德军民深度融合产业园、龙岩军民融合后勤保障装备产业园，引导重大军民融合产业项目向基地聚

集，打造一批军民融合创新示范区，增强先进技术、产业产品、基础设施等军民共用的协调性。提升研发能力。支持企业与科研院所、高校合作建立军民两用（工程）技术研究中心和国防重点实验室，建立一批省级以上军民融合产业孵化平台和军民融合企业（工程）技术中心。

十、深化产业合作，提高制造业开放发展水平

实施产业开放合作专项行动计划，发挥自由贸易试验区体制机制创新和 21 世纪海上丝绸之路核心区作用，主动参与全球经济合作和竞争，加强产业开放合作，争创对外开放新优势，推动工业产业实现从产品输出向产业输出的提升，构建对外开放、产业合作高地。

强化外商投资产业引导。加强外商投资产业研究，从产业延伸、配套需求中把握招商引资重点，引导外资投向电子信息、装备制造、石油化工等产业，加大新一代信息技术、生物与医药、新材料、新能源、节能环保、高端装备制造等新兴产业引资力度，支持外资利用新技术、新工艺改造提升传统产业，提高我省产业核心竞争力。依托“一带一路”促进制造业产能合作。结合制造业发展优势和“一带一路”沿线国家的资源禀赋，深化与沿线国家和地区在集成电路、光电、工程机械等领域的合作，吸引有技术优势的企业来闽投资；在有条件的国家和地区建设一批境外制造业合作园区，加强能源资源合作，提高就地加工转化率；鼓励建材、化工、船舶、轻纺、汽车、矿产资源开发等行业“走出去”建设产业集聚区，参与国际产能合作与竞争。支持制造企业拓展海外融资渠道，通过债权、股权、创业投资、资产证券化等多种方式实现扩张，培育一批国际化大企业。打造自贸试验区高端制造板块。依托自贸试验区优势，加快发展电子信息、生物医药、高端装备、新材料、新能源等高端制造业，吸引全球知名制造企业、国内龙头企业设立区域总部和研发中心，实现高端制造企业区内外联动发展；大力发展高端生产性服务业，为省内企业提供研发设计、信息系统集成、供应链物流、融资租赁、电子商务等服务。推动闽台产业深度对接。瞄准台湾百大企业、优质中小企业，推进集成电路、工业设计、光电、生物医药、精密机械、环保、新材料等产业深度对接；加强闽台专业园区建设，整合厦门、福州、泉州、漳州等地台商投资区资源，加快推进漳州古雷深化两岸石化产业深度合作示范区、厦门国家半导体照明产业基地、南安光伏产业基地、福州青口汽车基地等一批合作专业园区建设。

第四章　转型升级重点领域

推动工业转型升级，必须瞄准重点行业发展方向，突破发展瓶颈制约，发挥后发优势与潜力，推动传统优势产业升级发展、新兴先导产业加快发展、调整优化产业转型发展，提升产业在国内外市场竞争力。

一、传统优势产业

推动具有较好发展基础，规模、实力、品牌、技术、市场等在国内具有较强竞争力的石油化工、纺织服装、食品加工等传统优势产业，通过智能改造、优化结构、强化创新，延伸产业链，推动技术、产品、品牌质量提升，向高端产品链、价值链延伸拓展，进一步巩固扩大竞争优势。

（一）石油化工

着力推进湄洲湾、古雷石化基地和福州江阴化工新材料专区建设，以炼化一体化为龙头，增加烯烃、芳烃等上游原材料供应，完善和延伸石化中下游产业，推动石化全产业链发展，形成布局合理、龙头带动、上下游紧密联系的石化产业集群，建成具有国际先进水平的湄洲湾、古雷石化基地。到 2020 年实现规模以上工业总产值 6800 亿元，年均增长 19%；工业增加值 1700 亿元，年均增长 12%。

提高原料保障能力，推进炼化一体化、乙烯、芳烃等一批龙头项目建设，延伸产业链，强化关联产业项目建设，提高石油化工原材料保障能力，力争炼油产能达 5000 万吨、乙烯产能达 300 万吨、芳烃产能达 500 万吨，为石化中下游加工企业提供充足的基础化工原料。延伸石化产业链，上游炼油行业加快油品质量升级；中游烯烃行业增加基础有机化工原料的有效供给，芳烃行业加快芳烃—化学纤维聚合物（PE、PA 等）产业链建设；下游化工新材料行业主要发展高端聚烯烃塑料、工程塑料、氟硅材料、高性能纤维、功能性膜材料，以及高端精细化工产品，提升产品附加值。推进三大合成材料建设，合成纤维重点突破己内酰胺、己二腈等单体及特种涤纶纤维、锦纶 66 纤维、芳纶、碳纤维、超高分子量聚乙烯纤维等高性能纤维。合成橡胶重点突破乙丙橡胶、丁基橡胶、异戊橡胶、丙烯酸酯橡胶以及苯乙烯类、聚烯烃类、聚氨酯等弹性体。合成树脂重点发展特种树脂、功能性树脂、生产专用树脂料。推动关联产业对接，推动石化产业与纺织服装、制鞋、建材、轻工、汽车、装备制造、电子信息、医药等产业紧密结合，提高石化终端产品在关联产业的应用领域，增强产品研发能力，提高产品质量和档次。推动“低碳”发展，以提高用能效率、大幅减排温室气体为目标，以炼化一体化和基地化建设为载体，开展节能减排技术研发和应用，实现原料互供、设施共用、“三废”共治，降低生产成本，提高能耗效率。

（二）纺织服装

发挥化纤、棉纺、织造、染整、服装、纺机产业链优势，着力发展功能性差别化纤维、高档面料、高性能产业用纺织品等，建成全国重要的纺织化纤生产基地和国际先进的纺织服装生产基地。到 2020 年，服装、家纺、产业用三大类终端产品纤维消费量的比例达 55∶20∶25，化纤差别化率提高到 70% 以上，实现规模以上工业总产值 8480 亿元，年均增长 10%；工业增加值 2230 亿元，年均增长 10%。

引导企业转型，围绕产品研发设计、生产过程、经营管理、市场营销、售后服务等关键环节，以提高质量和效率为核心、市场为导向，加快信息技术应用，形成基于信息网络的崭新纺织工业生产方式。深化品牌带动，提升区域品牌、企业知名品牌影响力和市场占有率。着力推动长乐恒申、晋江百宏、福清经纬、海天时尚梦工厂、莆田华峰新材料生态纺织科技产业园等重点项目建设，形成新经济增长点。推动纺织服装基地建设，加大泉州、厦门、福州等地先进纺织制造业基地及三明、南平等特色产业用纺织品生产基地建设，提高纺织服装产业整体实力和集聚辐射能力。加快绿色制造，落实印染、粘胶纤维行业准入政策，引导企业淘汰和改造效率低下、消耗高、污染严重装备，推广应用绿色环保、资源循环利用及节能减排先进技术和装备。

（三）食品加工

按照资源禀赋发展区域特色食品产业，优化产业集聚区，做强闽东南、闽北果蔬加工、泉州休闲食品产业集群，发展壮大沿海水产品加工带、闽西北畜禽产品加工业，提升闽南、闽北、闽东茶业加工水平。到 2020 年实现规模以上工业总产值 8000 亿元，年均增长 11%；工业增加值 2300 亿元，年均增长 12%。

发展绿色健康食品，鼓励食品龙头企业以多种方式与农、林、渔业生产结合，建立无公害原料基地，以能效提升、增加品种、提升质量、优化工艺、更新装备、节能降耗、综合利用、清洁生产为重点，加强技术创新和改造，推进现代化加工技术应用和标准化生产，提高绿色健康食品发展水平。加强企业品牌建设，引导具有品牌优势、资产优势和综合竞争优势的龙头企业发挥主体作用，推动企业、行业品牌建设，做强罐头、水产加工、焙烤食品、果蔬加工、茶叶等优势产业，提升行业竞争力。支持达利食品、厦门银鹭、盼盼集团、明一集团等企业发展总部经济，强化全国市场布局。强化食品安全，推动食品产业机械化、自动化、数字化、标准化、清洁化生产，健全食品生产企业内部质量控制网络和食品安全产业链可追溯体系，构建绿色食品先进配送体系，打造食品安全区域品牌，提高食品安全保障能力。

（四）鞋业

发挥龙头企业品牌带动效应和区域品牌集聚效应，发展壮大鞋业集群，打造全球顶尖的休闲运动鞋制造中心。到 2020 年实现规模以上工业总产值 3300 亿元，年均增长 5%；工业增加值 1000 亿元，年均增长 6%。

培育国际知名品牌，以安踏、特步、361 度、匹克、鸿星尔克、富贵鸟等企业为龙头，以高品质、时尚化、个性化为方向，以创意、时尚、文化为依托，做强泉州运动休闲鞋、莆田运动鞋两大鞋业基地，做好做强产品+互联网平台建设。完善延伸产业链，推进鞋材—鞋机—包装—物流—销售等产业链资源优化配置和专业化分工协作，增强产业配套能力。提高制鞋设计能力，加快开发高性能鞋材，加强环保、健康、舒适鞋用材料研发，加快发展数字化车间和智能制造，提高应用新技术、新材料、新工艺的开发设计能力。加快产品升级，重点发展高档化、智能化、功能性、舒适性的鞋类产品，研制轻型耐磨耐折鞋底高分子复合新型鞋材、多功能舒适性面料和辅料配件等，推行个性化定制服务，发展生产高效、人机关联、配置应变能力等具有较高水平的成套设备。

（五）工艺美术

开发和生产具有地方特色、适销对路的工艺美术产品，提高创意设计水平，做强做精一批传统工艺产品。到 2020 年实现规模以上工业总产值 1600 亿元，年均增长 8%；工业增加值 430 亿元，年均增长 8%。

发展传统工艺精品，重点传承发展工艺陶瓷、漆线雕、石雕（寿山石雕、玉雕）、木（根）雕、古典工艺家具、脱胎漆器和漆画、珠宝首饰等；着力振兴发展软木画、锡雕、木偶头、剪纸、刻纸花灯、刺绣、珠绣、八宝印泥、棉花画、工艺燃香等。保护传承传统工艺，发挥工艺美术大师的作用，支持工艺美术大师挖掘整理传统工艺，抢救濒临消失的传统工艺美术，加紧申报一批省级、国家级大师，改善工艺美术大师和专业人才待遇，鼓励工艺美术大师、名艺人带徒授艺。提升工艺美术创意水平，逐步完善工艺美术产业创意研发设计、产品生产、推广销售产业链，形成创意引领消费、消费促进创意发展的良性循环，支持传统工艺与信息技术融合创新，形成新的业态、新的产品。

（六）汽车制造

突破整车设计、发动机、变速箱、汽车电子等关键技术，加快新能源汽车动力电池、电机、电控等关键零部件开发和产业化，打造福州、厦漳泉、闽西北三大汽车产业基地。到 2020 年实现规模以上工业总产值 2500 亿元，年均增长 15%；工业增加值 650 亿元，年均增长 17%。

加大新产品研发力度，鼓励整车企业充实研发力量，建立和完善产学研用联盟，联合开展技术攻关，加大研发投入，开发适销对路新型乘用车和豪华商务车、房车、消防车、应急救援车、特种专用车等，积极发展清扫保洁车辆、垃圾收运车辆及设备等高端专用车，提高整车市场竞争力；加快新能源汽车推广应用，研发具有自主知识产权的新能源汽车，推动整车生产企业与动力电池、电机及控制系统等关键零部件企业协作配套。推动重点项目建设，推进厦门金龙集团大中型新能源客车生产基地、福汽集团云度新能源汽车、新龙马新能源汽车、东南汽车三期及发动机、福建奔驰导入 SUV 车型、泉州莲花汽车、海山机械环保挖掘吸运车等重点项目建设；加快福汽集团和厦门金龙的产品提升，引进奔驰高端大巴项目落地厦门，扩大产能、提质增效。拓展延伸产业链，发挥龙头企业辐射带动作用，借助项目对接平台，引进汽车发动机、变速器总成、汽车电子、动力电池、驱动电机、电控系统等关键零部件企业，不断延伸上下游供应链和价值链，提高产业集中度，增强产业竞争力。

（七）船舶修造

推进重点企业与国内外大型船企、知名设计研发机构合作，突破一批高技术船舶产品关键设计制造技术，提高设计、工艺技术水平，加快船型优化和升级换代，形成国家级船舶、海洋工程装备制造基地。到 2020 年实现规模以上工业总产值 600 亿元，年均增长 10%；工业增加值 150 亿元，年均增长 11%。

推进重大项目实施，重点推进马尾船政（连江）海洋工程装备及特种船舶项目、福船集团大型豪华邮轮项目和海上风电作业平台项目、三都澳游艇产业园等项目建设。加快发展高技术船舶，重点发展海洋工程装备、汽车滚装船、液化气运输船、客滚船、远洋渔船、游艇等，推进大型邮轮研制，力争军品修造业实现新突破。优化发展布局，引导大型船舶企业兼并重组，引导中小型企业向分段建造、配套发展，向闽江口、三都澳、泉州湾、厦门湾等船舶集中区集聚发展。

（八）工程机械

围绕提高产品质量，鼓励企业开发大型化、智能化、新能源、节能型工程机械新品种，促进工程机械产品结构向中高端调整，增强核心产品竞争力，打造国内重要的工程机械制造基地。到 2020 年实现规模以上工业总产值 800 亿元，年均增长 20%；工业增加值 220 亿元，年均增长 22%。

加大产品结构调整，挖掘机、装载机、叉车、压路机等传统优势产品保持全国前列，加快发展高可靠性与智能化工程机械，支持开发大型盾构机、掘进机、采煤机、矿山设备、冶金设备、港口机械和垂直输送设备等工程机械新品种。强化制造技术研发，推进骨干企业加快高压液压元件及系统、关键传动部件等核心技术研发，形成关键配套、部件批量生产能力；鼓励发展机电液一体化大吨位挖掘机、大吨位混凝土搅拌施工设备、盾构机等高端工程机械产品制造，并积极参与军品制造。加强企业资源整合，加快厦工与中航合作、龙工生产线优化升级改造、沙县厦工传动设备、晋工智能化叉装机产业化技改等项目建设，整合优势资源，培育大型企业集团。引导企业“走出去”，利用国家鼓励装备制造业对外投资和“一带一路”建设契机，推进海外市场布局，实现富余产能转移，吸收国外工程机械产品技术，开发适应市场需要的新产品。

（九）电工电器

加快产品升级换代，完善产业协作配套体系，推动发展智能化和高效节能产品，壮大福州、厦门输配电设备、南平电线电缆、闽东电机电器产业集群，打造全国中小型电机制造基地、高水平中低压输配电设备生产研发基地。到 2020 年实现规模以上工业总产值 3200 亿元，年均增长 10%；工业增加值 900 亿元，年均增长 12%。

推进产品高端化，电机制造业着重提升通用电机的节能降耗技术水平，生产高效、专用及机电一体化新型电机，并向生产新型电动水泵、家用电器等电机的外延产品发展，鼓励部分技术力量较强的企业发展伺服电机、新能源汽车电机等高端产品；输变电设备制造业加快发展智能电网设备、特种专用电缆，提升高压、超高压产品生产规模。延伸发展产业链，重点支持厦门市输配电设备产业链建设，争取引进跨国公司投资发展电力变压器、电力电容器、高压直流输电关键部件等产品，建设高压、超高压开关的协作配套体系；引导闽东电机产业从企业聚集向上下游企业配套合作产业集群转变。推动企业技改提升，提高装备的机械化、自动化水平，推动机器换工，提高劳动生产率；加快推进天宇智能电力变压器制造项目、火炬（翔安）产业园 ABB

厦门工业中心整体技改搬迁、东侨亚南新能源汽车用驱动电机研发及产业化、大通新能源汽车用漆包线技改等项目建设。

（十）不锈钢

围绕“三基地一园区”布局，延伸不锈钢加工及应用产业链，建设千万吨级不锈钢生产基地。到2020年实现规模以上工业总产值1000亿元，年均增长20%；工业增加值300亿元，年均增长22%。

壮大“三基地一园区”，以宝钢德盛、宁德青拓、漳州福欣等项目为依托，建设宁德、福州、漳州不锈钢基地和武平不锈钢工业园，延伸不锈钢加工及应用产业链。提升行业技术水平，依托红土镍矿冶炼不锈钢新技术新工艺，保持300系列不锈钢产业发展优势，加快发展400系列不锈钢生产，进一步提高产品附加值。加快推进不锈钢精深加工，重点发展复合材及深加工、标准和非标配件以及成套设备、厨卫设备、建筑装饰等精深加工产品。

（十一）石材加工

引导石材产业入园区集群发展，提高石材产业深加工发展水平。到2020年实现规模以上工业总产值1230亿元，年均增长11%；工业增加值345亿元，年均增长11%。

发挥龙头企业优势，以东升、溪石、华辉等企业为龙头，发展深加工、高附加值产品，巩固提升南安石材区域品牌优势。提高石材综合利用，综合利用边角料、石粉等废料研发生产人造石、微晶石、加气混凝土砌块、石粉砖等建材产品，推进石材综合利用循环经济示范区建设。发展自主装备制造，加强引进设备和超薄板生产工艺技术的消化和吸收，积极研究和应用石材加工的新技术、新工艺、新设备，提高石材异型生产、自动磨机、金刚石绳锯等加工装备和配件的国产化水平。

（十二）建陶水暖

推进晋江、闽清建筑陶瓷产业转型升级，加快企业技术创新。整合优化水暖产业发展主体，拓展延伸产业发展空间，提升水暖产业集群发展水平。到2020年建筑卫生陶瓷实现规模以上工业总产值950亿元，年均增长10%；工业增加值265亿元，年均增长10%。

加快结构调整，实施建筑陶瓷标准化原料制备、现代辊道窑及其控制等新技术改造，推广节能烧成技术，提升装备水平，以低品位原料和各种固体废弃物作为替代原料；推动水暖向卫浴洁具、卫生厨具一体化发展。推动产品创新，开发生产陶瓷薄砖、太阳能陶板等新产品以及环保、抗污、抗菌等特殊功能的新产品，着力研发高技术含量、高加工度、高附加值的节水型高档水暖洁具产品。实施品牌带动，支持华泰集团、晋江腾达、九牧、中宇、辉煌、申鹭达等龙头企业壮大规模，提升建陶水暖产业集群区域品牌。

（十三）有色金属

加快两化深度融合，改造提升生产工艺和流程，争取沿海大型铝铜生产基地落地建设，增强行业创新发展能力，到2020年实现规模以上工业总产值2000亿元（不含稀土工业），年均增长8%；工业增加值500亿元，年均增长10%。

铝产业，以中铝瑞闽、南铝等企业为龙头，延伸铝加工产业链，发展IT行业、交通运输、太阳能和散热器的高附加值铝型材、高精度铝板带箔、泡沫铝等，积极推进中铝宁德沿海大型铝冶炼项目建设，打造铝产业基地。铜产业，推进实施中铝宁德40万吨铜冶炼项目，加快紫金金铜矿开采、铜冶炼二期项目建设，推进复合材料和电子工业用铜、高精铜带、管等产品规模化生产，加快壮大上杭铜工业园，打造中国重要的铜生产研发基地。镁产业，推动龙岩武平坤孚镁合金产业园加快招商、建设，形成上游镁合金冶炼，中游铸锭、型材、板带材生产，下游国防科工、汽车轻量化等镁合金产品研发及生产的完整产业链，打造镁产业基地。

二、新兴先导产业

推动具有较好的发展潜力、对其他产业带动作用较强的新型显示、集成电路、高端装备等新兴产业，通过攻克关键核心技术、引进先进设备和制造工艺，实施重大应用示范工程，挖掘产业发展潜能，加快创新成果产业化，提高竞争力和规模效益，实现产业倍增发展，培育壮大工业新增长点。

（一）新型显示

加快形成高世代 TFT-LCD（薄膜晶体管液晶显示器）面板规模生产能力，支持 LTPS TFT（低温多晶硅薄膜晶体管）、AMOLED 和 IGZO TFT（氧化铟镓锌薄膜晶体管）等背板演进技术的研发和产业化，推动为面板配套的上下游产业发展。到 2020 年实现规模以上工业总产值 2800 亿元，年均增长 11%；工业增加值 440 亿元，年均增长 12%。

夯实产业基础，集中力量推进高世代面板项目实施，重点推动福州京东方 8.5 代 TFT-LCD 面板生产线、莆田华佳彩面板生产线、厦门天马微（二期）等重大项目建设，支持企业开展 LTPS（低温多晶硅）、IGZO（金属氧化物）等背板工艺技术和 AMOLED 蒸镀工艺的研发和产业化。推动上下游配套产业发展，大力引进扶持玻璃基板、有机发光材料、液晶、靶材、偏光片、驱动 IC、关键化学品等关键材料及设备的研发和生产，充分发挥面板制造核心企业的规模效益，建立生产配套体系。发挥整机制造优势，扩大液晶显示模组和整机生产规模，推进终端应用创新，以系统服务应用为牵引，与上游面板生产协同开发、良性互动发展。积极探索 3D 显示、激光显示、全息投影显示、柔性显示等新技术，支持重大技术突破的产业化应用。

（二）集成电路

以应用为先导，开发设计具有自主知识产权的集成电路产品；推动 12 英寸集成电路规模生产，形成 28 纳米工艺技术的加工能力；积极引进先进封装/测试生产线，促进设计业、制造业和封装/测试业协调互动发展，打造东南沿海集成电路产业集聚区。到 2020 年实现规模以上工业总产值 500 亿元，年均增长 30%；工业增加值 210 亿元，年均增长 30%。

以整机需求为牵引，重点开发数字音视频芯片、移动通信终端基带芯片、信息安全芯片等量大面广的产品，支持计算机及网络、通信、数字对讲机 SOC 芯片设计，推动集成电路产品差异化发展。发挥闽台产业合作优势，重点发展 12 英寸集成电路生产线、6 英寸Ⅲ-Ⅴ族化合物集成电路生产线、存储芯片（DRAM）生产线等，形成高端芯片和特色功率芯片规模制造和封装/测试能力，促进先进工艺和特色工艺协同发展。支持集成电路公共服务平台建设，在 EDA 设计工具、知识产权保护、产品评测等方面提供公共服务。鼓励集成电路设计、制造和整机厂商之间形成产业联盟，开展联合技术创新，缩短研发周期，探索形成上下游产业链虚拟一体化模式，实现产业链良性互动发展。

（三）半导体照明（LED）

以应用促发展，加强 LED 高光效外延片/芯片制造、高性能封装、照明灯具设计、小间距显示屏设计制造、高性能驱动电源、中大尺寸背光源及蓝宝石衬底等关键技术研发生产，完善 LED 产业链，把我省打造成为全球重要的 LED 外延片和芯片、应用产品生产基地。到 2020 年实现规模以上工业总产值 800 亿元，年均增长 12%；工业增加值 250 亿元，年均增长 16%。

推动 LED 新技术新产品开发，支持 GaN 同质衬底、复合衬底、8 英寸硅基衬底外延技术以及多量子阱外延技术的研发，支持倒装结构/垂直结构芯片技术研发，提高内/外量子效率和芯片性能，支持半导体红外、紫外、深紫外的外延片/芯片技术研发和产业化。推动 LED 大功率封装和模块化封装。结合通信、传感、物联网等手段，加大集成创新和多领域协同创新，推动 LED 产品在智能化照明、特种照明等领域的推广应用，继续支持和鼓励通过 EMC 方式实施 LED 照明节能示范工程，鼓励 OLED 照明新技术的研发和产业化。扶持LED检测、研发等公共服务平台建设。

（四）智能终端和网络通信

着力调整产品结构，推动企业从终端设备制造，向终端+内容+服务延伸，实现产品差异化发展。鼓励企业加强与互联网企业、内容提供商、服务商合作，提高产业链整合能力。到2020年实现规模以上工业总产值3000亿元，年均增长13%；工业增加值580亿元，年均增长13%。

依托整机制造基础，提升计算机及外设和各类终端、网络设备的集成设计、嵌入式软件、信息安全软件等关键技术。结合云计算应用，加快新一代通信网络系统设备、数字家庭网络设备、高性能服务器等研发生产。突破高端消费电子产品整机设计技术和关键件创新，发展高清化、数字化、智能化、网络化终端产品，推动个人智能移动消费电子产品产业化，重点支持信息家电、家庭医疗保健电子、智能安防监控等网络化智能终端产品发展。立足微波通信产业基础，引导企业加快微波功能模块、微波介质材料、4G通信等技术研发和产品转型。推进数字对讲机芯片的研发、推广与应用，推进军民融合，支持军工企业扩大装备研发和生产，促进卫星导航特别是北斗卫星导航与位置服务的应用产品、应用数据、应用终端产业和应用领域的拓展。培育发展虚拟现实设备（VR）产业，发展头盔式虚拟现实显示、可视化眼镜、数据手套等虚拟显示和交互产品。

（五）工业互联网

培育龙头企业，建设国家示范基地，完善研发支撑、公共服务体系，通过典型示范应用案例，带动产业快速发展。到2020年实现工业互联网产业业务收入超1000亿元，年均增长16.5%。

制定安全可靠的工业控制技术标准，支持过程控制、运动控制、人工智能、信息安全等核心技术研发，进一步推动国产化的嵌入式操作系统，新一代的DCS分布式控制系统、工业控制通用技术平台、MES制造执行软件等研发与产业化，打造安全可靠的分行业应用解决方案。针对工业控制系统的信息安全现状，加强网络安全、数据安全和安全测评等专业软件开发，支持尽快建立福建省工业控制系统信息安全测评服务机构。加快“一地多园”的工控产业空间布局，在福州、厦门、泉州建设相关园区，明确各园区重点发展领域，形成工业互联网特色产业集聚区，吸引研究机构与技术厂商汇聚，加快相关服务技术和规范建设，在全国工业互联网产业取得领先优势。

（六）高端装备

以数控技术、智能技术提升传统装备发展水平，促进装备制造业向智能化、高端化升级，建设竞争力强的高端装备制造基地。到2020年实现规模以上工业总产值2800亿元，年均增长21%；工业增加值780亿元，年均增长20%。

推进智能制造装备发展，以重点产业领域用户需求为牵引，加强智能测控装置与部件的研发和产业化，提升重大智能制造装备集成创新能力，开展智能化生产线和数字化车间应用示范。重点发展智能化专用装备、高档数控机床、节能和新能源汽车、高技术船舶和海工装备等我省具有较好发展基础的重大技术装备；培育发展先进轨道交通装备、通用航空装备、新型传感器和智能化仪器仪表、伺服装置和控制系统、工业机器人、海洋勘探开发及深海智能装备、海洋风能利用工程建设及维护装备、海水淡化和综合利用装备、增材制造装备、新能源装备等高端新兴装备，加快推进莆田华峰集团3D增材智能印花装备产业化；着力提升高速精密重载传动装置、高压液压元件、高可靠性密封件、大型精密模具、先进制造基础工艺等基础制造水平。

（七）生物与医药

以化学制药、现代中药为主导，以生物制药、医疗器械为突破，以技术创新重大项目为支撑，带动产业规模化发展。到 2020 年实现规模以上工业总产值 1050 亿元，年均增长 17%；工业增加值 310 亿元，年均增长 16%。

生物制药，重点开发蛋白质及多肽药物、疫苗、人源化/人源单克隆抗体药物、干细胞等细胞治疗产品、核酸药物及基因治疗药物。医疗器械，重点发展数字医学影像设备等高端诊疗设备、体外诊断医疗器械及试剂，发展微创、介入、植入、人工器官和组织工程产品等医用器材材料，推动人工关节、齿科材料等一批高端医疗器械自主生产，拓展基因测序示范应用。现代中药，建设道地中药材规范生产管理基地，加快名优中成药的剂型改造和二次创新、名医名方产业化开发和优质中医保健产品开发。化学药物，重点发展高效、速效、长效、靶向给药的新型药物制剂，适度发展高端化学原料药，开发新型抗病毒、抗感染药物、抗肿瘤药物等。生物制品，以生物质为原料，建立以细菌、酵母、藻类等为基盘的细胞工厂，重点推广细胞转化和酶催化两种绿色制造方式。海洋生物医药与制品，重点开发海洋生物毒素和海洋微生物高特异活性物质等海洋生物药源的海洋新药，支持海洋寡糖、生物毒素、小分子药物、海洋中药等海洋新药开发，积极开发以高纯度海洋胶原蛋白、海藻多糖、贝壳糖、荧光蛋白等为原料的新型医用生物材料和新型疾病诊断试剂等。

（八）节能环保

以节能环保重点工程建设为依托，突破能源高效利用、污染物防治与安全处置、资源回收与循环利用等关键核心技术，大力发展高效节能、先进环保和资源循环利用的新装备和产品，提升产业规模化水平。到 2020 年实现规模以上工业总产值 2350 亿元，年均增长 16%；工业增加值 700 亿元，年均增长 15.5%。

高效节能产业，围绕重点节能工程，重点发展高效节能锅炉窑炉自动化控制、低温烟气余热深度回收、非晶变压器、高效电动机等工业节能设备、高效照明产品、节能汽车等节能产品，提高新建建筑节能标准，扩大绿色建材生产规模；加快发展节能交通工具，推行合同能源管理。先进环保产业，重点发展水污染、大气污染防治技术设备及其配套产品、垃圾处理技术设备和环保药剂；扩大平板式脱硝催化剂、高效电袋复合除尘器、空气净化器等生产规模，加快膜材料和组件、高浓度难降解工业废水成套处理设备等水处理设备产业化；加快发展危险废物处置技术、挥发性有机污染物治理技术。资源循环利用产业，重点发展汽车零部件、电机等再制造产品，推广大型废钢破碎剪切和废旧电器回收利用技术，扩大再生资源、金属回收利用规模，促进大宗固体废物综合利用、尾矿伴生矿产资源及城市餐厨废弃物、农林废弃物、废旧纺织品和废旧塑料制品、废旧铅酸电池资源化、规模化利用。

（九）新能源

实施新能源集成利用示范重大工程，重点扶持发展清洁能源、可再生能源利用和设备制造业，培育太阳能光伏、风电设备等制造业，建成东南沿海新能源研发、制造和应用基地。到 2020 年实现规模以上工业总产值 1500 亿元，年均增长 18%；工业增加值 450 亿元，年均增长 18%。

太阳能光伏，以电池及组件研发和产业化为核心，突破高稳定性、低成本太阳能级硅材料技术，向配套材料、关键装备和中下游应用产品等方向延伸，完善从硅料、太阳能电池及组件到系统集成、电站工程总承包的完整产业链，支持太阳能光伏分布式发电系统建设，打造国家级太阳能光伏产业基地。风电设备制造，加快发展新能源设备制造，以风电成套机组设计和组装为核心，带动风电关键零部件发展，建设国家级海上风电研发中心和东南沿海风电装备制造基地。新型环保电池，以大功率、高能量动力锂电池核心技术研发和产业化为重点，加强正负极材料、电解液和电芯等电池核心件配套生产，以及电池模组及电池管理系统的开发，发展阀控密封蓄电池、镍氢电池等新型动力电池，打造国内新型环保型动力电池制造和研发中心。核能，加强核能安全、核燃料后处理和废物处置等技术攻关，建设海西核能工程技术中心，开展第二代在运核电机组延寿技术开发，加快第三代核电技术的消化吸收和再创新。

（十）新材料

大力发展复合纳米、超导、智能等共性基础材料，加快发展高性能稀土磁性材料、稀土发光材料、稀土储氢合金、特种陶瓷等材料，打造特色优势新材料产业链，建设高性能、轻量化、绿色化的新材料产业创新体系。到 2020 年实现规模以上工业总产值 6450 亿元，年均增长 19%；工业增加值 1420 亿元，年均增长 19%。

稀土新材料，重点发展稀土永磁、储氢、发光、催化等高性能稀土功能材料和稀土资源高效综合利用技术，提高稀土产品附加值，建设国家级离子型稀土研发、生产和应用基地。钨材料，依托国家钨材料工程技术中心，建设中国（厦门）钨材料生产、应用和研发基地，加强硬质合金材料、涂层技术、刀具加工技术等关键技术研发与产业化，形成精密硬质合金刀具系列化产品生产基地。环境工程材料，开发资源有效利用、废物再循环利用等工艺和技术，做大高岭土下游应用产业规模。氟化工材料，发展含氟聚合物新材料、含氟精细化学品及中间体，打造氟化工新材料生产基地。高性能复合材料，发展高性能碳纤维、高性能锦纶、高性能涤纶、高性能维纶、高性能氨纶和无机非金属等高性能纤维及其复合材料，推进高性能复合材料低成本化、高端品种产业化和应用技术装备自主化。特种陶瓷材料，推进碳化硅纤维、氮化硅纤维和透波/吸波材料、陶瓷先驱体材料实现工程化产业化，建设国家级特种陶瓷材料生产研发基地，提升关键技术和低成本产业化制备能力。石墨烯，加快石墨烯透明电极手机触摸屏产业化，拓展复合材料、电池/超级电容、储氢材料、场发射材料以及超灵敏传感器等领域的应用范围。

（十一）应急产业

加强政策引导，加快突破关键技术，不断提升应急产业整体水平和核心竞争力，到 2020 年应急产业规模以上工业总产值达 800 亿元，年均增长 10%；工业增加值 200 亿元，年均增长 10%，形成若干个规模大、核心竞争力强的龙头企业。

监测预警，围绕提高各类突发事件监测预警的及时性和准确性，重点发展监测预警类应急产品。在自然灾害方面，发展地震、气象灾害、地质灾害、水旱灾害、病虫草鼠害、海洋灾害、森林草原火灾等监测预警设备；在事故灾难方面，发展矿山安全、危险化学品安全、特种设备安全、交通安全、海洋环境污染、重污染天气、有毒有害气体泄漏等监测预警装备；在公共卫生方面，发展农产品质量安全、食品药品安全、生产生活用水安全等应急检测装备，流行病监测、诊断试剂和装备；在社会安全方面，发展城市安全、网络和信息系统安全等监测预警产品。预防防护，围绕提高个体和重要设施保护的安全性和可靠性，重点发展预防防护类应急产品，包括应急救援人员防护、矿山和危险化学品安全避险、特殊工种保护、家用应急防护等产品。处置救援，围绕提高突发事件处置的高效性和专业性，重点发展处置救援类应急产品，包括突发事件现场信息快速获取、应急通信、应急指挥、应急电源、应急后勤保障、生命搜索与营救、医疗应急救治、卫生应急保障等产品。

三、调整优化产业

推动资源依赖性较强、对环境影响较大的水泥、造纸、煤炭等行业，通过控制产能盲目扩张、促进企业兼并重组、加强节能减排和资源综合利用、推动国际产能合作等措施，引导行业提高集中度，实现由增量扩张转向提质增效、由中高速增长转向平稳持续发展。

（一）普钢

以三钢、三宝为龙头，发挥技术、品牌优势，加快产品结构调整，延伸产业链。以先进适用技术改造生产工艺和流程，加快推进钢铁行业两化融合，重点支持三钢集团钢铁智能工厂示范项目和供应链协同管理示范项目。开展钢铁行业能效对标工作，实施差别电价奖惩措施，鼓励企业进一步节能降耗。推动企业兼并重组，优化资源配置，提高产业集中度。

（二）水泥

以福建水泥、华润水泥、福建红狮、福建金牛、龙麟集团为核心，实施总量控制，推动兼并重组，提高产业集中度。开发生产具有特殊性能的特种工程专用水泥，重点开发生产预拌砂浆、预拌混凝土和建筑预制构件等水泥深加工产品。支持水泥工业利用第二代新型干法窑技术改造现有生产线，实施新型高效燃烧、低温余热发电、高效粉磨、变频调速、烟气脱硝等技术及装备改造，推动水泥企业降低能耗、物耗和管理费用，降低生产成本。推进两化融合，加快行业全流程数控化推广工程。推进水泥窑协同处理城市生活垃圾和产业废弃物示范线建设。

（三）造纸

发挥沿海港口优势，利用境外纸浆、废纸和木片等资源，建设临港大型造纸和纸制品项目。省内流域上游、城市周边及重点环境保护地区、生态功能区，禁止新建扩建制浆造纸项目。加快技术改造，淘汰能效低、污染严重的落后工艺与设备，促进造纸企业提升生产线和储运装备智能化、生产过程自动化和企业管理信息化水平，推动造纸工业清洁生产、节能减排。调整产品结构，培育龙头企业，限制新建扩建中小型低水平包装板纸项目，逐步退出新闻纸，化解过剩产能，提升生活用纸质量，鼓励研发新型特种纸，提高产业集中度。

（四）玻璃

做优做强汽车玻璃、光伏玻璃产品，实施浮法玻璃生产线高效脱硫、脱硝和余热利用等技术，开发电子工业用超薄、太阳能产业用超白、在线镀膜玻璃和低辐射等特殊浮法玻璃产品，推进具有节能、安全等性能的深加工玻璃产品，提高玻璃产品竞争力。

（五）煤炭

强化煤矿安全监管，严厉打击无证开采和违法违规生产建设行为，严格治理煤矿安全生产隐患，大力推进煤矿机械化、安全质量标准化、安全生产自动化和信息化建设，促进煤炭工业安全平稳运行。进一步调优煤炭产业结构，停止审批新建煤矿，推进煤炭资源整合和企业兼并重组，严格控制新增产能，加快淘汰落后产能，化解煤炭过剩产能。加强煤矿安全改造，促进企业改造升级。加大环境治理投入，推进矿井充填开采。到 2020 年，关闭淘汰小煤矿 113 处以上，淘汰落后产能 750 万吨/年以上，煤矿数量控制在 100 处以内，煤炭产能控制在 1500 万吨/年左右，煤矸石利用率 100%，矿井废水达标排放。

第五章　保障措施

加快我省工业转型升级，推动产业迈向中高端、建设先进制造业大省，对推动“新福建”建设意义重大，任务艰巨。各级各部门要加强组织领导，健全工作机制，强化保障措施，把各项工作任务落到实处。

一、加强组织协调

强化规划实施的组织领导，建立健全上下联动、部门协调的工作推进机制，明确责任主体，各司其职，密切配合，形成合力，做好跟踪分析和督促落实，增强工业转型升级规划的执行效力。完善规划实施和调度机制，制定工业转型升级实施方案，细化主要目标、任务、工作举措、配套政策，确保转型升级取得实效。加强规划实施情况评估，定期对规划执行情况进行检查，建立评价、评估和激励机制。

二、完善产业政策

发挥国家产业结构调整指导目录、产业准入等产业政策的引导作用，动态发布重点行业产业政策，组织实施“一业一策”。加强产业政策与财税、政府采购、信贷、土地、质量品牌等政策的协调配合，促进工业提质增效。以主体功能区划为指导，引导资源开发利用项目、拟建工程项目合理布局，对限制开发区域以及不符合主体功能定位的产业，通过设备折旧补贴、贷款担保、迁移补贴、土地置换等手段，促进产业跨区域转移。开展企业能效对标，制订行业结构调整和能效提升指南，明确淘汰类、限制类目录及产品能耗限额，在钢铁、水泥、建陶、玻璃、造纸、印染、皮革、合成革等行业先行开展能效对标，实施差别电价政策。落实固定资产投资项目节能评估和审查制度。

三、落实环保政策

全面落实环境保护法律法规，严格执行建设项目环境保护“三同时”，改善和保护生态环境。严格项目环境准入，落实行业规划和建设项目环境影响评价制度，加强产业集聚区内环境监测体系建设，重点做好地下水资源、主要河流交界断面及入海口水质、空气质量的监测。限制“两高”行业发展，严格控制高耗能、高排放和产能过剩行业新上项目，强化节能、环保、土地、安全等指标约束，清理整顿环保违规建设项目。加强安全生产，强化危险化学品和危险废物的生产、经营、储存、运输、使用、废弃物处置等环节管理，消除危险品隐患。

四、完善项目服务

抓好项目对接与落地服务，做大增量、优化存量，增强发展后劲。创新招商选商方式，突出产业链核心关键项目招商选资，形成高端项目储备、滚动发展的良性循环。加大项目对接，以央属企业、世界500强及台湾百大企业、全国民企500强企业为重点，动态调整招商目录，做好项目对接和投资环境推介，促进在谈项目签约。推进项目落地实施，加快项目前期工作，完善配套支持措施，协调解决项目建设中存在的困难问题，持续促进一批高端项目开工建设，早日建成投产，形成新增长点。

五、加大财税支持

加强财政资金对工业转型升级的支持，整合、盘活现有财政有关专项资金，重点投向智能制造、关键基础材料、核心基础零部件、先进基础工艺、产业技术基础发展、高端装备等转型升级的关键领域。落实和完善首台（套）财政补助政策，贯彻落实固定资产加速折旧、专用设备投资抵免、研发费用加计扣除等税收政策。创新财政资金支持，通过设立产业股权投资基金等方式，引导社会资本更多投向初创期、早中期创新型企业、高成长企业。帮助企业降低成本，对符合国家产业政策、对当地财政、就业等贡献大、生产经营正常的工业企业，要进一步清理规范中介服务，清理各种不合理收费，切实减轻企业成本负担。

六、强化要素保障

健全要素市场体系，发挥市场配置资源的决定性作用，强化企业煤电油气运保障，加强工业运行监测和跟踪服务。发挥信贷主渠道作用，引导金融机构加强信贷资金组织调度，研究设立支持转型升级的信贷产品，鼓励银行盘活存量，加大对实体经济的支持力度。提高直接融资比重，积极运用上市融资再融资、发行债券、融资租赁、信托等各类融资工具，拓宽工业转型升级项目和企业融资渠道，支持企业转型发展。引导民间资本进入金融市场，综合运用各类传统金融工具和天使投资、风险投资、股权众筹等融资方式，提升工业创新发展能力。实行差别化用地政策，优先支持转型升级项目用地、用海、用林的需求，加大存量建设用地盘活力度，提高土地节约集约利用水平和土地投入产出效率。

七、强化人才支撑

完善人才发展体系，加大研发、生产等领域专业技术人才和经营管理人才的引进和培养力度。实施产业专才计划，将智能制造、工业互联网等相关领域的急需人才（团队）纳入省“海纳百川”高端人才聚集计划。拓宽用人渠道，鼓励企业采取灵活多样的方式引进培育人才，帮助企业建立科学的人才管理机制。实施技能人才培训，发挥学校育人和企业用人机制的耦合作用，推进职业院校与企业合作共建校外实习、实训基地和生产实训中心，提高技能人才培养的针对性、实效性。

八、营造良好环境

各级各有关部门要营造有利于加快工业转型升级的发展环境。进一步转变政府职能，对接企业需求，降低供给成本，深化行政审批制度和投融资体制改革，开展降低实体经济企业成本行动，清理和规范涉企行政事业性收费。加快发展混合所有制经济，推进国有资本、集体资本、非公有资本等交叉持股、有序流转、相互融合，激发市场主体活力。落实推进大众创业万众创新的具体政策措施，通过创新投资、创新孵化等多种方式，支持个人创业、“草根创新”。加快推进面向社会的众创空间等创业服务平台建设，为创业创新者提供良好的工作空间、网络空间、资源共享空间，着力培育开放分享、宽容失败的创新文化。充分调动企业家积极性，完善企业家激励机制，依法保护企业家财产权和创新收益，营造尊重企业家、爱护企业家的良好氛围。

福建省人民政府关于降低企业成本减轻企业负担的意见

闽政[2016]21号

各市、县（区）人民政府，平潭综合实验区管委会，省人民政府各部门、各直属机构，各大企业，各高等院校：

为深入贯彻落实中央加强供给侧结构性改革的战略部署，切实帮助企业降低成本，激发实体经济市场活力，促进经济平稳健康发展，结合我省实际，现提出如下意见：

一、切实降低制度性交易成本

（一）深化行政审批制度改革

全面推行行政权力清单制度，对没有法律法规规章依据的，一律予以取消，2016年底前再取消一批涉企证照相关办理事项；对清单内的相关行政权力事项，除涉密事项外，一律向社会公布办事指南；完善电子政务平台建设，提高全省行政审批和公共服务事项的网上办理比例；推进项目并联审批，建立统一的投资项目在线审批监管平台，实行“一口受理、同步审批、限时办结、信息共享”的投资项目并联审批机制，促进项目审批提速提效。

责任单位：省审改办、省发改委、省经信委，各市、县（区）人民政府，平潭综合实验区管委会

（二）大幅压减行政审批前置事项

精简企业办事条件，对能通过事中事后监管解决的事项，一律不得作为行政审批前置条件；对没有法律法规规章依据的前置条件，一律予以取消；严禁以红头文件规定等形式随意增设办理条件、办理流程等，取消不必要的关联证照（卡）和证明项目。

责任单位：省审改办、省发改委，各市、县（区）人民政府，平潭综合实验区管委会

（三）清理规范中介服务

实施涉企行政审批中介服务事项清单管理制度，凡未纳入清单的中介服务事项，一律不得作为行政审批的受理条件，严禁擅自增加审批条件或变相提高审批标准；进一步清理行政审批中介服务事项，2016年底前再取消中介服务事项10%；放宽中介服务准入条件，取消政府部门设立的区域性、行业性或部门间中介服务机构执业限制、限额管理，建立行政审批网上中介超市；审批部门在审批过程中委托开展的技术性服务活动，必须通过竞争方式选择服务机构，服务费用一律由审批部门支付并纳入部门预算，不得采取变相方式转嫁企业负担；建立中介组织不良行为记录和黑名单制度，加强中介服务机构行业自律和收费监管。

责任单位：省审改办、省财政厅、省工商局、省物价局、省发改委，各市、县（区）人民政府，平潭综合实验区管委会

二、切实减轻企业税费负担

（四）清理规范涉企收费

实行涉企收费目录清单常态化公示制度，向社会公开收费项目、收费标准、收费依据、收费期限以及收费政策，为企业缴费和拒绝违规收费提供查询依据；政府定价和指导价的涉企经营服务性收费，一律按下限执行，对工业企业仪器仪表和计量器具的检测收费，在现有（闽价费[2016]25号）核定收费基础上再降低10%；从2017年1月1日起至2018年12月31日，对工业企业需缴纳的江海堤防工程维护费按标准的50%征收；从2016年6月1日起，除资源性补偿费和损坏性赔偿费外，全面停征工业企业省定涉企行政事业性收费项目。

责任单位：省财政厅、省物价局、省质监局、

省地税局、省水利厅，各市、县（区）人民政府，平潭综合实验区管委会

（五）稳妥推进企业破产重整

支持法院在有条件的地区设立破产审判庭或金融审判庭，出台进一步简化破产案件审理程序的指导意见，帮助引入有实力的管理人，加快破产案件审理；支持各银行业机构积极开发适应破产重整的贷款产品，并在贷款规模、利率、期限等方面给予支持；支持发起设立企业兼并重组基金，通过股权投资形式，参与企业破产重整、兼并重组、产业链整合；加快设立企业破产援助资金，帮助无产可破企业加快破产退出；税务部门要研究制定相关政策，切实减轻重整企业和被重整企业税收负担。

责任单位：省经信委、省金融办、省国资委、省地税局，省国税局，各市、县（区）人民政府，平潭综合实验区管委会

三、切实降低企业融资成本

（六）完善企业转贷应急机制

加强企业应急资金管理，规范企业申请的受理、审核和审批工作，帮助生产经营正常、市场前景好但暂时资金周转困难的企业渡过续贷难关；金融机构不得简单因企业使用应急转贷资金而降低企业信用等级；加大各级财政对企业转贷应急资金投入，降低企业转贷过桥利率。

责任单位：省经信委、省财政厅、省金融办，人行福州中心支行，各市、县（区）人民政府，平潭综合实验区管委会

（七）加大金融支持

建立跨部门金融服务协调、信息对接工作机制和“重点企业、重点项目融资信息对接清单”，形成金融支持工业发展政策合力。银监和价格部门要加强对金融机构定价的指导和监督检查，金融机构在发放贷款时不得附加不合理条件，不得以额外收费将经营成本转嫁给服务对象，对直接与贷款挂钩、没有实质服务内容的收费项目一律取消，对必要的收费项目，要合理稳妥定价并向社会公布。推广“无间贷”“连连贷”等业务模式，扩大无还本续贷政策适用主体范围，持续提高续贷比例。

责任单位：福建银监局、人行福州中心支行，省金融办、省物价局、省经信委、省发改委

（八）完善增信机制

加快设立中小企业信用保证基金，发挥信用担保代偿补偿资金作用，建立完善省再担保公司、各地政府主导担保公司资本金补充及业务风险补偿机制；调整省再担保公司、政府主导担保公司业绩考核办法，适当调高风险容忍度，为中小企业提供间接融资增信服务。

责任单位：省经信委、省金融办、省财政厅、省国资委、省地税局，省国税局、人行福州中心支行、福建银监局，各市、县（区）人民政府，平潭综合实验区管委会

（九）规范金融机构融资服务

充分发挥省、市两级市场利率定价自律机制作用，引导金融机构合理定价；金融机构利率定价纳入宏观审慎评估，并实施一票否决；对未按要求实施利率定价的金融机构，福建省内地方法人金融机构予以交存法定存款准备金利率下浮处罚，全国性商业银行按照全国市场利率定价自律机制予以相应处罚。

责任单位：人行福州中心支行

（十）拓宽企业融资渠道

发挥省级“小微企业发债增信资金池”作用，持续扩大直接融资规模；落实推进企业上市和新三板挂牌扶持政策，对成功上市或买壳上市的企业，给予一次性不超过 100 万元奖励，对在全国中小企业股份转让系统和海峡股权交易中心挂牌交易的中小微企业，最高给予 30 万元补助；筛选一批符合我省产业发展方向、成长性高、有上市意向的企业作为省重点上市后备企业，有针对性地加强培育

和辅导，并实行动态管理；梳理一批优质龙头企业，通过发行公司债、企业债、短期融资券、中期票据、私募债等进行融资；新发行企业债券用于城市公用设施项目建设的，按债券当年发行规模给予发债企业1%的贴息。

责任单位：省金融办、省发改委、省财政厅、省经信委，人行福州中心支行、福建证监局

（十一）降低企业融资租赁成本

大力发展与福建经济结构相匹配的融资租赁业，对融资租赁公司为我省中小微企业开展融资租赁服务的，按照当年新增融资租赁合同金额的5‰予以风险补偿，单家不超过500万元；鼓励企业通过融资租赁加快实施技术改造，固定资产产权归属企业的融资租赁方式可视同采购设备，享受技改补助政策。

责任单位：省经信委、省商务厅、省财政厅

四、切实降低企业人力资源成本

（十二）降低社会保险缴费费率

全省失业保险费率在2015年由3%降至2%基础上，从2016年5月1日起，单位缴费部分再降0.5%，即用人单位缴纳1%、个人缴纳0.5%，执行期限2年；继续在全省范围内，全面落实2015年10月1日起执行的工伤保险基准费率调整政策，并将政策期限再延长一年至2018年12月31日；各地市根据职工基本医疗保险统筹基金承受能力，可适当降低单位缴费费率；规范调整住房公积金缴存，企业缴存住房公积金比例不得高于12%，困难企业可适当降低或暂缓缴存公积金。

责任单位：省人社厅、省机关管理局，各市、县（区）人民政府，平潭综合实验区管委会

（十三）允许困难企业暂缓缴纳养老保险费

企业经营出现困难的，可按《实施〈中华人民共和国社会保险法〉若干规定》（人力资源社会保障部令第13号）办理养老保险费缓缴，缓缴期限不超过1年。企业缓缴养老保险费期间，员工应缴纳的养老保险费仍由企业按时扣缴并按规定按月缴纳，缓缴期满后，企业应缴纳相应的养老保险费。困难企业认定严格按照《福建省城镇企业职工基本养老保险条例》《福建省社会保险费征缴办法》规定情形办理。

责任单位：省人社厅、省地税局、省财政厅，各市、县（区）人民政府，平潭综合实验区管委会

（十四）继续实施失业保险援企稳岗政策

鼓励生产经营困难企业采取在岗培训、轮班工作、弹性工时、协商薪酬、用工调剂等办法，稳定职工队伍。对于符合有关规定不裁员、少裁员的企业，按企业及其职工上年度实际缴纳失业保险费总额的50%给予稳岗补贴，用于企业职工生活补助、缴纳社会保险费、转岗培训、技能提升培训等支出，所需资金从失业保险基金列支。

责任单位：省人社厅、省财政厅

五、切实降低企业生产要素成本

（十五）降低企业用电成本

积极开展电力直接交易，按照平稳有序原则逐步放宽准入条件，全年直接交易电量不低于230亿千瓦时；鼓励企业错峰生产和夜间用电，对趸售区符合条件的龙头、高成长和新增长点项目企业延长谷时段3个小时，适时在特定行业执行丰弃水期电价；鼓励符合条件的企业利用余热、余压（气）发电，对其缴纳的重大水利工程建设基金、地方水库移民后期资金、城市公用附加费省级留成部分由财政部门以奖励方式予以支持；调整企业基本电费计收方式，企业对变压器容量报停或减容每月可申报一次，降低企业基本电费；支持有信誉的企业使用银行承兑汇票支付电费；认真执行好2016年1月1日起一般工商业企业用电价格平均下调2.04分/千瓦时政策。

责任单位：省经信委、省发改委、省物价局、

省财政厅，福建能源监管办

（十六）降低企业用气成本

按照上下游价格联动机制，根据福建天然气购气成本变动情况及时降低到达城市的门站气价；加强对城市燃气公司的成本监审和工业用户气价监管，降低中间环节加价，确保上游降价空间及时传导到工业用户，切实降低工业企业用气成本。

责任单位：省物价局、省经信委

（十七）降低企业用地成本

创新工业用地供应方式，探索实行工业用地长期租赁、先租后让、租让结合供应方式；鼓励工业用地使用权人在符合城乡规划、不改变原用途的前提下，提高工业用地土地利用率和增加容积率，不再补缴土地出让金，免收城市基础设施配套费。

责任单位：省国土厅、省住建厅

六、切实降低企业物流成本

（十八）规范港口和高速公路通行收费

制定并公布港口各种服务收费（政府性基金）目录清单，督促各收费单位实行明码标价，向社会公布相关收费标准，提高透明度；落实《福建省人民政府关于印发国际标准集装箱车辆高速公路通行费减征暂行办法的通知》（闽政[2010]9 号），实行“递远递减”的计费模式；落实国家和省“绿色通道”相关政策，简化规范通行证审批，推进城市配送车辆进城、通行、停靠便利化；港口各类电子政务平台、辅助平台不再向企业收取运行维护费用，实行政府购买服务，统一由所在地财政承担。

责任单位：省商务厅（口岸办）、省财政厅、省物价局、省交通运输厅、省公安厅，各市、县（区）人民政府，平潭综合实验区管委会

（十九）落实进出口税费政策

2016 年对进出口环节海关查验没有问题的外贸企业免除吊装移位仓储费用；支持各地试点免除集装箱检验、检疫、查验、作业费用；免除企业参加广交会、华交会的综合服务费，所需资金由省级商务发展资金统筹安排；根据产品实际生产情况，对资源综合利用的产品积极推动税则调整。

责任单位：省商务厅（口岸办）、省交通运输厅、省财政厅、省物价局，省国税局、福建检验检疫局、厦门检验检疫局、福州海关、厦门海关

（二十）推动通关便利化

全面推进国际贸易单一窗口建设和关检合作“一次申报、一次查验、一次放行”，实现无纸化通关，提高通关效率；实行整车进口一体化快速通关模式，做大做强整车进口业务；指导企业办理进口货物原产地证书，落实 AEO（经认证经营者）互认制度。

责任单位：省商务厅（口岸办）、省交通运输厅，福建检验检疫局、厦门检验检疫局、福州海关、厦门海关

七、全面落实各项惠企政策

（二十一）落实好各项税收政策

按照国家关于全面实施营改增改革工作部署，全面推开营改增试点，进一步完善具体操作事宜；加强纳税辅导，指导企业用足用好政策，加大力度落实国家支持小微企业发展的增值税、企业所得税等方面税收政策，简化办理程序，优化纳税服务，力争实现每个小微企业应享尽享税收减免政策；全面落实放宽高新技术企业认定条件和支持领域的相关政策；出台软件企业和软件产品依法享受税收减免认定办法；落实国家有关企业兼并重组、改制上市、高新技术企业减免税政策，以及企业研发费用加计扣除、企业固定资产加速折旧等政策措施；根据各行业经济运行情况，适当下调行业税负预警值；各地要制定具体措施，确保工业企业缴纳的房产税、土地使用税统筹用于支持当地符合国家产业政策、对当地财政贡献大、生产经营正常的工业企业稳增长、促转型、调结构支出。

责任单位：省国税局，省地税局、省科技厅、省经信委、省财政厅，各市、县（区）人民政府，平潭综合实验区管委会

各牵头单位（指第一责任单位）要切实负起责任，确保省政府降成本的政策全面落实。各市、县（区）人民政府，平潭综合实验区管委会和省直各相关部门应按照确定的责任分工，尽快制定本地区、本部门的落实意见，并组织实施。省政府将根据本意见的推进情况，适时开展督查，通过电话咨询、问卷调查等形式，了解本意见落实情况。各设区市人民政府、平潭综合实验区管委会和省直相关部门每季度将工作进展情况报送省政府督查室，并抄送省经信委。

福建省人民政府

2016 年 5 月 21 日

福建省人民政府办公厅关于印发促进加工贸易创新发展实施方案的通知

闽政办[2016]93 号

各市、县（区）人民政府，平潭综合实验区管委会，省人民政府各部门、各直属机构，各大企业，各高等院校：

加工贸易是我省对外贸易和开放型经济的重要组成部分，对于保增长、稳就业发挥着重要作用。为贯彻落实国务院《关于促进加工贸易创新发展的若干意见》（国发[2016]4 号）和《关于促进外贸回稳向好的若干意见》（国发[2016]27 号），经省政府研究同意，现将我省实施方案印发你们，请认真组织实施。

福建省人民政府办公厅

2016 年 6 月 17 日

福建省促进加工贸易创新发展实施方案

一、发展目标

全省加工贸易进一步向全球价值链高端跃升，逐步变“大进大出”为“优进优出”。

（一）产品技术含量和附加值进一步提升；

（二）经营主体核心竞争力，包括自主创新、品牌建设、营销服务等进一步增强；

（三）生产制造与服务贸易融合发展，产业链进一步延伸；

（四）沿海和山区发展布局进一步优化；

（五）境内外产能合作取得积极进展；

（六）发展由要素驱动为主向要素与创新驱动相结合转变。

二、主要任务

（一）巩固发展传统优势产业，促进产业改造提升

继续巩固和发展我省电子信息、纺织服装、鞋类、船舶和机械装备等传统优势加工贸易产业。支持企业采用先进适用的新技术、新设备、新工艺和新标准，改造扩建生产线，提升装备水平，建设标准化厂房，加快产品升级换代，做大存量规模。对符合我省县域产业发展项目固定资产投资补助资金条件的加工贸易新建和改、扩建项目，给予项目承担企业最高 500 万元的新增固定资产（新建和改、扩建厂房，新增生产设备）投资奖励补助。对企业设备更新、科技成果转化、产品升级换代、发展新兴产业等技术改造项目建设，按《福建省人民政府关于印发新一轮企业技术改造专项行动计划的通知》（闽政[2015]61 号），省级财政按项目设备（含技术、软件）投资额的 5%给予补助，单个企业最高不超过 500 万元，其中省级产业龙头不超过 1000 万元。推动数控技术和智能装备在加工贸易生产领域的运用，在加工贸易企业中培育一批智能化改造示范项目。实施“机器换工”专项行动，加快工业机器人在加工贸易各作业领域的推广运用，有效解决加工贸易传统产业效率偏低、用工紧张问题。对企业购置工业机器人的，按《福建省人民政府关于印发新一轮企业技术改造专项行动计划的通知》（闽政[2015]61 号），省级财政给予企业设备投资额 10%的奖励，单个企业最高不超过 250 万元。

责任单位：省经信委、发改委、科技厅、商务厅，各设区市人民政府、平潭综合实验区管委会

（二）增强企业自主创新能力，实现价值链跃

升

鼓励企业开展核心技术创新，增加对核心技术和关键技术的研发投入，推动企业由单纯的贴牌生产（OEM）向委托设计（ODM）、自有品牌（OBM）方式发展。加快培育加工贸易领军企业，对符合条件的企业按《福建省人民政府办公厅关于印发培育科技小巨人领军企业行动计划（2016-2020年）的通知》（闽政办[2016]18号）予以适当倾斜支持。鼓励企业开展产学研合作，组建研发中心、技术中心、检测中心和重点实验室，实现研发投入、研发人员、创新成果持续增长。支持有条件的企业建立公共技术研发平台、公共实验室、产品设计中心以及标准、检测认证中心等公共服务平台。积极培育和重点扶持省内高等院校、科研院所、龙头企业组建国家级科技研发创新平台，按《福建省人民政府办公厅关于加快高水平科技研发创新平台建设发展六条措施的通知》（闽政办[2016]19号），对新认定的国家重点实验室、工程实验室、工程（技术）中心予以补助800万元；对新认定的省部共建重点（工程）实验室和工程（技术）研究中心、国家企业重点实验室、国家企业技术中心，或教育部重点实验室、工程研究中心，根据下达的国家财政经费予以适当补助，最高不超过500万元。鼓励龙头企业和行业领军企业参与制修订国际标准、国家标准、行业标准和地方标准，在境外注册商标或购买、租赁、获得授权使用国外商标，开展产品认证及专利注册。鼓励企业加强自主品牌建设，并购境外国际知名品牌，加快形成一批拥有自主知识产权和核心竞争力的加工贸易品牌产品、品牌企业。支持企业采取自建、与境外客户合作或并购等方式，建立境外营销中心、专卖店、维修网点等海外营销体系，从被动接单向主动营销转变。

责任单位：省科技厅、经信委、商务厅、质监局，福建检验检疫局、厦门检验检疫局，各设区市人民政府、平潭综合实验区管委会

（三）创新加工贸易模式，促进加工贸易融合发展

鼓励加工贸易与互联网融合，开展“互联网+”行动，引导企业以互联网为媒介，以新一代信息技术为手段，在设计研发、生产经营、营销服务、分拨结算、维修检测中引进互联网要素。鼓励加工贸易与服务贸易融合，引导有条件的加工贸易企业增加服务业经营范围，承接研发设计、检测维修、物流配送、财务结算、分销仓储等服务外包业务，实现以产品制造为核心向“产品+服务”、提供整体解决方案转变。在加工贸易企业中培育一批服务型制造示范企业，加强技术指导和政策支持，加快推进加工贸易制造业服务化。鼓励加工贸易与电子商务融合，创新商业模式，开拓线上市场，拓宽销售渠道。

责任单位：省商务厅、发改委、经信委、科技厅，各设区市人民政府、平潭综合实验区管委会

（四）加大招商引资力度，促进产业融合升级

以“十三五”产业发展规划为指导，用好用足《福建省人民政府关于鼓励外商投资的若干意见》（闽政[2012]35号）和《福建省人民政府关于加快引进世界500强企业十条措施的通知》（闽政文[2012]356号）以及自贸试验区、平潭综合实验区、福州新区的政策措施，重点围绕电子信息、石油化工、机械装备三大主导产业以及生物医药、面板芯片、节能环保、新能源、新材料等新兴产业，积极引进境外加工贸易龙头企业，加大配套企业的引进力度，进一步延伸完善产业链。对福州、漳州、泉州、莆田市和平潭综合实验区总投资额5亿美元以上的，三明、南平、龙岩、宁德市总投资额1亿美元以上的在谈重大项目，每个项目给予不超过100万元的招商经费支持。把握对外开放机遇，鼓励外资企业尤其是跨国公司在我省投资设立采购中心、分拨中心和结算中心，发展总部经济，加快推进制造业与服务业融合发展。

责任单位：省商务厅、发改委、经信委，各设区市人民政府、平潭综合实验区管委会

（五）支持加工贸易梯度转移，推动沿海山区协调发展

支持沿海地区加工贸易企业向我省山区梯度转移，鼓励沿海市、县（区）在山区设立富有特色、有效利用当地资源的共建产业园区，作为承接沿海地区加工贸易企业梯度转移的重要载体，加快在全省形成布局合理、比较优势明显、区域特点鲜明、产业特色突出的加工贸易发展新格局。支持国家级和省级加工贸易梯度转移重点承接地建设，支持有条件的山区市、县（区）申报省级加工贸易梯度转移重点承接地，依托条件较为成熟的园区设立承接产业转移示范区，充分发挥典型示范和辐射带动作用。省级财政每年对国家级和省级加工贸易梯度转移重点承接地建设，分别给予 100 万元和 50 万元的资金支持，重点用于支持承接地基础设施和公共服务体系建设、产业招商、国际市场拓展以及承接地加工贸易企业相关生产经营活动。参照国家相关措施，我省加工贸易企业在省内梯度转移腾退用地，经批准可转变为商业、旅游、养老等用途。加工贸易企业依法取得的工业用地可按合同约定分期缴纳土地出让价款，对我省确定的电子信息、石油化工、机械装备三大主导产业以及生物医药、新型显示、节能环保、新能源、新材料等新兴产业的工业项目可按不低于相关标准的 70%确定土地出让底价。鼓励转移到我省山区的加工贸易企业参与电力直接交易。

责任单位：省商务厅、发改委、经信委、国土厅，各设区市人民政府、平潭综合实验区管委会

（六）鼓励加工贸易企业“走出去”，开展国际产能合作

根据我省优势产能和富余产能情况，推动加工贸易企业在“一带一路”沿线国家开展机械、船舶、纺织服装等优势产能合作和陶瓷、玻璃等富余产能合作。引导支持有条件的加工贸易企业在“海丝”沿线国家和地区建立境外产业合作区。支持加工贸易行业龙头企业和行业协会组织产业集群式对外投资。加强与我国驻外使馆经商处和中资企业商协会的工作联系机制，及时为我省境外加工贸易企业提供资讯服务。对于符合条件的加工贸易“走出去”企业，按照《福建省中央外经贸发展专项资金管理实施办法》（闽财外[2015]30 号）和《福建省投资促进资金使用管理暂行办法》（闽商务财务[2014]42 号），予以相应支持。

责任单位：省发改委、经信委、商务厅、外汇局，各设区市人民政府、平潭综合实验区管委会

（七）创新加工贸易管理体制，提升贸易便利化水平

落实国家深化加工贸易行政审批改革的各项措施，按照国家统一部署，做好加工贸易行政审批事项取消后的业务衔接。加强加工贸易企业经营状况和生产能力核查等事中事后监管，督促企业强化安全生产、节能低碳、环境保护等社会责任。按照国家统一部署，依托国际贸易单一窗口，加快推进商务、海关、检验检疫、税务、外汇等部门与加工贸易企业多方电子化联网，实现部门联动。提高加工贸易联网监管的质量及服务水平，推广有条件的企业实现工单式核销。在自贸试验区探索实施出境加工、委内加工、入区加工等监管制度创新，并积极向全省复制推广。优化监管服务，加快推进区域通关一体化，全面推进加工贸易无纸化作业改革，实施加工贸易企业诚信管理和信息化管理。在全省范围加快推进内销便利化，简化内销征税和核销手续，进一步推广内销集中征税模式。支持加工贸易拓展深加工结转、外发加工业务，推动企业延长产业链，提高附加值。探索培育加工贸易“保税+”新型运作模式，引导加工贸易向产业链两端延伸。

责任单位：省商务厅、环保厅，省外汇局、省国税局、厦门国税局、福州海关、厦门海关、福建

检验检疫局、厦门检验检疫局

（八）整合优化海关特殊监管区域，促进区内加工贸易创新发展

充分发挥海关特殊监管区域辐射带动作用，鼓励加工贸易企业向当地产业结构相配套的海关特殊监管区域集中。鼓励区内加工贸易企业开展高技术含量、高附加值项目的境内外维修、再制造业务，支持区内加工贸易企业利用剩余产能承接境内区外委托加工。在符合条件的海关特殊监管区域进行货物状态分类监管试点，积极探索海关管理从“物理围网”向“信息围网”方式转变，以适应国际贸易多元化、区内企业便利化需求。赋予具备条件的企业增值税一般纳税人资格。在我省自贸试验区内的海关特殊监管区域先行先试内销选择性征收关税政策，及时总结评估，争取扩大试点。支持加工贸易企业运用跨境电子商务开拓国际市场，按照公平竞争原则开展跨境电子商务进口业务。

责任单位：省商务厅、福州海关、厦门海关、福建检验检疫局、厦门检验检疫局，福州、厦门、泉州市人民政府，平潭综合实验区管委会

（九）优化公共服务，完善创新发展服务体系

全面落实好国家、省政府出台的推进大众创业、万众创新政策措施，将加工贸易模式创新、业态创新纳入相关创新专项范围。认真实施《福建省实施〈中国制造2025〉行动计划》（闽委发[2015]11号），推动省级以上重点实验室、行业技术开发基地、高等院校、科研院所等科技创新服务平台向加工贸易企业开放，降低企业创新门槛和成本。加强对贴牌加工企业商标、商业秘密等知识产权保护和运用的规范、监督和指导，加大知识产权等相关法律法规培训力度，提高企业知识产权保护意识。支持加工贸易企业参加境内外各类知名展会，搭建内外贸融合发展平台，促进我省加工贸易企业有效拓展境内外市场，加强产业合作。充分发挥行业商协会的桥梁纽带作用，开展行业信息交流、建设行业标准体系、推进行业自律、贸易摩擦应对和预警等工作，为加工贸易企业转型升级提供服务。

责任单位：省商务厅、经信委、科技厅、人社厅、工商局、版权局、知识产权局

三、组织保障

各级各有关部门要充分认识促进加工贸易转型升级、创新发展的重要性和紧迫性，将促进加工贸易创新发展作为保增长、稳就业、培育竞争新优势的重要工作，保持我省加工贸易政策的连续性和稳定性，为加工贸易发展营造良好政策环境。省各有关单位要明确职责，加强协作，密切配合，形成合力，共同研究解决加工贸易创新发展过程中出现的困难和问题。各设区市人民政府和平潭综合实验区管委会要根据本方案和当地实际，制定相应的配套实施方案，加强统筹，确保各项工作落到实处。

福建省经济和信息化委员会关于印发《福建省中小企业成长计划（2016-2018年）》的通知

闽经信中小[2016]340号

各设区市人民政府、平潭综合实验区管委会，省直有关单位，中央驻闽有关机构：

经省政府同意，现将《福建省中小企业成长计划（2016-2018年）》印发给你们，请认真组织实施，并于每年1月底和7月10日前将实施进展情况报送我委。

福建省经济和信息化委员会

2016年6月23日

福建省中小企业成长计划

（2016-2018年）

为贯彻落实省委、省政府有关中小企业发展和大众创业、万众创新工作部署，引导中小企业在经济发展新常态下，深入实施创新驱动发展战略和供给侧结构性改革，加快转型升级步伐，培育发展新动能、激发发展新活力，特制定本成长计划。

一、工作目标

坚持“创新、协调、绿色、开放、共享”发展理念，进一步营造发展良好环境，优化公共服务供给，提升创新能力水平，壮大总量，推进我省中小企业快速健康成长，加快培育扶持一批高成长中小企业，为打造福建产业“升级版”、拉动全省经济中高速增长提供强有力的支撑。

——保持平稳较快增长。2016-2018年，期末中小企业户数同比增长10%，中小工业企业实现增加值年均增长8.2%、实现主营业务收入年均增长7.3%，到2018年末规模以上中小工业企业户数增加到1.8万家以上。

——创新能力显著增强。中小企业科技研发投入占主营业务收入比重不断提高，到2018年末培育科技小巨人领军企业500家以上、省行业技术开发基地50个以上、工程（技术）研究中心450家以上、国家重点（工程）实验室180家以上、科技孵化器50个以上、众创空间100个以上。培育一批“专精特新”和创业创新示范中小企业。

——产业结构不断优化。2016-2018年中小企业在生产性服务业、战略性新兴产业、高新技术产业、服务型制造中的比重持续提高。发挥龙头企业引领、中小企业产业集群公共服务载体平台作用，发展一批特色鲜明、生态环保、具有竞争力的中小企业产业集群。促进工业园区提升发展，推动一批智能装备专业园区建设。

——服务体系更加健全。推动全省创业创新平台提质增效，完善省市县三级中小企业服务中心组织机构，到2018年末培育认定省中小企业公共服务示范平台达130个以上、省级小微企业创业基地50家以上。

二、重点任务

（一）实施创新发展工程

1.推进企业技术创新。实施创新驱动发展战略，引导广大中小企业充分利用6·18及海峡技术转移中心等各类中小企业技术创新公共服务平台，与国家重点实验室、工程研究中心、高校、科研机构等科研资源开展深度产学研合作，共建研发机构、合作技术攻关，共同开发一批符合供给侧结构性改革要求、具有核心竞争力的“专精特新”产品。深入实施培育科技小巨人领军企业行动计划，打造一批引导我省产业转型升级的骨干企业。在重点行业、重点领域培育认定一批“专精特新”和创业创新示范中小企业，为广大中小企业创新发展树立标杆。

2. 推进企业管理创新。鼓励中小企业开展生产、销售、人力资源、财务等方面的管理创新，实施中小企业管理提升专项工作，通过管理咨询诊断服务和管理提升培训，引导中小企业规范经营运作，提升管理水平，实现管理创新。推动中小企业与大企业协同创新，鼓励和支持大企业通过任务众包、生产协作、平台开放、资源共享、标准开放等方式带动产业链上下游中小微企业实现技术、产品创新。搭建大企业与中小企业创新合作平台，推动中小企业的产品、技术和创新成果融入大企业产业链和创新链。

3. 推进商业模式创新。支持和引导中小企业优化生产流程，开发满足客户需求的差异化、个性化、定制化的产品和服务。引导中小企业整合生产性服务业资源、延伸产业链条，在传统产品经营的基础上，以客户需求为中心，整合企业内外部资源，拓展产品+服务等新型商业模式，发展总集成总承包、个性化定制、在线支持服务、全生命周期管理、仓储物流、融资租赁、检验检测等服务型制造，创造企业新价值，实现商业模式创新升级。

（责任单位：省科技厅、经信委、发改委、商务厅，各设区市人民政府、平潭综合实验区管委会）

（二）实施“互联网+”工程

1. 强化信息化技术支撑。实施中小企业信息化推进工程，加快中小企业信息化服务平台建设，鼓励信息化系统提供商开发适合中小企业应用的信息技术产品和解决方案，推广面向中小企业的云计算、移动互联网等应用，为中小企业转型升级提供技术支撑。鼓励软件企业结合中小企业+互联网特点，加大信息化领域新产品和新技术研发，降低中小企业推广应用成本。

2. 推广信息化技术应用。实施“智慧企业”建设，推进物联网在中小企业的深化应用，引导中小企业依托物联网技术和系统，建立各生产要素间互联互通、全流程实时管控的物理信息系统平台，实现生产智能化升级。大力推广云服务模式，鼓励中小企业利用云平台、第三方服务提升信息技术运用能力，推进产品设计、生产管理、质量管理、销售服务等软件应用。鼓励大数据应用，支持中小企业通过互联网采集和分析数据，促进企业管理数据化、决策数据化，实现生产经营过程可确定、可优化、可定制，培育一批运用现代信息技术实现转型升级的标杆中小企业。组织互联网与工业融合创新试点，引导中小企业以新一代信息技术为手段，实现资源共享协同的生产组织创新、满足个性需求的制造模式创新、提升用户体验的产品及营销模式创新、支撑智能绿色的生产运营创新、支撑全业务全流程互联网转型的集成创新等新型模式创新，加快实现新型网络化生产模式。支持中小企业利用“互联网+”发展众创、众包、众筹等新模式，催生发展新业态、新模式，培育发展新动能。

3. 培育智慧集群。实施“互联网+产业集群”建设行动，加快云计算、大数据、物联网等新一代信息技术在中小企业及产业集群中的应用，通过基础设施、集群管理与服务、生产性服务等领域的智能化发展，推动中小企业在研发、设计、采购、制造、销售、服务等产业链各环节智能化应用，实现集群主体与内外部创新链、供应链、服务链的互联互通，形成创新、协同、精益、开放、共享的产业生态体系，创新产业集群发展模式，提升产业集群竞争力。

（责任单位：省经信委、发改委、科技厅，各设区市人民政府、平潭综合实验区管委会）

（三）实施提质增效工程

1. 推动技术改造。贯彻落实省政府新一轮技术改造专项行动计划，支持中小企业运用先进适用的新技术、新设备、新材料、新工艺、新标准实施新一轮技术改造。引导中小企业围绕产品升级换代、发展中高端产品，增加项目有效投资。鼓励中小企业设备更新和升级换代，提升装备水平，提高生产效率。大力推动中小企业围绕战略性新兴产业重点领域，开发技术含量高、市场竞争力强的产品和技术，扶持一批掌握核心技术、创新能力强、成长性高的战略性新兴产业科技型中小企业。

2. 加快智能化改造。全面实施"数控一代""机器换工"专项工作，促进数控技术和智能装备在中小企业中的应用，在传统优势产业中实施一批中小企业智能化改造示范项目，引导中小企业立足实际采用流程制造、离散制造、柔性生产、小批量定制等智能制造技术或制造模式进行改造。

3. 推进兼并重组。贯彻落实省政府推动企业兼并重组政策，加强服务管理，优化市场环境，建立信息平台，推进中小企业间、中小企业与大企业大集团间的兼并重组，实现资源整合、效率优化、竞争力提升。

（责任单位：省经信委、科技厅，各设区市人民政府、平潭综合实验区管委会）

（四）实施市场开拓工程

1. 推动"走出去"发展。加大中小企业省外市场拓展力度，鼓励企业组团参加全国性、区域性、行业性产品展销会，引导中小企业运用展会平台，推介"专精特新"产品，开拓省外市场，打造"闽货"品牌，支持中小企业参与省外项目竞标。支持中小企业开拓国际市场，鼓励企业参加境外展览会、申请境外专利、注册境外商标、参与境外竞标、开展境外宣传等活动。支持中小企业"走出去"发展，到境外传统优势市场、新兴经济体国家投资办厂，输出产能、整合资源，拓展发展空间。

2. 推进协同发展。引导中小企业坚持"专精特新"发展，弘扬"工匠精神"，提高生产工艺、产品和服务水平，推动大企业与中小企业"大手拉小手"协作配套；鼓励举办产品推介、供需对接、协作配套对接等活动，鼓励行业龙头企业将上下游中小企业纳入协作配套体系，同等条件下优先选用本省中小企业产品。

3. 拓展电商渠道。加快拓展电子商务市场，围绕我省传统优势产业，加快发展一批覆盖全产业链的行业垂直电商平台，培育一批独立运行的第三方电商，引导中小企业利用电商平台拓展市场，降低市场开拓成本，增强中小企业"专精特新"产品在全国市场的占有率和影响力。

（责任单位：省商务厅、经信委、财政厅，各设区市人民政府、平潭综合实验区管委会）

（五）实施服务提升工程

1. 优化政务服务。围绕中小企业需求，着力转变政府职能，进一步简政放权，推动行政审批和服务事项网上运行，提升"福建省网上办事大厅"功能，推广"一个窗口"受理、"一站式"审批等办法，进一步简化优化服务流程，提高政府效能。进一步优化涉及资金、项目等的政策审批程序，公开审批事项的受理、审核、决定等环节，接受社会监督。建立健全政务服务信息系统，逐步实现网上受理、信息共享，打造线上线下一体的政务服务平台，着力解决政务服务"最后一公里"问题，营造服务环节简、办事效率高、服务成本低、中小企业满意的服务环境。

2. 完善服务平台。加快推进中小企业公共服务示范平台、行业技术开发基地、工程（技术）研究中心和重点（工程）实验室、企业技术中心、科技孵化器、众创空间等各类中小企业公共服务平台建设，支持公共服务平台提升服务能力和水平。衔接国家小微企业创业创新基地城市示范和小型微型企业创业创新示范基地扶持政策，开展省级小型微型企业创业创新示范基地培育认定工作，加大财政支持力度，提升基地示范带动效应和服务大众创业、万众创新水平。充分发挥福建省中小企业公共服务平台网络功能，进一步整合集聚各类中小企业优质服务资源，通过现代信息技术，实现资源共享、服务协同，为中小企业提供找得到、用得起、有保障的一站式服务。加快推进我省重大科研设施仪器开放共享，服务中小企业创业创新。

（责任单位：省审改办、工商局、科技厅、发改委、经信委，各设区市人民政府、平潭综合实验区管委会）

（六）实施融资服务工程

1. 加大信贷支持。落实国务院《推进普惠金融发展规划（2016-2020年）》、金融支持实体经济和中小企业政策，大力引导银行业金融机构盘活存量信贷资产，开发符合中小企业创业创新发展需求的信贷新产品、新业务，针对不同类型中小企业提供多样化、个性化的融资服务。加强政银企对接，深入推进产融合作，建立重点企业和重点项目融资信息对接清单，为银行业金融机构实施差别化信贷政策提供参考。

2. 健全增信机制。加快设立并运作省中小企业信用保证基金，面向中小企业提供融资增信服务。充分发挥省级小微企业信用担保代偿补偿资金的作用，引导省再担保公司加强与各级政府主导的融资担保机构合作，以风险分担再担保业务模式为中小企业提供间接融资增信服务，完善省、市、县三级政府主导融资担保增信服务体系。

3. 支持直接融资。贯彻落实省政府《关于进一步扩大直接融资规模的若干意见》，筛选一批创业创新示范中小企业作为我省的重点上市后备企业，分类推动到主板、中小板、创业板、中小企业股份转让系统上市或挂牌，实现股权融资。稳步推进中小企业股权众筹，鼓励中小企业通过海峡股权交易中心开展股权众筹融资。

4. 发挥基金作用。发挥福建省创业创新天使基金、新兴产业创投引导基金、企业技术改造基金等财政出资设立的基金作用，优先投向中小企业创业创新、转型升级项目，支持中小企业成长壮大。鼓励有条件的股权投资基金、创业投资基金、科技成果转化基金等社会资本投入科技型中小企业，改善科技型中小企业的融资条件，增大企业获得创业投资的机会。

（责任单位：省金融办、省财政厅、人行福州中心支行、福建银监局、福建证监局、福建保监局、省发改委、省经信委，各设区市人民政府、平潭综合实验区管委会）

三、保障措施

（一）落实税费优惠政策

全面落实中小微企业增值税、所得税优惠政策。落实进口设备税收和重大技术装备及管件零部件进口免税、固定资产加速折旧、企业购进或自制机器设备等固定资产所发生的进项税额抵扣政策。落实和完善研发费用加计扣除、高新技术企业、科技企业孵化器等税收优惠政策，激发企业创新活力。全面清理行政审批前置服务项目及收费，督促落实行政事业性收费、政府性基金和政府定价或指导价经营服务性涉企收费项目清单公示制度。

（责任单位：省地税局、科技厅、财政厅、审改办、国税局、物价局、工商局）

（二）加大财政资金支持

整合省级财政主导的基金和专项资金，在福建省产业股权投资基金下，发起设立福建省中小企业发展基金，通过担保增信、创业创新项目股权投资、中小企业债权投资等方式，支持初创期、早中期中小企业发展。发挥省企业技术改造基金作用，重点支持中小企业在先进产能扩产增效、智能化改造、服务型制造、工业强基工程、提升质量品牌、绿色生态发展、公共服务平台等领域的重点技术改造项目。整合互联网经济新增引导资金、战略性新兴产业技术开发和产业化专项、新一轮技改专项中用于互联网经济发展以及物联网、两化融合、智能制造、信息消费项目方面财政专项资金，引导和支持中小企业加大信息化投入。支持中小企业设备更新、科技成果转化、产品升级换代、发展新兴产业等技术改造项目建设，省级财政对符合条件的项目给予专项资金补助。经认定的省级“专精特新”和创业创新示范中小企业，符合条件的优先列入省级工业和信息化高成长企业，享受省政府有关高成长企业的相关政策。支持中小企业依托 6•18 平台和海峡技术转移中心对接境内外高校、科研机构项目成果，战略性新兴产业技术开发和产业化专项资金、创新型企业补助资金对符合条件的中小企业创新成果转化项目予以重点支持。支持面向中小企业的各类公共服务平台建设，推动中小企业集聚的工业园区、产业集群公共服务平台提升发展，经认定的省级公共服务平台，由认定部门给予一次性专项资金奖励。

（责任单位：省财政厅、发改委、科技厅、经信委、金融办，各设区市人民政府、平潭综合实验区管委会）

（三）降低创业创新成本

深化简政放权，全面清理、调整与创业创新相关的审批、认证、收费、评奖事项，将保留事项向社会公布。进一步清理行政权力清单、公共服务事项清单、行政审批中介服务事项清单、收费清单中涉及企业的各种证明、年检、收费等事项。进一步规范涉企行政事业性收费管理，政府定价和指导价的涉企经营服务性收费，一律按下限执行；对涉企收费目录清单进行常态化公示，适时向社会公布涉企收费项目、标准、依据、期限以及收费优惠政策等，为企业缴费和拒绝违规收费提供查询依据。对初创企业免收登记类、证照类、管理类行政事业性收费。事业单位开展各类行政审批前置性、强制性评估、检测、论证等服务并收费的，对初创企业均按不高于政府价格主管部门核定标准的 50%收取。

（责任单位：省审改办、经信委、工商局、物价局，各设区市人民政府、平潭综合实验区管委会）

（四）加强融资增信服务

深化创新政银企合作、完善会商机制，推动相关银行业金融机构加大对中小企业的信贷支持。拓宽“小微企业发债增信资金池”应用范围，调整为“中小微企业融资增信资金池”，支持中小微企业直接融资。支持小微企业在全国中小企业股份转让系统、海峡股权交易中心挂牌交易融资并给予费用补助。拓展“助保贷”等项目，发挥企业应急保障周转金作用，缓解中小企业融资难题。引导银行业金融机构加大对创业创新中小企业的间接融资支持，对经认定的省级“专精特新”和创业创新示范企业，优先纳入省再担保公司、政府主导融资担保公司再担保增信范围，省再担保公司可适当提高再担保代偿比例。鼓励中小企业通过融资租赁方式开展技术改造、设备更新，加快转型升级；对融资租赁公司为我省中小微企业提供融资服务的，按当年新增融资租赁合同额的一定比例予以风险补偿。

（责任单位：省经信委、发改委、财政厅、金融办、人行福州中心支行、福建银监局，各设区市人民政府、平潭综合实验区管委会）

（五）强化生产要素保障

对中小企业在符合规划和安全要求、不改变用途的前提下，在原有建设用地上增建生产性设施、进行厂房加层或翻建改建厂房，增加用地容积率的，不再增收土地价款，免收城市基础设施配套费。允许和鼓励中小企业将老厂区用地纳入“三旧”改造范围，享受“三旧”改造优惠政策。依托国家级和省级高新技术产业开发（园）区、其它各类产业园区等，对现有孵化器进行升级改造，拓展孵化功能，鼓励与上市公司、创投机构和专业团队合作，形成创业创新、孵化投资相结合的新型孵化器，对符合条件的国家级、省级孵化器和创业基地分别给予奖励。支持中小企业发挥就业主渠道作用，初创三年内的小微企业吸纳就业的，可享受创业带动就业补贴。深入实施“福建省人才兴企促进计划”、“海纳百川”高端人才集聚计划，进一步健全完善惠才惠企政策体系、企业人才公共服务体系、企业人才工作机制，重点培养引进高层次创业创新人才和各类紧缺人才，提升强化中小企业人才支撑。

（责任单位：省委人才办，省经信委、人社厅、国土厅、科技厅，各设区市人民政府、平潭综合实验区管委会）

（六）健全跟踪落实机制

由省经信委牵头会同省直有关部门建立省中小企业发展联席会议制度，及时研究解决中小企业发展过程中的重大问题。各有关部门、各设区市要根据本计划，进一步细化责任、量化目标，制定配套措施，推动中小企业成长计划顺利实施。落实《福建省促进中小企业发展条例》，由统计部门会同有关部门建立中小企业生产经营情况统计机制和数据库，加强对中小企业运行情况的动态分析，定期发布中小企业发展情况报告，为制定针对性扶持政策提供参考。

（责任单位：省直各相关单位，各设区市人民政府、平潭综合实验区管委会）